गृहस्थ जीवन में अध्यात्म

परम संत महात्मा

श्री यशपाल जी महाराज, कथनामृत

(पूज्य भाई साहब जी)

5-12-1918 से 3-4-2000

गृहस्थ जीवन में अध्यात्म

डॉ॰ अक्षयबर सिंह

GenNext Publication

गृहस्थ जीवन में अध्यात्म

ISBN: 978-93-5324-144-5

भारत सन् 2019 में प्रकाशित

जेन्नेकस्ट पब्लिकेशन

5, अंसारी रोड, दरियागंज,

नई दिल्ली-110002

Phone: 9811692060

ई-मेल: gennextpublication@hotmail.com

मुद्रित: जी. प्रिंट प्रोसेस, दिल्ली

समर्पण

उस परम पवित्र मुक्त आत्मा को,

जो परम पिता परमात्मा में

विलीन हो गई, दीनता पूर्वक समर्पित है।

अक्षयबर सिंह

भूमिका

मनुष्य जीवन आज भी रहस्य का विषय बना हुआ है, यह कैसे इस धरती पर आया ? इस जीवन का उद्देश्य क्या है ? कैसे सुख शांति का जीवन जिया जाये ? यह कुछ ऐसे प्रश्न हैं जो चिन्तन के विषय रहे हैं जिन पर तरह-तरह के धर्म व दर्शन बने, मिटे व बनते जा रहे हैं। भारतीय दर्शन जो परमात्मा के वजूद व आत्मा के पुनर्जन्म में विश्वास रखता है, मनुष्य जीवन के इतिहास में प्राचीनतम है। हमारे ग्रंथ - वेद, उपनिषद, गीता, रामायण, व इन पर अनगिनत मनीषियों के भाष्य इस बात की पुष्टि करते है कि हमारे अन्दर की चेतना (आत्मा) परमात्मा का अंश है। जो चौरासी लाख योनियों को भोगती हुई मनुष्य का जन्म पाती है, जहाँ से वह फिर अपने मूल स्त्रोत परमात्मा से एकाकार प्राप्त कर सकती है। परमहंस योगानन्द महाराज क्रिया योग विज्ञान पर लिखते हुए कहते हैं 'धर्मग्रन्थों का यह स्पष्ट वचन है कि मानव मस्तिष्क को विश्व चैतन्य की अभिव्यक्ति के लिए समुचित रुप से पूर्ण सक्षम बनाने के निमित दस लाख वर्ष के स्वाभाविक तथा व्याधि रहित विकास की आवश्यकता पड़ती है। साढ़े आठ घण्टे में एक हजार बार क्रिया का अभ्यास एक दिन में एक हजार वर्ष के स्वाभाविक विकास के समतुल्य है, यानि 3 लाख 65 हजार वर्षों का विकास एक वर्ष में। इस प्रकार, क्रिया योगी, प्रज्ञा पूर्वक आत्म प्रचेष्टा द्वारा तीन वर्ष में वही परिणाम प्राप्त कर लेता है जिसे प्राकृतिक रुप से प्राप्त करने में 10 लाख वर्ष लगते हैं। निश्चय ही क्रिया का संक्षिप्त मार्ग केवल अत्यन्त विकसित योगियों द्वारा ही अपनाया जा सकता है। गुरु के मार्ग दर्शन में ऐसे योगियों ने सावधानीपूर्वक अपने शरीर को और मस्तिष्क को इस प्रकार तैयार किया है कि वे उग्र अभ्यास से उत्पन्न शक्ति को सहन कर सकें।' (योगी कथामृत पे 0 349)

अनादिकाल से गृहस्थ संतों ने भी अपने अथक प्रयास व शोध द्वारा मनुष्य के मस्तिष्क के विकास की प्रक्रिया को आगे आने वाले समय की दशा को देखते हुए इस प्रकार की तरीकत विकसित की, कि जिसके द्वारा सहज में अध्यात्म की ऊँची अवस्था वर्तमान जीवन काल में ही प्राप्त की जा सके। महात्मा यशपाल जी द्वारा प्रतिपादित 'आनन्द योग' की साधन पद्धति राजयोग का एक ऐसा ही परिवर्तित प्रारुप है। जिसमें राजयोग की साधना में आनेवाली कठिनाइयों का सामना नहीं करना पड़ता। वास्तव में यह मार्ग अपने दैनिक दिनचर्या में परमात्मा का नाम जोड़ने का है और वह नाम जो साधक को पसंद हो, साधक को भौतिक रूप से कुछ भी छोड़ने की आवश्यकता नहीं पड़ती। इसकी शुरुआत चित्त की एकाग्रता (Concentration of mind) प्राप्त करने के प्रयास से होती है। आनन्द योग पद्धति का आधार वह प्राचीन आध्यात्मिक विद्या है जिसे महर्षि अष्टावक्र जी ने राजा जनक को आत्म दर्शन कराने हेतु प्रदान की थी। यह तरीका हिन्दुओं तक ही सीमित नहीं रहा बल्कि इसका प्रसार अन्य धर्मों में भी हुआ। हजरत बाकेंबिल्ला साहब कुद्दुसुरुह नक्शबन्दिया पहले मुस्लिम सन्त हुए जो भारत में आये और इस तरीके को अपनाया व प्रचार किया। इसके बाद मुस्लिम सन्तों की एक लम्बी शृंखला रही जिन्होंने बड़े त्याग व बलिदान के साथ इस ज्योति को जलाये रखा। वह मौलाना फज़ल अहमद खाँ साहब कुद्दुसुरुह थे जिन्होंने परम सन्त महात्मा रामचन्द्र जी (लाला जी महाराज) को एक अधिकारी जिज्ञासु के रुप में अपने मिशन को आगे बढ़ाने के लिये पाया। आधुनिक काल में श्री रामचन्द्र (लाला जी महाराज) पहले हिन्दू संत थे जिन्हें यह तरीकत मिली। वह कहते थे-

अव्वले मां आखिरे हर मुस्तहीस्त। आखिरे मां जेबे तमन्ना तिहीस्त।।

योग साधन में आम तौर पर कड़ी मेहनत, रियाजत, यम- नियम आदि कठोर साधना या तपस्या के पश्चात अंत में सुषुप्ति व समाधि की जो उच्चावस्थायें प्राप्त करके सफर समाप्त समझ लिया जाता है, उन अवस्थाओं को आनन्दयोग साधना में शुरु से ही ले लिया जाता है और यहीं से सुरत शब्द योग द्वारा इस मार्ग का आरंभ होता है। अर्थात जहाँ लोग अन्त समझते हैं वहाँ से आनन्द योग का सफर शुरु होता है। जिस स्थान को वहाँ पर शान्तिपद माना जाता है। उस पर यहाँ साधक की जेबें सारी आशाओं और तमन्नओं से खाली होती हैं (सरंक्षक का संदेश पे 0 1997)।

इस सिलसिले के सद्गुरुओं की श्रृंखलां के सभी सन्त पक्के गृहस्थ हुए, जो स्वयं कार्य कर अपनी रोजी रोटी की व्यवस्था करते हुए इस बहुमूल्य विद्या का प्रचार बिना किसी भेदभाव के सभी में करते रहे। आधुनिक काल में महात्मा यशपाल जी (भाई साहब) ने सिलसिले के बुजुर्गों द्वारा किये गये आध्यात्मिक साधना पद्धति को वैज्ञानिक दृष्टि से व्यवहारिक अमली जामा पहना कर दिन के 24 घण्टे ध्यान करने का सुगम मार्ग आठ, आठ घण्टे के तीन स्टेप में प्रस्तुत किया जो साधारण जन-मानस की समझ व व्यवहार में आसानी से आ जाये। आपने गृहस्थ जीवन में एक तपस्वी का जीवन बिताया और अपने गुरु महाराज महात्मा बृजमोहन लाल जी (दद्दा जी महाराज) की कृपा से जीवन मुक्त अवस्था प्राप्त की। अपने गुरु महाराज के पर्दा लेने के बाद आपने जनमानस में आध्यात्मिक विकास की इस तरीकत के प्रचार-प्रसार के लिये 'अखिल भारतीय सन्तमत सत्संग' की स्थापना कर संस्था का पंजीकरण कराया। आपका जीवन सत्संग प्रचार व प्रसार के लिये समर्पित था और जहाँ भी सत्संग हेतु गये आपका प्रवचन, तरीकत (कैसे अपने जीवन में राम नाम जोड़ें) पर ही रहता। आप कहते कि यह अपना पाठ दोहराता है और साथ-साथ देखता जाता है कि कहाँ कमी रह गई है जिससे उसे दूर करने का प्रयास करता रहे। यदि किसी भाई को यह तरीका पसंद आये तो वह भी इसे अपना सकता है। आप अपने को एक साधक ही मानते थे। अपने अनुयायियों से कहते थे कि आध्यात्म में अनुभव के आधार पर ही विश्वास करो, अन्धविश्वास तो गड्ढे में गिराने वाली चीज है। इस सिलसिले के सन्तों द्वारा प्रतिपादित पद्धति की विशेषता यह है कि साधक के आध्यात्म विकास का सारा भार सिलसिले के बुजुर्गों व उनकी कृपाधार पर है बशर्ते साधक गुरु से कोई छिपाव न रक्खे। महात्मा यशपाल जी ने अपने प्रारंभिक साधना काल के इस मार्ग में आने के समय का जिक्र श्री बृजमोहन वचनामृत में इस प्रकार किया है।

आप अपने गुरुदेव महाराज महात्मा बृजमोहन लाल जी के सम्पर्क में आये ही थे कि सिकन्दराबाद सत्संग में डॉ० चतुर्भुज सहाय जी महाराज ने श्री राधा स्वामी सत्संग की पुस्तक में से शिष्यों के कर्त्तव्य पढ़वाये। आप बड़े गौर से उन कर्त्तव्यों को सुनते रहे और सोचते रहे कि एक आद नियक के अलावा तो सारी जिन्दगी भी प्रयत्न करने पर इस पतित से तो कुछ न बन सकेगा। तब

तो इस मार्ग में कदम रखना ही बेकार है। एक बड़ी मायूसी आपके मन में छा गई। आप इन्हीं विचारों में डूबे थे कि परम पूजनीय दद्दा जी महाराज ने बड़े दर्द भरे दिल से बड़े धीरे से फरमाया – इस पुस्तक में गुरु के क्या कर्त्तव्य हैं, वह भी ज़रुर दिये होंगे। उन्हें भी पढ़ा जाना चाहिए। फिर आपने डॉ॰ कृष्ण सहाय जी महाराज की ओर इशारा करते हुए कहा कि डाक्टर साहब हाँ, हाँ वह भी पढ़वाइये। पुस्तक की विषय सूची में देखकर गुरु के कर्त्तव्य निकाले गये और पढ़े जाने लगे। आप बड़े गौर से इन्हें भी सुनते रहे। इन्हें सुनकर आपको मालूम होता था कि करना तो सब कुछ गुरु को ही है, साधक तो बस गुरु के सामने नंगा हो जावे (छिपाव न रक्खे)। इसके बाद परम पूजनीय दद्दा जी महाराज जी ने बहुत सुन्दर रुप से गुरु के कर्त्तव्यों का खुलासा किया। आपने फरमाया कि लाला जी महाराज ने अपनी जिन्दगी में कभी किसी भाई से यह नहीं कहा कि तुममें लगन नहीं है या तुम प्रेम नहीं करते और न ही कठोर साधनायें ही कराई। साधारणत: किसी को यह करने का अवसर ही नहीं हुआ कि उसे अनुभव नहीं हुआ। अगर कभी, किसी ने कह दिया कि अनुभव में कुछ रुकावट महसूस होती है तो आप बड़े ही दुखी तथा रुलासे से हो जाते और कहते कि भाई यह इस पतित की कमी है। इसमें तुम्हारा कोई दोष नहीं, दुआ करुँगा कि मालिक इसकी कमी को दूर कर दे (श्री बृजमोहन वचनामृत भाग 1, पेज 191)। यही स्वभाव पूज्यनीय दद्दा जी महाराज और पूज्य भाई साहब जी का भी था। पूज्य भाई साहब जी की, साधकों से केवल दो ही अपेक्षायें थीं। एक थी, महीने में एक पत्र (सूचना) और दूसरी थी कि सत्संग में नियमित रुप से शामिल होते रहना। हाँ, मजबूरी की बात और है। लेखक, आप को किसी भाई को यह बताते हुए सुना, कि आप सत्संग व पूजा (ध्यान) में अवश्य बैठें चाहे मन करे या न करे, ध्यान लगे या न लगे, आनन्द आये या न आये। आप इस मार्ग के साधना पद्धति पर कहते थे कि

'अजब यह सिलसिला है सलारे हक का
कि ले जाते हैं परदे में हरम तक

गुरु के शरण और फजल से अभ्यासी के जजबात में चढ़ाव उतार में सहूलियत आती है, अहंकार नहीं होने पाता। क्योंकि गुरु उसको अपने मुकामों से बेखबर रखता है। भगवत् गीता के अध्याय 2 के अंतिम श्लोक का निरुपण

करते हुए महात्मा यशपाल जी महाराज कहते हैं कि ईश्वरीय कृपा और सद्गुरु अनुकम्पा से जब साधक को आत्मिक उड़ान प्राप्त होती है और वह दिव्य दृष्टि प्राप्त कर अपने सूक्ष्म शरीर और अपनी विश्व व्यापी आत्मा का अनुभवी ज्ञान प्राप्त कर लेता है तो उसका मन उस आत्म ज्ञान से सदैव ओत-प्रोत रहता है। इस स्थिति को प्राप्त होकर योगी (साधक) फिर संसारी विषय वासनाओं के मोह जाल में नहीं फँसता। वह इस संसार में रहते हुए, सब काम धर्मानुकूल करते हुए निरंतर सहज समाधि में मग्न रहता हुआ जीवन मुक्त होकर विचरता है अन्तकालेपि अन्त काल में (शरीर छोड़ते हुए) भी स्थिति प्रज्ञ की यह अवस्था अटल बनी रहती है और वह जन्म-मरण के बन्धन से मुक्त हो जाता है। ज्योति-ज्योति से एकाकार हो जाती है। कभी-कभी ऐसा भी होता है कि सारे जीवन भर साधक परमात्मा और सद्गुरु में सच्चे विश्वास के साथ साधन में तत्पर रहता है। निरंतर परमात्मा के चिन्तन में अपने मन को लगाये रहता है पर आत्मा का अनुभव ज्ञान (आत्म साक्षात्कार) प्राप्त नहीं होता। परमात्मा की विशेष कृपा ऐसे जीव पर जब होती है तो अन्तकाल में उसके सारे चक्र ज्वालामुखी की तरह एक साथ जाग्रत हो जाते हैं और आत्म साक्षात्कार के साथ-साथ उसकी आत्मा अपने स्वरुप में विलीन हो जाती है। फिर उसे जन्म नहीं लेना पड़ता। (गीता सुधा भाग 2 पे0 106)।

अखिल भारतीय सन्तमत सत्संग के सिलसिले के सन्तों ने आध्यात्म जगत की जो सेवा की उसका उल्लेख करना असंभव है और इसे वही जान सकते हैं जो इस ज्ञान से लाभान्वित हुए। लेखक भाग्यशाली रहा जिसे परम सन्त महात्मा यशपाल जी महाराज का सानिध्य लगभग 20 वर्षों का रहा और यह ईश्वर इच्छा व आपकी कृपा ही थी कि यह दास आपके अमृत रुपी वचनों व अपने अनुभवों को नियमित डायरी के रुप में लिखता रहा जो इसे आज आध्यात्म विज्ञान जैसे गूढ़ विषय की अमूल्य निधि लगते हैं। प्रभु कृपा से ही इस सेवक में ऐसी प्रेरणा हुई कि गृहस्थ में रहते हुए आनन्द योग साधना के आप से प्राप्त सूक्ष्म संकेतों व अनुभवों को जो इसने आपसे सुना और इसे हुये उनका संकलन करे जो आध्यात्म जगत के साधकों के लिये दिलचस्प पठनीय, प्रेरणात्मक व अनुकरणीय सामग्री हो सकती है। इस पुस्तक का नाम क्या रखें यह भी कई वर्षों से लेखक के एक चिन्तन का विषय रहा है। अन्तोगत्वा पूज्य भाई साहब जी के गुरुदेव का आपको कहना कि पहले

''जिन्दा किताब'' पढ़ लो पता नहीं वह कब तक उपलब्ध रहें, और किताबें तो फिर भी मिल जायेंगी। आपने वही किया और अध्यात्म साधना हेतु गृहस्थ साधकों के लिये श्री बृजमोहन वचनामृत का संकलन किया जो एक जीवन्त अमूल्य ग्रंथ के रुप में उपलब्ध हुआ। आप कहते थे कि परमात्मा चाहेंगे तो यह भविष्य की गीता होगी। अंततोगत्वा पुस्तक का नाम ''गृहस्थ जीवन में अध्यात्म'' उपयुक्त लगा, क्योंकि लगभग सारी सामग्री आपकी बातें ही हैं जो आप गृहस्थ संत की हैसियत से साधकों को मार्ग दर्शन करते समय बातचीत में कहते व बताते थे। लेखक को आशा ही नहीं पूर्ण विश्वास है कि आध्यात्म के सच्चे जिज्ञासु भाई व बहनें साधना मार्ग में उठते प्रश्नों के उत्तर व शंका समाधान की सामग्री इस प्रस्तुति में पा सकेंगें।

'परमात्मा तू ही है, तेरी इच्छा पूरी हो।'

प्रभु जी का ही

अक्षयबर सिंह

प्राक्कथन

मानव समाज की यात्रा में इंसान की बेहतरी (एकमता) के लिए परमात्मा की परिकल्पना (ईश्वर एक है) का उदभव हुआ जो मेरे विचार से मानव समुदाय के विकास में, अब तक की सबसे बड़ी उपलब्धि है। इस प्रक्रिया में जितने भी धर्म या विचार पद्धतियाँ उभरीं, सबों का लक्ष्य एक ही रहा है कि इंसान कैसे सद्‌भावना व शान्ति की जीवन यात्रा करते हुए प्रकृति की वर्तमान व्यवस्था को बनाये रखने या उसके सुधार में सकारात्मक भूमिका निभाये। ईश्वर कृपा ही है कि परमात्मा ने, इस सेवक को कबीर शान्ति मिशन स्थापना व कार्य के लिए चुना और अपना यंत्र बनाया। डॉ॰ अक्षयबर सिंह, अपने को कबीर शांति मिशन के संपर्क में आने को ईश्वर इच्छा कहते हैं, यह बात मैं भी मानता हूँ, कि जो होता है वह ईश्वर इच्छा से ही होता है । डॉ॰ सिंह एक वैज्ञानिक रहे हैं, जिनकी सोच स्वाभाविक रुप से विश्लेषणात्मक होते हुए आध्यात्म विज्ञान के व्यावहारिक पक्ष की ओर उन्मुख रही है ऐसा इनकी लेखन शैली में दिखता है। ऐसा लगता है कि आध्यात्मिक विषय पर यह अपने को लेखक नहीं संकलन कर्ता मानते हैं भले ही इनके स्वयं के ही अनुभव क्यों न रहे हों। गीता शास्त्र के अनुसार साधना में व्यक्तिगत आध्यात्मिक दृष्टिकोण से यह लेखक की आध्यात्मिक साधना में शुभ संकेत हैं।

मैंने पहले भी इनके आग्रह पर इनकी दो पुस्तकों ('आओ इंसान बनें' तथा 'आओ कबीर को जिऐं') में दो शब्द लिखा है जो जीवन के आध्यात्मिक पक्ष पर संकलन के रुप में लिखी गई है और कबीर मिशन के उद्देश्यों के अनुरुप हैं। आप, गृहस्थ सन्त महात्मा यशपाल जी के अनुयायी रहे हैं जिनकी जीवन शैली सन्त कबीर के उपदेशों के अनुरुप रही है। इस पुस्तक में डॉ॰ सिंह ने महात्मा यशपाल जी द्वारा, कबीर दर्शन पर किये गये

आध्यात्मिक प्रयोगों के अनुभवों का संकलन प्रस्तुत करने का सुन्दर प्रयास किया है जो आज के इंसान के व्यस्त जीवन चर्या में कैसे आध्यात्मिक जीवन जिऐं ऐसे प्रश्न का व्यावहारिक समाधान प्रस्तुत करता है। यशपाल जी द्वारा आध्यात्म क्षेत्र में किया गया कार्य मुख्यतः ध्यान साधना पर केन्द्रित रहा है जो सहज-सहज में दिन के 24 घन्टे परमात्मा की याद में रहने के अभ्यास का तरीका प्रस्तुत करता है तथा सूफी साधन पद्धति पर आधारित है। सूफी पद्धति साधना का मूल है "प्रेम"। It is not concerned with knowledge. it's whole concern is love, intense, passionate love: How to fall in love with the whole, how to bridge the distance between the creation and creator. दस्त बकार - दिल व यार, हाथ काम में, दिल परमात्मा की याद में हो। गीता शास्त्र भी, हर वक्त कृष्णभावामृत में रहने की बात कहता है जो ध्यान (चित्त की एकाग्रता) की पराकाष्ठा है। कबीर दर्शन भी, हाथ कार्य में लगे हों और हृदय में परमात्मा की याद हो की जीवन यात्रा का ही संदेश देता है। लेकिन, यह ध्यान की अवस्था बनें कैसे, करें कैसे ? की बात यदा कदा, हम बहुतों के मन में आती है। आध्यात्मिक जीवन जीने के तरीकों में अधिकतर प्रचार-प्रसार के माध्यम से जो सामग्री उपलब्ध है वह मुख्यतः प्रेरणात्मक रुप में है, जो हमें एक अच्छा इंसान बनने के लिए प्रेरित करता है। उदाहरण के लिए झूठ नहीं बोलना चाहिए। हम अपने जीवन में इस बात को कैसे ढालें ? पुस्तक में आया है कि डायरी के माध्यम से सुधार संभव है ! यदि हम सजग हो जायें और प्रयास करें, तथा हर रोज सुबह घर में लगे कलेण्डर पर या डायरी में बीते कल की स्थिति (प्रयास) कैसी रही के लिए सुबह सही या क्रास का मार्क करते रहें तो सुधार की गुंजाइश तो बनती ही है। लेखक ने अपने स्वयं के ऐसे प्रयास के विभिन्न बिन्दुओं पर किये गये 20 वर्ष के प्रयोगों का अनुभव दिया है, जो प्रभावी रहा है। साथ-साथ यह भी कहा है स्थायित्व के लिए ऐसे प्रयासों को जीवन चर्या का हिस्सा बनाना आवश्यक है।

डॉ० सिंह से मेरी मुलाकात कु. सरिता सिंह के माध्यम से हुई जो इनकी बेटी व एक शिक्षिका हैं। वह अपनी पुस्तक 'हर बच्चा है खास' को कबीर मिशन के माध्यम से प्रकाशित कराने के सिलसिले में मुझसे 2015 में मिली थीं। मैंने ही कहा था कि आप आ सकती हैं लेकिन अपने पिता जी को भी साथ लाना, हालाँकि मैं इनको नहीं जानता था। इसके पहले मेरा व डॉ० सिंह

का कोई परिचय नहीं था। उसी समय कबीर शान्ति मिशन में साप्ताहिक सत्संग की शुरुआत हो रही थी। इसने जिकर किया और डॉ॰ सिंह साप्ताहिक सत्संग में आने लगे। आप लगभग 37 वर्ष से सूफी मत के सिलसिले के सन्त परंपरा से जुड़े रहे हैं, जीवन यात्रा में कृषि वैज्ञानिक होने के कारण व्यावहारिक पक्ष (क्या, क्यों, कैसे), पर सोच व लिखने में आपकी रुचि होने के कारण बहुत से लेख व पुस्तकें आध्यात्म साधना पर लिख चुके हैं। यह पुस्तक इंसान के आध्यात्मिक जीवन यात्रा के लिए अच्छी उपयोगी सामग्री प्रस्तुत करती है और मुझे आशा है कि यह संस्कारी साधक बन्धुओं व बहनों के साधना से संबन्धित काफी संशयों को दूर करने में सहायक होगी।

अन्त में मैं, डॉ॰ अक्षयबर सिंह को इस पुस्तक को प्रकाशित करने के लिए साधुवाद देता हूँ और इनके आध्यात्मिक जीवन यात्रा के लिए शुभ कामना व्यक्त करता हूँ।

राकेश कुमार मित्तल
आई॰ ए॰ यस॰ (से॰नि॰)
संस्थापक एवं मुख्य संयोजक
कबीर शांति मिशन

"उपवन"
1/14, विश्वास खण्ड, गोमती नगर
लखनऊ 226010
फोन : 9415015859
दिनांक : 29-3-2018

दो शब्द

लेखक ने इस पुस्तक में अपने सद्‌गुरुदेव, गृहस्थ संत, महात्मा यशपाल जी (भाई साहब) की व्यवहारिक आध्यात्मिक शिक्षाओं का साधना के दृष्टिकोण से संकलन किया है। महात्मा जी के प्रवचन, साधना के प्रयोगात्मक अनुभव के आधार पर होते थे, जिनका मुख्य लक्ष्य होता कि इंसान कैसे दुनियादारी के काम, धर्मानुकूल करते हुए परमात्मा की याद बनाये रखें। इस संकलन में अधिकतर सामग्री, सिलसिले से जुड़े संतों के मार्ग दर्शन व साधकों के प्रेरणात्मक अनुभव हैं, जो आध्यात्म की ओर उन्मुख हो रहे सच्चे जिज्ञासुओं को 'आध्यात्मिक जीवन यात्रा क्या हैं ?' को समझने व मार्गदर्शन कराने में सहायक साबित होने के साथ-साथ आध्यात्म विज्ञान की जन साधारण में समझ व ग्राह्यता बढ़ाने में भी सहायक होगें, ऐसा यह सेवक मानता है। डॉ० अक्षयबर सिंह व उनकी धर्मपत्नी श्रीमती शिव कुमारी सिंह, भाई साहब जी के साधनाकाल में, दो दशकों तक गुरु परिवार के सानिध्य में रहते हुए, सत्संग मिशन की सेवा में लगे रहे। वैज्ञानिक के पद पर कार्य करते हुए, जीवन चर्या के खाली समय को आप मिशन के कार्य में देने के साथ-साथ आध्यात्मिक को एक विज्ञान के दृष्टिकोण से समझने व जीने का प्रयास किया। स्वाभाविक है, जीवन यात्रा के इनके अपने अनुभव रहे जिससे आज भी सिलसिले के बुजुर्गों के मिशन (राम-नाम के प्रचार व प्रसार) के काम (साहित्य सृजन) में सकारात्मक रुप से लगे हुए हैं। डॉ० सिंह का आध्यात्मिक साहित्य सृजन का पहला प्रयास 1985 में, भाई साहब जी के प्रवचनों का संकलन रहा है जो 'अखिल भारतीय संतमत सत्संग' की "साधनापद्धति" के रुप में प्रकाशित हुआ और सत्संग मिशन के प्रचार के प्रयास में आज भी उपयोगी है।

यदि हम इस सिलसिले के बुजुर्गों के उपलब्ध साहित्य को देखें तो पायेंगे कि उनकी आध्यात्मिक शिक्षा-पद्धति सरल व बड़ी सूक्ष्म रही है। मानव जीवन की सार्थक यात्रा में -ईश्वर कृपा से सद्‌गुरु प्राप्ति के बाद - एक ईष्ट में निष्ठा, संकेत, जिन्दा किताब पढ़ना, स्वयं के द्वारा अर्जित धन पर जीवन यापन, चन्दा व निंदा से बचने, ऐसी बातों पर आरुढ़ता, सूफी साधनापद्धति के मुख्य बिन्दु रहे हैं। महात्मा यशपाल जी का जीवन संत कबीर का सा रहा है जो "सांई इतना दीजिए जामें कुटुम्ब समाय - दास भूँखा न रहे साधु न भूँखा जाये" के अनुरुप आज के युग में एक अनुपम उदाहरण हैं।

सेवक ने, इस पुस्तक की पान्डुलिपि पढ़ी और पढ़ते समय ऐसा प्रतीत होता रहा कि सिलसिले के बुजुर्गों के इशारतन 'जिन्दा किताब पढ़ने की सलाह' को डॉ॰ सिंह ने भाई साहब जी के सानिध्य में रहते हुए दृढ़ता से अपनाया जिससे ऐसी प्रस्तुति कर सके, जो पढ़ने में जीवन्त लगती है। आध्यात्म पर बहुत कुछ लिखा गया है, किया जा रहा है। लेकिन व्यवहारिकता के स्तर पर कथनी, करनी व रहनी के उदाहरण दुर्लभ हैं जो इस पुस्तक की प्रस्तुति में स्पष्ट रुप से उभर कर सामने आये हैं। इस पुस्तक में संकलित बातें सिलसिले के बुजुर्गों व साधकों के अनुभव हैं जो आध्यात्म के सच्चे जिज्ञासुओं को आध्यात्मिक जीवन यात्रा के लिए प्रेरित व अनुभवों की बारीकियों को समझने में सहायक होगें। महात्मा यशपाल जी, ने सिलसिले के संतों के उपदेशों के अनुभवों पर आधारित विश्लेषण करके दिन के 24 घण्टे ध्यान करने की पद्धति को मानव के आध्यात्मिक विकास की सुझाई, जो आपकी आध्यात्म जगत में एक अनुपम देन है। आप अपने समर्पित भक्तों के बीच प्राय: कहा करते थे कि संसार में इस मुकाबले की चीज (पद्धति) इस समय नहीं है। अपने वैज्ञानिक बन्धुओं से तो इस पद्धति का और सरलीकरण करने की बात भी कहते थे।

डॉ॰ अक्षयबर सिंह द्वारा संकलित यह पुस्तक, गृहस्थ साधक जो आध्यात्मिक जीवन यात्रा में रुचि रखते हैं या संस्कार वश ऐसा जीवन जीने को बाध्य हैं, के लिए उपयोगी साबित होगी, ऐसा इसका मानना है। इसके अलावा यह गुरु सेवा का भी एक अनुपम उदाहरण है जो डॉ॰ सिंह ने किया है। सेवक डॉ॰ अक्षयबर सिंह को इस कार्य के लिए साधुबाद देते हुए, गुरु महाराज के मिशन के संदेश को जन-जन तक पहुँचाने का जो छोटा सा प्रयास किया है

के लिए गुरु पुत्र व गुरु भाई होने के नाते धन्यवाद भी व्यक्त करना चाहूँगा। इस मार्ग में जो दर्शनशास्त्र के वैज्ञानिक देश के विश्व विद्यालयों में काम कर रहे हैं, उनसे सेवक का आग्रह है कि आज शोध को व्यवहारिकता के धरातल पर लाने की बात सोचें जिससे साधारण जन मानव को वर्तमान में होते नैतिक पतन के दायरे से बाहर लाने में सहायक हो।

'परमात्मा तू ही है, तेरी इच्छा पूरी हो।'

सेवक

रमेश चन्द्र गुप्ता

पूर्व, सह-संरक्षक,
अखिल भारतीय संतमत सत्संग,
दिल्ली - 110007
व संरक्षक यशरुप पीठ, नोयडा
(मो0 9873368938)

दो शब्द

लेखक के आग्रह के अनुसार पुस्तक के बारे में दो शब्द लिखे गये हैं। सूफी मत के गृहस्थ संत यशपाल जी (भाई साहब) की संत लोगों की भाषा में कथनी, करनी, और रहनी का एक शिष्य (मुरीद) ने सभी प्राप्त स्त्रोतों से चुनकर सरल, सुगम भाषा में बड़े तारतम्य से संकलन किया है। भाई साहब जी की परंपरा (सिलसिला) मुस्लिम संतों के द्वारा भारतीय वेदान्त दर्शन को आत्मसात कर व्यवहारिक रुप देने से प्रारंभ हुई। इस मत में प्रेम को वरीयता दी जाती है। इस प्रेम की पराकाष्ठा गीता के शब्दों में वासुदेवः "सर्वमिति से महात्मा सुदुर्लभः" है (7 /99)। वह सभी को प्रभु की कृपा के विस्तार के रुप में देखता है। पुस्तक में आध्यात्मिक क्रान्ति शब्द आया है। लोग सोचते हैं कि यह काम संन्यासी (फकीर) का है किन्तु गीता तो एक गृहस्थ (अर्जुन) को जो विषादयुक्त (शोक संतप्त मानस) है, बाँह, पकड़ कर सभी पहाड़ियों को पार कराकर मोक्ष सन्यास के शिखर पर श्री कृष्ण पहुँचा देते हैं और अन्त में वह कहता है मेरा मोह नष्ट हुआ, क्या करना चाहिए का आपके प्रसाद से ज्ञान हो गया, अब मुझे अपने कर्त्तव्य के बारे में कोई संदेह नहीं है, आप के वचनों के अनुसार काम करुँगा। (गीता 98 /73)।

कृष्ण तो एक प्रेमी और ज्ञानी गृहस्थ थे। किन्तु उन्होंने रास्ता दिखा दिया कि केवल ज्ञानी में ही प्रेम की पराकाष्ठा प्रकट होती है, क्योंकि वह सभी प्राणियों की भलाई में लगा है। स्वभवोडध्यात्मुच्यते (गीता 7 / 2) के अनुसार योग के द्वारा अपने को जान लेना (self-realisation) होता है। गृहस्थ के लिए कर्मयोग का मार्ग बताया गया है और उसका पालन कर जीवन व्यतीत करने से मनुष्य ज्ञात - ज्ञातव्य, कृतकृत्य और प्राप्त - प्रातव्य होकर आनन्द में स्थित हो जाता है। (गीता 2 / 72) । इस पुस्तक के चौदहवें अध्याय में भाई साहब

द्वारा दर्शित आनन्दयोग को जीवन में पालन करने से ही ऐसा होता है। मनुष्य परम प्रेमी बनता है।

आप्त पुरुषों के द्वारा चलाई जाने वाली संस्थाऐं भी कालान्तर में विकृत हो जाती है। यह साधकों में मैं, मेरा (अहम, मम) के शेष रह जाने के कारण होता है। लेखक ने पूरी पुस्तक में प्रथम पुरुष का प्रयोग नहीं किया है। मैं के स्थान पे इसने और मेरा के स्थान पर इसका प्रयोग कर दिखाया है कि वह निर्मम और निरहंकार होने की दिशा में अग्रसर है। 20 वर्ष तक भाई साहब जी का साथ और 15 वर्ष तक उनकी चलाई संस्था में रह के विषम परिस्थितियों को पार कर भी अब वह संतोष का जीवन यापन कर रहा है। यही तो योगी की स्थिति है।

यदि पाठक वृन्द पृष्ठ 47 को ध्यान पूर्वक पढ़ कर अपने जीवन में उतारें तो उसका कल्याण होगा। मुझे भाई साहब से मिलने का अवसर नहीं मिला था किन्तु अक्षयबर सिंह ने 1980 - 1990 के बीच जब उनसे दिल्ली में मिलता था मुझे इस साधन पद्धति की सभी पुस्तकें देते रहे और मुझे उससे लाभ हुआ है। इस पुस्तक के भी पढ़ने से बहुत आध्यात्मिक लाभ हुआ है।

गीता के आध्याय 6 (आत्म संयम योग) में भगवान कृष्ण ने कहा है: तपस्वी जनों की अपेक्षा कर्मयोगी श्रेष्ठ है ज्ञानी जनों की अपेक्षा भी श्रेष्ठ है और कर्मकांड वालों की अपेक्षा भी श्रेष्ठ समझा जाता है। तू योगी अर्थात कर्म योगी (सुख दुख में) समभाव रखकर प्राप्त कर्त्तव्य का पूर्ण दक्षता से कर (6 / 47) ।

ऐसा योगी निःस्वार्थ भाव से जीवन में प्राप्त कर्म को सुख - दुख, लाभ-हानि, जय - पराजय से ऊपर उठ कर समभाव में कर्त्तव्य कर्म को करता रहता है (सम्त्वम् योग मुच्यते (2 / 48) ऐसा व्यक्ति अपने प्राप्त कर्म को दक्षता पूर्वक करते हुए कर्म - कौशल बन जाता है। (2 / 50)। भगवान आगे चलकर अर्जुन को छठवें अध्याय के तेइसवें श्लोक में कहते हैं कि साधक ऐसी स्थिति में पहुँच जाता है कि कोई भी बड़ा दुख उसे इस स्थिति से विचलित नहीं कर सकता। इस प्रकार गृहस्थ कर्म योगी पूरे विश्व को प्रभु को प्रेम के रुप में देखने लगता है। यही सहज योग है यही आनन्द योग है और सभी के लिये सुलभ है।

लेखक की तरह मैं भी कृषि वैज्ञानिक रहा हूँ। श्री कृष्ण के बताये उपदेशों को मैं प्याज के छिलके उतारने का उदाहरण देकर समझाता हूँ। हम एक-एक करके छिलका उतारते जाते हैं। प्याज के सभी छिलकों को उतारने के बाद वहाँ कुछ भी नहीं बचता, उसी प्रकार योग द्वारा साधक के अन्तःकरण की सफाई होती जाती है- इससे स्वभाव में परत दर परत काम, क्रोध, मद् (आसुरी वृत्तियों) के स्थान पर छब्बीस दैवी संपत्तियाँ मोह और मत्सर आ जाती हैं (गीता 16 / 13)। साधक के व्यक्तित्त्व से सभी आसुरी प्रवृतियाँ समाप्त हो जाती हैं और वह अमृत की खेती करने लगता है।

बुद्ध ने कहा है- "मैं भी कृषक हूँ। मेरे पास श्रद्धा का बीज है, उस पर तपश्चर्या की वृष्टि होती है। प्रज्ञा मेरा हल है ! तबग ही (पाप करने में लज्जा) मेरी हरिस है। मन के जोत और स्मृति के फाल से मैं अपने खेत (जीवन क्षेत्र) जोतता रहता हूँ। सत्य ही मेरा खुरपा है - मेरा उत्साह ही मेरे बैल हैं और योग क्षेम मेरा अधिवाहन। मैं इस हल को निरंतर निर्वाण की दिशा में चलाया करता हूँ। मैं यही खेती करता हूँ। इस खेती से कृषक को अमृतफल मिलता है और अब समस्त दुखों से मुक्त हो जाता है (सुन्तनिपात - धम्मानन्द कौसाम्बी से उद्धृत)। इस प्रकार सभी रास्ते (सन्तमार्ग, गीता या धम्मपद) हैं।"

सभी को गृहस्थ जीवन में परम आनन्द की प्राप्ति हो सकती है। आवश्यकता है आदर्श कर्म योगी बनने की।

कृष्ण के शब्दों में सदा ही मेरा स्मरण करता रह और युद्ध (कर्त्तव्य कर्म) कर मुझमें मन और बुद्धि अर्पण करने से (युद्ध करने पर भी) तू निःसंदेह मुझमें ही आ मिलेगा (गीता 8/9)।

डॉ॰ अम्बिका सिंह
सहायक महानिदेशक (भू0 पू0)
भारतीय कृषि अनुसंधान परिषद,
नई दिल्ली - 110001
बी0 31/83-3-0-2 कृष्ण कुन्ज
रश्मिनगर कालोनी, लंका

अनुक्रमणिका

1

सिलसिले के गृहस्थ सन्त

भारत में आत्म – ज्ञान का सिलसिला, गुरु – शिष्य के माध्यम से चला आ रहा है। इसमें देश, काल एवं परिस्थितियों के अनुसार समय – समय पर परिवर्तन होते रहे, लेकिन मूल रुप में जैसा का तैसा आज भी विद्यमान है। अन्तर केवल इतना है कि उसका रुप वर्तमान समय के अनुकूल आनन्द योग (सहज योग) के रुप में ढाला गया है। यह आधुनिक काल के सन्त, महात्माओं की कृपा, त्याग और अथक परिश्रम का फल है कि आज हमें यह आत्म ज्ञान प्राप्त करने का सरल तरीका उपलब्ध हुआ। इन महात्माओं ने कठिन परिस्थितियों में इस सिलसिले को कायम रखा जो आज तमाम अध्यात्म के जिज्ञासुओं को जीवन के मुख्य लक्ष्य की ओर चलने का साहस एवं मार्ग दर्शन प्रदान कर रहा है। महात्मा यशपाल जी (भाई साहब) ऐसे ही जिज्ञासु थे, जिन्हें ईश्वर कृपा से महात्मा बृजमोहन लाल जी सद्गुरु मिले। आप उन्हें अपना सर्वस्व कहते थे। इस अनुभाग में ऐसे सन्तों के जीवन वृतान्त जिनसे आप आध्यात्मिक दृष्टिकोण से प्रभावित व लाभान्वित हुए और इस सिलसिले को आगे बढ़ाया, संग्रहित हैं। यह संकलन महात्मा यशपाल जी महाराज के श्रद्धान्जली प्रवचनों व सन्तों के जीवन चरित्र जो लेखक को उपलब्ध हो सके, से किया गया है। अतः अधिकतर भाषा व लय उन महात्माओं के ही शब्दों में प्रस्तुत है। माता रुपवती जी के जीवन वृतान्त लेखक ने जो स्वयं देखा व अनुभव किया के आधार पर प्रस्तुत है।

1.1 मौलाना फज़ल अहमद खाँ साहब कुद्दसुरुहः

मौलाना फजल अहमद खाँ साहब, रायपुर, तहसील कायमगंज, उत्तर प्रदेश

के निवासी व महात्मा रामचन्द्र जी महाराज (लाला जी) के गुरुदेव थे। फतेहगढ़ की एक मस्जिद के मकतब में आप मुदर्रिस का काम करते थे। मौलाना साहब एक ऊँचे फकीर व महात्मा थे। आप जाति-पाति और साम्प्रदायिकता से बहुत ऊपर थे। सच्चा अध्यात्म एक ही रिश्ता जानता है, आत्मा और परमात्मा का, दूसरा रिश्ता नहीं जानता। लाला जी महाराज ने मस्जिद व मकतब के पास ही पढ़ने के लिए एक कोठरी किराये पर ले रखी थी और अक्सर उसी में रहते थे। आते-जाते इनकी मुलाकात मौलाना साहब से हो जाती आप बड़े अदब से सलाम करते और वे बड़े प्यार से उत्तर देते। इस तरह जान पहचान शुरु हुई। एक दिन यह हुआ कि लाला जी कहीं रिश्तेदारी में मिलने चले गये थे, माघ का महीना था, बड़ी सर्दी थी, बारिश हो रही थी, रास्ते में भीग गये और कँपकपाते हुए लौट रहे थे, तो किवला साहब (मौलाना साहब) ने आपको देखा, इशारे से पास बुलाया और कहा कि भाई! कपड़े बदल डालो और आके यहाँ सेंक लो।

आपने अँगीठी जलाई हुई थी, रजाई ओढ़कर बैठे थे। लाला जी ने कपड़े बदले और आकर अँगीठी के पास बैठ गये। मौलाना साहब ने अपनी रजाई रामचन्द्र जी के ऊपर डाल दी, कहा – "बेटा! गरमा लो।" लाला जी महाराज ने लिखा है कि उनका हमारे ऊपर रजाई डालना था कि मेरी दुनिया बदल गई, मेरा संसार बदल गया। मुझे दुनिया घूमती नजर आने लगी। दुनिया की सच्चाई मेरी आँखों के सामने घूमने लगी। उसके बाद आपने कहा – "बेटा! घर जाओ और सो जाओ। कल जब आना तो हमारे लिए एक डोल (बाल्टी) और एक रस्सी लेते आना।" आप दुकानदार के पास गये, कहा कि हमें एक डोल और रस्सी चाहिए, लेकिन अभी हमारे पास पैसे नहीं हैं, पैसे पहली तारीख को देंगें। दुकानदार मान गया। डोल और रस्सी आपने ली, घर में रखा और सो गये। रात में एक स्वप्न देखा कि, एक बहुत बड़ी हस्ती, जिसके चारों तरफ प्रकाश था, तख्त पर विराजमान है। मौलाना फजल अहमद खाँ साहब आपको उनके सामने पेश कर रहे हैं। वह बहुत खुश थे। सुबह होते आपने डोल व रस्सी ली, पानी भरकर मौलाना साहब के यहाँ जाकर रख दिया। वह बहुत खुश हुए, स्वप्न सुनाया तो कहने लगे – यह सपना नहीं है असलियत है। तू जन्म से ही सिद्ध है और मुकम्मल। दुनिया को सच्ची रोशनी दे।

लेकिन अटल विश्वास तो बड़ी मुश्किल से होता है। आपको, बावजूद सारे अनुभव होने के, सारी बातें होने के, विश्वास नहीं बन पाया था। आपके कुछ साथी जबरदस्ती आपको गंगा स्नान के लिए ले गये। स्नान किया, भाँग बनाई, जबरन इन्हें पीने के लिए मजबूर किया। इन्होंने कहा कि भाई में तो नहीं पीता और न ही पिऊँगा। जब नहीं पिया तो दोस्तों ने कहा कि बड़ा भगत बनता है, महात्मा बनता है। उसके बाद साथियों ने, किसी ने हाथ पकड़ा, किसी ने टाँग, "डाल दो इसके मुँह में, कैसे नहीं पियेगा।" जब जबरदस्ती करने लगे तो इन्होंने अपने पीर को याद किया और जलाल में आ गये। सबके सब छोड़कर भागे। इनके चेहरे पर दाढ़ी हो गई। सब डर गये। यह उठे और घर कि तरफ चले। रास्ते में स्वामी ब्रह्मानन्द जी मिल गये और सब हाल कह सुनाया। आपने कहा कि बेटे तुम एक अच्छी जगह पहुँच गये हो, वह बहुत ऊँचे सन्त है, परम सन्त हैं। यह ख्याल न करना कि वह मुसलमान हैं। सच्चा सन्त इस सब बातों से ऊपर होता है। लगे रहो और लग-लिपट कर यह विद्या हासिल करो। ब्रह्म विद्या है, बहुत ऊँची विद्या है और वह बहुत ऊँचे सन्त हैं। यह लगे रहे, लेकिन जब उनके मुसलमान भक्तों को लगने लगा कि इन्होंने तो यह रुहानी दौलत मुन्शी रामचन्द्र को दे दी है तो उनसे कहा कि हमारी आपसे एक प्रार्थना है और यह है कि आप उन्हें कम से कम मुसलमान तो बना लें। इस पर मौलाना फजल अहमद साहब रो पड़े और आँखों मे आँसू आ गये। कहने लगे- "ए मेरे दोस्तो! मेरी और आपकी भाषा एक है, मेरा मजहब एक है, मेरा रहन-सहन एक है लेकिन अफसोस है कि आप में से एक भी हिन्दू- मुसलमान के छोटे दायरे से निकल नहीं सका। एक भी ऐसा नहीं हुआ जो इस मजहब के दायरे से ऊपर उठता और रुहानियत के दायरे में कदम रखता। ऐसी बात नहीं है कि मैं आपको देना नहीं चाहता था। मुझे अफसोस है कि आप किसी में वह पात्रता पैदा न हुई। यह अजीज है, बेलौस - एक ही रिश्ता जानता है आत्मा और परमात्मा का। यह हकदार है।" वह सब नाखुश होकर चले गये।

जब रामचन्द्र महाराज को यह बात पता चली तो वह अपने पीर साहब की खिदमत में गये, हाथ जोड़कर खड़े हो गये। कहने लगे - आपकी बदौलत आज मुझे सच्चा ज्ञान, सच्ची रुहानियत हासिल हुई। और मुझे, अब गायत्री व कलमे में कोई अंतर नहीं दिख रहा है। अगर आप हुकुम दें तो कलमा पढ़ा

करुँ। आपने फरमाया अल्लाह ने जिस कुल में, जिस मजहब में आपको जन्म दिया है उसी कुल में ही रहो उसी मजहब में रहो और उसको अच्छी तरह निभाते हुए जो यह मेरा मिशन है सच्ची रुहानियत का उसे दुनिया में फैलाओ। उनके कुछ शिष्यों ने बहुत सी हरकतें की, उनके मकान पर पत्थर फेंकने लगे, तरह-तरह से तंग करने लगे, यहाँ तक की शहर छूट गया। दूसरे शहर में चले गये। लेकिन उन्होंने सच्चाई नहीं छोड़ी। सच्चाई पर बराबर कायम रहे। हिन्दू भाई जो उनके यहाँ आते, उनका इंतजाम रखते। कहते वह हलवाई है, वहाँ आप जाओ, भोजन करो, भोजन करके यहाँ आओ। हर बात का जजबात का ख्याल रखते। ऐसे वह सन्त थे।

एक बार अयोध्या जी गये, वहाँ एक मकबरा है। मकबरे के मुजाबिर को जब पता चला कि ये बड़े सन्त है, फकीर हैं, कुतबेवक्त हैं तो रात को 12 बजे आपके पास गया। उसके पास एक बही थी ले गया था, उनसे प्रश्न किया कि आप अल्लाह के वास्ते मुझे बताईये कि मकबरे में कौन साहिब है और यह मकबरा किसका है? आप ध्यान में गये, ध्यान के आधे घण्टे के बाद बताया कि भाई! यह मकबरा नहीं है यह तो समाधि है हिन्दू महात्मा की। उसने दूसरा प्रश्न किया कि क्या आप बता सकते हैं कि यह किस की समाधि है। ध्यान में गये, बोले कि जब मैं ध्यान में बैठता हूँ तो चन्द्रमा पर टंकोर होती है, हो सकता है, धनुष कोटि चन्द्र नाम के महात्मा की समाधि हो। मुजाबिर के पास जो बही थी उसमें लिखा था कि कोई हिन्दू सन्त आये थे और कहा था कि आप लोग क्या कर रहे हो। यह तो धनुष कोटि चन्द्र महात्मा हुए हैं उनकी समाधि है यह मकबरा नहीं है। धनुषकोटि चन्द्र नाम हो सकता है, बता दिया उन्होंने। इतना बेजोड़ फकीर था और इतना ऊँचा ज्ञान - विज्ञान का सच्चा पंडित था। इतना बड़ा तत्त्व ज्ञानी था कि वर्षों पहले की बात बैठकर बता देते थे कि यह जमीन कैसी है। यह बहुत मामूली बात थी उनके लिए। ऐसे फकीर थे जिनका एक सैकेंड भी खराब नहीं गया, दिन के 24 घण्टे हर समय अल्लाह की याद।

महात्मा रामचन्द्र जी अपने गुरु के दर्शन करने रोज जाते थे। बड़ा प्यार था आपस में एक दूसरे से। एक बार ऐसा हुआ कि जेठ का महीना था बहुत गर्मी थी, मौलाना साहब बाहर बैठे थे। बार-बार यह ख्याल आता कि शिकंजी पी जाये। बड़ी मामूली सी बात थी। ख्याल आता है, क्यों आता है? नहीं

पियेंगे, शैतान है परेशान कर रहा है नहीं पियेंगे। लाला जी महाराज जब घर से चले तो रास्ते में बर्फ मिल रही थी। नींबू भी मिल रहा था। विचार आया की आज बड़ी गर्मी पड़ रही है, हुजूरवाला को शिकंजी पिलाई जाये तो क्या बात है। तैयार करके शिकंजी ले गये और जब पहुँचे तो सामने रख दी। आपने बड़े प्यार से देखा और बोले कि अरे! भाई हम तो सुबह से लड़ रहे हैं कि नहीं पियंगे शिकंजी। लेकिन अब तुम लाये हो तो जरुर पिएँगें। ऐसे ही दो आत्मायें एक दूसरे के करीब होती चली जाती है।

जब दर्शन करके रामचन्द्र जी घर लौटते थे तो थोड़ा रास्ता जंगल का सूना पड़ता था, बड़ा भयानक। कभी-कभी ऐसा मालूम पड़ता कि मौलाना साहब आगे-आगे चले जा रहे हैं। जब से यह मौलाना साहब के संपर्क में आये, अनुभव करते कि वह परछाई की तरह हमेशा साथ-साथ हैं। एक बार यह और इनके छोटे भाई रघुवर दयाल अपने गुरु के दर्शन करने जा रहे थे कि बड़े जोरों का तूफान आया और ओले पड़ने लगे। ये लोग घबरा गये और अपने पीर की याद में एक जगह बैठ गये, जो होगा देखा जायेगा। जब आँखे खोलीं तो क्या देखते हैं कि बराबर वाले खेत में तो ओले थे। पर जिस खेत में यह लोग बैठे थे, न उसमें ओले थे, न बूँद थी। जब किबला साहब के पास पहुँचे और बताया कि ऐसा हुआ तो किबला साहब ने फरमाया - अल्लाह क्या नहीं कर सकता, जो चाहे सो करे।

उस समय प्लेग की बीमारी होती थी और जिसको हुई वह मर ही जाता था। बड़ी खतरनाक जिसमें तेज बुखार होता था और जाँघ में गिल्टी निकलती थी। प्लेग की बीमारी फैली थी। रामचन्द्र जी ने कोशिश की कि छुट्टी ले लें, लेकिन मिली नहीं। सरकारी नौकरी थी। रोज कचहरी जाते, गुरु महाराज किबला साहब के दर्शन करने जाते। रामचन्द्र जी को एक ही लड़का था। बाकी लड़कियाँ थी। उसके प्लेग की गिल्टियाँ निकल आई। तेज बुखार हो गया। कचहरी में खबर पहुँची कि बच्चे को गिल्टी निकल आई है। घर आये तो देखा गिल्टी है। किसी डाक्टर को बुलाने भेजा। सोचा अपने गुरु के दर्शन कर आऊँ, फिर कर पाऊँ या न कर पाऊँ। पहले तो अपना नियम निभा आऊँ, फिर देखा जायेगा। अपने गुरुदेव के दर्शन करने चले गये। दरवाजा खुला मिला। गुरु महाराज ने पूछा कि खैरियत तो है? आप बोले कि मालिक का शुक्र है। आप बोले कि मैं तुम्हारे साथ चलूंगा। चल कर घर आये। प्लेग की

बीमारी से लोग डरते थे। घर छोड़कर बाहर भागते थे। मौलाना साहब गये और बच्चे की गिल्टी पर हाथ रखकर बैठ गये, अल्लाह-अल्लाह करते रहे और सुबह तक हाथ रखकर बैठे रहे। बुखार उतरा और गिल्टी भी खत्म हो गई। कितना प्यार उमड़ा होगा। कितनी श्रद्धा उमड़ी होगी। कितना मनोभाव उमड़ा होगा। जब आप जाने लगे तो लाला जी महाराज उन्हें साथ छोड़ने गये। रास्ते में भुट्टे लगे थे। एक तोड़ा और लाला जी को देने लगे। फिर बोले कि नहीं मैं तुम्हें ऐसी कोई गलत चीज नहीं दूँगा। मैंने इस भुट्टे को तोड़ते समय किसान से कोई आज्ञा नहीं ली, इसे नहीं दूँगा। ऐसा वह शिष्य और ऐसे वह गुरु थे। कितना वह अल्लाह के नजदीक थे। जाति-पाँति का कोई भेदभाव नहीं। एक ही रिश्ता जानते थे, आत्मा व परमात्मा का। महात्मा रामचन्द्र जी महाराज ने अपने गुरु महाराज से सिलसिले के काम करने की इजाजत मिलने की घटना का वर्णन अपनी आत्म कथा में किया है।

आपने लिखा है कि गुरु महाराज ने 9 से 11 अक्टूबर 1896 को उर्स का आयोजन किया जिसमें हुजूर महाराज ने मुझे अपना दाहिना हाथ बनाया हुआ था और इसी क्रम में उनकी अनेकानेक योजनाओं का कार्यान्वन का दायित्व भी मुझे दिया गया था। उर्स के अंतिम दिन, दिनाँक 11 अक्टूबर 1896 की सायं एक अति विशिष्ट - व्यक्तियों की सभा हुई जिसमें दूर दूर से आये हुए सभी धर्म व सम्प्रदायों के लोग को हिन्दू-मुसलमान, सिक्ख ईसाई, कबीर - पंथी, जैन, बौद्ध इत्यादि तत्कालीन पीर मुरशदना, प्रमुख संत - सद्गुरु, मठाधीश इत्यादि की पदवियों से विभूषित व पदासीन महानुभाव सम्मिलित थे। सबके सामने मुझ अकिंचन को प्रस्तुत करते हुए हुजूर महाराज ने घोषणा की, "इस फकीर को बुर्जुगान ने सिलसिला आलिया नक्शबन्दिया - मुजद्दिया - मज़हरिया की तरफ से यह हुक्म हुआ है कि अज़ीज रामचन्द्र को इजाज़त ताम्मा दे दी जाये। लिहाजा बुजुर्गान! ब राहे मेहरबानी, बद इम्तहान इसकी तस्दीक (सच्चा प्रमाणित) या तर्दीद (रदद् या खण्डन करना) फरमा देवें। इसके बाद मेरे सरकार ने मुझे, मेरा घरेलू नाम लेकर अत्यन्त ही स्नेहमयी भाव के साथ, संबोधन किया "बेटे पुत्तू लाल! इन्हें तवज्जो (ध्यान कराओ / ईश्वरत्त्व का संचरण) दो और जो भी सवाल ये तुमसे पूछें उनका ठीक-ठाक (और उपयुक्त) उत्तर देना, मालिक तुम्हें कामयाबी दें"। अपने हजरत किवला की आज्ञाकारिता में, मैंने तनिक भी देर न की। मेरी आंखें मानो स्वतः ही मुंद

गई। तदन्तर, धुएँ की मानिंद विचारों की शृंखला का एक श्रोत मेरे अंतर से फूट निकला, संभवतः गुरुदेव के प्रति, आभार प्रदर्शक का यह स्थूल रुप था। इतना ही बहुत था, तुमने मुझे अपने चरणों में आश्रय दिया, मुझ अधम को अपनाया। मुझ अपात्र पर तुम्हारी प्रीति की बारिस, जो प्रतिक्षण मुझे शीतलता देती है। तुम्हारे अपार वात्सल्य व प्यार में मैं डुबकियाँ लगा रहा हूँ - कहीं कुछ ओर-छोर नहीं मिलता। आज तक जो भी मुझसे हुआ है अथवा जब से तुम मेरी बात-बात पर अपार-अहैतुकी कृपा की दृष्टि सी करने लगते हो- इसमें मेरा कुछ भी तो नहीं, प्रयास भी मेरा नहीं। जो कुछ भी है, तुम्हारी ही तो प्रेरणा की अमर बेलि के पत्र - पुष्प हैं। शायद तुमने पहचाना नहीं होगा। तुम्हारे प्यार ने जैसा चाहा, वैसा ही मुझसे हुआ। मेरे सर्वस्व के मालिक! मेरी दृष्टि तो एकमात्र बस तुम्हारी ही ओर है। तुम्हारी ही इच्छा पूर्ण हो।"

इसके बाद स्थूलता के बादल स्वतः ही छंटने लगे और कुछ क्षणोंपरान्त मानों पौ सी फटी। गुनगुना प्रकाश दृष्टिगत हुआ और उसी के पास, मैंने पहचान भी लिया, कि यह सद्गुरु कृपा का सूक्ष्म रुप था जो भावों की स्थूलता से वापस आकर अब इस पार झाँक रहा था। गुरु कृपा के ऐसे मनोहारी और ताण्डव नृत्य से यह मेरी पहली पहचान थी। मुझे क्या पता था कि यह ही प्रलय से साक्षात्कार के क्षण थे; गज़ब हो गया। विचार - शून्यता अब बढ़ते-बढ़ते, तम के स्तर पर पहुँच रही थी। मुझे अपना स्वयं का स्वरुप और शनैः शनैः उसका एहसास भी समाप्त प्रायः सा होता प्रतीत होने लगा व बीच-बीच में जब ध्यान, सुधि मेरा संक्षिप्त सा उत्तर था- केन्द्र बिन्दु पर वापस आता तो वहाँ भी अपने प्रियतम गुरुदेव के अतिरिक्त कुछ न पाता था। धीरे-धीरे इसी (उन्हीं का अस्तित्व) का विस्तार होता प्रतीत हुआ और इस सीमा तक कि मानो सारी सृष्टि ही उसमें समाहित हो जायेगी। एक अपूर्व - अलौकिक आनन्द की स्थिति थी। अपनी वंश परंपरा के सभी गुरुजन, एक पारदर्शी - प्रकाशपुंज के उस पार गुपचुप, लुका - छिपी के मध्य स्पष्ट दृष्टिगोचर होते रहे। ऐसा लगता था मानो प्रकृति स्वयं अपनी पूर्ण गरिमामयी नृत्य अवस्था में हो और आनन्द ही आनन्द छितरा हुआ हो। कुछ समय तक सतनाम की गूँज उसी दृश्य में अवस्थित रह कर बड़ी ही मनोहारी संगीत मयी आभा के मध्य अपना विश्राम देती रही। बाद में वह भी नहीं रही। जो भी था न वहाँ प्रकाश था, ना अंधकार। कोई रंग न था, कोई ध्वनि न थी। रंगहीन

प्रकाश पिघल-पिघल कर समस्त सृष्टि को अपने अस्तित्त्व में समेट लेना चाहता था। ऐसा जगमग वातावरण जिसमें असंख्य सूर्यों का प्रकाश व कांति कम पड़ रही हो। प्रेम व आनन्द से सराबोर इसी सोते में वे सभी भीगते रहे, डूबते रहे, उतरते रहे। लगभग एक घण्टे बाद ऐसा लगा कि हम पुनः अपनी सामान्य चेतना में वापस लौट रहे थे। उसी बीच में मैंने अनुभव किया कि हुजूर महाराज भी वहाँ लीलारत थे व उनके आदेश ने मेरी चेतना को छुआ "अब बस करो" ।

धीरे-धीरे सभी ने आँखे खोल दीं। सभी के चेहरों पर एक अभूतपूर्ण प्रसन्नता और तुष्टि भाव की स्वीकारोक्ति की झलक थी। अब बधाइयों की बौछार हो रही थी मेरे हज़रत किब्ला पर। शब्द कम पड़ रहे थे। जिनकी पूर्ति नम आँखे करती- कभी उनकी- तो कभी किसी तीसरे या चौथे अथवा किसी अन्य की। पूरे वातावरण में एक ''होली'' जैसा माहौल था। सभी का मिला-जुला निर्णय था इन्होंने (यह अकिंचन दास) कमाल हांसिल किया है। सतपद तक रसाई ही नहीं उसमें लय अवस्था प्राप्त की, स्थिरता और वहाँ का अधिकार प्राप्त किया है। इस सबसे निवृत होकर, अब प्रश्न और उत्तरों का क्रम प्रारंभ किया गया। प्रथम प्रश्नकर्त्ता द्वारा पूछा गया बेटे यह बताओ- "शुक्र किसे कहते हैं? परमात्मा की देन का उचित प्रयोग धर्मशास्त्र के अनुसार करना ही शुक्र है"। अगला प्रश्न था "याफत किसे कहते है ?" सेवक ने पहले तो "याफत" के शब्दोकोषीय अर्थों की चर्चा की पाया हुआ। अधिकतर इस शब्द का प्रयोग दूसरे शब्द के साथ मिल कर किया जाता है। अकेला नहीं बोला जाता। व्याकरण के अनुसार याफत शब्द स्त्री लिंग है, जिसका अर्थ है लाभ, प्राप्ति इत्यादि। प्रश्नकर्त्ता के पूछने के ढंग से मैं समझ चुका था कि अभी-अभी जो मुराक़ब (ध्यान) का दौर चला था प्रश्न उसी से संबन्धित था। अतः मैंने निवेदन किया इसका हिन्दी (संस्कृत) रुपान्तर है- संयुक्त। इसी से निकला शब्द है संयोजता। संयोजता उस आध्यात्मिक दशा या अवस्था को कहते हैं जिसमें प्रेमी और जिससे वह प्रेम करता है दोनों का अस्तित्त्व एक हो जाय और दोनों में कोई अन्तर न हो और कोई अलग पहचान शेष न रह जाये। यहाँ (याफत या संयोजता) की स्थिति पर पहुँच कर पुनः वापसी (गिरावट) का डर समाप्त हो जाता है। सत्य का वास्तविक साक्षात्कार इसी अवस्था में होता है। "प्रश्न उत्तरों के क्रम में अब बारी थी "तजल्लि-ए-जात"

की। तजल्ली का शब्दकोशीय अर्थ है प्रकाश, आभा या प्रताप। किन्तु जिस विषय विशेष पर चर्चा गरम थी, उसके अनुसार इस शब्द का अर्थ होगा अध्यात्म ज्योति या नूरे हक़। यह वह प्रकाश या ज्योति है जहाँ मायावी प्रकाश की झलक नहीं जाती। ऐसा लगाव तभी होता है जब आत्मीय प्रेम में लयता प्राप्त हो जाय। समाधि अथवा मुराक़बः (संसार से हट कर ईश्वर में ध्यान लगाना) की यह एक प्रणाली है और आशय यह है कि जौकिया प्रेम का आविर्भाव हो। "जौक" एक प्रकार की कैफियत (स्थिति विशेष) का नाम है जो स्वाद या आनन्द प्राप्त कर लेने के बाद आती है। अर्थात किसी वस्तु के रसस्वादन के पश्चात उसकी ऐसी याद रहे कि कभी भूले नहीं और उसकी लौ लग जाय। इस प्रकार का ध्यान वास्तविक लक्ष्य तक पहुँचाने वाला होता है।

छोटे-छोटे प्रश्नों से बारी जा पहुँची बड़े-बड़े और ऐसे कठिन प्रश्नों की कि जिनकी मूल जानकारी या साक्ष्य, की साधारणतयः मुझ जैसे किसी से आशा नहीं की जा सकती थी। प्रश्न जो मेरे सामने रखा गया था वह यह था कि मृत्यु क्या है? उसके बाद की स्थिति क्या है? मेरे हज़रत किब्ला ने मेरी पीठ थपथपाई और वहीं पीछे एक ओर बैठ गये। आंखों ही आंखों में इशारा हुआ और मैं यंत्रवत शुरु हो गया। वे मेरे जीवन के कीमती क्षण थे और मैं महसूस कर रहा था कि मेरी वाणी के परोक्ष में वह चमत्कार हुजूर महाराज के अतिरिक्त अन्य किसी का नहीं हो सकता। सभी मंत्रमुग्ध हो कर सुन रहे थे और बोलते-बोलते लगभग एक घण्टे के समय के पश्चात जब मेरे पास शब्दों की कमी पड़ने लगी तो उनका स्थान भावावेग ने ले लिया और उसी के मध्य न जाने कैसे और किसके बलबूते मैंने घोषणा कर डाली "ऐ मेरे सम्माननीय विद्वानों और संतो ।" मौत के बारे में जानकारी शब्दों के माध्यम से जितनी कुछ भी संभव थी मैंने आपके समक्ष प्रस्तुत की। अब यह अकिंचन दास, मौत की वास्तविकता का आभास आप सबके अनुभव में उतारने की कोशिश करता है। "और इसी मध्य यंत्रवत सभी की आँखें, धीरे-धीरे स्वतः ही मुन्दती गई और गहरे सन्नाटे के मध्य उन सबको मृत्यु की वास्तविकता के दर्शन हुये। एक अनुपम दृश्य था। सभी की आंखें खुली मेरे हजरत किब्ला के चमत्कारिक आदेश के अनुरुप। अभी भी वहाँ पर एक अनुपम दृश्य था। सभी की आँखों से प्रेमाश्रु झर रहे थे। यह कैसा पागलपन था, यह कैसा जुनून

था। इस अन्नमय भौतिक शरीर में जीवात्मा के कारण शरीर का आभास और उससे साक्षात्कार इसी जीवन में मृत्यु के दर्शन और उसके उस पार के दृश्यों का अवलोकन। सभी कुछ एक महान आश्चर्य ही नहीं विश्व की आध्यात्मिकता के इतिहास में एक ऐसा अध्याय था जो नवीन तो था ही विलक्षण और अविश्वसनीय भी। महफिल एक बार फिर गरम हो चुकी थी। गहमागहमी और कसरत बधाइयों की थी जी हाँ बधाइयाँ इस बार भी मेरे सरताज मेरे गुरुदेव को ही दी जा रही थीं। मैं आवक और किंकर्त्तव्यविमूढ़, उनके एक ओर बैठा इसी प्रतीक्षा में था कि कुछ भी ऐसा हो और मैं सशरीर उनके अस्तित्त्व में विलीन हो जाऊँ। मैं नहीं जानता कितनी देर तक यही सब चलता रहा। कुछ क्षणोंपरान्त रंग फिर बदला और उसी गुलाल के उरोजों के मध्य एक सामूहिक प्रश्न विकसित होकर आया जो (अब) मेरे लिए न होकर मेरे सरकार के लिए था। पूछा जा रहा था कैसा अनुराग है यह कहाँ का दीवानापन है, उर्जा का यह कौन सा संवेग है कि एक नक्शबंद सूफी जिसे अपना उत्तराधिकारी नियुक्त कर रहा है वह वेदान्ती हो? यह कैसे हो सकता है? वेदान्ती भी यहाँ उपस्थित थे। उनकी जिज्ञासा थी वेद और उपनिषदों का ऐसा व्यवहारिक ज्ञान अभी तक सूफियों के यहाँ कैद रह पाया और वह भी इतना शान्त और चुपचाप कि किसी को भनक भी नहीं लग पायी कि इतनी बड़ी आवश्यकता अभी तक क्रान्ति क्यों नहीं बन पाई।

पूरे तीन दिन के इस अविस्मरणीय अधिवेशन की यह अंतिम सभा थी और उसका उपसंहार भी इस बीच जिस उमंग व प्रसन्नता के वे (पूज्य गुरुदेव) पर्याय बने हुए थे, सब कुछ, अब भावशुष्कता में बदल चुकी थी और उसी के मध्य वे अति सहज भाव से रु-ब-रु (सामने-सामने) हुए "दुनिया के सभी इन्सानों में तर्जेरुहानियात (आध्यात्मिता के संचरण की पद्धति) एक है लेकिन तर्जे माशरत (सामाजिक जीवन पद्धति) अलग-अलग है। आपने अपने संक्षिप्त से सम्भाषण में एक रहस्य उद्घाटन भी वहाँ पर, उन सभी के मध्य किया कि बात पुरानी है कि एक बार जब स्वामी दयानन्द जी महाराज कायमंगज पधारे थे उस समय एक अतिविशाल जलसा हुआ था। उसमें आर्यसमाजियों के अतिरिक्त, अन्य धर्मों के सन्त व विद्वान भी सम्मिलित हुए थे और उसी क्रम में वे स्वयं (हुजूर महाराज) भी अपने पीर-ओ-मुरशदना (आध्यात्मिक गुरु) हज़रत मौलाना शाह अहमद अली खाँ

साहब (रहम.उ.अलैः) के साथ उनके भाषणों को सुनने गये थे। उस आर्य सम्मेलन की अंतिम सभा के समापन से जब वे दोनों अपने-अपने घरों को वापस हो रहे थे तब रास्ते में (मेरे दादा गुरु) हज़रत खलीफा जी साहब ने पूज्य गुरुदेव को आदेश दिया था – 'तुम भी इस सिलसिले-ए-आलिया' के मिशन की तरक्की के वास्ते ऐसा ही कोई जवाँ मर्द तैयार करना।

दादा- गुरु का निर्देश था ठीक स्वामी दयानन्द ही के जैसा। प्रत्युत्तर में गुरुदेव ने सिर झुकाकर इतना ही कहा था खादिम ने तो एक बबूल का पेड़ लगाया है। पूज्य दादा गुरुदेव खलीफा जी साहब ने आसमान की तरफ हाथ उठाकर दुआ पढ़ी थी और उसके बाद भविष्यवाणी भी की थी "इंशाअल्लाह वही इतना फले फूलेगा कि दुनियाभर की तंगियों दुखों व तकलीफों को अपनी रुहे-कल्व में उतार कर तमाम जमीन पर हरियाली और सकून बरपा कर देगा।" इसके बाद हुजूर महाराज ने इस घटना के वर्णन के पश्चात (एक बार पुनः) "अमीन" पढ़ा और लगभग दो मिनट के लिए मौन होकर अतीत में खोये रहे। पूज्य गुरुदेव ने अपने दोनों हाथों को उलट-पलट कर देखा और बाद में अपने चेहरे पर खूब अच्छी तरह फिराया। कुछ बुदबुदाए और पुनः मुखातिब होने से पूर्व मुझे नजर भर कर निहारा, कुछ देर को पुनः आँखें बन्द की और धीरे-धीरे निहायत नपी-तुली भाषा में फरमाया "उस दिन के बाद अजीज रामचन्द्र का रोज बिला-नागा इंतजार ही मेरी अपनी इबादत बन गया। वह दिन मेरे लिए निहायत तसल्ली बख्श था जिस शाम आँधी-पानी ने घमासान अँधेरा कर रखा था। बादल गरज रहे थे और बिजली तड़क रही थी। जाड़े के दिन थे। उस दिन इन्हें (अकिंचन दास) कचहरी से वापस लौटने में देर हो गई थी। शायद मौसम की खराबी की वजह से इनकी हालत देखने लायक थी। काबिले रहम थी। जब यह मदरसा मुफती साहब के सड़क की तरफ वाले फाटक से अन्दर आकर अपनी कोठरी की तरफ बढ़े जा रहे थे, खूब भीगे हुए थे और सारा बदन सर्दी से काँप रहा था। यह फकीर (हुजूर महाराज) उसी तूफान में इनका निहायत बेसब्री से इतंजार कर रहा था। मुझे अच्छी तरह से याद है इन पर मेरी नजर पड़ना इनका घबराकर नजरें झुका लेना, कुछ रुकना, कुछ शरमाना, पहले नजरें चुराना फिर बड़ी ही शादगी से सलाम पेश करना, सब कुछ आज भी मेरे जहन में ताजा है। मेरी जुबान से बरबस निकल पड़ा था। अरे! इस तूफान में और इस समय आना? मुझे सब याद है। मुझे यह भी याद

है कि मुझे कितनी तसल्ली और सुकून मिला था जब यह पहली बार मेरी कोठरी में आए थे, मेरे ही कहने पर ये वापिस अपनी कोठरी में कपड़े बदलने को गये थे और मेरा ही दिल रखने को दूसरे कपड़े पहन कर, हाँ टोपी भी और पूरे सूफी अदब के साथ ये दूसरी बार मेरे पास आये थे। कितनी दीवानगी थी मुझ में भी। जल्दी-जल्दी में मैंने भी किसी प्रकार अपनी बोरसी की आग ताजा की थी। कुछ भी तो नहीं उतरा है मेरे जहन से कि जुनून भरे लहजे में मैंने इन्हें अपनी रजाई उढ़ा दी थी। पता नहीं इनकी ठण्ड की वजह से कंपकंपी दूर करने के लिए या अपने पीरो मुरशद की मुश्तदाम (नित्यता), इन्हें तस्लीम (सुपुर्द करना) करा देने के लिए थी। इसी प्रकार मेरे और उनके बीच के रिश्ते वे अपनी जहन में ताजा करते रहे। शायद अब वे भावुक भी हो रहे थे। मैंने हिम्मत करके इनकी नम आँखें अपनी नजरों में भरने की नाकामयाब कोशिश की थी। इसी बीच सभा में श्रोता वर्ग के अंतर में उठ रहे भाव भी मुझ से अनछुए नहीं रहे और किसी शायर की यह पंक्ति मेरे मन में बार-बार आ रही थी जिसमें किसी प्रेमिका की ओर से उसने कहा था "गली हमने कही थी, तुम तो दुनिया छोड़ जाते हो ।"

मैं समझ सकता हूँ कि हुजूर महाराज के सम्मुख उस सभी की सामूहिक जिज्ञासा के प्रति उत्तर में उनके बयान से वातावरण इतना अधिक संवेदनशील हो जायेगा। किसी को भी ऐसी आशा न थी। मैं स्पष्ट अनुभव कर रहा था। कि गुरुजनों की सम्पूर्ण शृंखला द्वारा आहूत आर्शीवाद ओस के मोतियों की भांति झर रहे थे। जिनसे एक ओर सम्पूर्ण वातावरण को एक स्वर्गीय चाँदनी ने ढक लिया था वहीं दूसरी ओर सभी के अंतर में एक अद्भुत प्रेम का ज्वार अपनी हिलोरें ले रहा था। सभी उसमें कूक रहे थे, थकते न थे। कुछ देर के बाद सभा का शमां और मौसम धीरे-धीरे बदलने लगा और अब सभी लोग शान्त और चुपचाप बैठे रहे थे। पूज्य गुरुदेव ने मुझे अपने और अधिक निकट बुलाकर बिठा लिया। उनके एक ओर एक फाइल रखी हुई थी जिसमें कुछ, अत्यन्त अच्छी व आकर्षक लिखावट में पहले से लिखे हुए पत्र व दस्तावेज सुरक्षित रखे थे। उन पत्र प्रपत्रों में से उन्होंने दो को, जिनको उन्होंने अति महत्वपूर्ण समझा वे बाहर निकाले और उसमें से एक उन्हीं के द्वारा पढ़ा गया। उसमें जो भी अंतर्वस्तु थी वह इस अकिंचन दास के बारे में ही थी। उसमें यह स्पष्ट किया गया था कि पूज्य गुरुदेव के द्वारा मुझे ब्रह्मविद्या के

किन-किन विषयों की जानकारी व किन-किन आध्यात्मिक केन्द्रों तक पहुँच, स्थायित्व प्राप्त कराया गया है। उसमें यह भी अंकित किया गया था कि उनके इस "मुरीद" (शिष्य) ने दूसरे जिज्ञासु स्त्री, पुरुषों को किस-किस केन्द्र (चक्र या लतायफ) तक की यात्रा व पहुँच करा देने की योग्यता व क्षमता प्राप्त कर ली है। दूसरा पत्र सेवक के पक्ष में, लिखा हुआ इज़ाजतनामा था जो कि पहले सुनाए गये योग्यता प्रमाण पत्र के आधार पर था। दोनों ही प्रमाणपत्रों पर, वहाँ उपस्थित संत महानुभावों द्वारा, आम राय से सहमति प्रदान की गयी और सेवक को अनेकानेक आर्शीवाद प्रदान किए गए। चूंकि वहाँ पर उपस्थित संत व गुरुजन अनेक धर्म संप्रदायों का प्रतिनिधित्व कर रहे थे अतः इस अकिंचन दास की पूरी-पूरी जाँच व परीक्षा करने के बाद सभी ने अपनी-अपनी ओर से भी "इजाजत नामे" लिख-लिख कर, हुज़ूर महराज के हाथों से दिलवाये गए। सभी में प्रमाणित किया गया था कि ''रामचन्द्र'' नाम के सेवक को ''हिरण्यगर्भ'' की स्थिति सुलभ व प्राप्ति हुई है। उन सभी प्रमाणपत्रों को मेरे पूज्य गुरुदेव ने एक-एक शब्द पर अपनी ऊंगली रख-रख कर, पढ़ा। उसके बाद उन्होंने वहाँ पर उपस्थित एक वेदान्ती संत से "हिरण्यगर्भ" की स्थिति, संक्षेप में बताने के लिए कहा। उन संत ने बताया-हिरण्यगर्भे अस्ति यस्य सः "हिरण्यगर्भः" हिरण्य जिसके गर्भ में है वह हिरण्यगर्भ है। हिरण्य एक तेज, वर्चस्य, प्रभुत्व की शक्ति है जिसे परमात्मा कहें, परमसत्ता कहें। यह शक्ति ही सूर्य में समाहित है, सूर्य के गर्भ में है, इस कारण यह "हिरण्यगर्भ" है। इसे सुन कर पूज्य गुरुदेव की मुखाकृति व उसकी आभा, उसकी कान्ति अब देखने लायक थी। फरमाने लगे 'रामचन्द्र'! आज तुम्हारी जात से तुम्हारे वालदैन और तमाम बुजुर्गीन सिलसिला-ए-आलिया नशबंदिया मुजद्ददिया मजहरिया का रुतबा बढ़ा है। गर मैं तुम्हें इस्लाम कुबूल कराता तो महज एक आम मुसलमान बन कर रह जाते। लेकिन तुम्हारी नि:स्बत से आज जो बातें आसमान, आफताब और जमीन की ओर जा रही है, खुशी से मेरा सीना फटा जाता है। बेटे! वख्त आयेगा। जरुर आयेगा। तुम आफताब की तरह चमकोगे। तुम्हारी जात से, इंशाअल्लाह आलम मुनव्वर होगा। तुम्हारी पीढ़ी-दर-पीढ़ी तुम्हारे पोते-दर-पोते वली और पीर व महात्मा होते रहेंगे। बेटे! यह बहुत बड़ी बात है। सभी उपस्थित जनों ने "आमीन" पढ़ा। हुज़ूर महाराज एक आवेग के साथ उठ कर खड़े हो गये, मैं भी और

तमाम वो लोग भी जो वहाँ पर बैठे थे। मेरे हज़रत किब्ला ने मुझे सीने से लगाया और अपनी अति मधुर बाणी से किन्तु गले को थोड़ा खकार कर फरमाया "लो बेटे! खुश रहो।" "बहुत-बहुत मुबारक हो तुम्हें" कहते हुए उन्होंने "इज़ाजतनामा" मेरे हाथों में थमा दिया। वे सभी भी भावुक हो रहे थे। "आज तुम्हें यह फकीर अपनी तमाम उम्र की कमाई सौंप रहा है, तमाम बरकतें तुम्हारी तवज्जोः के इंतजार में हैं।" उसके बाद वे थोड़ा गंभीर होकर बोले बेटे! आज के बाद और अभी इसी वक्त से मुझमें और तुममें कोई फर्क नहीं रह गया है। मैं तुम्हारी जात में और तुम्हारी जात अब उस अजीम हस्ती में फना हो चुकी है जहाँ पर मेरा किब्ला ओ कावा, एक लम्बें अरसे से तुम्हारी राह देख रहे थे। कुछ ठहर कर कहने लगे- देखों बेटे इन बातों का ख्याल रखना-

1. मखद्म (स्वामी) बनने से हमेशा बचना और दूर रहना
2. खादिम (सेवक) बनकर दूसरों की खिदमद (सेवा) करना
3. कभी किसी से ऐसा वायदा न करना कि इतने दिनों में फलाँ (अमुक) मुकाम (स्थान) तक सिखा या पहुँचा (अनुभव करा)दूंगा। बल्कि खिदमत बे-लौज हो कर करना और किसी बात का दावा कभी मत करना।

इसके बाद अपनी मन मोहनी सूरत पर, चार चाँद लगाने वाली उनकी दाढ़ी उस पर तसल्ली से हाथ फिराया और फरमाया - बेटे! जो शख्स तालिबे दुनिया हो, उसको बाहर ही बाहर निबटा कर दरवाजे से ही रुख्सत कर देना। ज्यादा मुँह मत लगाना न बैअत करनाः इंशाअल्लाह, सिलसिला कभी रुकेगा नहीं। चलते समय हुजूर महाराज ने वे सभी उपहार (टोपी, पगड़ी कुरते की आस्तीन इत्यादि) जो उन्हें जनाब खलीफा जी साहब (उनके पूज्य गुरुदेव) से प्राप्त हुए थे अपने इस सेवक को एक कीमती धरोहर के तौर पर दिए। मैं धन्य हुआ।

आखिरी वक्त आया तो आपने अपने सब शिष्यों, मुरीदों को इत्तला देकर पास बुला लिया। फिर एक दिन ध्यान में बैठ गये और कहते गये देखो अब हमारे पैरों से जान निकल रही है, अब हमारे जाँघों से जान निकल रही है, अब देखो दिल से जान निकल रही है, अल्लाह-अल्लाह करो। ऐसा कहा और

शरीर छोड़ा। लाला जी महाराज रो पड़े। बिलख-बिलख कर रो पड़े। जैसे रोये, वो फिर शरीर में वापस आये, कहा कि तू रोता है, मैं तेरे लिए आज जिन्दा हो रहा हूँ। सब कुछ राज समझ में आ गया। बड़ी शांति से अल्लाह की याद में शरीर छोड़ा। ईश्वर को पाता है, वेद भगवान भी यह कहते हैं कि परमात्मा की याद में फूल की तरह शरीर छोड़ता है, वह ईश्वर को पाता है। आप अल्लाह से एक हो गये, उसके प्यारे हो गये। ऐसा उनका निर्मल हृदय था।

1.2 महात्मा रामचन्द्र जी व महात्मा रघुवर दयाल जी

रामचन्द्र जी महाराज (लाला जी) व रघुवर दयाल जी महाराज (चच्चा जी) दोनों सगे भाई थे। आपके पिता चौधरी हरबख्श राय, जिला मैनपुरी, कस्बा भोगाँव के रहने वाले थे। यह कस्बा इनके पूर्वजों ने बसाया था। इस खानदान को मुगल सम्राट अकबर की ओर से चौधरी का खिताब मिला हुआ था। चौधरी हरबक्श राय फर्रुखाबाद म्यूनिसपैलटी में सुपरिटेन्डेंट थे और आपका जीवन बड़े ऐशो-आराम का था, नवाबों की शोहबत थी। खाना-पीना

परम सन्त महात्मा
श्री रामचनद्र जी महाराज
(2-2-1873 से 14-8-1931)

परम सन्त महात्मा
श्री रघुवर दयाल जी महाराज
(7-10-1875 से 7-6-1947)

भी वैसे ही था, मांस-मछली का परहेज न था। धर्म पत्नी सात्विक प्रवृति की थी, अपना खाना अलग बनाती थी। एक प्रकार से अलग ही रहती थी। रोजाना रामायण का पाठ करती, संत महात्मा कभी आ जाते तो उनके दर्शन करने जाती थी, दान करना उनके जीवन का अंग बन गया था। जो कुछ माँगने आता उसे खाली हाथ न जाने देती। लेकिन सबसे बड़ा दुख उन्हें यह था कि उंनके कोई संतान न थी। बड़ी दुखी रहती थी। एक बार ऐसा हुआ कि एक मुसलमान फकीर उनके दरवाजे पर आये और "अल्लाह हो अकबर" का नारा लगाया। उनकी जो नौकरानी थी वह बाहर आई और दरयाफत किया कि बाबा! क्या आज्ञा है? उस फकीर ने कहा, मैं मछली खाऊँगा। उनके घर मछली का कोई सवाल ही पैदा नहीं होता था। कहा कि बाबा, यहाँ मछली नहीं है। उसने कहा कि नहीं है। इस पर मालकिन जी वहाँ गई जहाँ चौधरी साहब का भोजन बनता था। और बावर्ची से दरयाफत किया तो मालुम हुआ कि चौधरी साहब कल ही मछलियों का शिकार करके आये है। मछलियाँ पकी हुई हैं, तैयार हैं और कुछ ईष्ट मित्रों की सायंकाल दावत है। आपने बावर्ची से कहा कि मछलियाँ हमें दे दो। बावर्ची की क्या हिम्मत कि मना कर दे। वह मछलियाँ लेकर आई, फकीर को दे दीं, और आप अन्दर घर में चली गई। फकीर ने वह मछलियाँ खाई। खाने के बाद उसकी तृप्ति हुई तो उसके बाद उसने नौकरानी से कहा कि अपनी मालकिन से पूछो कि वह क्या चाहती हैं? वह बोली कि मालकिन से क्या पूछना उनकी एक समस्या है और वह यह है कि मालकिन के कोई संतान नहीं है। उस फकीर ने अपना डंडा उठाया और दो बार पृथ्वी पर मारा एक और दो। अपनी मालकिन से कह दो कि उनके दो संतानें होंगी। यह कहकर फकीर चला गया। दसवें महीने के बाद रामचन्द्र जी महाराज का जन्म हुआ और इसके पूरे दो साल बाद महात्मा रघुवर दयाल जी महाराज का जन्म हुआ। बड़ी खुशियाँ मनाई गई और बड़ा दान दिया गया, फकीरों को खिलाया गया।

अब इनका घर खिल उठा, चमन महक उठा। रोजाना दोनों बच्चों को अपने पास बिठाती और रामायण का पाठ करातीं। इनके पति की सोहबत अच्छी न थी, बहुत शराब पीते थे। इन बच्चों पर उनका कोई असर न हो पाये, इसलिए उनसे अलग रखती। बचपन में ही दोनों को अपने घुटनों पर बिठाकर रामायण व सुन्दर-सुन्दर भजन सुनाती। लेकिन भगवान को यह अधिक मंजूर

न था। जब रघुवर दयाल जी की उम्र 7 वर्ष और रामचन्द्र महाराज की उम्र 9 वर्ष हुई तो इनकी माता जी का स्वर्गवास हो गया। अब उनकी पढ़ाई-लिखाई की जिम्मेदारी चौधरी हरबख्शय राय जी के ऊपर आ पड़ी। उन्होंने अच्छे से अच्छे टीचर एवं मौलवी पढ़ाई के लिए रखें। पर ईश्वर को यह भी मंजूर नहीं था। रामचन्द्र जी महाराज आठंवी पास कर चुके थे, नवीं में पहुँचे तो उनके पिता जी का भी स्वर्गवास हो गया। दोनों बच्चों को अनाथ छोड़ गये। इनके रिश्तेदारों ने सारी संपत्ति लूट ली। किसी ने कहा कि हमारा इतना उधार है, किसी ने कहा कि हमारा इतना देना है। सीधे-साधे बच्चे क्या करते? जहाँ इनकी ऐश्वर्य की जिन्दगी थी, वहाँ गरीबी छा गई। आठंवी पास कर चुके थे। रामचन्द्र महाराज जी, 16 वर्ष की आयु हो गई थी। वहाँ का जो अंग्रेज कलेक्टर था, वह इनके पिता जी को अच्छी तरह जानता था। कलेक्टर से मिले और उन्होंने इनको कलेक्टरेट में नकल नवीस की जगह नियुक्त कर दिया। उस जमाने में नकल नवीस का वेतन दस रुपये माहवार था, उससे अपने घर का सारा गुजारा, छोटे भाई की देख-रेख, सब उसी में। धोती की जगह अद्धे पहनते, जूते की जगह खड़ाऊँ। उन दिनों एक कोठरी के सामने मस्जिद थी, जिसमें मौलाना फजल अहमद खाँ साहब कुतवेवक्त रहा करते थे और मकतब में आप पढ़ाते थे। बुजुर्ग थे, आते-जाते रामचन्द्र जी को इनके दर्शन होते, यह बड़े अदब से सलाम अर्ज करते और आर्शीवाद पाते। किवला साहब इन्हें देखकर बहुत खुश हुआ करते। यह स्वाभाविक सिलसिला किबला साहब के माध्यम से आपको गृहस्थ में रहते हुए, आध्यात्म साधना में गहरी पैठ करा दी जिसका वर्णन मौलाना साहब के संक्षिप्त जीवन दर्शन में ऊपर दिया गया है।

राजचन्द्र जी महाराज का जब वैत्त हुआ तो आपके छोटे भाई रघुवर दयाल (चच्चा जी महराज) को पता चला कि बड़े भाई का वैत्त (दीक्षा) हुआ है, तो उन्होंने अनशन आरंभ कर दिया, खाना छोड़ दिया और भाभी से बहुत नाराज हुए - कहने लगे कि आप दोनों ने पूजा कैसे ले ली, हमें नहीं दिलवाई। आपका वैत्त हो गया, हमारा वैत्त क्यों नहीं हुआ? अब हम भोजन जब करेंगे जब हमारा वैत्त हो जायेगा। उन्होंने कहा तुम्हारे भाई साहब शाम को जब कचहरी से आ जायें तो बात करें। शाम को जब रामचन्द्र जी महाराज कचहरी से वापिस आये तो उन्होंने कहा कि आज नन्हें ने सुबह से भोजन नहीं

किया है, नाराज हैं कि भैया ने दीक्षा ले ली, वैत्त हो गये, हमें नहीं दिलवाया। उन्होंने कहा कि भाई यह तो किवला साहिब पर है, दें न दे – वह मालिक हैं। खैर ऐसी बात है तो मैं अर्ज कर दूँगा। गये बड़े अदब से, दबे हुए शब्दों में कहा कि हुजूर! यह नन्हें बड़ा जिद्दी है। सुबह से जिद किये हुए है, कुछ खाया नहीं – वैत्त होने की जिद कर रहा है। किवला साहब ने फरमाया कि अच्छा, व्रत रखा हुआ है। हम आज ही इनको वैत्त करेंगे। वैत्त कर दी। उसके बाद कहा कि देखो भाई, यह तुम्हारे बड़े भाई साहब तो अदब की मूर्ति है, बात ही नहीं करते। लेकिन तुम हमारे खिलौने रहोगे। अदब आदाब बिल्कुल न निभाना। किबला साहब कहते, चिलम भर लाओ और दोनों मूढ़ों पर बैठ कर हुक्का गुड़गुड़ा रहे होते – तफरीह की बातें होती। जब कभी रामचन्द्र जी ऐसा देखते तो मन में सोचने कि बड़ी बेअदवी कर रहा है और मौलाना साहब ताड़ जाते तो कहते नहीं नहीं, यह तो हमारा खिलौना है, इसको कुछ न कहो। रामचन्द्र जी महाराज ने इंतहा का अदब निभाया। गजब का अदब था उनमें।

एक बार ऐसा हुआ कि सर्दी का मौसम था, कड़ाके की सर्दी पड़ रही थी। बहुत बढ़िया किस्म के कपड़े पहने हुए थे मौलाना साहिब। क्या सूझा कि ठंडे घड़े का पानी लेकर मुँह पर छींटे मार रहे थे फटाफट और सारे कपड़े गीले। लाला जी महाराज आ रहे थे। मौलाना साहब ने इन्हें दूर से देखा तो सोचा कि इस वक्त न आयें तो अच्छा है। लाला जी महाराज ने किबला साहब कि ओर जरा देखा और खट से वापिस हो लिए। अगले रोज किबला साहिब ने कहा कि मैं यहीं चाहता था, आपने वही किया – बहुत खूब। ऐसी आत्मा एक दूसरे के निकट आ गई थी। वही काम उनसे होता था, जो किबला साहिब को पसंद था – उसके खिलाफ पैर नहीं रखते थे – ऐसे थे वह। कितना गुंरु प्रेम था, कितना प्यार था, कितना लगाव था कि लड़के के प्लेग की गिल्टी निकलने पर सोचा कि पता नहीं क्या हो जायें? अपने पीर के दर्शन कर कर सकूँ, यह तो होता ही रहेगा – जो होना है सो होगा। अपने छोटे भाई को कहा कि डाक्टर को बुलाओ, दिखाओ और दवा दो, मैं अभी आता हूँ और आप अपने गुरुदेव के दर्शन करने चले गये। वहाँ जाकर कहा कुछ नहीं, लेकिन किबला साहब आपके साथ आये और गिल्टी पर हाथ रख कर बैठे रहे सुबह तक। जब तक बैठे रहे जब तक वह गिल्टी बैठ नहीं गई, बुखार

उतर नहीं गया। ऐसे वह सद्‌गुरु थे, ऐसे वह शिष्य थे। दोनों की आत्मा में कितनी निकटता रही होगी, अंदाजा लगाया जाना मुश्किल है। एक साल बाद लाला जी को पूर्ण अधिकार देते हुए आज्ञा दी कि मैं चाहता हूँ कि आप हमारे मिशन को दुनिया के सामने ले जाओ, पहुँचाओ। उन्होंने अपने आप इन्हें इस मार्ग में ढकेला, जबरदस्ती, ये नहीं चाहते थे कि अपने पीर के सामने ऐसा करें। लाला जी में ज्ञान प्रधान था, ज्ञान की मूर्ति थे, बड़ी गंभीरता थी। 15 - 20 मिनट आपके पास कोई बैठ नहीं पाता था, इतना तेज था।

रघुवर दयाल जी महाराज प्रेम की मूर्ति थे। उनका सत्संग होता था उसमें कुछ विशेषतायें थीं। उनका दरवाजा हमेशा खुला रहता था, कहते थे कि अल्लाह का दरबार है, सब अल्लाह के बन्दे हैं, हर कोई आ सकता है। अच्छा या बुरा कैसा व्यक्ति क्यों न हो, बिना रोक-टोक के आ सकता था। आने की कोई फीस न थी। जमीन पर बैठते थे, सब साथ ही बैठते थे। शारीरिक सेवा भी करते थे और आध्यात्मिक सेवा भी करते थे दोनों सेवायें - यह विशेषता थी उनमें। एक पड़ोसी पंडित जी थे, रो, रो कर बताते कि मैं उनके पड़ोस में रहता था। जब हमारी घर वाली गाँव चली जाती तो मेरे मकान की ताली ले लेते और बहाना करते कि भाई सत्संगी भाई आते रहते हैं, ठहरने का अच्छा रहेगा। लेकिन सत्संगी तो उसमें कोई ठहरता नहीं था - होता क्या था? कि उनकी बहू आती, बरतन साफ कर जाती, फर्श पर पोंछा लगा जाती। जब यह शाम को आते और देखते तो दुःखी होकर महाराज से कहते कि महाराज! यह जूठे बरतन क्यों साफ करवाते हैं, पाप लगाते हैं। तो कहते नहीं नहीं। जैसे हमारे लड़के की बहूरानी है, वैसे आपकी बहू, इसमें क्या बात है। इतना सेवा भाव था मेहमान आते तो, जब सो जाते तो कुऐं से पानी भर कर तैयार कर देते ताकि सुबह सबको आराम से पानी मिल जाये और स्नान कर सकें। गाय थी, थोड़ा, थोड़ा दूध सब भाईयों को देते। जब सो जाते तो सभी के गिलास उठाकर माँज कर रख देते। गाय की कुट्‌टी कभी सत्संगी भाईयों के सामने नहीं काटते, क्योंकि भाई लोग काटने नहीं देंगे। जब सब इधर-उधर हो जाते, तब काटते। ऐसी सुन्दर भावना थी। सत्संग में जब 8-10 व्यक्ति नियमित आने लगे तो ऐसा हुआ कि एक व्यक्ति सुबह उनके घर पधारा करता था और रात को वैश्या के यहाँ जाता, सुबह आकर पैर छूता, कोई बात नहीं। लेकिन कुछ दिनों के बाद जो और सत्संगी भाई आते, उन्होंने

शिकायत करना शुरु किया कि महाराज हमारे सत्संग की बहुत बदनामी हो रही है। लोग कहते हैं कि अजब महात्मा है – जो आदमी रोज वैश्या के यहाँ जाता है, वह आता है और उससे पैर छुआ लेते हैं। यह बात इतनी आगे बढ़ी कि सत्संगी लोग कहने लगे कि महाराज या तो हम लोग ही आयेंगे या यह ही आयेगा। यहाँ तक नौबत आ गई। अगले रोज जब वह आया तो महाराज बड़े जलाल में आये और अपनी दाढ़ी पर हाथ फेरा और कहा – मियाँ! क्या इससे भी खूबसूरत है? बस यही आपने कहा और न मालूम उसने क्या देखा? हमेशा के लिए उसका जीवन बदल गया। फिर उसने उधर कदम नहीं बढ़ाया। परम भगवत भक्त बन गया। सब देख कर हैरान रह गये कि यह वही व्यक्ति है, कैसे बदल गया? इस बात को निभाया कि यहाँ कोई भी व्यक्ति आ सकता है। रास्ता किसी के लिए बन्द नहीं है।

एक सत्संगी भाई से कोई गलती हो गई और इसका पता लाला जी महाराज को चल गया, वह बहुत नाराज हो गये। नाराज होकर कहा – तुम यहाँ से चले जाओ। कभी दुबारा इधर कदम मत रखना। कह तो गये, लेकिन यह बात तो झूठी हो जा रही थी कि यहाँ कोई भी आ सकता है। कैसा भी आ सकता है, मनाही किसी के लिए नहीं है, रोक लगने जा रही थी। लेकिन जहाँ ऐसे व्यक्तित्त्व होते है, उनके जो साथी होते हैं वह बड़े ऊँचे होते हैं। उस भाई ने क्या किया कि बैठक से उठे और घर में चले गये, चौके में जाकर माता जी के चरण पकड़ कर रो कर कहा कि माँ! मुझसे बड़ी भारी भूल हो गई है– इसमें कोई शक नहीं। अगर बाप बच्चे को धक्के मारकर घर से बाहर निकाल दें, तो क्या माँ भी ऐसा कर सकती है। माँ ने उत्तर दिया – नहीं तुम नहीं निकलोगे, हरगिज नहीं। अपने बच्चे को माँ नहीं निकाल सकती। चौके में बैठा लिया। यह भी नहीं पूछा कि क्या हुआ क्या नहीं? सत्संग समाप्त हुआ, लाला जी महाराज भोजन करने घर के अन्दर आये। देखा यह साहब चौके के अन्दर बैठे हुए हैं – अरे, तुम यहाँ कैसे? माँ बाहर आई और बोली कि बाप नालायक बच्चे को धक्के मार कर बाहर निकाल सकता है, लेकिन माँ का हृदय अपने बच्चे के साथ ऐसे होते नहीं देख सकती, यह यहीं रहेगा। लाला जी महाराज की आँखों से टपटप आँसू गिरने लगे। उन्हें होश आया, कहने लगे देवी, आज तुमने हमें भी बचाया और हमारे सत्संग को भी बचाया। ऐसा जीवन था लाला जी महाराज व गुरु माता का।

बाबू गिरवर किशन, इनकम टैक्स आफिसर लाला जी महाराज के पड़ोस में रहते थे। आप पर लाला जी महाराज की बड़ी कृपा थी। जब यह लाहौर में पढ़ रहे थे तो इन्हें ताश खेलने का बड़ा शौक था। छुट्टियों में जब यह घर आते तो लाला जी महाराज कहते कि भाई देखो, ताश नहीं खेलना चाहिए, बहुत खराब चीज़ है। हम तो यह समझते कि, हम तो लाहौर में रहते हैं, इन्हें क्या पता? झूठ बोल जाते कि मैं ताश नहीं खेलता। ऐसे दो चार-बार हुआ तो महात्मा जी ने टोका, नहीं माने। कहने लगे कि नहीं खेलते तो बोले अच्छा! इस तारीख को, इन-इन के साथ कितनी बार खेला? उस तारीख को किसके साथ खेला? जब यह कहा तो उनके पैरों पर गिर पड़े और बोले, कि अब नहीं खेलेंगे। कहते कि उनकी हम पर बड़ी कृपा थी, लेकिन हम समझ नहीं पाये उन्हें। एक बार का वाकया ऐसा हुआ कि उनके बहनोई श्री बीरबल सहाय जी, रामपुर निवासी भँवर में फँस गये। रामगंगा, रामपुर के पास है। जब रामगंगा चढ़ती है तो उसमें भँवरें पड़ती है। उनके बहनोई साहब को तैरने का शौक था। बारिश हुई थी, बड़ी बाढ़ आई हुई थी - यह अपने दोस्तों के साथ तैरने गये। इनके बहनोई तैरते-तैरते एक भँवर में फँस गये। भँवर इतनी तेज थी कि उन्हें नीचे ले जाय, कोशिश करके बाहर निकलना चाहें, ऊपर आने पर फिर नीचे चले जायें। और जो साथी थे डर के मारे कोई उनके पास जाने की हिम्मत नहीं कर पाया। जब उन्होंने देखा कि अब जीवन बचने की कोई आशा नहीं है तो सोचा - मरना तो है ही, लाओ लाला जी महाराज का ध्यान कर लें, वह कुछ न कुछ तो पार लगा ही देंगे। यह सोच कर डूबते-डूबते ध्यान किया। और क्या हुआ कि दूसरे किनारे से एक करीब 14 वर्ष का लड़का रामगंगा में कूदा, कूद कर भँवर में आया और इन्हें भँवर से धक्का मारकर बाहर निकाल ले गया और वहाँ तक ले गया जहाँ तक पानी गले के नीचे तक न आ गया और उसके बाद छोड़कर तैर कर फिर दूसरे किनारे पर चला गया। अब इनके साथी जो थे, सब आ गये। इन्हें बाहर निकाला, उल्टा किया, पेट का पानी निकाला और थोड़ी देर में इन्हें होश आ गया। अब इस लड़के की ढूँढ पड़ी कि वह लड़का कहाँ गया, नजर नहीं आया। घर पहुँचे तो उन्हें फतेहगढ़ से तार मिला, उसमें लिखा था। "wire your welfare — Ramchander", इन्होंने इसका जवाब लिखा All Well — Birbal Sahay बात खत्म हो गई। अगले साल जब भण्डारा हुआ तो यह भी पधारे, डॉ० कृष्ण जी

भी थे और बाबू गिरवर किशन जी भी थे। सत्संग हो रहा था। जब सत्संग समाप्त हुआ तो यह अपनी दास्तान सुनाने लगे। हुआ क्या कि जब यह भण्डारे में अपने साथियों से चर्चा करने लगे कि मैं ऐसे डूबते डूबते बचा और लाला जी का तार पहुँचा तो डॉ॰ कृष्ण सहाय जी ने बताया कि भाई बात ऐसी है मैं उस समय फतेहगढ़ में था, महाराज जी के पास था और महाराज कुछ खतों के जवाब दे रहे थे और लिखते-लिखते उन्होंने सब खत इत्यादि छोड़ दिये। छत पर चले गये और इधर-उधर बड़ी तेजी से चलने लगे। पसीना-पसीना हो गये। इसके बाद नीचे आये और कहा कि श्री किशन! जाओ, रामपुर बीरबल सहाय को तार भेजो "wire your welfare"। तार तो मैंने दिया। तो यह बात थी, अब मैं समझ गया। यह बात मैं महाराज जी से कहना ही चाहता था तो लाला जी ने रोक दिया और कहने लगे कि यह राज़ की बातें है, खोलिए नहीं। उन्होंने अपने सामने इजाज़त नहीं दी कि कोई ऐसी बात खोली जाये। आप साधारण दरी पर सत्संग के लिए, सभी भाईयों के साथ बैठते थे। एक बार फतेहगढ़ में भण्डारा हो रहा था। शाम का जब सत्संग हुआ तो भाईयों ने जहाँ महाराज जी बैठते थे, एक सफेद चादर बिछा दी। आप जब आये तो सफेद चादर बिछी देखी तो बजाय उस चादर पर बैठने के, दूसरी तरफ बैठे जहाँ चादर नहीं था। किसी की हिम्मत नहीं कि कहे महाराज चादर पर विराजें। लाला जी की ज्ञान गरिमा समझ के परे है। बड़ी से बड़ी समस्याऐं ऐसे प्रैक्टिकल ढंग से हल करते थे कि हृदय-पटल पर हमेशा के लिए अंकित हो जाती थी।

उनके जमाने में एक सन्यांसी महात्मा स्वामी श्रद्धानन्द महाराज हुए थे। वह, इनके पास आये हुए सन्यासिंयों को भेजते रहते थे। एक बार ब्रह्मानन्द जी के पास तीन - चार सन्यासी आये और उन लोगों ने यह जानना चाहा कि आत्मा क्या है? परमात्मा क्या है? जीव क्या है, माया क्या है?, सृष्टि क्या है?, यह सवाल पूँछे। स्वामी ब्रह्मानन्द जी ने कोशिश की समझाने की लेकिन जब कोई समझना न चाहे तो चारा नहीं है। ऐसी चीज तो नहीं कि हलक में उतार दी जाये। उन्होंने देखा यह कठहुज्जती वाला मामला है, तब उन्होंने कहा कि भाई ऐसा है कि यहाँ एक महात्मा रामचन्द्र जी महाराज रहते हैं, गृहस्थी हैं, बहुत ऊँचे महात्मा है। उनके पास जाओ, वह आपकी समस्या हल कर देंगे। वह लोग गये, महात्मा जी ने बड़ा सम्मान किया, सन्यासी थे, ऊँचा आसन

दिया, दूध से सेवा की। जब सेवा कर चुके तो हाथ जोड़कर खड़े हो गये, बोले कि आज्ञा दीजिए क्या हुकुम है? तो उन्होंने कहा कि हमें स्वामी ब्रह्मानन्द जी ने भेजा है और कहा कि हमारी समस्या का हल यहाँ मिलेगा। हम प्रश्न लाये हैं कि जीव क्या है ?, आत्मा क्या है? परमात्मा क्या है? सृष्टि क्या है?, माया क्या है? इन्होंने समझाने की कोशिश की लेकिन जब वे लोग प्रश्न पर प्रश्न करने लगे तो उन्होंने विचार किया कि, अच्छा! यह समझने नहीं आये है, बहस करने आये हैं और यह सवाल बहस से हल होगा नहीं, न हुआ आज तक। फिर जब दुबारा सन्यासियों ने प्रश्न दोहराया तो महात्मा जी ने क्या किया कि आसन लगाकर बैठ गये। आँख बन्द की, कान बन्द किये और मुँह पर हाथ रख लिये और दस मिनट तक बैठे रहे। जब आँखे खोली तो इन सन्यासियों ने फिर वही प्रश्न दोहराया कि महाराज आपने जवाब नहीं दिया कि जीव क्या है?, आत्मा क्या है?, परमात्मा क्या है?, सृष्टि क्या है?। बोले अच्छा- आपको जवाब नहीं दिया कि जीव क्या है?, आत्मा क्या है?, परमात्मा क्या है? सृष्टि क्या है? बोले अच्छा आपको जवाब नहीं मिला? फिर आँख बन्द की, कान बन्द किये मुँह पर हाथ रखा। अब आधा घण्टे तक बैठे रहे। आधा घन्टे के बाद आँखें खोली और उन सन्यासियों की ओर देखा। तो उन लोगों ने फिर कहा कि महाराज हमारे प्रश्न का उत्तर नहीं मिला। बोले! अरे अभी भी जवाब नहीं मिला क्या? अच्छा! फिर उन्होंने कान बन्द किये। आँख बन्द की और मुँह पर हाथ रखे और तब तक बैठे रहे जब तक वे लोग वहाँ से भाग नहीं गये। यह सन्यासी ब्रह्मानन्द जी के पास पहुँचे और उनसे शिकायत की, कि महाराज आपने हम लोगों को कहाँ भेज दिया? उन्होंने तो कुछ जवाब ही नहीं दिया। स्वामी ब्रह्मानन्द जी ने कहा कि - ऐसा हो ही नहीं सकता कि उन्होंने कुछ जवाब न दिया हो। आपकी समझ में न आया हो यह बात दूसरी है। सन्यासियों ने कहा - कि जब हम प्रश्न, करते तो वह आँख बन्द करते, कान बन्द करते और मुँह पर हाथ रखकर बैठ जाते। थोड़ी देर बाद जब वह आँख कान और मुँह खोलते तो हम फिर प्रश्न करते तो कहते अरे! अभी भी जवाब नहीं मिला और वैसे ही आँख, कान और मुँह बन्द करके आसन पर बैठ जाते। इस पर स्वामी जी ने गौर किया तो उछल पड़े और नाचने लगे। कहने लगे खूब जवाब दिया, क्या गजब का जवाब। अरे! बहुत बढ़िया जवाब दिया। इससे बढ़िया जवाब हो ही नहीं सकता। अगर जानना चाहते हो

कि जीव क्या है?, आत्मा क्या है?, परमात्मा क्या है?, सृष्टि क्या है? कान बन्द करो, आँख बन्द करो, मुँह बन्द करो, प्रभु का ध्यान करो। अपने आप पता चल जायेगा कि जीव क्या है, आत्मा क्या है परमात्मा क्या है। ऐसे प्रैक्टिकल तरीके थे जो हृदय पटल पर उतर जाते थे। अध्यात्म के बड़े-बड़े मसले बड़े सरल ढंग से समझा दिया करते थे।

महात्मा रघुवर दयाल जी, चच्चा जी के नाम से विख्यात थे, वह रामचन्द्र जी महाराज के छोटे भाई थे। अपने बड़े भाई का बड़ा अदब करते थे और प्रेम की मूर्ति थे। जब लाला जी महाराज के यहाँ से कोई सत्संगी भाई उठ कर आता तो कहते, रहमान के यहाँ से निकला और शैतान के चंगुल में फँसा। बैठो! यहाँ हारमोनियाम और तबला है, भजन सुनो और गाओ। लोग उनके पास जाते, बैठ जाते, भजन में मस्त। भजन हो रहा है। तबला बज रहा है, सब मस्त। भक्तों की मजलिस। आप किबला साहब (मौलाना साहब) के खिलौने थे। वहाँ जाते तो हुक्का चल रहा है, तफरीह की बातें हो रही हैं। यह उनकी जिन्दगी थी। लाला जी महाराज बहुत गंभीर थे। आपके गुरुदेव मौलाना साहब, शरीर छोड़ते समय सबको बुला लिया। रघुवर दयाल महाराज से कहा कि देखो नन्हें! तुम मेरे तो खिलौने थे, अब हम जा रहे हैं। देखना, अपने भाई के अदब में कोई कमी न आने पाये। अब तुम्हें अदब निभाना है। अगर तुम निभाओगे तो अल्लाह तुमसे खुश होगा - यह कह गये। और महात्मा रघुवर दयाल जी महाराज ने बड़े भाई का इतना अदब निभाया कि कोई क्या निभायेगा। वह कहते थे भाई हाकिम के अगाड़ी और घोड़े के पिछाड़ी कभी नहीं पड़ना चाहिए। कभी लाला जी के सामने नहीं पड़ते थे। और कभी लाला जी महाराज ने आवाज लगा दी "नन्हें" उनके प्राण निकल जाते, बहुत घबड़ा जाते कि क्या बला आ गई? भागते, दौड़ते, कमीज़ का एक बटन नीचे, एक ऊपर धोती की लांग खुल रही है, पर चले आ रहे हैं। आपकी शादी के लिये लड़की वाले आये - बातचीत हो गई तो उन लोगों ने कहा कि साहब जरा लड़का देख लेते। तो आपने आवाज लगाई, नन्हे। अब चच्चा जी चले आ रहे। कमीज की बटन उल्टी सीधी लगी है, धोती की लाँग खुली है लाला जी महाराज ने कहा - लो देख लो। ऐसा अदब उन्होंने निभाया।

चच्चा जी महाराज ने कितना अदब निभाया और कितना दृढ़ विश्वास उनमें था वैसा सच्चा विश्वास अनुभव से होता है, अंध विश्वास से नहीं। एक

बार लाला जी महाराज ने किसी काम से उन्हें किसी रिश्तेदारी में भेजा। तेज धूप थी, लू चल रही थी। भूखे प्यासे घर लौटे तो लाला जी महाराज ने पूछा कि हाँ भाई, क्या रहा? तो बड़े ऊपरी मन से बताते रहे, लेकिन मन कह रहा था कि कब खाना मिले, कब ठण्डा जल मिले? मन में यह भाव था। ऊपरी मन से बता रहे थे तो लाला जी महाराज ने देखा कि यह ऊपरी मन से बात कर रहा है। तो कहा अच्छा! भूखें हो तो जाओ, और वहाँ इशारा किया, उस बरतन की तरफ जहाँ गाय के लिये जूठन डाली जाती थी। आपका कहना था कि वह गये और खाने लगे और खाने के बाद बरतन को भी जीभ से चाट गये और सारी जिन्दगी कहते रह गये कि खाना तो एक ही बार खाया, भोजन तो सारी जिन्दगी में एक ही बार किया। इतना अदब निभाया और कैसा खाना खाया कि वह ही जानते थे। श्री मोहनलाल चच्चा जी के शिष्य थे। इनके मन से विचार आता कि क्या खास बात थी उस जूठन में, यह सोचते रहते। एक बार कानपुर सत्संग में गये थे। सत्संग हो रहा था, दोपहर का समय था, सत्संग लम्बा खिंच गया, आगे बैठे थे, इन्हें बड़ी भूख लग रही थी। विचार आने लगा कि सत्संग कब खत्म हो तो भोजन करें। चच्चा जी महाराज ने क्या किया कि गीली मिट्टी का ढेला उठाया और इन्हें दिया और कहा कि अगर तू भूखा है तो खा ले। इन्होंने लिया और बिना देखे मुँह में डाल लिया – तो इतनी बढ़िया हलुए की खुशबू, घी की तरावट वाला हलुआ, सारा कलेजा भरपूर तर हो गया। कहते थे कि ऐसा हलुआ जिन्दगी में कभी नहीं खाया। कहते कि चच्चा जी ने क्या खाया होगा, अंदाजा लगाना मुश्किल है। इतना अदब उन्होंने बड़े भाई का निभाया।

एक बार की बात है कि रघुवर दयाल जी मकान की छत पर थे, लाला जी महाराज नीचे थे, कुछ बात चल रही थी। लाला जी महाराज ने कहा कि अच्छा! आना है तो आ जाओ। जैसे लाला जी महाराज ने यह कहा, आप कूद पड़े छत पर से, खड़े हो गये। लाला जी महाराज नाराज होने लगे कि अगर टाँग टूट जाती तो क्या होता? हुकुम देने वाला जाने। हमें क्या पता, यह तो वह जाने क्या होता, क्या न होता? जो होता, होता? ऐसा दृढ़ विश्वास अपने बड़े भाई में था। प्रेम का नमूना थे चच्चा जी महाराज। उनके यहाँ सत्संग होता, वह भी बड़ा अजीब होता था। लोग आते, सत्संग में बैठते और वह कहते – कोई किस्सा सुनाओ। यह न कहते कि राम नाम लो, कहते कोई

किस्सा सुनाओ। लोग कहते चच्चा! आप ही सुनाओ। ऐसा किस्सा सुनाते, न सिर न पैर लेकिन सबकी समस्याओं का हल होता। जिनकी समस्या हल हो गई, हो गये अपने से गायब ध्यान में - जिसकी समस्या का हल होता जाता वही गायब और 15 - 20 मिनट तक किस्सा चलता तो सारा का सारा कमरा गायब, किसी को अपना होश न रहता और कोई यह भी न जान पाता कि यहाँ आदमी बैठे है। इतनी सुन्दर अवस्था सब की हो जाती। एक बार एक इंग्लैंड रिटर्न भाई अपने किसी रिश्तेदार के साथ सत्संग में आये, आकर बैठ गये। किस्सा शुरु किया चच्चा जी ने, जिसका सिर न पैर। किस्सा सुनते-सुनते सब गायब हो गये। वह तीन - चार रोज आये, कोई सत्संग तो होता देखा नहीं। उन्होंने मन में कहा - सत्संग तो होता नहीं, किस्सा होता है, और सब सो जाते हैं। पांचवें रोज, जब सबने आँखें खोली तो चच्चा जी से बोले कि महाराज! सत्संग कब होगा। चच्चा जी महाराज ने कहा - और होता क्या है, सत्संग ही तो होता है। उन्होंने कहा - महाराज! सत्संग तो नहीं होता, यहाँ तो किस्से - कहानियाँ होती हैं, लोग सो जाते हैं। तो चच्चा जी ने कहा कि एक भी किस्सा आप सुना दीजिये जो आपने अब तक सुना हो। उन्होंने बड़ा जोर लगाया, लेकिन एक भी शब्द न कह पाये। ऐसा उनका सत्संग होता था।

कोई भी सत्संगी भाई उन्हें प्रणाम नहीं कर सकता था। दरवाजे पर आया कि बोले - जैसवाल साहब नमस्कार! अब जैसवाल साहब परेशान हैं कि महाराज जी ने पहले नमस्कार कर ली। गणेश जी नमस्कार। गणेश जी सोच रहे हैं कि यह अजीब बात है, पहले नमस्कार इन्होंने कर ली। हर एक से पहले नमस्कार कर लेते। लोग शिकायत करते कि चच्चा जी, हमें नमस्कार तो कर लेने दिया करें। कहते - कि इसमें बात तो एक ही है, क्या फर्क पड़ता है कि पहले हम करें या आप करें - यह तो एक ही बात है। ऐसी सम भावना थी, उनका ऐसा भाव था। उनके जमाने में सत्संग दरी पर बैठ कर होता था - सब साथ बैठते थे। कभी-कभी रात को 12 बज जाते, भाई लोग आते रहते। भोजन के लिये उठे, फिर आकर बैठ जाते, आराम न कर पाते।

उनके यहाँ एक मुंशी जी रहते थे। महात्मा जी के आदेशानुसार, सत्संगी भाईयों से आये पत्रों का जवाब लिखते और ऐसे आये हुए भाईयों के आराम की देखभाल करते। एक रोज महाराज जी राज 12 बजे तक बैठे रहे और करीब 12.30 बजे सोने के लिये गये। आधे घन्टे बाद बाहर से कोई सत्संगी

भाई आ गया। और उसने कहा कि मुंशी जी! चच्चा जी कहाँ हैं? मुंशी जी बोले भाई, एक बजा है अभी-अभी विश्राम करने गये हैं। आप भी विश्राम करो, सुबह दर्शन करना। बेचारा बैठ गया। पन्द्रह मिनट बाद फिर बोला, कि मुंशी जी, चच्चा जी महाराज कहाँ हैं? मुंशी जी ने कहा कि भाई, आप आराम करो। फिर उसे चैन नहीं मिला, पन्द्रह मिनट बाद फिर बोल उठा कि चच्चा जी महाराज कहाँ हैं? मुंशी जी ने फिर कहा कि भाई आराम करो, सुबह दर्शन करना। फिर पौने दो बजे वह मुन्शी जी से बोला- चच्चा जी महाराज कहां हैं? अब मुन्शी जी झल्ला गये थोड़ा जोर से बोले, भाई बार-बार कह रहा हूँ कि आराम करो, सुबह दर्शन होंगे। जैसे ही यह थोड़ा जोर से बोले खटाखट-खटाखट खड़ाऊ? की आवाज सुनाई देने लगी। महाराज उठे और नीचे आ गये। मुंशी जी से कहा कि मुंशी जी हमने आपको यहाँ किस लिए रखा है? इसलिए रखा है कि जो भाई आयें, उनकी सेवा करें और आप उन्हें हमसे दूर करते हैं। तो उनका जो दरबार था 24 घन्टे बराबर खुला रहता था, कभी भी उनका दरबार आगन्तुकों के लिए बन्द नहीं रहता था। एक भाई बहुत अच्छे साधक जो महात्मा श्री अरबिन्द घोष के आश्रम के थे और 14-15 साल उनके साथ रहे उनका इत्तफाक चच्चा जी महाराज के सत्संग में आने को हुआ। 5-6 माह कानपुर रहे और इनका सत्संग किया। उन्होंने लिखा है जो वहाँ हैं, सो यहाँ है - कोई अंतर नहीं। फर्क यह है कि वहाँ 6 महीने पहले रजिस्ट्रेशन कराना पड़ता है, महाराज जी को मिलने को, तब तारीख मिलती। और यहाँ दरवाजा 24 घन्टे खुला रहता है। जब मरजी हो आयें, साँकल खटखटाएँ। यह ही फर्क है। इसके अलावा जहाँ तक साधना का ताल्लुक है, चीज का ताल्लुक है, वह ही है। तो यह ऐसे संत थे।

चच्चा जी महाराज जब बूढ़े हो गये, 60 साल से अवस्था ज्यादा हो गई तो भक्तों ने सोचा कि हम बड़ी ज्यादती करते हैं। हमें तो जब फुरसत हुई आ गये, लेकिन हमारी वजह से इन्हें तो सारे दिन बैठना पड़ता है। कभी-कभी रात के 12 बज जाते हैं। हमें इस बात का ख्याल करना चाहिए। सबने आपस में सलाह किया, भाई! टाइम से आओ, टाइम से जाओ और एक तख्त बनवाओ - उस पर गद्दा बिछाओ, तकिया लगावो ताकि महाराज आराम से बैठें। सबने तय किया, फिर सोचा कि बिना आज्ञा कुछ नहीं करना है। तो आज्ञा कैसे ली जाये। सीधे तो पूछ नहीं सकते कि महाराज! आपके लिये तख्त

बनवा रहे हैं। वह कभी नहीं कहेंगे कि हमारे लिए तख्त बनवाओ। भाई Indirectly पूछो। एक भाई ने हिम्मत की, हाथ जोड़कर बोले – महाराज! हमारी आपसे एक प्रार्थना है और हमारी वह प्रार्थना आप टालेंगे नहीं। हम आपकी हर बात मानते हैं तो आप हमारी एक बात जरुर मानेंगे। चच्चा जी महाराज ने कहा – हाँ। कहने लगे कि आपके साथ रहता हूँ यही तो मेरी जिन्दगी है, जरुर मानूँगा। लेकिन एक शर्त है आपसे भी कि हमारी भी एक बात माननी होगी। हाँ, चच्चा! हम तो हमेशा आपकी बात मानते हैं, जब नही मानते तो धोखा खाते हैं। तय हो गया, बहुत बढ़िया तख्त बनवाया गया। गद्दा, तकिया। जब सब तैयार हो गया तो एक दिन जब महाराज खाना खाने गये तो चुपचाप लाकर बैठक में लगा दिया गया। चच्चा जी खाना खाकर आये, देखा और कहा कि यह क्या? तो उन्हीं भाई ने कहा – महाराज! वायदा किया था कि आप हमारी एक बात मानेंगे – तो हमारी यह प्रार्थना है कि इस पर आप विराजें, थोड़ा आपको आराम मिलेगा। बोले तो अच्छा यह बात है। बड़े आराम से बैठे तकिया लगाकर। फिर कहा, कि लेकिन आपको याद है कि हमारी एक बात आप भी मानेंगे। सबने स्वीकृति दी, बिल्कुल ठीक है आपकी नहीं मानेंगे तो किसकी मानेंगे? इस पर आपने आवाज लगाई – अच्छा शाह साहब, आप आओ बैठो, कुलश्रेष्ठ जी आप आओ, बैठो, पुनीत जी आप आओ बैठो। पाठक जी आप आओ बैठो, पटेल जी आप आओ बैठो। चोगे जी बैठो। सबको बैठाते गये। ग्यारह आदमी उस पर बैठ सकते थे, बैठाया। फिर बारहवें का नाम लिया – राठौर जी, आओ बैठो। अब राठौर जी बैठें कहाँ? जगह तो है नहीं। राठौर जी चुप – चाप खड़े है। फिर एक दूसरे भाई का नाम ले लिया जो खड़े थे कि आप भी बैठो। आखिर में सत्संगी भाईयों को कहना पड़ा कि महाराज इस पर सब नहीं बैठ सकते। बोले अच्छा, इस पर सब नहीं बैठ सकते तो ऐसी बला को बाहर फेंको जिस पर सब नहीं बैठ सकते। ऐसी सम भावना एवं ऐसा उनका व्यवहार था। लोग आँसू बहाते उनकी याद करके, आँसुओं की झड़ी लग जाती उनकी आँखों से– जो उनके संपर्क में आये।

अध्यात्म विद्या का प्रचार–प्रसार आप दोनों भाईयों ने जन मानस के सत्संग के माध्यम से किया, जिसका वर्णन लाला जी महाराज के एक भक्त डॉ॰ चतुर्भुज सहाय जी ने एक लघु पुस्तिका में, महात्मा जी की जीवनी में किया हैं। आपने लिखा है कि जिस प्रकार बिना परिश्रम के केवल समीपत्व द्वारा ही

दिव्य ज्ञान श्री मान महात्मा जी के गुरु ने कराया था वही ढंग इन्होंने भी अपने शिष्यों से बरता। उनके सहस्त्रों प्रेमियों में से एक भी यह नहीं कह सकेगा कि किसी साधक को उन्होंने वाणी से कोई साधन बताया हो अथवा किसी मंत्र की दीक्षा दी हो। उनकी आज्ञा केवल इतनी ही रहती कि मिलते-जुलते रहो। अपने एक अनुभव को डॉ॰ साहब ने इस प्रकार लिखा है "मैंने जाकर चरण छुए उन्होंने कुशल पूंछी, फिर कहा कि बैठो, भजन करो। मेरे मन में बहुत विकार थे इसलिये छुपकर सबसे पीछे जा बैठा। सन्मुख बैठने में डर लगा क्योंकि उनको सबकी आन्तरिक अवस्थाओं की खबर रहती थी। सब प्रेमी तो ध्यानावस्थित हो आनन्द लूटने लगे, परन्तु मैं जैसे का तैसा रहा एक सैकंड को भी स्थिरता नहीं आई, मैं मन ही मन बहुत पछताने लगा। पौन घन्टे बाद सत्संग समाप्त हुआ। आप चारपाई से उठकर खड़े हो गये, मुझे बुलाया। कहा डॉ॰ साहब तुम यहाँ आकर इस पर चित्त लेट जाओ। हाथ भी सीधे रहें और अपना ध्यान करो। मैं आकर खाट पर सीधा लेट गया। आप घर में घुस गये और खाना खाने लगे। मैंने ज्यों ही आँख बन्द की त्यों ही मुझे ऐसा प्रत्यक्ष अनुभव हुआ कि सारे तत्त्व अपने रंग व रुप को लिये मेरी दृष्टि के सन्मुख हैं और चैतन्य आत्मा इन सबसे अलग आनन्द स्वरुप से भास रहा है। बड़ा ही अद्‌भुत व आनन्ददायक दृश्य था। मैं मग्न हो गया। मैंने सुध-बुध विसार दी। एक घन्टे पश्चात आप घर से पान चबाते हुए बाहर आये बोले, उठ बैठो। यह जो दशा तुमको प्राप्त हुई है इसकी हिफाजत करना तुम्हारा काम है। देखो होशियार रहना यह जाने न पाये। मैं रो पड़ा। मैंने विनय किया कि मेरी सामर्थ्य नहीं है यह भी आपको करनी होगी। मुस्करा कर चुप हो रहे। यह संतों की अपार महिमा है वह छिन में राई से पर्वत बना देते हैं। आगे चलकर इन्होंने भी अपनी समझ के अनुसार श्री रामाश्रय सत्संग खड़ा किया और लाला जी महाराज के उपदेशों का प्रचार व प्रसार करते रहे। महात्मा जी के बारे में आपने लिखा हैं, कि वह वृद्ध और विद्वानों को हमेशा ऊँचा बैठाते थे। आप साधारण सत्संग के समय गद्‌दी-तकिया पर कभी नहीं बैठते थे। सबके लिये एकसा प्रबंध होना चाहिए। शिष्यों से भेंट व नजराना कभी नहीं लेते थे और न दिल में कभी उनको अपने से छोटा सेवक व दास समझते थे। बड़ों से विरादराना (भातृत्व) और नौजवान लड़कों से पुत्रवत उनका व्यवहार रहता था। अपनी शारीरिक संतान में और उनमें भेदभाव नहीं रखते थे। अभ्यासियों के प्रति उनका व्यवहार यह था कि जब कोई उनसे किसी विषय में शंका

समाधान करता तो सुनकर चुप हो जाते उत्तर नहीं देते थे। दो चार रोज बाद किसी समय उस पर वही दशा प्रत्यक्ष करा देते और वह अनुभव में अपने प्रश्न का उत्तर पाता। महात्मा जी कहते कि पूज्य गुरुदेव हुजूर महाराज ने कभी मेरा साथ नहीं छोड़ा। यही वजह थी कि मैं न तो कहीं भटका और न दिशा हीनता ही कभी मार्ग में आई। मिश्रित तथा मिलीजुली सफलता पर मैंने कभी संतोष नहीं किया। किन्तु न तो मैं कभी निराश हुआ और न कभी पीछे मुड़कर देखा। मैं तो अपनी साधना में लीन और लक्ष्य की ओर बढ़ना चाहता था कि इसी बीच मेरे साथ मेरे चारों ओर भीड़नुमा एक जमात इकट्ठी हो गई। ये लोग अपने-अपने ढंग से मेरा अभिवादन करते, बहुत से दंडवत होकर भी। समझने वाले इन्हें मेरा शिष्य समझने लगे हैं। किन्तु मेरी दृष्टि में अभी से ये स्वयं ही गुरु, तो कुछ महागुरु दिखाई पड़ते है। स्पष्ट है कि अपने-अपने काल व क्षेत्र में वे अपना मत चलायेंगे। बहुत सी संस्थायें होंगी, अनेक सम्प्रदाय होंगे। सभी का नामकरण, मेरे नाम पर किया जायेगा। मुझे सब पता है। आप व्यर्थ ही चिंतित न हों क्योंकि मेरे निकट के शत् प्रतिशत व्यक्ति ऐसे नहीं है, उनमें से अनेक व्यक्ति निष्ठावान भी हैं, किन्तु बहुत कम संख्या में। वे भी इस क्रान्ति के अग्निपथ पर स्वयं (बिना सहारे के) चल पाने में असमर्थ हैं, कमजोर हैं। समग्र क्रान्ति और समाज की प्रत्येक इकाई के आमूल परिवर्तन कर देने के उतावलेपन की आग मेरे सीने में धधक रही है। मुझे प्रतीक्षा है कतिपय उन हाथों की जिन्हें यह धधकती हुई ज्वाला सौंप कर ऐसी खामोशी से पर्दा कर जाऊँ कि आने वाले युग को इसकी भनक भी न हो कि रामचन्द्र नाम का काई व्यक्ति दुनिया में आया भी था।

महात्माओं के इशारे होते हैं। आपने लिखा है "मेरी समस्त संताने (आध्यात्मिक व रक्त संबंधी) साधन जगत में अपना सानी नहीं रखती और जैसा कि मेरा विश्वास है वे सभी अपने - अपने समय व क्षेत्र में मेरे उत्तराधिकारी होंगे। उनमें से कुछ साधकों को, उनकी योग्यता व क्षमता के आधार, पर मैंने आचार्य व गुरु पदवी से भी विभूषित किया है। इन विषय पर मेरे निकटतम व्यक्तियों से मेरा कुछ मतभेद भी रहा है। उनका कहना है कि उदारतापूर्वक ऐसी पदवियाँ देने से सत्संग समाज में बँटवारा होने का डर है। मेरा उनसे निवेदन है कि जिस प्रकार दुनियादारी में पिता की मृत्यु के बाद बड़े भाई अपने नाबालिक भाईयों व भतीजों को अपने पुत्रवत रखते हैं, वहाँ बँटवारे

नहीं होते, यही प्रक्रिया मैं अपने सत्संग समाज में देखना चाहता हूँ कि मेरे इस शरीर में न रहने के पश्चात जो मेरी आध्यात्मिक संतानें आचार्य पदवी ग्रहण किये हुए हैं, उनका प्रथम कर्त्तव्य हो जाता है कि वे अपने भाईयों में जो अभी पूर्णता नहीं प्राप्त कर सके हैं और अपने शिष्यों व बेटों में किसी प्रकार का भेदभाव नहीं रखेंगे। इसी प्रयोग के अंतर्गत अपने "वसीयतनामें" में मैंने चिरंजीव बृजमोहन के पालनार्थ एक टिप्पड़ी लिख दी है –

वसीयतनामा

"अल्लाह पाक हमारी नियतों को दुरुस्त फरमावे और हमारा अंजाम हमारे पेशवाओं और पीराने उज्जाम के तरीके पर उनके एत्कादात के साथ हो। आमीन ।। आमीन ।।"

जिन्दगी का कोई भरोसा नहीं है। न मालुम किस वक्त सांस वापस न आये। इस लिए चन्द बातें बतौर वसीयत के एहतीयातन लिख कर इस उम्मीद पर छोड़ता हूँ कि मेरे सुल्वी व रुहानी औलाद, अगर अल्लाहताला उनको तौफीक और हिम्मत अता फरमावें, तो उस पर कारबन्द हों और तौफीक सिर्फ "उस" ही के हाथ में है।

(दस्तखत)

फकीर रामचन्द्र 23 अक्टूबर, सन् 1930 ई.

वास्ते वरखुरदार जगमोहन नारायण के –

पहले जज्ब और उसके सुलूक के तरीके को तय करके तकमील के दर्जे तक पहुँचना चाहिए और यह काम सिर्फ तुम्हारे मुर्शिद से निकलेगा। काश अगर तुमको मौका न मिले तो जब और जिस वक्त इमदाद गैबी तुम्हारी तबियत को उभारे तो फिर तुम्हारे भाई बृजमोहन लाल (अल्लाहताला उसकी उम्र में बरकत अता फरमावें) से ज्यादा शफ़कत करने वाला नहीं मिलेगा। लाजिम है कि उसकी इताअत में फर्क न करना और दिल व जान से लग कर इस तरीके की तकमीन हासिल कर लेना। मुझको भरोसा है कि वह अज़ीज तुम्हारे वास्ते कोई कसर नहीं रखेंगे।

लाला जी महाराज ने जब शरीर छोड़ा तो आपको लीवर का कैंसर हो गया था। उस अवस्था में भी उनका ध्यान एक सैकंड के लिए भी परमात्मा

से दूर नहीं हुआ। उस वक्त भी आपने बहुत उपकार के काम किये। एक वैद्य थे जो इनके बहुत खिलाफ रहते थे। इतनी नफरत की, कि जब यह गली से निकलते तो उनके ऊपर घर का कूड़ा करकट फेंक देते। सारे कपड़े गन्दे हो जाते, लेकिन यह कुछ न कहते। घर लौट आते और कपड़े बदल लेते। सारे मुहल्ले में उनकी बुराई करते थे कि हिन्दू है या मुसलमान। तरह-तरह की बुराईयाँ करते लेकिन इन्होंने कभी ख्याल नहीं किया कि ये क्या कहते हैं। जब घर वालों ने देखा कि अब उनका जाने का वक्त है तो कहा कि किसे दिखलायें? इन वैद्य जी को आप बुलवा लीजिए- उनको जो सारी जिन्दगी इनकी मुखालिफत करते रहे, उन पर कूड़ा करकट फेंकते रहे, उनको बुलवाया। उनके पास गये और कहा कि लाला जी बीमार हैं और उन्होंने कहा कि वैद्य जी को बुलाओ। वैद्य जी आये तो लाला जी महाराज बोले कि हमें अगर किसी पर विश्वास है तो वह आप पर है, आप मेरा इलाज़ करें। लाला जी महाराज का यह कहना था कि उनकी (वैद्य जी की) दुनिया बदल गई। चलते-चलते भी जो संत हैं वह अपने दुश्मनों का भी कल्याण करते हैं। उनका स्वभाव बन जाता है, दूसरों का कल्याण करने का। उन्हें यह पता भी नहीं चलता कि हम क्या कर रहे हैं। ऐसी उनकी जिन्दगी थी। जब जाने लगे तो बृजमोहन लाल जी को बुलाया और कहा कि आज के दिन के लिए हमने अपनी छाती का खून सुखाया है। मुझे तवज्जह दो कि मेरा मन हरगिज इधर उधर न जाये सिवा ईश्वर के। उन्होंने तवज्जह दी और लाला जी महाराज ने अपना शरीर फूल की तरह छोड़ा। कहते हैं कि वहाँ इतना फैज़ था कि लोग रोते हुए आते और पहुँचते ही आँसू बन्द हो जाते। अपने गुरु महाराज, मौलाना फज़ल अहमद खाँ साहब ने जिस तरह शरीर छोड़ा था, ऐसे इन्होंने भी अपना शरीर छोड़ा।

चच्चा जी महाराज, महात्मा रघुवर दयाल जी महाराज का जीवन - बड़ा प्रेम मय था। जब इन्होंने शरीर छोड़ा तो सबको पत्र लिखे। यह लिखा कि मेरी तबियत मिलने की है, अगर ईश्वर मौका दे तो आ जाईए - कुछ भाई आ गये। सबको भोजन कराया, सबसे बाद में आपने खाया। उसके बाद बोले कि हम कमरे में जा रहे हैं, हमारा कमरा बन्द कर दो - आप कमरे में चले गये, समाधी में शरीर छोड़ा। जब भाईयों ने झाँक कर देखा तो चेहरा तमतमा रहा

था – लाल सुर्ख। समाधी अवस्था में बैठे थे। उसी मुद्रा में उनकी समाधी बनी। उनका दाह संस्कार नहीं हुआ।

1.3 महात्मा बृजमोहन लाल जी महाराज

महात्मा रघुवर दयाल जी महाराज को बहुत समय तक कोई संतान नहीं हुई। घर में चिन्ता थी, खासकर उनके भाई और उनकी माता जी को। इसलिए इन लोगों ने विचार किया कि यदि रामेश्वरम् जाया जाय और भगवान शंकर से मिन्नत की जाय तो शायद पुत्र रत्न की प्राप्ति हो। और इसी ख्याल से वह आपके घर पधारे और रामेश्वरम् जाने का निश्चित किया। घर में जाने के लिए तैयारियाँ हो रही थी। कि मौलाना फजल अहमद खाँ साहब कुद्दुसुर्रह तशरीफ ले आये। जब वह आये तब उन्हें मालुम हुआ कि कहीं जाने की तैयारी हो

परम सन्त महात्मा श्री बृजमोहन लाल जी महाराज
(अप्रैल 1898 से 17-1-1955)

रही है। महात्मा रामचन्द्र जी वहाँ मौजूद थे, उनसे दरयाफत किया कि कैसी तैयारी है? आपने स्पष्ट अर्ज कर दिया कि रघुवर दयाल के अभी तक कोई संतान नहीं है और घर में उनकी सास और साले साहब आये हुए हैं, बहू को रामेश्वरम् ले जा रहे हैं, और जाने की तैयारी हो रही हैं ताकि वहाँ मिन्नत की जाये और पुत्र रत्न की प्राप्ति हो। कल यह जाना चाहते हैं।

मौलाना साहब ने फरमाया – ऐसी बात है तो जरा सा पानी लाओ। गिलास में पानी मँगाया। प्रभु – प्रेम भरी दृष्टि जल पर डाली और अल्लाह का नाम लेकर महात्मा रामचन्द्र जी को दे दिया और कहा कि बहू का पिला दो, इशांह अल्लाह मेरे पोता पैदा होगा। महात्मा जी ने वह गिलास पकड़ा और अपने हाथ से ले जाकर बहू को पिला दिया। वह जमाना बहुत पर्दे का था। छोटे भाई की बहू को पानी पिला देना, परदे के हिसाब से बहुत गलत काम था। लेकिन किबला साहिब की दुआ थी और इसकी अहमियत वह अच्छी तरह जानते थे। इसलिए यही ठीक समझा कि ऐसा न हो कि कहीं हुक्म की तामील न हो। उन्होंने स्वयं ही यह काम अंजाम दिया और अपने हाथ से पानी पिला दिया। इसके बाद रामचन्द्र जी महाराज ने कहा कि अब कहीं जाने की आवश्यकता नहीं है। किबला साहब ने समझाया कि जो अल्लाह रामेश्वरम् में है, वह अल्लाह यहाँ भी है, कहीं जाने की आवश्यकता नहीं है। कुछ दिनों के बाद यह खुशखबरी मिली कि बहू गर्भवती है। छः महीने बाद ऐसे हालात बने कि गर्भपात का डर पैदा हुआ। जब यह बात लाला जी महाराज को पता चली, रात को 12 बजे का समय था। उन्होंने फौरन एक पत्र लिखा, किबला साहब की सेवा में कि नन्हे के घर में बहू को गर्भ है, लेकिन गर्भपात का खतरा पैदा हो गया है कि गर्भ गिर न जाये। चित्तर, नाम का कहार उनके यहाँ रहता था, चित्तर कहार को रात में ही उन्होंने किबला साहब के यहाँ भेजा। रात्रि में जाकर उसने दरवाजा खटखटाया, किबला साहब उठ कर बाहर आये, पत्र पढ़ा। पत्र पढ़ने के बाद, उसके पीछे लिख दिया कि "जिस परवरदिगार ने हमें यह खुशी की खबर दी है, मुझे यकीन कामिल है कि मेरे पोता पैदा होगा और मैं उसका नाम बृजमोहन रखता हूँ"। पत्र लेकर चित्तर कहार घर पहुँचा, इसके पहले ही जो तकलीफ थी वह दूर हो गई थी। और दसवें महिने में आपका रामनवमी के दिन शुभ जन्म हुआ।

जब आप छोटे थे, गोद में, तो मौलाना अहमद खाँ साहब कुद्दुसुरुर्ह घर पर पधारे। इस बच्चे को देखकर बहुत खुश हुए और गोदी में उठा लिया। बड़े प्यार से खिलाया। उसके बाद महात्मा रामचन्द्र जी महाराज को बुलाया और फरमाया "अल्लाह चाहेगा तो यह मेरा खलीफा होगा। देखो! इसकी तालीम का भार तुम्हारे ऊपर है। जब अल्लाह मुझसे पूछेगा कि संसार से क्या लाये। तो तुम्हें और इसको पेश करुँगा।" ऐसी दुआ से आपका जन्म हुआ। बचपन से ही आपका रुझान अध्यात्म की ओर था। ग्यारह साल की अवस्था में आपको पूजा मिल गई। जब पूजा मिली तो आपको बेहोशी हो गई। ऐसा सुन्दर ध्यान लगा कि कई घन्टे के बाद होश आया। महात्मा रामचन्द्र जी महाराज ने सारी जिम्मेदारी अपने ऊपर ली आध्यात्मिक विद्या के साथ-साथ दुनियावी विद्या भी उन्हें दिलाई, अपने साथ रख कर। उन्हीं के पास रहते थे। आपने मैट्रिक पास किया, बड़ी अच्छी तन्दुरुस्ती थी। दारोगा के पद के लिए सेलेक्शन हो गया। उस जमाने में दारोगा का बड़ा रुतबा होता था। सेलेक्शन के बाद ट्रेनिंग के लिए आर्डस आये, तो घर में बड़ी खुशी मनाई गई कि लड़का अफसर होने जा रहा है, मिठाई बाँटी गई। वह अपने ट्रेनिंग के कागज महात्मा रामचन्द्र जी के पास ले गये और आपकी सेवा में पेश किए। महाराज ने उसे पढ़ा, पढ़ कर आँखों में आँसू आ गये। कहने लगे कि हम तो तुम्हें गरीब ही देखना चाहते थे। जब उन्होंने यह कहा तो उसी वक्त उस आर्डर को आपने फाड़कर फेंक दिया और कहा कि जो आप चाहते हैं, उसी में मेरी खुशी है, वही मेरे लिए सबसे बड़ी नियामत है। ऐसे त्याग से आपका जीवन प्रारंभ हुआ।

इसके बाद लाला जी महाराज की आज्ञा से उसी विभाग में जिसमें अफसर होने जा रहे थे, क्लर्क की तैनाती ली। पुलिस विभाग में ईमानदार आदमी को बड़ी दिक्कतें उठानी पड़ती हैं। उनका बिस्तर गोल रहता था कि कब बदली हो जाय। वह बताते थे जब अंग्रेज यस॰ पी॰ आ जाता तो समय अच्छा कट जाता। और जब इंडियन आता तो मुसीबत। वह चाहता जैसा वह चाहे वैसी ही रिपोर्ट लिखी जाय। बस ट्रांसफर। ऐसी कशमश की जिन्दगी थी आप की। इतना बड़ा त्याग था, पीछे कितनी बड़ी साधना थी। मौलाना फजल अहमद खाँ साहब की दुआ से पैदा हुए लाला जी महाराज को उनकी तालीम का भार सौंपा गया, मौलाना गनी साहब ने उनकी परवरिश की और महात्मा

रघुवर दयाल जी के पुत्र थे। ऐसे बड़े-बड़े संतों से उन्हें यह विद्या मिली। लाला जी महाराज ज्ञान प्रधान थे। चच्चा जी महाराज में प्रेम प्रधान था और यह दोनों के मिश्रण थे। लाला जी महाराज ने जब इजाजत दी तो आपने लिखा कि ''यह कायदा कुल्लिया नहीं है कि हमेशा कमजोर माँ - बाप से कमजोर संतान पैदा होती रहे, अगर अल्लाह चाहे, भगवान चाहे तो ऐसा शेर पैदा हो सकता है जो आज से 500 वर्ष पहले पैदा हुआ था।'' इसके 6 माह बाद परम संत मौलाना अब्दुल गनी खाँ साहब के यहाँ उर्स था, उसमें यह गये। मौलाना अब्दुल गनी साहब को यह स्वप्न हुआ कि मौलाना फजल अहमद खाँ साहब यह कह रहे हैं कि यह दस्तार महात्मा बृजमोहनलाल जी को पहना दी जाय और जब यह दस्तार उन्हें पहनाई गई तो आप बेहोश हो गये। तीन दिन तक होश न रहा। लाला जी महाराज और चच्चा ही महाराज बहुत घबराये। मौलाना अब्दुल गनी खाँ साहब उनके सीने पर रुमाल रखकर बैठे रहे, कहते रहे कि इंशाह अल्लाह कुछ नहीं होगा, यह तो दुनिया में आलम मुनव्वर करेगा, सच्चा प्रकाश, सच्ची रोशनी देगा। तीन दिन के बाद होश आया। ऐसी सब बुजुर्गों की कृपा उन पर रही और ऐसी सुन्दर हस्ती जग में आई।

सबसे बड़ी बात उनमें यह थी कि वह यह नहीं चाहते थे कि बड़ी भीड़ इकट्ठी हो। लाला जी महाराज के और शिष्य थे। जिनके पीछे काफी भीड़ थी। लेकिन इनके यहाँ चार-पाँच व्यक्ति आते थे। कहते कि हमें तो एक की ही खोज है कि जिसे यह विद्या दे दूँ, यह विद्या कायम रहे तो भगवान हम पर बहुत खुश होगा। आप एटा में थे। वहाँ एक सूफी जी थे, उनके एक शिष्य थे। सूफी जी का शरीर पूरा हो गया। उनके शिष्य पूर्ण विद्या न प्राप्त कर सके, कुछ कमियाँ रह गई। लगन थी वह सूफी जी की मजार पर जाकर बैठते, दुआ करते। एक रात स्वप्न हुआ उनको कि यहाँ एक सूफी जी है, उनके पास जाओ आपका काम बन जायेगा स्वप्न में उनके (बृजमोहन लाल जी) दर्शन हुए। बहुत तलाश किये, लेकिन यह उन्हें नजर न आये। किसी से पता चला कि एक सूफी जी यहाँ हैं, लगते मुसलमान जैसे हैं। मुसलमान भाई उन्हें सूफी व हिन्दू भाई उन्हें महात्मा कहते हैं। फिर वह पहुँच गये और फौरन पहचान लिया। बड़े अदब से अपना स्वप्न आपको बताया। आपने फरमाया ठीक है आप आया करिये। आते रहे और फैज़याब होते रहे। जब उनके पीर साहब का उर्स आया तो मिलने आये और कहा कि साहब! उर्स है, आप

आवें। उन्होंने उर्स का पर्चा दिया, ले लिया। लेकिन जिस अदब से देना चाहिए था वह बात नहीं थी। जाना न हुआ। उर्स ठीक ही रहा। लेकिन उन्हें स्वप्न दिया कि तेरा उर्स मुकम्मिल नहीं हुआ। तूने उन सूफी जी को बुलाया ही नहीं। तब तो बड़ा खटका। फिर हुजूर के पास आये और बोले कि आप नहीं आये तो मेरा उर्स मुकम्मिल नहीं हुआ - ऐसा हमारे पीर ने फरमाया। आपने कहा अच्छा, आइन्दा चलेंगे। फिर होगा तो चलेंगे। तो ऐसे रास्ते पर डाल देते थे। बहुत ही ऊँची उनकी तालीम थी।

एक बार आपका तबादला अचानक एटा से झाँसी हो गया। एक रिटायर्ड वकील साहब चच्चा जी के पास आते-जाते थे। आपने कहा कि आप बड़े (बृजमोहन लाल जी को आप बड़े कहते थे) के साथ झाँसी चले जाओ। वकील साहब उनके साथ चले गये। प्रातःकाल दोनों झाँसी पहुँच गये। झाँसी पहुँचने पर बाजार गये, बोले आफिस चलने के पहले कहीं नाश्ता कर लिया जाय। उत्तर प्रदेश में उस जमाने में नाश्ता था, देसी घी की जलेबी और दूध। एक-एक पाव जलेबी और आधा-आधा सेर दूध लिया। नाश्ता करने लगे। इतने में क्या हुआ कि एक फकीर आया और उसके आते ही सारी दुकानों के शट्र फटा-फट बन्द होने शुरु हो गये। लोग कहने लगे कि भागो-भागो। यह तो दूध पी रहे थे। दुकानदार ने भरसक कोशिश की, कि यह लोग अन्दर आ जायें। लेकिन यह नहीं गये और दुकानदार शटर नहीं डाल सका और वह फकीर वहीं आ गया, उन्हीं के पास। उसने हाथ पकड़ लिया और कहने लगा कि दूध पिला दे। इन्होंने कहा - हाँ जरुर भाई! आधा सेर दूध और एक पाव जलेबी इसे भी दो। पेट उसका भर गया, डकारें लीं। उसके बाद उसने और जिद की, और खाऊँगा। बोले पेट तो भर गया है। खामख्वाह जिद कर रहा है। एक पैसे का दूध - जलेबी और दे दो। हलवाई ने दे दिया। लेकिन खा न सका, भरसक कोशिश की। उसके बाद वह झल्ला गया और शेर पढ़ा कि "यह दर्दे दिल ही तो है कि जिससे उसे पाते हैं" और उसके बाद वह क्या करता था कि यह कहने के बाद बद्दुआ देता था। उसकी बद्दुआ सफल हो जाती थी। इसलिए उसके सामने कोई नहीं पड़ता था कि भाई कहीं बद्दुआ न दे दे। तो जब उसने यह शेर पढ़ा तो आपने उसका हाथ बड़े जोर से झटका और कहा कि अरे कमबख्त! "यह दर्दे दिल ही तो है कि जिससे उसे पाते हैं, और खुदा भला करे उनका जो दिल दुखाते हैं।" उसे राज समझ में आ

गया, ज्ञान चक्षु उसके खुल गये। एक दम वहाँ से भागा, एक टीले पर चढ़ा "अल्लाह - हू - अकबर" का नारा लगाकर छलाँग लगा दी, शरीर छोड़ दिया। बात क्या थी। बात ऐसी थी कि वह सताया हुआ था। छोटी उमर में उसके माता-पिता का स्वर्गवास हो गया। उसके रिश्तेदारों ने उसे लूटा खसोटा। बहुत तंग किया और तंग हो दुनिया को छोड़ परमात्मा की ओर लगा। चूँकि उसका दिल टूटा हुआ था, दुखाया हुआ था, भगवान सम्मुख बहुत रोया और उसे ऐसी सिद्धी प्राप्त हो गई, जो कह दे वह हो जाय। अब चूँकि वह संसार का सताया हुआ था, इसलिए बद्दुआ ही देता था। इसीलिए महात्मा जी ने कहा कि तुम्हें तो उन्हें दुआ देनी चाहिए कि तेरे दिल को चोट पहुँचा कर उन्होंने तुझे अल्लाह से मिला दिया, तुझे आगे बढ़ा परमात्मा की तरफ लगा दिया। आप ऐसे गृहस्थ संत थे।

फतेहपुर में थे, रात देर से सोते थे, बदन उनका दुखः करता था। खास खास सत्संगी भाइयों से ही सेवा लेते थे। बाबू शिवप्रताप नरायण, एडवोकेट बहुत ही श्रद्धालु भक्त, सच्ची सेवा करने वाले और कुछ लोग साथ ध्यान में बैठे हुए थे, कि महाराज का शरीर एक तरफ से लुढ़क गया। उठाया और डाक्टर बुलाया गया। उसने कहा कि हार्ट फेल हो गया, इनमें दिल की धड़कन नहीं है। आपकी धर्मपत्नी ने कहा कि - ऐसा हो ही नहीं सकता, आपकी आज्ञा से अँगेठी जलाकर हाथ और पैरों को गर्म करना शुरु किया गया। माता जी ने कहा कि "जितने हमारे बुजुर्ग हुए हैं, आज तक सब कह कर गये हैं। यह कैसे हो सकता है कि यह बिना कहे चले जायें? कम से कम कुछ तो इशारा करते जाने का। कोई इशारा नहीं किया, हमें विश्वास नहीं है" सिकाई की गई और थोड़ी देर बाद हृदय की धड़कन शुरु हो गई। सुबह जब डाक्टर को पता चला कि वह तो जिन्दा हो गये तो बड़ी शर्म करते हुए आये और जानते ही थे कि सूफी हैं। बड़ी हलचल शहर में मच गई। लोग मालायें और फूल लेकर आने लगे। इस घटना के बाद आपको लो ब्लड प्रेशर हो गया था। आपकी प्रार्थना पर विभाग ने आपका तबादला एटा कर दिया। आप घर से तब बाहर निकले जब सामान गाड़ी में लद गया। किसी किस्म की ख्याति नहीं चाहते थे। अपने आप को छिपाते थे। आपके खास शिष्यों में एक यशपाल जी थे जो पोस्ट व टेलीग्राफ विभाग में इंजीनियर के पद पर कार्य रत थे उन्होंने आपकी शिक्षाओं को दृढ़ता से पकड़ा हुआ था। और साधना रत थे। आपके

साथ हुए अनुभवों का विस्तृत विवरण यशपाल जी ने "श्री बृजमोहन वचनामृत" पुस्तक के पाँच भागों में किया है। साधना के दरमियान, अपनी आत्मिक उड़ान के अनुभव का वर्णन पुस्तक के भाग - 1 में इन शब्दों में किया है।

"भूख बिल्कुल नहीं है। बाबू गिरवर किशन जी के यहाँ तीमारपुर गया था, वहाँ चाय के साथ नाश्ता अधिक हो गया। खाना बिल्कुल नहीं खाँऊगा। अगर दूध हो तो दूध दे दो। धर्मपत्नी दूध लाई। दूध पीकर यह फिर आंखें मींच कर बैठ गया। ध्यान बड़ी एकाग्रता से लगा हुआ था। उधर धर्मपत्नी भोजन करने चली गई। बच्चे दोनों सो चुके थे, अब दास कमरे में अकेला था। ध्यान में जो आनन्द आ रहा था, उसका उल्लेख शब्दों में नहीं किया जा सकता। धीरे-धीरे एकाएक दोनों भौं के बीच के ऊपर के भाग में बड़ी तीव्र गुलगुलाहट आरंभ हुई। थोड़ी देर बाद एक आंतरिक तीव्रधार इस स्थान (आज्ञा चक्र) से ऊपर माथे में होकर सिर की ओर बहने लगी। जबान की नोक, उलटकर तालुए से जा लगी। आनन्द रस बराबर बढ़ता ही गया। यह दास इस कदर ध्यान में डूबा था कि इसे किसी किस्म का होश हवास ही न था। धीरे-धीरे यह धार ऊपर सिर में फैलती गई। यहाँ तक की सिर की हर एक नस बोल उठी। सिर की नसें इस कदर फड़क रही थी कि इस फड़कन के साथ एक अजीब शान्ति व आनन्द की रसना चित्त, मन व बुद्धि में उतरती मालूम हो रही थी। एक सुन्दर शीतल जल का झरना सिर में अन्दर की ओर बह रहा था जिसकी रसना में शरीर, चित्त, मन बुद्धि व आत्मा सब कुछ डूबे जा रहे थे। इतने में दास को मालुम हुआ कि इसके प्राण ऊपर खिंचे जा रहे है और उनका रोकना इसकी शक्ति के बाहर है। इसकी आँखों की पुतलियाँ ऊपर खिंचने लगीं। आँखों के डेले ऊपर खिंच कर रह गये थे। आँखें खोले भी न खुल सकती थी। जबान उलटकर अन्दर की ओर खिंच गई थी। प्रयत्न करने पर दास बोल नहीं सकता था। उधर इतने अगम आनन्द के समुद्र में डूबा था कि बोलने व देखने की इच्छा ही बाकी न थी। अब यह आंतरिक धार कपाल से जाकर टकराने लगी और सहस्त्र दल कमल पर स्पन्दन होना आरंभ हुआ। एक अजीब टंकोर व गुलगुलाहट कपाल के अन्दर प्रारंभ हुआ। इस टंकोर में से आनन्द रस फूट - फूट कर बहने लगा। शरीर को रोमांच हो आया। चित्त, मन, बुद्धि व आत्मा इस आनन्द में चूर-चूर हो गये। साथ-साथ

यह भी बराबर महसूस होता रहा कि प्राण बराबर ऊपर चढ़कर खिंचते जा रहे हैं। इसके पश्चात इसे बहुत देर तक कुछ होश ही न रहा। आनन्द का महसूस होना इत्यादि सब कुछ लुप्त हो गया। इसके पश्चात देखा कि इसके शरीर में से इसके शरीर सा ही एक हरे रंग का छोटा सा शरीर (सूक्ष्म शरीर) बाहर निकल कर उड़ चला। यह उड़कर किसी अभ्यासी (साधक) के सामने गया। उसने इसे ध्यान से हटाने का प्रयत्न किया परन्तु यह न हटा तो उसने अपने गुरुदेव को याद किया। तब इसका सूक्ष्म शरीर उड़ा और उसके गुरुदेव के सामने जा टिका। यह प्रथम अभ्यासी से अनेक गुना ऊँचे अभ्यासी व सिद्ध पुरुष मालुम होते थे। वह बंगाली जान पड़ते थे। अब इन्होंने इस सूक्ष्म शरीर को ध्यान से हटाने का भरसक प्रयत्न किया परन्तु अनेक प्रयत्न करने के बावजूद भी जब इसे न हटा सके तो उन्होंने अपने गुरुदेव को याद किया तब इसका सूक्ष्म शरीर फिर उड़ा और एक परम योगी महापुरुष के शुभ स्थान पर पहुँचा। इस महापुरुष का तेज सूर्य के तेज को भी फीका कर रहा था। इस महापुरुष के चारों ओर से प्रकाश की किरणें बड़ी तीव्र गति से चारों ओर बह रही थीं। उन किरणों से सारा संसार ओत-प्रोत नजर आ रहा था। इस महापुरुष का कद लम्बा, शरीर उज्जवल, स्वर्ण जैसा चमकता हुआ रंग, मस्तिष्क विशाल, बाहु लम्बे व नेत्र अर्द्धखुले परन्तु अत्यन्त प्रकाश युक्त, सिद्ध आसन लगाये अखण्ड तप में विराजमान नजर आते थे। सांस की गति व चित्त की धड़कन बता रही थी कि अनंत प्रभु प्रेम में डूबे घोर तप में लगे अनंत रिद्धी-सिद्धी युक्त, परम योगी महान पुरुष हैं। जिनकी आंतरिक आत्मिक प्रतिभा (Aura) में सारा संसार ही ओत-प्रोत सा प्रतीत हो रहा था। इन महापुरुष को देखने के बाद इसके हृदय से "जय सत्गुरुदेव" का जाप स्वत: ही आरंभ हो गया और ऐसा मालूम हुआ कि इसके चारों ओर अथाह व अगम समुद्र ही समुद्र है और यह जल में "जय सत्गुरुदेव" का जाप करते हुए बराबर इन महापुरुष की ओर बढ़ता ही चला जा रहा है। इसका सूक्ष्म शरीर "जय सत्गुरुदेव" जाप करते-करते तेजी से पानी को चीरता हुआ आगे बढ़ा चला जा रहा था कि मानो रोशनी दौड़ रही हो परन्तु समुद्र तथा जल का कहीं छोर ही नजर नहीं आता था। काफी दूर जाने के बाद इसके सूक्ष्म शरीर को छोड़ कर सफेद प्रकाश युक्त इसकी आत्मा ऊपर उठी और ऐसा प्रतीत हुआ मानो समस्त संसार की हर वस्तु में समा गई। हर एक वस्तु अन्दर हरकत (motion) में तथा सजीव नजर आ रही थी तथा इसकी आत्मा के उसमें समा

जाने से हर वस्तु अधिक प्रकाश युक्त तथा सजीव हो उठी थी। संसार का हर एक स्त्री पुरुष व बच्चा अधिक प्रसन्न व प्रफुल्लित नजर आ रहे थे मानों उनमें जीवन शक्ति अधिक बढ़ गई हो। इसी प्रकार हर पशु - पक्षी इसकी आत्मा के उनमें समा जाने से अधिक सुन्दर व मनोहर प्रतीत होते थे। वृक्ष व पौधे सजीव नजर आ रहे थे तथा उनमें इसकी आत्मा के समा जाने से उनकी हरियाली अधिक बढ़ गई थी। दर दीवारों में, घाटियों व पहाड़ों में, मैदानों और पत्थरों में, नदियों व तालाबों में, वृक्षों व पौधों में, हर प्रकार के जीव जन्तुओं में, स्त्री व पुरुषों में तथा पृथ्वी, जल, अग्नि वायु व आकाश में सब एक ही प्रकार जीवन से ओत-प्रोत नजर आ रहे थे और हर वस्तु अन्दर हरकत में दृष्टिगोचर हो रही थी। इस सामूहिक एक रस जीवन में इसकी आत्मा भी समाई थी और संसार की हर वस्तु तथा प्राणी में इसकी आत्मा, भी जा समाई प्रत्यक्ष दृष्टिगोचर हो रही थी तथा इससे हर वस्तु अधिक प्रकाश युक्त, सुन्दर व अधिक सजीव हो उठी थी। कैसा आनन्दमय अनोखा व सुन्दर अनुभव ज्ञान था उसे शब्दों में असंख्य प्रयत्न करने पर भी नहीं दर्शाया जा सकता। कितने समय तक दास की यह अवस्था रही और फिर किस प्रकार इसकी आत्मा शरीर में वापिस आई, इसका इसे कुछ होश नहीं।

उधर धर्मपत्नी भोजन कर चुकने तथा चौका बरतन ठीक करने के बाद कमरे में आई तो दास की गर्दन एक तरफ को निर्जीव सी झुकी देखकर तथा इसको बेहोश पाकर घबरा गई। क्योंकि रात्रि अधिक हो चुकी थी, अड़ोस - पड़ोस में सब सो चुके थे, इससे उनकी परेशानी अधिक बढ़ गई। इसको खूब झिंझोरा पर इसे होश लेशमात्र को भी न था। सांसों का आना-जाना भी बिल्कुल बन्द था। इसके पश्चात इसकी नब्ज देखी, नब्ज बिल्कुल गायब थी, फिर दिल की धड़कन सुनने का भरसक प्रयत्न किया परन्तु कहीं कुछ सुनाई नहीं दिया। अब तो धर्मपत्नी की घबराहट का पारावार न रहा। लेकिन बदन जो देखा तो भली प्रकार गर्म बना हुआ था। हाथ - पैर सब खूब गर्म थे। अगर बदन गरम न होता तो शायद चीख उठती और अड़ोस-पड़ोस के लोगों को जमा कर लेती। परन्तु मालिके कुल सर्वशक्मिान प्रभु के इच्छा के बिना पत्ता नहीं हिलता। उस दयालु कृपा सागर परमात्मा ने ऐसे आड़े समय में धर्मपत्नी को साहस प्रदान किया और यह बात दिल में उतार दी "अगर मेरा पतिव्रत धर्म सच्चा है तो इनको कोई अनिष्ट नहीं हो सकता और दास का सिर अपनी

गोदी में रख दिल में दर्द और आँखों में आँसू भरे कातर स्वर में दीनबन्धु दीनानाथ भगवान की प्रार्थना में डूब गई।" और इधर एकटक इस दास के चेहरे को निहारती रहीं तथा इसके सिर व बदन पर हाथ फेरती रही। एकाएक जब दास की आत्मा शरीर में वापस आई और इसके सारे शरीर में तीव्र विद्युत धारा प्रवाहित होती जान पड़ी तो यह उठ बैठा। इस समय दास का शरीर, मन व आत्मा सब ऐसे आनन्द में डूबे थे कि उसका वर्णन शब्दों में नहीं किया जा सकता। शरीर में चोटी के स्थान से लेकर पैर तक बड़ी तेज बिजली दौड़ रही थी और प्रेम शान्ति और आनन्द के अथाह व अगम समुद्र में दास का शरीर व आत्मा सब लीन थे। दास मस्तक नवा और हाथ जोड़कर प्रेम व एहसान से परिपूर्ण मूक जबान व दिल से श्री सत्गुरुदेव जी की स्तुति करने जा ही रहा था कि एकाएक धर्मपत्नी दास से लिपट गई तो इसका ध्यान उसकी ओर भी गया तो देखा आँखों से अश्रुधारा बह रही थी और हिंचकी बंधी हुई है। हृदय में धर्मपत्नी का विचार आते ही शरीर में एक बड़ी हल्की सी विषयक उत्तेजना पैदा हुई जो इस समय दास को इतनी बुरी लगी कि इसका हृदय रो पड़ा और इसने धर्मपत्नी को जोर का धक्का देकर दूर फेंक दिया। विचित्र बात यह हुई कि एकाएक इसका हृदय पुकार उठा "माँ" परन्तु माँ कहने पर भी जो हल्का जहर पैदा हो गया था उसमें कमी तो बहुत हो गई परन्तु समूल नष्ट नहीं हुआ तो यह रो पड़ा और इसका हृदय चीख उठा "सत्गुरुदेव"। इस पवित्र शब्द के उच्चारण से ही यह जहर एक क्षण में ही समूल नष्ट हो गया। परन्तु धर्मपत्नी को इस प्रकार धक्का दे देने से बड़ी हार्दिक पीड़ा हुई। खिसिया कर तथा बिगड़ कर उठीं और पास पड़े पलंग पर यह बड़बड़ाती हुई जा लेटी "हम तो इनके लिए जान देते हैं। जो इस समय हमारे हृदय पर बीत रही थी उसे केवल भगवान ही जानते हैं परन्तु मेरे सच्चे प्रेम का यह बदला है"। ऐसा कहते-कहते उसका चेहरा क्रोध से दमक उठा और अगर श्री सत्गुरुदेव इस समय अपनी लीला प्रकट न करते तो बहुत मुमकिन था कि धर्मपत्नी दास को श्राप दे देती। दास ने देखा पलंग पर श्री सत्गुरुदेव लेटे हुए हैं धर्मपत्नी नहीं। वही टोपी, वही दाढ़ी, वही कुर्ता, वही धोती, वही चेहरा, यह देख कर दास चौंक गया। आप कह रहे थे "हम आपको इतनी देर से बुला रहे हैं परन्तु आप आते क्यों नही? यह तो मैं हूँ, आप धर्मपत्नी समझ रहे हैं। आप आकर हमसे लिपट क्यों नहीं जाते?"

सत्‌गुरुदेव को पलंग पर लेटा देखकर और उनकी ऐसी आज्ञा पाकर यह एक साथ उठा और उनसे जा लिपटा। वे भी इससे लिपट गये। दास के लिपटते ही इसकी छाती, मुखमण्डल, सिर व दोनों हाथ एक महान शक्ति से भर गये। ऐसा मालूम होता था कि शक्ति अन्दर से ज्वालामुखी पहाड़ की तरह एक साथ फूट निकली हो। इस शक्ति के कारण इसकी छाती बहुत फूली – फूली मालूम हो रही थी, बाहुओं में अतुलित बल मालुम हो रहा था तथा सिर व मुखमण्डल सब इस शक्ति से भर गये थे। दास का शरीर बड़ी मुश्किल से इस शक्ति को बर्दाश्त कर पा रहा था। इस डर से कहीं इसकी छाती फट न जाये, यह सत्‌गुरुदेव को छोड़ कर हटा तो मालुम हुआ कि सत्‌गुरुदेव तो ओझल हो गये और पास में धर्मपत्नी ही थी जो एक ओर करवट बदल कर सो गई। रात को दो बज गये थे, थोड़ी देर पलंग पर बैठा रहा, फिर पटले पर जाकर लेट गया और न मालूम कब और कैसे इसे नींद आ गई।"

इस अनुभव की सूचना आपने श्री बृजमोहन लाल जी महाराज को पत्र द्वारा दी। आपने उत्तर में लिखा कि "तुम्हारे दो पत्र आये। पहले पत्र के बाद दूसरे पत्र का इंतजार सा था और वह आ ही गया। खुशी हुई। बेटे, यह मार्ग ही हृदय के विकास और प्रेम का है। जब मालिक की असीम दया कृपा होती है तभी यह आत्मिक" (रुहानी) उत्थान या उड़ान प्राप्त हुआ करती है। कभी कभी बुलंदशहर हो आया करो। कभी-कभी जब हो सके यहाँ भी आ जाया करो। सचमुच जितना विश्वास व प्रेम जिसके दिल में गुरु में होता है, उतनी ही उन्नति उसकी आत्मिक चढ़ाई में स्वयं ही हुआ करती है। क्या पता है कि परमात्मा तुम्हारे रुप में ही वह बालक हमको दे रहा हो जिसके बारे में हमारे फतेहगढ़ वाले महात्मा जी ने फरमाया था कि एक ऐसा प्रेमी तुम्हें मिलगा जो हमारा-तुम्हारा सबका नाम ऊँचा कर देगा। परमात्मा से यही प्रार्थना है कि वह अपना सच्चा प्रेम व ज्ञान प्रकाश प्रदान करे। हमारी अजीज बेटी (बहू) से कह देना कि वह घबरा न जाये। क्योंकि यह आशा है कि उसके साथ भी प्रेम, प्रसन्न व खुश रहने का यशपाल अपना स्वभाव नहीं छोड़ेगा। गृहस्थी में रहकर अगर दोनों प्रेम के साथ ऐसा प्रकाश जगावें कि अपने घर के चारों ओर दूसरे के अंधेरे को दूर कर सकें, यह सेवा बड़े भाग्य से मिलती है। अपनी अवस्थाओं और सब बातों की सूचना बराबर देते रहें। दुआगो बृजमोहन लाल, फतेहपुर (20-90-48)

महात्मा बृजमोहन लाल जी ऐसे संत थे कि उनकी वेशभूषा न हिन्दुस्तानी थी न मुसलमानी बल्कि दोनों का मिश्रण सी थी। आपकी दोनों समुदायों में पैठ थी। आप सूफी संत के नाम से जाने जाते थे। प्यार से लोग आपको दद्दा जी कहते थे। बृजमोहन लाल जी की अंतिम यात्रा 6 जनवरी, सन् 1955 से आरंभ हुई। आप लखनऊ से मेल द्वारा शाहजहाँपुर को रवाना हुए। चलते समय आप बड़े प्रसन्नचित थे। आप शाहजहाँपुर से बरेली पहुँचे। बरेली में आपने सत्संग श्री मान पेशकार साहिब से दिसंबर 1954 के संत में छपे हुए उत्सव भण्डारा 1954 को पढ़वाकर समस्त सत्संगी भाइयों को सुनवाया कि अज़ीज यशपाल ने जो कुछ इस सेवक पर भण्डारे में उतरा, उसका बहुत सुन्दर चित्र शब्दों में खींच दिया। इसके बाद आपने फरमाया कि आप यशपाल को क्या समझते हो - वह योगी है पूर्ण योगी। बरेली से आप दिल्ली पधारे और यहाँ कई रोज विश्राम किया। दिल्ली में सत्संग में श्री प्यारेलाल जी गुप्ता के पूँछने पर आपने फरमाया कि यशपाल की क्या बात करते हो? लोगों से चले चलाये सत्संग भी नहीं चल पाते और उसे यदि रेगिस्तान में भी भेज दिया जाये तो वहाँ सत्संग पैदा कर दे। तत्पश्चात चौधरी श्री राम जी की तरफ गर्दन हिलाते हुए कहा कि हमने उसे बहुत कसा है और उसको शंकराचार्य बनाना है। दिल्ली में भी दिसंबर 1954 के संत में निकला हुआ लेख उत्सव भण्डारा 1954 सत्संग में पढ़वाया और उसकी भूरि - भूरि प्रशंसा की। आप तारीख 16-01-1955 दिन रविवार को दिल्ली से बम्बई के लिए रवाना हुए। इंटर कलास में आपका बिस्तर लगा दिया गया था। मथुरा, आगरा, झांसी स्टेशनों पर अनेक सत्संगी भाई आपके दर्शन करने आये। आप सबसे बड़ी प्रसन्नता व प्रेम से मिले, किसी को भी आपके चेहरे व मुखाकृति से किसी प्रकार की थकान व तकलीफ आदि की आशंका नहीं हुई। आप भली प्रकार पूर्ण रुप से स्वस्थ थे। 17 जनवरी 1955 दिन सोमवार को 11 बजे प्रातः आप बम्बई बी॰टी॰ स्टेशन पर पहुँचे। सेठ श्री बालकृष्ण, पुष्पा बहन, श्री प्रेमचन्द मित्तल, श्री चड्ढ़ा जी तथा अन्य प्रेमी बन्धु रिसीव करने स्टेशन पर आये हुए थे। आप सबसे बड़े प्यार से गले लग कर मिले। हार पहनाने वालों के गले में ही आपने हार पहना दिये। आपने फरमाया कि जरनी बड़ी ही कंफरटेबल थी। भोपाल से ही मैं कंफरटेबल था, जरा भी तकलीफ नहीं हुई। यद्यपि संत में छपे प्रोग्राम के अनुसार आप श्री मित्तल जी के यहाँ ठहरने वाले थे परन्तु सेठ जी के

बार-बार अनुरोध करने के कारण, जो आप पत्रों द्वारा करते रहे थे, आप श्री मान सेठ जी के स्थान के लिये जो मैरीन ड्राईव पर था, सबके साथ कार में बैठ कर रवाना हो गये। यह स्थान बम्बई टापू के उस ओर है जहाँ अरब सागर की अनन्त लहरें भारतवर्ष की पवित्र भूमि को छूकर कृतज्ञता से विलीन हो जाती हैं। सुन्दर सड़क के किनारे सागर को फेस करते हुए पाँच स्टोरी वाले सुन्दर विशाल भवन हैं। इन भवनों से सागर का सुन्दर दृश्य साफ दिखाई पड़ता हैं और अनन्त दर्शन का भास सा होता है। आप सीढ़ियों से चढ़कर ऊपरी मंजिल मकान पर पहुँच गये।

लम्बे सफर के बाद हर एक को थकान हो ही जाती है। आप भी थक से गये थे रिहा की तकलीफ जो आपको सदैव से थी, उसकी शिकायत हो गई थी। गर्म पानी से आपका शरीर पौंछा गया जिससे आपको बड़ा आराम मिला। इसके पश्चात आपने साधारण भोजन दाल-रोटी व सब्जी इत्यादि का बड़ी हल्की मात्रा में किया और फिर आराम करने के लिए लेट गये। रिहा की तकलीफ आपको अभी भी थी। इसके बाद आप बरामदे में गये और वहाँ से समुद्र के दर्शन किये। समुद्र को देखकर कुछ समय के लिए आप चित्रलिखित से खड़े रहे और मालिक के अगाध प्रेम में डूब गये, फिर कमरे में आये। यह पूछने पर कि आपकी तबियत कैसी है, आपने फरमाया, समुद्र देखते ही तकलीफ आधी दूर हो गई। आपने विटामिन बी० कम्पलैक्स के इंजेक्शन और अन्य दवाईयाँ भी मगंवाकर पास रख ली थीं परन्तु अनुरोध करने पर भी कोई दवा ली नहीं। आप सेठ जी तथा पुष्पा बहन से अनेक बातें बराबर करते रहे। इसी बातचीत के दौरान आपने फरमाया "यशपाल से बड़ी आशायें हैं। उसके प्रेम के क्या कहने हैं, उसके प्रेम ने जबलपुर में चलती गाड़ी रोक दी। लेकिन उससे हमारी ओर से कह देना कि वह नौकरी न छोड़े, हमारी समझ कर बराबर करता रहे"। फिर आपने अपने ज्येष्ठ पुत्र श्री ओंकारनाथ जी के बारे में बतलाते हुए कहा कि उसमें सब गुंण है, गुरु पुत्र होने का अभिमान नहीं है। उसने अपनी शादी के लिये चार शर्तें हमारे सामने रखीं हैं और वह बड़ी अच्छी हैं।

(1) लड़की अधिक पढ़ी-लिखी न हो। मैट्रीकुलेट हो, इससे अधिक पढ़ी न हो।

(2) अपने ससुर और सास को हृदय से अपना पिता और माता मान ले।

(3) लड़की सत्संगी हो तो अधिक अच्छा है।

(4) स्वस्थ हो, गुणवती हो, रंग का कोई विचार नहीं होना चाहिए।

आपने कहा, 'शर्तें तो अच्छी हैं, बहुत अच्छी हैं। यदि लड़की सास को माँ और सास बहू को लड़की मान ले तो घर में कभी झगड़ा ही न हो। ईश्वर मालिक हैं।'

सत्संग आरंभ होने से पहले आपने सेठ जी को एकांत में बुलाया और सवाल किया, "सेठ जी! आप मुझे क्या समझते हैं? बहुत बड़ा महंत समझते हैं?" सेठ जी ने कहा नहीं। तो क्या आप मुझे अपना गुरु समझते हैं? सेठ जी ने कहा, नहीं। तब आप मुझे अपना क्या समझते हैं? सेठ जी ने उत्तर दिया कि मैं आपको अपना पिता समझता हूँ। अच्छा, तो आप मुझे अपना पिता समझते हो, तो जानते हो पुत्र का पिता के प्रति क्या कर्त्तव्य है, खूब समझ लिया है ना और सोच लो। सेठ जी ने कहा खूब समझता हूँ और मैं आपको अपना पिता ही मानता हूँ। आपने कहा, देखो! अपने कर्त्तव्य का पूरा पूरा पालन करना, झूठे न बनना। सेठ जी ने उत्तर दिया, झूंठ हरगिज नहीं बोलूंगा, पिता जी आप क्या कह रहे हैं? आपने पूछा वायदा करते हो। सेठ जी ने कहा जी हाँ। बात आई गई हुई। सायंकाल सत्संग के लिये प्रेमी जन एकत्रित हुए। आप हर एक से बात करते जाते थे और सत्संग कराते जाते थे। जहाँ आप बैठते थे शान्ति विराजती थी। कितना ही संसारी तापों से दुखित हृदय क्यों न हो, आपके समीप आकर महान शक्ति और आत्म सुख का अनुभव करता था। सत्संग का संमा बंधा हुआ था। प्रेमी सत्संगी आत्म रस में विभोर हो रहे थे। तब आपने बहुत ही सुरीले कंठ से निम्निलिखित भजन गया –

क्या माँगू कुछ थिर न रहाई।
देखत नयन चला जग जाई ।।

एक लख पूत सवा लख नाती।
त्ता रावण घर दिया न बाती ।।1।।

क्या माँगू कुछ थिर न रहाई ।
लंका सी कोट समंदर सी खाई।
ता रावण की सुदहू न पाई ।।2।।

क्या माँगू कुछ थिर न रहाई।
आबत जात न संग सँगाती।
कहा भयो दर बाँधे हाथी ।।3।।

क्या माँगू कुछ थिर न रहाई।
कहत कबीर अंत की बारी।
हाथ झार ज्यों चला जुआरी ।।4।।

क्या माँगू कुछ थिर न रहाई।

ऐसे समय में ही आपने रामायण पर प्रकाश डालना आरंभ किया। आपने फरमाया "रामायण में सच्ची आध्यात्मिक शिक्षा सरल से सरल भाव में भरी पड़ी है। देखो भगवान राम कितने दयालु हैं कि रावण जैसे भयंकर राक्षस को भी निर्वाण पद प्रदान किया। कितनी सुन्दर भेद की बात छिपी है। जब रावण के सारे सगे संबधी मारे गये और यह निःसहाय रण भूमि में घायल पड़ा हुआ था उसके हृदय में पश्चाताप का होना था कि दयालु राम ने रावण को अपने से भी ऊँचा उठा दिया। लक्ष्मण (अपनी शक्ति) को रावण से नीति सीखने को भेजा। रावण का हृदय कृतज्ञता से गद्‌गद् हो गया और उसकी आत्मा भगवान के चरणों में फुदक कर जा लगी। उसको निर्वाण पद मिल गया। दयालु राम ने रावण का किस तरह उद्धार किया? रावण की आत्मा कैसे फुदकी? यह कह कर आपने चुटकी बजाई और कहा कि ऐसे। चेहरा तमतमा उठा। एक अजीब तेज व प्रकाश चेहरे से फूट-फूट कर निकलने लगा। गर्दन टेढ़ी हो गई, मुँह में झांग आ गई। सब घबरा उठे। आपको ले जाकर पलंग पर अंदर लिटा दिया गया। डाक्टर बुलाया गया।"

डाक्टर के आने से पहले आपने सांस ली, कुछ हिले। श्री प्रेमचन्द मित्तल ने पूछा, पिता जी आपकी तबियत कैसी है। आप मुस्कराये और बोले, मालिक का बड़ा शुक्र है मित्तल बाबू! आप तो घबरा जाते हैं। ऐसा तो हमारे साथ अक्सर हो जाता है। आप जरा सा ग्लूकोज नींबू के रस के साथ दे दें। आपने ग्लूकोज पिया और फिर कहा, अब मैं जरा आराम करुँगा। सब लोग निश्िंचत हो गये। थोड़ी देर बाद देखा तो आप निश्चल थे। नब्ज भी नहीं मालूम होती थी और न दिल की धड़कन। वैद्य जी आये, डाक्टर आये सबने कहा यह संसार से चले गये हैं। परन्तु भाई लोगों को यह विश्वास ही नहीं होता था कि बिना कहे- सुने ही आप चले जायेंगे।

सबसे पहले यह खबर बम्बई से श्री यशपाल जी को टेलीफोन द्वारा मिली। बतलाया गया, बदन गर्म है, सिर बहुत गर्म है, परन्तु नब्ज नहीं है। डाक्टरों ने जवाब दे दिया है, क्या करें? क्या कभी आपके सामने ऐसा हुआ था? आपने जवाब दिया, "इसके सामने तो ऐसा कभी नहीं हुआ परन्तु जब आप फतेहपुर में थे तो आधा घन्टा तक नब्ज व दिल की धड़कन बन्द हो गई थी। परन्तु फिर वापिस आ गई थी। उसके पश्चात आपको विटामिन बी काम्पलैक्स के इंजेक्शन से बहुत फायदा हुआ था। आपने सुझाव दिया कि आप लोग डाक्टरों की राय से इलाज करें ।" और पूज्यनीय माता जी व पूज्य ओंकारनाथ जी को खबर कर दीजिये और उनसे सब हाल बता राय लीजिए। "यशपाल जी ने लिखा है कि इस समाचार के मिलने से आपको कोई विशेष घबराहट नहीं हुई। इन्होंने सोचा प्राण ब्रह्मांड में चले गये हैं, मालिक ने चाहा तो वापिस आ जायेंगे। लेकिन धीरे-धीरे आपका शरीर ठण्डा होता गया। श्री प्रेमचन्द मित्तल जी ने श्री यशपाल जी को बम्बई आने के लिये बड़ा जोर डाला लेकिन श्री ओंकार नाथ जी ने कहा कि माता जी की आज्ञा है कि यशपाल जल्द से जल्द लखनऊ पहुंचें। ओंकरानाथ जी अपने मामा जी और माता जी के साथ रात्रि में झाँसी चले गये। वहाँ से शव के साथ जो बम्बई से लाया जा रहा था दि॰ 20-09-1955 को प्रातः 10 बजे लखनऊ पहुंचे। रास्ते में कानपुर स्टेशन पर बड़ी भीड़ थी। वहाँ सत्संगी भाईयों के दो ग्रुप बन गये। एक ग्रुप चाहता था कि उनका हिन्दू समाज के तरीके से दाह-संस्कार किया जाये और दूसरा ग्रुप चाहता था कि शरीर इसी प्रकार समाधि में रख दिया जाये। लेकिन यह निर्णय कैसे किया जाये। किसी भाई ने सुझाव दिया कि यह समस्या पूज्यनीय माता जी के सामने रखी जाये। दोनों ग्रुप माता जी के पास गये और अपनी समस्या उनके समक्ष रखी। माता जी ने ओंकार जी से कहा कि वह ध्यान में बैठें और जो कुछ एहसास हो बतायें। थोड़ी देर ओंकार नाथ जी ध्यान बैठे और उन्होंने बताया कि पिता जी ध्यान में प्रकट हुए और उन्होंने फरमाया कि जहाँ तक इस शरीर का ताल्लुक है, उस पर आपकी माता जी का पूर्ण अधिकार है, जैसे वह चाहें वैसे वह संस्कार करें। लेकिन आप लोग यशपाल का पूरा-पूरा ध्यान रखें। इस वक्त उसका शरीर भी छूट सकता है। कानपुर स्टेशन पर एक फ्रेंच लेडी भीड़-भाड़ देख कर और यह जानकर कि किसी संत का कौफीन लखनऊ जा रहा है उसी गाड़ी में बैठ

गई और आपके बारे में मालूमात करने लगी। सारे हालात मालूम करने के पश्चात् निश्चय पूर्वक उसी गाड़ी में बैठ के लखनऊ आई और आपकी मैयत के साथ दाह संस्कार में शामिल हुई। लगभग एक हजार व्यक्ति आपके शव के साथ थे। लगभग 3.30 बजे शाम को शमशान घाट पहुंचे तथा गोमती नदी के किनारे चिता पर शव को रख दिया गया। रामधुन जो आपको बहुत प्रिय थी और भण्डारे पर प्रोग्राम हमेशा इस रामधुन से ही प्रारंभ होता था होने लगी। सबके हृदय मिलकर कह उठे।

रामहि केवल प्रेम पियारा। जानि लेइ जो जाननिहारा।

जब चिता पूर्णतः सज कर तैयार हो गई, कई मुसलमान भाई जो तशरीफ लाये हुए थे, रामधुन के बाद नमाज जनाजा अदा की। उसके बाद फरमाया "आप समझते हैं यह आपके हैं। परन्तु यह जितने आपके हैं, उतने ही हमारे हैं। यह आपके भी हैं और हमारे भी। रहा यह जिस्म, इसका संस्कार आप इस प्रकार आग लगा कर करते है और हम दूसरी तरह से। परन्तु वह तो इस कैद से आजाद हैं और हमारे व आपके और ज्यादा नज़दीक हो गये हैं - आमीन - आमीन - आमीन ।" वह फ्रेंच लेडी जो कानपुर से शव के साथ आई थी उसने एक ऊँची जगह खड़े होकर सब सत्संगी भाईयों को मुखतिब होकर बताया "आज से 10 साल पहले मैं इन संत से मिली थी और बहुत अधिक प्रभावित हुई थी। जब अपनी मुलाकात के बाद विदा होने लगी, तो मैंने इन से पूछा -"

"When shall I meet you again." "He immediately replied Next you will come at my burial and now I am here; and his words were so true that I am actually present at his words" इस संबन्ध में दि. 21-01-1955 के Pioneer News paper में निम्नलिखित लेख छपा -

Kabir Re-Lived

The life and death of Kabir was enacted in a revised form when Hindus and Muslims claimed the last remains of a saint known to the Hindus as Brijmohan Lal and to the Muslims as Baba Shamsuddin.

The saint, it is claimed was a "Grahsth Sanyasi" and also belonged to the Naqashbandia System of Sufis. His disciples and admirers were in the ranks of the communities.

He went into spiritual trance in Bomby three days ago and his soul left its human abode while he was in that state. His body was brought to Lucknow & Hindus and Muslims alike accompanied his funeral procession which was first taken to burning ghat. Before his cremation, the last prayer (Namaz Janaja was offered by a Muslim devine > Later a portion of his ashes was removed for burial.

1.4 माता श्रीमती रुपवती देवी

परम पूज्या माता श्रीमती रुपवती देवी, परम संत महात्मा यशपाल महाराज (भाई साहब) जी की धर्मपत्नी थी। श्री यशपाल जी महाराज से आपको जुड़ाव 16 वर्ष की अवस्था में 1939 (माह जून) में पाणिग्रहण के साथ हुआ। पूज्य भाई साहब जी की अवस्था उस समय 21 वर्ष की थी। इस नश्वर संसार के संचालन व विकास की प्रक्रिया में, विश्वनियन्ता सबों से कुछ न कुछ काम लेते हैं। अखिल भारतीय संतमत सत्संग के इतिहास को देखने से

परम सन्त महात्मा श्रीमती रुपवती देवी जी
(10-1-1922 से 3-11-2011)

लगता है कि महात्मा यशपाल जी महाराज व श्रीमती रुपवती देवी का विश्व परिदृश्य में अवतरण परम प्रभु परमात्मा ने अपनी बहुमूल्य चीज प्रेम रुपी प्रकाश को जनमानस में फैलाने के लिए किया था। यह गृहस्थ संत दम्पती प्रेम की मूर्ति थे और रहनी-सहनी में जैसे एक सिक्के के दो पहलू। आपके यहाँ सत्संगी भाईयों व बहनों का आना-जाना लगा रहता था। कोई भी भूखा नहीं रहने पाता था। शायद ही कोई दिन होता जिस दिन घर में मेहमान न आये हों। इस तरह सबका मनोबल मुख्यत: माता जी ने ही बढ़ाया जिसका सबसे ज्यादा प्रोत्साहन- बल परम पूज्य भाई साहब जी को मिला। पूज्य भाई साहब जी अपने जीवन के अन्तिम पड़ाव के दिनों में प्राय: कहते कि इस सत्संग संस्था का जो रुप आप सब देख रहे हैं यह माता जी के त्याग व तपस्या की वजह से है। सच ही है कि बिना धर्मपत्नी के सहयोग के इंसान कोई बड़ा काम नहीं कर सकता। भाई साहब जी यह भी कहते थे कि पति-पत्नी गृहस्थ रुपी गाड़ी के दो पहिए के समान हैं। जब दोनों पहिए ठीक हों तो गृहस्थी की गाड़ी सही चलती है। यह कहना अतिशयोक्ति न होगी कि परम संत माता जी ने भी पूज्य भाई साहिब जी की तरह ही यही चाहा कि जो सत्संग से जुड़ रहे हैं उन्हें अपना सर्वश्रेष्ठ दें और दिया। काबिले गौर यह भी है कि पूज्य माता जी की सूझ-बूझ भी बड़ी दूर-दर्शी थी। सन् 1973 में पूज्य भाई साहब जी जब नौकरी से रिटायर हो रहे थे तभी अच्छी तनख्वाह पर विदेश में काम करने का एक आफर आपको मिला। साहब जी ने घर में पूछकर कुछ कहने की बात बताई और जब माता जी से पूछा तो उन्होंने यही कहा कि और सब तो ठीक है, लेकिन सत्संग बिखर जायेगा। माता जी के मुख से ऐसा सुनकर भाई साहब जी बहुत खुश हुए तथा कहा कि मैं तुम्हारे मुँह से यही सुनना चाहता था। वर्ष 1994 में जब आपका स्वास्थ्य गड़बड़ रहने लगा तो प्राय: सत्संग के भविष्य के बारे में बातें होने लगी। भाई साहब जी ने गुरुपूर्णिमा के अवसर पर एक महत्वपूर्ण घोषणा करके इन बातों पर विराम लगा दिया। माह अक्टूबर, 1994 की संतसुधा में आपने जो निर्णय लिया वह इस प्रकार दिया गया हैं।

विशेष - घोषणा

इस गुरु पूर्णिमा वर्ष 1994 के शुभ अवसर पर अनंगपुर सत्संग आश्रम (फरीदाबाद - हरियाणा) में दि. 23-7-1994 को अखिल भारतीय संतमत

सत्संग (रजि) ने संस्था की अभिवृद्धि, सरंक्षण और अन्यान्य लाभार्थ एवं संस्था की समग्रता को कायम रखने हेतु विशेष घोषणा की जो कि परम पूज्य भाई साहब जी के शब्दों में निम्नलिखित है –

1. इस सेवक (पूज्य भाई साहब जी) की यह हार्दिक इच्छा है कि सेवक के बाद सत्संग के प्रचार-प्रसार व विकास का कार्य एक जुट (Team & Worked) की तरह चले। अपनी-अपनी डफली अपना-अपना राग न बन जाय, इसलिए यह आवश्यक है कि केन्द्र पर सभी सत्संगी भाई व बहनों की श्रद्धा बनी रहे। ईश्वर की कृपा व अनुकम्पा से माता जी (श्रीमती रुपवती देवी) में सभी सत्संगी भाई व बहनों की पूर्ण श्रद्धा एवं विश्वास है, यह अच्छी बात है एवं बड़ी अच्छी अलामत है। माता जी इस सेवक से किसी भी प्रकार कम नहीं हैं। यह सेवक 'अखिल भारतीय संतमत सत्संग' के नियमावली धारा 9 के अनुसार संस्था की अभिवृद्धि एवं समग्रता को कायम रखने हेतु श्रीमती रुपवती देवी (धर्मपत्नी पूज्य भाई साहब जी श्री यशपाल जी) को अगला संरक्षक के स्थान पर निर्दिष्ट करता है।
2. मेरी शारीरिक सन्तानों में, जो रुहानी सन्तान भी हैं, श्री रमेश चन्द्र गुप्ता, श्री सुरेश चन्द्र गोयल एवं श्री अवधेष कुमार गोयल आध्यात्मिक सीढ़ियाँ जाने - अनजाने में पार कर चुके हैं और हर प्रकार से योग्य हैं। अक्सर पिता के साथ बच्चे बेफिकर रहते हैं उनके लिए मेरी हिदायत है कि सत्संग के समस्त कार्यभार को संरक्षक के निर्देश के अनुसार संरक्षक को Represent करते हुए सत्संगी भाई व बहनों में सच्चे प्रेम, श्रद्धा व सेवा भाव के साथ-साथ निष्काम सेवा निरंतर करते रहें। ऐसे कतिपय सत्संगी बुजुर्ग जिन्होंने इन्हें गोद में खिलाया है इनका फर्ज है कि उनको बराबर इज्जत व मान सम्मान देते रहें। ईश्वर भला ही भला करेंगे।
3. जो स्थाई इजाजत खिलाफत प्राप्त व स्थाई रुप से मार्ग निर्देशक है जिन्होंने परदे गैव में (छिपे-छिपे) बहुत सारी मंजिलें पार कर ली हैं और जैसी आज्ञा इनको दी गई है, उनके अधिकारी हैं। इन सभी सत्संगी भाई व बहनों को हिदायत है कि केन्द्र में पूर्ण श्रद्धा एवं

विश्वास रखते हुए केन्द्र से समुचित रुप से जुड़े रहकर पूरी कोशिश के साथ सत्संग की निष्काम सेवा करते रहे। ऐसा करने से सत्संग को एक बड़ा आकार व स्वरुप दे सकेंगे और सत्संग का चरमोत्कर्ष विकास कर सकेंगे। जो भी इसके अतिरिक्त छिन्न - भिन्न होगें, वे सब सत्संग के विकास के माध्मय न बन कर सब सद्‌गुरुओं (बुजुर्गों) के कृपापात्र न बन सकेंगे।

सेवक को पूर्ण आशा है कि समस्त इजाजत खिलाफत प्राप्त एवं मार्ग निर्देशक (Preceptors) केन्द्र से पूर्ण सहयोग के साथ निष्काम भाव से सद्‌गुरुओं (बुजुर्गों) के कार्य में जुट जायेंगे एवं अपने सत्संग के उच्चतम आदर्शों (Ideals) को गर्व के सहित विश्व के समक्ष प्रस्तुत कर सकेंगें।

यशपाल

संरक्षक अखिल भारतीय संतमत सत्संग

महात्मा यशपाल जी महाराज अपने निर्वाण के साथ इशारतन एक मजबूत प्रबंध व्यवस्था दे गये जिसमें एक जुट हो सत्संग प्रचार-प्रसार का काम होता रहे। वर्ष 2000 के भण्डारे के अवसर पर संतसुधा अंक में आपने विशेष समाचार दिये।

निम्नलिखित भाइयों को सह-संरक्षक नियुक्त किया जाता है। वे सत्संग के सभी कार्यों में संरक्षक की सहायता करेंगें।

1. श्री सुरेश चन्द्र गोयल - दिल्ली
2. श्री रमेश चन्द्र गुप्ता - रायबरेली
3. श्री अवधेष कुमार गोयल - दिल्ली

आचार्यः-

निम्नलिखित सत्संगी भाइयों को इजाजत नामा पूर्ण इजाजत खिलाफत (बैत) सहित - प्रदान करते हुए आचार्य नियुक्त किया जाता है। वे पात्रानुसार दूसरी पूजा (बैत) प्रदान कर सकते हैं और संरक्षक की अनुमति से नये सत्संग केन्द्र खोल सकते हैं।

1. श्री सुरेश चन्द्र गोयल - दिल्ली
2. श्री रमेश चन्द्र गुप्ता - रायबरेली

3. श्री अवधेष कुमार गोयल – दिल्ली
4. डॉ० जनार्दन सिंह – नई दिल्ली
5. श्री शोभाकान्त मिश्रा – पटना
6. श्री आशानन्द – दिल्ली
7. श्री के. यल. मल्होत्रा – मण्डी
8. श्री घनश्याम जाम्बाल – पालमपुर

इसके पहले भी 2 अप्रैल, 1984 में आपने वसीयत में भी लिखा था जिसमें अपने पुत्रों के आध्यात्मिक सीढ़ियाँ पार करने की बात के साथ-साथ सत्संग प्रचार-प्रसार के कार्य को एक टीम वर्क की तरह चलाने की हार्दिक इच्छा जताई थी। इस वसीयत के श्री आर. एस. अग्रवाल, श्री आशानन्द और डॉ० जनार्दन सिंह साक्षी रहे।

यशरुप दम्पति का गृहस्थ जीवन बड़ी कशमकश का रहा जिसका विस्तृत वर्णन श्री बृजमोहन वचनामृत में आया है। आपके परिवार में पाँच पुत्र व दो पुत्रियाँ हुई। गृहस्थ जीवन में धर्मानुकूल रहते हुए आप दोनों ने अध्यात्म साधना की ऐसी तरीकत (दिन वे 24 घण्टे परमात्मा की याद) विकसित की जो अपने आप में अद्वितीय है। दैनिक कार्यों के साथ जीवन में परमात्मा के नाम को जोड़ना और वह भी केवल खाली समय देकर यदि इंसान चाहे तो जीवन के परम लक्ष्य जीवन मुक्त अवस्था इसी जीवन काल में प्राप्त कर सकता है। 'परमात्मा तू ही है, तेरी इच्छा पूर्ण हो' आप दम्पती की रहनी-सहनी का मूल मंत्र था।

श्रीमती रुपवती देवी जी की जीवन चर्या में परिवार व आगन्तुकों (सत्संगी बहनों व बन्धुओं) की सेवा व सत्संग कार्यक्रमों में पूज्य भाई साहब ही के साथ कंधा से कंधा मिलाकर शामिल होना रहता था। महात्मा बृजमोहन लाल जी ने, पूज्य भाई साहब जी से फरमाया था कि आप बेटी को क्या समझते हो। इन्होंने जाने-अनजाने अध्यात्म की वह स्थिति पा ली है जो बड़े-बड़े योगियों को दुर्लभ है, हाँ इनकी जबान नहीं है। आप बहुत कम बोलती थीं। केवल काम करती रहती और सबके लिए चाय, नाश्ते व भोजन के समुचित प्रबंध में लगी रहती। सच कहें तो सत्संग को जोड़ने का काम मूलतः माता जी ने ही किया।

पूज्य भाई साहब जी व पूज्या माता जी के साथ लेखक का सम्पर्क 20 वर्षों का रहा है। कभी ऐसा नहीं लगा कि आपकी अपनी व रुहानी संतानों में कोई व्यवहारिक फर्क दिखा हो। सत्संगी भाईयों व बहनों को यह स्मरण होगा की परम पूज्य भाई साहब जी ने 3 अप्रैल, 2000 को महासमाधि ली। पूर्व दर्शित उनके बच्चों के प्रतिपालन का सुकार्य सामने था। स्वदेश की 18 नदियों में अस्थि कलश को प्रवाहित करना था। वरिष्ठ साधकों ने पूज्य परम के तीन पुत्रों के ही हाथों यह सुकर्म सम्पादित कराने का निश्चय किया। पूज्य माता जी ने अपना ऐतराज जाहिर किया और कहा कि वे सत्संग के परम पुरुष सभी सत्संगी सदस्यों को अपनी संतान मानते थे, इसलिए इनमें से कोई भी अपेक्षित उत्तरदायित्वशील यह कार्य सम्पादित कर सकने के पूर्ण अधिकारी हैं। यह कार्य वे ही करेंगें। सबने सहर्ष यही अनुपालन किया। इस लेख में पूज्या माता जी के जीवन के अंतिम पड़ाव के समय के कुछ संस्मरण यह पतित दास श्रद्धांजली के रुप में प्रस्तुत करना चाहेगा।

अनंगपुर आश्रम की भूमि के कृषि योग्य एक छोटे से टुकड़े पर कुछ सत्संगी प्रेमी भाई गेहूँ व मूँग की खेती करते थे। माता जी इस कार्य में विशेष रुचि रखती थी। एक साल बन्दरों ने मूँग की सारी फसल खा ली और एक दाना भी न मिला। लोगों ने माता जी से कहा तो आप बोलीं कि भईया कोई बात नहीं, आखिर वह किसी के पेट में तो गया, खा गये तो खा गये।

एक बार माह के प्रथम रविवार को हम लोग अनंगपुर आश्रम पर सत्संग में न बैठ कर, स्कूल में मीटिंग कर रहे थे, दो बज गये। जल्दी-जल्दी मीटिंग समाप्त कर, प्रसाद लेने के लिए पण्डाल में आये। प्रसाद वितरण समाप्त हो चुका था, लोग बाग पूज्य माता जी को प्रणाम कर चुके थे। जैसे ही यह पतित प्रणाम करने के लिए लपका, पूज्या माता जी ने दूर से ही कहा कि भईया तुम सत्संग में नहीं आये। इसने कहा कि माता जी हम लोग स्कूल में मीटिंग कर रहे थे, हाँ तुम मीटिंग कर रहे थे। सत्संग के समय सत्संग में बैठा करो, मीटिंग ऊटिंग फिर कर लिया करो। सत्संग, आपके जीवन की प्राथमिकता थी। जब तक आपका शरीर साथ दिया आप सत्संग में अवश्य बैठतीं और सब काम बाद में। यह पहला अवसर था जब पूज्या माता जी ने पतित को डाँटा जिससे न केवल इस डाँट की सुखद अनुभूति हुई बल्कि सत्संग में बैठने की अहमियत इसके दिल में बैठ गई।

पूज्या माता जी के जीवन के कुछ अंतिम दिन गहरे अस्वस्थता के रहे जिनमें कुछ दिन अस्पताल में भी रहना पड़ा। आपका अधिक समय ध्यान व समाधी की अवस्था में गुजरा। इस अवस्था में बहुत कम बोलती थीं। संतों का जीवन प्राय: बड़ा कष्टमय हो जाता है। कितने भक्तों के संस्कार खुद पर लेकर काटते हैं। फिर माता जी तो माँ थीं। कहाँ किसी का दुख दर्द देख पाती; साथ-साथ गहरी सेवा भावना। एक दिन श्रीमती शान्ति प्रसाद व डॉ॰ आर. एन. प्रसाद जी अस्पताल में माता जी के दर्शन के लिए गये। जब यह लोग माता जी के पास गये, माता जी ने उन्हें देखा। जब देखकर कमरे से बाहर निकले तो माता जी ने जो वहाँ भाई सेवा में थे उनसे कहा कि ये लोग जो आये हैं, इनके पास गाड़ी होगी। इन्हें सी. सी. कालोनी ले जाओ और चाय पिला कर जाने देना, यह बात इन बहन जी ने भी सुना और इनकी आँखें भर आई। इन्हें तमाम अनुभव याद आने लगे कि कैसे माता जी कहती बहन जी खाना खाकर जाना, घर पहुँचने में देर हो जायेगी। यह खाना या चाय कोई मामूली बात न होती, पता नहीं उसके साथ भक्तों को और क्या-क्या मिलता। यह गूढ़ बातें है जो आप ही जानती थीं या जो लाभान्वित होते। कितनी सेवा भावना आप में थी यह तो वहीं जानतें हैं जिन्हें आपका सानिध्य मिला।

एक बार किसी सत्संग के कार्य से यह सेवक सी. सी. कालोनी गया था। साथ में धर्मपत्नी व बेटी सरिता भी थीं, देर हो गई रात को दस बज गये। माता जी कुछ अस्वस्थ थीं। इन लोगों को तो बहन जी ने कुछ खिला दिया था। जब यह भईया जी से मिल कर कमरे से बाहर निकला तो देखा कि माता जी अपने कमरे से निकलकर डाईनिंग टेबल की कुर्सी पर बैठीं है, इसे देखकर बोल बैठीं कि भईया खाना खाकर जाव और इस अनुरोध में इसे आपके चेहरे पर गहरी प्रार्थना के भाव दिखे। लेकिन इसने कहा कि माता जी घर में खाना बना है वहीं खा लेंगे। आपने दुबारा भी उसी अंदाज में कहा लेकिन यह बात न मान प्रणाम कर चल दिया और यह कहते सुना कि अच्छा भईया? हम लोग निकल पड़े। गाड़ी चाँद बाबू चला रहे थे। हमें पूसा जाना था। करोल बाग के एक चौराहे पर भारी जाम था, निकलते-निकलते हमारी गाड़ी की रगड़ एक ट्रक से हो गई और खरोंच लग गया। अब ध्यान आया कि काश माता जी की बात मान लेता, 10-15 मिनट की देरी इस घटना से बचा देती। संत तो कृपा करते हैं लेकिन, हमारे भोग, इशारों को नहीं समझने देते। फिर भी शूली को

शूल में तब्दील तो करा ही देते हैं। यह हमारे रोज के अनुभव होते हैं लेकिन समझना कठिन है।

भईया दूज के दिन यह पतित दास व बेटी सरिता, माता जी के दर्शन हेतु सी. सी. कालोनी गये। घर पर भाई अवधेष जी व बहन शिवानी जी ही थे। माता जी की तबियत काफी ढीली थी, आप समाधी की अवस्था में थी। उनसे मिलना मुश्किल था। घर पर जो भी थे सब चुप व शांत थे हम लोग ड्राईंग रुप में बैठ गये, भईया अवधेष जी भी वहीं आकर उस स्थान पर विराजे जहाँ भाई साहब बैठा करते थे। कोई बातचीत नहीं, वैसे अवधेष भाई अकसर अनंगपुर आश्रम (जहाँ हम लोग रहते थे) का हाल चाल पूछा करते थे। पतित का मन शांत कोई विचार नहीं। जैसे ही, शांति के अनुभव की बात मन में आई कि मन ने माता जी के बारे में सोचना शुरु किया कि कैसे जब हम लोग अनंगपुर से आते तो माता जी बिना चाय पिलाये न जाने देती, ऐसे बहुत सारे दृश्य मन पटल पर आने लगे। बड़ी ग्लानि सी हुई कि यह क्या विचार आ रहे हैं और यह भी देखा कि न चाय पीने की कोई इच्छा है और न ही परिस्थिति, फिर भी मन तो मन हैं साहब की बातें भी याद आई, आप कहते कि मन को रोकना क्या कोई आसान है। हाँ मन की बातों का असर तब होता है जब वह जबान पर आ जाता है, नहीं तो कोई हर्ज नहीं। इससे थोड़ी राहत मिली कि चलो कोई बात नहीं। अजीब है, चाय की कोई इच्छा नहीं फिर भी, कि यदि माता जी स्वस्थ होती तो अभी चाय के लिए कहतीं। यही आदत भाई अवधेष जी की भी है लेकिन आज वह कुछ बोल ही नहीं रहे थे। ऐसे सोचते सोचते करीब एक घन्टा बीत गया। हम लोग अब जाने की इजाजत ले कमरे के बाहर निकले तो बहन शिवानी ने कहा कि अंकल चाय बन गई। पी कर ही जाये। देखा कि डाईनिंग टेबल पर आपने नमकीन व मिठाई भी रख दी है। क्या करते बड़ी मुश्किल से चाय पी पाया क्योंकि इच्छा तो थी नहीं। चाय पी कर बाहर खिड़की से माता जी के दर्शन कर हम लोग अनंगपुर के लिए वापस निकल पड़े। साहब की बातें याद आती रहीं। ऐसे एक बार जो बात इसके मन में आती वह हो जाती। बातें तो बड़ी छोटी होती, जैसे कहीं जाना होता तो मन में आता कि यदि मेरा विश्वास परमात्मा में होता तो अभी कोई गाड़ी लेकर आ जाता और कहता कि चलो मैं उधर जा रहा हूँ, आपको कोई काम हो तो चलो। मन में बात आई नहीं कि पूरी होते देखता। साहब को पत्र

लिखा तो जबाव आया कि परमात्मा की जाति में विश्वास टेस्ट करने की यह तुच्छ मिशाल है, साधक को ऐसी तुच्छ इच्छाओं से बचना चाहिए। बचाव तो साहब की कृपा से ही होगा। आज माता जी की लीला और आपके सानिध्य के पिछले वर्षों के अनुभवों के बारे में सोचते-सोचते अनंगपुर वापस आ गये।

जब से साहब व माता जी के सम्पर्क में आया हमेशा पाया कि गुरु परिवार के सेवा का पलड़ा ही भारी रहा। हर साधक यही सोचता कि साहब व माता जी हमें ही सबसे ज्यादा प्यार करते हैं। पतित के लिए यह एक आश्चर्य रहा है और समझ के बाहर? साहब कहते कि यह तो आप लोगों का प्यार है जो आते रहते हैं, इस सेवक की क्या बिसात कि आपको बुला ले। यह क्या कहता, नम्रता की पराकाष्ठा। इसमें कोई शक नहीं कि ईश्वर की हम सब पर बड़ी कृपा रही कि ऐसे महान संत दम्पति का सानिध्य मिला, जहाँ ऋद्धि - सिद्धि को सेवा अवसर पाने को तरसते देखा। सेवा व दासानुदास ऐसे शब्दों का गूढ़ अर्थ समझने का कुछ एहसास हुआ। कथनी और करनी में कोई फर्क नहीं।

माता जी के परदा लेने के बाद भी ऐसा लगता ही नहीं वह हमारे बीच नहीं है। निर्वाण के बाद आपकी आत्मा परमात्मा में विलीन हो साहब के साथ अब तो हमारे और भी करीब हैं, नहीं तो सेवक की क्या बिसात कि श्रद्धांजिली के यह कुछ टूटे-फूटे शब्दों में पूज्या माता जी के बारे में कुछ लिख पाता। गृहस्थ संत दम्पति की रहनी-सहनी की लीला का यह अंश जो संस्था की पत्रिका संत सुधा में आया है। यह सेवक उसे यहाँ उधृत करना चाहेगा कि हमारे सत्संग के सभी जानते हैं कि आध्यात्म के उत्तुंग शिखर पर बैठे परम संत पूज्य भाई साहब जी ने जीवन में तीन बार समाधी ली। पहली बार तो माता जी ने ध्यान के बल पर सत्संग के परम पुरुष को लौटा लिया, पर दूसरी बार लौटाने में इन्हें भी लगातार 12 घन्टे तक कठिन साधनात्मक मशक्त करनी पड़ी। इस आध्यात्मिक घटना के बाद जीवन के प्रति समग्र साधकों में एक अत्युच्च आस्था व विश्वास का नया आधारगत भरोसा बन गया जिसकी नींव इस युग में भी पहली बार ज्यों परम संत माता जी से ही पड़ी। सभी विस्मय प्रवन खड़े देखते ही रह गये। एक नये सिरे का नया विश्वास सबमें, अपने सत्संग के प्रति जागृत हो गया। गृहस्थ जीवन में भी

अध्यात्म को लेकर प्रेम भक्ति की मानो एक नयी नींव पड़ गई। ऐसी साधनात्मक ऊँचाई का हिमालयी विस्वस्त दर्शन का सौभाग्य बिरलों को ही जीवन में मिला होगा।

माता जी के चरण कमलों में शत् शत् वन्दन्।

'परमात्मा तू ही है, तेरी इच्छा पूरी हो।'

2

संत यशपालः परिचय

महात्मा यशपाल जी का जन्म गुरुवार 5 दिसंबर 1918 को बुलंदशहर उत्तर प्रदेश में हुआ जहाँ आपके पिता श्री सोहनलाल जी कचहरी में मुंसफ थे। आपकी शिक्षा बुलंदशहर व इलाहाबाद (उत्तद प्रदेश) में हुई। आप पोस्ट एण्ड टेलीग्राफ डिपार्टमेन्ट में प्रथम टेलीग्राफिस्ट के रुप में कार्यरत हो पदोन्नति पाते हुए डिपार्टमेन्ट ऑफ टेलीकम्यूनिकेशन में डाइरेक्टर के पद से दिसंबर 1976 में सेवानिवृत हुए। आप इन्स्टीटयूशन ऑफ इलैक्ट्रानिक्स एण्ड टेलीकम्यूनिकेशन इंजीनियर्स के फेलो थे। जब कलकत्ता सी. टी. ओ. में पोस्टेड थे तो 16 अगस्त, 1946 के डाइरेक्ट एक्शन डे (हिन्दुस्तान - पाकिस्तान के बंटवांरे के दिनों में) पर आफिस से कई दिनों तक घर न जा सके और रात दिन मार-काट की खबरों के तारों को पढ़ कर तथा घर में पत्नी और बच्चों पर क्या बीत रही होगी के विचारों में पड़े रहे। मनुष्य की गिरावट, मनुष्यहीनता, नश्वरता एवम् जीवन के ध्येय आदि के विचारों ने आपके दिल में निम्न बातें पुख्ता तौर पर उतारीं -

1. क्या जीवन का ध्येय केवल संसार में कीड़े-मकोड़ों की तरह आना, जानवरों की तरह रहना और उन्हीं की तरह मर जाना ही है?
2. मैं अपने को ही सबसे ज्यादा प्यार करता हूँ, वरना कितना भी खतरा होते हुए बीबी बच्चों के पास अवश्य जाता।
3. सारा दिन मशीनों जैसा जीवन और सारा जीवन इसी में बिता देना जीवन को यों ही बेकार नष्ट कर देना है।

इन विचारों के मंथन व अगले कुछ महीनों के अनुभवों ने आपको परम संत महात्मा बृजमोहन जी के सम्पर्क में ला दिया और आप दुनियावी जीवन यात्रा के साथ-साथ आध्यात्मिक साधना में लग गये। अध्यात्म साधना आपके जीवन की प्राथमिकता बन गई जिसका सार्थक प्रभाव दुनियावी कार्यों पर भी रहा। प्रारंभिक साधना काल, में एक आध्यात्मिक अनुभव पर आपके गुरुदेव ने आपको लिखा कि क्या पता कि परमात्मा तुम्हारे रुप में ही वह बालक हमको दे रहा हो जिसके बारे में हमें फतेहगढ़ वाले महात्मा परम संत रामचन्द्र जी महाराज (लाला जी) ने फरमाया था कि एक ऐसा प्रेमी तुम्हें मिलेगा जो हमारा-तुम्हारा सबका नाम ऊँचा कर देगा। परमात्मा से यही प्रार्थना है कि वह अपना सच्चा प्रेम व ज्ञान प्रकाश प्रदान करें। दुनियावी कर्म क्षेत्र में आपने कुछ आध्यात्मिक अनुभवों के बाद साधना हेतु दो बार नौकरी से त्याग पत्र दिया। आपके गुरुदेव ने ऐसा करने से रोका और वापस भेजकर कहा कि इसे हमारा काम समझ कर करते रहो। साधना काल के अनुभवों व आत्म-साक्षात्कार का विस्तृत विवरण आपके द्वारा लिखित ग्रंथ श्री बृजमोहन वचनामृत में उपलब्ध है। आध्यात्मिक जीवन से, जहाँ तक दीन व दुनिया सवंरने की बात रही, आप टेलीग्राफिस्ट के पद से नौकरी शुरु कर डाइरेक्टर के पद से रिटायर हुए, जो एक अनुपम उदाहरण है। 4 जून, 1951 को आपके गुरुदेव महात्मा बृजमोहन लाल जी ने आपको सत्संग कराने की इजाजत दी और फरमाया कि इस अजीज से उम्मीद है कि जहाँ जायेगा और परमात्मा चाहेगा तो हर जगह नया सत्संग कायम करेगा। मालिक ने चाहा तो अजीज की तवज्जह में कशिश व प्रेम की चासनी है कि जिसके संपर्क में आयेगा, कठोर से कठोर हृदय में भी प्रभु प्रेम की लहर पैदा हो जाएगी। परमात्मा चाहेगा तो अजीज से मिशन को काफी तरक्की मिलेगी। ईश्वर मालिक हैं। इजाजत देने के साथ-साथ फरमाया कि बेटा, चार बातें याद रखना (1) स्वामी बनने की कोशिश न करना, (2) सदा सेवक बन कर काम करना। अपनी जात धोबी व भंगी से कभी अधिक न समझना, (3) दावा किसी बात का कभी व कदापि न करना, (4) वायदा कभी किसी से कुछ न करना कि इतने समय में या इस कदर आपको हासिल करा दिया जायेगा परन्तु जो सेवा बन पड़े अवश्य करते रहना। इस अवसर पर आपकी हालत बड़ी ही दयनीय हो रही थी और आँखों से आँसू बह रहे थे कि अनेकों कमियों के साथ इस भार को ये कैसे उठा पायेगा और रोते-रोते

आपने महाराज जी के चरण पकड़ लिये। आपने फरमाया, घबराने की कोई बात नहीं, जिस पर अपने गुरु और बुजुर्गों का साया मौजूद हो उसके सब कार्य बन जाते हैं। परमात्मा की कृपा से आपके साथ-साथ आपकी धर्मपत्नी, श्रीमती रुपवती देवी (पूज्य माता जी) का आपके आध्यात्मिक जीवन में समुचित समन्वय रहा। किस तरह गृहस्थ की सारी जिम्मेदारियाँ एवं बच्चे के लालन पालन के भार के साथ-साथ आपने इतनी आध्यात्मिक प्रगति की उसका अनुमान लगाना कठिन है। महात्मा यशपाल जी का जीवन परिचय, उन्हीं के द्वारा बताये गये शब्दों में जानना अध्यात्म साधना के दृष्टिकोण से रुचिकर होगा। एक बार बम्बई भण्डारे में आप शमिल न हो सके थे और दिल्ली में ही शाम को सत्संग में अपने निवास पर प्रवचन किया जिसके माध्यम से आपका परिचय कराने का प्रयास किया गया है।

वर्ष 1990 में एक सत्संग के अवसर पर आपने अपने गुरु महाराज महात्मा बृजमोहन लाल जी के जीवन चरित्र पर प्रकाश डाला, जो आपके आध्यात्मिक जीवन के सफर का सुन्दर वृतांत है। प्रवचन प्रारंभ करते हुए आपने कहा कि इस पवित्र मुक्त आत्मा के जीवन चरित्र पर यह सेवक प्रकाश डालने का प्रयत्न करेगा। संतों के जीवन चरित्र पर प्रकाश डालना एक बहुत ही कठिन कार्य है। सच तो यह है कि उनकी हस्ती को वही लोग ठीक प्रकार से जानते हैं जो उनके सम्पर्क में आये और जिन्होंने अपनी जिन्दगी में अनुभव प्राप्त किये। फिर भी यह सेवक प्रयत्न करेगा। उनके जीवन पर प्रकाश डालने का और जो वाकियात इसकी जिन्दगी में गुजरे वे इसे अच्छी तरह से याद हैं। उन्हें तो यह अच्छी तरह बयान कर सकता है। लेकिन जो इसने सुना है और आज तक सुनता आया है, पूरी कोशिश करेगा कि आपके सामने उस मुक्त आत्मा, उस सर्व श्रेष्ठ संत के जीवन चरित्र पर प्रकाश डाला जाये। आपका जन्म महात्मा रामचन्द्र जी महाराज (लाला जी) के गुरु महात्मा फजल अहमद खाँ साहब कुद्दुसुरुह की दुआ से हुआ और किबला साहब ने आपकी शिक्षा का भार महात्मा रामचन्द्र जी महाराज को सौंपा। बारह साल की अवस्था में आपको पूजा मिली और अध्यात्म जगत में आपने पदार्पण किया। उनका जीवन बड़ी तपस्या का जीवन था और उन्होंने जो सबसे बड़ी बात प्राप्त की वह यह थी सच्ची तरीकतें, विद्या का सच्चा तरीका, सच्चा method, जो अध्यात्म का है, उन्होंने हासिल किया और बहुत से भाईयों ने भी फायदा उठाया। संतों से

बहुत लोग फायदा उठाते ही हैं। लेकिन सच्चा तरीका, तरीकत जो आपको हासिल हुई, इसीलिए महात्मा रामचन्द्र जी ने जो वसीयत छोड़ी, उसमें अपने पुत्र के लिए लिखा कि तुम्हारा हृदय जागृत है लेकिन कमी लगन की है। जब सच्ची लगन पैदा हो तो बृजमोहन लाल, तुम्हारे भाई जैसा सफक्कत करने वाला कोई दूसरा नहीं है। जो तरीकत उनके पास है वह किसी दूसरे के पास नहीं है। लग लिपट कर उनसे यह विद्या हासिल कर लेना।

यह सेवक 1942 में उनकी सेवा में पहुँचा, बुलंदशहर में वह थे। पुलिस दफ्तर में वह क्लर्क थे और इस सेवक के चाचा श्री मोहन लाल जी कलेक्टरेट में पेशकार थे। मेरे चाचा जी का सम्पर्क महात्मा रघुवर दयाल जी महाराज (चच्चा जी) से हुआ था जो श्री बृजमोहन लाल जी के पिता थे और यह दद्दा जी महाराज की बड़ी इज्जत करते थे और एक तरीके से उनकी तालीम दद्दा जी महाराज ने की। सन् 1942 में सेवक बुलंदशहर आया हुआ था, चाचा जी ने यह अच्छा मौका समझा और इस सेवक को महात्मा बृजमोहन लाल जी के सत्संग में ले गये। आप ईंट रोड़ी में थे, वहाँ आपका मकान था, यह सेवक गया। एक तरीके से इसे कोई इन्टरेस्ट सत्संग में नहीं था, लेकिन अपने चाचा जी की आज्ञा पालन करने यह उनके साथ गया। ज्यादा व्यक्ति नहीं थे। एक मुनीम जी थे बहुत वृद्ध, एक सेठ नत्थूमल थे, मेरे चाचा जी थे, मैं उनके साथ था, मुश्किल से एक व्यक्ति और रहा होगा। चार पाँच से ज्यादा व्यक्ति सत्संग में नहीं रहे होंगे। जब हम बैठक में पहुँचे तो आपके सामने डेस्क रखा था, कुछ फाइलें दफ्तर की देख रहे थे, हम लोग जाकर बैठ गये। जब उनका काम समाप्त हो गया, तो उन्होंने बस्ता अलग रखवा दिया, थोड़ी बातचीत की और उसके बाद ध्यान में चले गये। यह सब लोग भी ध्यान में चले गये। यह सेवक चुपचाप बैठा रहा और देखता रहा कि हो क्या रहा है। न कोई बातचीत, न कोई प्रवचन, सब चुपचाप बैठे हैं। किसी के तो खर्राटें भी आने लगे, अजीब सत्संग है। फिर यह सेवक उनके चेहरे को बड़े गौर से देखता रहा और इसके मन में विचार पैदा होते रहे कि चेहरे पर तेज है लेकिन यह तो गृहस्थी है, इनके बीबी है, बच्चे भी हैं। ब्रह्मचारी तो हैं नहीं? अध्यात्म विद्या के लिए तो ब्रह्मचर्य आवश्यक, है योगाभ्यास के लिए तो ब्रह्मचर्य बहुत आवश्यक है लेकिन यह गृहस्थ हैं। मेरे चाचा जी तो बड़ी तारीफ करते हैं कि बड़े पहुँचे हुए संत हैं और बड़ी ऊँची हस्ती हैं। यह

तो यही सोच रहा था पर इसे कोई विशेष बात नहीं मालूम हुई। सब लोग वापिस आये, यह भी चल दिया। रास्ते में मुनीम जी जो थे उन्होंने कहा कि आज तो दद्दा जी की बड़ी कृपा रही। सारी गुत्थियाँ सुलझ गई। क्या गुत्थी थी क्या सुलझी, इस सेवक के समझ में तो आया नहीं। एक साहब ने कहा कि आज तो बड़ा फैज था। सेवक ने सोचा फैज क्या चीज है, यह इसके लिए नया शब्द था। सबने पैर छू कर प्रणाम किया। इस सेवक ने हाथ जोड़कर नमस्कार किया, पैर नहीं छुए। जब हम चलने लगे तो मेरे चाचा जी ने दद्दा जी से कहा कि साहब यह भतीजा है, इस पर भी आपकी कृपा हो जाती तो बड़ा अच्छा होता। दद्दा जी मुस्कराये और कहा, हाँ हाँ पेशकार साहब, हमारी निगाह है। अभी इसके खेलने-कूदने के दिन हैं, जब समय आयेगा तो यह अपने आप आ जायेगा। 1942 में बस सिर्फ इतनी मुलाकात हुई।

इसके बाद यह आगरे में टेलीग्राफिस्ट था। 1943 में सुपरवाइजर का All India Competition हुआ, उसमें यह बैठा, उसके पहले यह बीमार हो गया था, क्वालीफाई होने की कोई आशा तो थी नहीं लेकिन भगवान को कुछ और मंजूर था। उस साल 260 इंजीनियरिंग सुपरवाजर लिये गये, यह तो वैसे भी डिपार्टमेन्टल कैन्डीडेट था, इसका भी सेलेक्शन हो गया। उसके बाद जबलपुर में ट्रेनिंग हुई और ट्रेनिंग में अच्छे नंबर आये। जिसकी वजह से अपने प्रोविन्स में आगरे सी. टी. ओ. में पोस्टिंग हो गई। जैसे ही ट्रेनिंग समाप्त होने को थी, डी. जी. पी. टी. का टेलीग्राम आ गया immediately trnasfered to Calcutta. वह जमाना बम्बार्डमेन्ट का था, कलकत्ता में आये दिन डर रहता था इन्हीं दिनों बम्बार्डमेन्ट भी हुआ था, जापानी प्लेन बम्बार्डमेन्ट करते थे। सबको बड़ी घबराहट हुई, लेकिन नौकरी तो नौकरी है, जाना तो पड़ा ही essential services, बड़ी मुसीबत, यह सेवक कलकत्ता चला गया और एक साल बाद अपनी फैमिली भी ले गया। एकाध साल रहने के बाद नई मिनीस्ट्रीज बनी, ब्रिटिश गर्वनर ने कुछ पावर डेलीगेट करना शुरु किया। बंगाल में सोहराबबर्दी जी की मिनिस्ट्री बनी और **उन्होंने डाइरेक्ट एक्शन डे मनाया। डाइरेक्ट करना शुरु किया बंगाल में सोहराबबर्दी जी की मिनिस्ट्री बनी और उन्होंने डाइरेक्ट एक्शन डे मनाया।** डाइरेक्ट एक्शन डे के बारे में सभी लोग छुट्टी ले रहे ये, इसने भी अपने ए.ई. से छुट्टी मांगी, एंग्लोइडियंन थे वह, उन्होंने कहा कि आप सुपरवाइजर हैं, आप ही चले जायेंगे तो कौन आयेगा।

you have to come इसने कहा कि बसें भी नहीं होंगी, उन्होंने कहा कि हम नहीं जानते आपको आना चाहिए। यह पैदल हावड़ा से चलकर काटन स्ट्रीट जहां पहले रहता था, वहीं पहुँचा। वहाँ इसके मित्र थे जो इन्सटालेशन में थे उनसे मुलाकात हुई, उन्होंने कहा कि कहाँ जा रहे हो? दफ्तर। आज के दिन कोई भी नहीं जायेगा। आज तो बड़ा भारी राइट होगा every body knows it, आप जा रहे हैं। मैंने तो वादा कर लिया है। वे बोले कि अगर जाना है तो फौरन चले जाओ नहीं तो कहीं फंस जाओगे। यह सेवक फौरन चला और रास्ता मुर्गी हट्टा का था जो मुसलमानों की बस्ती थी। उसमें से रास्ता दफ्तर का नजदीक था। इसने यह देखा कि ट्रक पर ट्रक लदे पड़े हैं, किसी के पास छूरी है, किसी के पास, गडांसे हैं, लोहे की बड़ी-बड़ी छड़ें हैं और अल्लाह व अकबर के नारे लगा रहे हैं। लेकिन यह देखता हुआ आगे निकल गया, कहा इससे कोई कुछ नहीं। जैसे ही दफ्तर में घुसा, 10 मिनट बाद ही पता चला कि मुर्गे हट्टे से ही राइट शुरु हो गया है, बड़ी खुरेजी हो रही है। यह दफ्तर में फंस गया, बच्चे ईश्वर दत्त लेन हावड़ा में थे। लेकिन वह मुहल्ला हिन्दुओं का था, सब हिन्दू थे, मारवाड़ी थे, बंगाली थे, मुसलमान आस-पास नहीं था। यह खैरियत थी, अब दफ्तर से जा नहीं सकते थे, कोई साधन नहीं, पैदल हमें रास्ता मालूम नहीं, चारों तरफ मार-काट थी, दफ्तर में ही रहे। और दफ्तर से देखा horrible scenes (भयावह दृश्य), बयान नहीं किया जा सकता। छत पर चढ़ जाते थे, चारों तरफ आग ही आग नजर आती थी। उस जमाने में टेलीग्राम ही एक जरिया था जिससे न्यूज आती थी, तो जितनी लंदन को न्यूज जा रही थी वह सब वहीं से पास हो रही थी, वह हम सब पढ़ते थे। पहले रोज जो न्यूज गयी उसमें यह लिखा था कि मुसलमानों ने हिन्दुओं को मारा है कि चंगेज खाँ ने भी इतना कत्ले आम नहीं किया जितना आज हुआ है। That was the news (यह थी न्यूज), थर्रा जाते थे। अगले रोज शाम को फिर न्यूज आई जो उसका रिवर्स, कि सुबह से कि हिन्दूओं ने retaliate (पलटवार) करना शुरु किया है और उन्होंने उनसे कहीं ज्यादा मुसलमान मार दिये हैं, यह न्यूज थी। तीसरे दिन सोहराबवर्दी साहब ने Inglo Indian यूरोपियन मिलेट्री लगा दी, गोरा, अब हिन्दू गोली से बहुत मारे गये, जो बाहर निकला उसी को मार दिया। चारों ओर आर्मी थी, अंधाधुंध उन्होंने मारा। चारों तरफ लाशें ही लाशें थी, बड़ा दर्दनाक सीन था और यह सीन देखकर के मन में

बड़ी अजीब भावना पैदा होती थी- जैसे क्या इंसान की वकत है, यह हालत है, क्या यही इंसानियत है, तरह-तरह के विचार, बड़ा वैराग्य पैदा हुआ। रात को नींद नहीं आती थी। यह सब सुनते रहना, देखते रहना। एक हफ्ते के बाद यह सेवक घर आया तो मेरे साथ मेरी वाइफ थी और मेरी नानी भी थी और दो बच्चे दिनेश जी व रमेश जी। घर आया तो इन लोगों की आंखे सूज गई थीं पता नहीं कहाँ है और अब इन्हें तसल्ली हुई। वहाँ की हालत खराब थी ही सब वहाँ से निकल जाना चाहते थे। जिस बाड़ी में हम रहते थे वहाँ बनारस के कुछ लोग थे, वहाँ बिजनेस करते थे, उन्होंने जाने का इंतजाम किया और हमसे भी कहा कि साहब निकल चलिए अब यहाँ रहने का समय नहीं है, गड़बड़ हो सकती है। थ्रीटनिंग लेटर व अफवाहें तो आती ही रहती थी। तो हमने भी कोशिश की कि निकल चलें। स्टेशन पहुँच गये, गाड़ी में बुरा हाल था। गाड़ी जितनी भी आती भरी ही आती, यार्ड में भर जाती और आदमी उसमें भूसे की तरह भर जाते। एक गाड़ी आयी, हमारे एक मित्र थे, बोले कि हम यार्ड से ही जगह बनाकर लायेंगे। उन्होंने दो-चार जगह बनाई, दो चार साथी घुस गये थे। लेडीज कम्पार्टमेंन्ट में इन्होंने हमें बैठाला। उसके बाद जब मैं देखने गया, तो देखा कि यह सब सफोकेटेड थे, भीड़ थी बच्चे बोले कि हम नहीं जायेंगे, हमें बाहर निकालो, उन्हें बाहर निकाला, सबों को निकाल लिया, कोई बात नहीं। सबों ने कहा कि क्या कर रहे हो, हमने कहा कि हम नहीं जा सकते बच्चे घुटे जा रहे हैं, यही रहेंगे। इतने में एक एंग्लो इंडियन कंडक्टर आई। उसने इन बच्चों को देखा, उसे बड़ा रहम आया, क्या बात है alright come along with me हमारे साथ आइये। उसने इन्हें सैकंड कलास कम्पार्टमेन्ट में बैठाला और कहा कि इसमें से उतरना नहीं कोई कितना कहे और बताना कि हमारे साहब दूसरी गाड़ी में हैं, उतरना नहीं। मैं, जहाँ हमारे दूसरे मित्र थे वहाँ चला गया, सीट ले लिया और हम लोग बनारस तक आये टिकट का सवाल ही नहीं पैदा होता, लेकिन दिमाग में ईमानदारी घुसी हुई थी, बनारस में आके सोचा कि कम से कम यहाँ से ही मुरादाबाद का टिकट ले लें वहाँ से तो लिया नहीं, पैसे भी तो थे नहीं। तो बनारस से मुरादाबाद का टिकट ले लिया। जब मुरादाबाद स्टेशन पर उतरे तो गेट कीपर ने हमें रोक लिया। टिकट चेकर था कि भाई इस बच्चे का टिकट क्यों नही लिया, बच्चे का आधा टिकट तो लेना था लेकिन हमने तो लिया नहीं, कहा कि हमारे पास पैसे नहीं थे। क्या मतलब? हमने कहा कि हम लोग कलकत्ता

से आ रहे हैं कलकत्ता से आ रहे हैं झूठ बोल रहे हो सफेद झूठ, कलकत्ते वालों के पास टिकट है क्या। कलकत्ते से जितने आ रहे हैं। बिना टिकट आ रहे हैं। तुमने टिकट कैसे ले लिया, तुम तो बनारस से आ रहे हो। झूठ बोल रहे हो। सफेद झूठ। हमारे पास तो पैसे है नहीं, जो करना है करो यह चार रुपये हमारे पास हैं और हैं नहीं; अच्छा चार ही दो, उसने ले लिये और हमें जाने दिया। बाहर निकले ताँगा किया, घर पहुँचे पिता जी माता जी बहुत खुश हुए। ताँगे वाले को पैसे उन्होंने दिये। ऐसे घर पहुँचे, घर पहुँचने के बाद थोड़ी शांति हुई। कलकत्ते में उस वक्त श्री कृष्ण प्रसाद डी. जी. थे। पहले बुलंदशहर में जब वे कलेक्टर थे, उनके साथ हमारे चाचा ने काम किया था, वे बोले कि मैं उन्हें अच्छी तरह से जानता हूँ, मैं उनका हाथ पकड़ लूंगा, ट्रांसफर तुम्हारा वहाँ से होना चाहिए, लेकिन पहले मैं दद्दा जी को पत्र लिखूंगा फिर मिलने जाऊँगा। उन्होंने दद्दा जी को चिट्ठी लिखी कि ऐसे-ऐसे यशपाल आया है, यह मैं चाहता हूँ मेरी इच्छा है कि उसकी पोस्टिंग दिल्ली हो जाये। मैं कृष्ण प्रसाद जी से मिलना चाहता हूँ। उन्होंने कहा कि हाँ-हाँ जरुर मिलिए उनसे, भगवान ने चाहा तो इसमें कामयाबी हासिल हो जायेगी। वे मिलने भी नहीं गये, इससे पहले ही टेलीग्राम आ गया कि you are transfered to Delhi. डाइरेक्टेरट में पोस्टिंग हो गई बिना मिले ही।

लेकिन यहाँ आने के बाद बड़ी अशांति सी थी मुझमें, मन नहीं लगता था, न पूजा में, न पाठ में, न दफ्तर में, न घर में, अजीब हालत थी। कहते हैं कि राम नाम में बड़ी शांति मिलती है, राम नाम लेते। यह फोटो (दीवाल पर इशारा करके) तभी का है भगवान राम का, तख्ते पर लगा रहता था। यह रो रोकर प्रार्थनायें करता, पूजा करता न मन लगता न मन को शांति मिलती। और मेरा छोटा भाई मेरे साथ था। जब मैं दिल्ली आ गया तो वह भी दिल्ली आ गया, उसका दाखिला यहाँ आयुर्वेदिक कालेज तिबिया में करा दिया था। लेकिन तिबिया कालेज की हालत खराब हो गई थी। जितने मुसलमान प्रोफेसर थे सब पाकिस्तान चले गये थे, हालत बहुत खराब हो गई थी। वह भी बेकार की बात रही, करा तो दिया था। लेकिन यह पूजा में बैठते थे, बहुत शांत तबियत, कभी उसे गुस्सा होते नहीं देखा, बहुत ही accommodating, सुबह शांति के साथ पूजा में बैठना। मैं एक रोज पूछ बैठा कि भाई सुबह रोज क्या करते हो? बोले कि मैं पूजा करता हूँ। पूजा में तुम्हारा ध्यान लग जाता है? हाँ लग जाता है।

झूठ तो नहीं बोल रहे? नहीं झूठ नहीं बोलता, मैं सच्ची बात कहता हूँ और जब मैं दद्दा जी के पास होता हूँ तब मन बिल्कुल एकाग्र रहता है, इधर-उधर जाता नहीं। दद्दा जी महाराज कौन है? बताया कि ऐसे ऐसे हमारे गुरु महाराज हैं और बुलंदशहर में हैं। आजकल फतेहपुर चले गये हैं जब आयेंगे तो मैं आपसे मिलवाऊँगा। और उसने यह भी कहा कि बिना गुरु के ध्यान नहीं लगता, आप हजार कोशिश कीजिए, बगैर गुरु कृपा के ध्यान बनता नहीं। इसने कहा कि सेवक तो समझता है कि सबसे बड़ा गुरु तो भगवान है सबसे बड़ा गुरु तो एक मात्र भगवान है उसके अलावा कोई दूसरा गुरु है नहीं मैं यह सब नहीं मानता। खैर दशहरे पर दद्दा जी महाराज सिकंदराबाद तशरीफ लाये। यह दिल्ली से नजदीक है और बुलंशहर से 15 मील ही है। तो चाचा जी ने मुझे लिखा कि तुम यहाँ आ जाओ, सिंकराबाद में भण्डारा है, दद्दा जी महाराज आ रहे हैं, बड़ा अच्छा मौका है। मैंने तय किया ही हुआ था, छुट्टी की और चला गया। मैं बुलंदशहर गया वहाँ वे मिले नहीं मेरी आंटी ने कहा कि वे तो सिकंदराबाद चले गये हैं मैंने कहा कि घर तो देखा नहीं है यह पता है आप कोशिश कर लें। मैं पहुँच गया, वहाँ दर्शन हो गये। अंकल उनके पास बैठे हुए थे अंकल ने कहा कि पैर छुए? तो मैंने उनके पैर छू लिए। पैर छूकर बैठ गया। उन्होंने पूछा, हाँ भाई दिल्ली से आ रहे हैं और सब अच्छी तरह हो, हाँ सब ठीक हैं। अरे भाई बाकी सारी बातें तो फिजूल हैं किताबी हैं, उनका कोई लाभ नहीं। राम नाम पकड़ लो उसी से सब कुछ हो जायेगा, वही आपको सच्चा अनुभव करा देगा। उसी से सब कुछ होगा। वे साधारण बातें करते रहे लेकिन इसका हृदय उनकी तरफ खिंचता चला गया कि मन यह कहे कि एक मिनट भी उनसे अलग न रहूँ, चिपटा रहूँ ऐसी हालत हो गई। सायं को सत्संग हुआ डॉ० चतुर्भुज सहाय जी आये हुए थे, शाहजहाँपुर के एक बुजुर्ग आये हुए थे और श्री कृष्ण जी सिकंदराबाद वाले थे ही, उन्हीं के यहाँ तो प्रोग्राम हो ही रहा था। तो शाम को सत्संग हुआ, कहा किसी ने कुछ नहीं। सब बैठे एक भजन हुआ सभी ध्यान में चले गये। न किसी ने बताया कि ध्यान कैसे होता है। क्या किया जाता है, कुछ नहीं बताया। यह सेवक भी बैठा रहा। सबको देखता रहा मालुम तो था नहीं कि कैसे सत्संग होता है थोड़ी देर में अन्दर से यह बात पैदा हुई कि तुम भी राम-राम करो बैठ कर क्या हर्ज है, यह सब भी तो राम-राम कर रहे हैं। इसने भी राम-राम करना शुरु किया।

लेकिन टाँग में इतनी जोर का दर्द हुआ कि यह बर्दाश्त न कर सका, टाँग पीटता रहा। इसे टांगों में इतनी बेचैनी हुई कि इसकी हद नहीं। रात्रि में फिर अब मैं इनके पास गया तो मन हटने को न करे। रात दो बजे तक उनकी चारपाई के पास बैठा रहा और जो वह कहते सुनता रहा। दो बजे के बाद उन्होंने कहा कि भाई अब सो जाओ अब हम भी सोयेंगे तब बड़ी मुश्किल से सोने के लिए गया। अगले रोज इसकी हालत कुछ और ही हो गई और भी अच्छे बड़े प्यारे लगने लगे इसको। इसका मन यह कहे कि एक क्षण के लिए इनका साथ न छोड़ूं। उसके बाद आप बुलंदशहर गये, इन्हें बस में बैठाया। जिस बस में बैठे मैं देख रहा था कि जिस सीट पर यह बैठे वहाँ बगल में कोई लेडी सवारी बैठी थी, बोले हम यहाँ नहीं बैठेंगे, मैं यहाँ कोने में बैठ जाऊँगा। बचकर अलग जाकर बैठे और इस सेवक को उस बस में जगह नहीं मिली, उस बस में सवारी फुल हो गई। उन्होंने कहा कि आप दूसरी बस से आईयेगा। दूसरी बस से चले तो गड़बड़ तो होती है, लाइन में खड़े थे, लोग बढ़-बढ़ कर टिकट लेने लगे। अब young तो थे ही गुस्सा आ गया झगड़ा हो गया, कहा सुनी हो गई गर्मा गर्मी हो गई। खैर बुलंदशहर पहुँचे जैसे पहुँचे पैर छुए। आप बोले कि बात ऐसी है कि जोर-जोर से बोलने से गुस्सा करने से आई हुई वस्तु निकल जाती है। यह इस चक्कर में पड़ गया कि कौन सी चीज आई थी कौन सी निकल गई, इसका इसे ज्ञान ही नहीं। क्या आया था क्या निकल गया, पता नहीं, बात समझ में नहीं आई। दशहरे के दिन इसे पूजा मिली। पूजा मिलने के समय उस दिन बहुत लोगों को पूजा मिली थी यह तो न उम्मीद हो गया था कि शायद इसे न मिलेगी। इसने अपने मन में यह विचार कर लिया था कि आप दें या न दें कोई फर्क नहीं। जब पूजा मिली तो आपने बताया, कहा कि बात ऐसी है कि क्यों इस रास्ते को अपनाते हो? इस रास्ते में बहुत तकलीफ हैं लेकिन एक बात है तकलीफ शुरु में उठा लेना, आखिर आपका बहुत अच्छा है। जब पूजा में बैठा तो आपने फरमाया अच्छा बैठिये, ध्यान लगाईये। ध्यान लगाने से पहले आपने कहा कि आपने बहुत अभ्यास किया है। मैंने कहा कि मैं तो पहली बार पूजा में बैठा हूँ लेकिन वे बोले वह सब हम जानते हैं आपने बहुत अभ्यास किया है। बैठने के बाद एक साथ आज्ञा चक्र जागृत, सारा मतिष्क भर गया और आनन्द का ठिकाना नहीं, अपना होश नहीं, ऐसी अवस्था हो गई (आप लोगों ने पढ़ा ही होगा

श्री बृजमोहन वचनामृत में)। दिल्ली मैं आ गया। उसके बाद इसने अपने हालात लिखकर भेजे, आपके आर्शीवाद का एक खत आया। उसमें आपने लिखा जो बृजमोहन वचनामृत में है कि भाई कभी समय निकाल कर यहाँ भी आ जाया करो, कभी कभी बुलंदशहर चले जाया करो। इसने उसका आदेश माना कि यह महाराज का आदेश है, यह वह directly नहीं कहेंगे कि आ जाओ, उनका इशारा है। लेकिन घर में धर्मपत्नी की तबियत खराब थी उन्हें 104 बुखार था। बड़े असमंजस में पड़ गया क्या किया जाये। इनसे कहा। इन्होंने कहा कि आप देख लीजिए, आप ऐसे हमें छोड़कर चले जायेंगे। पता नहीं भगवान ने कहलवाया कि ऐसी बात है; मैं आपको दवा दे जाऊँगा, फल दे जाऊँगा, बच्चों के लिए बिस्कुट डबलरोटी वगैरह, आपको कष्ट नहीं होगा और अगर ईश्वर ने चाहा तो आपका बुखार ठीक हो जायेगा। मेरी आत्मा जाने के लिए कह रही है। इन्होंने बहुत कुछ समझाया लेकिन नहीं, फिर कहा कि अगर आपका यही निश्चय है तो आप चले जाईए नहीं तो आपको हमेशा अशांति रहेगी। फतेहपुर में थे उस वक्त महाराज, मैं फतेहपुर पहुँचा, जाकर पैर छुए, अच्छा आप आ गये। कालीचरन उनका नौकर था, कहा कि इनका बिस्तर वहाँ बैठक में रखवा दो, बैठक में बिस्तरा रखवा दिया। बोले आप निवृत हो लीजिए, स्नान कर लीजिए। स्नान कराने, हालांकि उनका नौकर था कालीचरन, आप बाल्टी भेज सकते थे। लेकिन खुद बाल्टी लेकर आ गये और बाहर पटला बिछाया और आप बाल्टी रख गये, गरम पानी दिया बोले कि मिलाकर स्नान कर लें। यह सेवक ले आता, बोले कि नहीं, बात ऐसी है हम कायस्थ हैं हमारे यहाँ परदा होता है हमारे घर में कोई जा नहीं सकता और कोई बात नहीं हैं। उसके बाद परमात्मा ने ऐसी प्रेरणा दी थी कि यह सेवक माता जी के लिए दो साड़ियाँ लेता गया था मैं जाऊँगा पहली बार कुछ न कुछ लेता जाऊँ। इसने यह महाराज जी से कहा कि मैं माता जी के लिए दो साड़ी... अच्छा फिर आप अन्दर आईए, अन्दर लिवा ले गये, अरे भाई ये तो तुम्हें माता जी कहते हैं। जैसे माता जी कहा, उन्होंने घूँघट अलग कर दिया, वह कह गये बात करने के लिए। फिर क्या था उनके दफ्तर का टाईम था खाना खाने लगे। खिचड़ी बनाई हुई थी। महाराज जी के लिए खिचड़ी परोसी हुई थी। यह सेवक खड़ा रहा तो माता जी बोली कि जल्दी में इनके लिए खिचड़ी बनाई आप तो हमारे मेहमान हैं, आपके लिए पक्का खाना बनायेंगे। मैंने कहा कि मैं तो मेहमान नहीं हूँ, मैं तो आपका बच्चा हूँ, मुझे तो खिचड़ी

बहुत अच्छी लगती है। महाराज ने हमारी तरफ देखा और कहा कि अगर हिम्मत है तो हमारी तरफ आ जाओ, यह तो फौरन ही बैठ गया खाने लगा। छोटे मुन्ने हमारे पास आ गये, गोदी में उनको अपने हाथ से खिलाता रहा। तो माता जी ने कहा कि यह कैसे बनिये हैं, इन्हें तो बिल्कुल ख्याल ही नहीं है किसी बात का, जात-पात का कोई विचार ही नहीं है ख्याल ही नहीं है। आपके साथ बैठ गये, बच्चे को अपनी गोदी में बैठाकर खिला रहे हैं अपने हाथ से अपनी थाली में खिला रहे हैं। महाराज जी ने कहा हाँ। कभी-कभी लोग कहते कि यशपाल तो बनिया है तो आप कहते कि हाँ सक्सेना बनिया है। थाली में खाना खाया, खाना क्या, अमृत था, अपना होश नहीं रहा। महाराज जी एक किताब दे गये, कहा कि ये पढ़ो। समय मिले तो इस आलमारी में से किताब निकाल कर पढ़ना, ताली दे गये। इसे तो होश था नहीं शाम को चार बचे होश आया तो मन में विचार आया कि महाराज जी पूछेंगे कि क्या पढ़ा तो सोचा कुछ तो पढ़ूं। एक किताब निकाली, पुराना संत, पढ़ने लगा। पढ़ा तो गया नहीं नींद आती रही, झटके आते रहे। शाम को महाराज आये तो बोले कि चलो शिव प्रताप नारायण के यहाँ चलेंगे। वह वकील थे, फतेहपुर में वह आते-जाते रहते थे और हमारे गुरु भाईयों में शिव प्रताप नाराणय जज होकर रिटायर हुए थे, उनके यहाँ चलेंगे। जब बाहर निकले तो बोले कि आपकी टोपी कहाँ है? टोपी तो जरुर, लाया हूँ? लेकिन सन्दूक में है। ले आओ, टोपी पहन कर निकलें, टोपी पहन कर निकलना चाहिए बुजुर्गों के सामने। चले तो यह बाई तरफ से चल रहा था। आप रुक गये बोले कि नाली बायें पैर से पार करना चाहिए। पहले बायाँ पैर आगे बढ़ाकर उसको पार करो और जब पूजा में बैठो तब सीधे पैर से बैठो, लेट्रीन जाओ तो बायें पैर से छोटी-छोटी बात। वकील साहब के यहाँ पहुँचे तो वे पान लाये। मुमकिन हो महाराज खाते हों, लेकिन पूछा उन्होंने नहीं खाया। चूँकि मैं मेहमान था, हमें पेश किया, नहीं? साहब मैं तो पान नहीं खाता। अच्छा ओ ओ आप भी नहीं खाते। पान हटवा दिये। उसके बाद जो यह सेवक ने पढ़ा था। सेंट परसेंट उसी पर बातें हुई। उसे समझाते रहे और बोले भाई यह वह विद्या है कि इससे बड़ी विद्या दुनिया में कोई है नहीं। इससे ऊँची विद्या संसार में दूसरी नहीं है। वापस आये तो बोले कि कल शाम को आप वहाँ से चले यहाँ मुझे बुखार आ गया। आप ने दिल्ली छोड़ी होगी और हमें बुखार आ गया। आप फिकर न कीजिए, जब आप जायं तो ठीक है होमियोपैथिक की कुछ दवा दे दीजियेगा। ऐसी कोई

बात नहीं है। मैं घर आया तो पाया कोई बुखार न था। इसने होमियोपैथिक दवा दे दी। लेकिन आदमी का दिमाग है न उसे क्या और क्यों बहुत तंग करता है और करना भी चाहिए। मैं यह नहीं कहता कि नहीं करना चाहिए, इसके बगैर काम बनता नहीं। हर बात को सोचना, सोचकर करना, समझना ऐसी आदत बन जाती है। उसके बाद आप देहली तशरीफ लाये, उनके साथ पापा जी भी थे, मैं उस वक्त अतुलग्रेव में था, 32 व 34 नबंर दोनों में, प्रेमचन्द्र मित्तल के साथ रहता था। 34 नबंर फ्लैट पर तशरीफ लाये, वहाँ रहे। बाबू गिरवर किशन इनकम टैक्स ऑफीसर के यहाँ दिल्ली में, वह उनके गुरु भाई थे, लाला जी महाराज के शिष्य थे, तो वह मिलने आये सुनकर क्योंकि पत्र उनको भी लिख दिया था। मिलने आये तो बोले कि भाई साहब आप हमारे यहाँ चलें वहां यह है वह है बोले कि भाई इस बच्चे का इसरार है, मैं यही हूँ, अच्छा भाई साहब कल आईयेगा, जरुर तशरीफ लाईयेगा कल वहीं शगल रहेगा हारमोनियम बाजे का। हाँ-हाँ मैं जरुर आऊँगा, वे चले गये, बोले कि भाई मैं वहीं रुकता हूँ जहाँ सच्चा प्यार होता है इससे कीमती कोई दूसरी चीज नहीं है प्यार के सिवाय। जहाँ प्यार है वहाँ सब कुछ है। जहाँ यह नहीं उन दावतों से क्या लेना? अगले रोज हम लोग बिड़ला मन्दिर देखने गये, वे भी हमारे साथ गये थे, शाम को सब लोग गये। सब बिड़ला मन्दिर देखते रहे, सबको भेज दिया। आप दरवाजे पर खड़े हो गये, अन्दर नहीं गये। मैंने ताज्जुब किया कि अन्दर क्यों नहीं जा रहे हैं, वह बोले कि भाई हमारा मन्दिर यहीं खत्म हो गया। यह कबीर साहब का जो स्टेच्यू हैं, वह यहाँ बनाया हुआ है दरवाजे पर बिड़ला मन्दिर के और उनके शिष्य रैदास हुए, बहुत से हुए, उनके सबके अन्दर हैं और उनके सबके भजन वगैरह सब लिखे हुए हैं इसलिए कि लोग समझते हैं कि वह मुसलमान थे। इसलिए हमारा मन्दिर यहां समाप्त हो गया, यह सेवक नहीं गया। वापस आये बोले कि अरे भाई यशपाल, यहां सिनेमा कौन-कौन से चल रहे हैं। यह बोला कि साहब हमें ठीक-ठीक पता नहीं है। कि कौन-कौन से चल रहे हैं। अच्छा यह बताओ कि सिनेमा घर कितने हैं? कहाँ-कहाँ, एक तो ओडियन है हमारे पास में और दो हैं और एक लालकिले के सामने है, ओडियन का नाम इसे अच्छी तरह याद था। अच्छा वहाँ टिकट कितने-कितने का है। साहब मैंने तो बहुत दिनों से नहीं देखा, पता नहीं कितने-कितने के टिकट हैं। अरे भाई ये बच्चे सिनेमा देखना चाहते हैं, इन्हें तो सिनेमा दिखा ही देना चाहिए। जब उन्होंने कहा कि सिनेमा दिखा देना

चाहिए तो इसके मन में बड़ा संशय पैदा हुआ कि हैं तो महात्मा और सिनेमा तो कोई अच्छी चीज होती नहीं और यह अपने बच्चों को सिनेमा दिखाना चाहते हैं, यह ख्याल हुआ कि कहीं हम चक्कर में तो नहीं फँस गये? घर आये इतने में ही बाबू गिरवर किशन जी अपनी कार लेकर आ गये, बोले भाई साहब आपका वायदा था चलिए और हमारे पास बाक्स के टिकट है, शगल होगा उसके बाद सैकंड शो के टिकट हैं फिर आपको भिजवा देंगे। हाँ हाँ जरुर देखेंगे। जरुरी है क्यों नहीं देखेंगे। मैं तो परेशानी में था ही, बोले कि आप चलेंगे, मैंने बोला कि अरे साहब मैं जाकर क्या करुँगा, मेरे अंकल को ले जाइए क्योंकि यहाँ किवाड़ शीशे के हैं, मुझे अपने सामान का डर नहीं हैं, कहीं ऐसा न हो कि पीछे से कोई आये, शीशा तोड़ कर सामान आपका ले जाये तो मुझे बड़ा दुख होगा। मैं यहीं रहूँगा, सामान की रखवाली करुँगा। अच्छा-अच्छा आप यहीं रहो, आप चले गये और इसका मन अ ह ह बहुत दुखी रहा कि यह तो सिनेमा देखने के लिए उतारु हैं, खुश हैं, कैसे महात्मा हैं, कैसे संत हैं, कहीं जरुर चक्कर में फँस गया, बहुत बेढब चक्कर में फँस गया। डेढ़ दो बजे वह आये, बाबू गिरवर किशन उन्हें छोड़ गये, दरवाजा खट खटाया, इसने खोला, जगा ही था। अरे क्या कहते थे, बहुत बढ़िया सिनेमा था और मुफ्त में देखने को मिला, तपाक से उन्होंने कहा। इसने सोचा वाह, यह तो मुफ्त में सिनेमा को बहुत appreciate कर रहे हैं, जरुर बड़ा चक्कर हो गया। लेकिन कभी यह उनके सामने बोलता नहीं था, न कुछ सवाल पेश करता था। बाहर पलंग निकाले गये, इसे नींद नहीं पड़ी। अगले रोज गिरवर किशन साहब आ गये, उन्हें जाने का था बुलंदशहर और इस सेवक का मन भी बुलंदशहर जाने का था लेकिन तमाशा देखकर इसने अपने बुलंदशहर जाने का प्रोग्राम स्थगित कर दिया। जब वह कार में बैठे बोले कि अरे! यशपाल तुम बुलंदशहर चल रहे थे क्या हुआ, बोला कि साहब मैं तो नहीं चल पाऊँगा, घर में कोई है नहीं, मैं अपनी ताई जी को लिवाकर लाऊँगा मुरादाबाद से, हाँ इनकी मजबूरी है। कार चली गई, घर आया, स्नान किया, जैसे पूजा में बैठा इसका मन बिल्कुल उल्टा हो गया। अच्छे-अच्छे विचार आने लगे वह सारी बातें खत्म हो गई और अनुपम श्रद्धा पैदा होने लगी और इतनी श्रद्धा हुई कि यह दफ्तर गया, कैजुअल लीव की ऐप्लीकेशन दी और चार रोज की छुट्टी ली, छोटा सा बिस्तर ले फौरन बुलंदशहर के लिए बस लेने जल्दी अड्डे पर

पहुँचा। टिकट लिया, देखा कि यह बस जा रही है। फर्स्ट व सैकंड कलास के टिकट होते थे, फर्स्ट क्लास का टिकट लिया, बस में चढ़ा तो क्या देखा कि महाराज जी बैठे हैं, गुरु माता जी बैठी हैं, अकंल भी बैठे हैं, आंटी भी बैठी हैं। इसे देख बोले कि अरे-अरे आप मुरादाबाद जा रहे थे। फिर कैसे आ गये, क्या जवाब देता। यह बैठने लगा, अरे अरे आप आगे तशरीफ रखिए, आप तो फर्स्ट क्लास पैसेंजर हैं, आगे तशरीफ रखिए। नहीं जी माफ कीजिए आप माता जी को आगे बैठा दें, बड़ा शुक्र गुजार हुआ, माता जी को आगे बैठाला, बुलंदशहर पहुँचे। उसी रोज बुलंदशहर के खजांची साहब मिलने आ गये, वह भी सत्संगी भाई थे। बोले महाराज! आज ही सिनेमा के पास दे गया है वह इनकम टैक्स ऑफीसर थे, यह खजांची थे, बॉक्स का टिकट, आप बोले हाँ जरुर चलेंगे क्यों नही चलेंगे। जरुर चला जायेगा। इसने कहा भाई वाह अभी तो कल देखा ही था आज फिर तैयार और सब चलेंगे और बोले यशपाल भी चलेगा। यह बोला साहब नहीं यहाँ कोई रहेगा नहीं कम से कम मैं रूक जाऊँगा, नहीं-नहीं हमारे साथ चलो, साहब हमने खाना भी नहीं खाया। हमारे साथ खा लो, बैठाया अपने साथ खाना खिलाया। चारा ही नहीं दूसरा सिवा जाने के। सिनेमा हाल पहुँचे, बाहर तस्वीरें देखी कौन-कौन सा सिनेमा हैं, क्या है, कौन-कौन ऐक्टर हैं, बाहर तस्वीरें लगी रहती हैं, वह देखा अन्दर घुसा बाक्स के टिकट थे, बड़े आराम से बैठे सब। पापा जी हमारे साथ थे, मामा जी भी थे, अंकल अन्टी सब थे। सिनेमा शुरु हुआ। न्यूज रील चलती रही, सब कुछ देखता रहा और न्यूज रील समाप्त होते ही इसकी आँखें आटोमेटिकली बन्द हो गई, बड़े अनुपम आनन्द की वर्षा होने लगी हृदय में। आँखें जबरदस्ती खोलने से नहीं खुल रही थीं। कभी सुनाई तो पड़ता था कि कुछ हो रहा है लेकिन यह पता नहीं कि क्या डायलाग है। इंटरवल हुआ तो आपने इस सेवक से कहा कि हाँ-हाँ सिनेमा बहुत अच्छा है। आप इन बच्चों को बाहर टहला लाईये। मैं ले गया, कुछ खाना पीना, चाय, कोका कोला जो चाहे दिलाया, सबको नाश्ता कराके इंटरवल के बाद फिर हम आके सिनेमा हाल में बैठे, उसके बाद न्यूज चली फिर पिक्चर शुरु हुई। यह सेवक अपने आप में गायब, होश नहीं। देखा पापा जी भी पड़े सो रहे हैं बस वह और खजांची साहब आपस में बातें कर रहे थे या माता जी जग रहीं थीं, बाकी सब गायब थे। जब वापिस होने लगे तो बोले, आप हमारे रिक्शे में चलेंगे। रिक्शा में बैठ गये।

रास्ते में बोले देखो भाई क्या फायदा है अपनी शान बघारने में कि हम बड़े ऊँचे महात्मा हैं संसार में, बेकार हैं। भगवान ने जागने का मौका दिया सच्ची पूजा बन गई 2 बजे तक, क्या नुकसान हुआ, उनकी भी खुशी हमारी भी खुशी, काम बन गया। तो वह ऐसे महात्मा थे। उनकी पहुँच इतनी ऊँची थी, अंदाजा लगाईये और हमारे सत्संगी भाईयों ने ऐसा अनुभव किया है, कभी-कभी हम भी गये हैं एकाध पिक्चर देखने, लेकिन सबके सब गायब थे। अपना होश नहीं था। उनमें दिखावा बिल्कुल नहीं था, नार्मल लाईफ, जो गृहस्थ में होती है, ऐसी जिन्दगी वह बसर करते थे। एक दफे जो उनसे छू गया, उसका बेड़ा पार हो गया। जो उनके contact (संपर्क) में आ गया वह छूटता नहीं था कभी क्योंकि यह आत्मा की चीज है, आत्मा से प्यारी कोई चीज तो हैं नहीं। आत्मा से ज्यादा कोई आनन्द वाली चीज भी नहीं है। जहाँ आत्म रस मिलता है उसे छोड़ेगा कौन? भटक जाये दूसरी बात है लेकिन फिर आ जाएगा भटक कर, ऐसा उनका जीवन था। और गुरु नाम से उनको चिढ़ थी। कोई कह दे उनको गुरु महाराज तो उनको बड़ा दुख होता था। उन्हें हम सब दद्दा जी महाराज कहते थे। कभी हमारे मुख से गुरु महाराज नहीं निकलता था। मैं तो अपने अनुभव वाली बात आपको बता रहा हूँ। उन्होंने हमें हिदायत कर रखी थी। कि डायरी लिखो और 25 दिन बाद हमें भेजो। इसने डायरी भेजना शुरु किया तो स्वाभाविक, कि अच्छी-अच्छी बातें तो लिख दीं, खराब-खराब सब छिपा लीं। जब मुलाकात हुई तो बोले, अरे भाई देखो गुरु के सामने नंगे खड़े हो जाओ जैसे मुर्दा होता है, तब तो कुछ पाओगे नहीं तो कुछ हांसिल नहीं कर पाओगे। बड़ी अच्छी मिसाल दी कि देखा दुर्योधन की माँ ने उसको कहा था कि तू नंगा हो के मेरे सामने आजा मैं एक बार अपनी आँख की पट्टी खोलूंगी और जब में पट्टी खोलूंगी तो तेरा शरीर वज्र का हो जायेगा कोई नहीं मार पायेगा। हाँ लेकिन नंगा होके आना। अच्छा माता जी इसमें क्या बात है। ज्यों नंगा होने लगा भगवान कृष्ण पहुँच गये, अरे बेवकूफ तू बच्चा तो है नहीं 6 महीने का कि पहली बार तेरी माँ देखेगी इस हालत में तू कम से कम लँगोटी तो लगा ले। कृष्ण ने लंगोटी पहनवा दी। माँ ने आँखें खोली, सारा शरीर वज्र का हो गया, जांघें कच्ची रह गई। भीम ने जांघों से उसे मारा। उन्होंने यह मिसाल दी कि जो अपने गुरु के सामने नंगे खड़े हो जाते हैं, वही सच्ची तरक्की कर पाते हैं। देखिये आपके मन में बहुत सी भावनायें पैदा हुई बहुत सी खराबियाँ पैदा

हुई आपने सारा लिख मारा। लिखते ही आपका बोझ हल्का हो गया, पहला फायदा तो यही हो गया। बोझ हल्का होते ही आपका ध्यान अच्छा बनेगा। आपको शांति हो जायेगी। तो यह डायरी लिखता और सब बातों का उन्हें पता रहता था। चौधरी श्री राम यहाँ हमारे गुरु भाई थे, वह राष्ट्रपति भवन में थे, वहाँ उनका क्वार्टर था। हम लोग कभी-कभी तालकटोरा गार्डन में बैठ जाते थे, अकसर बैठते थे शाम को। एक दिन उन्होंने कहा भाई साहब जी क्या कभी आपके दिल की घड़ी चली है कि नहीं? मेरी तो चली है। जब दिल से रामनाम आता है तो बड़ा मजा आता है इतना, लाख बार नाम लेने से नहीं आता है जितना एकबार दिल की घड़ी से लेने में आता है। हमने कहा कि भाई हमारी तो चली नहीं। हमें यह ख्याल हुआ कि भाई हममें तो कमी ही कमी है, हमारे दिल की घड़ी तो चली नहीं यह बहम हो गया। शाम को भण्डारे में गये, जब महाराज आये तो सबके सामने वहाँ बैठे (एक बार ऐसी बात हुई कि मैं गुस्सा हो गया था तो महाराज जी ने स्वप्न में समाधियों के दर्शन कराये थे) मैं भी आपके सामने बैठा। पहले आपने कहा कि बहुत से साधकों को वहम हो जाता है। कि उनका दिल जागृत नहीं हुआ, उनके दिल से याद नहीं आती है यह वहम हो जाता है। दिल तो सारे शरीर में है, सच्चा दिल तो सारे शरीर में है। घड़ी बोले या न बोले अगर उसकी याद है तो उसका दिल जागृत है, अगर उस प्रभु की याद आपको बनी है तो आपका हृदय जागृत है। तो यह वहम उन्होंने दूर कर दिया। इस सेवक की शुरुआत आज्ञा चक्र से घूम कर फिर वहीं आती है। इस तरह उस बहम को मिटा दिया। तो वे कितनी जान व पहचान साधक की रखते थे, कितना ख्याल रखते थे वह आप सोच नहीं सकते। उन्होंने यह बताया कि एक रोज किसी को हमने स्वप्न में तवज्जह दी, और हम उसको समाधियों पर ले गये। हजरत बाके बिल्ला साहब की समाधी पर लिखा था कि यह रास्ता मुहब्बत का है। मैं घर से रुष्ट हो गया था। झगड़ा कर बैठा था बहुत परेशान हो गया था यह रास्ता मुहब्बत का है। महाराज ने कहा कि भाई यह रास्ता तो मुहब्बत और प्यार का है। इसके बाद इसका तबादला जबलपुर हो गया। इसने सोचा कि दिल्ली में तो महाराज जी ने कुछ तार बाँधा हुआ था अब तो जबलपुर में डाईगनली अपोजिट हो गया अब इसकी क्या खबर रखेंगे? यह इसका वहम था प्योर एण्ड सिंपल (pure and simple)। सच यह कि वह हमेशा और हर वक्त साथ थे और

कभी वह साथ नहीं छोड़ते थे। बड़े-बड़े अनुभव हुए इस सेवक के बयान के बाहर हैं जिसने इसके दिमाग को ठंडा कर दिया। यह सांइस वाली चीज नहीं है कि how and what, यह कुछ और ही है। बहुत सुन्दर-सुन्दर अनुभव। of course है तो miracle, लेकिन कहने में इसलिए नहीं डरुँगा कि इससे हमें विश्वास हुआ कि अध्यात्म क्या और कैसे से बहुत ऊपर की चीज है।

जब अवधेष जी हुए तो कहीं यह अपनी माता जी के सिर लगा दिया होगा, छाती पर थमेला (एक किस्म का फोड़ा) हो गया। डाक्टरों को दिखाया, केवल आपरेशन ही इसका इलाज बताया। फिर वहाँ एक मिलिट्ररी की एक्सपर्ट डाक्टर थी। वहाँ के लिए रेफर किया, दिखाया। उन्होंने कहा कि मैं दवा तो दे देती हूँ लेकिन आपरेशन ही कराना पड़ेगा, एक दिन कोशिश करके देख लेते हैं। किया, लेकिन इससे कोई फायदा नहीं हुआ। उसके बाद हैदराबाद में कन्वेशंन था। जितने बड़े-बड़े डाक्टर थे सब के सब हैदराबाद चले गये थे, डाक्टरनी भी चली गई थी। उनकी दी हुई दवा की पर्ची भी इनसे कहीं गिर गई थी। मैं दफ्तर चला गया। न पर्ची है न दवा है न कुछ डाक्टर लोग तीन चार दिन बाद आयेंगे, किसी अस्पताल में कोई बड़ा डाक्टर नहीं है, बड़ी परेशानी, क्या किया जाये। यह रात 2 बचे तक कराहती रहीं। यह सेवक बैठा रहा। राम राम करता रहा कोई चारा थोड़े ही है दो बजे इनकी आँख झपकी, मुश्किल से आधा घन्टे के लिए। जगीं, बोली की अभी-अभी सपना देखा, क्या सपना देखा। हमने यह सपना देखा की हम लखनऊ भण्डारे में चले गये हैं। महाराज का भण्डारा है। हम जाकर आगे बैठी, हमारा ध्यान नहीं लगा तो रोने लगी कि हम इतनी अभागिन हूँ कि हमारा भण्डारे में भी ध्यान नहीं लगता। मेरे आँखों में आँसूं आ गये, मैं रो रही थी, इतने में एक मुस्लिम लेडी आई मेरे पास और पूछा कहाँ दर्द है? इसने बताया और उसने उस पर हाथ फेरा था। अब तो दर्द नहीं है, हाँ नहीं है मैं ध्यान करती रही। थोड़ी देर में मौलाना फजल अहमद खाँ साहब पधारे भण्डारे में सब लोग खड़े हो गये। सबने सलाम किया, मैंने भी उनके पैर छुए मेरी धोती में 2 रुपये थे उनके चरणों में रख दिये। उन्होंने मुझे आर्शीवाद दिया, मेरी आँख खुल गई। इसने कहा अच्छा, मैंने बत्ती जलाई। इसने कहा देखो दर्द है? इन्होंने हर तरह से देखा you will be surprised जैसे कुछ हुआ ही नहीं था। It was a great surprise मैंने ऐसा miracle कभी नहीं देखा। सारे arguments खत्म हुए।

जबलपुर में गुरुस्वामी असिस्टेंट इंजीनियर थे, इससे 10 साल उमर में बड़े थे उनमें आध्यात्मिक रुचि थी। मेरे साथ बैठते बात करते। एक दिन वह कहने लगे कि यहाँ एक ठन ठनपाल बाबा रहते हैं, उनके दर्शन करने बहुत लोग जाते हैं, बहुत भीड़ लगती है, इतवार को हम चलें। हमने कहा कि हमारी इच्छा तो नहीं है जाने की। उन्होंने तर्क पेश किया कि अरे भाई संतो के दर्शन तो अच्छे होते हैं, दर्शन करने में क्या नुकसान है, जहाँ मिलें वहीं करो। वह हमसे 10 साल बड़े थे। क्या बहस करता, अच्छी बात है इस इतवार को चलेंगे। वैसे मेरे मन में कोई ख्वाहिश नहीं थी। सोचा एक से राम नाम लिया है वह पूरा होता नहीं, दुनिया में भटकने से क्या फायदा जो काम करने हैं वह तो बनता नहीं। खैर घर में कहा कुछ नही। शुक्रवार को रमेश की माता जी ने स्वप्न देखा। रात को तीन चार बजे हमें बताया कि अभी-अभी हमने स्वप्न देखा कि हमारे कमरे में महाराज जी आये हुए हैं, बैठे हुए हैं, परदा पड़ा हैं। उनके पास किसी के लिए जाना मना है। हुआ क्या कि आपके गुरु स्वामी जी आये और आपसे बोले कि चलो यशपाल महाराज से आज्ञा ले लेते है, इसने कहा कि आप ही लो आज्ञा, उन्हें मैंने आगे कर दिया मैं पीछे-पीछे। तो महाराज ने कहा कि हाँ-हाँ आप जा सकते हैं, तुम्हें कहीं जाने की आवश्यकता नहीं है, वह चाहें तो तुम्हारें पास आ सकते हैं, मैंने तो धर्मपत्नी से कुछ जिक्र नहीं किया था लेकिन ऐसा स्वप्न आया इन्हें। अगले रोज मैंने गुरु स्वामी जी से मना कर दिया और कह दिया कि आप ही दर्शन करो ठन ठन बाबा के। मैं तो जो राम नाम बता दिया है वहीं नहीं कर पाता, इसी काशिश में लगा हुआ हूँ, वह भी नहीं बन पाता। बड़ी अजीब हस्ती थी। आखिरी बार दिसंबर 1954 में वह जबलपुर आये। उस वक्त उन्होंने इस सेवक को इशारा करना शुरू किया। हमारी गुरुमाता की बड़ी बहन भी जबलपुर में ही थीं, वहाँ नहीं ठहरे थे, सेवक के यहाँ ठहरे थे। तो बड़ी नाराज हुई आकर। आप बोले कि यह मेरा बेटा है। वह कहने लगीं कि यह आपके बेटे कैसे हो सकते हैं। तो बोले कि यह आप नहीं जान सकतीं ऐसे ही हैं, इसलिए मैं यहीं ठहरा हूँ महाराज जी ने कहा कि ऐसी बात नहीं है, मैं आपके यहाँ भी आऊँगा। फिर वह बोली कि हम भी पूजा लेना चाहती हूँ। आप बोले कि लेना है तो अभी ले लो फिॅर शिकायत न करना जिन्दगी का क्या भरोसा, कब तक है कब तक नहीं है। लेना हो तो अभी ले लो नहीं तो नहीं। श्री के. एल.

चौधरी साहब का वहाँ फैक्टरी में क्वार्टर था, वह दमादों में से थे। वह चिट्ठी लेकर आये थे, सेवक ने उनकी सेवा की थी जो बन पड़ा। वह भी आये और हम सबके साथ भेड़ा घाट भी गये, बड़ा आनन्द रहा, वह बहुत प्रभावित हुए और बोले कि गुरु महाराज आप अपने शिष्यों के साथ इस सेवक की कुटिया पर पधारें और पवित्र करें। जब उन्होंने गुरु महाराज कहा तो आप रुलासे से हो गये और बोले कि आपने इसमें गुरु वाली कौन सी बात देखी। यह मेरा भतीजा है, यह मेरा बेटा है। आपने इस सेवक को गुरु महाराज कहा कैसे? इसमें आपने गुरुवाई की कौन सी बात देखी। उन्होंने बहुत क्षमा मांगी तब आप बोले कि हम आयेंगे। गुरु महाराज जी आयेंगे। ज्यादा से ज्यादा 3-7 लोग आयेंगे। उन्होंने 3 लोगों के भोजन का इंतजाम किया अपने घर में इधर जो पी. एण्ड टी. ट्रेनिंग का ड्राईवर था, महाराज और हम सबको एक रोज पहले भेड़ाघाट ले गया था। (जो हमारी पेड सर्विस थी) वह बहुत प्रभावित हुआ और उसे हमारे इस प्रोग्राम का पता था, वह शाम को जाते समय बस लाकर खड़ी कर दी। अरे यह कैसे? गाड़ी तो हमने मांगी नही थी, वह बोला आपने तो नहीं मांगी थी लेकिन मैं इसका मालिक हूँ यह मेरे डिसपोजल पर है आप चलिए। बस भर गई और इंतजाम 6 लागों का, आदमी गये 25 वह तो घबड़ा गये। मैंने कहा कि घबराओ नहीं अब तो जो है सो है, आप चिंता मत करो, इसी में काम चल जायेगा आप सबको बैठाओ, एक एक पूड़ी और सब्जी देते चले जाओ और जो कुछ है वह भी। ऐसे ही किया लोगों को डकारें आने लगीं। खाना 6 का बना था, 25 ने खाया, खाना बच भी रहा। ऐसे अनुभव इस सेवक को बहुत हुए। जब महाराज जी आ जाते तो भीड़-भाड़ बहुत होती थी राशन का जमाना था आटा होता नहीं था, जो बना उसी में हो जाता था जो भी आया पूरा पड़ जाता था। यह बातें तो बहुत मामूली थीं। स्टेशन पर जब बिदा होने लगे तो वह सीन देखने लायक था, सब लोग पैर छू रहे थे। सबसे आखिर में यह सेवक गया, पैर छूते ही इसकी हिचकी बंध गई। बहुत रोया। इसका रोना देखकर पीछे पीछे आ गये, गाड़ी चल दी, मैं चलती गाड़ी से उतरा, वे मेरे पीछे। उनका उतरना था कि इंजन फेल हो गया। 20 मिनट तक गाड़ी रुकी रही और रुके। जब सबने दर्शन कर लिए तो फिर बैठे, गाड़ी चली। सबसे बड़ी विशेष बाते जो थी वह यह थी कि उनके पास जो आते थे, यदि कह दें कि महाराज हमारा ध्यान कम लगता है कहते कि भाई यह मेरी कमजोरी है तुम्हारी नहीं, तुम मेरे लिए दुआ किया करो। जब पूजा में

बैठा, रो कर, गिड़गिड़ा कर, इस सेवक के लिए दुआ किया करो, यह मेरी कमजोरी हैं, तुम्हारी नहीं। कभी किसी से नहीं कहा कि क्या करते हो, कितना पूजा में बैठते हो, क्या नहीं करते। उनके पास जाकर सब हिल जाते थे। मैंने देखा, एक रिश्तेदार थे, बड़े बिगड़े हुए, आये कि यह करुँगा, यह शिकायत करुँगा। उनके सामने पड़े तो भीगी बिल्ली, सामने बैठे बिल्कुल गायब और कहे जा रहे हैं कि साहब गलती हुई। वह एक बड़े योगी थे, गृहस्थ में रहते हुए उनका एक सैकंड भी परमात्मा की याद के बगैर नहीं गुजरा।

बम्बई में उन्होंने अपना शरीर छोड़ा। प्रकाश ही प्रकाश हो गया। उनका शरीर लखनऊ लाया गया। कानपुर स्टेशन पर एक फ्रेंच लेडी आई, उसने देखा, पता चला, वह भी साथ आई। जब दाह संस्कार हो रहा था तो उसने कहा कि मैं कुछ कहना चाहती हूँ। उसने कहा कि आज से 10 साल पहले मैं इन महात्मा से मिली थी और बहुत प्रभावित हुई थी। विदा होते समय मैंने इनसे यह पूछा था कि महाराज मैं आपसे फिर कब मिलूंगी तो महाराज ने कहा कि you will come on my burial, next you will come on my burial. उनसे बाद में न मिल सकी और मैं उनकी चिता के सामने खड़ी हूँ। ऐसा छिपा हुआ संत, दुनिया की नजरों से अपने को बचाये रखता था अपने आपको जाहिर नहीं होने देता था। इतना संसार में हिल-मिल कर रहता था कि कोई उसे पहचान नहीं सकता था। जबलपुर गये हुए थे, आपके बिस्तर की बैल्ट टूट गई, इसका रिपेयर कराना है, एक ही जगह दूकान थी मुसलमान की। रिक्शा से हम लोग दुकान पर गये, दुकानदार ने देखा, उसने रख लिया। मैंने पूछा कि भाई कितने पैसे होंगे? जवाब नहीं दिया। महाराज ने ईशारा किया, लेकिन मैंने कहा कहीं यह तंग न करे, फिर पूछा कितने पैसे। भाई ऐसे नवाबों से हम पैसे मांगने लगे फिर गजब हो जाय, फिर क्या ऐसे नवाब हमारी दूकान पर आयेंगे। महाराज ने ईशरा किया हम चले आये। 5 आने का काम था, 15 रुपये मांगे, 15 रुपये दे दिये। I paid fifteen rupees. लोग यकीन नहीं कर सकते थे कि इतना ऊँचा महात्मा हो सकता है। बी. बी. पल सेठी जो जबलपुर में थे कहते कि इनकी बीबी 250 रुपये की शाल ओढ़ती है, यह कहाँ के महात्मा हैं। इतना वह अपने को छुपाये हुए थे। इतना छुपा के रखा हुआ था बिल्कुल दुनियादारों की तरह वह रहते थे। लेकिन तालीम बड़ी जबरदस्त थी। एक छोटी सी बात है, इस सेवक ने एक पारकर पेन खरीदा,

उस जमाने में भी 100 रुपये का था और उसे बड़ी हिफाजत से रखता था कोई जेब में से निकाल न ले कहीं भूल न जाये। जब दिल्ली तबादला हो गया तो महाराज दिल्ली आये हुए थे। उन्होंने देखा और यह भी देखा कि इससे इसको attachment है। अरे भाई यशपाल एक कलम देना, खत लिखना है। अच्छा साहब, दिया अच्छा यह तो पारकर है, अरे भाई ऐसा कलम हमारे पास नहीं है, यह कलम आप हमें दे दीजिये, हाँ साहब जरुर ले लीजिये, मन में तो लगा कि पारकर गया, जी साहब खिदमद में हाजिर है। अगली बार आये तो हमने उनके पास देखा नहीं पता नहीं किसको दे दिये हों। अब जबलपुर जब यह सेवक वापिस आया तो कलम खरीदना चाहिए, बाजार गया कि भाई अच्छा सा कोई कलम दिखाइये। दूकानदान ने कहा कि मैं आपको पारकर की इमीटेशन दूँगा, मैंने कहा कि भईया दिखा दो कैसी है पारकर की इमीटेशन, लिखा उस पर पारकर ही था। क्या पता चोरी का हो, भगवान जानें। पाँच रुपये में उसने दे दिया। पाँच रुपये का था, इसलिये उसकी कदर उतनी नहीं थी, चाहे जहाँ फेंक दें, चाहे जहाँ रखों। फिर जब महाराज जी से दिल्ली में मुलाकात हुई तो फिर उन्होंने कलम मांगा, दे दिया, अरे पारकर? मैंने कहा कि नहीं, यह पारकर का इमीटेशन है। बोले नहीं यह तो असली है। इमीटेशन आप कैसे बता रहे हैं। तो तालीम देने के उनके तरीके बड़े अजीब थे। और हर बार टेस्ट करते रहते थे। देखते रहते थे। कि कहाँ जा रहा है। किधर माईंड जा रहा है, कैसे है, कैसा है। कठिन परिस्थितियों में कैसा व्यवहार करता है। अगर व्यवहार में तब्दीली नहीं है तो समझते की साधक ठीक है। अगर व्यवहार में बदलाव है तो गया। अध्यात्म की तरीकत उनके साथ थी, उस पर उनका कंट्रोल था। औरों के यहाँ हजारों की संख्या हो गई लेकिन इनके यहाँ कम ही थे, ज्यादा नहीं थे। इस सेवक ने वह बातें बताई जो इसके साथ बीतीं बहुत से भाई थे, हर एक के साथ क्या क्या बीता हम अंदाजा नहीं लगा सकते। यह जो पापा जी का फोटो है, यह (फोटो की ओर इशारा करते हुए) भी थे। इनकी जिन्दगी में न जाने क्या-क्या बीता वहीं जानते थे। कभी-कभी अपनी कथायें सुनाते थे, आनन्द आ जाता था। महाराज दिल्ली आये हुए थे, पापा जी बाद में आये बोले, महाराज लूज मोशन हो गया है। आयुर्वेदिक, एलोपैथिक, होमियोपैथिक दवायें ली, कोई फायदा नहीं हो रहा है। अच्छा ठीक है, पी. सी. मित्तल साहब को बुलाया, अरे खद्दर दवा खाना देखा है, जी देखा है। वहाँ से ये दो चीजें लाओ, नाम लिख दिया कि यह दो दवा लाओ। मित्तल साहब

वे दवायें दो मिट्टी की कुलिया में ले आये। आपने कहा कि पापा जी यह दो दवाईयाँ रख लो, यह सुबह खाने की है यह शाम को खाने की है। एक खाने के बाद एक खाने के पहले। ध्यान से सुन लो रख लो। उन्होंने ले ली और ताख पर रख दी दोनों। महाराज तो बुलंदशहर चले गये। जब सुबह हुई, दवा खाने का मौका आया तो देखा कोई निशान तो बनाया न था, दोनों कुलिया एक जैसी, एक जगह रखी, बड़े चक्कर में पड़ गये। सोचते विचारते रहे फिर बोले कि गुरु महाराज कल्याण करें। उनमें से एक उठाई और खाई फिर एक इधर रख दी और एक उधर रख दी, यह खाने के पहले की है यह खाने के बाद की है। खाये, दूसरे दिन बिल्कुल ठीक दस्त गायब। महाराज आये तो माता जी की तबियत खराब थी, बोले पापा जी वह दवा लाके दो, अब इन्हें पता हो तो लाके दें। बोले कि जो आप सुबह खाते थे वही ले आओ। डरते-डरते गये ले आये जो खाते थे। यह खाते थे आप सुबह? हाँ, और टट्टी आपकी बन्द हो गई, जी हाँ। इससे तो दस्त आपके और बढ़ जाने चाहिये थे? पापा जी was wounderful soul, प्रेम की मूर्ति थे। ऐसी-ऐसी हस्तियाँ पैदा हुई। शिव नारायण गांधी जी को तो आप लोगों ने देखा ही है कितनी ऊँची हस्ती थे। इनके जीवन का एक बहुत प्यारा किस्सा। गांधी जी की फैमिली गाँव में रहती थी, आप अकेले कानपुर में रहते थे। कालेज चले जाते शाम को आते, खाना बनाते सब काम अपने हाथ से करते थे। अड़ोसी-पड़ोसी जो थे उन्हें पता चल गया कि यह अकेले हैं। वहाँ हर किस्म के लोग थे जो दूसरों के घर के ताले भी तोड़ते थे। एक दिन इनका ताला तोड़ दिया और घर का सारा सामान ले गये, कुछ न छोड़ा। शाम को गांधी जी आये तो देखा कि सब माल साफ है। न तो इन्होंने पुलिस में रिपोर्ट की, न किसी से इस बात का जिक्र किया कि उनके यहाँ चोरी हुई है। जेब में तीन आने थे, उसके चने ले आये, 28-29 तारीख थी। दो रोज उन्होंने चने खाकर बिताये और जब तनख्वाह मिल गई तो थोड़ा-थोड़ा सामान ले आये। हफ्ता दस दिन हो गया कुछ शोर नहीं चोर तो वहीं के, क्या करते है, सारा समान चला गया, न पुलिस में कोई खबर न मुहल्ले वाले जाने। तो चोर आकर पूंछते हैं सामने दुकानवालों से, अरे भाई यहां कोई चोरी हुई है क्या किसी के यहां, हमने सुना नहीं, हमें नहीं मालुम। हम लोगों ने नहीं सुना कि किसी के यहाँ कोई चोरी हुई है। धीरे-धीरे उनकी आत्मा कुरेदने लगी कि हमने गलत काम किया, हमने महात्मा के यहाँ चोरी की है इसका फल बहुत बुरा होगा, हमें

इनका सामान वापस कर देना चाहिये। और इतनी विल पॉवर (will power) उसमें पैदा हुई कि रात 10 बजे जब मुहल्ले वाले सो गये तो वे सारा सामान लेकर उनके यहाँ पहुँच गये कि महाराज हमसे गलती हो गई, यह आपका सामान है, आप कृपा करके हमें क्षमा कर दें, आप सामान ले लें। गांधी जी जो थे वह तो कूदने लगे कि न बाबा न बाबा। कभी-कभी तो भगवान खुश होते हैं, तुम मुसीबत में थे तो ले गये, हमारा भला किया, प्रभु जी मुश्किल से खुश होते हैं। मैं यह चीजें हरगिज नहीं ले सकता। आपका है आप ले जाओ। नहीं मान रहे थे, देखा कि यह तो शोर शराबा हो जायेगा, मुहल्ले वाले इकट्ठा हो जायेंगे। तो बोले कि एक बात तो तुम्हें माननी पड़ेगी क्या, गुरु महाराज जी के यहाँ चलते हैं। जो गुरु महाराज कहेंगे मैं भी वहीं मानूंगा और तुम भी मानना। हाँ हुजूर जरुर मानेंगे। साढ़े ग्यारह बजे रात को चच्चा ही महाराज (महात्मा रघुवर दयाल) जी का दरवाजा खटखटाया महाराज जी बाहर आये, अरे भाई गांधी कैसे आये। अजी महाराज जी बड़ी समस्या आ गई है, क्या समस्या है, यह समस्या है, बस यही समस्या हैं गांधी, 50-50। आप बोले कि कुछ तुम ले लो, कुछ इन्हें दे दो। हाथ जोड़े कि भईया आधा आप ले जाओ आधा छोड़ जाओ। जिसके सम्पर्क में ऐसी हस्तियाँ पैदा हों, हम उनके बड़प्पन का क्या अंदाजा लगा सकते हैं। Gandhi ji is still living. मैं तो यही कहूंगा कि न मालूम कितने जन्मों का भाग्य जगा जो ऐसे संत मिले और केवल इसे तो उसी का सहारा है, एक मात्र उसी का सहारा है और कुछ नहीं।

आपने जीनव यात्रा में स्वत: प्राप्त दुनियावी कर्त्तव्यों (स्वधर्म) का निर्वाहन करते हुये जो भी खाली समय मिला सत्संग में लगा कर जो आध्यात्मिक तरीकत गृहस्थों के लिये सुझाई, वह अद्वितीय है। आप अक्सर कहते कि इस मुकाबले की चीज दुनिया में नहीं है। यह लेखक अपने स्वाध्याय व अनुभव के आधार पर आपकी इन कथनी में कोई कमी नहीं पाता। आपके द्वारा विकसित साधना पद्धति को (सारिणी- 1) कोई भी व्यक्ति अपनी दिनचर्या का खाली समय देकर राजा जनक जैसी मन: स्थिति (जीवन मुक्त अवस्था) प्राप्त कर इस संसार में कमलवत जीवन बिता सकता है।

सारिणी - 1 आनन्द योग साधना में ध्यान करने की व्यवहारिक तरीकत का सारांश

पहली सीढ़ी *8 घन्टे की साधना*	*दूसरी सीढ़ी* *8 घन्टे की साधना*	*तीसरी सीढ़ी* *8 घन्टे की साधना*
• सुबह आधा घन्टा ध्यान • सायं आधा घन्टा ध्यान • दोपहर भोजन ईष्ट की याद में करे (आधा घन्टा) • रात सोने के पहले प्रति दिन किये कार्य का आत्म निरीक्षण करना व ईष्ट की याद में सो जाना (सोने के 6 घन्टे का ध्यान स्वत:) इस प्रैक्टिस से मन दिन के 24 घन्टे में आठ घन्टे ध्यान की अवस्था में रहेगा	पहली सीढ़ी के बाद, खाली समय (सामान्य कार्य के बीच का) अपने ईष्ट की याद में लगायें 1 (आदत बनाना) • सुबह नित्य क्रिया के समय ईष्ट की याद • ब्रश करते हुए • शेव करते हुए • नहाते हुए • दिन का कार्य के समय का खाली समय सामान्यत: हर इंसान के पास ऐसा ढेर सारा समय फालतू विचारों में बर्बाद हो जाता है। ऐसे समय को ध्यान की प्रैक्टिस में लगाना	दूसरी सीढ़ी पूरा करने के बाद करें • दिन का कार्य शुरु करने के पहले अपने ईष्ट की याद यह सोचते हुए करें कि हम उनके हाथ के यंत्र हैं और मन ही मन कहें कि हे प्रभु यह तेरा ही कार्य है तू जैसे चाहे कर। फिर कार्य में लग जायें। • जब कार्य समाप्त हो जायें तो फिर उसकी याद यह सोचते हुए करें यह कार्य तूने किया, तुझे ही अर्पण है। तूने शक्ति दी इसलिये मुझसे यह हो सका। इस प्रैक्टिस के लाभ पहली व दूसरी सीढ़ी के पूरा करने पर आभास होगा।

(अखिल भारतीय संतमत सत्संग की साधन पद्धति, पुस्तक से)

उपरोक्त सारिणी में दर्शाया गया तरीका आज के समय के लिये, आपके द्वारा विकसित गृहस्थ जीवन में आध्यात्म साधना की व्यवहारिक तकनीक (ज्मबीदवसवहल) है जिसे कोई भी इंसान, चाहे किसी भी धर्म का हो अपनी मान्यताओं को बरकारार रखते हुये अपना सकता है। आपके जीवन काल में इस योग पद्धति के प्रचार प्रसार का आधार तरीकत ही रही जो तीन प्रवचनों के द्वारा आप बताते कि कैसे हम दिन चर्या के खाली समय का उपयोग जीवन में परमात्मा का नाम जोड़ कर बिना कुछ छोड़े अपनी दीन व दुनिया सवांर सकते है। तरीका यूनिवर्सल होते हुये सर्व ग्राहय् व मानव विकास आधारित है। आपके द्वारा लिखित आध्यात्मिक पुस्तकों की लिस्ट सारिणी संख्या -2 में दी गई हैं।

सारिणी - 2 महात्मा यशपाल जी द्वारा रचित गृहस्थ साधकों के लिए आध्यात्मिक साहित्य

क्र0 स0	*पुस्तक का नाम*	*भाषा*
1.	आनन्द योगा, भाग - 1	हिन्दी इंग्लिस
2.	आनन्द योगा, भाग - 2	हिन्दी इंग्लिस
3.	श्री बृजमोहन वचनामृत, भाग - 1	हिन्दी
4.	श्री बृजमोहन वचनामृत, भाग - 2	हिन्दी
5.	श्री बृजमोहन वचनामृत, भाग - 3	हिन्दी
6.	श्री बृजमोहन वचनामृत, भाग - 4	हिन्दी
7.	श्री बृजमोहन वचनामृत, भाग - 5	हिन्दी
8.	अखिल भारतीय संतमत सत्संग की साधन पद्धति	हिन्दी इंग्लिस
9.	अष्टावक्र गीता	हिन्दी
10.	गीता सुधा (अध्याय 1 से 15)	हिन्दी
11.	संरक्षक का संदेश	हिन्दी
12.	आत्म बोध दर्पण	हिन्दी
13.	आत्म - आहूति	हिन्दी
14.	आत्म - प्रकाश	हिन्दी
15.	मज़हब और तहकीकात	हिन्दी
16.	पत्र पुष्पाजिंली, भाग - 1	हिन्दी
17.	पत्र पुष्पाजिंली, भाग - 2	हिन्दी
18.	जीवन मुक्त अवस्था की ओर	हिन्दी

टिप्पड़ी- आपने, त्रैमासिक पत्रिका संत सुधा का प्रकाशन भी शुरु किया। यह पुस्तकें बी0 - 20 सी0 सी कालोनी, दिल्ली 110007 से प्राप्त की जा सकती हैं। विस्तृत जानकारी के लिये Website: www.abssatsang.com देखें।

महात्मा यशपाल जी ने 82 वर्ष की आयु तक मानव सेवा का कार्य, सम्पर्क व सत्संग के माध्यम से करते हुये 3 अप्रैल, 2000 को दिल्ली में निर्वाण पद प्राप्त किया।

3

अध्यात्म

अध्यात्म, जीवन जीने की एक कला है जो हमें सुख व शान्ति की राह से मनुष्यत्व के विकास पर ले जाता है। महर्षि अरविंद कहते हैं कि आध्यात्मिकता का अर्थ है – अपने अस्तित्त्व का ज्ञान। वह ज्ञान जो हमें बोध कराए कि हम कौन हैं, क्यों हैं और हमारे उद्देश्य एवं लक्ष्य क्या है? अध्यात्म पर इंसान कैसे आरुढ़ हो! संतों, महात्माओं व विद्वानों ने अपने-अपने अनुभवों के आधार पर रास्ता बताया और इस पर आज भी खोज जारी है। लेखक सत्संग संस्था से जुड़ाव होने के बाद, प्रभु प्रेरणा से इस विषय पर स्वयं के अनुभव, संकलन व अपनी तुच्छ बुद्धि से विश्लेषण के आधार पर कुछ न कुछ लिखता रहा है। जीवन के छत्तीसवें वर्ष में ईश्वर की कृपा से गृहस्थ संत परम पूज्य यशपाल जी महाराज (भाई साहब जी) से सम्पर्क हुआ जिससे जीवन यात्रा सरल हो गई। परमात्मा ने, इस जीवन में, इसे जीवन यापन के लिये वैज्ञानिक का कार्य सौंपा जो यह पूर्ण संतुष्टि के साथ 60 वर्ष की अवस्था तक करके, कार्यभार मुक्त हो, गुरु कृपा से आध्यात्मिक जीवन जीते हुए आगे की यात्रा कर रहा है। पूज्य गुरुदेव की शिक्षा थी कि जीवन यात्रा में जो समय आपके पास खाली है उसका सदुपयोग करते हुए राम नाम अपने जीवन में जोड़ो। दुनिया के जो भी काम आपके पास हैं उन्हें पूरी निष्ठा से परमात्मा का समझ कर निष्काम भाव से करते रहो। इसके लिये आपने तरीका भी बताया जो कोई भी अपना सकता है। (यूनिवर्सल), चाहे वह किसी भी जाति, धर्म या स्तर का हो। लेखक का कार्य, शोध का था, अतः यह

स्वाभाविक था कि क्यों और कैसे के प्रश्न लगभग हर बात में उठें और उसका उत्तर आत्मा स्वीकारे। लेकिन 20 वर्ष के आपके साथ परोक्ष सम्पर्क में रहते हुए इसके मन में कभी ऐसे प्रश्न आये ही नहीं क्योंकि आपकी रहनी सहनी, बर्ताव, व्यवहार को आत्मा कबूलती रही और वाकई में दुनियावी कार्य के अलावा इसका सारा खाली समय सत्संग या राम नाम के कार्य में स्वतः लगता गया। आपकी प्रेरणा से यह जब से सर्म्पक में आया, प्रतिदिन की आध्यात्मिक डायरी लिखता रहा। आज जब यह पुरानी डायरी पढ़ता है, तो पाता है मुख्य दुनियावी कार्यों का जिक्र नगण्य है। इसका मुख्य दुनियावी काम ईश्वर कृपा से बड़ी ही संतुष्टि व अनुभव का रहा है। जो, पाँच राष्ट्रीय स्तर के पुरुस्कारों से पुरस्कृत भी हुआ। आपका कहना था कि जीवन में राम नाम जोड़ने से दीन व दुनिया दोनों संवरती है। आप स्वयं भी इसके उदाहरण थे। जो टेलीफोन विभाग में टेलीग्रफिस्ट की नौकरी से प्रारंभ कर उसी विभाग में डाइरेक्टर के पद से रिटायर हुए। ऐसे ही अनुभव लेखक ने आपके तमाम अनुयायियों के भी देखे। यदि कोई आपको गुरु शब्द से सम्बोधित करता तो आप असहज हो जाते। एक घटना है कि नवार्ड बैंक के महाप्रबंधक डॉ० बीरबल सिंह, लम्बी साष्टांग दडंवत करके आपके सामने बिराजे तो आपने कहा कि डॉ० साहब, सेवक भी साधक है, हम सब साधक हैं। अध्यात्म के बारे में जितना आपसे जाना, और महात्माओं व विद्वानों के साहित्य के स्वाध्याय से समझा व जो बातें आत्मा ने स्वीकारीं, उसके आधार पर यह चैप्टर संकलित है। अधिकतर सामग्री महात्मा यशपाल जी के शब्दों में ही प्रस्तुत की गई है।

अध्यात्मः अध्यात्म आत्मा परमात्मा से सबंन्धित विचारों व भावनाओं का विज्ञान है। दुनियावी विद्या की तरह इस क्षेत्र में भी विभिन्न विचार व निष्कर्ष के स्तर हैं जो अंत में 'परमात्मा तू ही है, तेरी इच्छा पूरी हो' के भाव में सिमट जाते हैं। महात्मा यशपाल जी द्वारा अपनाये जीवन दर्शन में यही मूल मंत्र था। साधारणतयः हर इंसान किसी न किसी रुप में परमात्मा को मानता है और अध्यात्म से जुड़ा होता है। सच्चा अध्यात्म शुरु होता है जब किसी में यह जिज्ञासा पैदा होती है कि वह अपने को जाने कि वह कौन है या मैं कौन हूँ और जीवन का वास्तविक उद्देश्य क्या है। किसी भी व्यक्ति में इस प्रश्न के उदय के साथ समुचित लाभ के लिये सद्गुरु व सत्संग के माध्यम की

आवश्यकता पड़ती है जिसका मिलना भी मानव जीवन में दुर्लभ कहा गया है। महात्मा तुलसी दास जी ने कहा है 'यहि सर आवत अति कठिनाई। राम कृपा बिनु आई न जाई ।।' यह अध्यात्म जगत की विडंबना, समझ के परे है। स्वामी श्रद्धानन्द (महात्मा मुंशीराम गुरुकुल काँगड़ी के भूतपूर्व कुलपिता) ने लिखा है कि मेरे पिता जी पक्के ईश्वर विश्वासी थे। प्रतिदिन धार्मिक ग्रन्थों का पाठ किया करते थे। मुझे जब वे ऐसा करने को कहते तो उनसे साफ-साफ कह देता कि मुझे ईश्वर की सत्ता पर जरा भी विश्वास नहीं है। ईश्वर की सत्ता जानने के लिये जो दलीलें वे देते मैं काट कर हंसी में उड़ा देता। एक दिन वे बोले, मुंशीराम, आजकल यहाँ एक बाबा आये हुए हैं, वे महात्मा और विद्वान हैं। तुम जाकर उनसे मिलो। पिता जी के कहने से मैं दयानन्द जी के पास गया, उनसे बातचीत की। उन्होंने मेरे तर्कों को ऐसे उड़ा दिया जैसे हवा बादलों को उड़ा देती है। मैंने कहा बाबा जी, आपने हमें निरुतर कर दिया, पर ईश्वर के प्रति विश्वास मेरे मन में अब भी नहीं हुआ। वे बोले बेटा तूने तर्क किया था, इसका उत्तर तुझे तर्क से दिया। ईश्वर के प्रति श्रद्धा और विश्वास तो तेरे मन में तभी होगा जब उसकी तेरे पर कृपा होगी। उसके बाद मेरे जीवन में कुछ परिवर्तन हुआ। इस तरह आगे चलकर मुंशीराम जी स्वामी श्रद्धानन्द हुए। तो यह विडंबना अध्यात्म जगत में अनसुलझी गुत्थी है और कहते है कि जब समय आता है तो व्यक्ति विशेष में परमात्मा व अपने को जानने की जिज्ञासा पैदा होती है और वह जानने की कोशिश करता है। मैं कौन हूँ, जीवन का उद्देश्य क्या है, यह तथ्य संत जनों व महात्माओं के जीवन चरित्र से भी उजागर होता है। हाँ, परमात्मा के विधान में माध्यम के रुप में तरह-तरह के सत्संग जन मानस व समाज में प्रचलित हैं और समय व अनुभव के साथ-साथ नये-नये सत्संग उजागर हो रहे हैं जो अध्यात्म साधना की ओर जाने को प्रेरित करते हैं।

आध्यात्मिक साहित्य से विदित है कि किसी भी व्यक्ति को सच्चा सत्संग मिलना उसके संस्कारों पर निर्भर करता है। महात्मा यशपाल जी महाराज अध्यात्म प्राप्ति के लिये तीन कृपाओं की बात करते थे ईश्वरीय कृपा, गुरु कृपा, और निज कृपा। यहाँ आपके एक प्रवचन से विषय वस्तु को उन्हीं के शब्दों में उद्धृत कर समझने का प्रयास करते हैं। जब और जहाँ यह तीनों कृपाएँ उपलब्ध होती हैं वहाँ सच्चा अध्यात्म प्राप्त होता है। जीवन मुक्त

अवस्था इसी जीवन में प्राप्त होती है। पहली कृपा- ईश्वरीय कृपा! परमात्मा की सबसे बड़ी कृपा हमें उपलब्ध है, ईश्वर ने दया कृपा करके हमें मनुष्य योनि प्रदान की है। चौरासी लाख योनियाँ है, मनुष्य योनि एक ऐसी योनि है जिसमें परमात्मा ने हमें कर्म करने की स्वाधीनता दी है और जितनी योनियाँ है वे सब भोग योनियाँ है। मनुष्य योनि की यह विशेषता है। महात्मा तुलसी दास जी ने कहा हैं

बड़े भाग्य मानुष तन पावा, सुर दुर्लभ सद्ग्रन्थन गावा।
साधन धाम मोक्ष कर द्वारा, पाई न जे परलोक संवारा।।

ऐसी है मनुष्य योनि, प्रभु की असीम कृपा से मिलती है, प्राप्त होती है जो साधन का क्षेत्र है और मोक्ष की प्राप्ति का दरवाजा है। सब सद्ग्रन्थों ने, महर्षियों ने, महात्माओं ने इसकी भूरि-भूरि प्रशंसा की है। बड़ा सुन्दर अवसर है परमात्मा ने हमें मनुष्य योनि दी है, हमें विवेक बुद्धि दी है और कर्म करने की स्वाधीनता दी है। अगर हम चाहें तो ईश्वर कृपा, गुरु कृपा और निज कृपा द्वारा अपने जीवन का सच्चा लक्ष्य प्राप्त कर सकते हैं। इसी जीवन में जीवन मुक्त अवस्था प्राप्त कर सकें और ज्योति से ज्योति एकाकार हो सके यह अवसर हम सबको प्राप्त है। पहली कृपा हम सबकों परमात्मा ने दी है। दूसरी कृपा - करोड़ों व्यक्ति इस संसार में हैं, लेकिन हजार पीछे 999 मनुष्यों की बुद्धि, शारीरिक बुद्धि (body minded) है, इस शरीर को ही सब कुछ समझ बैठे हैं। यह शरीर ही उनके लिये सब कुछ है, सुबह से लेकर रात्रि तक इस शरीर की चिन्ता में ही समय जाता है। संसार की चिन्ता, दुनिया की चिन्ता में ही सारा समय हमारा जाता है, व्यतीत होता है, यही चिन्तन हमें रहता है, सुबह से शाम तक कि कैसे पोजीशन बढ़े कैसे हमें मान प्राप्त हो, कैसे वैभव प्राप्त हो, कैसे धन का संचय हो। सांसारिक चिन्ता में, इस शरीर के लिये हमारा समय जाता है। जब परमात्मा की बड़ी विशेष कृपा होती है तब मनुष्य यह सोचता है कि मैं वास्तब में क्या हूँ? मेरे जीवन का वास्तविक लक्ष्य क्या है? क्या वही है जैसे और जीव जन्तु पैदा हुए हैं, मैं भी पैदा हुआ, खाऊँ पियूँ और सांसारिक व्यवहार करते हुए कीड़े-मकोड़ों की तरह चला जाऊँ। ऐसा जब परमात्मा की बड़ी विशेष कृपा होती है तब मनुष्य के हृदय में जिज्ञासा पैदा होती है। हम देखते हैं मनुष्य आया, चला गया, अर्थी जाते देखते हैं, दिल में ख्याल पैदा होता है कि क्या हम भी मरेंगे? फिर यह देखते हैं कि जो आया

है वह जाता है, यह भी देखते हैं कि बच्चा भी मरता नजर आता है, बूढ़ा भी और जवान भी मरता नजर आता है। क्षणिक वैराग्य पैदा होता है और ज्यादातर तो जहाँ दाह संस्कार हुआ उसके बाद फिर हम दुनिया में वैसे के वैसे आ जाते हैं। ईश्वर की बड़ी विशेष कृपा होती है तब सच्ची जिज्ञासा हृदय में जागृत होती है। तब यह जिज्ञासा पैदा होती है कि हम अपने आप को जानें कि मैं कौन हूँ, यह संसार क्या है, इस दुनिया में आया, इस जीवन का मकसद क्या है, सत्य क्या है। इसे जानने की अभिलाषा पैदा होती है। इसे हम जिज्ञासा कहते हैं। परमात्मा की जब विशेष कृपा होती है तो हजारों पीछे किसी किसी व्यक्ति में यह जिज्ञासा पैदा होती है। वास्तव में जो हम सामने नजर आ रहे है, यही सब कुछ नहीं है, शरीर ही सब कुछ नहीं है। हमारे तीन शरीर हैं। तीन शरीरों से मिलकर हमारी जो पर्सनेलिटी (personality) है, वो बनी है। हमारा अस्तित्त्व तीन शरीरों का है। पहला है स्थूल शरीर, जिसमें दस इन्द्रियाँ हैं। आँख देखने का काम करती है, कान सुनने का काम करते हैं, नाक सूँघने का काम करती हैं, जिह्वा स्वाद लेती है, हाथ-पैर चलते, फिरते, उठते, बैठते हैं। यह पाँच कर्म इन्द्रियाँ हैं, पाँच ज्ञान इन्द्रियाँ हैं। दूसरा हमारा सूक्ष्म शरीर है जो मन, बुद्धि, चित्त और अहंकार से मिलकर बना है। स्थूल शरीर से हम विषयों का आनन्द लेते हैं, सूक्ष्म शरीर से हम वासना का आनन्द लेते हैं जितना सोच-विचार का काम है वह सूक्ष्म शरीर से लिया जाता है। पहले क्रिया सूक्ष्म शरीर में होती है फिर स्थूल शरीर में होती है। वासना का जितना आनन्द है, वह सब सूक्ष्म शरीर से आता है। तीसरी है आत्मा - कारण शरीर। चैतन्यता और आनन्द आत्मा में ही है। जब यह आत्मा शरीर को छोड़ जाती है तो यह शरीर बेकार हो जाता है। जिस शरीर को हम इतना संभाल कर रखते हैं, इतनी देख-रेख रखते हैं हमारे सगे संबन्धी जिसका इतना ख्याल रखते हैं, जब आत्मा इस शरीर को छोड़ जाती है तो यह शरीर बेकार हो जाता है। वही सगे सम्बन्धी फिर कहते हैं कि जल्दी उठाओ, कहीं भूत न बन जाये। सारा खेल आत्मा का है। आत्मा जब शरीर छोड़ देती है तो दोनों शरीर बेकार हो जाते हैं। तो यह है हमारा असली अस्तित्व और इन तीनों शरीरों का सच्चा डेव्लपमेंन्ट, सच्चा विकास हो यही मनुष्य जीवन का सच्चा लक्ष्य है। जब परमात्मा की दूसरी विशेष कृपा होती है तब मनुष्य के हृदय में जिज्ञासा पैदा होती है कि मैं क्या हूँ, मैं कौन हूँ, यह दुनिया क्या है, संसार क्या है, सत्य

क्या है, सच्चाई क्या है? ऐसी सुन्दर जिज्ञासा जागृत होती है और जिसके हृदय में यह जिज्ञासा पैदा हो जाती है फिर वह चैन नहीं लेता, उसे चैन नहीं मिलता है। संसार छोड़ता है, दुनिया छोड़ता है, कन्दराओं, पहाड़ों, जंगलों में खाक छानता रहता है कि कैसे उसे इस सत्य का अनुभव हो, कैसे यह सत्य प्राप्त हो। यह प्रभु की जब दूसरी कृपा होती है तब यह बात पैदा होती है और जब ऐसी लगन पैदा हो जाती है तो ऐसा भक्त, ऐसा जिज्ञासु चैन नहीं लेता जब तक कि उसे सच्चा ज्ञान प्राप्त न हो जाय। पहाड़ों में, जंगलों में ढूंढता फिरता है, मारा-मारा फिरता है और भगवान कृष्ण ने गीता में कहा है कि ऐसे सच्चे जिज्ञासुओं में भी कोई बिरला ही हमें पाता है। तो खोज शुरु हो जाती हैं, खोजता है और परमात्मा की तीसरी कृपा जब होती है तब कुछ काम बनता है। तीसरी कृपा होती है जब प्रभु देख लेते हैं कि हाँ, अब लोहा गर्म हो गया, फिर ऐसे भक्त का ऐसे जिज्ञासु का नाता किसी अपने सच्चे भक्त से जोड़ देते हैं और इस भक्त के हृदय में परमात्मा का प्रेम, उसकी याद, उसी तड़प, उसकी भक्ति इस साधक के हृदय में भी पैदा हो जाती है। जब प्रभु की तीसरी कृपा होती है, तब ऐसा भक्त मिलता है। जब ईश्वर की तीसरी कृपा होती है तब ऐसा होता है और इसे हम गुरु कृपा कह सकते हैं। गुरु से यह वस्तु मिलती है power of connecntration, चित्त की एकाग्रता गुरु से मिलती है इसे बीज मंत्र कहते हैं यह है असली मंत्र। यह है शक्ति, ऐसी शक्ति जब चाहें परमात्मा की याद करें, चलते-फिरते, बस मे बैठे, गाड़ी में बैठे जब चाहें परमात्मा की याद कर सकते हैं। Power of connecntration, सद्‌गुरु से प्राप्त होती है यह है परमात्मा की तीसरी कृपा। अब निज कृपा की आवश्यकता होती है। निज कृपा चाहिए और निजकृपा क्या चाहिए कि अब आपको ऐसी चीज मिल गई कि चलते-फिरते आपका ध्यान बन सकता है, जहाँ आपने अन्दर ख्याल किया, ध्यान बना। विचार करने वाली बात है। चलते हुए बनता है, गाड़ी में बैठे हुए बनता है automatic (स्वतः) बिना प्रयास के। अब क्या रह जाता हैं, निज कृपा, जब खाली वक्त हो वह परमात्मा को दें, काम का नहीं, काम के वक्त काम करें, एक मिनट बर्बाद न करें, जब खाली हों तब परमात्मा की याद करें, फौरन ईश्वर की याद, जीभ की नोक तालुए से लगाओ और ईश्वर की याद में डूब जाओ। जब खाली हों खाली समय परमात्मा को दें। धीरे-धीरे एक समय आता है कि परमात्मा की याद का समय बढ़ता चला जाता है, ध्यान की अवस्था प्रगाढ़ होती जाती है और बढ़ती चली जाती है।

रामकृष्ण देव परमहंस एक बड़ी ऊँची बात कहा करते थे। वह कहा करते थे कि समुद्र की सतह पर एक प्रकार की सीपी होती है जो तैरती रहती है, मुंह खोले तैरती रहती है और जब स्वाति नक्षत्र की बूँद उस सीपी में पड़ जाती है तब मुंह बन्द करके समुद्र की तल में चली जाती है और तब तक मुंह नहीं खोलती जब तक वह मोती न बन जाय। ऐसे ही सच्चा साधक है, जब चित्त की एकाग्रता हासिल हो जाय, प्रभु कृपा से गुरु कृपा से, खाली समय तब परमात्मा को दें, जब काम न हो तब ईश्वर की याद करो, ध्यान और तब तक मुंह न खोले जब तक सच्चा ज्ञान हासिल न हो जाय, जब तक 24 घन्टे का ध्यान न बनने लगे। चलते-फिरते, खाते-पीते, सोते-जागते जब तक ध्यान न बने, जब तक बीज मंत्र कीलक में न बदल जाये, कीलक शक्ति में न बदल जाये, तब तक इस अभ्यास में लगे रहें। धीरे-धीरे यह कीलक में बदल जाता है। बीज मंत्र मिला गुरु से, ऐसी शक्ति मिली, आप खाली समय परमात्मा को देते है उसकी याद करते हैं, धीरे-धीरे याद बढ़ती चली जाती है। इसकी memory हमारे mind में है imprint होती चली जाती है, बढ़ती चली जाती है।

सच्चे अध्यात्म के खोजी के लिये लक्ष्य है ध्यान और उसकी गहरी अवस्था प्राप्त करना। जिसे यह प्राप्त हो जाता है वह परमात्मा तत्त्व को जान जाता है या पा लेता है। महात्मा यशपाल जी ने अपने अनुभव से परमात्मा तत्त्व के बारे में लिखा है कि आत्मा क्या है?, परमात्मा क्या हैं? मनुष्य स्वयं क्या है? इन प्रश्नों के उत्तर बुद्धि के परे हैं तथा ज्यों-ज्यों ध्यान की गहराई में उतरते हैं, इनके उत्तर अनुभूति के स्तर पर मिलने लगते हैं। यह विषय इतना गहन है जिसे शब्दों में बयान करना संभव नहीं है। (संत सुधा जुलाई 1996 पे0 54)। स्वामी योगा नन्द ने अपने गुरुदेव श्री युक्तेश्वर गिरी जी से कहा कि गुरुदेव मैं यह जानने का आकांक्षी हूँ कि मुझे ईश्वर की प्राप्ती कब होगी? तुमने तो उसे पा लिया है। नहीं-नहीं गुरु जी मैं ऐसा नहीं समझता। गुरुदेव ने मृदु मुस्कान के साथ कहा मुझे विश्वास है कि तुम ऐसी अपेक्षा कदापि नहीं रखते कि कोई पूज्यनीय व्यक्ति ब्रह्मांण्ड के एक प्रतिपूय कोने में सिंहासन पर विराजमान दिखाई पड़ेगा। तथापि मेरा अनुमान है कि तुम ऐसा सोच रहे हो कि चमत्कारिक शक्तियों की सिद्धी ही ईश प्राप्ति का प्रमाण है। पर ऐसा नहीं है। कोई पुरुष समस्त जगत को नियंत्रित करने की शक्ति पा सकता है फिर भी उसे ईश्वर का साक्षात्कार शायद न हो पाये। आध्यात्मिक प्राप्ति को बाह्य

प्रदर्शन से नहीं मापा जा सकता, अपितु उसका मापदण्ड यह है कि ध्यान में हमें कितने अधिक आनन्द और गहरी शन्ति का अनुभव होता है। सत् चित् आनन्द ही ईश्वर है। वह अक्षय है तुम समय बीतने के साथ-साथ ध्यान में जैसे-जैसे प्रगति करोगे वैसे-वैसे वह अनंत युक्तियों से तुमको प्रमुदित करता रहेगा। तुम्हारे सदृश्य साधक जो ईश्वर मार्ग को पहचान लेता है, ईश्वर के विनिमय में अन्य किसी सुख को स्वीकार नहीं करता (योगी कथामृत पे0 217)।

श्री युक्तेश्वर गिरी महाराज ने सम्पूर्ण सृष्टि को विधि नियम के अधीन मानते हुए कहा है कि बाह्य जगत में कार्यरत सिद्धांत, वैज्ञानिक लोग जिसकी खोज करते हैं, प्राकृतिक नियम कहलाते हैं: किन्तु उनकी अपेक्षा सूक्ष्म नियम भी हैं जो गुप्त आध्यात्मिक स्तर और अन्तश्चेतना के गहन प्रदेश में कार्यशील हैं। वे केवल योग विज्ञान के द्वारा ही ज्ञेय हैं। भौतिक शास्त्री नहीं; अपितु पूर्ण आत्मज्ञानी सद्‌गुरु ही पदार्थ की सच्ची प्रकृति को जान सकता है। इस प्रकार के ज्ञान द्वारा ही ईसा मसीह ने नौकर के उस कान को जोड़ दिया था, जिसे उनके एक शिष्य ने काट डाला था। श्री युक्तेश्वर जी अपने डाक्टर शिष्यों से कहा करते थे कि जिन लोगों ने शरीर विज्ञान का अध्ययन किया है उन्हें और आगे बढ़ना चाहिए, और आत्म विज्ञान का अनुसंधान करना चाहिए। शरीर के ढांचे की आड़ में एक सूक्ष्म आध्यात्मिक तंत्र छिपा है (एक योगी कथामृत पे0 168, 175)।

सद्‌गुरुः अध्यात्म में गुरु का मार्ग दर्शन आवश्यक माना गया है। इसीलिए हमारे शास्त्रों में कहा गया है "गुरु ब्रह्मा गुरु विष्णु गुरुदेवो महेश्वराः। गुर्रु साक्षात परम ब्रह्म तस्मै; श्री गुरुवे नमः ।।" ऐसे गुरु का मिलन जो सच्चे अध्यात्म में पैठ करा सके दुर्लभ कहा गया है। संतों ने इस विषय को संस्कार व ईश्वर कृपा पर निर्भर है, कह कर छोड़ दिया है। इस विषय की यही बिडंबना है। गुरु को तत्त्व कहा गया है, यह शरीर नहीं है, लेकिन यह तत्त्व किसी मानव शरीर के माध्यम से ही काम करता है। ऐसे ही लोग महापुरुष या सत्‌गुरु कहलाते हैं। प्रश्न उठता है कि सत्‌गुरु का मिलन कैसे हो या सही संत की पहचान क्या है? इस पर संतों ने अपने-अपने अनुभव से प्रकाश डाला है। संत यशपाल (भाई साहब जी) कहते हैं कि सच्चे गुरु में दो विशेष बातें देखें। पहली, ऐसा संत किसी से कुछ नहीं चाहता, दुनिया की कोई भी वस्तु

वह किसी से नहीं मांगता, वह किसी से कुछ नहीं चाहता। He has no worldly desires. He will not ask any body to give material things. दूसरी बात उनके पास बैठने से शान्ति प्राप्त होती है, चित्तवृतियों पर अंकुश। विचार कम हो जायेंगे, अपनी कमियाँ नजर आने लगेंगी। (संत सुधा, अक्टूबर 1993 पे0 20)। राधा स्वामी सत्संग के संतों ने ऐसे गुरुओं की पहचान हक हलाल की कमाई से की है:

गुरु पीरु सदाए मंगण जाई। ता कै भूलि न लगीऐ पाई ।।
घालि खाई किछु हथहु देई। जानक राहु पछाणहि सेइ ।।

अर्थात अगर कोई गुरु या पीर होकर शिष्यों से मांगता फिरता है तो उसके पैरों पर कभी सिर नहीं झुकाना चाहिए। जो मेहनत करके अपनी रोजी कमाता हो और उस हलाल की कमाई में से साध-संगत की सेवा करता हो, वही परमार्थ की राह का सच्चा जानकार, सच्चा गुरु हो सकता है। कबीर साहब ने गुरु तथा शिष्य दोनों के लिये बहुत ऊँचा आदर्श स्थापित किया है। आप फरमाते हैं कि शिष्य को चाहिए कि अपना सब कुछ गुरु को अर्पण कर दे अर्थात सब कुछ गुरु का समझ कर इस्तेमाल करे, परन्तु गुरु को चाहिए कि शिष्य की सुई तक को हाथ न लगाये:

सिष तो ऐसा चाहिए, गुरु को सब कुछ देय ।
गुरु तो ऐसा चाहिए, सिष से कुछ न लेय ।।

कबीर साहब स्पष्ट कहते हैं कि महात्मा अपने शिष्यों का धन साधु संगत की सेवा या परोपकार में अवश्य खर्च करवा देते हैं ताकि उनकी कमाई सार्थक हो तथा परमार्थ की राह में चलने में सहायक सिद्ध हो, परन्तु महात्मा निजी जरुरतों या निजी लाभ के लिए शिष्यों से कभी एक पाई भी नहीं लेते।

मरी जाऊँ मागूँ नहीं अपने तक की काज ।
परमारथ के कारने, मोंहि न आवे लाज ।।

सत्संगियो (साधकों) तथा जिज्ञासुओं को अच्छी तरह समझ लेना चाहिए कि कर्म और फल का नियम अटल है और कर्मों का हिसाब रखने वाली शक्ति इतनी होशियार और समर्थ है कि उसे कभी धोखा नहीं दिया जा सकता। कर्मो का हिसाब ऋषियों, मुनियों, अवतारों, पैगम्बरों तक को चुकाना

पड़ता है, साधारण मनुष्यों की हस्ती ही क्या है। गुरु अर्जुन देव जी कर्मो का हिसाब रखने वाली इस अचूक शक्ति को चतुर बनिये, कसाई आदि के समान निर्दयी बतलाते हैं। गुरुओं के बारे में एक प्रश्न उठता है कि यदि साधक के साधना काल में गुरु शरीर छोड़ जायें तो साधक क्या करे? राधा स्वामी सत्संग के सावन सिंह जी महाराज कहते हैं अगर गुरु आज नाम देकर कल को मर जाये, गुरु कभी नहीं मरता। पूरा गुरु चाहे नाम देकर कल को शरीर छोड़ दे, हमारे लिए वह नहीं मरता। अगर गुरु चला जाये, सत्संग दूसरे महात्मा का जो उनकी जगह बैठा है सुन लो। जो कोई रुकावट है उनसे पूँछ ले लेकिन ध्यान अपने गुरु का ही करना है। सत्संगी को चाहिए, चाहे गुरु रहे या न रहे वह उसको जिन्दा समझे।

जीवन में सद्‌गुरु का मिलना बड़े भाग्य की बात कही गई है। हमारे जीवन में गुरु परंपरा का छाया बना रहता है जो कदम-कदम पर हमारी रक्षा करता है। हाँ, यह बात और है कि हम अनुभवों को, संयोगवश ऐसा हो गया या बाईचान्स कहकर टालते रहते हैं और गुरु तत्त्व में विश्वास की दृढ़ता बने, से वंचित रहते हैं। समय आने पर ही आदमी गुरु सन्मुख हो पाता है। यह साक्षात्कार किसी भी कारण से हो सकता है, चाहे शिष्य गुरु को ढूँढ ले, या गुरु शिष्य को ढूँढ ले या और किसी बहाने से मुलाकात हो जायें, की बात शास्त्रों में कही गई है। इस संबंध में योगी कथामृत से एक उदाहरण महत्वपूर्ण है "-लाहड़ी महाशय सन् 1861 में दानापुर (बिहार) में सरकार के सैनिक इंजीनियरिंग विभाग में एकाउन्टेंन्ट के पद पर काम कर रहे थे। एक दिन प्रातः काल आफिस मैनेजर ने उन्हें बुलाया और कहा कि लाहड़ी हमारे प्रधान कार्यालय से तार आया है कि तुम्हारा स्थानान्तरण रानीखेत के लिए हो गया है जहाँ अब एक सैनिक चौकी की स्थापना की जा रही है। यह 30 दिन की यात्रा कर, हिमालय अंचल - स्थित रानीखेत पहुँचे। आफिस में भारी काम ना था। " भव्य पर्वत श्रेणियों में घूमा करते थे। वहाँ एक से एक महान साधु संत निवास करते थे। एक दिन इनका साक्षात्कार एक योगी से हुआ जिन्होंने बातचीत के दौरान कहा कि मालुम होता है, मेरे तार का प्रभाव हुआ है। योगीराज के उस कथन को यह समझ नहीं सके और उसका अभिप्राय पूछा। उन्होंने कहा कि मेरा अभिप्राय उस तार से है, जिसके कारण तुम्हारा स्थानान्तरण इस निर्जन क्षेत्र में हुआ है। मैंने ही नीरव रुप से, तुम्हारे वरिष्ठ

अधिकारी के मन में यह प्रेरणा उत्पन्न की कि तुम्हारा स्थानान्तरण रानीखेत के लिए कर दिया जाये। अविस्मरणीय स्मृतियों से अभिभूत होकर मैं गुरु चरणों में लेट गया। गुरु जी ने आगे कहा कि मैंने तीन शताब्दियों से भी अधिक समय से तुम्हारे लौट आने की प्रतीक्षा की है। बाबा जी के कंठ स्वर में दिव्य प्रेम की ध्वनि थी। तुम चले गये और मृत्यु के पार जीवन के कोलाहल मय तरंगों में खो गये। तुम्हारे कर्म के इन्द्रजाल ने तुम्हारा स्पर्श किया और तुम अदृश्य हो गये। यद्यपि तुम मुझे देख नहीं सकते थे, पर मेरी दृष्टि सदा तुम पर लगी हुई थी। महिमामय देवदूत जिस सूक्ष्म ज्योति सागर में घूमते रहते हैं, मैं वहाँ भी तुम्हारा पीछा करता रहा। अपने बच्चे की रक्षा करने वाली माता पक्षी की तरह अंधकार, झंझावात, भीषण उथल–पुथल और प्रकाश में मैं सत्त तुम्हारे पीछे–पीछे चलता रहा। जब तुमने माता के गर्भ में नियतकाल पूरा कर शिशु रुप में जन्म लिया, तब भी मेरी दृष्टि तुम्हारे ऊपर थी। जब तुम बचपन में नदियों की बालुका में पद्मासन लगाकर अपने बाल शरीर को छिपा लिया करते थे, तब भी मैं वहाँ अदृश्य रुप से उपस्थित रहता था। महीने के बाद महीना और वर्ष के बाद वर्ष, इसी शुभ दिन के लिए धैर्य पूर्वक प्रतीक्षा करते हुए मैं तुम्हारे ऊपर दृष्टि रखता आया हूँ। अब तुम मेरे पास आ गये हो... बाबा जी ने उन्हें क्रिया योग में दीक्षित किया। कहा मेरे बेटे, इस जन्म में तुम्हें जन साधारण की दृष्टि में, उनके सम्मुख अपनी भूमिका निभानी है। मेरे साथ तुम्हारा तब तक साक्षात्कार नहीं हुआ, जब तक तुम विवाहित नहीं हो गये और तुम्हारे ऊपर सामान्य पारिवारिक और व्यवसायिक उत्तरदायित्व नहीं आ पड़े। तुम्हें जन साधारण को यह बोध कराना होगा कि सर्वोच्च यौगिक उपलब्धियाँ गृहस्थों के लिए दुष्प्राय नहीं हैं। संसार में रह कर भी जो योगी व्यक्तिगत स्वार्थ और आसक्तियों का परित्याग कर पूर्ण निष्ठा के साथ अपने कर्त्तव्यों का पालन करता है, वह ज्ञान के सुनिश्चित मार्ग का अवलम्बन करता है। उनके अद्भुत वचन से आश्वस्त होकर एवं नवलब्ध दिव्य ज्ञान के स्वर्ण से समृद्ध होकर मैं पर्वत से नीचे उतर आया। कार्यालय में मेरे सहकारियों ने हृदय से मेरा स्वागत किया जो गत 10 दिनों से मुझे हिमालय के जंगलों में खोया हुआ समझ रहे थे। शीघ्र ही प्रधान कार्यालय से एक पत्र आ पहुँचा। "लहिड़ी को दानापुर कार्यालय से वापस लौट आना चाहिए। उसमें लिखा था रानी खेत उसका स्थानांतरण गलती से हुआ है।

रानीखेत के कार्यों की देख-रेख के लिए दूसरा आदमी भेजा जाना चाहिए था (योगी कथामृत पे. 447-457)। सद्गुरु प्राप्ति का यह उदाहरण अध्यात्म जिज्ञासुओं के लिये सकून देने वाला है। आवश्यकता है साधना मार्ग को अपनाने और साधन की निरंतरता बनाये रखने की।

लेखक का मानना है कि यही तत्त्व हमें जन्म लेते ही माँ के रुप में प्राप्त होकर, शरीर के माध्यम से मार्ग दर्शन करता है। जैसे-जैसे हम बड़े होते जाते हैं, यही तत्त्व - स्कूल, कालेज व विश्वविद्यालय में शिक्षकों के रुप में उपलब्ध हो मार्ग दर्शन करता है। अध्यात्म जगत में प्रचलित मान्यता के अनुसार जो महापुरुष मार्ग दर्शक के रुप में हमें मिलते हैं, सामान्यतः गुरु या सद्गुरु का उद्बोधन उनके लिए ही किया जाता है, लेकिन गुरु तत्त्व एक ही है। गुरु तत्त्व की उपमा यदि हम बिजली तत्त्व से करें और विभिन्न शरीरों के माध्यम से देखें तो माता, पिता, शिक्षक, गुरु, सद्गुरु में, यह तत्त्व अनेक तरह से काम करने लगता है। वही बिजली तत्त्व जीरो वाट का बल्ब जला सकता है और वही तत्त्व हजार हार्स पावर की मोटर भी चला कर बहुत बड़ा कार्य करा सकता है। यथार्थ यह है कि हम किससे कितनी शिक्षा ग्रहण करते हैं, उसे मानते हैं और उसके प्रति कृतज्ञ होते हैं। आध्यात्मिक गुरुओं के बारे में संतों के अनुभव से यह बात प्रकाश में आई है कि यह तत्त्व प्रत्येक व्यक्ति के जीवन में पूर्व निर्धारित हो, निरंतर कार्य करता रहता है चाहे सद्गुरु शरीर रुप में भले ही न प्रत्यक्ष हो पाये हों या शरीर त्याग हो गया हो। महात्मा यशपाल जी अपने गुरुदेव की एक बात बताते हुए कहते थे कि गुरुदेव ने कहा कि जो आपके पास आये उसे अपना गुरु मानें। इन्होंने कहा कि महाराज यह नहीं हो सकता, तो कहा कि "यदि गुरु नहीं मान सकते तो कम से कम गुरु भाई तो मानों।" आपका जबाव रहा कि "हाँ, यह तो हो सकता है।" कहते थे कि महाराज की यह बात बहुत बाद में समझ में आई, कि कितनी सच थी। देखिए आप काम में लगे हैं, आपका कोई गुरु भाई आ गया, ईश्वर की चर्चा होने लगी, लग गये राम-नाम में। हुआ न गुरु! आपको राम-नाम में लगा दिया! और कबीर की भाषा में, काम करते हुए भगवान की याद बनी रहे की साधना, और गहराई में जायें तो सहज भाव में ध्यान की साधना, जिससे ही हम क्या हैं की गुत्थी सुलझनी हैं।

'परमात्मा तू ही है, तेरी इच्छा पूरी हो।'

4

ध्यान (Meditation)

पूजा शब्द से हम सभी परिचित हैं। क्यों करते हैं पूजा? इसके बहुत से उत्तर हो सकते हैं। पूजा, ध्यान या meditation, शब्द में निहित लक्ष्य, चित्त की एकाग्रता से संबन्धित है। लेखक अपने अनुभव व समझ के आधार पर इस महत्वपूर्ण विषय पर आगे बढ़ता है। जब यह जीवन यात्रा में, पूजा शब्द के बारे में विचार के स्तर पर पहुँचा तो लगा कि यह पारिवारिक परंपरा है, इसीलिए हम पूजा करते हैं, और वही पद्धति अपनाते हैं जैसे हमारे परिवार में होता आया है। थोड़ी और सोच बढ़ी तो समझा कि पूजा का मकसद इच्छाओं की पूर्ति के लिये है। पूजा पद्धति में बड़ी विविधितायें दिखीं, जो इसकी समझ के अनुसार सही लगी, क्योंकि यह तमाम लोगों की रुचियों के अनुसार आवश्यकता की पूर्ति करती है और इंसान में सकारात्मकता (Positivity) का भाव बनाने में सहायक हैं। बचपन में देखता कि इसकी दादी, माँ व कुछ बूढ़े लोग, सुबह - शाम कुल्लाफराकत के बाद पैर, हाथ, मुँह धोकर, रात्रि के पहने वस्त्र को बदल कर साफ सुथरी जगह बैठकर माला फिराती / फिराते थे। यह पूछता, कि अम्मा आप लोग यह क्या करती हो? तो बोलती कि भईया संझा (संध्या का अपभ्रंश रुप) करते हैं। यह सुन लेता लेकिन कुछ समझ न पाता जो बहुत बाद में समझ पाया कि वे सब परमात्मा की याद करती थीं। इसी प्रक्रिया को अब हम ध्यान या Meditation के नाम से जानते हैं।

शिलांग में पोस्टेड था। आर्मी काम्पलेक्स में स्वामी चिन्मयानन्द जी के प्रवचन गीता ज्ञान यज्ञ में शरीक होने का निमंत्रण मिला, श्रोता वर्ग बुद्धिजीवी

था, आपका प्रवचन ध्यान (Meditation) पर था। करीब डेढ़ घण्टे का प्रवचन, इसने बड़ी एकाग्रता से सुना जिसका आभास प्रवचन के बाद इसको हुआ। कहने का मतलब स्वामी जी की बातों के सुनने के अलावा मन में कोई और विचार नहीं थे। लेकिन एक प्रश्न साथ-साथ पीछा करता रहा कि ध्यान का महत्व व इसमें निहित शक्ति के बारे में बता तो रहे हैं, लेकिन करें कैसे? इस पर तो आप कुछ बता नहीं रहे। ध्यान करें कैसे? का प्रश्न मन में रह गया जो वर्षों तक पीछा करता रहा। जब कहीं कोई प्रवचन सुनता तो महात्मा लोग ध्यान के महत्व की बातें, खूबियाँ तो बताते, लेकिन तरीका न बताते कि कैसे ध्यान करें? बताते भी तो तमाम कर्मकांड व आडंबरी मार्ग जो आत्मा न कबूल करती। ऐसे चलता रहा। शिलांग में ही एक पड़ोसी परिवार जो बिहार के थे, उनके यहाँ गृहस्थ संत महात्मा यशपाल जी (भाई साहब) के द्वारा प्रतिपादित सत्संग होता था। धर्मपत्नी की रुचि थी। इसमें जाने की इच्छा जताई, यह सहमत हो गया, लेकिन इसकी कोई रुचि न बनी। सत्संग के स्थानीय संचालक ने बहुत कोशिश की, कि यह भी शामिल हो, लेकिन इसका कहना था कि भाई जो काम भगवान ने दे रखा है, उसे सच्चाई व ईमानदारी से करें, तो इससे बढ़कर न कोई सत्संग है और न पूजा। यह अपनी बात पर अडिग रहा, कभी न गया। कुछ समय बाद, उस सत्संग संस्था के सरंक्षक भाई साहब जी तमाम सत्संगी भाई-बहनों के साथ सत्संग हेतु दिल्ली से शिलांग पधारे। चूँकि इसकी धर्मपत्नी सत्संग में जाती थी, इसलिए आयोजन की व्यवस्था में सहयोग देने हेतु इसे जाना पड़ा। महात्मा जी आये, साधारण वेशभूषा (कुर्ता, धोती, टोपी) व गृहस्थ थे। ऐसे महात्मा के बारे में, इसे कोई आइडिया ही नहीं था, यह तो गेरुआ वस्त्रधारी को ही महात्मा समझता था। हाँ, प्रथम दृष्टि में जो अनुयायी लोग थे, उनके व्यवहार व बातचीत से महात्मा जी के प्रति गहरे समर्पण की भावना उन लोगों के चेहरों पर इसे दिखी, जैसा इसने भगवान राम के चित्रों के साथ भक्तों के चित्रों में देखता था, आश्चर्य लगा। यह रहने व भोजन व्यवस्था में लगा रहा, कोई और बात मन में न आई। छोटी जगह थी सब कुछ पास-पास था, अगले रोज जब प्रवचन शुरु हुआ, तो 24 घन्टे का ध्यान कैसे करें के शब्द सुनाई दिए। ध्यान शब्द सुनकर इसकी उत्सुकता बढ़ी। आगे सुनाई दिया कि आपको ध्यान के लिये अपना केवल खाली समय देना है और आपके दुनियावी काम के समय में से एक सेकंड

भी नहीं लिया जाएगा। इस वाक्य ने उत्सुकता और बढ़ा दी। आगे सुना कि 24 घण्टे को 8, 8 घण्टे के तीन भागों में बाँटकर दिन के 24 घण्टे ध्यान में बने रहने की साधना करनी है, जो गृहस्थ में रहते हुए की जा सकती है। उत्सुकता इतनी बढ़ी कि इसने आपके तीनों प्रवचन सुने और लगा कि यह संभव है, यदि कोई कोशिश करे। आपने ध्यान करने का तरीका भी बताया जो हृदय ग्राही लगा। भाई साहब जी एक इंजीनियर (वैज्ञानिक) थे, संयोग से यह भी वैज्ञानिक था। आपकी कथनी पर कोई प्रश्न मन में न उठा। ध्यान कैसे करें? का उत्तर इसे मिल गया था। सत्संग, अध्यात्म, निष्काम कर्म ऐसे सरल लेकिन जटिल शब्दों की भी समझ बनी। आपकी बातें इतनी हृदय ग्राही लगीं कि आगे चलकर इसने आपके प्रवचनों को संकलित किया जो संस्था की साधन पद्धति नाम से पुस्तक के रुप में प्रकाशित हुई। इसके बाद आपके मार्ग दर्शन में गृहस्थ में रहते हुए अध्यात्म साधना के सूफी मत के सिद्धान्तों को समझने की व उन पर चलने की कोशिश करता रहा। ऐसा अनुभव रहा कि यशपाल जी महाराज एक ऐसे संत थे, जो महात्मा तुलसीदास जी द्वारा रामचरित मानस में संतों के लक्षणों के बारे में कहा गया है, उन गुणों से अभिभूषित थे। आप दृढ़ता से अपने स्वयं के अर्जित धन पर परिवार का भरण पोषण करते रहे, कोई दान या उपहार नहीं स्वीकारते थे। लेखक के आपके साथ सम्पर्क होने के समय (1979), आप डाक व तार विभाग से डाइरेक्टर के पद से सेवा निवृत हो पूर्ण रुप से सत्संग के प्रचार व प्रसार में लगे थे। लेखक को भी अपने सेवा काल में आपके कार्य में अपना खाली समय देकर 20 वर्षों तक सहयोग करने का अवसर मिला। भाई साहब जी "परमात्मा तू ही है, तेरी इच्छा पूर्ण हो," के भाव पर पूरी तरह आरुढ़ थे। संस्था में आवश्यकतानुसार विकास के पैरोकार थे। जीवन में राम-नाम जोड़ने की बात करते और आपके प्रवचन केवल और केवल दिन के 24 घन्टे ध्यान करने की तरीकत पर ही होते और वह भी दिनचर्या के खाली समय को लगा कर। भाई साहब जी अपना सिलसिला सूफी मत के हिन्दू गृहस्थ संत महात्मा रामचन्द्र जी (लाला जी महाराज) व महात्मा बृजमोहनलाल जी (दद्दा जी महाराज) से बताते थे। इस पुस्तिका में लेखक ने आपके द्वारा प्रतिपादित ध्यान (Meditation) के तरीके को अधिकतर उन्हीं के शब्दों में यहाँ प्रस्तुत करने का प्रयास किया है, जो गृहस्थों के लिये उपयोगी हो सकता है।

4.1 ध्यान (पूजा) क्यों करें ?

पूजा से मतलब आपका ध्यान (Meditation) से था। कहते कि परमात्मा ने बड़ी दया व कृपा करके हमें मनुष्य योनि प्रदान की है। हमारी Personality (व्यक्तित्व) बड़ी Complex (अनोखी) है। हमारे तीन शरीर हैं। यह जो दिखाई देता है, स्थूल शरीर है नाक, कान, हाथ और पैर इत्यादि। दूसरा सूक्ष्म शरीर है जो मन, बुद्धि, चित्त और अंहकार से मिलकर बना है। जितना सोच-विचार का काम है। वह सब हम इससे लेते हैं। और तीसरा कारण शरीर है आत्मा। चेतन और आनन्द आत्मा में है। और जहाँ आत्मा नहीं है वह शरीर बेकार हो जाता है। जब हम सोते हैं तो आँख देखने का काम नहीं करती, कान सुनने का काम नहीं करते और शरीर हिलता-डुलता नहीं। शरीर की सारी इन्द्रियाँ निष्क्रिय हो जाती हैं। इसी का नाम विश्राम है। जब यह इन्द्रियाँ निष्क्रिय हो गई, अपना-अपना काम छोड़ दिया, तो इनका आधार है मन, उसमें सिमट गई और इनको ताकत मन से मिलती है। जब सुबह उठते हैं तो प्रफुल्लित होते हैं, काम करने की शक्ति आ जाती है। ऐसे ही जो हमारा सूक्ष्म शरीर है मन, जिससे सोच-विचार का काम लेते हैं, उसको भी नींद देना आवश्यक है। हमारे ऋषियों, महर्षियों ने इस बात को जाना, और बताया कि आधा घण्टा सुबह एवं आधा घण्टा सांयकाल परमात्मा की आराधना करो, पूजा करो। पूजा करेंगे तो परमात्मा में चित्त एकाग्र होगा, मन विचारों से शून्य होगा (काम करना बन्द कर देगा और विश्राम पा लेगा)। जैसे सोने में, इन्द्रियाँ निष्क्रिय हो जाती हैं वैसे मन निष्क्रिय हो जायेगा। भगवान को मानें या न मानें कोई फर्क नहीं पड़ता, लेकिन हम अपनी हस्ती को तो मानते हैं। इसका सच्चा विकास करना हमारा कर्त्तव्य है। यदि हम अपना सच्चा विकास चाहते हैं तो जिस प्रकार हम शरीर को रेस्ट देते हैं, वैसे ही मन को रेस्ट देना जरुरी है। और यह आधा घण्टा सुबह और आधा घण्टा सायं पूजा करना मन को रेस्ट देना है। मन का काम है सोच विचार करना, उसे एक ओर लगा दिया, विचार शून्यता आ गई, उसे रेस्ट मिलने लगा। जब मन को रेस्ट मिलने लगा तो उसका सीधा सम्बन्ध आत्मा से हो गया और आत्मा में है आनन्द व चैतन्यता जो उसमें आ गई। उसके बाद बहुत हल्का-फुल्का महसूस करेंगे। सुन्दर-सुन्दर विचार आते हैं। वह समस्याएँ हल होती हैं जो सारी जिन्दगी हल न हो सकीं। ऐसी ऊँची शक्ति प्राप्त होती है। सच्चे मनुष्य के भाव पैदा होते हैं। अपना

सच्चा ज्ञान प्राप्त होने लगता है। धीरे-धीरे हम जान जाते हैं कि हम कौन हैं! जब हमें अनुभव हुआ कि हम क्या हैं, तो अपना वास्तविक रुप दिखने लगता है कि कोई गैर नहीं है सब हम ही हैं। जितने ऊँचे संत हुए, उनका अन्तिम निष्कर्ष यही रहा है। महात्मा तुलसी दास जी ने कहा कि 'जड़ चेतन जग जीव जत सकल राम महि जानि।' सूरदास जी को हर प्राणी में, पशु में, लता में, वृक्षों में भगवान कृष्ण ही नजर आते थे। ईसा ने कहा अपने पड़ोसी को भी अपनी आत्मा की तरह प्यार करो (Love Thy Neighbour as Thy Self) लेकिन यह तब तक नहीं हो सकता जब तक यह अनुभव न हो कि सब हमीं हैं। इस अनुभव के लिए पूजा बहुत जरुरी है। पूजा का यह क्रियात्मक तरीका हमारे महर्षियों ने बताया कि मन को एक तरफ लगाओ, वह विचार शून्य हो जायेगा। यदि मन विचारों से शून्य होगा तो उसका सीधा सम्बन्ध आपकी आत्मा से हो जायेगा। सुन्दर-सुन्दर भावना पैदा होगी। फिर आप चाहेंगे कि इस संसार में जितने लोग हैं। सब आनन्द से रहें, सब सुखी हों, दुख संसार से मिटे। दूसरों की सेवा के लिये आप अपने को न्यौछावर कर देंगें। तो हम देखते हैं कि अपने स्वयं के विकास के लिये पूजा (ध्यान) आवश्यक है।

महात्मा यशपाल जी ने गृहस्थियों के लिए आध्यात्मिक जीवन यापन हेतु दिन के 24 घन्टे की ध्यान की अवस्था में रहने की साधन पद्धति बताई, जिसका संक्षिप्त वर्णन आगे किया गया हैं।

4.2 आठ घन्टे का ध्यान

4.2.1 ध्यान (पूजा) कैसे करें?

हमारे महर्षियों ने बताया कि चाहे गृहस्थ हों या सन्यासी, हमें आधा घण्टा सुबह व आधा घण्टा शाम को पूजा अवश्य करनी चाहिए। अपने देश में 90 प्रतिशत लोग परमात्मा को मानने वाले हैं और किसी न किसी ढंग से पूजा करते हैं। बहुत लोग आधा घण्टे से ज्यादा भी पूजा करते हैं। यदि हम उनसे पूछें कि इस पूजा से क्या लाभ है तो यही कहेंगे कि ईश्वर का नाम लेना अच्छा है, हमारे घर में मंदिर है, हमारे दादा पूजा करते थे, हमारे पिता जी करते हैं, हम करते हैं, हमारी देखा-देखी हमारे बच्चे भी करते हैं। अच्छी बात है। यदि पूछें कि पूजा से क्या कोई आन्तरिक लाभ हुआ तो बहुत कम लोग होंगे जो कहेंगे कि हाँ यह हुआ। इन संतों ने पूजा का यूनिवर्सल तरीका बताया

जिसे हर कोई कर सकता है चाहे किसी भी धर्म का अनुयायी हो। संसार में दो तरह के व्यक्ति है, एक साकार पुजारी तथा दूसरे निराकार पुजारी। किसी को चेहरे से प्यार होता है वह परमात्मा के किसी रुप को मानते है। इन्हें साकार पुजारी कहते हैं और दूसरे परमात्मा के नाम को पकड़ते हैं, वह निराकार पुजारी हैं। पूजा के लिए इन दोनों तरह के व्यक्तियों का मुख्य काम है अपना एक ईष्ट निश्चित करना, जिसके लिए किसी गुरु की आवश्यकता नहीं है। हमारी आत्मा सबसे बड़ा गुरु है। भगवान की जो मूर्ति सबसे ज्यादा प्यारी लगती हो, जिसमें परमात्मा की सबसे ऊँची भावना डाल सकें, उसे अपना ईष्ट मानें। उसी का ध्यान करें, उसी की याद करें और हर मूर्ति में उसे ही देखें (ऐसी भावना बनायें)। ऐसा नहीं कि कभी राम की पूजा करें, कभी कृष्ण की करें, कभी माँ की करें। अगर रोज-रोज बदलेंगे तो इसका विशेष लाभ नहीं होगा। असल में पूजा का जो मकसद है वह चित्त की एकाग्रता प्राप्त करना है। मन को एकाग्र करना या विचार शून्यता प्राप्त करना। यह तभी हो सकता है जब हमारा एक ईष्ट हो। आज तक जितने साकार उपासक हुए हैं वे सभी एक ईष्ट के उपासक थे। संत तुलसीदास, भगवान राम के उपासक थे और ऐसे उपासक थे कि एक बार वे मथुरा द्वारिकाधीश मन्दिर गये। जब मन्दिर के दरवाजे पर गये तो सबने प्रणाम किया, तुलसीदास जी ने नहीं किया। लोगों ने पकड़ लिया, कहने लगे कि आप तो भगवान के भक्त हैं, आपने प्रणाम क्यों नहीं किया? तुलसीदास जी ने भगवान की स्तुति की और भगवान की मूर्ति का बड़ा सुन्दर वर्णन किया और आखिर में रो कर कहने लगे कि ''तुलसी मस्तक तब झुके जब धनुष बाण हो हाथ।'' ऐसा कहते हैं कि भगवान के हाथ में धनुष बाण आ गया। तो तुलसीदास जी ने दण्डवत् प्रणाम किया। ऐसे एक ईष्ट के उपासक थे। ऐसे ही सूरदास जी भगवान कृष्ण के उपासक थे। उन्हें हर जगह भगवान कृष्ण ही नजर आते थे। "दर दीवार दर्पण भये जित देखूँ तित तोय, कांकर पाथर ठीकरी भये आरसी मोय।" इस तरह जितने भी साकार भक्त हुए सब एक ही ईष्ट के उपासक रहे। इसलिए साकार पुजारी अपना एक ईष्ट निश्चित करें। जो निराकार भगवान के उपासक हैं, परमात्मा की मूर्ति नहीं मानते, वे भगवान के नाम को छाँटें और उस नाम को चुनें जो उनकी आत्मा को सबसे प्यारा लगता है। किसी न किसी नाम से याद तो करते ही हैं। हिन्दू भाई ओउम् नाम, मुसलमान भाई अल्लाह, सिक्ख भाई

वाहेगुरु, क्रिश्चियन भाई क्राईस्ट या गाड कोई नाम चुनें जो आपकी आत्मा को प्यारा लगे, उसे पकड़ें। पूजा कैसे करें?

- साफ चद्दर या कम्बल का आसन हो।
- धूप बत्ती या अगरबत्ती जलायें।
- रात्रि के वस्त्र बदल कर बैठें। यदि स्नान न कर सकें तो कोई बात नहीं। मुँह हाथ धोकर सुख आसन में बैंठें।
- कल्पना करें कि आपका ईष्ट सशरीर आपके सामने विराजमान है।
- कोई भक्ति भरा भजन गायें या ऐसा भाव बनायें कि ईष्ट की गहरी याद बन जाये। बहिर्मुखी विचार अन्तर्मुखी होने लगेंगे और ईष्ट पर ध्यान बनेगा पहले बाहर देखिये, जब ध्यान बन जाये तो उस पवित्र मूर्ति को, हृदय में उतारिये, प्यार से बैठाइये कि वही वह रह जाये, न दूसरा ख्याल रहे न विचार। जब मन हट जाये तो फिर प्यार से इसी मूर्ति को हृदय पर जमायें। ऐसे करते रहें। आधे घण्टे बाद जब चेतन अवस्था में लौटेंगे तो बड़ी सुन्दर अनुभूति होगी कि आपका हृदय, मस्तिष्क आनन्द से भर गया। महात्माओं ने यह तरीका साकार पुजारियों के लिये बताया कि यदि ऐसी पूजा करेंगे तो चित्त की एकाग्रता प्राप्त होगी, सुषुप्ति की अवस्था प्राप्त होगी। धीरे-धीरे सहज समाधि में प्रवेश कर जायेंगे।

दूसरे वे लोग है जो निराकार भगवान के उपासक हैं जो भगवान की मूर्ति नहीं मानते। वे भगवान के किसी एक नाम को पकड़े।

- आसन तो वही है, सुख आसन से बैठें ।
- हृदय की तरफ निगाह रहे, आनन्दमयी अवस्था बनायें ।
- हृदय धुक-धुक करता है, ख्याल करें कि हर धड़कन के साथ वही चुना हुआ नाम निकल रहा है।
- धीरे-धीरे उसमें ऐसे तल्लीन हो जायेंगे कि विचार शून्यता की अवस्था आ जायेगी।
- जब चेतन अवस्था में लौटते है तो एहसास होता है कि बड़े आनन्द की अनुभूति और बड़ी शान्ति मिलती है।

इस तरह आधा घण्टा सुबह और आधा घण्टा सायं पूजा कर सकते हैं।

4.2.2 भोजन कैसे करें:

हम भोजन करते हैं और भोजन करने में आधा घन्टा दोपहर और आधा घण्टा रात्रि में लगाते है। यह ऐसा समय है जो खाली है। भोजन करने के तरीके में परिवर्तन करें। यह परिवर्तन क्या हैं।

- जब भोजन सामने आ जाये तो भगवान (अपने ईष्ट) को अर्पण करें।
- हर कौर भगवान (अपने ईष्ट) की याद में खाएँ।
- न कोई ग्रास बिना भगवान की याद के पेट में जाय और न कोई चीज बिना भगवान की याद के पियें, यह अभ्यास है।
- भोजन जिन विचारों में डूब कर किया जाता है, खून जो बनाता है, उन्ही विचारों का रंगा हुआ बनता है।
- भोजन भगवान की याद में करने से, दिन में जब भी खाली होगें भगवान की याद आयेगी।
- भगवान कृष्ण ने गीता में साधक की दृष्टि से चार विशेष बातें बताई। पहली है आहार की शुद्धि, दूसरी है विहार की शुद्धि, तीसरा अभ्यास और चौथा वैराग्य। तो यह है आहार की शुद्धि जो हमें करनी है।
- भोजन भगवान की याद में करने में परमात्मा की याद करते हैं, पूजा में भी परमात्मा की याद करते हैं तो यह आधा घण्टा दोपहर भोजन का और आधा घण्टा रात्रि भोजन का समय पूजा में बदल जायेगा।
- संतो ने स्वाद निग्रह पर बड़ा जोर दिया है। भगवान की याद में भोजन करने से स्वतः ही स्वाद निग्रह हो जायेगा।

इस तरह पूजा के दो घन्टे हो जायेंगे। (आधा घन्टा सुबह पूजा का, आधा घन्टा सायं पूजा का, आधा घण्टा दोपहर भोजन का और आधा घण्टा रात्रि भोजन का)

4.2.3 सोयें कैसे ?

हर मनुष्य सोता है और औसतन 6 घण्टे सोने में लगाता है। संतों ने कहा कि सोने से पहले 20 मिनट परमात्मा को दें, तो विहार की शुद्धि हो जायेगी।

- आप अपनी चारपाई पर बैठिये, आसन लगाने की जरुरत नहीं है।

- आत्म निरीक्षण कीजिये। अपनी आत्मा से पूछिये कि आज आपसे क्या कोई अच्छा काम बना। ऐसा काम जिससे किसी दूसरे की आत्मा को प्रसन्नता प्राप्त हुई हो। अगर कोई ऐसा परोपकार का काम आपसे बना है तो उसे भगवान को अर्पण कर दीजिये कि हे प्रभो! आपकी दया व कृपा से बना है। इस सेवक में कहाँ शक्ति है कि इससे कोई ऐसा काम बने। आपने अवसर प्रदान किया और हो गया।
- फिर सोचिये कि आपमें कोई कमी तो नहीं है, अपनी आत्मा से पूछिये। नहीं है तो बड़ी अच्छी बात है। अगर आत्मा कहती है कि झूठ है, कपट है, काम हैं, क्रोध है, लोभ है, मोह है, अंहकार है। अगर ऐसी कोई चीज नजर आती है तो प्रायश्चित करना बहुत आवश्यक है। भगवान के सामने प्रायश्चित करें कि परमात्मा हमें इन कमियों से मुक्त करें। प्रार्थना बहुत बड़ी चीज है।
- परमात्मा के सामने अगर ऐसा करते हैं तो भगवान हमारी आत्मा को बहुत ऊँचा उठाता चला जाता है।
- इसके बाद अपने ईष्ट का ध्यान करें, और उसी ध्यान में सो जायें, यह है अभ्यास। नींद अच्छी आयेगी, उटपटांग सपने आने बन्द हो जायेंगे, बेखबर होकर सोयेंगे। ऐसा साधक जिस ध्यान में सोता है उससे अच्छे ध्यान की अवस्था में उठता है। आत्मा कहती है कि जिस ध्यान में सोया, रात उसी ध्यान में रहा। तो यह 6 घन्टे जो सोने के हैं, पूजा में बदल जाते हैं। मन का विशेष गुण है कि मन जिन विचारों में डूब कर सोता है उन्हीं विचारों में रात भर पड़ा रहता है। यदि ईश्वर की याद में सोयेंगे तो रात भर ध्यान बना रहेगा और जो 6 घन्टे सोने के हैं वह पूजा में बदल जायेंगे। यह है विहार की शुद्धि, जिस पर भगवान कृष्ण ने जोर दिया है। विहार शय्या ही सच्चा योग क्षेम का क्षेत्र है, जहाँ साधक को सच्ची प्रगति मिलती है।

इस तरह आधा घन्टा सुबह पूजा का, आधा घण्टा सायं पूजा का, आधा घण्टा दोपहर भोजन का, आधा घन्टा रात्रि भोजन का और 6 घन्टे सोने के हर व्यक्ति पूजा में बदल सकता है चाहे कितनी भी व्यस्त दिनचर्या क्यों न हो। यह है आठ घण्टे ध्यान की साधना पद्धति। साथ-साथ, आत्म निरीक्षण से निष्काम कर्म करने की भावना स्वत: बनने लगती है।

4.3 आठ से सोलह घन्टे का ध्यान

कैसे हम आठ से सोलह घन्टे परमात्मा की याद में बितायें? यह भी देखना है कि हमारे दुनिया के काम पर कोई असर न पड़े बल्कि वह आज से और अच्छे हो जाएं। इसके लिए संतों ने बड़ी सुन्दर नीति अपनाई और बताया कि आठ घण्टे के अलावा यदि कोई समय आपके पास खाली है तो वह भी परमात्मा की याद में लगायें। इसका तरीका बताया कि कैसे लगायें? यह आप अपनी आत्मा से पूछें, वह स्वयं निर्णय लेगी कि समय खाली है या नहीं। यदि खाली है तो दें। हम सुबह उठते हैं, शौच जाते हैं, उसके बाद मंजन कुल्ला करते हैं, ब्रश (दातून) करते हैं, स्नान करते हैं, यह सारा समय खाली है। यह नित्य कर्म सभी को करना पड़ता है। इस समय को बड़ी आसानी से परमात्मा को दे सकते हैं। कोशिश करने की बात है। उदाहरण के तौर पर हम ब्रश करते हैं। परमात्मा से प्रार्थना करें कि ये काम जो करुँगा तेरी याद में करुँगा। ब्रश लें, परमात्मा की याद में टूथपेस्ट लगायें, उसी की याद में ब्रश करना शुरु करें और करें। जो अच्छे साधक हैं, जिनके संस्कार बहुत ऊँचे हैं, उनसे तो बहुत आसानी से बन जाता है, दिक्कत नहीं होती और जिनके आहार व विहार की शुद्धि हो जाती है (पहले 8 घण्टे की साधना से) उन्हें तो स्वत: ही परमात्मा की याद बनी रहती है। उनसे आसानी से हो जाता है। स्वभावत: जब यह प्रयास करेंगे तो शुरु-शुरु में मन इधर-उधर भटक जायेगा, कहीं आफिस में, कहीं बाजार मे चला गया, अपने केन्द्र से हट जाता है। इसका इलाज यह है कि मन से लड़ाई न लड़ें। यदि मन से लड़ाई लड़ेंगे तो सफलता नहीं मिलेगी। मन को अपना मित्र बनायें और प्यार से समझायें कि भाई, आफिस में आठ घन्टे तो लगाने ही हैं, यह 10-12 मिनट का समय है, ईश्वर की याद में लगा लें। हो सकता है कि थोड़ी देर मन लग जाय, फिर तीसरी जगह चला जाय और पता भी न चले। फिर आत्मा कहती है मन कीली से हट गया। जब ऐसा आत्मा कहे तो फिर उसे प्यार से लाइये और अपने ईष्ट की याद में लगायें। अभ्यास की बड़ी विशेषता है कि इससे आदत बनती है। जितनी हमारी आदतें है, अभ्यास बनती हैं। अगर सुबह चाय पीने की आदत है तो फौरन याद आ जायेगी। यही सिगरेट पीने का हाल है। बार-बार पीते हैं। चेन स्मोकर हो जाते हैं, एक बुझी दूसरी लगाई, स्वाद कुछ नहीं, लेकिन पीते हैं। ऐसे ही शराब पीने की आदत। ऐसे ही अगर हम जीवन में अच्छी-अच्छी

आदतें बनायें तो ऐसी सुन्दर आदत बन जायेगी कि जब ब्रुश हाथ में आयेगा तो स्वत: परमात्मा की याद आ जायेगी, प्रयत्न नहीं करना पड़ेगा और जब तक ब्रुश करते होंगे परमात्मा की गहरी याद में डूबे होंगे। इसी तरह सुबह के सारे नित्य कर्म (चाय, स्नान, नाश्ता) अपने ईष्ट की याद में किया जा सकता है। यदि हिसाब लगायें तो अमूमन इन सब कामों में 2 घन्टे लगते हैं यह भी पूजा में बदल जायेंगे। इस तरह, 10 घन्टे परमात्मा की याद में रहते हुए, इधर-उधर के विचारों से मुक्त, दुनियावी काम पहले जैसे या उससे अच्छा करते हुए तनाव रहित जीवन होता जायेगा। आखिर पूजा में हम परमात्मा की याद ही तो करते हैं। दस के सोलह घन्टे ईश्वर की याद कैसे बनायें के लिये लोगों के व्यवसाय के दृष्टिकोण से देखें तो कुछ ऐसी व्यवस्था बनती है।

किसान वर्ग:- देश की जनता का बहुत बड़ा वर्ग किसान है। यह काम बड़े ही परोपकार का है। खेती के सारे काम ईश्वर की याद में किये जा सकते हैं। सच तो यह है कि हमारा पुराना कल्चर यह था कि हर काम भगवान की याद में किया जाता था और जो हमारी सभ्यता थी वह गाँवों में थी। घरों में ताले नहीं लगते थे, गाँव की बेटी सारे गाँव की बेटी होती थी। उसकी तरफ कोई आँख उठाकर नहीं देख सकता था। सारा गाँव निछावर हो जाय, अगर कोई ऐसी बात हो जाय। यह था हमारे देश का कल्चर। ऐसा सुन्दर वातावरण, ईश्वर मय जीवन। आध्यात्मिक दृष्टि से परमात्मा ने किसान को अपना सबसे प्यारा बेटा बनाया है। अगर हम संतों का इतिहास देखें तो जितने बड़े महात्मा हुए ज्यादातर गाँव के थे। जहाँ ऐसा वातावरण उपलब्ध था कि हर क्षण निरंतर ईश्वर की याद। वास्तव में कर्म में भावना का महत्व है। वही कर्म बन्धन का कारण बन सकता है या परोपकारी बना सकता है। यही किसान यदि इस भावना से काम करता है कि पैसा मिलेगा, पैसा तो मिलेगा लेकिन अगर भावना ऐसी बन जाये कि भगवान ने मुझे ऐसा सुन्दर काम सौंपा है कि मैं सबकी सेवा करता हूँ, अन्न पैदा करता हूँ तो यही भावना उसे परोपकारी बना दे।

यही सात्विक भावना बढ़ते-बढ़ते यह अनुभव कराती है कि कितनी भी मेहनत क्यों न की जाये पर यदि ईश्वर कृपा न हो तो कुछ नहीं हो पाता। बड़ी अच्छी फसल लहलहा रही हो, कटने के लिये तैयार हो पर यदि देव प्रसन्न नहीं हैं, ओले पड़ गये सब कुछ नष्ट हो गया। किसान अनुभव करता है,

मैं नहीं करता, करने वाला तो कोई और है, परमात्मा करता है। जैसे ऐसी भावना आई कि वह अकर्ता बन गया। वह फिर देखने वाला हो जाता है। करने वाला नहीं, यंत्र समझता है अपने को, कोई और करा रहा है, वह करता है। ईश्वरमय जीवन हो जाता है।

व्यापारी वर्गः- किसानों के बाद दूसरा सबसे बड़ा वर्ग व्यापारियों का है इसमें कुछ ऐसे हैं जिनके पास समय ही नहीं है, इतना व्यस्त जीवन है। संतों ने रास्ता बनाया। यदि कोई ऐसा काम करते हो कि बार-बार फोन पर बात ही करना पड़ता है। तो फोन लगाने के पहले कहिए ओउम्, बात कीजिये, बन्द करें तो कहिये ओउम्। बही खाता लिखते हैं, जब बही सामने आये कहिये ओउम्, लिखना शुरु कीजिये, लिख चुकें तो कहिये ओउम्। अगर हजार बार गिना तो दो हजार बार परमात्मा का नाम लिया और जो दो हजार बार परमात्मा का नाम लेगा, उसे हमेशा इसका ख्याल बना रहेगा। ऐसे जब कही दस्तख्त करना पड़े तो कहिये ओउम् लगाईये दस्तख्त। बार-बार जो काम करने पड़ते हैं यह परमात्मा को याद करने की आदत बनाई जा सकती है और जो व्यापारी हैं तो ऐसा नहीं कि हर वक्त ग्राहक होता है। दुकान पर आयें, साफ सफाई करें, धूप अगर बत्ती जलायें, परमात्मा की याद में यह कार्य कर सकते हैं। जब ग्राहक न हों तो परमात्मा की याद करे। जब ग्राहक आ जाय तो परमात्मा की याद छोड़ उसमें लग जायें। जब वह संतुष्ट होकर चला जाये तो फिर परमात्मा की याद में लग जायें। अगर 12 घण्टे दुकान पर रहते हैं, तो देखेंगे कि 6 घण्टे ऐसा समय मिलेगा कि यह अभ्यास कर सकते हैं। धीरे-धीरे मन इसे आदत बना लेगा। मन का झुकाव स्वतः परमात्मा की याद करने की ओर हो जायेगा। इस तरह बड़ी आसानी से, बिना काम के समय को लिये 8 घण्टे जो और सोच विचार में जाते हैं वे परमात्मा की याद के खाते में चले जायेंगे।

बुद्धिजीवी (दफ्तर का काम):- इस वर्ग में डाक्टर, इंजीनियर, रिसर्च स्कालर, वैज्ञानिक व दफ्तर में काम करने वाले होते हैं। अमूमन इस वर्ग की ड्यूटी 7 घन्टे की होती है। इसमें भी एक घण्टा रेस्ट का होता है। ऐसे बहुत अवसर होते हैं कि कुछ न कुछ समय खाली होता है जो ज्यादातर अपने यहाँ बातचीत, या गप्प में चला जाता है। यदि सजग रहें तो वह समय परमात्मा की याद में लगाया जा सकता है। आवश्यकता यह है कि जाहिर न होने दें कि परमात्मा की याद कर रहे हैं, नहीं तो लोग तरह-तरह की बातें बनाकर खिल्ली

उड़ायेंगे। जब काम हो तो परमात्मा की याद छोड़ दें काम में लग जायें जब काम समाप्त हो जाये तो परमात्मा की याद करें। बहुतों का तो काफी समय चलने-फिरने में चला जाता है। जो खाली है परमात्मा की याद में लगाया जा सकता है। आँख खोल कर परमात्मा की याद कीजिये। मुख्य बात है सजग रहना और परिस्थितियों का लाभ लेना या तो दुनिया का काम या फिर परमात्मा की याद करना। ऐसा भी नहीं कि अलग-थलग से दिखें ।

कारखानों में काम करने वाले:- स्किल्ड कर्मचारी, जो कारखानों में काम करते हैं। तरह-तरह की मशीनें होती हैं। कहीं कटिंग मशीन है, पत्तियाँ काटी जा रही हैं, कहीं लेथ मशीन है, कहीं, ड्रिलिंग मशीन है। मुख्य कार्य होता है कि कोई आपरेशन खाली न जाय। जहाँ ऐसा टाइम्ड काम है, वहाँ परमात्मा का नाम लेना बड़ा आसान है। हरिओउम्! शीट लगाया, हरिओउम्! शीट लगाया। ऐसे करते जाऐं शत्, प्रतिशत् काम होगा। बीच में रेस्ट का समय मिलता है, वह तो खाली ही है। मुख्य बात भावना की है।

गृहणियाँ (देवियाँ):- गृहणियों पर घर चलाने की जिम्मेदारी होती है। भोजन बनाना, भोजन कराना और बच्चों की देखभाल करना। पहले जमाने में जो हमारी मातायें थीं वह ईश्वर याद में भोजन बनाती थी। नियम निश्चित किये थे कि जब नमक डालेंगी तो यह मंत्र बोलेंगी, जब पानी डालेंगी तो यह मंत्र बालेंगी। जब नमक डालती तो कहती "सीताराम की रसोई - सीताराम यज्ञ होई"। हम यह जो बना रहे है, इससे भगवान को नैवद्य चढ़ायेंगे। फिर सब लोग भगवान का प्रसाद पायेंगे। भोजन जिन विचारों में रह कर बनाया गया है, किस भावना से खिलाया जा रहा है, इसका मन पर बड़ा भारी असर पड़ता है। क्रोध मे कभी भोजन नहीं बनाना चाहिए। भोजन बनाने का काम ऐसा है जो भगवान की याद में किया जा सकता है। दूसरा काम है बच्चों की देख भाल। छोटे बच्चे को माँ यह समझे कि यह भगवान का स्वरुप है - बाल भगवान। बाल भगवान समझ कर उसको वस्त्र पहनाये, बाल भगवान समझ कर उसको नहलायें, खाना खिलायें, लोरियाँ देकर उसे सुलायें। इससे क्या होगा कि ऐसे देवी का हृदय परमात्मा में लगा रहेगा, दूसरे ऐसे प्यार से, ऐसे सद्भावना से जो बच्चा पलेगा वह आध्यात्मिक धुरंधर होगा। पाया गया है जो महान व्यक्ति हुए हैं, उनके बनाने में उनकी माता का बड़ा हाथ रहा है। जो

संस्कार माँ बचपन में डाल देती है, वह संस्कार अमिट होते हैं। इस तरह, घर के तमाम काम परमात्मा की याद में किये जा सकते हैं।

4.3.1 उलटधार

यदि प्रयास करें तो मन के स्वभाव को 16 घन्टे परमात्मा की याद बनाये रखने की तरफ मोड़ सकते हैं। शास्त्रों में ऐसी मन की स्थिति को उलटधार कहा गया है। कैसे उलटधार है? जो आधा घन्टा सुबह और आधा घन्टा सायं पूजा करता है, उसके मन की करेंट का बहाव 24 घण्टे में से एक घन्टे परमात्मा की तरफ है और 23 घण्टे दुनिया की ओर। भोजन ईश्वर की याद में करने लगा तो एक घण्टा और बढ़ गया। अब मन के करेंट का बहाव 2 घण्टा परमात्मा की ओर और 22 घण्टे दुनिया की ओर, और प्रयास किया, 6 घण्टे सोने के पूजा में बदल गये। इस तरह 8 घण्टे मन की करेंट का बहाव परमात्मा की ओर और 16 घण्टे दुनिया की ओर। अब मन की दशा 1/3 मन की करेंट का बहाव परमात्मा की ओर और 2/3 दुनिया की ओर। अभ्यास की दूसरी सीढ़ी पर आया और 16 घण्टे की साधना पूरी की तो मन की क्या दशा हो गई, 2/3 मन की करेंट का बहाव परमात्मा की ओर और 1/3 दुनिया की ओर। अब ऐसी आदत बन जाती है कि परमात्मा की याद अधिक रहती है। अब ऐसी आदत बन जाती है कि जब खाली समय मिला तो परमात्मा की याद। जैसे समुद्र में जहाज जा रहा है, पक्षी उड़ान मारते हैं, कोई स्थान नहीं होता, जहाज पर ही लौट कर उतरते हैं। यही दशा मन की हो जाती है। काम में व्यस्त हुआ, और काम समाप्त हुआ ईश्वर की याद। अब मन की आदत अंतर्मुखी जो जाती है। पहले बहिर्मुखी आदत थी, दुनिया के विचार आते रहते थे। जब यह अवस्था हो जाती है तो ध्यान में 90 प्रतिशत सफलता प्राप्त हो जाती है।

4.4 सोलह से चौबीस घण्टे का ध्यान

कैसे ध्यान के 24 घण्टे बनें? निरंतर परमात्मा की याद बनी रहे और दुनिया के काम भी जैसे आज हैं इससे अच्छे और सुन्दर बनते चले जायें। जिसके 16 घन्टे बन चुके हैं, वह करें यह अभ्यास। जब बुद्धि का काम सामने आये तो उसे भगवान को अपर्ण कर दें और मन में धारणा बनायें कि हे प्रभो! आप कीजिए, मैं नहीं करता। उसके बाद पूरी लगन से काम में लग

जाएँ और ऐसा समझें कि वही कर रहा है, मैं उसके हाथ का यंत्र हूँ। वह करता है ऐसी धारणा बना कर उस काम को कीजिए। जब वह काम समाप्त हो जाये तो उसे भगवान को अर्पण कर दीजिये कि हे प्रभो! आपने किया, मैंने नहीं किया। यह है अभ्यास। साल दो साल बाद आप आश्चर्य करेंगे, कमाल है, बुद्धि का भी काम करता हूँ और ऐसा मालूम होता है कि परमात्मा की याद की तरंगे मेरे दिल और दिमाग के बीच बहती रहती है और काम भी होता रहता है। दूसरा अनुभव यह होगा कि जो काम करते हैं वह परमात्मा का समझ कर करते हैं अपना समझ कर तो करते नहीं, तो ऐसे अनुभव होंगे कि काम तो बड़ा मामूली सा था लेकिन परिणाम बहुत बड़ा हुआ जो कभी सोच नहीं सकते थे। धीरे-धीरे ऐसी धारणा बन जाती है कि हमने नहीं किया, परमात्मा ने किया। जब तक साधक इस स्टेज तक पहुँचता है, उसका आज्ञा चक्र जागृत हो चुका होता है। आज्ञा चक्र पर प्राणवायु का स्पन्दन होना शुरु हो जाता है। एक नशे की सी अवस्था हो जाती है, या राम-नाम का नशा होता है। इस नशे से बड़ी ऊँची - ऊँची भावनायें पैदा होती हैं, परोपकार, विश्व-बन्धुत्व, प्यार (universal love), परमात्मा की भक्ति, सुन्दर-सुन्दर विचार पैदा होते हैं। साधक को एहसास होता है कि काम कर रहा है और साथ-साथ आज्ञा चक्र पर स्पन्दन भी हो रहा है, परमात्मा की याद निरंतर जारी है क्योंकि परमात्मा को काम अपर्ण करने की आदत बना ली है, प्रभो! आप कीजिए, मैं नहीं करता। मैं तो यंत्र हूँ परमात्मा के हाथ का। ऐसी दशा जब हो जाती है तो हर समय परमात्मा की याद बनी रहती है और दुनिया के सारे काम चाहे शारीरिक हों या मानसिक बड़ी सुन्दरता से सम्पन्न होते रहते हैं। हृदय निरंतर परमात्मा की याद में डूबा रहता है, ऐसी सुन्दर अवस्था बनी है कि एक सैकंड को भी परमात्मा की याद के बगैर नहीं रहता। ऐसा साधक इसी दुनिया में रहता है, दुनिया के सब काम करता है, दूसरों से कहीं सुन्दर। समस्त दुनियावी व्यवहारों में रह सदा कुशल बना रहता है। कबीर साहब ने ऐसे साधक की स्थिति का सुन्दर दिग्दर्शन कुछ पदों के माध्यम से कराया है-

"संतों सहज समाधि भली"

24 घण्टे ध्यान की दशा को सहज समाधि कहा है। निरंतर ईश्वर की याद है, पूरा ज्ञान है ध्यान भी बना हुआ है और काम भी हो रहा है।

संतों समाधि भली।
गुरु-कृपा जिस दिन से जागी,
निशि दिन अधिक चली।।

यह सहज समाधि की जो अवस्था है, बड़ी सुन्दर है जो मन की एकाग्रता से आती है। अगर किसी ऐसे संत की सोहबत मिल जाय, जिसका हृदय निरंतर 24 घण्टे परमात्मा की याद में लगा रहता है तो बहुत जल्दी काम हो जाता है। उसकी सोहबत से ध्यान बनने लगता है। इसलिए कहा है कि "गुरु कृपा जिस दिन से जागी - निशि दिन अधिक चली।" जैसे - जैसे खाली समय परमात्मा को देते जाते हैं, इस अभ्यास में डूबते जाते हैं, साधक की पहुँच और गहरी होती जाती है। अधिकाधिक आनन्दमय अवस्था बनती चली जाती है। कबीर साहब आगे कहते हैं।

जहँ-जँह डोलौं सो परिक्रमा,
जो कुछ करौं सो सेवा ।
जब सोवौं तब करौं दण्डवत,
पूजौं और न देवा ।

कहते हैं, जहाँ-जहाँ ऐसा व्यक्ति चलता है, वह परिक्रमा कर रहा होता है और जो कुछ करता है वह सेवा होती है। जब हम मन्दिर में भगवान की परिक्रमा करते हैं तो झरोखों में से भगवान को निहारते जाते हैं, भगवान के ध्यान में परिक्रमा करते हैं। जब यह साधक (24 घण्टे ध्यान वाला) चलता है तो प्रभु की गहरी याद में डूब कर चलता है, चल नहीं रहा होता, परमात्मा की सच्ची परिक्रमा कर रहा होता है। सच्ची सेवा करता है, बहुत बड़ी सेवा होती है। जब ऐसा व्यक्ति सोता है, वह भगवान की गहरी याद में डूब कर सोता है वह सो नहीं रहा होता, परमात्मा को दण्डवत प्रणाम कर रहा होता है, "जब सोवौं तब करौं दण्डवत पूजौं और न देवा ।" आगे कहते हैं

कहौं सो नाम सुनौं सो सुमिरन, खाऊँ पियौं सो पूजा ।
गिरह उजाड़ एक सम लेखौं, भाव मिटावौं दूजा ।।

ऐसे व्यक्ति की जो वाणी होती है, उसमें भगवान की लीला का ही वर्णन होता है। परमात्मा के गुणानुवाद में ही उसको सच्चा आनन्द व सुख मिलता

है। निरंतर आत्मा के शब्द को ही सुनता रहता है। कहता है ईश्वर का नाम, सुनता है ईश्वर का नाम, और जब भोजन करता है तब भगवान को अर्पण करके करता है। हर ग्रास परमात्मा की याद में खाता है, भगवान को सच्चा नैवेद्य चढ़ाता है, सच्ची पूजा उससे बन रही है। ऐसा व्यक्ति निरंतर अपनी आत्मा के आनन्द को चूसता रहता है। ऐसे व्यक्ति को मखमल के गद्दे पर सुलायें या नीचे जमीन पर सुलायें – कोई फर्क नहीं पड़ता। चाहे महल में रखें या झोपड़ी में, उसके ऊपर कोई प्रभाव नहीं पड़ता क्योंकि वह तो अपनी आत्मा के आनन्द में रमा हुआ होता है। महात्मा बृजमोहन लाल जी बहुत सुन्दर बात कहा करते थे –

निशाते जिन्दगी है जिन्दगी का यों बसर होना ।
निशाते जिन्दगी में जिन्दगी से बेखबर होना ।।

यह सबसे ऊँची जिन्दगी है। दुनिया के सारे वैभव मौजूद हैं लेकिन इसे उसका एहसास नहीं है। उसका मन तो अपनी आत्मा में लगा रहता है उसी आनन्द में निरंतर डूबा रहता है, यह है सच्ची जिन्दगी। गीता में चार बातें विशेष हैं। पहला है आहार की शुद्धि, दूसरा विहार की शुद्धि, तीसरा अभ्यास और चौथा वैराग्य। वैराग्य को ज्यादातर लोग बहुत गलत समझते हैं कि जो घर-बार छोड़ दे, बीबी-बच्चे छोड़ दे, नौकरी-व्यवसाय छोड़ दे, जंगल में जाकर बैठ जाय, उसे वैराग्य कहते हैं। वास्तव में वह वैरागी नहीं, त्यागी है, उसने हर चीज का त्याग कर दिया है। वह त्यागी है वैरागी नहीं। सच्चा वैरागी वह है जिसके हृदय में परमात्मा की गहरी याद है, सिवा उसके उसका मन इधर-उधर नहीं जाता। जब आप पूजा में बैठते हैं और अगर सच्ची पूजा बनती है तो चित्त परमात्मा में एकाग्र हो जाता है, दूसरे विचार नहीं आते। जितने समय आप की अवस्था ऐसी रहती है, उतने समय आप से ऊँचा कोई वैरागी नहीं है। परमात्मा के समीप है – माया और संसार से दूर हैं। यही अवस्था आपकी बढ़ती चली जाय, निरंतर प्रभु की याद में हृदय डूबा रहे। कोई काम आया तो उस प्रभु का कार्य है, प्रभु की याद में किया जा रहा है, काम खत्म हुआ, उसको अर्पण है, उसकी याद बराबर बनी है तो आपसे बड़ा कोई वैरागी नहीं है। इसी दुनिया में, इसी संसार में हैं लेकिन दुनिया की वस्तु आपको छुएगी नहीं, यह है वैराग्य और वैराग्य आता है, अभ्यास से। कैसे भोजन करें, कैसे सोंये, कैसे दातुन कुल्ला करें, कैसे स्नान करें, कैसे निरंतर ईश्वर की

याद बनाये रहें। जैसे-जैसे अभ्यास बढ़ता जाता है, जैसे-जैसे आपके हृदय में निरंतर परमात्मा की याद कायम होती चली जाती है, वैसे-वैसे आपका ध्यान बढ़ता चला जायेगा। रहते हैं इसी संसार में, बच्चों के बीच, दफ्तर में लेकिन आपके वैराग्य की अवस्था बढ़ती चली जाती है। इसीलिए कबीर साहब ने कहा - "गिरह उजाड़ एक सम लेखौं, भाव मिटावौं दूजा"। आगे बहुत सुन्दर कहते हैं -

आँख न मूदौं कान न रुँधौं, तनिक कष्ट नहिं धारौं ।
खुले नैन पहिचानौं हँसि-हँसि, सुन्दर रुप निहारौं ।।

आँख खोलकर निरंतर उसके दर्शन करता रहता है, हर समय उसका हुजूर, उसकी अगाही है एवं क्षण भर के लिए उससे दूर नहीं होता। ऐसी सुन्दर अवस्था प्राप्त हो जाती है। फिर कबीर साहब कहते हैं -

शब्द निंरतर से मन लागा, मलिन वासना त्यागी ।
ऊठत बैठत कबहूँ न छूटैं ऐसी तारी लागी ।।

निरंतर उस परमात्मा का चिंतन है। हृदय में जो दैवी चिंतन हो रहा है, निरंतर उसे सुनता रहता है क्योंकि उसका हृदय परमात्मा की गहरी याद में डूबा हुआ है, मलिन वासना ऐसे हृदय में पैदा नहीं होती। ऐसे हृदय से कभी किसी का बुरा चिंतन नहीं होता। हर एक की भलाई चाहता है, सारे विश्व का कल्याण चाहता है। ऐसी सुन्दर स्थिति प्राप्त हो जाती है। निरंतर उस प्रभु का चिंतन बना रहता है, ऐसी तारी लग जाती है कि अलग करने से भी नहीं होती। यह है दशा जब 24 घण्टे निरंतर परमात्मा की याद बन जाती है। अब परमात्मा अपने भक्त का हाथ पकड़ लेता है। योग क्षेम परमात्मा कराता है। अपने वश की बात नहीं है। वह ऐसी परिस्थिति बनाता रहता है कि उसके भक्त का ध्यान निंरतर प्रभु चरणों में लगा रहे।

कहत कबीर यह उनमनि रहनी, सो प्रकट कर गाई।
दुख-सुख से कोई परे परम पद, तेहि पद रहा समाई ।।

यह संतों की गुप्त रहनी - सहनी है, उनका जीवन ऐसा चलता है और इसी दुनिया में रहते हैं। सर्व साधारण मनुष्यों में रहते हैं, ज्यादा कोई विशेष बात नजर नहीं आयेगी। सुख आया भगवान को अर्पण, परमात्मा को कोटिशः

धन्यवाद कि हे प्रभो! आप मालिक हैं जैसे चाहे वैसे रखें। आपका दिया है आपको अर्पण है। सुख में ऐसी बात नहीं कि उसमें फूला न समाय, परमात्मा की ओर और झुकता है कि हे प्रभो! तेरी बड़ी निराली शान है, जैसे चाहे वैसे रखे। और दुख आया तो परमात्मा के चरणों को और कस कर पकड़ता है। कोई न कोई कमी जरुर रह गई। कोई दोष इसकी भक्ति में पैदा हो गया है, भगवान शायद चेता रहे हैं। ईश्वर के चरणों को और कस कर पकड़ता है। और अधिक ध्यान, दुख में और सुन्दर ध्यान बनता है और बाज वक्त उस ध्यान की अवस्था में बड़ी - बड़ी मंजिलें, तय करता है। तो उसका दुख भी आनन्द में बदल जाता है। फिर अनुभव होता है इस दुख से क्या गुल खिला, क्या लाभ हुआ। ऐसे व्यक्ति का सुख-दुख एक सा हो जाता है। सुख में फूलता नहीं, दुख में ईश्वर के चरणों को और कस कर पकड़ता है। ऐसे साधक की जो आत्ममयी अवस्था बनती है, न सुख से विचलित होती है न दुख से विचलित होती है। उसके जीवन का ध्येय बन कर रह जाता है कि "तू रहे और तेरी रजा रहे, न मैं रहूँ न मेरी आरजू रहे" कोई इच्छा नहीं है। केवल एक ही इच्छा रहती है कि हे प्रभो! तेरे चरणों में ध्यान बना रहे। कुछ नहीं चाहता, मुक्ति नहीं चाहिए, स्वर्ग नहीं चाहिए, नर्क नहीं चाहिए, कुछ नहीं चाहिए, दुनिया नहीं चाहिए, योग क्षेम नहीं चाहिए। बस निरंतर प्रभु में ध्यान बना रहे। इच्छाओं से जेब खाली, कोई इच्छा न रह जाये, ऐसी अवस्था। ऐसी सुन्दर अवस्था बनती है कि विश्वास हो जाता है कि जब आखिरी समय आयेगा तो जरुर उस परमात्मा की याद बनी रहेगी। वेद भगवान ने कहा है "जो व्यक्ति मुझे याद करते-करते अपना शरीर फूल की तरह छोड़ता है, वह मुझे पाता है।" चलते-फिरते, खाते-पीते, सोते-जागते, संसार का हर व्यवहार करते निरंतर परमात्मा में उसका ध्यान लगा रहता है, चौबीस घण्टे का ध्यान। लेकिन बिना किसी सहारे के मंजिल पर पहुँचना कठिन है, यह सहारा सद्‌गुरु है, जिसका मिलना पूर्णतः परमात्मा की कृपा पर ही निर्भर है।

अखिल भारतीय संतमत सत्संग की साधन पद्धति में महात्मा यशपाल जी के मूल प्रवचन से उद्धृत।

5

निष्काम कर्म

लेखक स्वभावत: "काम ही पूजा है" का अनुयायी रहा है, लेकिन ऐसी भावना का निष्काम कर्म से क्या संबन्ध है, की बारीकियों से, सत्संग से जुड़ाव होने के पहले अनभिज्ञ था। निष्काम कर्म की मूल भावना तब समझ में आई, जब इसने महात्मा यशपाल जी (भाई साहब) का प्रवचन सुना। आपने बताया कि "जिस काम को करने के पहले, जिस काम को करते हुए और जिस काम को कर चुकने के बाद, उसका हृदय पर संस्कार न बने उसे निष्काम कर्म कहते हैं"। ऐसी भावना बने कैसे? अध्यात्म साधना का जो तरीका आप गृहस्थियों के लिए बताते उसमें, पहले ही स्टेप में रात को सोने से पहले आत्म-निरीक्षण करने का प्रावधान है। यहीं से निष्काम कर्म करने की भावना बनाने का अभ्यास प्रारंभ होता है। निष्काम कर्मी व्यक्ति की जीवन यात्रा कैसी होती है, इसका दिग्दर्शन महात्मा यशपाल जी के शब्दों में प्रस्तुत है -

> "जब तक निष्काम कर्म नहीं होता, जन्म-मरण से छुटकारा नहीं होता। आनन्द योग में हम, निष्काम कर्म का अभ्यास पहले स्टेप से शुरु करते हैं। रात को सोने के पहले आत्म-निरीक्षण करते हैं। दिन में जो हमसे अच्छे काम हुए हैं सभी भगवान को अपर्ण कर देते हैं, कि हे प्रभो! तू ने ऐसी परिस्थितियाँ प्रस्तुत कीं, कि यह काम इससे हो गया, यह तूने किया, इसमें क्या शक्ति है कि यह कर सकता? फिर अपनी कमियों को देखते हैं और धीरे-धीरे, एक-एक करके छोड़ते चले जाते हैं। फिर

प्रैक्टिस करते हैं कि सब कुछ ईश्वर करता है, हम कुछ नहीं करते। वही चलता है, वही खाता है, वही उठता है, वही बैठता है, वही करता है और इस तरह आई (I) का Elimination हो जाता है। धीरे–धीरे ऐसा विश्वास हो जाता है कि वही कर्त्ता है और मैं कुछ नहीं करता, दुनिया कुछ भी कहती रहे। जो सच्चा भक्त है वह सपने में भी यह ख्याल नहीं करता कि वह कुछ करता है। जो करता है, ईश्वर करता है। जितने ऊँचे संत हुए, उनके लिए यह दुनिया कहती रही कि हमें यह लाभ हुआ, वह लाभ हुआ, असंभव संभव हो गया। लेकिन उन्हें स्वप्न में भी यह विचार पैदा नहीं हुआ कि उनसे कुछ हुआ। वास्तव में ज्ञान देने वाला परमात्मा है और ज्ञान लेने वाला परमात्मा है, गुरु तो एक माध्यम है। इसके गुरुदेव कहते कि जो तुम्हारे पास आता है, उसे अपना गुरु समझो कि आपके गुरु देव पधारे हैं। आप किसी काम में लगे हैं, कोई भाई पधारे, काम बन्द कर दिया, ईश्वर चर्चा में लग गये, मन ईश्वर में लगा दिया। वह मेरा गुरु है या मैं उसका गुरु हूँ यह है आदर्श। सपने में भी ख्याल न हो कि मुझसे कुछ हुआ। लेकिन है बहुत कठिन, 'मैं' बहुत तंग करती है। लेकिन जब गुरु कृपा होती है तो इससे छुटकारा मिलता है। काम, क्रोध, मोह, लोभ, अहंकार बाधाएँ हैं। अहंकार सबसे बड़ी चीज है, सबसे खतरनाक है। कितनी ऊँची बात कही है कि –

माया तजना सरल है और त्रिया का नेह ।
मान बड़ाई ईर्ष्या, तजे सो विरला एक ।।

कबीर साहब ने बड़ी ऊँची बात कही है ।

नाहक मूल गवांइया जो आप बना करता ।
इससे संसारी भला जो सदा रहे डरता ।।

आप योगी हैं, जती है, ऋद्ध – सिद्ध पुरुष है और अगर आप दुनिया का कल्याण कर रहे हैं अपनी ऋद्धी सिद्धी से, तो आप खुद कर्त्ता हैं। कबीर दास जी कहते हैं कि कर्त्ता बन कर थोड़े से मान के लिए आपने इतनी तपस्या के बाद अपनी पूँजी जो अर्जित की हैं, गवाँ दी। इससे तो वह संसारी जो पाँच मिनट सुबह, पाँच मिनट सायं परमात्मा की याद कर लेता है और हर समय परमात्मा से डरता रहता है, उसकी तपस्या कहीं ऊँची है। हमारे देश में बहुत

ऊँचे-ऊँचे भक्त हुए हैं, जिन्होंने निष्काम कर्मता में कितनी ऊँची प्रगाढ़, अवस्था प्राप्त की। कबीर साहब थे, जब वे मशहूर हो गये कि बड़ा संत है तो लोग दर्शनों को आने लगे। एक बार ढ़ाई तीन सौ बड़े ऊँचे पंडित यह सोच कर कि बड़ी तारीफ सुनी है, चलो देखें क्या बात है? कबीर साहब ने देखा कि इतने लोग चले आ रहे हैं, मकान में दो ही कमरे थे। एक में वे रहते थे, दूसरे में गाय व भूंसा रहता था। इतने लोागें को आते देख कर घबड़ा गये कि इन विद्वानों का स्वागत कैसे होगा? पत्नी से बोले कि इसके बस कि बात नहीं है भाग्यवान, तू ही इनसे भुगत और स्वयं जाकर उस भूस की कोठरी में छिप गये। जब वे लोग आ गये तो क्या देखते हैं कि एक छकड़ा (बैलगाड़ी) सामान से लदी हुई चली आ रही है, उस पर पीछे कबीर बैठे हैं। पत्नी भी देखकर आश्चर्य चकित कि किधर से यह निकल गये, दरवाजा भी एक ही है और मैं स्वयं उस पर खड़ी हूँ। बैलगाड़ी आई, सामान उतरा, भोजन की तैयारी हुई। सत्संग हुआ बहुत अच्छा रहा। सभी काफी संतुष्ट हुए। राम-नाम में पका भोजन भी बहुत स्वादिष्ट रहा। जब विदा होने लगे तो लोगों ने बड़ी तारीफ की, कि क्या कहने हैं कबीर के। जैसा सुना था वैसा पाया, बड़ा ऊँचा तत्त्व वेत्ता है, बड़ा ऋद्ध - सिद्ध पुरुष है। इस तरह बड़ी तारीफ करने लगे। लेकिन जो असली कबीर थे वह तो भुस वाली कोठरी में छिपे थे। सोचने लगे कि आज सारी कमाई नष्ट हो गई। झट से दरवाजा खोला और बाहर आ गये, और यह आये वह गायब हो गये। हाथ जोड़ कर सबके आगे रोने लगे, रो-रो कर कहने लगे कि -

> ना कुछ किया न कर सका न कुछ किया शरीर ।
> जो कुछ किया सो हरि किया कहत कबीर कबीर ॥

यह है सच्ची निष्काम कर्मता, ऐसे निष्काम प्रेमी भक्त ही परमात्मा के नाम को इस पृथ्वी पर प्रकट करते हैं। सच्ची प्रेम धारा परमात्मा के नाम की जागृत होती है, बहती है। सच्चे निष्काम भक्त से कभी कुछ नहीं होता, जो कुछ करता है परमात्मा करता है वह तो केवल उसकी लीला को देखता है। ऐसा भक्त परमात्मा को कस कर पकड़ता है। एक भक्त हुए हैं रहीम साहब, भगवान कृष्ण के भक्त थे। ये दान देते थे। जो कपड़ा मांगता, कपड़ा देते, भोजन मांगता, भोजन देते और जितना देने उतना ही झुकते जाते। उनके एक समकालीन कवि ने पूछा -

रहिमन सीखी कहाँ देनी यह तुम देन ।
ज्यों-ज्यों दान तिहारौं बढ़ै त्यों-त्यों नीचे नैन ।।

आपने उत्तर दिया -

देने वाला और है देता है दिन रैन ।
लोग भ्रम मो पै करैं या ते नीचे नैन ।।

लोग मुझ पर लांछन लगाते हैं कि रहीम दे रहा है यह है निष्काम कर्म! इस सेवक के गुरुदेव कहा करते थे कि देखो भाई, जितने पाप कर्म हैं, वे लोहे की जंजीर हैं। नरक भोगने के लिए जन्म लेना ही पड़ेगा। और जितने अच्छे कर्म हैं, वे सोने की जंजीर हैं। अगर अहंकार है कि हमसे यह अच्छा काम हुआ है तो स्वर्ग भोगने के लिए जन्म लेना ही पड़ेगा। जो सच्चा निष्काम प्रेमी भक्त है, न वह लोहे की जंजीर में बन्द है, न वह सोने की जंजीर में बन्द है। न उससे अच्छा कर्म होता है न बुरा। वह तो परमात्मा के हाथ में एक यंत्र है। करने कराने वाला तो परमात्मा है। आनन्दयोग साधना में हम अच्छे काम को परमात्मा को अर्पण करते चले जाते हैं और वही कर्त्ता है ऐसा मानते हैं और बुरे काम एक-एक करके छोड़ते जाते हैं। फिर ऐसी स्टेज पर पहुँचते हैं कि संस्कार नष्ट हो जाते हैं यह है सच्ची निष्काम कर्मता। ऐसे साधक से कुछ नहीं होता, सब परमात्मा करता है। न वह सोने की जंजीर में बंधता है न वह लोहे की जंजीर में बंधता है। ऐसा व्यक्ति शास्त्र के विरुद्ध कोई काम नहीं करता। यश उस प्रभु का है, ज्ञान उसका है, प्रकाश उसका है। सच्चा ज्ञान देने वाला ईश्वर, लेने वाला ईश्वर है। यह है सच्ची निष्काम कर्मता।

निष्काम कर्म बहुत गहन व समझने वाली बात है कि जिस काम के करने के पहले, जिस काम को करते हुए और जिस काम के कर चुकने के बाद ह्रदय पर उसका संस्कार न बने, उसे निष्काम कर्म कहते हैं। जिस कर्म में मैं की गंध नहीं रहती वह अकर्म हो जाता है। यह है वह काम जिसे हम पूजा कह सकते हैं (Every work is not worship but every work can be changed into worship)। आनन्द योग का मार्ग हमें यह अवस्था सहज में ही प्राप्त करा सकता है बशर्ते कि हम इसे जानने और अभ्यास करने का प्रयास करें। निष्काम कर्म हो जाने पर सूक्ष्म शरीर पर कोई संस्कार नहीं बनता। हम अपने संचित संस्कारों के अनुरुप ही शरीर धारण करते हैं और अगला जन्म लेते हैं।

निष्काम कर्म में स्थिति होने के बाद कर्मों का विष नष्ट हो जाता है और संस्कार नहीं बनते। पिछला संस्कार साधक भोग कर काट देता है और बहुत से तो ध्यानाग्नि में जलकर भस्म हो जाते हैं, आत्मा पर कोई पर्दा नहीं रह जाता। यह ब्रह्मलीन आत्मा अपने आधार ब्रह्म में ही समा जाती है। ज्योति से ज्योति मिलकर एकाकार हो जाती है।

5.1 स्वानुभव

लेखक स्वाभाविक रुप में सकारात्मक सोच के साथ जो भी काम होता, पूर्ण समर्पण व इच्छा रहित भाव से करता। यह नहीं कह सकता कि जिस समय का यह अनुभव है "कर्त्ता-धर्ता परमात्मा है और हम यंत्र है" कि समझ का भावनात्मक स्तर क्या था। आज भी ऐसा भाव शत् प्रतिशत् तो इसमें नहीं ही आ पाया है। यह वैज्ञानिक था, शिलांग में पोस्टेड था, 12-14 विभिन्न विषयों के वैज्ञानिकों के समूह के समन्वयक के रुप में फील्ड लेवल के जलग्रहण क्षेत्र आधारित फारमिंग सिस्टम (Watershed Based Farming System) पर शोध का कार्य चल रहा था। वर्षा के दिनों में कितना पानी और मिट्टी बह कर इन क्षेत्रों से बाहर चली जाती है का माप आटोमैटिक रिकार्डर व फल्यूम के द्वारा करना था। रिकार्डिंग सिस्टम में किस साइज का फल्यूम स्थापित हो के निर्णय की मुख्य बात थी। उचित आँकलन व अनुभव के आधार पर इसने प्रोजैक्ट मैनेजर को हर वाटरशेड के क्षेत्र के अनुसार साइज बता कर निर्माण कराने को बता दिया था। प्राय: यह उस क्षेत्र का भ्रमण करता रहता था। एक दिन पहाड़ी की चोटी से नीचे उतरते समय, एक वाटरशेड पर विचार आया कि इसमें एक फुट साइज के फल्यूम की जगह डेढ़ फुट का लगना था, लेकिन निर्माण का कार्य तो हो गया होगा? विचार आते ही, देखा कि प्रोजैक्ट मैनेजर मुझे देखकर कि पहाड़ी पर, ऊपर से उतर रहा हूँ, नीचे से वह हमारी तरफ आ रहे हैं। नजदीक आये तो इसने पूछा कि शाह साहब क्या इस क्षेत्र में रिकार्डिंग सिस्टम का निर्माण कार्य पूरा हो गया हैं? हाँ साहब, हो तो गया है, लेकिन एक गलती हुई इसमें डेढ़ फुट के फल्यूम के सिस्टम डिजाइन के सेटअप का निर्माण हो गया। प्रभु याद आ गई, कि क्या उसकी शान है, जो होना चाहिए वहीं होता है। वैज्ञानिक, अब्दुल कलाम साहब ने लिखा कि "I have been a religeous person in the sense that I maintain a working parternership with God. I was aware that the best work required more ability than I possessed. And therefore I needed help that only God could give. I made true estimate of my own ability, then raise it to 50 percent and put myself in God's hand. In this partnership, I have always received all the power I needed, and inject wen felt it in flowing in to me. Today I can affirm that kingdom of God is within you in the form of this power, to achieve your goals and realize your dreams"। निःसंदेह यह निष्काम काम भाव के उदाहरण हैं। लेकिन मिलियन डालर का प्रश्न है कि यह भाव हमारे जहन में पक्के तौर पर स्थापित कैसे हो? इसका उत्तर जो इसे सूझता है वह यही है कि एक ईष्ट में निष्ठा का प्रगाढ़ होना जो गुरु, निजकृपा व ध्यान से ही संभव हैं। पाठक बन्धुओं का भी ऐसे अनुभवों से साविका पड़ा होगा लेकिन ज्यादातर वे, बाईचांस की टोकरी के हवाले हो जाते हैं। काश, इंसान स्वाध्याय को जीवन चर्या में जगह दे, तो ईश्वर कृपा से निष्काम भाव बढ़ने के साथ - साथ जीवन यात्रा सुखद होती जाय।

'परमात्मा तू ही है, तेरी इच्छा पूरी हो।'

6

प्रेम

महात्मा यशपाल जी ने, प्रेम की व्याख्या तुलसीदास जी के पद 'विनय प्रेम बस भई भवानी – खसी माल मूरत मुस्कानी', को लेकर की है। आपका कहना था कि इस चौपाई में पूजा के लिए दो बातें बड़े महत्व की हैं। पहला विनय और दूसरा प्रेम। विनय ऐसा गुण है जो दूसरों के हृदय को अपनी ओर खींचता है। यह विनय की महत्ता है। गीता में भगवान कृष्ण ने कहा है कि अगर आप ब्रह्म ज्ञान चाहते हैं, तो ऐसे व्यक्तियों के पास जांय कि जिन्हें यह ज्ञान उपलब्ध हैं। जो ब्रह्म ज्ञानी हैं, उनकी सेवा सुश्रुवा, छल कपट छोड़ कर करें तो वे यह ज्ञान आपके हृदय में उड़ेल देंगे।

तद्विद्धि प्रणिपातेन, परिप्रश्ननेे, सेवया ।
उपदेयक्ष्यन्ति ते ज्ञानम, ज्ञानिनः तत्वदर्शिन। ।। 34अ04 ।।

यह ज्ञान हृदय का ज्ञान है, यदि किताबी ज्ञान होता तो भगवान कृष्ण ने कहा होता कि गीता पढ़ लो तुम ब्रह्मज्ञानी हो जाओगे। यह हृदय का ज्ञान है, हृदय से ही आता है। संतों का हृदय निरंतर भगवान की याद में लगा रहता है, संत की यही परिभाषा है। चलते-फिरते, खाते-पीते, सोते-जागते निरंतर ईश्वर की याद उनके हृदय में बनी रहती है। उन्हें कोई गरज नहीं कि वह आपकी तरफ देखें। अगर आप चाहते हैं कि आपके हृदय में भी वही प्रेम जागृत हो जाय तो आपको ऐसे संत का हृदय अपनी ओर खींचना होगा। जब उनकी प्रेम भरी दृष्टि ऐसे सुपात्र हृदय पर पड़ेगी तो वह हृदय भी प्रेम से भर जायेगा। उस हृदय में भी प्रभु की निरंतर याद जारी हो जायेगी। यह बड़े भेद

की बात है और यह विनय से ही आती है। कहीं भी आप जाय और अपने हृदय को खाली करके जांय तो जरुर महक जायेगा आपका हृदय। यदि पूर्व धारणा (Preconceived ideas) से जायेंगे, मन को खाली नहीं करते तो जुकाम होने की वजह से शायद उसकी महक से महरुम रह जांय। जहाँ विनय है, वहीं भक्ति मिलती है। सच्चा भक्त सदैव अपने मालिक के सामने विनय से झुका रहता है। जीवन यात्रा में, विनय का एक व्यवहारिक दुनियादारी से संबन्धित अनुभव इस लेखक को अकसर याद आता रहता है। जिसे यह सांझा करता है। शिलांग में यह पोस्टेड था। नये स्थापित रिसर्च संस्थान में विभागों का गठन हो रहा था। यह कृषि अभियंत्रण विभाग को देख रहा था। निदेशक महोदय ने स्टाफ सेलेक्शन में चुनाव समिति का अध्यक्ष इसे बनाया हुआ था। ईश्वर कृपा से जो और सदस्य थे, इस बात से सहमत थे कि चुनाव बेस्ट (जो सबसे अच्छा हो) का ही करना है। यह उदाहरण दो ड्राफ्ट मैनों के सेलेक्शन का था। एक कैन्डीडेट आसाम राइफल्स विभाग से था। अच्छा था लेकिन बहुत चिरौरी करने लगा कि साहब हमें वहां से निकाल लीजिये। इसे उसकी चिरौरी (विनय) वाली बात अच्छी न लगी, लेकिन, सबकी राय से वह चुन लिया गया, जवाब भी उसने संतोषजनक दिये थे। विभाग में जब उसने ज्वानिंग दी तो उसने पूरी कोशिश की उसे यह अपने विभाग में ले ले, जो यह नहीं चाहता था। चूंकि विभाग स्थापित हो रहे थे, फील्ड वर्क के काम का बोझ भी काफी था। धीरे-धीरे उसका व्यवहार, अदब, काम की गुणवत्ता दिखने लगी। चूंकि यह न पसंद करने की वजह से उसे नजर अंदाज करता रहा। कोई काम मैं किसी को करने को कहता, तो उस स्टाफ के करने से पहले ही वह करके प्रस्तुत कर देता। कहाँ तक कोई नजर अदांज करेगा। आखिर, उसे इसने अपने ही विभाग में पोस्ट करवा लिया। दसकों वह साथ रहा, करीब 35 के स्टाफ ग्रुप में वह हर वर्ष आउट स्टैंडिग की ओवरआल रेटिंग पाता रहा। यह तो दुनियादारी की बात है। अध्यात्म में तो अदब व विनय की महत्ता संतों के जीवन चरित्र से जग जाहिर ही है।

प्रेम बड़ा छोटा शब्द है, ढाई अक्षर से बना है, लेकिन बड़े महत्व का है। बिना प्रेम के परमात्मा नहीं मिलता। प्रेम के पाँच गुण हैं, पहला है अदब, दूसरा है लज्जा शर्म और हया, तीसरा गुण है विश्वास, चौथा गुण संतोष और पांचवा गुण है त्याग और ईसार। इन पाँच गुणों से प्रेम शब्द की सच्ची पहचान

होती है। इन पाँच गुणों पर अपने को कस कर देखें कि कितना प्रेम परमात्मा से है और उसके अनुसार कितनी कृपाधार (bliss)आपको उसकी प्राप्त हो रही है।

अदब

अदब के माने हम अनुशासन (discipline) नहीं कह सकते। अनुशासन तो कई तरह का होता है, एक डण्डे से आता है। अदब डण्डे नहीं प्यार का है, प्यार का डर, प्यार का भय। प्यार करते हैं, भय बना रहता है कि कहीं हमसे कोई ऐसा काम न हो जाये कि जिसे हम प्यार करते हैं, वह नाराज न हो जाय। यह है अदब, कैसे शुरु होता हैं? जो अच्छा बच्चा है वह अपने माँ-बाप का अदब करता है। जो माँ-बाप का अदब करता है वह हमेशा फलता-फूलता है। बच्चा बड़ा हुआ स्कूल जाना शुरु किया, वहाँ अपने अध्यापक का अदब करता है। जो बच्चे अपने अध्यापक का अदब करते हैं, उन्हें सच्ची विद्या आती है। जब हम बड़े होते हैं और परमात्मा के रास्ते पर चलना प्रारंभ करते हैं तब हम अपने सत्गुरु का अदब करते हैं और उनसे प्रेम का डर डरते हैं। ऐसे साधक के हृदय में निरंतर टीस बनी रहती है कि उनसे स्वप्न में भी ऐसा काम न हो जो कि उसके गुरुदेव की शिक्षा के विपरीत हो या उनके हृदय को किसी प्रकार की ठेस पहुँचे। यह है अदब! कहा गया है "बा अदब बा नसीब, बे अदब बे नसीब"। जो अदब निभाते हैं, वे भाग्यशाली हैं। उन्हें हर प्रकार की कृपा परमात्मा से दुनिया में और दीन में प्राप्त होती है। माता-पिता के चरणों में स्वर्ग है और सद्गुरु के चरणों में परमात्मा की प्राप्ति। जो माता-पिता की इज्जत और अदब करते हैं, वे संसार में सुखी रहते हैं और जो अपने सद्गुरु का सच्चा अदब करते हैं, उन्हें इसकी जीवन में जीवनमुक्त अवस्था प्राप्त होती हैं। संतों ने कहा है "अदब पहला करीना है, मुहब्बत के करीनों में।'' प्यार के गुणों में अधिक महत्व उन्होंने अदब को दिया है। रुहानियत का रास्ता इशारों का रास्ता है। जो इशारा नहीं समझ सकता वह कही बात भी नहीं समझ सकता। जो सच्चा साधक है वह हृदय से बात करता है, जबान से नहीं करता और जब यह अदब आगे बढ़ता है तो हमें ईश्वर की नजदीकी प्राप्त होती है और परमात्मा का सच्चा अदब बनता है। सच्चा अदब यह है कि एक क्षण भी हमारा हृदय परमात्मा की याद के बिना न रहे। हर

समय उसकी याद आती रहे और उसकी हुजूरी रहे, उसकी अगाही रहे। ऐसा परमात्मा का डर हमसे बने।"

लज्जा, शर्म और हयाः

जिससे हम प्रेम करते हैं, उससे हम लजाते हैं। हम उससे आँखें भी नहीं मिला सकते। उसकी निगाह पड़ी तो हमारी निगाह नीची हो जाती है। जिससे हमें मुहब्बत है, उसे हम छिप-छिप कर निहारते हैं। निरंतर यह भय बना रहता है कि हमसे ऐसा कार्य न हो जाये कि उसे ठेस पहुँचे। जो काम वह अपने गुरु के सामने नहीं कर सकता; उसकी गैर हाजिरी में भी न करे, यह है अदब। यह है लज्जा का गुण शर्म, हया और लज्जा। इससे हमारी जिन्दगी में बड़ा सुधार होता है। गलतियाँ हर इंसान से होती हैं, लेकिन वह अपनी गलतियों से अपने को सुधारते हैं और ऊपर उठते चले जाते हैं। शर्म में सुधार है, लज्जा में सुधार है और जो निर्लज्ज हो जाता है, उसमें कभी सुधार नहीं हो सकता। कहते हैं कि यह बच्चा ढीठ हो गया। ढीठ होने के माने यह है कि उसने लज्जा को छोड़ दिया है। लज्जा से हमारी जिन्दगी सुन्दर व पवित्र बनती है।

विश्वास

प्रेम का तीसरा गुण है विश्वास। जिससे हम प्यार करते हैं, उस पर हमें थोड़ा विश्वास तो होता ही है। हम सत्संग में जाते हैं, कम से कम इतना विश्वास तो लेकर जाते ही हैं कि हमारा समय तो खराब नहीं होगा, भगवान की चर्चा होगी, कुछ फायदा ही होगा। और अगर ऐसा है तो जरुर फायदा होगा। यह विश्वास हमेशा अनुभव से होता है। अंधविश्वास बहुत खराब चीज है, गड्ढे में गिराने वाला है। अंध विश्वास कभी नहीं करना चाहिए। यह भी नहीं कि हम अपने को इतना संकुचित बना लें कि सच्ची बात को भी न मानें। अपनी बुद्धि को खुला रखना चाहिए और जिस बात को आत्मा माने, उसे कबूल करें, उस पर चलें तो हमेशा लाभ होगा। धीरे-धीरे हमारा विश्वास बढ़ता है, धीरे-धीरे हमें अपनी आत्मा का ज्ञान होता है। धीरे-धीरे हम परमात्मा की ओर बढ़ते हैं, धीरे-धीरे हम उसकी लीला देखते हैं। एक दिन ऐसा आता है कि हमें उन पर पूर्ण विश्वास हो जाता है। और हम अपने को परमात्मा पर पूरी तरह न्यौछावर कर देते हैं, छोड़ देते हैं और यह विश्वास

बहुत आवश्यक है। सबसे पहले तो अपने तरीके पर विश्वास होना चाहिए। कि जो तरीका हमने परमात्मा की प्राप्ति का अपनाया है वह ठीक है, सच्चा है बहुत सोच समझ कर उसमें कदम रखें। धीरे-धीरे जब हमें ऐसा विश्वास हो जाता है कि मेरा रास्ता ठीक है, मेरा हृदय निंरतर उस प्रभु की याद में डूबा रहता है, सुख में भी उसकी याद रहती है और दुख में भी उसकी याद है, कोई समय ऐसा नहीं रहता कि जब हमें उसकी याद नहीं रहती। ऐसी सुन्दर हालत जब बन जाती है तो हमें विश्वास हो जाता है कि यदि ईश्वर चाहेगा तो अंत समय में भी उसकी याद नहीं छूटेगी। चिंतन और विश्वास ही है जो पार लगाता है। जब मौत का धक्का आता है तो बड़ी से बड़ी तपस्याऐं धरी की धरी रह जाती हैं। शरीर कमजोर हो जाता है मन भी कमजोर हो जाता है। ऐसा विश्वास, ऐसे आत्मिक अनुभव जिन्दगी में हो जाते हैं कि उनसे विश्वास दृढ़ हो जाता है, जो अन्त समय में काम आता है। इतनी बड़ी महत्ता है विश्वास की। लेकिन याद रखिए अंधविश्वास बहुत खराब है जिसे कभी नहीं करना चाहिए। हमेशा अनुभव के साथ विश्वास करें तो बराबर लाभ होता रहेगा, यह विश्वास ही परमात्मा से मिलाता है। विश्वास की गहराई समझने के लिए एक पौराणिक कथा को लेते हैं।

एक बार पार्वती जी ने शिव जी से पूछा कि महाराज यह कुंभ का मेला बारह साल में एक बार होता है और उसमें लाखों व्यक्ति स्नान करने के लिए आते हैं। ऐसा कहते हैं कि गंगा जी सब के पाप नष्ट कर देती हैं। तो इतने पापों को नष्ट करने के लिए गंगा जी को बड़ी दिक्कत होती होगी। शिव जी बहुत मुस्कुराये और कहने लगे कि पार्वती जी ऐसी बात नहीं है। ये लोग पापों की गठरी जैसे अपने सर पर ले आते हैं वैसे की वैसे ही उसे वापस ले जाते हैं। पार्वती जी ने कहा तो यह इतना बड़ा इंतजाम, तकलीफ उठा कर आना, क्या यह सब बेकार है? लगता तो ऐसा ही है, यह सब दिखावा मात्र है। पार्वती जी बोली, यह कैसे हो सकता है? शिव जी ने कहा कि चलिए, कुंभ का मेला लगा हुआ, देख लें। शिव जी ने अपने को कोढ़ी के रुप में बनाया और पार्वती जी को कोढ़िन का रुप दिया। त्रिवेनी की तरफ चले और उस रास्ते पर बैठे जहां से लाखों यात्री स्नान करने जा रहे थे और आ रहे थे। शिव जी महाराज ने एक नारा लगाना शुरु किया "मुझे एक महात्मा का वर मिला है कि कुंभ मेले में अगर कोई ऐसा गंगा माई का भक्त, जिसके गंगा स्नान करने

के बाद सारे पाप नष्ट हो गये हों यदि वह गंगा जल मेरे ऊपर छिड़क दे तो मैं स्वस्थ हो जाऊँगा। एक संत की वाणी है जो झूठी नहीं हो सकती। सुबह से शाम हो गई, एक भी ऐसा गंगा माई का भक्त न मिला कि जिसने हिम्मत की हो कि छींटे लगा दे, जिसे विश्वास हो कि गंगा माई में स्नान करने के बाद उसके पाप नष्ट हो गये हैं। पार्वती यह तमाशा देखती रहीं। उन्हें बड़ा विस्मय हुआ कि भगवान ठीक ही कह रहे थे। सायंकाल जब सूरज छिपने लगा तो एक किसान आया, उसने गंगा जी में स्नान किया (पाप नाशिनी, माँ हर-हर गंगे), पवित्र हो बाहर निकला, कुछ लोगों को वहाँ खड़े देखा। शिव जी की घोषणा उसने भी सुनी कि अगर कोई ऐसा व्यक्ति है तो छींटा लगा दे तो मेरा शरीर स्वस्थ हो जायेगा। कहने लगा कि त्रिवेनी में स्नान करने के बाद तो पाप रहता ही नहीं। तेरा शब्द झूठा हो सकता है, लेकिन त्रिवेनी झूठी नहीं हो सकती। मैं अभी जल लाता हूँ, छींटा लगाता हूँ। वह दुबारा गया, इसी विश्वास से कि पाप तो रहता नहीं, था भी नहीं उसका जीवन इतना पवित्र व सरल था। जल लाया, छींटा लगाया। छींटा लगते ही पार्वती जी एवं शिव जी प्रकट हो गये। तो कहा कि देखा कि करोड़ों में एक ऐसा है जिसे पूर्ण विश्वास है कि गंगा में स्नान करने के बाद पाप तो रहता नहीं। तो विश्वास आखिरी मंजिल है, लेकिन वह विश्वास जो अनुभव से हासिल हुआ हो, जिसने अपने जीवन को पवित्र बना लिया हो। ऐसा विश्वास अंत में काम आता है, पार लगाता है।

संतोष

प्रेम का चौथा गुण है संतोष। परमात्मा ने जहाँ आपको जन्म दिया है, जिन परिस्थितियों में रखा है, उन परिस्थितियों में सन्तुष्ट रहते हुए, उस परमात्मा के नाम को दिल और दांतों से पकड़ो। दिल से उस ईश्वर की याद को पकड़ो, हृदय से सच्चे प्रेम से पकड़ो, सच्ची लगन से पकड़ो। दांतों से मतलब है कि जब आदमी हताश हो जाता है, डूबता होता है तब तिनके का सहारा पकड़ता है। अगर लड़ाई को रही हो और बिल्कुल निराश हो चुका हो तो दांतों से ही काटने की कोशिश करता है। तो ऐसे अपने आप को समझते हुए, उस परमात्मा के नाम को, चाहे कुछ हो जाये, जीवन रहे न रहे दुनिया रहे न रहे, लेकिन उसके नाम को न छोड़े। यही सार वस्तु है। इसी से सच्चा आदर्श जीवन, जीवन - मुक्त अवस्था प्राप्त होती है जो मनुष्य का सबसे ऊँचा

आदर्श है। संतोष का मतलब यह नहीं है आप काम करना बन्द कर दें और अपनी उन्नति की कोशिश न करें, यह हरगिज नहीं है हमारा रास्ता गृहस्थ का है। इसी दुनिया में रहते हुए, संसार का सब काम सुन्दरता से धर्मानुकूल करते हुए, हृदय निरंतर परमात्मा की याद में डूबा रहे। संसार के सब काम सच्चाई के साथ, लगन के साथ होते रहें, बनते रहें, आज से अच्छे, यही हमारा आदर्श है। "दस्त बकार - दिल बयार" हाथ काम करें, दिल ईश्वर की याद करे। दूसरे को देखकर हमारे दिल में द्वेष पैदा न हो। दूसरे को तरक्की करते देख कर हमारे अन्दर उत्साह पैदा हो कि हम उससे अच्छी मेहनत करें और ऊँची तरक्की प्राप्त करें। सुख आता है भगवान को अर्पण हो जाता है कि हे प्रभो! आपकी दया कृपा है, आपका दिया है, आप जैसे चाहें वैसे रखे। जिनका जीवन ईश्वर मय है, उन्हें कभी ऐसी खुशी नहीं होती कि वे फूले न समाय। दुख आया तो ऐसा भक्त परमात्मा के चरणों को और कस कर पकड़ता है। वह जानता है कि इसका निवारण, उसी के चरणों में है और कहीं नहीं। वह सोचता है कि मुझसे शायद कोई गलती हो गई हो। मैं प्रभु से थोड़ा विमुख हो गया हूँ। जो कष्ट में पड़ा तो भगवान को और कस कर पकड़ता है। संतों की बड़ी सुन्दर वाणी है, कहा है ''मेरा मन सकल सुखों को धावे, पर कोई सुख हाथ न आवे।'' जैसें सेंवर की करि सेवा, सुवा बैठ पछतावैं।'' सेंवर का वृक्ष होता है, उस पर लाल-लाल फूल बहुत अच्छा आता है। सुआ जो पक्षी है, उसे देखकर मोहित हो जाता है और इस आशा से बैठा रहता है कि इसमें फल भी बड़ा सुन्दर, प्यारा और मीठा निकलेगा और जब फल आता है तो रुई का ढ़ोड़ा उसमें से निकलता है, बड़ा निराश होता है। यह दुनिया हमें बड़ी प्यारी लगती है। लेकिन धीरे-धीरे जब हमें अनुभव होता है, तब यह पता चलता है कि यह रुई का ढ़ोड़ा हैं। हंस अकेला आया है और अकेला ही जायेगा। हाँ, तो जैसे कर सेंवर की सेवा सुआ बैठ पछताये और साँचों सुख-दुख के भीतर है इसे कौन समझाए।'' ऐसा दुख, ऐसी तकलीफ अगर आ पड़े कि जो हमारे हृदय को परमात्मा से जोड़ दे। हमारा हृदय परमात्मा की गहरी याद में डूब जाय तो वह तकलीफ भी मुबारक है, उसने हमें एक स्टेप आगे बढ़ा दिया। संत न सुख में सुखी होते है, न दुख में दुखी होते हैं। दुख आया और गहरी परमात्मा की याद, सुख आया परमात्मा को अर्पण हो गया। फिर वह विश्वास हो जाता है कि जब आखिरी वक्त आयेगा तो अवश्य उसकी

याद आयेगी। यही भगवान ने कहा है कि जो मनुष्य मेरी याद करते करते अपना शरीर फूल की तरह छोड़ता है, वह मुझे पाता है। यह है सच्ची जिन्दगी, इसी संसार में हैं, इसी दुनिया में हैं, सारे वैभवों के बीच में हैं लेकिन हृदय परमात्मा से ऐसा लगा रहे कि हम पर इन सबका कोई असर न हो। यह है सच्ची जिन्दगी, यह है चौथा गुण संतोष।

त्याग, इसार और कुर्बानी

यह प्रेम का पाँचवा गुण है। जब परमात्मा की असीम दया कृपा से, हृदय में उस परमात्मा का प्रेम जागृत हो जाय, तो फिर ऐसे साधक को चाहिए कि त्याग की भावना से उसे सदैव बनाये रखें। त्याग है शरीर का, त्याग है समय का, त्याग है धन का। यह सब त्याग प्रेम की भावना को कायम रखने में मदद करते हैं। और सबसे ऊँचा त्याग है मन का कि मन निरंतर उस परमात्मा की याद में लगा रहे। एक क्षण को भी इधर-उधर न हो। जब हमारे दिल का अपना दीपक जल जाता है तो फिर वह और दूसरे चिरागों को जलाता है। अध्यात्म का जो रास्ता है, एक चिराग अनेक चिराग जलाता है। जब आपके हृदय में उस परमात्मा के प्रेम की लौ जागृत हो जाती है तो जो भी दूसरे दीपक आपके संपर्क में आते हैं, उनमें भी वह रोशनी प्रकट हो जाती है। यह है रुहानियत का रास्ता कि एक चिराग से दूसरा चिराग जलता है। प्रवचन वह नहीं होता, इससे तो खाली प्रेरणा मिलती है। हमें ऐसा चिराग बनना है जिसमें उस परमात्मा की लौ हमेशा जलती रहे। ईश्वर की याद हमारे हृदय में निरंतर चलते-फिरते, खाते-पीते, सोते-जागते बनी रहे। हम कहते हैं कि पतंगा बड़ा प्रेमी है, लौ पर अपनी जान निछावर कर देता है और अपने आपको जला देता है। लेकिन यह भूल जाते हैं कि पतंगा कब जलता है? जब जलता है जबकि लौ पहले जल लेती है। तब पतंगा अपने को जलाता है। यह अध्यात्म का रास्ता विकास व फैलाव का है। हमारे हृदय में सच्ची प्रेम की लौ जागृत हो जाती है, प्रेम से परमात्मा मिलता है। विनय - प्रेम, यह दो विशेष गुण हैं जो हमें ईश्वर तक ले जाते हैं। हमारे जीवन का जो सच्चा लक्ष्य है, जीवन मुक्त अवस्था, वहाँ तक पहुँचते हैं। विनय व प्रेम से, ईश्वर से सद्गुरु कृपा से, साधक के हृदय में प्रभु प्रेम की लौ अर्थात पवित्र भावनाओं रुपी भवानी जागृत हो जाती हैं, समस्त मल विक्षेप का नाश हो जाता है। हृदय निरंतर प्रभु

प्रेम में सराबोर डूबा रहता है, आत्ममयी अवस्था प्राप्त हो जाती है। साधक शान्त चित्त हो जीवन मुक्त अवस्था में ज्योर्तिमय बना रहता है।

प्रेम एक शक्ति

प्रेम एक शक्ति (ऊर्जा) है जो सृष्टि के जड़ व चेतन वस्तुओं को एक सूत्र में बांधे हुए है। समाज के विकास को लेकर इसके विषय में प्रत्यक्ष व अप्रत्यक्ष रुप सें बहुत कुछ कहा व अनुभव किया गया है। यहाँ तक कि प्रेम ही ईश्वर है (Love is God) की उपमा भी दी गई है। भावना (Emotion) के माध्यम से प्रेम व्यक्ति विशेष व जन समूह को प्रभावित करता रहता है। सृष्टि के रचयिता व पालक (परमात्मा) ने प्रेम की बड़ी अद्‌भुत व्यवस्था - हृदय, आँख व अश्रु के माध्यम से अपनी चेतन कृतियों में कर रखी है जिससे इस शक्ति के दुष्प्रभाव (से भी) से इन की रक्षा होती रहती है। लेखक महात्मा यशपाल जी द्वारा प्रतिपादित आनन्द योग मार्ग का अनुयायी रहा है, गुरु कृपा से सच्ची प्रेम भावना का अनुभव हुआ जो शब्दों के द्वारा नहीं बताया जा सकता। बस इतना ही कह सकते हैं कि शास्त्रों में आये व वर्णित निश्चल भाव के प्रेम प्रसंगों के अनुरुप देखा व पाया है। यह ऐसी कोई स्थाई स्थिति नहीं है कि हमेशा एक सी हो, इसमें उतार-चढ़ाव लगा रहता है। इसलिए सत्संग या सतत् नाम जपन की बात कही गई। जीवन यात्रा के अनेकों अनुभवों में पाया कि प्रेम शक्ति को कभी-कभी तो बर्दाश्त् करना भी कठिन लगा, परमात्मा ही संभालता है। तमाम प्रेमी बन्धुओं व स्वयं के, सद्‌गुरु के सामने आने पर, आँखों से लुढ़कते आँसू प्रेशर कुकर के सेफ्टी वाल की तरह उपरोक्त प्रक्रिया की अभिव्यक्ति होते देखे हैं। अंगद देव जब अपने गुरुदेव के सामने पड़ते तो उनके आँखों से आँसू लुढ़कने शुरु जो जाते। लोग कहते कि महाराज इन्हें क्या कष्ट है जो आप दूर नहीं कर सके, जब यह आपके सम्मुख आते हैं रोते रहते हैं। गुरु नानक देव जी कहते यह कोई कष्ट या दुख के आँसू नहीं है, यह तो प्रेम के आँसू है, सच्चे मोती हैं जो भगवान के ताज में जड़े जाते हैं। प्रेम में बस देना ही देना होता है, लेना कुछ नहीं। यह भाव दोनों पक्ष (गुरु व शिष्य) पर लागू होता है। ऐसी स्थिति जब दुनियावी संबन्धों में भी गहरी निष्कामता का भाव हों, तब बनती है। लेखक के अनुभव में आता रहा है कि निःस्वार्थ भाव के संबन्धों में उपजी प्रेम शक्ति बर्दाश्त के बाहर होती है। लेखक अखिल भारतीय संतमत सत्संग के रामनवमी भंडारे के अवसर पर

अनंगपुर (फरीदाबाद) जाया करता था। एक बार भंडारे के समापन पर श्रद्धांजली के समय महात्मा यशपाल जी आशीष वचन बोल रहे थे। कि ऐसे भाव विभोर हुए कि गला रुँध गया, हिचकियाँ आने लगीं और अचानक एक साथ सारे पंडाल के अधिकतर साधक जन समूह जोर-जोर से हिचकी मार-मार कर रोने लगे। इसके पहले, इसमें ऐसे भाव उमड़ रहे थे कि लग रहा था कि कहीं हृदय फट न जाये, जो भाव बन व उमड़ रहा था, उसे रोकना कठिन हो रहा था। ऐसा तो हर वर्ष अनुभव होता था कि श्रद्धांजली में विभिन्न भाषाओं के भजनों के साथ बहुत से श्रोता साधकों के अश्रुकण लुढ़कते दिखते थे, लेकिन यह स्थिति उस वर्ष में प्रेम विस्फोट की पराकाष्ठा के रुप में अनुभव में आई। सूफी पद्धति का यह समूह "परमात्मा तू ही है, तेरी इच्छा पूरी हो" के सिद्धांत का फलोवर था, जिसमें जाने अनजाने साधक वर्ग निष्काम भाव "झूठल खेलल सच्चल होय" की कहावत के तहत इच्छा रहित बनने की जीवन यात्रा पर अग्रसर थे। सच्चे पवित्र प्रेम का विज्ञान कितना सरल व जटिल है, समझ के परे है, फिर भी मानव मन तर्क-वितर्क से नहीं चूकता। जीवन यात्रा में समय के साथ-साथ लेखक ने अनुभव किया है कि जो समाज में प्रेम भाव इसके बचपन में दिखता था, अब वह नहीं रहा। भौतिक विकास की इस अंधी दौड़ में, इंसान बड़ा स्वार्थी होता जा रहा है। यहाँ तक कि प्रेम प्रसार में लगे साधु वर्ग भी अछूते नहीं रह पा रहे हैं जिससे समाज में अंधविश्वास की भावना को ही बढ़ावा मिलता दिखता है। इंसान में प्रेम की भावना स्वाभाविक है जिसे सत्संग व निष्काम भाव के आचरण से विकसित किया जा सकता है ?

'परमात्मा तू ही है, तेरी इच्छा पूरी हो।'

7

सच्चा आनन्द

आध्यात्मिक दृष्टिकोण से महात्मा यशपाल जी ने मानव जीवन में सच्चे आनन्द को परिभाषित करने का प्रयास किया है, जो गृहस्थ जीवन में रहते हुए प्राप्त किया जा सकता है। इस विषय पर आपके विचारों का संकलन प्रस्तुत है –

पूज्य माताओं और बन्धुओं

अब तक हमेशा मैं परमात्मा की प्राप्ति के बारे में बात करता रहता था। लेकिन आज के देश की हवा खासकर युवा मण्डल (युवा व्यक्ति) जो आज का है, पढ़ा लिखा highly intellectual (प्रखर बुद्धि), कहता है कि असली चीज तो यही जिन्दगी है। यदि हमें परमात्मा को जानना होता, तो वह हमें बता देता कि क्या करना है, यह उसने कभी नहीं बताया कि आगे क्या होने वाला है, किसने देखा है कि मुक्ति क्या है, क्या नहीं? असली जीवन तो यही है, आज का सुख, चैन आराम, इस जीवन में उठालो। बार–बार यह जीवन आने वाला नहीं है। मेरी भी सोच शत् – प्रतिशत् यही है, क्योंकि जीवन तो यही है। भविष्य की क्यों परवाह करें, बीती बातों को क्यों सोचें? सोचें कि इस जीवन में क्या करना है? मैं भी इस बात का हामी हूँ, यह बड़ी स्वाभाविक बात है, इसे अस्वीकार नहीं कर सकते। लेकिन, असल बात क्या है कि ऐसा अनुभव इन बातों का हमारे ऊपर हुआ है कि हम केवल शरीर बनकर रह गये हैं। शरीर का आनन्द विषय, भोगों का आनन्द इसी में लेकर हम भ्रमित हुए हैं। इसके अलावा हम आगे नहीं सोचते कुछ भी। हम टेलीविजन को बदनाम

करते हैं कि यह बहुत गंदे-गंदे सीरियल दिखाता है। यह कौन है दिखाने वाला? आप देखने वाले न होते तो नहीं दिखाता। आप जो पसंद करते हैं, वे प्रोड्यूस (produce) करते हैं और दिखाते हैं। वह कहते हैं कि हम तो बिजनेस मैन हैं। जिस सीरियल को दिखाने में हमें ज्यादा पैसा मिलेगा हम तो वही दिखायेंगे। नंगें नाच, नचायेंगे, जब पब्लिक चाहती है तो क्यों न नचायें? उसी से पैसा मिलता है। जिम्मेदार कौन है? जिम्मेदार तो हम हैं। अगर पब्लिक इसके खिलाफ खड़ी हो जाये, तो क्या मजाल है कि टेलीविजन पर ऐसी बातें दिखाई जाये। तो ऐसा है क्यों? इसलिए हमने यह निर्धारित कर लिया है कि असली जिन्दगी यह शरीर ही है। शरीर के वियॉन्ड (beyond) कुछ नहीं है। हमारा अस्तित्त्व तो केवल शरीर ही है। शरीर का बनाव-ठनाव, मान - सम्मान, पोजीशन (position) पैसा! लगता है कि इंसान का धर्म पैसा ही रह गया है। जिसमें पैसा मिले वही उसका धर्म है, कर्म है। पहले तो विचार होता था कि काम कैसा है, जिसमें सोसाइटी का फायदा हो वह काम किया जाय, कोई गलत काम न किया जाय। अब ऐसा नहीं है, जिस काम को करने से ज्यादा से ज्यादा पैसा मिलता हो वह काम करो। इसीलिए मैं परमात्मा की बात नहीं करता। मैं तो आपकी और अपनी बात कर रहा हूँ। हाँ, मैं तो यह कहूँगा कि मैं इस बात का हामी हूँ कि यही जिन्दगी है सब कुछ। आगे की मत सोचो। जो कुछ करना है अभी कर डालो, फिर मनुष्य योनि मिले या न मिले, क्योंकि आगे का कुछ पता नहीं क्या होगा? क्या होगा इसके आगे, परवाह नहीं। मुक्ति किस चिड़िया का नाम है? क्या होगा, इसकी आपको परवाह नहीं। अब इसी जीवन की परवाह है और यह जीवन हमारा सबसे सुन्दर कटना चाहिये। सबसे बढ़िया, सबसे सुखमय, आनन्दमय यह जीवन हमारा बनें, मैं भी यही कहता हूँ, दूसरी बात नहीं कहता।

अब देखना पड़ेगा हमारा अस्तित्त्व क्या है? हमारी पर्सनाल्टी (personality) क्या है। आपने जन्म लिया, आप पैदा हुये हैं। हम हाड़-मांस ही तो नहीं हैं, कुछ और भी हैं। आपके अन्दर सोच-विचार की शक्ति है, वह कहाँ से आई? देखना पड़ेगा। हमारा मन - बुद्धि, चित्त व अहंकार से बना है, इसे सूक्ष्म शरीर कहते हैं, जिससे हम सोच विचार का काम लेते हैं। शरीर से हम वासना का आनन्द लेते हैं। आँख से देखने का आनन्द लेते हैं, कान से हम सुनने का आनन्द लेते है, जिव्हा से स्वाद का आनन्द लेते हैं। वासना का सारा आनन्द

इसी से लेते हैं। वासना का आनन्द हमें सूक्ष्म शरीर से प्राप्त होता है। पहले आप मन में सोचते हैं- जब मन कहता है तब आप शरीर से उसका आनन्द लेते हैं और तीसरा है आत्मा। यह तो आप देखते हैं कि जो जिन्दा है वह मरता है, वह मुर्दाघर चला गया, साथ गये दाह संस्कार के समय, पाँच मिनट बैठे। यहाँ भी बिजनेस की बातें शुरु हो जाती हैं, सोचते हैं कि हमें तो मरना ही नहीं, मरने वाला तो मर गया, मैं कभी नहीं मरुँगा, मरते हुए देखकर भी ख्याल नहीं आता कि मैं मरुँगा। हजार कष्ट हों, तकलीफ हो, लेकिन फिर भी हम जीना चाहते हैं। तीसरी आत्मा है, और जितनी चैतन्यता है उसका आनन्द आत्मा से आता है। आत्मा से मन में आता है, मन से शरीर में आता है। इस तरह हमारे तीन शरीर हैं। मैं यह कहता हूँ कि आप तीनों का आनन्द क्यों नहीं लेते? एक का ही आनन्द क्यों लेते हैं? भगवान ने तो आपको तीनों का आनन्द लेने के लिए बनाया है, शरीर का आनन्द लें, मन का और आत्मा का भी लें। देखिये आप अपने को शरीर तक ही सीमित क्यों रखते हैं तो फिर कहते हैं कि ईश्वर है ही नहीं, हमें क्या चिन्ता कि क्या होगा। जब मरने का समय आता है तो पता चलता है कि क्या होगा। तो मैं आपका सबसे बड़ा साथी हूँ कि मैं भी यही कहता हूँ कि यही जीवन है सब कुछ। जो आनन्द लेना है इसी जीवन में ले लो, आइन्दा भूल जाओ होगा या नहीं होगा, जो कुछ करना है इसी जीवन में करो।

अब आप सोचिए, क्या विषयों में सच्चा आनन्द है? कोई भी विषय कितना भी आनन्द दायक क्यों न हो क्या आप उससे चिपके रहेंगे रात-दिन, आपका मन हट जाएगा। आपको गुलाब जामुन बहुत पसंद है, दो खाई, तीन खाई, किसी ने थाली भर कर खा लीं डकार आई, अब नहीं भाती, तो विषयों में तृप्ति नहीं है। आप यह प्रैक्टिकल एक्सपीरियंस (practical experience) रात-दिन करते हैं। कितने भी अच्छे से अच्छे एक्सपीरियंस (experience) आपको प्राप्त हो जायें, लेकिन खटकता रहेगा कि आनन्द नहीं आया, आनन्द नहीं आया, मजे की कमी है। मजे की क्यों कमी है, क्योंकि हमने अपना पूर्ण विकास नहीं किया। हमने बाहर वाले शरीर का विकास तो खूब किया, मल मल के नहाये, बड़ी-बड़ी, खुशबुएँ लगाईं, पाउडर लगाये, क्रीमें लगाईं, बाहर का खूब किया लेकिन मन की सफाई बिल्कुल नहीं की, कभी विचार भी नहीं किया कि मन की सफाई भी हो सकती है। तो वह आनन्द कैसे आये?

जबलपुर में एक डाक्टर ने सेवक से प्रश्न किया, कि ईश्वर है या नहीं है किसने देखा है? Who bothers about God, ईश्वर है या नहीं है हमें क्या फर्क पड़ता है और जो यह आधा घन्टे सुबह और आधा घन्टे सायं माला लेकर बैठते हैं न, यह आइडल्स (idles) का काम है, जिनके पास काम नहीं है वह क्या करें, माला फेरते रहते हैं और जिनके पास काम है वह तो आधे घन्टे में न जाने कितना दुनिया का भला कर सकते हैं। सच्ची पूजा तो यही है कि दुनिया का काम करें, जाकर सबका भला करें। किसने देखा है परमात्मा को, क्या आपने देखा है? डाइरेक्ट प्रश्न उन्होंने सेवक से किया। मैंने कहा कि डाईरेक्ट प्रश्न का जवाब नहीं देता। यदि, मैं कहूँगा कि देखा है तभी गलत हो जायेगा, कहूँगा कि नहीं देखा है तब भी गलत हो जायेगा। इस question का जवाब मैं नहीं दे सकता। बड़े-बड़े ऋषि मुनि हुए, जिन्होंने परमात्मा की प्राप्ति में जीवन लगा दिया और जीवन लगाने के बाद क्या कहा, परमात्मा है नेति-नेति, इससे और ऊपर, इससे और ऊपर, और इससे ऊपर, शब्दों में बखान नहीं किया जा सकता। अगर उन्हें परमात्मा का realization न हुआ होता तो कहा होता कि मेरे प्यारें बच्चों मैंने तो अपना जीवन बर्बाद कर लिया, खबरदार जो तुमने अपना जीवन बर्बाद किया, कोई, खुदा - वुदा नहीं है, कोई ईश्वर नहीं है, कोई अल्लाह नहीं है। पर किसी ने यह नहीं कहा। उन्होंने कहा है, और अपने-अपने अनुभव लिख के चले गये। अगर काला चश्मा अपनी आँख पर लगा लें और वह हमें दिखाई न दे, तो इसका मतलब तो यह नहीं हैं कि ईश्वर नहीं है, ईश्वर तो हैं। मैंने कहा कि क्या मैं आप से सवाल कर सकता हूँ? उन्होंने कहा कि कर सकते हैं। मैंन कहा कि आप रात को सोते क्यों है, मैं तो यह चाहता हूँ कि चौबीस घन्टे सर्विस करें, आठ घन्टे की डयूटी करें, कितनी कमाई। जहाँ एक लाख कमाते थे, 3 लाख कमायेंगे 10 पेशंट (patient) ठीक करते थे, 30 ठीक करेंगे। जब मैंने यह बात कहा तो उन्होंने कहा कि आप तो बड़ी उलटी बातें करते हैं। अगर इंसान सोयेगा नहीं तो डेढ़, दो, तीन महीने में छुट्टी हो जायेगी और हम तो जो नहीं सोता है उसे गोली देकर सुलाते हैं और आप कहते हो कि जागो। हमने कहा कि कोई ऐसी दवाई निकालिये, कोई ऐसे इंजेक्शन (injection) निकालिये कि सोना न पड़े आदमी 24 घन्टे काम करता रहे। डाक्टर साहब यह बताइये कि आप सुलाते हैं तो होता क्या है? होता है रेस्ट, रेस्ट में होता क्या है? आप उसे ठूँस-ठूँस कर खिलाइये, खूब खिलाइये, कसरत कराइये, इंजेक्शन दीजिये, जिससे रात को

सोना न पड़े, क्या होगा? इसके माने सारी ताकत खाने में नहीं है, कहीं और भी है। आपने कभी सोचा? जब हमारी इन्द्रियाँ काम करना बन्द कर देती हैं तो उनका सीधा संबन्ध हमारे मन से हो जाता है और मन से शक्ति मिलती है। हमारे ऋषियों मुनियों ने बताया कि आराम करना बहुत जरुरी है। अब हम सूक्ष्म शरीर पर आयें। जैसे यह स्थूल शरीर है वैसे हमारा सूक्ष्म शरीर है। स्थूल शरीर तो उतना काम नहीं करता जितना हमारा सूक्ष्म शरीर काम करता है। जब तक हम उठते-बैठते हैं व हम सोते नहीं यह कुछ न कुछ सोचता ही रहता है और बिना प्रयास के सोचते हैं। बिना प्रयास के कोई न कोई विचार तो आता ही रहता है मन में। कभी मन विचारों से खाली ही नहीं रहता। कभी कभी तो 24 घन्टे काम करता है, जब तक हम सोते नहीं यह काम करता ही रहता है। जब हम सो जाते हैं तो स्वप्न में भी प्रकट हो जाता है। यह 24 घन्टे काम करता है और वर्षों से कर रहा है, जब से हम पैदा हुए काम कर रहा है। इससे इसका स्वास्थ्य खराब हो गया है, excessive load हो गया तो दुनिया भर के जो गलत काम हैं सब इसमें आ गये। सेल्फिसनेस (selfishness), अहम यह हमारे अन्दर हैं और जितने झगड़े हैं वह सब इसी बात के हैं क्योंकि हम अपने सूक्ष्म शरीर को रेस्ट नहीं देते, आराम नहीं देते, 24 घन्टे काम करता है, चिड़ - चिड़ा बन गया है। आपस में लड़ता है। झगड़ता है पैसे के लिये, कुर्सी के लिये मरते हैं। लेकिन अपने लिये कोई नहीं मरता। कोशिश नहीं करता कि मैं अपने आप को बदल डालूँ। कुर्सी में क्या रखा है? पैसे में क्या रखा है? यह असलियत आप के सामने है, छिपा नहीं है, मैं तो आप की बात कर रहा हूँ। अपने आप को आप पहचानो कहा किसी का एक न मानो। अपने आपको जानने की कोशिश करो कि आप हैं कौन?

हमारे तीन शरीर हैं स्थूल शरीर, सूक्ष्म शरीर, और कारण शरीर। जैसे स्थूल शरीर को नींद देने की आवश्यकता है वैसे ही नींद सूक्ष्म शरीर को देने की आवश्यकता है, अगर हम चाहते हैं कि स्वास्थ्य अच्छा रहे। अगर नहीं चाहते, तो चिंता खूब खाओ, मौज उड़ाओ, कब्र में पैर लटकाओ कोई हर्ज नहीं। चाहते हो कि आप कुछ बनें और इस शरीर का पूरा-पूरा फायदा उठायें तो यह आवश्यक है कि आपका डेवलपमेन्ट (development) हो, ईश्वर को भूल जाओ क्योंकि अपने आप को तो जानें कि आप हैं क्या? अपने आपको पहचानो। तो हमारे ऋषियों-मुनियों ने एक साधन रखा, क्या रखा कि आधा

घन्टा सुबह, आधा घन्टा सांयकाल पूजा वन्दना हर व्यक्ति को करना चाहिये, चाहे साधु हो या गृहस्थी हो। आधा घन्टा सुबह, आधा घन्टा सायं भगवान की याद करो, ईश्वर की याद करो। ईश्वर की याद का असली मतलब है चित्त को एक तरफ लगा लेना। आप भगवान की याद न कीजिये, लेकिन मन को थॉटलेस (thoughtlness) कर लीजिये, निष्क्रिय। जैसे हमने शरीर को निष्क्रिय किया, आँख देखती नहीं, कान सुनता नहीं, नाक सूंघती नहीं, हाथ-पैर हिलते नहीं, ऐसे ही आप अपने मन को निष्क्रिय कर लीजिये। ईश्वर को मानें या न मानें। ईश्वर आपके मानने का भूखा नहीं है। अगर आप अपना सच्चा भला चाहते हैं, अगर आप अपने को जानना चाहते हैं, अगर आप अपनी जिन्दगी का मकसद पूरा करना चाहते हैं तो मन को भी नींद देना आवश्यक है। कहते हैं कि यही जिन्दगी हैं, मैं भी यही कहता हूँ यही जिन्दगी है दूसरी कोई नहीं। तो ऋषियों-मुनियों ने बताया आधा घन्टा सुबह, आधा घन्टा सायं पूजा वन्दना (ध्यान) हर व्यक्ति करे। क्योंकि अगर आधा घन्टा आपका माइन्ड थॉटलेस हो जाता है तो आपके मन को खाना मिल गया, रेस्ट मिल गया। इस रेस्ट के बाद आप देखेंगे कि आपके मन में ऊँचे-ऊँचे विचार पैदा होंगे। यूनिवर्सल लव (universal love), परोपकार की भावना, सत्य की भावना, भूत प्रेत से बचना, मक्कारी से बचना, यह सारी बातें अपने आप पैदा होंनी शुरु हो जायेंगी। आधा घन्टे सुबह, आधा घन्टे सायं आप खुद पूजा में लगाइये। जब मन थाट्लेस हो जाता है तो उसका सीधा संबन्ध हमारी आत्मा से हो जाता है और आत्मा में है चैतन्यता। आत्मा से आनन्द छन-छन कर हमारे मन में आ जाता है तो धारा प्रवाह शुरु हो जाता है, real मन का सुख प्राप्त होता है, सच्चा मनुष्य जीवन प्राप्त होता है। शरीर भी आनन्द भोगता है, मन भी आनन्द भोगता है और आत्मा भी आराम से सोती है। मैं भगवान की बात नहीं करता, ईश्वर की बात नहीं करता, मैं तो आम नौजवानों की बात कर रहा हूँ, और बिल्कुल सहमत हूँ आपसे, जो कुछ करना है इसी जीवन में कर लो, नहीं होने वाला है बाद में, परवाह मत करो, बिल्कुल इनज्वाय (enjoy) करो यह जीवन। इतना लो, इतना लो कि छक जाओ, हटो मत। मैं भी कहता हूँ कि सच्चा सुख, सच्चा आनन्द लेना चाहिये कोई दूसरी बात नहीं कहता। मैं तो जो अपने मेरे यूथ फ्रैंन्डस (youth friends) हैं उनसे एकदम सहमत हूँ कि असली जिन्दगी यही है, इसमें ज्यादा से ज्यादा आनन्द लेने की कोशिश करें। शरीर

से आनन्द लो, मन से आनन्द लो और फिर आत्मा के आनन्द में डूबो। मैं यही चाहता हूँ। एक कवि है, कविता लिखने में मस्त है, बारात निकल जाती है, उसे उसका कोई ज्ञान नहीं है। एक सांइटिस्ट है रिसर्च में लगा हुआ है, उसे न अपना भान है और न औरों का। हाँ एक सांइटिस्ट के बारे में कहा जाता है कि उसकी रिसर्च कामयाब हुई तो वह गुसलखाने में था, तो नंगा ही भाग लिया कि पा लिया, पा लिया, पा लिया नितांत नंगा, होश नहीं था कि कपड़े पहनूँ। दूसरा है सूक्ष्म शरीर। तीसरी है आत्मा। जब यह शरीर नष्ट हो जाता है तो केवल आत्मा रह जाती है और आत्मा के साथ हमारे सूक्ष्म शरीर का खोल जाता है, जीवात्मा के साथ। जिन्होंने सत्य पा लिया हैं, उनका खोल नहीं जाता, आत्मा ब्रह्म में विलीन हो जाती है। इस शरीर को जितना हम प्यार करते हैं, बना-ठना कर रखते हैं, जब इंसान मर जाता है तो घर के लोग ही कहते हैं कि घर के बाहर निकालो कहीं ये भूत न बन जाय। हमारे शरीर की असली दशा यही है। दूसरा है, हमारा मन! सूक्ष्म शरीर। आप तालिका लिखें। एक कागज पर लिखें स्थूल शरीर, उसके नीचे लिखें विषयानन्द, दूसरा है सूक्ष्म शरीर, उसके नीचे लिखिये वासना आनन्द, तीसरा है कारण शरीर (आत्मा) उसके नीचे लिखिये आनन्द।

स्थूल शरीर	सूक्ष्म शरीर	कारण शरीर
विषया आनन्द	वासना आनन्द	आनन्द

अगर किसी तरीके से हम विषय को दबा दें, मैं मिटाने को नहीं कहता, दबा दें और सूक्ष्म शरीर से वासना को दबा दें, सच्चे आनन्द की प्राप्ति हो जाय, जीवन सफल हो जाय। अब हम यह देखेंगे कि भाई वासना को कैसे दबायें, विषय को कैसे दबायें। बड़े-बड़े ऋषि मुनि हार गये लेकिन सफलता नहीं पाये। दसों इंन्द्रियों को कोई भी काबू में नहीं ला सका, कोई न कोई उछल कूद मचाती रहीं। लेकिन हमारे बुजुर्गों ने (सूफी संत), बहुत सुन्दर रास्ता बताया, जो प्रैक्टिकल (practical) थे, किताबों से उनका वास्ता नहीं था। उन्होंने कहा कि अगर दसों इन्द्रियों को काबू करने की काशिश करोगे तो कुछ भी हाथ नहीं आयेगा। दो इन्द्रियों को पकड़ो, एक आँख और दूसरी जुबान, उन्हें काबू में ले आओ। काबू का मतलब उन्हें अपनी आत्मा के कन्ट्रोल में ले आओ, जैसे आत्मा कहे वैसे करें, अपनी मनमानी न करें। आँख को क्या काबू करना है? अगर सच्चा सुख चाहते हो तो देखों टी. वी. खुला

हुआ है आराम से देखो, एक लिमिट में, जितनी आवश्यकता है उसे उतना भोगो, ज्यादा नहीं, नहीं तो गड़बड़ हो जायेगी। हम अपनी आत्मा के कन्ट्रोल में ले आयें इन दो इन्द्रियों को। आँख का क्या काबू करना है, हमारे गुरुओं ने बताया कि आँख को हमें तीन तरीके से काबू करना है। वह क्या है? नजर वर कदम - जब चलें तो अपने पैर की पीठ को देखते हुए चलें, हमारी निगाह इधर उधर न जाये। हमारे यहाँ की सबसे बड़ी बात यह है कि सच्चे धर्म का पालन करें। वह क्या है, सिवा अपनी पत्नी के जो भी स्त्री आपसे बड़ी है आपकी माता है, आपके बराबर की आपकी बहन है और आपसे छोटी आपकी बेटी है। यह यदि नहीं होगा तो कोई फायदा नहीं होगा। यह हमारे यहाँ का सबसे पक्का नियम है। दूसरा, किसी का दिल मत दुखाओ, किसी गरीब का दिल मत दुखाओ। काम तो करा लिया, पैसा नहीं दिया। गरीबों को एक्सप्लोयट मत करो, कम से कम उसके लेबर के पैसे तो दो। उसे भी रोटी खाने का मौका तो दो। ये दो पक्के नियम हैं। तो नजर वर कदम, जब आप चलें तो अपने पैर की पीठ को देखते हुये चलें। आपकी निगाह इधर-उधर न जाय, यह अभ्यास है, यह आवश्यक है क्योंकि यह आँखें हैं, हमारे शरीर में बडे जबरदस्त लेंस हैं और हृदय पर संस्कार ज्यादातर आँखों से बनते हैं, जितना इधर-उधर देखेंगे संस्कार उतने बनेंगे। जिन्हें साफ होने में दिक्कत आयेगी। दूसरा क्या है होश दरदम, हमेशा परमात्मा की याद हर सांस पर बनी रहे। हर सांस पर उसकी याद रहे। हमें नजर बर कदम के बारे में हमारे गुरुदेव ने अपना अनुभव बताया जो याद आ गया। कानपुर में थे, जा रहे थे, बाजार में बड़ी भीड़ थी, आगे बढ़े पता किया कि क्या बात है। पता चला कि उस जमाने की सबसे सुन्दर सिनेमा एक्ट्रैस जो थी उसका जलूस निकल रहा है। उसे देखने के लिये वह भीड़ थी। इनके मन में आया कि मैं भी क्यों न देख लूँ? यह विचार ही आना था कि इनके सामने आपके गुरुदेव जी महाराज प्रकट हुए, उन्हें देखकर डर गये और गली से होकर जल्दी घर पहुँचे। तब क्या देखते हैं कि महाराज जी पधारे हुये हैं। जब आपने उनके चरण छुए तो आर्शीवाद मिला कि नजर वर कदम आपका सिद्ध हो गया। अब आप आशय समझ गये होंगे। शास्त्र ने जिन चीजों को देखने के लिये मना किया है उन चीजों की तरफ न देखें। दूसरी, बात संस्कार कैसे बनते है? पहली निगाह निर्दोष होती है, पहली निगाह से कभी संस्कार नहीं बनता। जब किसी चीज

को दुबारा देखते हैं तब संस्कार बनता है। आप बाग में चले जा रहे हैं, सुन्दर गुलाब का फूल खिला है। पीछे मुड़ कर देख लिया, बड़ा सुन्दर हैं, तोड़ क्यों न लिया जाय, मेरे कोट पर कितना अच्छा लगेगा। तोड़ लिया। पहली निगाह निर्दोष होती है। जब किसी वस्तु को दुबारा देखते हैं तब संस्कार बनते हैं। पहली निगाह पड़े, पर दूसरी नहीं पड़नी चाहिये। तो यह है नजर वर कदम, होश दरदम।

तीसरा है खिलवत दर अन्जुमन। इस सेवक के गुरुदेव की विशेषता थी कि पहले करा देते थे तब बताते थे कि यह स्थिति है। एटा मे थे, यह सेवक चौधरी श्री राम जी के साथ एटा पहुँचा। वहाँ राम लीला हो रही थी, रावण फुँकने वाला था। बच्चों ने कहा कि रामलीला देखने जायेंगे। हमारी गुरुमाता ने सबको पैसे दिए, इस सेवक को भी दिए। इसने रुमाल में बाँध कर रख लिए। उसके बाद हम सब लोग रामलीला देखने गये। बड़ा शोर था, चरखियाँ, ये, वो, गाड़ी पर गाड़ी और कुम्भकरन, रावण, मेघनाद की इफीजी (effigy) खड़ी थी, बड़ी भीड़ थी, कितना बड़ा मेला था बयान के बाहर। उस मेले में हम पहुँचे तो सारे भाई जो हमारे साथ गये थे सब तितर-बितर हो गये। कोई खोमचे खाने निकल गया, कोई तमाशा देखने निकल गया। यह सेवक महाराज के साथ था। इसे ऐसी जगह पर ले गये जो थोड़ी ऊँची थी। मैं वहाँ जाकर खड़ा हो गया, देखा बड़ा शोर शराबा है। इतने में क्या हुआ कि हृदय में तंत्री के तार खुलने शुरु हो गये, आँख खुलने से न खुले, निगाह हृदय की तरफ हो गई और इसके बाद में देखूं तो ऐसा मालूम होता था कि सब कठपुतलियों का खेल है, निर्जीव। तब महाराज जी बोले, यशपाल याद है तुम्हें, हमारे पास रहता कौन है फिर शिकायत करते हैं कि फायदा नहीं होता। इसे कहते हैं खिलवत दर अन्जुमन, लाखों का मेला है साधक अकेला है। यह उनकी विशेषता थी, पहले अनुभव कराते थे फिर बताते थे। दूसरा वाकया क्या हुआ वे लखनऊ में थे, यह जबलपुर से लखनऊ गया। आपके साथ बाजार गया, सब्जी मार्केट गये। थोड़ी देर चलने के बाद इसे अपना होश नहीं रहा, पीछे-पीछे चलते रहे, इतना भी होश नहीं रहा कि पास से औरत निकल गई या मर्द निकल गया। आपको कुछ होमियोपैथिक दवा लेनी थी, हम लोग गये जहाँ होमियोपैथिक दवा मिलती थी। महाराज वहाँ आराम कुर्सी पर बैठ गये, यह सेवक कांउटर पर खड़ा होकर दवा बनवाने लगा। दवा बनवाने में आधा

घन्टा लगा। आधे घन्टे इसे होश नहीं रहा। दवा बनाकर लाया कि अरे भाई अपनी दवा ले लो, भाई दवा ले लो, यह तब भी बोला नहीं, तब उसने हिलाकर कहा कि भाई कमाल करते हो, बैठे-बैठे तो हमने सोते सुना है, तुम तो खड़े- खड़े सोते हो। इसने महाराज के चरणों की ओर देखा, आपने इशारा किया, दवा ले ली और चल दिये। जब वापस आये तो रात को बोले कि देखो, दुनिया को ऐसे देखो जैसा अब देखा, यह है सच्ची पूजा। ऐसा प्रैक्टिकल योगी था, मुश्किल है ऐसा होना। आँसू आते हैं जब उनकी याद आती है तब कलेजा भर आता है आँसुओं से, नजर - बर -कदम।

दूसरा क्या है जिव्हा का कन्ट्रोल करना। दूसरी बड़ी इन्द्रिय है जिव्हा। जिव्हा का कन्ट्रोल क्या है, पहला कन्ट्रोल है, कभी किसी की बुराई न करना। लोग तो पुस्तकों में भी बुरा लिख देते हैं, बुराई मत करो। यहाँ तक कहा है कि अगर किसी को तुमने बुरा काम करते हुए देखा है, उसकी बुराई हो रही है, Don't disclose it (खोलो मत)। निन्दा किसी की मत करो। निन्दा से पहले अपना मन निन्दित होता है, वह पहले बुराई हमारे मन में आती हैं। एक गंदा मन ही दूसरे की बुराई कर सकता है, भला मन किसी की बुराई नहीं कर सकता, जो सच्चा दिल है वह कभी किसी की बुराई नहीं करेगा। सबसे बड़ी बात, निन्दा न किसी मजहब की, न किसी व्यक्ति की, निन्दा मत करिये। जो बात समझ में नहीं आती तो सोचिये जब वक्त आयेगा तो समझ में आ जायेगी, लेकिन बुराई मत कीजिये। पहली बात, इस जिव्हा से किसी की निन्दा न हो। पर निन्दा से बचें। एक बड़े महात्मा थे किसी ने पूछा प्रभु आप तो समदर्शी हैं, सब कुछ जानते हैं, आपका क्या विचार है। उन्होंने अपना विचार जाहिर किया कि बच्चा मैं अपनी बुराईयों को बहुत अच्छी तरह जानता हूँ, और उन्हीं को दूर करने में लगा हूँ, मेरे पास समय कहाँ कि दूसरों को देखें। किसी की कभी बुराई नहीं की। दूसरा क्या है कि हमारी जिव्हा ज्यादा स्वादों में न जाय। ऋषियों ने कहा है स्वादिष्ट भोजन कीजिये, ऐसा भोजन कीजिये की आपका शरीर मजबूत बने, आत्म बल बढ़े, अचार पचार न खाईये। है तो वैसे आउट आफ कॉन्टेक्स्ट (out of context) पर मैं कहे बिना नहीं मान रहा। आज ब्राह्मण व बनिये भी मांस खाते हैं। कितने प्रयासों के बाद संतों महात्माओं ने बड़े-बड़े प्रयास करने के बाद हमें वेजिटेरियन (vegeterian) बनाया, बड़े प्रयासों के बाद और सांइस भी यही कहती है कि इतना बढ़िया भोजन और

नहीं है। शरीर को स्वस्थ रखने के लिए, पुष्ट बनाने के लिए वेजिटेरियन खाना सबसे अच्छा है क्योंकि हम अंधा धुन्ध वैस्टर्न कन्ट्रीज की नकल में लगे हुए हैं। अगर शराब नहीं पी, मांस नहीं खाया तो हम सोसायटी में रहेंगे कैसे, सोसायटी हमें एक्सेप्ट (accept) नहीं करेगी। ऐसे सोसायटी के गुलाम हैं। ऐसे बनिये कि सोसायटी आपके पीछे चले। है तो आउट आफ दि कनटेक्स्ट लेकिन आज जो हो रहा है कहना मेरा धर्म था, फर्ज था। मुझे और याद आ गया, महाराज की बात what is spiritualism अध्यात्म है क्या? एक कमरा है मखमल के गद्दे बिछे हैं, मखमल के तकिये लगे हैं आप बड़े आराम से सो रहे हैं कोई चिन्ता नहीं और जब आँख खुली, एक तो आँख खुलती नहीं किसी ने गलती से रोशनी पैदा कर दी कमरे में तो शायद आँख खुल जाय। आँख खुली तो क्या करेंगे, अरे! राम-राम जाले हैं, बलगम है, अरे बड़ा गन्दा है तो सफाई में लग जायेंगे। ऐसे किसी संत की दृष्टि जब आपके हृदय पटल पर पड़ती है तो आपके हृदय में जागृति पैदा हो जाती है। तो अपने को देखने लग जाते हैं कि मेरे अन्दर कोई कमी तो नहीं है उसकी सफाई में लग जाते हैं। यह सच्चा अध्यात्म का रास्ता है रियल स्पिरिचुअलिज्म (real spiritualism)। साधक आपने आप को साफ, सुथरा बनाता है, दूसरों की चिन्ता नहीं करता। अध्यात्म का रास्ता प्यार का रास्ता है जबरदस्ती का रास्ता नहीं है। प्यार का है और यह दरवाजा हर एक के लिये खुला है। सीधा राम-नाम है और कुछ नहीं। अगर दुनिया के लिये आये हैं तो बेकार आये हैं। दुनिया तो बहुत बड़ी है और बहुत से लोग हैं वहाँ जाईए। राम-नाम के लिये चाह रहे, जिससे आपका जीवन आनन्दमय हो जाय, सुखमय हो जाय जरुर आयें भगवान चाहेंगे तो जरुर आनन्द उठायेंगे। मैंने अभी स्थूल शरीर लिया, हमने आँखें और जीभ पर काबू किया। अगर आप आँख और जीभ पर कन्ट्रोल करेंगे तो आत्मा का कन्ट्रोल आपकी इन्द्रियों पर हो जायेगा।

'परमात्मा तू ही है, तेरी इच्छा पूरी हो।'

8

तीन कृपाएँ

महात्मा यशपाल जी के शब्दों में-

अध्यात्म (रुहानियत) प्राप्ति के लिये, तीन कृपाओं की बड़ी आवश्यकता होती है। पहली कृपा 'ईश्वरीय कृपा', दूसरी 'गुरु कृपा' और तीसरी 'निज कृपा।' जब और जहाँ यह तीनों कृपाएँ उपलब्ध होती हैं वहाँ सच्चा अध्यात्म प्राप्त होता है। जीवन मुक्त अवस्था इसी जीवन में प्राप्त होती है। पहली-ईश्वरीय कृपा; परमात्मा की सबसे बड़ी कृपा हमें उपलब्ध है कि ईश्वर ने दया कृपा करके हमें मनुष्य योनि प्रदान की है। चौरासी लाख योनियाँ हैं, मनुष्य योनि एक ऐसी योनि है जिसमें परमात्मा ने हमें कर्म करने की स्वाधीनता दी है और जितनी योनियाँ हैं वे सब भोग योनियाँ हैं। मनुष्य योनि की यह विशेषता हैं। कहा है -

> बड़े भाग्य मानुष तन पावा, सुर दुर्लभ सदग्रन्थन गावा ।
> साधन धाम मोक्ष कर द्वारा, पाई न जे परलोक सँवारा ।।

ऐसी है, मनुष्य योनि, प्रभु की असीम कृपा से मिलती है, साधन का क्षेत्र है और मोक्ष की प्राप्ति का दरवाजा है। सब सद्ग्रन्थों ने, महर्षियों ने, महात्माओं ने इसकी भूरि-भूरि प्रशंशा की है। बड़ा सुन्दर अवसर है, परमात्मा ने हमें दिया है, हमें मनुष्य योनि दी है, हमें विवेक बुद्धि दी है और कर्म करने की स्वाधीनता दी है। अगर हम चाहें तो 'ईश्वर कृपा', 'गुरु कृपा' और 'निज कृपा' द्वारा अपने जीवन का सच्चा लक्ष्य प्राप्त कर सकते हैं। इसी जीवन में जीवन मुक्त अवस्था प्राप्त कर सकें और ज्योति से ज्योति एकाकार हो सके यह अवसर हम सबको प्राप्त है। दूसरी कृपा - करोड़ों व्यक्ति इस संसार में

हैं, लेकिन हजार पीछे 999 मनुष्यों की बुद्धि, शारीरिक बुद्धि (body minded) है। इस शरीर को ही सब कुछ समझ बैठे हैं। यह शरीर ही उनके लिये सब कुछ है, सुबह से लेकर रात्रि तक इस शरीर की चिन्ता में ही समय जाता है। संसार की चिन्ता, दुनिया की चिन्ता में ही हमारा सारा समय जाता है। यही चिन्तन रहता है, कि कैसे हमारी पोजीशन बढे, कैसे हमें मान प्राप्त हो, कैसे वैभव प्राप्त हो, कैसे धन का संचय हो। जब परमात्मा की बड़ी विशेष कृपा होती है तब मनुष्य यह सोचता है कि मैं वास्तव में क्या हूँ? मेरे जीवन का वास्तविक लक्ष्य क्या है? क्या वही है जैसे और जीव जन्तु पैदा हुए हैं, मैं भी पैदा हुआ, खाऊं, पियूँ और सांसारिक व्यवहार करते हुए कीड़े-मकोड़ों की तरह चला जाऊँ। ऐसा जब परमात्मा की बड़ी विशेष कृपा होती है तब मनुष्य के हृदय में जिज्ञासा पैदा होती है। हम देखते हैं मनुष्य आया, चला गया, अर्थी जाते देखते हैं, दिल में, ख्याल पैदा होता है कि क्या हम भी मरेंगे? फिर यह देखते हैं कि जो आया है वह जाता है, यह भी देखते हैं कि बच्चा भी मरता नजर आता है बुड्ढ़ा भी और जवान भी मरता नजर आता है। क्षणिक वैराग्य पैदा होता है और ज्यादातर तो जहाँ दाह संस्कार हुआ उसके बाद फिर दुनिया में वैसे आ जाते हैं। ईश्वर की बड़ी विशेष कृपा होती है। इस दुनिया में आया, इस जीवन का मकदस क्या है? सत्य क्या है? इसे जानने की अभिलाषा पैदा होती है, इसे हम जिज्ञासा कहते हैं। परमात्मा की जब विशेष कृपा होती है तो हजारों पीछे किसी-किसी व्यक्ति में यह जिज्ञासा पैदा होती है। वास्तव में जो हम सामने नजर आ रहे हैं, यही सब कुछ नहीं है, शरीर ही सब कुछ नहीं है। हमारे तीन शरीर हैं। तीन शरीरों से मिलकर हमारी जो पर्सनेल्टी (personality) है वो बनी है। वासना का जितना आनन्द है वह सब सूक्ष्म शरीर में आता है। तीसरी है आत्मा-कारण शरीर, चैतन्यता और आनन्द आत्मा में ही है। जब यह आत्मा शरीर को छोड़ जाती है। तो यह शरीर बेकार हो जाता है। जिस शरीर को हम इतना संभाल कर रखते हैं, इतनी देख-रेख रखते हैं। हमारे सगे सम्बन्धी जिसका इतना ख्याल़ रखते हैं, जब आत्मा शरीर छोड़ जाती है तो यह शरीर बेकार हो जाता है। वही सगे सम्बन्धी फिर कहते हैं कि जल्दी उठाओ, कहीं भूत न बन जाय। सारा खेल आत्मा का है। आत्मा जब शरीर छोड़ देती है। तो दोनों शरीर बेकार हो जाते हैं। तो यह है हमारा असली अस्तित्व। इन तीनों शरीरों का सच्चा डेव्लपमेंन्ट, सच्चा विकास हो यही मनुष्य जीवन का सच्चा लक्ष्य है। जब परमात्मा की दूसरी विशेष कृपा होती

है? तब मनुष्य के हृदय में जिज्ञासा पैदा होती है कि मैं क्या हूँ? मैं कौन हूँ? यह दुनिया क्या है? संसार क्या है? सत्य क्या है? सच्चाई क्या है, What is reality in life? ऐसी सुन्दर जिज्ञासा जागृत होती है और जिसके हृदय में यह जिज्ञासा पैदा हो जाती है फिर वह चैन नहीं लेता, उसे चैन नहीं मिलता है। संसार छोड़ता है, दुनिया छोड़ता है, कन्दराओं, पहाड़ों, जंगलों में खाक छानता रहता है कि कैसे उसे इस सत्य का अनुभव हो, कैसे यह सत्य प्राप्त हो। यह प्रभु की जब दूसरी कृपा होती है तब ऐसे भाव पैदा होते हैं।

महाभारत की एक घटना है। जब पांडव जीत गये और कौरवों का नाश हो गया, धृतराष्ट्र जो कौरवों के पिता थे हस्तिनापुर में अपने भतीजे युधिष्ठिर के पास रहने लगे। वह बहुत दुखी रहते थे, सोचते रहते थे कि सौ पुत्र थे, इतना बड़ा राज-पाट था, सौ के सौ चले गये, राजपाट सब विध्वंस हो गया। इसी सोच-विचार में पड़े रहते थे। इनके भाई थे, विदुर, वह सन्यासी थे। एक बार विदुर जी घूमते हुए हस्तिनापुर आ गये और जब उन्होंने अपने भाई की ऐसी दशा देखी तो बहुत दुखी हुए और सोचा कि मनुष्य जीवन तो बड़ी मुश्किल से मिलता है और यह वृद्धा अवस्था है कब चल पड़े कुछ भरोसा नहीं और फिर कितने वर्षों तक इस काल चक्र में पड़े रहें जीना-मरना, बहुत दुखी हुए। देखते रहे कि कब ऐसा अवसर मिले कि मैं अपने भाई को चेताऊँ और इन्हें सीधे रास्ते पर लगाऊँ। संत लोग समय का इंतजार करते हैं, appropriate समय पर ही वार करते हैं, ताकि खाली न जाय, देखते हैं कि साधक कब तैयार हैं, तभी सच्चा ज्ञान ले सकता है, इसी इंतजार में रहे। तीन दिन से ज्यादा कहीं नहीं ठहरते थे, सन्यासी का धर्म है कि एक स्थान पर तीन दिन से ज्यादा न ठहरें। लेकिन क्योंकि बड़े भाई का मामला था इसलिए ज्यादा रुकना पड़ा, रुक गये और समय का इंतजार करते रहे। एक रोज उन्होंने देखा कि धृतराष्ट्र का मूड अच्छा है, स्वभाव ठीक है, प्रसन्न चित्त हैं अच्छा अवसर जानकर उन्होंने धृतराष्ट्र से बात करते-करते कहा कि भाई साहब मैं आपको अपना एक बड़ा सुन्दर अनुभव बताता हूँ। धृतराष्ट्र ने कहा कि बड़ी अच्छी बात हैं उन्होंने अपना अनुभव बताया। कहा कि मैं सन्यासी हूँ और सन्यासी के नाते हमारा काम देशाटन का है, घूमते रहते हैं। नगर-नगर जाते हैं, देशों में जाते हैं, हमने बड़े-बड़े देश देखे हैं, पहाड़ देखे हैं, कन्दराएँ, दरिया, समुद्र, घूमते रहते हैं, बहुत से देश, बहुत से मुल्क देखे और बोले कि एक बार

घूमते-घूमते मैं आसाम के जंगलों में निकल गया और आसाम में इतनी लम्बी-लम्बी घास होती है, इतने घने जंगल होते हैं कि उसमें हाथी भी छिप जाये, इतने घने जंगल। वहाँ मैं एक पगडंडी से जा रहा था, तब मैंने क्या देखा कि सामने से एक बहुत सुन्दर व्यक्ति हृष्ट-पुष्ट, बड़ा अच्छा शरीर, सुडौल शरीर बहुत ही सुन्दर एक ब्राह्मण पुत्र सामने से चला आ रहा है। ज्ञान-विज्ञान का दीपक मालूम होता था highly intellecutal ऐसा व्यक्ति। विदुर जी ने बड़े कौतूहल से देखा कि परमात्मा की बड़ी सुन्दर रचना है, वह सोच ही रहे थे, वह ब्राह्मण पुत्र बराबर वाली पगडंडी से आगे निकल गया। यह अपनी पगडंडी से आगे चले। थोड़ा आगे चले तो उन्होंने एक धमाके की आवाज सुनी, जैसे कोई चीज गिरती है तो आवाज हुई तो यह चौंके, पीछे फिर से देखा तो क्या देखते हैं कि वह ब्राह्मण पुत्र अंर्तध्यान हो गया, दिखाई नहीं दिया, कहाँ चला गया? यह बड़े सोच में पड़ गये कि इतना हष्ट-पुष्ट व्यक्ति अभी जा रहा था, कहाँ गायब हो गया। यह लौटे और जिस पगडंडी से वह ब्राह्मण पुत्र जा रहा था उस पर चले। आगे जाकर इन्होंने क्या देखा कि बहुत बड़ा गड्ढा है, घास से ढका हुआ है - इस ब्राह्मण पुत्र में एक विशेषता थी जो इन्होंने नोट किया, वह यह थी कि सर्वगुण सम्पन्न था, लेकिन उसे अपने गुणों का गर्व था, अभिमान था, अह्म उसमें था इसलिए नीचे वह नहीं देखता था, ऊपर देख कर ही चलता था। दृष्टि ऊपर करके चलता था, नीचे करके नहीं चलता था। यह इन्होंने नोट किया हुआ था कि इसमें थोड़ी खराबी है। तो इन्होंने सोचा कि प्रभुता पाई काहि मद नाहीं। जिन्हें प्रभु, प्रभुता देता है उसमें घमण्ड आ ही जाता है। देखते हैं बड़े अफसर हैं उन्हें छोटे आदमी नमस्कार करें गर्दन भूल से हिल गई तो हिल गई नहीं तो नहीं। तो यह बात हैं, प्रभुता पाई काहि मद नाहीं, घमण्ड आ ही जाता है। इसमें भी अहंकार है, यह उन्होंने नोट किया और जब यह गड्ढे के पास पहुँचे तो क्या देखते हैं कि उस गड्ढे के किनारे पर एक पीपल का पेड़ लगा हुआ। इस पीपल के पेड़ की जड़ें आधी गड्ढे में हैं और आधी अधर में है और यह गड्ढा घास से ढंका हुआ है, उन्होंने झाँक करके देखा तो क्या देखते हैं कि वह जो ब्राह्मण पुत्र जा रहा था, वह इस गड्ढे में पड़ा हुआ है। उसका सिर नीचे है और टाँग ऊपर है। गिरा सिर के बल, नीचे देखकर चलता नहीं था, ऊपर देखकर चलता था। उसे नजर नहीं आया कि गड्ढा था तो वह गिर गया। ऐसा हुआ कि उसकी टाँग जो पीपल का पेड़ था उसकी जड़ में फंस गई सर नीचे, टाँग

ऊपर बेहोश हो गया। थोड़ी देर बाद होश आया तो देखना शुरु किया। देखा गड्ढे में नीचे साँप बैठा है। कोबरा जहरीला साँप फन उठाये बैठा है। उसने साँप देखा, भगवान को धन्यवाद दिया कि हे प्रभु बचा लिया। अगर मैं गड्ढे में गिरता तो वह साँप मुझे डस लेता। उसके बाद इधर-उधर देखना शुरु किया। ऊपर देखा तो क्या देखता है की पीपल के पेड़ की जड़ों में जिसमें उसकी टांगे फंसी हुई हैं उन जड़ों को दो चूहे काट रहे हैं। एक चूहा सफेद रंग का है और एक चूहा काले रंग का है। एक इधर से काट रहा है, दूसरा उधर से काट रहा है। अब उसे डर लगा कि यदि यह बराबर काटते रहे और यह जड़ काट दी गई और यह साँप वहीं बैठा रहा तो मैं गिर जाऊँगा और फिर मारा जाऊँगा, खतरा देखा तो चिन्ता हुई। थोड़ी देर बाद भूख और प्यास लगी तो और घबड़ाया कि यहाँ खाने-पीने के लिए तो कुछ है नहीं। सामने मौत नजर आई तो क्या देखा कि ऊपर से कोई तरल पदार्थ टपक रहा है, हाथ बढ़ाकर देखा, तो देखा कि यह शहद है, शहद कहाँ से आया, ऊपर निगाह डाली तो देखता है कि पीपल के पेड़ की टहनियों में शहद का छत्ता है, कई हैं और जब हवा चलती है तब शहद टपक पड़ता है उसने कहा कि परमात्मा ने जीवन का आधार बना दिया है, ग्लूकोज पैदा कर दिया है अब यह व्यक्ति सारी बातें भूल गया, उस साँप को भी भूल गया, चूहों को भी भूल गया और अब परमात्मा से प्रार्थना करता है कि हे प्रभु ग्लूकोज टपकाओ - शहद टपकाओ, ग्लूकोज टपकाओ - शहद टपकाओ, ग्लूकोज टपकाओ - शहद टपकाओ। और कभी-कभी यह शहद की मक्खियाँ है भिन्न-भिन्न उठती हैं, तेज आंधी आई मक्खियाँ भिन-भिना उठीं और उसको काटती हैं तो रोता है, कि हाय मरा, हाय मरा, शरीर पीटता है, रोता है। लेकिन जब मक्खियाँ शान्त हो जाती हैं, हवा बन्द हो गई तो छत्ते में जा बैठीं तो धीरे-धीरे उनके डंक निकालता है, जब डंक निकल जाते हैं, तब शरीर में शन्ति हुई तो फिर कहता है कि प्रभो ग्लूकोज टपकाओ - शहद टपकाओ, ग्लूकोज टपकाओ - शहद टपकाओ और शहद, और शहद। यह कथा विदुर जी ने धृतराष्ट्र को सुनाई और उसके बाद धृतराष्ट्र से पूछा कि भाई साहब, आपके ख्याल में जो बड़ी बड़ी डिग्रियाँ है इसके पास, पी.एच.डी., तरह तरह के सबजेक्टस में पी.एच.डी., बहुत ऊँचा, highly intellecutal है, ऐसा व्यक्ति है लेकिन इसकी ऐसी दशा है, आपके ख्याल में यह कैसा है? धृतराष्ट्र ने जवाब दिया हँसके, कि महामूर्ख है, महामूर्ख! इतना पढ़ा लिखा, इतना ऊँचा विद्वान, फिर आप

कहते हैं कि महामूर्ख हैं कहा कि मूर्ख तो है ही, कहा क्यों मूर्ख हैं? आप भाई साहब उसको मूर्ख क्यों बताते हैं? इसके पास तो बड़ी सर्टिफिकेट, बड़ी बड़ी डिग्रियाँ है। बोले गड्ढे में पड़ा है, उल्टा लटका है, नीचे कोबरा बैठा है, इस गड्ढे से निकलने की कोशिश नहीं करता और शहद मांगता है, तो मूर्ख तो है ही इससे बड़ा मूर्ख कौन होगा। तब विदुर बहुत हँसे और हँसने के बाद कहा कि भाई साहब, सत्य यह है कि 1000 पीछे 999 व्यक्तियों की संसार में यही दशा है। वह जो कोबरा बैठा है, वह हमारी मौत है, जो जरुर आनी है। यह जो पेड़ की जड़ों में चूहे बैठे हैं - एक काला और एक सफेद, यह दिन और रात हैं। एक दिन खत्म होता है, एक रात खत्म होती है, 24 घन्टे खत्म हो जाते हैं, एक दिन हमारी जिन्दगी का कम हो गया, दूसरा कम हुआ, तीसरा कम हुआ, इस प्रकार एक-एक करके समय जाता रहता है। साल भर बाद बच्चा एक साल का हुआ, एक साल गया और हम खुशी मनाते हैं, जन्म दिन मनाते हैं, जब 50 साल का हो जाता है तो और ज्यादा खुशी मनाते हैं। 50 साल हुआ तो और बड़ी दावत करते हैं। मनाना तो अफसोस चाहिए कि 50 साल बेकार गये और कितने दिन रह गये? तो एक-एक दिन कम होता चला जा रहा है। सफेद चूहा, काला चूहा, जो पीपल की जड़ काट रहा है वह दिन व रात है। सच तो यह है, कि रोज यह चूहे इस पीपल की जड़ को काट देंगे, हमारी जिन्दगी के दिन खत्म हो जायेंगे, हम गिरेंगे और जो काल हमारा बैठा है कोबरा, हमें डस लेगा। कोबरा जो है वह काल है। हमारा जन्म होते ही काल भी हमारा निश्चित हो गया। कहते हैं as sure as death, मृत्यु से ज्यादा आश्यांभवी कोई दूसरी चीज है नहीं जरुर होनी है। अगर कोई ऐसी चीज है जो घटना जरुर घटेगी, जो बगैर घटे मानेगी नहीं वह मृत्यु है, जरुर आयेगी, must, as sure as death I यह भी मालूम है और जब हम पैदा होते हैं तो माँ के गर्भ में उलटे लटकते हैं, परमात्मा से बड़ी मिन्नत करते हैं कि हे प्रभु इस काल कोठरी के नरक से निकाल तेरे चरणों में लगूंगा ताकि फिर दुबारा यह कारागार न भुगतना पड़े। बड़ी परमात्मा से प्रार्थना करते हैं, ईश्वर से और जब इस संसार में आते हैं डाक्टर क्या कहता है नर्स से कि डाक्टरनी भाई देखो, इसका तलुआ साफ कर दो। जीभ की नोक तलुए से लगी होती है जो सूरत परमात्मा में लगी हुई थी, वह हटा दी और थूक खँखार जीभ में लगी हुई थी उसे भी हटा दी, अंर्तमुखी वृत्ति बहिर्मुखी हो गई, बाहर देखता है, दुनिया की तरफ ज्यादा इसकी वृत्ति हो जाती है, सांसारिक वृत्ति, तभी से बचपन से, तो

ऐसी ही हमारी अवस्था है। ऐसे ही परमात्मा से मिन्नत करके आये हम, देखते हैं कि सांस निश्चित है, लोगों को मरता देखते हैं, यह भी निश्चित है कि हम भी जायेंगे बचेंगे नहीं, लेकिन फिर भी हम क्या करते हैं, परमात्मा से शहद माँगते हैं। अगर मंदिर में भी जाते हैं तो यही माँगते है। कौन ऐसा बिरला होगा जो परमात्मा के लिए परमात्मा को चाहता होगा। शायद ही करोड़ों पीछे एक भक्त होगा जो मन्दिर जाता हो परमात्मा के चरणों के लिए कि प्रभो मैं तुझे चाहता हूँ और कुछ नहीं चाहता। मेरी तमन्ना भी अजब अरजे तमन्ना है - तुझी से मांगता हूँ मैं तुझी को मांगता हूँ मैं। ऐसा भक्त, वही पार जायेगा, वही संसार के पार जायेगा। यह जो संसार है एक बहुत बड़ा कुआँ है, एक बहुत बड़ी खाई है जिसमें हम फँसे हैं, इससे हम बाहर नहीं जाना चाहते। शहद मांगते है, शहद टपकाओ, शहद टपकाओ, प्रभु और अच्छा, और धन, और पोजीशन, और मान, और बड़ाई यही परमात्मा से चाहते रहते हैं। कभी-कभी जब शहद की मक्खियाँ बिगड़ जाती हैं, काटती हैं कभी-कभी गृहस्थ में कुछ तकलीफ आ जाती है कोई सगा-संबन्धी चला गया जो बहुत नजदीकी था तो रोते हैं, चिल्लाते हैं, चीखते हैं लेकिन कुछ दिन उसके बाद फिर शान्त हो जाते हैं फिर वही परमात्मा से शहद मांगते हैं, शहद। तो 1000 पीछे 999 व्यक्तियों की यही दशा है। इस भव सागर से हम निकलना नहीं चाहते। लाखों में कोई-कोई व्यक्ति जिस पर परमात्मा की विशेष कृपा होती है, उसके हृदय में सच्ची जिज्ञासा पैदा होती है वह जानना चाहता है कि मैं क्या हूँ, दुनिया क्या है, परमात्मा क्या है, सच्चाई क्या है सत्य क्या है? और जब ऐसी लगन पैदा हो जाती है तो ऐसा भक्त, ऐसा जिज्ञासु चैन नहीं लेता जब तक कि उसे सच्चा ज्ञान प्राप्त न हो जाय। घर छोड़ता है, जंगलों की, पहाड़ों की खोज में छानता है, ढूँढता-फिरता है, मारा-मारा फिरता है। भगवान कृष्ण ने गीता में कहा है कि ऐसे सच्चे जिज्ञासुओं में भी कोई बिरला ही हमें पाता है। तो खोज शुरु हो जाती है, जब परमात्मा की तीसरी कृपा होती है, तक कुछ काम बनता है। तीसरी कृपा होती है जब प्रभु देख लेते है कि हाँ अब लोहा गर्म हो गया, अब लोहा गर्म है, ठीक है तप गया, फिर ऐसे भक्त का ऐसे जिज्ञासु का नाता किसी अपने सच्चे भक्त से जोड़ देते हैं और इस साधक के हृदय में भी वही भक्ति, वही प्रेम, ज्ञान पैदा हो जाता है। जब प्रभु की तीसरी कृपा होती है तब ऐसा भक्त मिलता है। संत कबीर का नाम सुना है। कबीर साहब के जमाने में भारत वर्ष में छोटे-छोटे राज्य थे, छोटे-छोटे राजा। उन्हीं दिनों एक राजा को

वैराग्य पैदा हुआ। उसने शीशा देखा कि बाल सफेद हो गये और रोशनी भी आँखों की कुछ कम हुई और दाँत भी जाने शुरु हो गये। उसने यह सोचा कि अब समय आ गया कि राज-पाट छोड़ दिया जाये, परमात्मा की प्राप्ति में लगा जाये। ऐसा विचार आया प्रभु प्राप्ति की जिज्ञासा पैदा हुई और उसने राज-पाट छोड़ के अपने बड़े पुत्र को राज-भार सौंप दिया। स्वयं एक कम्बल व कमंडल लेके परमात्मा की प्राप्ति, रुहानियत की खोज में निकल पड़ा और जैसा हम लोगों का विश्वास है कि हिमालय पर्वत पर बड़े-बड़े ऊँचे संत महात्मा हुए हैं, और रहते हैं उसी विश्वास के साथ यह राजा भी हिमालय की तरफ कूच किया। हरिद्वार, ऋषिकेश लक्ष्मण झूला और ऊपर पहुँचा और इसे एक ऐसा ऊँचा सुन्दर स्थान मिला जिसके पास में थोड़ी दूर पर ही एक छोटी सी बस्ती थी लोगों की और यह स्थान भी अलग था। गंगा का किनारा था, जब चाहे गंगा जल ले सके। पास में थोड़े फलों के वृक्ष थे ताकि फल भी मिल सके और दूध वगैरह भी उपलब्ध हो सके पास के गाँव से। ऐसे सुन्दर स्थान पर इसने अपनी कुटिया बनाई और अभ्यास में लग गया। स्वाध्याय व अभ्यास इसके जीवन का अंग था। सुबह से शाम तक अभ्यास, स्वाध्याय इसी में लगा रहा। धीरे-धीरे जब वर्ष बीतने लगे तो उसकी ख्याति हुई। भाई, यहाँ एक बड़ा महात्मा है, सिवा परमात्मा के नाम के और दूसरा काम उसके पास नहीं है। अपने में ही मस्त रहता है, ईश्वर की याद में लगा रहता है, अभ्यास व प्रभु चर्चा में ही उसका जीवन बीतता है। धीरे-धीरे इसकी ख्याति हो गई। परमात्मा ने सोचा, कि साधक को कुछ आगे बढ़ायें अभी और तरक्की करनी चाहिए। तो क्या हुआ कि हिमाचल प्रदेश के राजा को रात को स्वप्न हुआ, स्वप्न में देवी का दर्शन हुआ। राजा की ईष्ट देवी थी। देवी ने दर्शन देकर कहा कि देख तेरे राज्य में एक बड़ा ऊँचा महात्मा साधना में लगा हुआ है और तुमने आज तक उसकी कोई चिन्ता नहीं की। उसका हाल-चाल नहीं मालूम किया। मेरी आज्ञा है तू जा और उस महात्मा का हाल-चाल ले और नौ-नौ लाख के नौ तोड़े उसको भेंट में दे। राजा ने स्वप्न में पूछा कि हे देवी माँ कैसे पहचानूँगा कि वही महात्मा हैं। देवी बोली देख - उसके बाद सीन बदला उस महात्मा के दर्शन हुए, उसकी झोपड़ी के दर्शन हुए, उस स्थान के दर्शन हुए, बोली देखो यह महात्मा हैं। उसके बाद राजा की आँख खुल गई और उसे बड़ा अचंभा हुआ कि अजीब स्वप्न मैंने देखा है, लेकिन माँ ने स्वप्न में कहा है तो इसको पूरा करना चाहिए। ऐसा कहकर उसने दरबार में मंत्रियों को बुलाया,

सलाह–मशविरा किया कि ऐसा–ऐसा स्वप्न देखा है। मैं यह जानना चाहता हूँ कि वास्तव में कोई ऐसा व्यक्ति है यहाँ, ऐसा महात्मा है कोई हमारे राज्य में जिसकी ऐसी ऊँची साधना हो, अच्छा हो मालूम करना चाहिए। खुफिया द्वारा पता कराया तो मालूम हुआ कि हाँ ऐसा एक महात्मा आया है और गंगा के किनारे उनका स्थान है। वह बड़े अच्छे हैं आप उनके दर्शन कर लें, शायद वही हों। राजा अपने मंत्रियों को लेकर नौ–नौ लाख के नौ तोड़े लेकर वहाँ साथ गया। वहाँ जाकर देखा तो कहा कि हाँ यह वही महात्मा हैं जिन्हें स्वप्न में देखा था। उसे बड़ी प्रसन्नता हुई, देवी की बात बड़ी सत्य हुई। उन्होंने जाकर महात्मा जी को साष्टांग दंण्डवत प्रणाम किया और उसके बाद नौ तोड़े नौ–नौ लाख के थाल में लगा कर उठाकर सामने रख दिये। महात्मा ने जब देखा तो बोले भाई ऐसा है कि मुझे तो इनकी आवश्यकता है नहीं। मैं तो राजा था और मैंने ऐसे बहुत से तोड़े देखे हैं। मैं तो यह सब छोड़ के आया हूँ मैं अपने लड़के को राज सिंहासन देकर छोड़कर चला आया हूँ, मुझे इनकी जरुरत नहीं है। आप इन्हें यहाँ से ले जाएँ, मैं नहीं लूँगा। राजा बड़ी परेशानी में पड़ा कि माता का हुकुम था, आज्ञा थी, यह महात्मा तो लेंगे नहीं, क्या करें। उन्होंने अपने मंत्रियों से सलाह की, मंत्री ने कहा कि महाराज जिद न करिए, इनके कुटिया के दरवाजे पर छोड़ जाइए, लें तो, न लें तो आप इनके दरवाजे पर छोड़कर चले जाइए, उन्होंने ऐसा ही किया। उन्होंने कहा यह जो सड़क है यह तो सरकारी है। यह इनके दरवाजे पर छोड़कर चले जाइए, उन्होंने ऐसा किया। उन्होंने कहा यह जो सड़क है यह तो सरकारी यह जमीन भी अपनी है, आप तो राजा हैं आप इनके दरवाजे पर रख कर चले जाईये। नौ–नौ लाख के नौ तोड़े दरवाजे पर रखें और राजा, मंत्री ये सब चले गये। अब जब भी यह महात्मा बाहर निकलते तो तोड़ों पर निगाह पड़ती, शौच के लिये निकलें, फल इकट्ठा करने के लिये निकलें, किसी भी कारण वश बाहर निकलना पड़े तो उन पर इनकी निगाह पड़ती। धीरे–धीरे यह ख्याल पैदा होता कि भाई यह माया का बड़ा निरादर हो रहा है। इतनी दौलत और यह ऐसे ही पड़ी हुई है।

अगर गलत आदमियों के हाथ पड़ी तो इसका बड़ा दुरुपयोग होगा। इसका सदुपयोग होना चाहिए। बार–बार मन में यह ख्याल पैदा होता। क्यों न इसे रख लिया जाये? और मौका लगे तो इसका सदुपयोग किया जाये। आत्मा कहती

कि तुम तो यह सब छोड़ कर आये हो, तुम्हें क्या मतलब आप तो अपनी साधना में लगे, इसमें क्यों पड़ते हो फिर दुबारा इस चक्कर में, आत्मा यह कहती। धीरे-धीरे 15 - 20 रोज मन और आत्मा की लड़ाई होती रही और 15 - 20 रोज के बाद मन की जीत हो गई और मन ने कहा सब तो नहीं एक निकाल कर रख लो। महात्मा, संत और कोई आये तो उसकी सेवा में काम आयेगा। एक उन्होंने उठाया, रखें कहाँ, अपना आसन हटाया रेत हटाई और उस रेत में दबा दिया। ऊपर से आसन फिर बिछा लिया। उसके अगले रोज राजा को फिर देवी ने स्वप्न में दर्शन दिया और देवी ने कहा राजन माया का बड़ा अपमान हो रहा है। वह साधू तो लेता नहीं है और अगर किसी गलत आदमी के हाथ लग गई तो उसका दुरुपयोग होगा। इसलिए आप जाईये और उन तोड़ों को एक-एक अशर्फी गिनकर ले आईये। एक अशर्फी छूटे नहीं। गिन कर लाईये। राजा की आँख खुल गई, बहुत दुखी हुआ। ऐसे जंगल में अशर्फियों का कहाँ पता चलेगा। कितने दिन, 15 - 20 दिन हो गये, वहाँ किसने छोड़ा होगा। हिम्मत की, मंत्रियों को बुलाया, सलाह ली, उसने कहा कि इसमें तो खुफिया पुलिस की बड़ी जरुरत पड़ेगी और खुफिया पुलिस के बड़े अफसर को साथ लिया और उस स्थान तक पहुँचे। वहाँ देखें, वही पता चलेगा कि क्या हो सकता है। वहाँ गये तो देखा कि अशर्फियाँ वहीं पड़ी हुई हैं, चमक रही हैं। कहा कि काम बन गया लेकिन जब गिना तो एक कम पाया। कहा कि देवी ने कहा था कि एक-एक गिन कर लाना। देखते हैं, सब यहीं है। उसका पता चल जायेगा। अगर एक भी न मिलती तो मुश्किल काम था। एक का पता लगाना बहुत आसान काम है। उनके साथ पुलिस कर्मचारी थे। उनसे कहा कि भाई जंगल में देखो, झाड़ी देखो, झाड़ी पीट डालो सब देखो। खोज शुरु हुई लेकिन तोड़ा नहीं मिला, कहाँ जा सकता है। यही सोच रहे थे कि किसी जानवर के पैरों में लगकर चला गया हो, कहीं झाड़ी-वाड़ी में पड़ा होगा। फिर देखो। फिर उन्होंने महात्मा जी की कुटिया का छप्पर देखा कि यहाँ किसी जानवर ने डाल दिया हो। मगर पता न चला, थक गये। पहली बार जब यह लोग गये ये तो राजा ने बड़ा लम्बा चौड़ा दंण्डवत प्रणाम किया था। अब की बार गये तो तोड़ा गिनने में लग गये। महात्मा जी को ignore कर दिया। तोड़े गिनने लगे कि तोड़े हैं या नहीं और जब उन्हें तोड़ा नहीं मिला, निराश हो गये। तब वह महात्मा जी के पास गये और महात्मा जी से कहा कि महाराज यहाँ नौ तोड़े थे, आठ रह गये, एक कहाँ चला गया। महाराज ने

पहली बार कहा था कि हमें तो क्या लेना है हम तो ऐसे हजारों तोड़े छोड़कर आये हैं। अब यह कैसे कहें कि एक हमने रख लिया। यह तो बड़ी मान हानि हो जायेगी। मान का consideration उनके हृदय में ऐसा आया कि खट से कह बैठे कि हमें तुम्हारे तोड़े से क्या मतलब हम तो ऐसे छोड़ कर आये हैं, देख लो जहाँ तुमने डाला है, वहीं से ढूँढ लो। हमें तुम्हारें तोड़े से क्या मतलब, कह दिया। वह सब हट गये। फिर देखना शुरु किया। जो आई. जी0 पुलिस था वह बड़े गौर से वाच करता रहा, देखता रहा। सोचा सुबह से शाम तक इतनी देर हो गई इस महात्मा ने अपना आसन नहीं छोड़ा। आसन पर तो इतना बैठना होता नहीं, सुबह से शाम तक इसने आसन नहीं छोड़ा उसने हिम्मत की और महात्मा से कहा कि महात्मा जी खड़े हो जाओ। आसन हटाया, अँगुलियों के निशान थे, वहीं देखा तो तोड़ा मिल गया। जब तोड़ा मिल गया तो आई. जी. ने महात्मा जी को टेढ़ी निगाह से देखा, बोला बड़े महात्मा बने हैं कहते हैं कि हम तो ऐसे तोड़े छोड़ कर आये हैं, चोरी फिर झूठ, दो-दो गुनाह। काम तो जेल का किए हुए हैं, साधु वृत्ति करते हो इसलिए छोड़े देते हैं, नहीं तो काम तो जेल का है। ऐसा कहकर, इतना बुरा व्यवहार करके यह लोग चले गये।

अब इसे होश आया, अपने पर बड़ा पछताया, रोया, अरे राम, राज-पाट छोड़ा, सुख-आराम छोड़ा सब कुछ छोड़कर जंगल में आया, जंगल में रहता हूँ और निरंतर साधना करता हूँ, कितने वर्ष साधना करते हो गये, लेकिन इतने वर्ष साधना करने के बाद भी चोरी की और झूठ भी बोला। चोरी का इल्जाम भी लगा और झूठ का इल्जाम भी लगा। अपने पर बहुत रोना आया। बहुत रोया, बहुत रोया। मेरा बेड़ा कैसे पार लगेगा? मेरे अन्दर तो यह खराबियाँ हैं और सोचते-सोचते इस नतीजें पर पहुँचा कि यह जो आदमी है यही पाप कराता है, ऐसी जगह चलो जहाँ आदमी नजर न आयें। न आदमी नजर आयेगा न आप involve होंगें और न तकलीफ पैदा होगी, निरंतर परमात्मा की याद बनी रहेगी। ऐसे बियावान जंगल में चलो, ऐसी जगह चलो जहाँ यह इंसान नजर न आये। यह सोचकर और ऊपर जमुनोत्री, गंगोत्री और ऊँचे पहाड़ पर चले गये। उन्हें एक स्थान मिला, एक ऐसी गुफा मिली, अगर गुफा में बैठा जाय ऊपर से चट्टान ढंक दी जाय तो स्वप्न में भी पता न चले कि इसमें कोई आदमी छुपा है, कोई बैठा है- ऐसी गुफा में, जो एकांत थी कि आदमी पहुँच न सके ऐसी जगह उन्होंने अपने रहने का स्थान बनाया। उस गुफा से

सिर्फ एक बार निकलते, ब्रह्म महूर्त में। साढ़े तीन-चार बजे निकलते गुफा से गंगा के किनारे, गंगा में स्नान करते, वह ऐसी जगह थी जहाँ थोड़े बहुत फल मिल जाते, फल इकट्ठा करते, जल लेकर फिर अपनी गुफा में दाखिल हो जाते और फिर दिन में अपनी गुफा में से न निकलते। बड़ी कठोर तपस्या प्रारंभ की, लगातार निरंतर तपस्या करते रहते। कई वर्ष हो गये तपस्या करते-करते। कभी कोई पहाड़ी पर उधर से निकल गया। उस समय ब्रह्म मुहूर्त में, उसने देखा कि अरे एक महात्मा यहाँ हैं यह तो जल ले जा रहे हैं, उसने बड़े गौर से देखा कि अरे यह इस गुफा में रहते हैं। वह जब नीचे गया तो उसने और लोगों को बताया कि ऊपर जो गुफा है वहाँ महात्मा रहते हैं और सुबह निकलते हैं बाकी पत्थर ढंक लेते हैं परमात्मा ने कहा कि अब साधक ने अच्छी तपस्या की अभी जरा एक चोट और लगे तब आगे बढ़े। ईश्वर ने चाहा कि और तरक्की मिले तो ऐसे धीरे-धीरे उनकी ख्याति बढ़ती चली गई। गाँव के आस-पास के लोग जाने लगे दर्शनार्थ। कभी एक, कभी दो, कभी तीन, उस समय पहुँचते दर्शन करते। किसी की हिम्मत न पड़ती कि अन्दर जाये और उनसे बात करें। जब वह गुफा में रहते पत्थर ढक लेते, इसका मतलब किसी से बात नहीं करना चाहते। इसलिए कौन उनका श्राप ले, कोई नहीं जाता था। दूर से देखते, दूर से दर्शन करते और जब ख्याति काफी हो गई आठ - दस व्यक्ति दर्शन करने रोज ही निकल आते। उस समय इंतजार करते, टेलिस्कोप ले जाते, दूरबीनों से देखते, दूर-दूर से कि देखो, वो महात्मा निकले गंगा स्नान कर रहे हैं, फल बटोर रहे हैं, फिर गुफा में घुस गये, बड़े गौर से देखते। एक बार क्या हुआ कि परमात्मा की फिर विशेष कृपा हुई। हिमाचल प्रदेश का जो उस जगह का राजा था जहाँ यह थे, वह शिकार खेलने निकला अपनी धर्मपत्नी के साथ और शिकार खेलते-खेलते वह एक दूसरे से बिछड़ गये, राजा का रानी को पता नहीं और रानी का राजा को पता नहीं, बिछड़ कर रानी गंगा के किनारे पर आ गई और वह एक पत्थर पर बैठ गई और रोने लगी। ये ब्रह्म मुहूर्त में स्नान करने जाते थे, ब्रह्म मुहूर्त में स्नान करने गये। स्नान कर रहे थे कि इनकी निगाह उस देवी पर पड़ी उन्होंनं कहा कि यह यहाँ कहाँ, ऐसे वियावान जंगल में यह देवी आ गई और रो रही है, क्या कष्ट है। मन ने कहा कि इससे पूछो कि क्या तकलीफ है, क्या इसकी तकलीफ दूर की जा सकती है। आत्मा ने फिर कहा कि एक बार झंझट में

पड़े थे। बड़ी मुसीबत उठाई। अब झंझट में न पड़ो अपना काम करो, ईश्वर की याद करो, लेकिन फिर मन और आत्मा में झगड़ा होने लगा। मन ऊपर उठ गया, नही! उसे तकलीफ है, उसकी तकलीफ दूर करना फर्ज है। यह उन देवी के पास गये, रानी थी, बड़ी सुन्दर थी उसने पूछा कि देवी तुम्हें क्या कष्ट है। उसने कहा कि गंगा के पार जो दूसरा देश है मैं उसकी रानी हूँ। हम एक रास्ते से आ गये घोड़ा कुदा के लेकिन मैं अब जा नहीं सकती क्योंकि हमें रास्ता मालूम नहीं और यहाँ गंगा का पाट चौड़ा है तैरना मुझे आता नहीं और हमारे मैं अब जा नहीं सकती क्योंकि हमें रास्ता मालूम नहीं। हमारे राज्य का ऐसा नियम हैं अगर रानी एक रात अकेले देश से बाहर रहे तो वह रानी नहीं रहती, पद्च्युत कर दी जाती है। अगर रात-रात में पार कर जाती हूँ तब तो रानी रहूँगी अगर दिन निकल आया तब मैं फिर रानी नहीं रहूँगी। तो मुझे गंगा के पार जाना बहुत जरुरी है। मैं तुम्हें अभी पार कराये देता हूँ। ठीक है, यही तो चाहिए। गंगा में घुसे, जब धार आई उसने कहा कि मैं तो गई, महात्मा जी ने कहा कि नहीं, उसने महात्मा जी का हाथ पकड़ लिया कि मैं तो बही, नहीं हाथ पकड़ कर आगे बढ़े जब और पानी गहरा आया तो बोली कि मैं तो डूबी, तो कहा कन्धे पर बैठ लो, उसे अपने कन्धे पर बैठा लिया। वर्षों बाद स्त्री का स्पर्श हुआ, ऐसा वर्षों बाद उसको हुआ, उसके वस्त्र गीले हो गये थे, पतले गीले वस्त्र ऐसी स्त्री का स्पर्श उसका मन खराब हो गया। मन में विकार पैदा हुआ। मन में विकार पैदा होते ही वह तो सच्चा साधक था उसे अपने मन की दशा का पता चला कि अरे राम-राम इतनी तपस्या करने के बाद भी मन की यह दशा है। हे, राम-राम उसे अपने पर बड़ी ग्लानि आयी, रोना शुरु किया और जैसे तैसे उस देवी को लाया, पार उतारा। उधर क्या हुआ जो लोग उन्हें देखने आये थे, बहुत दिनों से आते रहे थे, दूर से देख रहे थे। उन्होंने देखा और कहा कि आज तो महात्मा जी जो हैं किसी स्त्री को अपने कन्धे पर बिठा कर ला रहे हैं और गंगा पार करा रहे हैं। सब झपट कर किनारे पर आ गये और खूब ताली पीटी कि यह बाबा है, वैसे गुफा में रहता है। ये दिन में उसमें रहता है, रात में क्या करता है, नमक छिड़क दिया कटे पर। वैसे तो दुखी था ही और दुनिया वालों ने नमक छिड़क दिया, रो पड़ा। बिलख-बिलख कर रो पड़ा। जब खूब रोया तो उस देवी को दया आई और उसने कहा कि हे राजन! तू मुझे मामूली स्त्री समझता है, मैं मामूली स्त्री नहीं हूँ, मैं तो माया

हूँ, मैं तेरा इम्तहान लेने आई थी और तुम जैसे साधकों का मैं गधा बनाती हूँ, जैसा अब बनाया। गधा बनाकर सवारी लेती हूँ जैसे तुम्हारे ऊपर, जैसा अब बनाया। बेचारा बहुत दुखी हुआ और हाथ जोड़कर बोला कि हे देवी कोई ऐसा भी है जो तेरे पार गया। उसने कहा कि ऐसे भी हैं जो मुझे गधी बनाते हैं, मेरे काबू में नहीं आते। अच्छा ऐसे भी हैं तो एकाध का नाम बताओ ताकि दर्शन करके कृतार्थ होऊँ और हमारा जीवन कृतार्थ हो जाय। देवी ने कहा कि चले जाओ बनारस में कबीर साहब हैं जो मुझे गधी बनाते है और मेरे काबू में नहीं आते उसके दर्शन करो तेरा कल्याण हो जायेगा।

अब यह उल्टी यात्रा प्रारंभ हुई। चार छः महीने में उतर के बनारस पहुँचे तो मालुम करना शुरु किया कि भाई यहाँ कोई कबीर साहब हैं? तो कोई बताये नहीं, कबीर साहब हम नहीं जानते जिससे पूंछें वही कहे कि भाई हम नहीं जानते कि कोई कबीर साहब हैं। सोचा, देवी ने कहा है तो कबीर साहब जरुर होंगे। बहुत घूमें, फिर किसी ने कहा कि भाई कबीर साहब को नहीं जानते, एक कबिरा जुलाहा है, अगर कबिरा जुलाहा को देखना हो तो वो बरगद के पेड़ के नीचे ताना-बाना लगाये हुऐ सूत बुन रहा है, उसके पास चले जाओ। उसे तो हम जानते हैं कबिरा जुलाहा है लेकिन कबीर साहब तो यहाँ कोई नहीं है। उसने सोचा वहाँ जाकर शायद असली कबीर का पता लगे। कबिरा जुलाहे को ही देख लें तो यह राजा कबीर साहब की तरफ बढ़ा। कबीर साहब ने दूर से ही देख लिया कि आज एक सच्चा जिज्ञासु चला आ रहा है, एक ऐसा व्यक्ति चला आ रहा है कि जिसके हृदय में सच्ची तड़प है परमात्मा के पाने की अध्यात्म के पाने की, एक सच्चा जिज्ञासु चला आ रहा है, दूर से देख लिया और देखने के बाद अपनी धर्मपत्नी से कहा कि ये देवी चिराग लाओ। पतिव्रता देवी थी गई और चिराग जला के ले आई जब तक यह आ गया चिराग भी पहुँच गया और कबीर साहब चिराग लेकर ढूंढना शुरु किया। कभी ताने में कभी बाने में लेकर चिराग, पसीने-पसीने हो रहे हैं, ढूंढ रहे हैं अब यह साधक जो राजा था, वहाँ पहुँच गया था यह बैठकर तमाशा देखने लगा कि यह चिराग से क्या कर रहा है। उसने ख्याल किया कि इसका कुछ खो गया है, खोई वस्तु ढूंढ रहा है चिराग से। इससे नहीं रहा गया बहुत देर तक देखा तो बोला भाई क्या खो गया, जो आप इतनी देर से परेशान हैं, खो क्या गया है, क्या मैं आपकी मदद कर सकता हूँ। बोले मेरा इतना बड़ा हत्था

खो गया है उसे ढूंढ रहा हूँ। इसने कहा कि लकड़ी का हत्था और दिन के 12 बजे सूरज चमक रहा है, तेज रोशनी है और वह सूरज की रोशनी में नहीं मिलेगी चिराग की रोशनी में मिलेगी। वह बहुत हँसा, बोले अजीब आदमी हो इतना बड़ा सूरज निकल रहा है ऐसी रोशनी चमक रही है और आप चिराग लेकर ढूंढ रहे हैं। कबीर साहब रो पड़े, रो के कहने लगे हाँ यही तो मुसीबत है वह परम पिता परमात्मा हर मनुष्य के हृदय में सूर्य की तरह विद्यमान है लेकिन हम उस प्रभु को ढूंढते है कंदराओं में, पहाड़ों की चोटियों में, गुफाओं में, जंगलों में और इसके साथ शक्ति पात (आत्मिक पावर) हुई कि उसका हृदय आनन्द और प्रभु-प्रेम से भर गया। जिस चीज की आवश्यकता थी उसे मिल गई। उसका रोम-रोम आनन्दमय हो गया। Automatic ध्यान बनने लगा। परमात्मा की याद स्वतः आने लगी। वह परमात्मा की याद में गहरा डूब गया। आनन्द विभोर होकर बैठ गया, प्रभु की याद में। कबीर साहब अपने काम में फिर लग गये। वह और उनकी धर्मपत्नी सूत बुनने लगे। थोड़ी देर में एक गधी घूमते हुए आई। चरती हुई घूमती हुई उधर से निकल आई और उस गधी ने कबीर साहब का जो ताना-बाना था कोने में जाकर लात मारी और उनके ताने-बाने के तार तोड़ दिये। जब तार तोड़ दिये तो कबीर साहब दौड़े दौड़े गये चक-चक करके गधी को अलग किया और एक-एक तागा बाँधा। और बाँधने के बाद फिर बिनने लगे। थोड़ी देर बाद वह गधी घूम कर आई और दूसरी जगह उसने लत्ती झाड़ दी सारे तार तोड़ दिये। कबीर साहब भागे भागे गये चक-चक करके उसे हटाया एक-एक करके धागा बाँधा और फिर बिनने लगे। पाँच छः बार वह गधी आई और तागे तोड़े चक-चक करके उसे अलग करते रहे और बुनने में लगे है। यह आनन्द विभोर परमात्मा की गहरी याद में आते-जाते रहे। कबीर साहब की कृपा उसे ऐसी मिली जिसके लिए इतनी तपस्या की गई आनन्द विभोर अपनी आत्मा के आनन्द को चूस रहे थे कभी-कभी आँख खोलकर देख लेते तो कहते यह देखो यह गधी ऐसे ऊँचे महात्मा को परेशान कर रही है। कभी-कभी मन में यह विचार पैदा होता और एक बार क्या हुआ यह महात्मा जहाँ बैठे थे उसी तरफ गधी आई और जैसे ही मारने को थी इन्होंने अपना डंडा लिया और दिया एक डंडा यह नहीं मानेगी तंग किये जा रही है। महात्मा ने एक डंडा लगाया था कि वह गधी माया में बदल गई, देवी की शक्ल में बदल गई जिसके दर्शन उन्हें गंगोत्री यमुनोत्री में हुए थे। देखा, परमात्मा के आनन्द में विभोर था, आत्मा के रस

को चूस रहा था, मैंने तेरा क्या बिगाड़ा था, धागे तो मैं उसके तोड़ रही थी, लट्ठ तैने मार दिया और यह मेरे काबू में नहीं आया। जरा सा भी गुस्सा क्रोध नहीं है इसके धागे टूट रहे थे आता है चक-चक करके हटा देता है इसे क्रोध रत्ती भर नहीं है, यह है जो हमें गधी बनाये हुये है मेरे काबू में नहीं आता ऐसा संत महात्मा ऐसा ऊँचा संत जिसका हृदय निरंतर परमात्मा की याद में डूबा रहता है जब प्रभु की तीसरी विशेष कृपा होती है तो ऐसे संत के दर्शन होते हैं। ऐसे संत से परमात्मा नाता जोड़ देता है और ऐसे संत से सम्बन्ध हो जाने से प्रभु का प्रेम प्रभु की मस्ती अपने आप हृदय में पैदा होती है उसके पास बैठने से आनन्द आता है, उसके पास बैठने से ध्यान बनता है, अपने आप प्रभु की याद आती है। जब ईश्वरी की तीसरी कृपा होती है तब ऐसा होता है और इसे हम गुरु कृपा कह सकते हैं। गुरु से यह वस्तु मिलती है power of concentration, चित्त की एकाग्रता गुरु से मिलती है जिसे हम बीज मंत्र कहते हैं यह है असली मंत्र। यह है शक्ति, ऐसी शक्ति जब चाहें परमात्मा की याद करें। चलते-फिरते, बस में बैठे, गाड़ी में बैठे जब चाहें परमात्मा की याद कर सकते हैं। Power of Concentration सद्गुरु से प्राप्त होती है यह है परमात्मा की तीसरी कृपा।

एक और हाल की घटना महात्मा यशपाल जी ने अपने दादा गुरु महाराज महात्मा रघुवर दयाल जी जो कानपुर में रहते थे का सुनाया। महात्मा रामचन्द्र महाराज के छोटे भाई थे, कानपुर में उनका सत्संग चलता था और बहुत बड़े विख्यात महात्मा हुए। उनके नाम पर आज भी संत शिरोमणी रघुवर दयाल मार्ग करके सड़क का नाम है, वहीं उनका निवास स्थान था। बहुत ऊँचे गृहस्थी महात्मा हुए। मेरे गुरु भाई बाबू दुर्गा सरन बहुत सज्जन व्यक्ति, बहुत ऊँचे अध्यात्मवादी थे। उनके जीवन की एक घटना है। आप बड़े सज्जन थे। अध्यात्म की खोज में थे, सच्ची अध्यात्म की खोज में। तो क्या हुआ कि उन्हें अपने जीवन में एक महात्मा (साधू सन्यासी) से भेंट हो गई। उस सन्यासी ने उन्हें कुछ चमत्कार दिखलाये और उन चमत्कारों का उनके ऊपर बहुत बड़ा प्रभाव पड़ा। बाबू दुर्गा सरन ने कहा कि महाराज अगर आप हमें राम-नाम दे दें तो मेरे ऊपर कृपा हो जाय, मैं रास्ते में लग जाऊँ। उस सन्यासी ने कहा कि भाई मैं तो सन्यासियों को राम-नाम देता हूँ। गृहस्थियों को नहीं देता। कहा कि नहीं महाराज किसी तरीके से कृपा करो, थोड़ा राम-नाम हमें भी मिल

जाये तो हमारा भी जीवन बन जाय। बहुत कहा, तो कहा ठीक है हम तुम्हें राम-नाम देंगे। तुम जानते हो कि राम-नाम में क्या करना पड़ता है। तो बोले कि आत्म-समर्पण करना पड़ता है, बगैर आत्म-समर्पण के राम-नाम नहीं आता। करोगे क्या लेकर, मैं राम-नाम लूँगा। I am ready, मैं आत्म समर्पण के लिये तैयार हूँ - अच्छा। कल रात्रि में आपके घर में जितना सोना है ले आना। बहुत अच्छा महाराज जैसी आज्ञा। तो वह बेचारे जो जैसा था 60 तोले सोना था सबका सब बाँधा एक पोटलिया में और रात के 10 बजे के बाद महाराज की कुटिया में पहुँच गये। महाराज ने 10 बजे के बाद कहा था ले आना। महात्मा ने कहा कि देखों हम तो महात्मा लोग हैं, माया को हाथ नहीं लगाते। कानपुर में गंगा के किनारे उनकी झोपड़ी थी। उन्होंने कहा आप अपने हाथ से रेत हटाओ इसे गाड़ दो, हम तो हाथ नहीं लगाते। कहा अच्छा, उन्होंने आज्ञा का पालन किया। इन्होंने अपने हाथ से रेत हटाई, गाड़ दिया। फिर महात्मा ने कहा कि कल सुबह साढ़े आठ बजे स्नान करके आना, राम-नाम दे देंगे। वह बेचारा सोना गाड़ के घर चला गया। अगले रोज नहा धो के साढ़े आठ बजे गया। महात्मा जी की कुटिया में जब पहुँचे तो वहाँ महात्मा जी थे ही नहीं, कुटिया में भी कुछ नहीं था, खाली छप्पर ही छप्पर था, न कोई वस्त्र न कुछ। मालूम किया तो पता चला कि ये तो महात्मा चले गये। बहुत तलाशा वह मिले नहीं। इस वाकये का इन के दिल पर क्या असर हुआ होगा आप इसका अंदाजा नहीं लगा सकते। जिसने अपने घर की कमाई बाँध करके कुटिया में अपने हाथों से ही अपने आप ही रख आया और राम-नाम भी नहीं मिला। महात्मा जी चले गये, इसने खोदा-खादी की वहाँ रखा होता तो मिलता, वह तो कोई ले गया निकाल करके। इसका इनके जीवन पर ऐसा असर पड़ा कि इन्होंने बाहर जाना बन्द कर दिया। न मन्दिर जाते, न कहीं प्रवचन होता वहाँ जाते, घर बैठकर रोते रहे, हे भगवान मैं तेरे चरणों में आना चाहता था, मेरे साथ यह हुआ, न इधर का रहा न उधर का रहा। कई वर्ष, 6-7 साल रोते-रोते हो गये। फिर कोई इनका मित्र था, देखो भाई तेरे साथ ऐसा हो गया वह तो ठीक है, हम तुम्हारा रोना ठीक कर सकते हैं, वह कैसे, मैं तुम्हें ले चलता हूँ एक महात्मा के पास, लेकिन वह गृहस्थी हैं। हम गृहस्थी महात्मा के पास ले चलेंगे। फिर हँस कर यह बोले कि सन्यासी ने तो यह कर दिया, पता नहीं गृहस्थी वाला महात्मा क्या करेगा। नमस्कार, मैं घर में ही ठीक हूँ, मैं नहीं जाता कहीं और। इन्होंने कहा ऐसी बात नहीं है, आप चलो हम

आपका रोना बन्द करा देंगे। आप चलो तो सही, देखें चल कर, क्या हाल है। बहुत कहा तो जबरदस्ती खींच कर उन्हें हमारे दादा गुरु, महात्मा रघुवर दयाल जी के चरणों में ले गये, जहाँ सत्संग होता था। अब जो आदमी सात साल से रोया हो ईश्वर की याद में, उसका दिल कितना मुलायम हो गया होगा हम अंदाजा नहीं लगा सकते, कितना पवित्र, कितना मुलायम। बैठा, चाचा जी महाराज, महात्मा रघुबर दयाल जी के चरणों में जाकर बैठा, एकदम गायब, उसको अपना होश नहीं रहा और एक हफ्ते तक वह आता रहा, आनन्द विभोर होता रहा। उसके बाद चाचा जी महाराज से प्रार्थना की महाराज हमें राम-नाम दे दो। जब राम-नाम देने लगे तो चाचा जी महाराज बड़े हँसमुख थे। जब वह राम-नाम दे रहे थे तब वे अपना किस्सा सुना रहे थे कि महाराज गया था राम-नाम लेने न घर का रहा न घाट का। साठ तोले सोनो लेकर चला गया, रो-रो कर कह रहा था अपना किस्सा। चाचा जी महाराज बोले अरे यार बड़ी छोटी सी कीमत में यह दौलत मिल गई, साठ तोले सोने में। जब ईश्वर की बड़ी कृपा होती है तो परमात्मा अपने किसी भक्त से नाता जोड़ता है अन्यथा मनुष्य चक्कर ही काटता रहता है, न मालूम कितने चक्कर खाते हैं, कितनी तकलीफें उठाते हैं, कितनी बर्बादी मिलती है, कहीं जाकर फिर जब ईश्वर की बड़ी कृपा होती है तब कहीं ऐसे भक्त से नाता जुड़ जाता है फिर काम बन जाता है, आसान हो जाता है, बीज मंत्र प्राप्त हो जाता है power of Concentration मिल जाता है, चित्त की एकाग्रता मिल जाती है।

अब निज कृपा की आवश्यकता होती है। निज कृपा चाहिए और निज कृपा क्या चाहिए। अब आपको ऐसी चीज मिल गई कि चलते-फिरते आपका ध्यान बन सकता है, जहाँ आपने अन्दर ख्याल किया, ध्यान बना। विचार करने वाली बात है। चलते हुए ध्यान बनता है, गाड़ी में बैठे हुए बनता है automatic बिना प्रयास के। अब क्या रह जाता है, निज कृपा, जब खाली वक्त हो वह परमात्मा को दें, काम का नहीं, काम के वक्त काम करें, एक मिनट बर्बाद न करें, जब खाली हों तब परमात्मा की याद करें। फौरन ईश्वर की याद, जीभ की नोक तालुए से लगाओ और ईश्वर की याद में डूब जाओ। जब खाली हों खाली समय परमात्मा को दें। धीरे-धीरे एक समय आता है कि परमात्मा की याद का समय बढ़ता चला जाता है, ध्यान की अवस्था प्रगाढ़ होती चली जाती है और बढ़ती चली जाती है। रामकृष्ण देव परमहंस एक बड़ी ऊँची बात कहा

करते थे। वह कहा करते थे कि समुद्र की सतह पर एक प्रकार की सीपी होती है। जो तैरती रहती है, मुँह खोले तैरती रहती है और जब स्वाति नक्षत्र की बूँद उस सीपी में पड़ जाती है तब मुँह बन्द करके समुद्र की तल में चली जाती है और तब तक मुँह नहीं खोलती जब तक वह मोती न बन जाय। यही सच्चा साधक है, जब चित्त की एकाग्रता हासिल हो जाय, प्रभु कृपा से गुरु कृपा से, खाली समय तब परमात्मा को दें, जब काम न हो तब ईश्वर की याद करो, ध्यान और तब तक मुँह न खोले जब तक सच्चा ज्ञान हासिल न हो जाये, जब तक 24 घन्टे का ध्यान न बनने लगे। चलते-फिरते, खाते-पीते, सोते-जागते जब तक ध्यान न बने, जब तक बीच मंत्र कीलक में न बदल जाये। कीलक शक्ति में न बदल जाय तब तक इस अभ्यास में लगे रहें। धीरे-धीरे यह कीलक में बदल जाता है। बीज मंत्र मिला गुरु से, ऐसी शक्ति मिली कि आप खाली समय परमात्मा को देते है उसकी याद करते हैं, धीरे-धीरे याद बढ़ती चली जाती है इसकी memory हमारे mind में imprint होती चली जाती है, बढ़ती चली जाती है। उसकी memory का छेद हमारे दिमाग में बढ़ता चला जाता है। हमारा मस्तिष्क ऐसे है spung जैसे होता है। सैकड़ों छोटी-छोटी नसों से बना हुआ है, करोड़ों नसें उसमें छेदें है जिसका गहरा असर पड़ता है उसकी memory हमारे mind में imprint हो जाती है। बचपन की बहुत सी बातें हमें याद नहीं हैं, लेकिन कोई-कोई बातें याद हैं क्योंकि उस event का हमारे हृदय पर गहरा असर पड़ा इसलिये हमें याद है। अब परमात्मा की याद आती है। हम हृदय से, दिल से याद करते हैं, बड़े प्यार से, हृदय से याद करते हैं ख्याल से, उसके बाद अमृत रस की वर्षा होती है, अमृत रस चूता है। कबीर साहब ने इसका बड़ा सुन्दर दिग्दर्शन किया है। वह बिना पढ़े-लिखे लोग थे इस अनुभव को बड़े सुन्दर शब्दों मे दर्शाया है, बड़ी सुन्दर भाषा में उन्होंने कहा कि-

चुअत अमी रस भरत ताल, जहाँ शब्द उठत असमानी हो ।
सुरत समानी सिन्धु में, नहीं कुछ जात बखानी हो ।।

अमृत रस की वर्षा होती है, कैसे होती है equal interval पर एक मिनट बाद एक बूँद गिरी, तो दूसरे मिनट बाद दूसरी, तीसरी चूती है, कमर के इस हिस्से (बताते हुए) में आकर गिरती है और जब वह बूँद गिरती है तो इतना आनन्द उसमें आता है कि शरीर का रोंगटा-रोंगटा खड़ा हो जाता है, शरीर

प्रकाश, रोशनी से भर जाता है, इतना आनन्द आता है, दुनिया के किसी विषय में वह आनन्द million part नहीं, उसका अंश मात्र भी नहीं, इतना आनन्द आता है। इसे हम भोग जनित आनन्द कहते हैं। शंकराचार्य महाराज ने कहा कि अमृत रस की वर्षा होती है अग्नि प्रकट होती है, लोग हँसते हैं कि अमृत रस बरसे और अग्नि पैदा हो, ये प्रकाश - रोशनी पैदा होती है। तमाम शरीर भर जाता है रोशनी से। चुअत अमी रस भरत ताल, ताल के साथ, equal interval, एक बूँद गिरी एक मिनट, दूसरे मिनट पर दूसरी, तीसरी ताल के साथ, बाजे की ताल, hormonium की ताल, तबले की ताल, चुअत अमी रस भरत ताल जहाँ शब्द उठत असमानी हो। निरंतर शब्द, प्रभु की गहरी याद, ऐसी गहरी याद होती है कि मन एक समुद्र की शक्ल अख्तियार कर लेता है। ऐसा मालूम होता है कि अथाह समुद्र है, समुद्र ही समुद्र जिसमें लहर नहीं, शांत। एक शांत समुद्र की अवस्था में चला जाता है, डूब जाता है, ऐसी प्रभु की गहरी याद होती है, जबरदस्ती बुलाये दूसरा विचार नहीं आता। चुअत अमीं रस भरत ताल जहाँ शब्द उठत असमानी हो, सुरत समान सिन्धु में नहीं जात कुछ बखानी हो। यह जो आनन्द है शब्दों में बयान नहीं किया जा सकता बयान के बाहर है यह कबीर साहब ने कहा है। एक मुसलमान संत सूफी सेंट, उनका भी वहीं अनुभव, कहा-

जब दिल को नींद आ जाती है, और रुह भी गाफिल होती है ।
तब मैं भी अकेला होता हूँ और यार की महफिल होती है ।।

वही चीज, मन सो गया, आत्मा भी सो गई, आत्मा लय हो गई मैं भी अकेला होता हूँ और परमात्मा हमारे सामने होता है, दूसरा विचार तक नहीं आता ख्याल तक नहीं आता-

कल साहिल वालों से रो - रो, यह डूबने वाले कहते थे ।
जो मौज डुबा दे तूफां को, वह मौज ही साहिल होती है ।।

वही भाव है। और हमारे बुजुर्गो ने क्या कहा? उन्होंने बताया This is the gate of saints यह saint hood का दरवाजा है। जिसे यह अनुभव हो गया उसे संतमत में दाखिला मिल गया अब यह memory permanent imprint हो गई mind में, अब जा नहीं सकती 24 घन्टे का ध्यान पक्का हो गया, चलते-फिरते, खाते-पीते, जागते-सोते, संसार का हर व्यवहार करते परमात्मा की याद निरंतर

बनी रहती है। यह उसकी दशा हो गई उसकी एक टाँग यहाँ और एक टाँग वहाँ और हमारे सद्‌गुरुओं ने कहा This is the gate of saints संतों का दरवाजा। अभी तो दरवाजे में हम दाखिल हुये। पहुँच तो बहुत दूर है we have just entered in the gate of saint hood। इस जगह जो सद्‌गुरु है वह warning देता है। वह कहता है कि भाई, यह योग जनित आनन्द तुमको आ रहा है। सच्चा भक्त आनन्द नहीं चाहता, सच्चे भक्त को आनन्द से कोई मतलब नहीं, सच्चे भक्त तो जो हैं वह तो परमात्मा का चरण चाहता है। उसकी तो एक ही इच्छा रहती है, एक ही ख्वाहिश रहती है कि हे प्रभु! निरंतर तेरे चरणों में ध्यान बना रहे और कुछ नहीं चाहिए। न दीन चाहता हैं, न दुनिया चाहता है, न मोक्ष चाहता है, न नरक चाहता है, न स्वर्ग चाहता है, एक ही अभिलाषा रहती है कि प्रभो तेरे चरणों में ध्यान बना रहे और कुछ नहीं, no desire "मेरी अर्जे तमन्ना भी अजब अर्जे तमन्ना है, तुझी से मांगता हूँ मैं तुझी को मांगता हूँ मैं।" जो सच्चा भक्त है सिवा परमात्मा के चरणों के दूसरा कुछ नहीं चाहता। तो warning देता है वह, इसमें मत लग जाओ इस आनन्द की इच्छा को भी छोड़ दो। आनन्द की इच्छा को छोड़ के परमात्मा के चरणों को कसकर पकड़ो। उसके ध्यान में मस्त हो जाओ। जो सच्चा भक्त है न दुख में दुखी होता है, न आनन्द में सुख मनाता है। वह तो अपने प्रभु के चरणों में निरंतर लगा रहता है। तो फिर साधक आगे बढ़ता है इसको भी भूल जाता है। हो गया तो ठीक, नहीं हो गया तो ठीक। कसकर प्रभु के चरणों को पकड़ लेता है और गहरा और गहरा डूबता चला जाता है। धीरे-धीरे उसके जो चक्र हैं activate होने के साथ-साथ शुद्ध हो जाते है। सारे चक्रों में प्रभु की शक्ति भर जाती है। अब यह जो बीज मंत्र था कीलक में बदल जाता है। कीलक कहते हैं कील गया, आर-पार छेद हो गया। कीलक हो गया अब यह कीलक शक्ति मंत्र में मिलना चाहिए। निरंतर अभ्यास के बाद ऐसी योग्यता इस शरीर में आती है कि इसके चारों तरफ एक औरा बन जाता है, अगर उस औरा में कोई आकर बैठे तो खाली नहीं जाता, बगैर असर के नहीं जायेगा। यह बात पैदा हो जाती है, जो आया वह प्रभु याद के बगैर नहीं जायेगा। उसे प्रभु की याद बनेगी। जब यह बात पैदा हो जाय तब सच्ची सेवा बनती है। ऐसे पुरुष से सच्ची सेवा बनती है, जो अपना कल्याण करता है और जो उसके सम्पर्क में आता है उसका भी कल्याण होता है। lamp, lights the other lamp. A lighted lamps lights the other lamp एक lamp से दूसरा जलता है। अध्यात्म का जो रास्ता है, वह यही है एक lamp से दूसरा lamp जलता है। यह प्रवचन से नहीं आता है, not by preaching, उससे तो प्रेरणा मिलती है परमात्मा की तरफ बढ़ने की। सच्चा अध्यात्म आता है सम्पर्क से, एक lighted lamp से दूसरा लैम्प lighted होता है। One by one यह रास्ता अध्यात्म का है जिसमें निज कृपा की बड़ी आवश्यकता है। पहली ईश्वरीय कृपा जो मुख्य है, बिना उसकी कृपा के पत्ता नहीं हिलता। जब उसकी कृपा हो जाये तीन प्रकार से, फिर गुरु कृपा, जब पात्र तैयार हो जाता है तब power of concentration साधक को मिलती है गुरु से, बीज मंत्र गुरु से प्राप्त होता है। निज कृपा से उस बीज मंत्र को वह कीलक में परिणित करता है, शक्ति मंत्र में परिणित करता है निज कृपा उतनी ही जरुरी है जितनी गुरु कृपा की जरुरत है। गुरु कृपा से काम नहीं चलता है, आप की अपनी चीज नहीं बनेगी। आप बैठेंगें आकर, ध्यान हो जायेगा, गर्मी आ जायेगी सब कुछ आ जायेगा फिर ठंडे हो जायेंगे। Unless you make it your own, यह अभ्यास से होता है। जैसे-जैसे आप अभ्यास करेंगे आपका अपना बनता चला जायेगा। आपके सारे चक्र activate हो जायेंगे। उनमें शक्ति पैदा होगी यह सारी बातें पैदा होगी।

'परमात्मा तू ही है, तेरी इच्छा पूरी हो।'

9

योग और उसकी साधना

आनन्द योग के साधक, महात्मा यशपाल (भाई साहब) जी ने आध्यात्मिक जीवन शैली के लिये योग साधना के अपने अनुभवों को वर्तमान परिपेक्ष्य में साझा किया। योग साधना का अन्तिम लक्ष्य ध्यान है। अपनी दिन चर्या का खाली समय, परमात्मा की याद में लगाकर इंसान, बड़ी सुगमता से योग साधना कर सकता है।

आप कहते कि, योग के बारे में व्यापक समझ रही है, जो मिराकिल (Miracle) दिखा सके उसे हम योगी की संज्ञा देते हैं। उदाहरण के लिए, प्राणायाम खींचकर जमीन के अंदर दस-पंद्रह दिन रह सके, पानी पर चल सके, आग पर चल सके, कोई चीज शून्य (vaccum) से पैदा कर सके को हम योग की संज्ञा देते हैं। योग से अधिकतर यही समझा जाता है कि योग साधने के बाद हमारे अंदर बड़ी - बड़ी अजूबी शक्तियाँ पैदा हो जायेंगी, जिससे हम अनहोनी बात कर सकेंगें, मिराकिल्स (Miracles) कर पायेंगें, अमूमन ऐसी आम धारणा है। पंतजली महाराज ने योगसूत्र में योग की परिभाषा दी है 'योगश्चित्तवृत्तिनिरोध:,' चित्तवृत्तियों के निरोध को योग कहा है, जो योग पर अथार्टी (Authority) माने गये हैं। सूफी मत के संतों ने, गृहस्थ में रहते हुए इस योग को साधा और सरल किया ताकि आम लोग समझ सके और इसका लाभ ले सकें। इन संतों ने कहा कि पहले हम अपने को जान लें तो अच्छा है। हम क्या हैं? हम जो बाहर दिखाई देते हैं, केवल हम यही नहीं हैं। वास्तव में हमारे तीन शरीर हैं। स्थूल शरीर, जो यह बाहर से दिखाई देता

है। इसमें दस इन्द्रियाँ हैं। नाक सूंघने का काम करती है, आँख देखने का काम करती है, देखने का आनन्द लेती है, जिव्हा स्वाद का आनन्द लेती है, कान सुनने का आनन्द लेते हैं इस तरह यह सब इन्द्रियाँ विषयों का आनन्द लेती हैं। दूसरा हमारा 'सूक्ष्म शरीर' है, जो मन, बुद्धि, चित्त और अहंकार से मिलकर बना है। जितना सोच-विचार का काम है वह इससे लिया जाता है। जितनी वासनाएँ है उसका आनन्द सूक्ष्म शरीर से आता है और हम वासना का आनन्द लेते हैं। कवि है कविता बनाने में मस्त है, बारात निकल जाती है उसे पता नहीं चलता। एक गणितज्ञ है, सवाल हल करने में लगा है अपने को भूल जाता है, एक वैज्ञानिक है, रिसर्च में लगा है संसार को भूल जाता है और जब उसकी रिसर्च पूरी हो जाती है तो उसे कैसा आनन्द आता है, उसको उसी का हृदय जानता है। यह जो आनन्द है वह हमें सूक्ष्म शरीर से मिलता है। तीसरा है आत्मा, आत्मा में आनन्द ही आनन्द है। चैतन्यता और आनन्द आत्मा में है। आत्मा से सूक्ष्म शरीर में आता है, सूक्ष्म शरीर से इन्द्रियों में आता है। इन्द्रियों से हम उसका आनन्द लेते हैं। विषयानन्द में जो झलक है?, वासनानन्द में जो झलक है, वह हमारी आत्मा की ही है, वह सब आत्मा से ही जाती है। आत्मा को अलग कर दीजिये तो दोनों शरीर बेकार हो जाते हैं। तो यह तीन चीजें हुई – स्थूल शरीर, सूक्ष्म शरीर और कारण शरीर। अगर किसी तरीके से जो स्थूल शरीर है इसके विषय को दबा दें और सूक्ष्म शरीर से वासना को दबा दें तो तीनों जगह आनन्द ही आनन्द रह जायेगा। यही सच्चाई है।

यह कैसे आ सकता है? मिले कैसे? हम कैसे विषय को दबायें? सूफी संतों ने बड़े अनुभव के बाद बताया कि कंट्रोल में लाने के लिए अगर आप दसों इन्द्रियों पर कोशिश करेंगे तो एक भी कंट्रोल में नही आयेंगी। इन संतों ने कहा कि दसों में से दो इन्द्रियों को छाँट लें और उन पर कंट्रोल प्राप्त करें। यह जो हमारी दो इन्द्रियाँ हैं आँख और जबान। इन दो इन्द्रियों पर कंट्रोल करने से सब हो जायेगा। पहली है आँख इस पर तीन प्रकार का कंट्रोल करना है–

9.1 आँख

9.1.1 नजर पर कदम:– जब हम चलें, अपने पैर की पीठ को देखते हुए चलें, इधर-उधर न देखें। इसके माने यह भी नहीं है कि आँख मूँद कर चलें। हमारे शरीर में जो हमारी आँखें हैं, यह बड़े अद्‌भुत लेंस (lenses) हैं। जितने

संस्कार हैं, आँखों द्वार हमारे हृदय पटल पर बनते हैं। जितना हम इधर - उधर देखेंगे, उतने ही संस्कार हमारे हृदय पटल पर अधिक बनेंगें। जितने ही संस्कार अधिक बनेंगे, उतना ही पूजा (ध्यान) में एकाग्रता नहीं हो पायेगी। इस साधना का असली मकसद यह है कि हमारे हृदय पटल पर संस्कार कम से कम बनें। संस्कार बनते कैसे हैं? पहली दृष्टि जो होती है वह निर्दोष होती है। पहली निगाह अगर किसी चीज पर पड़ती है तो उसमें कोई दोष नहीं होता। लेकिन जब इच्छा करके किसी चीज को दुबारा देखा जाता है तो संस्कार बन जाता है। मिसाल के तौर पर अगर आप किसी बगीचे में जा रहे हैं, बहुत सुन्दर गुलाब का फूल खिला है, आपकी निगाह उस पर पड़ी, पहली निगाह से कोई संस्कार नहीं बना। अच्छा है आप आगे बढ़ गये। आगे बढ़ने पर इच्छा हुई कि चलो उसे दुबारा देखें। अगर आपने दूसरी निगाह डाली, तो फौरन यह विचार पैदा होगा कि तोड़ क्यों न लिया जाये? संस्कार हमेशा दूसरी दृष्टि पर बनता है। शास्त्रों में जिन वस्तुओं को देखने के लिये मना किया है, उन पर पहली दृष्टि पड़ जाये तो कोई हर्ज नहीं, लेकिन दूसरी दृष्टि कभी न डालनी चाहिए। यह है आँखों का कंट्रोल।

9.1.2 दूसरा है होश दरदमः- आनन्द योग याधना में, जब साधक 8 से सोलह घन्टे परमात्मा की याद बनाना शुरु करता है (ध्यान का दूसरा स्टेप) तो प्रयत्न करता है कि हर सांस पर परमात्मा की याद है या नहीं? कोई सांस परमात्मा की याद के बगैर खाली तो नहीं जा रही और जो खाली समय है परमात्मा को देता है। ऐसा साधक जब बाजार में चलता है तो हर साँस पर निगाह रखता है कि कोई सांस भगवान की याद के खाली नहीं जा रही। जब बाजार में पहुँचा तो भगवान की याद छोड़ दी और अपने काम में लग गया। जो खरीद दारी करनी है की। जब वापस आ रहा है तो फिर निगाह परमात्मा की याद पर। यह है आँख पर कंट्रोल करने का दूसरा स्टेप।

9.1.2 3.0 खिलवत दर अंजुमनः लाखों का मेला है और साधक अकेला है। लाखों की भीड़ में से निकल गया, लेकिन उसका हृदय परमात्मा की गहरी याद में डूबा हुआ है, उस पर कोई असर नहीं। परमात्मा की कृपा से जब ऐसी स्थिति बनती है तो आनन्द का ठिकाना नहीं रहता। इतना आनन्द आता है कि उसका वर्णन शब्दों के बाहर है। यह अवस्था, प्राप्त होने पर परमात्मा हाथ पकड़ लेता है, भटकने नहीं देता।

9.2 जबान 'जिव्हा'

इस पर चार प्रकार से काबू करना है-

9.2.1 बुराई करने से बचें:- जब तक हमारा हृदय साफ नहीं हो जाता परमात्मा नहीं मिलता। किसी ने एक संत से कहा कि महाराज आप बड़े ज्ञानी हैं। उन्होंने कहा कि हाँ, मैं ज्ञानी हूँ, क्योंकि मैं अपनी कमजोरियों को बहुत अच्छी तरह से जानता हूँ और सबसे बड़ा अज्ञानी हूँ कि दूसरों की कमियों को नहीं जानता। समय नहीं है मेरे पास। मैं पहले अपनी बुराईयाँ तो दूर कर लूँ। सच्चा अध्यात्मवादी अपनी हृदय की सफाई में लगा रहता है। कहाँ उसके पास समय है कि दूसरों की कमियों को देखें। जिसने बुराई देखना शुरु किया, गंदगी से अपने हृदय को भर लेता है। पहले गंदगी हृदय में आती है फिर जबान पर। इस लिए जबान का सबसे बड़ा जो काबू करना है कि हम किसी की निन्दा न करें। यहाँ तक कि यदि आपने अपनी आँख से देखा है और उसकी बुराई हो रही है तो भी उसे छिपायें। परदापोशी ही दरवेशी है। यह ईश्वरीय गुण है, दूसरों का पर्दा ढकना। परमात्मा अंतर्यामी है। हमारे सबके अन्दर की जानते हैं, लेकिन किसी की किसी जो जाहिर नहीं होने देते। परमात्मा ने सबका भेद छिपा कर रखा है। यही गुण संतो में होता है, वह सबके भेद छिपा कर रखते हैं, कभी किसी को जाहिर नहीं करते। तो यह पहली बात कि हम किसी की बुराई न करें, न किसी मत की, न किसी व्यक्ति की।

9.2.2 स्वादेन्द्रिय निग्रह:- जबान स्वादों में न पड़े, बहुत तीखा, बहुत मीठा, बहुत खट्टा भोजन न करें। बाजार में चले जा रहे हैं, लार टपक पड़ी कि भाई खोमचा खाँयें तो हमारी जबान स्वादों में न पड़े। स्वादेन्द्रिय निग्रह हो जाय और इसका सबसे सरल तरीका है कि भोजन ईश्वर याद में किया जाये। परमात्मा की गहरी याद में होकर भोजन करेंगें, तो जो स्वाद है उसका असर न पड़कर जो आनन्द आयेगा वह परमात्मा की याद (ध्यान) का आयेगा। यह स्वादेन्द्रिय निग्रह का विवेकपूर्ण तरीका है।

9.2.3 कम से कम बोले:- जब आवश्यक हो तब बोलें। जितना कम बोलेंगें उतना ही शक्ति का संरक्षण होगा। बोलने से बहुत सी शक्ति बरबाद होती है और फिजूल बोलने वाले की वकत भी नहीं होती, जो जरुरत से ज्यादा

बोलते हैं, लोग कहते हैं कि चैटर बाक्स आ गया, उसकी कदर नहीं करते। जो लोग कम बोलते हैं, समय पर बोलते हैं, उनकी बात की वकत होती है, इज्जत होती है और उनकी वाणी में एक शक्ति आ जाती है। दूसरों के हृदयों पर उसका असर होता है। तो कम से कम बोलें। इसलिए हिन्दू धर्म में मौन व्रत बताया है, जिससे कम से कम बोलने का अभ्यास व शक्ति का संरक्षण हो। विवेकानन्द जी ने तो यहाँ तक कहा है कि 'एक सच्चे योगी के न बोलने से जो कल्याण विश्व का होता है, वह कल्याण उसके बोलने से नहीं होता'। वह जब चुप होकर ध्यानावस्थित हो जाता है और उसके मस्तिष्क से जो किरणें निकलती हैं, उसका असर जो वायुमण्डल पर पड़ता है वह कहीं अच्छा है वनस्पत उसके बोलने के। एक योगी चुप रहकर ज्यादा कल्याण करता है, वनस्पत बोलने के। तो हम कम बोलें, जब आवश्यक हो तो बोलें।

9.2.4 जुबान की नोक तालुए से लगायें:- इससे क्या होगा? यदि आपका ध्यान बनना शुरु हो गया है जैसे ही जीभ की नोक तालुए से लगी, ध्यान लग जायेगा, ध्यानवस्थित हो जायेंगें। जब बच्चा पैदा होता है तो उसकी जबान की नोक तालुए से लगी रहती है। कहते हैं कि बच्चा माता के गर्भ में सारी यौगिक क्रियाएँ पूरी कर लेता है। परमात्मा से बड़ी मिन्नत करता है कि भगवान इस काल कोठरी से निकाल, यह जीवन तेरे अर्पण हो जायेगा और जब बाहर आता है तो डाक्टर नर्स से कहता है कि इसका तालुआ साफ कर दो। नर्स कपड़े से उसका तालुआ साफ कर देती है। जो खंखार थूक जमा होता है, बाहर निकल जाता है और साथ-साथ उसकी जुबान की नोक भी हट जाती है। उसकी सूरत जो परमात्मा से लगी रहती है हटा दी जाती है। सूरत के हट जाने से उसकी वृत्ति बहिर्मुखी हो जाती है। अब वह लाइट देखता है, यह शक्ल वह शक्ल, यह सब देखना शुरु कर देता है,परमात्मा से जो उसकी सूरत लगी थी वह हटा दी गई। जब सद्‌गुरु एवं परमात्मा की दयाकृपा से ध्यान लगना आ जाये और बनने लगे तो जीभ की नोक को तालुए से लगा लीजिये, फिर स्वतः ध्यान बनेगा। मन अंर्तमुखी हो जायेगा। यदि इस तरह इन दो इन्द्रियों पर कंट्रोल हो जाये तो कौन सी ऐसी इन्द्रिय है जिस पर आपका कंट्रोल न हो जायेगा। दसों इन्द्रियों पर अपनी आत्मा का पूर्ण कंट्रोल हो जायेगा। दबाने से मतलब यही है कि इन्द्रियों पर आत्मा का कंट्रोल हो जाय। जैसे आत्मा कहे वैसे इन्द्रियाँ चलें जैसे इन्द्रियाँ कहें वैसे हम न चलें।

दूसरा है सूक्ष्म शरीर, जिसमें है वासना। वासनाओं को कैसे दबायें? वासनायें तीन प्रकार की होती हैं। तीनों तरह के विचारों से हमारा मन भरा रहता है। एक तो बीती बातें याद आती रहती हैं कि ऐसा हो गया, यह नुकसान हो गया, यह फायदा हो गया। यह जो भूतकाल के विचार हैं हमें परेशान करते हैं। बहुतों को यह ख्याल आता है कि हमारे पूर्वज कितने अमीर थे, ऐसे घोड़े थे, ऐसे हाथी थे, बड़े बड़े मकान थे, हम गरीब हो गये, तो उसी विचार में डूबे रहते हैं। किसी देवी के कोई सुन्दर बच्चा था, परमात्मा ने ले लिया, तो उसी के ध्यान में रहती हैं कि मेरा बच्चा कितना अच्छा था, बड़ी-बड़ी आँखे थीं, ऐसी नाक थी और इसी में अपना सारा जीवन बर्बाद कर देती हैं। इन संतों ने यह बताया कि भाई जो हो गया सो हो गया, वह अपने बस की बात नहीं हैं, उसको मिटाया नहीं जा सकता। अब आगे जो है उसकी सुध लें, अपना वर्तमान आप बना सकते हैं। जो हो गया वह हो गया, वर्तमान की परवाह करें। अगर हम बीती बातों को भूल जाँय तो कुछ प्रतिशत हमारे विचारों में कमी हो जायेगी।

दूसरा है भविष्य के विचार। इसमें मनुष्य डूबा रहता है, प्लान बनाता रहता है। अभी जमीन खरीदी नहीं है, मकान का नक्शा तैयार है कि ऐसे कमरे होंगे, ऐसी खिड़कियाँ होंगी, ऐसे दरवाजा होगा, ऐसा आकर होगा, अभी बच्चा पाँच साल का नहीं हुआ, दिमाग में है कि इसको विदेश भेजना है। हम सौ साल का प्लान बनाते हैं, अगले क्षण का भरोसा नहीं, यह पता नहीं कि अगले पल क्या होने वाला है? लेकिन प्लान हम बनाते हैं अपने बच्चों का, पोतों का परपोतों का। बड़ा लम्बा-चौड़ा प्लान बनाते हैं और अपना पता नहीं, ठोकर लगी और गया। अखबार में पढ़ते हैं कि हार्ट फेल हो गया, चला गया। सरकारें है, पाँच या सात साल का प्लान बनाती हैं और हमारा सौ साल या इससे भी ज्यादा का प्लान। तो प्लान न बनायें, इसी प्लानिंग में न डूबे रहे। सबसे बढ़िया, अच्छी बात क्या है कि आज की प्लानिंग अच्छी होनी चाहिए। इसके लिए क्या करें? सबसे अच्छा तरीका है कि अपने पास एक डायरी रखना चाहिए। सुबह 6 बजे उठें, डायरी खोलिए, तारीख निकालिये, लिखना शुरु कीजिए कि आज कौन-कौन से काम करने हैं, दुनिया के, प्राथमिकता के अनुसार, पहले यह, फिर यह इत्यादि। जब यह लिख लें तो विचार करें कि क्या कोई समय खाली है। दिन भर में अगर को समय खाली है तो उसे भी

नोट कर लें। भाई यह समय खाली है, इसे हम परमात्मा कोई देंगे (आनन्दयोग साधना के दूसरे स्टेप का हिस्सा)। हर डायरी के ऊपर एक कन्नस (खाली जगह) होती है। डायरी का पेज दुनिया के लिए और यह कन्नस परमात्मा के लिए। क्या करना है, सुबह प्रातः काल 6 बजे उठे, पिछले दिन (गया हुआ दिन) का ब्यौरा लिखिये। सुबह आपने आधा घन्टा परमात्मा की पूजा की, तो लिखिए, आधा घन्टा (½), शाम को आधा घण्टा परमात्मा की पूजा की तो लिखिए + ½ भोजन दोपहर को परमात्मा की याद में किया तो लिखिए + ½, शाम का भोजन परमात्मा की याद में किया तो लिखिए + ½, ईश्वर की याद में सोया और ईश्वर की याद में अगर उठे तो लिखिये + 6, इसके बाद जो समय परमात्मा की याद को दिया 25 मिनट, आधा घन्टा + वह, टोटल कीजिए।

(1) ½+½+½+½ = $^{2}/_{24}$

(2) ½+½+½+½+6 = $^{8}/_{24}$

(3) ½+½+½+½+6+½ = 8½

इस तरह जो बनता हो हर रोज लिखते चले जाइये। ऐसा रोज लिखते रहने से आपकी आत्मा में एक चेतना पैदा होगी कि अभी तो दो घण्टे बने। इसके आठ बनाये जा सकते हैं। ईश्वर की गहरी याद में डूब कर सोऊँगा। मेरे पास वह दो घन्टे खाली हैं जो गप्पों में चले जाते हैं, इसे परमात्मा को दूँगा। दो घन्टे बढ़ जायेंगे। दस घन्टे हो जायेंगे। डायरी लिखने का यह लाभ है। जैसे एक व्यापारी अपने व्यापार का हिसाब - किताब रखता है, तो प्लान करता चला जाता है और व्यापार बढ़ाता चला जाता है। तो यह तो जिन्दगी का सच्चा धंधा है कि दो के ढाई कैसे, चार के सात कैसे? सिर्फ डायरी की उस छोटी सी कन्नस में लिखिए, बाकी सारा पेज दुनिया के लिए यदि आप सुबह उठकर दिन भर की प्लानिंग कर लेंगें तो दुनिया का कोई विशेष कार्य मिस नहीं होगा, छूटेगा नहीं। जो लोग ऐसी प्लानिंग नहीं करते, तो क्या होता है कि प्राथमिकता वाले काम रह जाते हैं और गैर जरुरी वाले हो जाते हैं। इसलिए भूत व भविष्य की बातों को भूलकर वर्तमान दिन की प्लानिंग करना बहुत जरुरी है।

इतने से काम नहीं चलता। हमें करना है चित्त की वृतियों का निरोध। चित्त की वृत्तियों का निरोध कैसे हो? इसके ऊपर संत महात्माओं ने और विचार

किया और कहा कि भाई वृत्ति चार तरह की हाती है, ईश्वरीय वृत्ति, सात्विक वृत्ति, राजसिक वृत्ति और तामसिक वृत्ति। ईश्वरीय वृत्ति परमात्मा की बड़ी दयाकृपा से आती है, अपने बस की बात नहीं है। आप ध्यान में बैठे हैं, रोज बैठते हैं। एक रोज आपको बड़ा सुन्दर अनुभव हो जाता है, अनेकों सूर्यों का प्रकाश ही प्रकाश नजर आ रहा है, शरीर सारा विद्युत धारा से ओतप्रोत हो जाता है। जो ऐसे सुन्दर आध्यात्मिक अनुभव हैं वे ईश्वरी वृत्ति परमात्मा की दया कृपा से आती है। दूसरे बड़े सुन्दर स्वप्न दिखाई देते हैं। स्वप्न में मन्दिर के दर्शन किये, भगवान के दर्शन किये। ऐसे अनुभव कभी भूलते नहीं, इनका प्रभाव आत्मा के पटल पर होता है। इनका जो विशेष लाभ है, वह यह है कि जब मौत का धक्का आता है, शरीर कमजोर हो जाता है, मन भी कमजोर हो जाता है, जो संस्कार हैं धधक कर फूट निकलते हैं। अगर ऐसी ईश्वरीय वृत्तियाँ प्राप्त हुई हैं तो यह सामने आ जाती हैं तो मनुष्य बहुत शान्ति व आनन्द में शरीर छोड़ता है। यह ईश्वरीय वृत्ति का विशेष लाभ है, लेकिन इस पर अपना कोई काबू नहीं है। परमात्मा की दया कृपा पर निर्भर है। जिसको ऐसी वृत्ति आती है, उसका अहोभाग्य है।

दूसरी है सात्विक वृत्ति – अच्छे विचारों का पैदा होना। सात्विक वृत्ति हर मनुष्य को आती है। परोपकार, भक्तिभाव व सुन्दर विचारों का पैदा होना सात्विक वृत्ति कहलाती है। इसकी विशेषता है कि आती तो यह हर एक को है, लेकिन रहती थोड़ी देर है। अगर आपने इस काम को कर डाला तो उसका लाभ आपको हो गया, अगर नहीं किये तो चूक गये और यह सात्विक वृत्ति राजसिक वृत्ति में बदल जाती है। यह इसकी विशेषता है। एक कथा के माध्यम से यह समझी जा सकती है। एक महात्मा जी थे सिद्ध पुरुष और उनके एक शिष्य थे। महात्मा जी एक कोपीन पहने हुए थे, बाकी और कोई दूसरा वस्त्र शरीर पर नहीं था, नंगे पैर थे। शिष्य जो थे सारे वस्त्र पहने हुए थे, धोती, कुर्ता, गले में दुपट्टा, जूता। यह दोनों महात्मा सत्संग के लिए किसी दूसरे स्थान पर गये। सत्संग हुआ, इन सिद्ध महात्मा ने मन की वृत्तियों का जिक्र किया और बताया कि सात्विक वृत्ति आती तो हर एक को है, लेकिन रहती थोड़ी देर है। अगर आपने उसकी बात मान ली तब तो ठीक है, नहीं तो वह राजसिक वृत्ति में बदल जाती है। इस शिष्य ने प्रश्न किया कि महाराज ये सात्विक वृत्ति राजसिक वृत्ति में कैसे बदल जाती है? आपको प्रश्न का

उत्तर मिल जायेगा। अगले रोज यह महात्मा दूसरे स्थान को सत्संग के लिए गये और पैदल ही गये। रास्ते में कुछ स्थान भूड़ (रेतीला) का था। जून का महीना था, सूर्य बड़ा तेज तप रहा था, रेता गरम हो गया था, महाराज के पैरो में जूते नहीं थे, उनके पैर जलने लगे, लाल हो गये, छाले पड़ने लगे। इस शिष्य ने देखा कि महाराज के पैर में जूते नहीं थे, उनके पैर जलने लगे, लाल हो गये, छाले पड़ने लगे। इस शिष्य ने देखा कि महाराज के पैरों में जूते नहीं हैं और वे तेज चलने लगे दौड़ने लगे, जब दौड़ने लगे तो शिष्य के मन में सात्विक वृत्ति पैदा हुई कि अगर इस दुपट्टे को फाड़कर महाराज के पैरों में बाँध दूँ तो जूते का काम हो जाय। यह सात्विक वृत्ति थी, दया का भाव था, यह उस साधक के हृदय में पैदा हुआ। भाव तो पैदा हुआ, लेकिन हुआ क्या कि महाराज ने दौड़ना शुरु कर दिया था और वे कुछ आगे निकल गये थे, तो यह सोचता ही रह गया। उसने ऐसा किया नहीं और इसी सोच-विचार में था कि महाराज और आगे निकल गए। फिर दूसरा विचार पैदा हुआ कि यह तो ठीक है कि महाराज के पैर जल रहे हैं, लाल हो रहे हैं, लेकिन अब तो काफी दौड़ चुके हैं, एक चौथाई हिस्सा और रह गया है और फिर यह दुपट्टा है, नया है, पहली बार गले में डाला है, 20 रुपये का है, फिर 20 रुपये हुए न हुए। जब यह विचार आया तो उसके पैर और ढीले हो गये, धीमे चलने लगा। महाराज ने भूड़ का स्थान पार किया, पेड़ की छाया में जाकर बैठ गये, यह शिष्य भी धीरे-धीरे पहुँचा। कुछ देर यहीं आराम करने के बाद वे लोग फिर चल पड़े और सत्संग स्थल पर पहुँचे। खाना खाकर विश्राम किया फिर सत्संग शुरु हुआ। चार वृत्तियों का जिक्र करते हुए महात्मा जी ने फिर फरमाया कि सात्विक वृत्ति जब आती है, फौरन कर डालना चाहिए अन्यथा वह राजसिक वृत्ति में बदल जाती है। यह शिष्य जो महात्मा जी के साथ आया था उसने फिर उस प्रश्न को दोहराया कि महाराज यह हमारी समझ में नहीं आया कि कैसे सात्विक वृत्ति, उस पर अमल न किया जाय तो वह राजसिक वृत्ति में बदल जाती है। महात्मा जी ने बताया कि यह तो तुम्हें अब तक स्पष्ट हो जाना चाहिए। उन्होंने कहा कि जब मैं जलते हएु भूड़ के स्थान को पार कर रहा था तो तुम्हारें मन में इस विचार का उठना कि इस दुपट्टे को फाड़कर महाराज के पैरों में बाँध दूँ, जिससे पैर जलने से बच जांय, सात्विक वृत्ति थी। यदि उस समय तुम सात्विक वृत्ति के आदेश को मानकर, दुपट्टे को फाड़कर

सेवक के पैरों में बाँध देते तो इसका तुम्हें बहुत आध्यात्मिक लाभ मिलता। उस लाभ का अंदाजा नहीं लगाया जा सकता। लेकिन तुमने सात्विक वृत्ति के आदेश को नहीं माना और फिर यह विचार उठने लगे कि 20 रुपये का है, फिर मिले न मिले और महाराज ने तीन चौथाई हिस्सा पार कर ही लिया है, यह राजसिक वृत्ति थी। फिर तो यह दया का भाव कि पैर जल रहा है, गायब हो गया। फिर महाराज जी ने कहा– अब आप समझ गये होंगे सात्विक वृत्ति कैसे थोड़े देर के लिए होती है और यह कैसे राजसिक वृत्ति में बदल जाती हैं।

अंगद देव सत्गुरु श्री नानक देव जी के सामने जाते तो प्रेम के आँसू आँखों से लुढ़कते रहते। कभी-कभी दुनियादार लोग श्री नानक देव जी से पूछते कि ऐसा क्यों है कि अंगद देव जब भी आपके सामने आते हैं तो रोते रहते हैं। क्या इनका दुख आपके रहते हुए भी नहीं दूर हो सका। गुरु नानक देव जी कहते है कि यह साधारण आँसू नहीं हैं जो दुखित हृदय से निकले हों। यह तो प्रेम के आँसू हैं जो एक भक्त के पवित्र हृदय से निकले हैं। यह आँसू नहीं सच्चे मोती हैं जो परमात्मा के ताज में जड़े जाते हैं। इनकी कीमत केवल परमात्मा ही जानता है। यदि कोई ऐसा व्यक्ति भावपूर्ण हृदय विकसित कर सके तो अवश्य ही वह जीवन के सच्चे लक्ष्य को प्राप्त कर सकता है।

चौथी है तामसिक वृत्ति। यह बहुत ही खतरनाक और स्थाई किस्म की होती है। जब यह वृत्ति किसी मनुष्य के मन पर प्रभाव डालती है तो उसके मनुष्यता के सारे गुण लुप्त हो जाते हैं। यदि यह अधिक समय तक रहती है तो ऐसा व्यक्ति जानवरों की तरह रहने लगता है। ऐसे व्यक्ति का विवेक समाप्त हो जाता है। वह अपने स्थूल शरीर के अलावा कुछ नहीं सोचता। वह दुनियादारी चीजों से ही आनन्द लेने लगता है और वह भी बहुत निम्न स्तर का। ऐसा व्यक्ति बहुत सोता है, बहुत खाता है, दूसरों को कष्ट पहुँचाकर आनन्द लेता है और अंत में उसका जीवन कामिनी और कंचन के इर्द - गिर्द तक ही सीमित हो जाता है। शराब पीता है और असमाजिक कार्यों में लग जाता है। जो आध्यात्म मार्ग के साधक हैं, उन्हें इससे बचना चाहिए और ऐसे विचारों, प्रवृत्तियों को ठहरने नहीं देना चाहिए। यदि किसी दुनियावी चीज से आनन्द लेने का विचार बार-बार आये तो समझ लेना चाहिए कि तामसिक वृत्ति ऐसे साधक के मन पर काबू करने की कोशिश कर रही है। इससे

होशियार हो जाना चाहिए और ऐसे विचारों को मन से बाहर फेंक देना चाहिए। अगर कोई ऐसा विचार आने लगे या जिससे पाप और अपराध होने को डर हो, तो तुरन्त अपने गुरुदेव के पास चला जाय और तब तक उनके पास रहे जब तक ऐसे विचारों का उठना बन्द न हो जाय। सबसे अच्छा तरीका तामसिक विचारों से बचने का यही है।

इस तरीके से आनन्द योग साधना में विचारों पर काबू पाया जा सकता है। यह अभ्यास यदि नियमानुसार करें तो हमारी आत्मा का कंट्रोल मन और विचारों पर हो सकता है और हम विचार शून्यता की स्थिति प्राप्त कर सकते हैं। जैसे-जैसे विचार शून्यता की स्थिति बढ़ती है, आध्यात्मिक अनुभव होने शुरु हो जाते हैं। ऐसा साधक आध्यात्मिक चक्रों पर गुलगुलाहट या प्राणवायु का स्पंदन अनुभव करता है और अपने अन्दर विद्युत तरंग का अनुभव करता है। हृदय स्थल और मस्तिष्क में ऊपर की ओर दबाव महसूस करता है। ऐसे साधक के स्वप्न बदल जाते हैं। यहाँ तक कि स्वप्न में भी आध्यात्मिक अनुभव होने लगते हैं। अधिकतर स्वप्न आध्यात्मिक क्षेत्र में प्रगति के मापदण्ड बन जाते हैं। जितना ही साधक का ध्यान बनने लगता है, उतने ही मोती वह इकट्ठे करता है। अंत में यही अभ्यास साधक को समाधि की अवस्था तक पहुँचाता है और फिर एक दिन आता है जब बूँद समुद्र में मिल जाती है। आत्मा का उस परमपिता परमात्मा से एकाकार हो जाता है।

'परमात्मा तू ही है, तेरी इच्छा पूरी हो।'

10

तत्त्व बोध

अध्यात्म जगत में गुरु को 'तत्व' कहा गया है। यह 'तत्व' मानव स्थूल शरीर में, ईश्वर की असीम कृपा से किसी किसी में, समाज के कल्याणार्थ होता है। ऐसे महापुरुष, सद्गुरु कहलाते हैं। सद्गुरु, दया व प्रेम के भण्डार होते हैं और इनका मिलना दुर्लभ कहा गया है। सद्गुरु से साक्षात्कार होने पर, उनकी कृपा से, जिन भक्तों व साधकों के विश्वास कायम रहते हैं उन्हें गुरु कृपा का लाभ उनके शरीर के पर्दा लेने के बाद भी प्राप्त होता रहता है। यह बात शास्त्र विदित है। महात्मा यशपाल जी (भाई साहब जी) ऐसे ही महापुरुष थे जिनका सानिध्य जीवन में इस लेखक को ईश्वर कृपा से मिला। आपके व्यवहारिक पक्ष की सबसे महत्वपूर्ण बात जो इस लेखक को आकृष्ट की थी, वह आपका आर्थिक व परमार्थ दर्शन था। अपनी स्वयं से अर्जित सीमित संसाधनों में सदाचार युक्त गृहस्थ जीवन यापन एक तपस्या है, जिसे आपने जीवनपर्यन्त निभाया। आध्यात्मिक शिक्षा - दीक्षा देने में साधकों से कोई अपेक्षा थी, तो वह सम्पर्क बनाये रखने की व सुविधानुसार सत्संग में शामिल होने रहने की। आप कहते, कि हमें धर्मानुकूल जीवन यापन करते हुए, दीन व दुनिया में तरक्की के लिये प्रयासरत रह कर खाली समय परमात्मा की याद में लगाना चाहिए। इसके लिए आप गृहस्थ में अध्यात्म साधना हेतु आनन्द योग का सृजन कर प्रचार-प्रसार का कार्य जीवन के आखिरी क्षणों तक करते रहे। आपके सम्पर्क में आने के बाद (वर्ष 1979) यह लेखक नियमित हर पखवाड़े आपको एक पत्र लिखता। प्रयास रहता कि कोई साप्ताहिक सत्संग छूटने न पाये। 20 वर्षों में, ऐसे बहुत अवसर आये कि आपका सानिध्य मिलता रहा, जब आप पधारे हुए सत्संगी भाईयों व बहनों के बीच साधारण बातचीत

में आध्यात्मिक साधना के सूक्ष्म तत्त्वों पर प्रकाश डालते। जो बातें इसकी समझ में आती, उन्हें डायरी में लिखता रहा। ऐसी बहुत सी सामग्री "बिखरे मोती" शीर्षक के अंतर्गत संस्था की 'संतसुधा' पत्रिका में प्रकाशित होती रहीं। इस अनुभाग में ऐसी उपलब्ध सामग्री का संकलन किया गया है, जो आध्यात्म साधकों के लिये उपयोगी हो सकती है।

10.1 आर्थिक अनुशासन

स्थान - पूना (6-10-1982)

पूना में जब धर्मशाला में सत्संग का प्रोग्राम था, एक मैदान में भाई साहब जी खड़े थे। कुछ भाई-बहनें आपकी बातें सुन रहे थे। आप कह रहे थे कि अपना सत्संगी भाई यदि सत्संग को कुछ पैसा देना चाहे तो लेने में कोई हर्ज नहीं है क्योंकि वह तो अपने कुटुम्ब का मेंम्बर है। सत्संग से सच्चा लाभ उठाता है। वह सत्संग की कुछ भी सेवा कर सकता है। सत्संग उसका अपना है और वह सत्संग का है। लेकिन कोई दूसरा व्यक्ति जो सत्संग के विषय में कुछ नहीं जानता है, पैसा इत्यादि देता है तो उसे कभी नहीं लेना चाहिए। वह सत्संगी नहीं, क्योंकि वह सत्संग को जानता नहीं। वह तो व्यक्ति विशेष को देता है, उसे oblige करता है। ऐसे पैसे से सत्संग का वास्तविक लाभ नहीं होता। सत्संग के अपने कुछ आदर्श हैं। उन आदर्शों को कायम रखना हम सभी सत्संगी बन्धुओं का कर्त्तव्य है। बाद में पता चला कि पूना सत्संग के लिए किसी बाहरी सज्जन ने कुछ रुपये जबरदस्ती दिये थे, परन्तु पूज्य भाई साहब जी ने उन्हें नम्र निवेदन के साथ वापिस करवा दिया था, इस विनय के साथ कि हमें सत्संग में आपके दर्शन चाहिए, आपके रुपये नहीं।

संस्था व पैसा

स्थान - दिल्ली (31-12-1992)

समय सायंकाल का है यह और डॉ॰ के. एस. शिशौदिया सत्संग हाल में बैठे थे, पूज्य भाई साहब जी करीब 8 बजे पधारे। आपने खुशखबरी दी कि आज स्कूल की बस खरीद ली गई है। टाटा कम्पनी की है। पैसा जमा हो गया है, एक हफ्ते में आ जायेगी। श्री के. एल. मलहोत्रा मण्डी वालों ने बड़ी भाग दौड़ की, साथ में खन्ना साहब भी लगे रहे। मजे की बात है कि सत्संग के

पास पैसा भी इतना ही था। अब तो 100 - 100 या 200 - 200 रुपये पासबुक में बचे होंगे, अग्रवाल साहब बता रहे थे। बहुत सुन्दर है। महाराज जी कहा करते थे कि सोसायटी के पास पैसा नहीं होना चाहिए। पैसा आया, प्रोजेक्ट पूर्ण हुआ, पैसा खत्म। लोग सुनेंगे तो आश्चर्य करेंगे। अभी गुरु पूर्णिमा पर ही तो बस खरीदने का निर्णय लिया गया था। (संस्था के मामले में, आप न 'चन्दा - न निन्दा' सामूहिक रुप से लिया गया निर्णय, ईश्वर इच्छा, आवश्यकतानुसार विकास व पारदर्शिता के पक्षधर थे।)

आर्थिक सहयोग

स्थान - दिल्ली (2-7-1996)

सायंकाल पूज्य भाई साहब जी के यहाँ गया करीब 2 घन्टे वहाँ रहा। आप सत्संग संस्था के बारे में बात करते रहे। बोले हमें व्यापारी वर्ग से होशियार रहना है। लोकेश जी ने भण्डारे पर 1.25 लाख रुपये परवर दिगार ट्रस्ट के नाम से दिये थे। उसे लौटा दिया गया क्योंकि पूजा ट्रस्ट ने नहीं, लोकेश जी ने लिया है। इसी तरह डिसपैंसरी का पैसा भी नहीं लिया गया क्योंकि वह पत्थर लगाना चाहते थे। मामा जी, आर. एन. शाह व आर. सी. अग्रवाल सभी लेने के लिये दबाव डाल रहे थे। कमली वाले संत का उदाहरण देकर समाझाया कि आजकल वह संस्था व्यापारियों के हाथ में है। वहाँ सारी सुख सुविधायें हैं, लेकिन मुख्य उद्‌देश्य की प्राथमिकता न रही। लोकेश जी की तारीफ भी किये, उनकी भी कुछ बातें अच्छी हैं। हफ्ते में 3 दिन ईश्वर की याद में ही बिताते हैं। यह बड़ी बात है कि 3 दिन राम-नाम में लगाते हैं। सेवक जो दे देता है, लेता नहीं, पहले का ही उनके पास है। बम्बई के शाह साहब एक बार एक लाख रुपया हमको दे गये बताना नहीं चाहिये, चलो बताता हूँ। दो साल बाद वही रुपया भण्डारें पर उन्हें वापस किया यह कह कर कि आपके त्याग की बात भी रही और इस सेवक को नहीं चाहिये। इसे आप बम्बई सत्संग के लिये जैसे चाहें खर्च करें। भीड़ बढ़ाने की जरुरत नहीं है। देखकर ही किसी को पूजा के लिये recommend (प्रस्तावित) करें।

10.2 फोटो

स्थान - पूना

सत्संग का समय हो चला है। हाल में गोवा के दो या तीन सत्संगी भाई

कमरे की दीवार पर सिलसिले के संतों की फोटो लगाने में लगे हैं। एक फोटो महात्मा रामचन्द्र महाराज जी की है, दूसरी महात्मा रघुवर दयाल जी महाराज जी की है और तीसरी महात्मा बृजमोहन लाल जी की है, जिसके लिए उचित जगह देखी जा रही है। हाल में बाईं ओर पहले से ही किसी और सिलसिले के महात्मा की फोटो लगी है। किसी ने कहा कि इसे तो हटा दो। भाई साहब जी आ जाते हैं। आप फरमाने लगे महात्मा बृजमोहन लाल जी की फोटो तख्त की बाईं ओर एक स्थान पर इशारा करते हुए, कि यहाँ लगा सकते हैं इसे। फिर पहले से लगी महात्मा जी की फोटो की ओर इशारा करके कि इसे भी यहाँ लगा रहने दें, हटायें हरगिज नहीं। एक फूल की माला इस पर भी पहना दें। आज आप तख्त के पास पहुँच कर गंभीर से हो गये हैं। फिर फरमाने लगे कि शान्ति पाठ का कमरा तो एक सार्वजनिक पूजा का स्थान होता है, वहाँ पर कोई भी तस्वीर अथवा फोटो नहीं लगानी चाहिए। अब आपकी मुद्रा और भी गंभीर हो गई है और फरमाते हैं फोटो से कुछ भी नहीं मिलेगा। लोग भावुकतावश कभी-कभी फोटो के पास खड़े हो जाते हैं, पूजा के लिए। याद रखिए फोटो की पूजा करना जिन्दा को मुर्दा समझना है, फोटो में यह सेवक कभी नहीं मिलेगा। श्री आर. एस. अग्रवाल साहब से उस किताब के प्रसंग को लाने के लिए कहा जब आप दिल्ली में अपने गुरुदेव का एक फोटो तकिये के सामने रखकर तथा उस पर फूलों की माला पहनाकर सत्संग कराया करते थे। अग्रवाल साहब ने ही श्री बृजमोहन वचनामृत का वह भाग जिसमें वह सत्संग है, पेश किया और आजनाब ने अपने गुरु महाराज जी का सम्बन्धित पत्र पढ़कर सुनाया जो इस प्रकार था:-

प्रिय, यशपाल लखनऊ

आशीर्वाद 15-8-52

यहाँ पर भगवान की दया कृपा से सब कुशल है। आशा है वहाँ पर मालिक की कृपा से सब अच्छी तरह से होंगे।

एक बात मालूम होकर दुख हुआ है, वहाँ पर सत्संग में इस सेवक का फोटो रखकर उसकी पूजा की जाती है। अगर यह है तो यह सब बिल्कुल इस सेवक व हमारे सत्गुओं के उसूल व मंशा के खिलाफ अमल है। भगवान भी इस सेवक से नाराज होवेगा। कृपा करके इस फोटो की पूजा न कर के इस

सेवक को गिरने और आजाब में पड़ने से बचाऐं रखें। फोटो में यह सेवक कभी नहीं हो सकता। उसको जिन्दा की तरह ताजीम देना, जिन्दा को मुर्दा समझने के बराबर हो सकता है। महात्मा रामचन्द्र जी ने एक दफा इस सेवक के सामने इसी तरह फोटो पर हार फूल बगैरा चढ़ते हुए देख कर यह समझ कर कि पूजा की सी ताजीम उनकी फोटो को भी दी जाती थी। उस फोटो को पहले उतारकर, फाड़ कर टुकड़े-टुकड़े करके जमीन पर फेंक दिया था और इस अमल की सख्त हिदायत की थी, और फरमाया था कि जिन्दगी में मुर्दा रुप में पूजा व ताजीम शुरु कर दी।

सेवक
बृजमोहन

थोड़ी देर मौन रहने के पश्चात आप फिर बोले सत्संग में तकिये के सामने जो स्थान होता है, वह बुजुर्गों का होता है, यहाँ कुछ भी नहीं रखना चाहिए, उसे हमेशा खाली रखना चाहिए। लाला जी महाराज तो अपने समय में तकिये, के पीछे, 'ओउम' भी नहीं रखते थे। यह तो दद्दा जी महाराज के सामने से प्रारंभ हुआ। यह सेवक भी तकिये के पीछे 'ओउम' रखता है ।

10.3 तत्संग व सद्गुरु

स्थान आगरा (1979)

आगरा सत्संग में भाई साहब जी ने फरमाया कि आजकल गुरुओं की भीड़ लगी हुई है, बहुत से भगवान होने का दावा करते हैं, बहुत से सत्संग चलते हैं, सब तरफ पैसे की दौड़ है, पैसे को देखते हुए ही व्यक्तियों को सत्संग में स्थान व इज्जत दी जाती है, प्रसाद भी धन की राशि के अनुरुप होता है। महात्मा रामचन्द्र जी एवम् महात्मा रघुवर दयाल जी महाराज के जीवन का साकार नमूना हमारे सत्संग में नजर आता है। धन को कोई विशेष अहमियत नहीं दी जाती। भक्त के हृदय को ही देखा जाता है। रहनी-सहनी एवम् खाने- पीने में कोई भेदभाव नहीं किया जाता है। सब एक ही पंगत में वेद मंत्र उच्चारण करके भगवान की याद में खाते - पीते हैं। सभी भक्त-जन अपने हृदय को ही देखते रहते हैं तथा उसके सुधार में ही लगे रहते हैं। किसी को यह फुरसत कहाँ कि दूसरे की कमियों की तरफ निहारे। सत्गुरु प्रभु की बड़ी दया कृपा से ही मिलते हैं तथा एक सच्चा गुरु होने के नाते उनका यह

फर्ज है कि अपने भक्तों को समय-समय पर आगाह करते रहें। यह न हो कि सूद के चक्कर में असल भी जाती रहे।

इस सेवक के गुरुदेव चाहते थे घर-घर में प्रेम की वर्षा हो। गृहस्थी के कार्य आज से और सुन्दर चलें। अगर गृहस्थी के कार्य में ढिलाई आई तो सच्ची साधना नहीं हुई। प्रभु की याद के साथ-साथ सांसारिक उन्नति भी करनी चाहिए। कहने लगे कि यह सेवक बड़ा भावुक था। जब इसके गुरुदेव आते तो यह अपनी जरुरत से बहुत अधिक खर्च कर देता था, यहाँ तक कि उधार भी हो जाता था। महीनों उधार उतारता रहता था। जीवन की जरुरी चीजों में भी कटौती करनी पड़ती थी। रुखी रोटी तक की नौबत आ जाती थी। आप से कुछ छुपा नहीं था। एक बार जब आप इसकी कुटियाँ पर पधारे तो बोले कि यशपाल घर की ताली हमारे तकिये के नीचे रख दो, सेवक ने ताली आपके चरणों में सौंप दी। तत्पश्चात आप जो फरमाते वही होता था। जो कहते वहीं रसोई बनती। अनेक भक्त जन आते, सेवक की कुटिया पर ठहरते तथा प्रभु की विशेष कृपा रहती। किसी वस्तु की कभी कोई कमी नहीं होती। ऐसा करने से यह हुआ कि इस सेवक को कभी उधार नहीं लेना पड़ता था। आप जब भी आते यह सेवक घर की ताली आपको सौंप देता तथा आपकी आज्ञा का पालन करता रहता। मनुष्य को इतना भी लालची नहीं होना चाहिए कि माया का साँप ही बन कर रह जाय।

गुरु का ध्यान

स्थान - दिल्ली (5-10-1990)

सायंकाल, सत्संग भवन के हाल में पूज्य भाई साहब जी विराजमान हैं, कुछ साधक बन्धु बैठे हैं। डॉ॰ के. एस. शिशौदिया, प्रोफेसर, आई. आई. टी. दिल्ली, कई दिनों के बाद पधारे हैं। वैसे आप नियम से रोज गुरु दर्शन को आते रहे हैं। देखते ही पूज्य भाई साहब जी बोल पड़े कि सेवक सोच रहा था। कि क्या हो गया डॉ॰ साहब कई दिनों से नहीं आये। डॉ॰ साहब बोले पड़े कि साहब यह पाप कर बैठा, मन ने भटका दिया। यह क्षमा मांगने लायक भी नहीं है। आप बोले चिन्ता न करें, उतार - चढ़ाव लगा रहता है। मन बहुत भटकता है। यह रास्ता छूरस्यधार (Rajor's blade) सा है, गुरु बचाता रहता है। डॉ॰ साहब बोले कि सत्संग की पुस्तकों को पढ़कर confusion (भ्रम) हो जाता है।

मजहब और तहकीकात में लिखा है कि ईश्वर का ध्यान करना चाहिए, अब इससे भ्रम होता है। आपने समझाया कि ध्यान तो ईश्वर का ही करना चाहिए लेकिन कोई - कोई संस्कारी साधक, जिसकी पूर्व जन्म की कमाई ज्यादा है, उसकी आत्मा गुरु को ही ईष्ट मान लेती है। यह सब आत्मा की ही बात है। वह पुस्तक सही है, जनरल बातें है। अलग-अलग की stages हैं। लाला जी महाराज ने तो एक जगह यह भी लिखा है कि जो गुरु अपना ध्यान करने को कहता है, वह पाप करता है। यह तो जब आत्मा कबूल करे तभी करना चाहिए। कितने साधकों के अनुभव तो ऐसे रहे हैं कि ईष्ट ने स्वयं ध्यान में बता दिया कि हम में और गुरु में कोई फर्क नहीं, गुरु का ही ध्यान करे। गुरु तो आपकी तरह आदमी है, वह ईश्वर नहीं है लेकिन वह माध्यम है जिसके द्वारा ईश्वर का साक्षात्कार होता है तो आपको घबड़ाना नहीं चाहिए, उतार-चढ़ाव तो लगे रहते हैं। डॉ॰ साहब बोले कि महाराज हम पढ़े लोग ही मूर्ख हैं, दूसरों के विचारों को ढोते रहते हैं और मन उनका सहारा लेकर धोखा देता रहता है। महाराज जी बड़ी भूल हो गई। आप हंसते रहे, बोले! कि नहीं, आप सब ठीक चल रहे हैं। भाई इन किताबों कि बात ऐसी है कि यह सेवक पढ़ना चाहता था। महाराज जी बोले कि इनमें क्या मिलेगा? पहले जिन्दा किताब पढ़ लो। यह तो लाईब्रेरी में उपलब्ध होंगी, जिन्दा किताब कब तक मिले? अभी यह समझ में नहीं आयेगा, बाद में आयेगा।

साधक का हृदय बोलता है

स्थान दिल्ली (25-4-1995)

सायं पूज्य भाई साहब जी के यहाँ गया। पहुँचा, तो वहाँ श्री लोकेश दत्त मुल्तानी, श्री रुप राम शर्मा, श्री राज सिंह, भाई अवधेष जी व श्री यस. यन. खन्ना जी बैठे थे। आप भाईयों से आये हुए पत्रों को डॉ॰ अजय शर्मा से पढ़वाकर सुन रहे थे। इसे कुछ संकोच सा लग रहा था, देखते ही बोले की आईये डॉ॰ साहब, बैठिये। काम बन्द कर, भण्डारे की बात करने लगे कि अच्छा रहा, लोगों को बहुत लाभ हुआ, अच्छे अनुभव हुये। कारण है कि हम तरीकत को नहीं बदले हैं। बोले कि अध्यात्म सबकी चीज नहीं है, कठिन है, आई (I) का elimination (उन्मूलन) मुख्य है। कुछ लोग जिनके आज्ञाचक्र जागृत हो गये हैं, कहते हैं कि तमाम प्रकाश (Light) दिखता है, स्पन्दन होता

है। यही होता है। यही होता रहता है। यही थोड़े ही है अध्यात्म? अरे भाई सूर्य का प्रकाश इतना ज्यादा है कि यह क्या कम है। इन बातों में नहीं फंसना चाहिये। बेटी की शादी को लेकर यह कुछ पूछना चाहता था। बातों-बातों में आप बोले कि महाराज जी कहा करते थे कि सच्चा साधक हृदय से बोलता है, जबान से नहीं। प्रश्न होते थे लेकिन बातों में, स्वप्न में या फिर ऐसे ही उनका समाधान हो जाता था। इसकी तरफ मुखातिब होकर आपने यह बताया कि इस साल भण्डारा अच्छा रहा। सभी लाभान्वित हुये। गुरुओं का फैज उतरता है। कैसे pin drop silence (पूर्ण शांति) रहता है। जिसको जो जरुरी होता है, वही वह सुन पाता है। लोग खुश थे कि इस बार मीटिंग काउन्सिलिंग काम्पलेक्स में हुई, सेवक को भी आराम रहा। अब गुरुपूर्णिमा पर भी ऐसे ही करना है। ऑफिस का काम भी ऑफिस की तरह चलना चाहिये। शान्ति पाठ का कमरा भी बनवाना है। यही सब काम है जो करने हैं। ईश्वर मालिक हैं।

जिन्दा गुरु का महत्व

स्थान - दिल्ली (14-6-1997)

सायं भाई साहब जी के यहाँ गया। भोपाल से लालजी चतुर्वेदी का पत्र था जिसमें बुजुर्गों से फ़ैज लेने कि बात लिखी थी। आपने इस पर चर्चा की और कहा कि जो काम जिन्दा लोमड़ी से निकलेगा वह मुर्दा शेर से नहीं। बुजुर्गों के स्वप्न में दर्शन हों और गुरु साथ हों तो ही इसका आध्यात्मिक महत्व है। लोग लिखते हैं कि बड़ा अच्छा स्वप्न हुआ, आनन्द आ गया, समाधी के दर्शन करने जा रहे हैं। ठीक है यह क्या कहे, कह देता है कि ठीक है, encourage (प्रोत्साहित) करता है कि लगे रहें, वैसे इसका कोई खास लाभ नहीं। अहम पटक देता है। पालमपुर के घनश्याम व अभी आये नये भाई डॉ॰ पवन काफी अच्छे चल रहे हैं। मुलतानी जी इनसे तवज्जह लेने जाते हैं क्या मिलेगा और चाहते हैं 24 घण्टे का ध्यान। ऐसा नहीं है, सेवक तो चाहता है कि बहुत बनें, पात्रानुसार ही देता है। अध्यात्म बहुत बारीक है, जो समझा, पकड़ा, पार हुआ। लेकिन इशारे पकड़ना उतना आसान नहीं। एक बार महाराज जी के पास बड़े-बड़े लोग बैठे थे, सेवक भी था। लोगों ने कहा कि इजाजत हो तो हम लोग समाधी दर्शन कर आयें। हाँ, हाँ जरुर जायेँ। लोग गये यह नहीं गया। सोचा यदि जरुरी होता तो महाराज जी इससे भी कहते। बोले देखा, क्या

मिलेगा। जो मिलेगा जिन्दा लोमड़ी से ही मिलेगा। जो गुरु कहता है कि हमारा ध्यान करो, वह काफिर है, पाप करता है। यह तो ध्यान अपने ईष्ट का कराता है। करते-करते जब मजबूरी हो जाये कि ईष्ट का ध्यान न बने तो भी बड़े अनुभव के बाद ही गुरु के ध्यान की इजाजत देता है। यह रास्ता बारीक है। इसमें सिफारिश नहीं चलती। ईश्वर कृपा पर निर्भर है। यह तो किसी को भी मिल सकती है। वैसे संतान का हक ज्यादा है, यदि वह इस लायक है। बात यह है कि उनका समर्पण सच्चा होता है, बचपन से साथ हैं तो पिता पर विश्वास ज्यादा होता है। जबलपुर के एक साधक बैठे थे जिन्होंने वैत्त के लिये इससे सिफारिश करवाई थी, समझ गये होंगे। रोज भगवान के दर्शन हों, यदि गुरु साथ न हों तो कोई आध्यात्मिक लाभ नहीं। श्री संतोष उसरेटे जी ने अपनी बहन के लिये शादी की बात पूछी। सेवक क्या सलाह देगा। हाँ लड़का स्वस्थ हो, कमाऊ हो, शराब न पीता हो, non smoker (धूम्रपान) सिगरेट न पीता हो, same status (अपने स्तर) का हो तो ठीक रहता है। अपने घर व रिश्तेदारों से सलाह करें, ठीक रहेगा। ईश्वर मालिक हैं।

सत्संग प्राथमिकता

स्थान दिल्ली (25-10-1997)

सायंकाल भाई साहब जी के यहाँ गया। कुछ लोग कलकत्ता से पहली बार मिलने आये थे। आप सत्संगी भाईयों से आये हुए पत्रों को देख रहे थे। बीच में किसी भाई का फोन आ गया, आपने कहा कि बहुत उड़ लिये अब जमीनी कार्य करें, बेकार है उड़ना। सत्संगी बनाओ, उड़ने से कुछ नहीं होगा। सेवक की तरफ मुखातिब होकर बोले कि यह कह क्या रहे हैं? कि सारे संसार को आप ही कंट्रोल कर रहे है, बेकार की बातें। उड़ान ही भर रहे हैं। अहंकार परेशान करता है। अरे! काम कीजिये सत्संगी बनाईये। रख लीजिये शान्ति पाठ, आनन्द आयेगा। शायद वह भाई शान्ति पाठ रखने की अनुमति के लिये फोन किये थे और अपने अनुभवों से साहब को अवगत भी करा रहे थे। बातें हो ही रही थीं कि एक सत्संगी परिवार आपके दर्शन हेतु आया। वह बोले कि किसी काम से दिल्ली आया था। आप बोले कि सुबह आते तो सत्संग भी मिल जाता। वह बोले कि हम 12 बजे तो पहुँचे ही थे। अरे पहले से प्लान करना चाहिये। लेकिन सत्संग को कहाँ प्राथमिकता? यह तो सब काम कर

चुके तो चलो भाई साहब से भी मिलते चलें और चाहते हैं कि दुनियावी कार्य हो जायें, होते रहे। राम-नाम में थोड़े ही दिलचस्पी है। पहले लोग, सत्संग, फिर और काम करते हैं। परमात्मा भी देखता है। हैं तो सब परमात्मा के ही कार्य, लेकिन वह भी देखता है कि प्राथमिकता क्या है। आपको प्लान करना चाहिये था, तब आते। फिर डॉ॰ जनार्दन सिंह से चाय बनवाई और सबको चाय पिलवाई।

10.4 पूजा में विचार

स्थान - रायबरेली

रायबरेली से पहली बार आये एक भाई ने प्रश्न किया कि भाई साहब जी पूजा में मन नहीं लगता तथा विचारों की झड़ी लग जाती है। आपने फरमाया कि जब साधक हृदय से पूजा शुरु करता है तो वह पहले स्टेप में आधा घन्टा प्रभु स्मरण में बिताने की कोशिश करता है। यानि ऐसे साधक की मन की करेंन्ट का बहाव दिन में एक घन्टा प्रभुमय होता है और दिन के 23 घन्टे दुनिया के विचारों में डूबा रहता है। इसलिए स्वभावतः मन पर दबाव के कारण सुबह एवम् शाम की पूजा में विचारों की झड़ी लग जाती है। पूजा के समय साधक जबरदस्ती मन एकाग्र करने का प्रयत्न करता है, तो मन पर दबाव पड़ता है और तरह-तरह के विचार उभर आते हैं। ऐसे विचार आते हैं जो साधारणतः नहीं आते। साधक जब अपने ईष्ट देव में पूर्ण श्रद्धा व हाजिर नाजिर कर पूजा करता है, तो प्रभु एवम् गुरु कृपा से मन स्वतः ही पूजा में लग जाता है तथा यह भी पता नहीं चलता क्या हो रहा है।

ध्यानः

स्थान - बम्बई (13-1-1985)

भाई महाबीर प्रसाद जी के यहाँ बैठक में मध्यान्ह के समय कुछ सत्संगी भाई बैठे थे, चारपाई पर भाई साहब जी विराजमान थे। स्थान की कमी थी, उसी में जगह-जगह कुछ भाईयों को थाली में परोस-परोस कर आशानन्द जी भोजन करा रहे थे, साथ-साथ आपकी अमृत वाणी भी चल रही थी। राम-नाम की याद में बना भोजन भाई लोग पा रहे थे। आनंदमय वातावरण था। शिलांग से बम्बई आये एक बिजनेस मैन श्री सूरज कुमार लौंगानी जी अपने

साले साहब के साथ पधारे। आग्रह करने पर भोजन भी किये। सूरज कुमार जी ने भाई साहिब जी से प्रश्न किया कि साहब, ध्यान कैसे करें? आपने विस्तार से ध्यान करने का तरीका, साकार व निराकार उपासकों के लिए समझाया। सभी भाई बड़े ध्यान से सुन रहे थे, बीच-बीच में सूरज जी के साले साहब ज्ञान की बातें भी करते जाते। आपने सन्यास मार्ग व गृहस्थ मार्ग में ध्यान करने की पद्धति की तुलना भी की और बताया कि सन्यास मार्ग का ध्यान का जो तरीका है वह हम गृहस्थियों के लिए सूट नहीं करता। ऐसे बहुत से उदाहरण दिये जहाँ साधक परेशानी में पड़ गये थे। आपने बे ध्यान के ध्यान की बात कही और इसे बुजुर्गों की कृपा बताई। वहाँ बैठे कुछ लोगों की ओर इशारा किया जो ध्यान मग्न खर्राटे ले रहे थे। आपने अपना अनुभव बताया कि कैसे ध्यान का आनन्द मिलने पर आप सब कुछ छोड़ कर अपने गुरु महाराज के पास चले गये। उन्होंने कहा कि तुम हमारे लिए बेकार हो गये। कहने लगे अच्छा बताओ यदि में तुम्हें कहूँ कि इस पेड़ के नीचे बैठ कर ध्यान करो और 24 घन्टे का ध्यान करे। क्या गारन्टी है कि पेड़ पर बैठी कोयल की कूक आपका मन आकृष्ट न कर लेगी? इसमें और घर में बच्चे की रोने की आवाज में क्या फर्क है? भाई यह रास्ता गृहस्थी का है। घर जाओ और गृहस्थी के सारे काम धर्मानुकूल करते हुए परमात्मा की याद करो। ऐसे तमाम उदाहरण आपने दिये। जो गृहस्थ में नहीं कर सकता वह सन्यास लेकर भी नहीं कर पायेगा।

ध्यान में खतरे

स्थान - जबलपुर

सत्संग के दरमियान भाई साहब जी ने कहा कि यदि पूजा करने के तरीके में कोई भाई प्रश्न करना चाहें, तो करें। एक भाई ने प्रश्न किया कि साहब जब साधक के ध्यान की अवस्था बढ़ने लगती है और उसमें बाधायें आयें तो इसका पता कैसे लगाया जाय या गिरावट का खतरा कैसे मालुम करें? आपने कहा कि जैसे-जैसे साधक आगे बढ़ता है ज्यादा खतरा ऋद्धियों-सिद्धियों से होता है। तरह-तरह की ऋद्धियों-सिद्धियों प्राप्त होने लगती हैं जो साधक को रास्ते से हटा सकती हैं। वह तरह-तरह के कमाल दिखाने में लग सकता है।

10.5 संस्था

स्थान-बम्बई (13-1-1985)

भाई साहब जी अपने जमाई श्री महाबीर प्रसार जी के यहाँ ठहरे थे। डॉ॰ बी. बी. सिंह, श्री जे. के. भराली, श्री आशानन्द जी व कुछ और लोग बैठे थे। आपकी तबियत कुछ नाशाद थी, गला बहुत खराब था। कुछ भाई दवा बताते, आप लेकर प्रेम से खा लेते। सत्संग संस्था के बारे में कहने लगे कि भाईयों में initiative होना चाहिए, guidance मिलती ही रहेगी। कहने लगे की श्रीमती इन्दिरा गाँधी के निधन पर तुरन्त condolence message जाना चाहिए था। हमारी संस्था कोई राजनैतिक तो है नहीं, लेकिन यह मानना पड़ेगा कि वह विश्व शान्ति, एकता और धर्मनिरपेक्षता के लिए समर्पित थीं। लेकिन यह सेवक लखनऊ में था, समय पर नहीं आ सका। अच्छा ही हुआ कि श्री आर. एस. अग्रवाल, सैक्रेटरी अखिल भारतीय संतमत सत्संग कन्डोलेन्स रजिस्टर पर संस्था की ओर से खेद प्रकट करते हुए हस्ताक्षर कर आये थे। कहने लगे कि अब तो यहाँ बम्बई में डॉ॰ बी. बी. सिंह साहब हैं और अच्छे अच्छे लोग हैं, सत्संग organize करने की कोशिश करें। यहाँ का तो बहुत पुराना सत्संग है, यहाँ परम पूज्य दद्दा जी ने समाधि ली थी, मित्तल साहब के यहाँ सत्संग शुरु किया था। नवयुवकों को आगे लाने और जिम्मेदारी निभाने की बात कही। इस बार सत्संग प्रोग्राम कैंसल करने पड़े, स्वास्थय व लिखने की व्यस्तता बताई। कहीं-कहीं से आग्रह आता है कि हवाई यात्रा से आये हवाई यात्रा में बहुत पैसा खर्च होता है। पैसा तो आवश्यक कार्यों में खर्च होना चाहिए, हमारे यहाँ तो अधिकतर सच्चे, ईमानदार लोग हैं, तो जब तक जरुरी न हो हवाई यात्रा क्यों की जाय। लिखने की व्यस्तता का जिक्र करते समय बताया कि प्रतिदिन करीब ढाई घन्टे तो भाईयों के पत्रों को देखने व उनका जवाब लिखने में लग जाते हैं, फिर गीता सुधा, अष्टावक्र गीता, बृजमोहन वचनामृत और अनेक संस्था के काम। इन सबको देखते हुए हमें सोचना है कि संस्था का काम कैसे किया जाय? परमात्मा की कृपा से अपने यहाँ बहुत अच्छे लोग तैयार हो रहे हैं।

तरीकत मामूली नहीं

स्थान बम्बई (14-1-1985)

सांयकाल, भाई महाबीर प्रसाद जी के यहाँ भाई साहब जी व माता जी के

साथ हम कुछ सत्संगी भाई बैठे थे, आप बम्बई भण्डारे के लिए लगाई गई ड्यूटी की सूची देख रहे थे। सत्संगियों के व्यवहार कैसे होने चाहिए, इस पर प्रकाश डालते हुए डॉ॰ बीरबल सिंह की तरफ मुखातिब होकर कहने लगे कि डॉ॰ साहब किसी के साथ जोर जबरदस्ती करने की जरुरत नहीं है। अपनी चीज (तरीकत) को मामूली न समझो, इसके मुकाबले की चीज संसार में नहीं है, कहीं नहीं है। इससे बढ़कर कीमती चीज दुनिया में कोई नहीं है। इसमें वही आयेंगे जिनके संस्कार हैं, चाहे जितना कोशिश कर लें। आपको यह दर्शाने की जरुरत नहीं है कि हमें गर्ज है। न जाहिर करें कि आप आइए। हाँ अगर कोई आ जाये तो जाने न पाये। हमारे गुरुदेव कहा करते थे या तो कोई इस दर पर आने न पाये, यदि आ जाये तो जाने न पाये। यदि आ जाये तो उसकी ऐसी सच्ची सेवा करो कि फिर सत्संग का होकर रह जाये। इसे मामूली न समझो। हमारे बुजुर्गों ने कहा है:-

अव्वले मा आखिरे हर मुन्तहीस्त। आखिरे मा जेबे तमन्ना तहीस्त ।।

जहाँ लोग समाप्त समझते हैं वहाँ से हम शुरु करते हैं। दूसरे योगीजन जहाँ यह समझते हैं कि हमने सब कुछ पा लिया, वहाँ से हम शुरु करते हैं। आज्ञाचक्र को जागृत होना ही सब कुछ समझते है और हमारी वहाँ से शुरुआत होती है। तो इसे मामूली न समझो। यह बहुत ऊँची चीज है। इसके पीछे अपने बुजुर्गों का बड़ा त्याग है, बड़ी तपस्या है। यहाँ बातों-बातों में सब कुछ हो जाता है। देखिए अपने-अपने मन को, क्या स्थिति है, सबका ध्यान लगा है, गायब हैं। आप हँसते हैं, कहते हैं कि आप लोगों के पूर्व जन्म के संस्कार हैं यह जो इतनी आसानी से सब कुछ मिल गया। इसके लिए कितने कष्ट उठाने पड़ते हैं तपस्या करनी पड़ती है, तब भी नहीं मिलती।

संस्था से लगाव

स्थान - दिल्ली (28-6-1994)

आज सायं धर्मपत्नी के साथ भाई साहब जी के यहाँ गया। आप ड्राईंग रुम में 7-8 भाई बहनों के साथ विराजमान थे। सत्संग संस्था का विकास मंथर गति से हो रहा है, इस पर चर्चा चल रही थी। आपने कहा कि कोई अपनी जिम्मेदारी नहीं समझता। नन्दराम जी नाराज हो गये हैं, सोचते हैं कि उनके बगैर काम नहीं चलेगा। 50 किलो गेहूँ स्टोर में नहीं रखने दिये। चोरी

हो गया। सत्संग का नुकसान हुआ। हमें देखना चाहिये, अपना नुकसान हो जाये कोई बात नहीं, सत्संग का नुकसान नहीं होना चाहिये। आप लोगों ने स्कूल की बाउंड्री डिमार्केट की थी, अब तक तार लग जाना चाहिये था। भाईयों में ego (अहंकार) बहुत है। भाई! यह तो पौधा है, लगा दिया परमात्मा ने। जैसा वह चलेगा चलायेगा। यह सेवक नहीं रहेगा फिर भी चलेगा। हाँ, यदि सब लोग मिलजुल कर चलायेंगे तो दुनिया हैरत करेगी। अलग-अलग चलायें तो भी चलेगा, अच्छा चलेगा। बड़े त्याग से यह बना है। सेवक साल में देश का एक लम्बा टूर लेता था, अब पौरुख नहीं है। माता जी का त्याग, वह जानती हैं। तीन आदमी पहले थे। सी. सी. कालोनी देखिये, क्या हालत है entrance की, किसी को कोई मतलब नहीं, क्या impression देगा, यह shabby look? भाई सत्संग को अपना समझो, यह अलग नहीं है। मनमत से बचो।

सही जगह पहुँचना कठिन:

स्थान - दिल्ली (27-8-1991)

आज तीन दिनों से लगातार वर्षा हो रही है। यह सेवक, डॉ॰ के. एस. शिशोदिया व श्री एस. के. गुप्ता (मामा जी) सत्संग भवन सी. सी. कालोनी दिल्ली, पूज्य भाई साहब जी के दर्शन हेतु पधारे। कुछ नये भाईयों के अध्यात्म की ओर झुकाव की बातें आप बता रहे थे। बड़ा धोखा है, सत्संग के नाम से लोग घबराते हैं। जिनके संस्कार हैं आ ही जाते हैं। फिर लोग तड़क-भड़क देखते हैं। यहाँ कुछ पाते नहीं, दिखावा नहीं है। अपना छोटा सत्संग है, सब प्रदेश, जाति-धर्म के लोग हैं। असल जगह पहुँचना आसान नहीं है। आपने एक किसान गृहस्थ महात्मा की कहानी सुनाई। महात्मा जी से जो मिलने आता, गाँव वाले भड़का कर भगा देते कि वह मूर्ख है, बुद्धू है। एक कोई अच्छे जिज्ञासु मिलना चाहते थे, किसी महात्मा ने भेजा था। गाँव वाले भड़का कर वापस कर दिया। दुबारा फिर वह आये, अब की बार किसी की न सुनी, पहुँचे, मिले, आनन्द आया। बोले महाराज यहाँ आना मुश्किल है। महात्मा जी बोले परमात्मा पहरा बैठा रखता है जहाँ कीमती चीज होती है। यह सब गाँव वाले ऐसे ही अनपेड पहरेदार हैं। अध्यात्म कठिन है। अहम् (मैं) बहुत मुश्किल से जाती है। महाराज जी की बहुत बड़ी देन है कि इसमें जरा सी भी इच्छा नहीं होती कि दूसरे सत्संग के लोग हमारे में आयें। अपने - अपने रास्ते से सभी उस प्रभु को पा सकते हैं।

सत्संग का भविष्य अच्छा

स्थान - दिल्ली (21-3-2000)

आज सुबह 6 बजे अस्पताल गया। कई दिनों से भाई साहब जी डॉ॰ राम मनोहर लोहिया अस्पताल के नर्सिंग होम में भर्ती हैं। डॉ॰ जनार्दन सिंह, डॉ॰ अजय व सुरेश भाई आपकी सेवा में वहीं रहते हैं। डॉ॰ एस. सी. शर्मा जी नर्सिंग होम में पोस्टेड हैं। आजकल वहीं रात-दिन साहब की सेवा में रहते हैं। सुबह-शाम यह अपने घर पूसा से चाय लेकर जाता है। श्रीमती जी की बनाई चाय आपको पसंद है। अकसर पूछते रहते हैं कि सिंह साहब चाय लेकर आ गये क्या? यह अदब से ज्यादातर कमरे के बाहर ही रहता है। आज सुबह 6 बजे पहुँचा तो दरवाजा बन्द था। 15 मिनट बाद सुरेश भाई ने देखा तो डॉ॰ जर्नादन सिंह ने दरवाजा खोला। साहब ने दो बार व माता जी ने एक बार चाय पी। इसे जानकर दुख हुआ कि आप ऑक्सीजन लेने की मशीन 1.25 लाख की खरीद रहे हैं। साहब ने कहा कि आप भी यहाँ हैं तो कहता हूँ कि तीन साल से होली के समय बीमार हो रहा हूँ। अपनी बीमारी का खर्च यह स्वंय उठाता है। अब लोग सत्संग के पैसे से मशीन खरीद कर, सत्संग की प्रापर्टी बना कर इसे इस्तेमाल करने के लिये देना चाहते हैं। इसने कहा कि साहब आप ही सत्संग हैं, सत्संग ही आप हैं। जो यह लोग कर रहे है ठीक है। ऐसा लगा कि कुछ लोग कुछ और सोचते हैं। इसने कहा कि साहब अपने यहाँ एडमिनिस्ट्रेशन वीक है। यह दुनिया रहने नहीं देती आप कुछ भी करें। यदि इजाजत हो तो एक धोबी और गधे की कहानी सुनाऊँ। हाँ सुनाईये। इसने सुनाया। आप सहमत नहीं थे कि सत्संग मशीन खरीदे। फिर पता चला कि साहब ने सुरेश भाई से पूछा था कि क्या करना चाहिये? इन्होंने जबाव दिया था कि पिता जी मैं खरीदूँगा। आप सुन कर बोले कि यह यही सुनना चाहता था। सत्संग का भविष्य बहुत अच्छा है। वापस होते हुए इसने आपको बताया कि यह लखनऊ और गाँव जा रहा है। इजाजत ले वापस घर के लिये निकल पड़ा।

10.6 तरीकत

स्थान - दिल्ली (8-10-1991)

आज मंगलवार के दिन सायं सत्संग कार्य हेतु पूज्य भाई साहब जी के

यहाँ बी-20, सी. सी. कालोनी गया। आधा घन्टे पूजा में बैठने के बाद आपने सत्संग पर चर्चा की और बताया कि लाला जी महाराज (महात्मा रामचन्द्र जी महाराज) ने 5-6 लोगों को तैयार किया। संत ऐसा ही करते हैं जिससे तरीकत बनी रहे। कोई गड़बड़ हो जाये तो कोई तो रहे। महात्मा चतुर्भज जी, श्री कृष्ण सहाय जी, महात्मा बृज मोहन लाल जी (इस सेवक के गुरुदेव), हेल्थ ऑफिसर साहब गाजियाबाद ऐसे लोगों में थे। लेकिन हुआ क्या कि लोगों ने हिन्दुओं में प्रचार हो और भीड़ इकट्ठी हो के मकसद से लाला जी महाराज से शुरु किया। भीड़ तो इकट्ठी हो गई लेकिन आज हालात तो अजब हैं। अपने यहाँ महाराज जी ने तरीकत को नहीं छोड़ा। हम एक इंच भी इधर से उधर नहीं होना चाहते। हाँ देश, काल, परिस्थिति के अनुसार परिवर्तन करने पड़ते हैं, लेकिन तरीकत वही रहती है। जहाँ देखो आनन्द वही होता है, दूरी की कोई बात नहीं।

आपने कहा कि अदब बड़ी चीज है। जब मीटिंग में अपने विचार रखने को कहें तो रखना चाहिए, छिपाना नहीं चाहिए, नहीं तो बेअदबी होती है। मुझे तो मीटिंग में क्यों बैठाते हैं? अग्रवाल साहब मानते नहीं। अध्यात्म में अपने में कमी मालूम होना अच्छा है। भूख बनी रखनी चाहिए। इससे अहंकार से बचत होती है। अगर ऐसा है तो ईश्वर की बड़ी कृपा है।

गृहस्थ में परमात्मा का नाम

स्थान - बभनगँवा (5-10-1986)

भाई साहब जी सत्संग हेतु सुलतानपुर (उ0प्र0) पधारे हुए थे, दोपहर भोजनोपरान्त कुछ भाई नीम के पेड़ के नीचे एकत्र हुए, आप पधारे और बीच में एक कुर्सी पर विराजे। थोड़ी देर निस्तब्धता के बाद, एक भाई (दूबे जी) जो कालेज में टीचर थे, प्रश्न किये कि महाराज! हमारी कुछ व्यक्तिगत परेशानियाँ हैं, जीवन में बड़ी अशान्ति है। कैसे क्या करुँ कि यह कठिनाईयाँ दूर हो सकें और शान्ति मिले? प्रश्न सुनने के बाद आप ध्यान में चले गये और कुछ मिनटों के बाद आँखे खोली। आपने कहा कि यह संसार सार और असार की मिलौनी से बना है। इसमें सार वस्तु भी है और असार भी। हमें चाहिए कि हम सार वस्तु को पकड़ें और असार को छोड़ दें। कोई भी अवस्था सुख-दुख से खाली नहीं। सार वस्तु क्या हैं सार वस्तु है परमात्मा का नाम।

इसे पकड़ना चाहिए और ऐसा पकड़ना चाहिए कि दिल और दाँतों से पकड़ें। दिल से उसकी याद करें और दाँतों से पकड़ने का मतलब है जब आदमी लड़ते - लड़ते हताश हो जाता है तो दाँत से काटने की कोशिश करता है और ऐसे पकड़ता है कि छोड़ता नहीं। यदि हम ऐसा करें और इन संसार के झंझटों से निराश न हों तो बड़ी-बड़ी परेशनियों के बाद अच्छे गुल खिलते हैं। अनेक शिक्षाप्रद अनुभव प्राप्त होते हैं। बड़ा आनन्द रहता है और गृहस्थ में तो यह बहुत आसान है। तो हमें तो उस परमात्मा के नाम को पकड़े रहना चाहिए, उसी से शान्ति मिलेगी। इस पर वह भाई बोले कि हमारे लिये कुछ specific (खासतौर से) बताएँ, हम अपनी कठिनाईयों से सम्बन्धित उत्तर चाहते हैं। थोड़ी देर मौन रहने के पश्चात आपने फरमाया कि परमात्मा के विषय में कुछ कहना बड़ा कठिन है। उसको नेति-नेति कहा गया है। अपने अनुभव के आधार पर मैं कुछ बताऊँगा जब इस सेवक ने साधना प्रारंभ की तो कुछ समय बाद इसे बड़ा आनन्द आने लगा। घर पर हर समय ध्यान में बैठा रहता। पर गृहस्थ के काम भी आवश्यक होते हैं। जब धर्मपत्नी किसी बाजार इत्यादि के काम को कहती तो बड़ा बुरा लगता था। यदि कोई सज्जन मिलने आते व दरवाजा खटखटाते तो जान ही निकल जाती - सारा आनन्द ही किरकिरा हो जाता। दास ने सोचा दोनों काम नामुमकिन है - या तो ईश्वर का नाम रहेगा या दुनिया ही। ऐसा विचार कर इसने चार दिन की कैजुअल लीव ली और निश्चय किया कि यदि गुरुदेव की आज्ञा मिली तो गृहस्थ छोड़कर उनकी सेवा में ही हर समय रहेगा। ऐसा निश्चय करके यह महाराज (महात्मा बृजमोहन लाल जी) के पास चला गया। पहुँचते ही जैसे ही सेवक ने उनके चरण छुए, आपने इसकी ओर देखा और बोले कि मैं तो समझता था कि तुममें जान है और निष्ठा है, लेकिन अब समझ में आया कि तुम तो ऐसे ही हो। यह बताओ कि तुम्हें मैं अपने पास रख लूँ और कहूँ कि उस पेड़ के नीचे बैठ कर 24 घण्टे परमात्मा का ध्यान करो तो क्या गारन्टी है कि कोयल की कूक सुनकर तुम्हारा ध्यान परमात्मा से हटकर उसकी ओर न लग जायेगा। या यह कहूँ कि गंगा जी के किनारे एक कुटिया बनाकर वहीं बैठ कर हर समय परमात्मा का ध्यान करो तो क्या गारन्टी है कि गंगा में उठती लहरों और प्राकृतिक सौंदर्य की तरफ आपका ध्यान आकर्षित न हो जायेगा। सेवक बोला कि साहब! इसकी कोई गारन्टी नहीं हो सकती, मन तो बड़ा चंचल है। तो आप बोले भाई! गृहस्थ में बच्चे की रोने की आवाज ही कूक है, संसार के

कार्य गंगा की लहरें है। अपना रास्ता तो गृहस्थ का है। इसी में रहते हुए या तो गृहस्थी में रहते हुए ईश्वर की याद में काम करो या जब खाली हों तो जिव्हा को तालुए से लगा कर परमात्मा का नाम लो। परमात्मा ने जिन परिस्थितियों में रखा है, उसी में रहते हुए परमात्मा के नाम को दिल और दाँतों से पकड़ो और गृहस्थी के कार्य पूर्ण निष्ठा के साथ करते हुए परमात्मा की याद बनाये रखो। आप अभी वापस जाइये, ड्यूटी ज्वाइन करो और इसकी सूचना हमें भेजिये। सेवक के पास तुरन्त लौटने के कोई चारा नहीं था। तो सार वस्तु को पकड़ने से आनन्द ही आनन्द है और गृहस्थी में इसे पकड़ने की बड़ी सुविधायें हैं। यह सुनने के पश्चात वह भाई बोले कि जैसे आपके गुरु जी ने आपके आते ही मन की बात जान ली और आपको उचित निर्देश दिया, उसी तरह मैं चाहता हूँ, कि आप हमारी कठिनाईयों को जानकर उचित रास्ता बतायें। इस पर तुरन्त भाई साहब बोले कि हमारे महाराज जी बहुत पहुँचे हुए महात्मा थे, वह मन की बात जान जाते थे। यह सेवक ऐसा नहीं है, इस पर भाई लोग हँसने लगे।

यह वार्तालाप चल ही रहा था कि एक ग्रामवासी भाई का ध्यान उन लोगों की ओर गया जो बैठे खर्राटें ले रहे थे। वह बोल पड़े कि देखिये, यह लोग महाराज के दर्शन करने और रामचर्चा सुनने आये हैं, और यहाँ सो रहे हैं। उन सज्जन ने भाई साहब जी का ध्यान आकृष्ट करते हुए फिर दोहराया कि देखिये न महाराज जी। यह कुछ लोग सो रहे हैं, इन्हें अमृतवाणी सुनना नसीब ही नहीं। इस पर भाई साहब जी हँस पड़े और कहने लगे कि देखो! यह सब ईश्वर याद में खर्राटें ले रहे हैं। तो वह सज्जन फिर बोले कि हाँ महाराज! अक्सर यह देखा जाता है कि जहाँ रामचर्चा होती है वहाँ पर बहुत से लोग सो जाते हैं। रामनाम की तरफ ध्यान ही नहीं जाता। उन बेचारे को क्या पता कि सुषुप्ति मन की एकाग्रता की वजह से थी। ऐसा संतों के पास जाने पर विचार कम होने लगते हैं। भाई साहब जी चुटकी लेते रहे और सबको हंसाते रहे। सब आनन्द लेते रहे।

क्यों बाँधें

स्थान - दिल्ली (19-9-1994)

कई दिनों से सेन्ट बृजमोहन लाल स्कूल में व कुछ घरेलू समस्याऐं चल

रही थी। सायं, पूज्य भाई साहब जी से मिलने बी.-20 सी. सी. कालोनी आपके यहाँ गया। आपने बातें सुनी और सेवक का मार्ग दर्शन किया। आपने गुरु पूर्णिमा पर की गई पूज्य माता जी को अगला संरक्षक बनाने की घोषणा का जिक्र किया और महत्पूर्ण बताया। इससे यह सत्संग जुड़ा रहेगा। हमारे पास अच्छे लोग (Gem) हैं। सारे बुजुर्गों ने भी इस निर्णय को माना है। यह सेवक जो सबकी राय है, वही करता है। हाँ, एक बार सलाह जरुर दे देता है। यह चाहता था कि मथुरा के डॉ॰ कृष्ण बल्लभ शर्मा से भाई साहब जी कहें कि वह कुछ समय के लिये यहाँ स्कूल में प्रिंसिपल बन जायें। आप बोले कि यह नहीं कहेगा। क्यों किसी को बाँधें। उनकी अपनी समस्यायें हैं। हाँ, यदि वह स्वयं आना चाहें तो आ सकते है, उन्हें पता ही है। घर (गाँव) जाने के बारे में पूछा। आप बोले कि हो आईये, दिमाग खराब कर आईये होना तो कुछ है नहीं। पिता जी की शान्ति क्यों भंग करें (उन्होंने बुलाया है) उनके साधना की बात बताई, आप सुन कर खुश हुये। ध्यान में चले गये। हाँ, बहन जी को समझ में आ जाय की चौकीदारी हो रही है, तो ठीक है, सही भी है।

10.7 अदब

स्थान - बम्बई (15-1-1985)

भाई महावीर प्रसाद जी के यहाँ भाई साहब जी के सानिध्य में कुछ सत्संगी भाई बैठे हैं। अमृतवाणी चल रही थी। आप कहने लगे कि मुसलमानों में अदब काफी है। पुरानी बात है - हकीम अजमल खाँ का नाम तो आप लोगों ने सुना होगा। वह लाला जी महाराज के पास आते थे। एक बार पूज्यनीय दद्दा जी महाराज को अधिक अभ्यास की वजह से काफी कमजोरी आ गई थी, मुंह से खून आने लगा था, घर के लोग डर गये थे, लाला जी महाराज तो जानते ही थे। हकीम अजमल खाँ साहब बोले कि मुन्ने को क्या हो गया है? उन्होंने दवा की ठीक हो गये, बड़ी अच्छी हेल्थ बन गई। सन् 1942 के लगभग पूज्यनीय दद्दा जी महाराज बुलंदशहर में थे। हकीम अजमल खाँ साहब के लड़के दिल्ली से अपनी कार से सत्संग में आते। सत्संग शुरु होने के पहले पहुँचते तो अन्दर आकर बैठते और यदि कुछ लेट हो जाते और सत्संग आरंभ हो चुका होता तो बाहर जहाँ जूता चप्पल निकाली

रहती, वहीं दो जानू होकर बैठ जाते। जब सत्संग समाप्त हो जाता तो आप अन्दर आकर मिलते और प्रणाम करते, यह था अदब।

आपने अपना एक अनुभव और सुनाया। एक शंभूनाथ जी थे, परमात्मा की खोज में बड़े-बड़े महात्माओं से मिले थे। नेपाल, तिब्बत, हिमालय और बहुत सी जगहों पर घूमे थे। लेकिन संतुष्टि नहीं हो पाई थी। उनकी मुलाकात इसके चाचा जी से हुई। वह बोले कि मैं एक पता देता हूँ, हमारा भतीजा है यशपाल, आप उसके पास चले जाओ। वह आये, उस वक्त यह सेवक दिल्ली में था, वह चूंकि बुजूर्ग थे और पूज्यनीय चाचा जी ने भेजा था, यह उनके पैर छूने लगा। वह बोले कि नहीं-नहीं, यह आप क्या कर रहे हैं मैं तो आपसे कुछ सीखने आया हूँ। यह बोला यह तो गृहस्थी है, आपको क्या बतायेगा। खैर बातचीत हुई, वह बोले कि मैं आपके पास बैठना चाहता हूँ लेकिन जब आप अकेले हों। यह बोला कि यह तो गृहस्थी है, चार लड़के दो लड़कियाँ हैं, सब छोटे हैं स्कूल जाते हैं, बड़ी व्यस्तता है। यदि आना चाहते हैं तो सुबह 5.30 से 6.30 बजे या रात 11 से 12 बजे के बीच आयें तभी सेवक अकेला मिल सकता है। यह बोले साहब सुबह ठीक रहेगा। सितंबर माह की ठण्ड में वह सुबह 5.30 पर आ जाते, हम दोनों 6.30 तक बैठते। कोई बातचीत न होती, उसके बाद वह चले जाते। इस सेवक ने कई बार चाय पिलाने की कोशिश की लेकिन नहीं। इस तरह एक महीना बीता। जब वह जाने लगे तो पूछा कि साहब बताइये कि हमें क्या मिला, आपने क्या दिया। यह सेवक बोला कि यह तो खुद भिखारी है, आपको क्या दे सकता है। मालिक बेहतर जानता है कि उसने क्या दिया। वह चले गये। फिर जंगलों में घूमते रहे, बहुतों से मिले, पूंछते रहे। फिर उन्हें विंध्याचल में एक महात्मा मिले, उनसे बातचीत की। वह बोले कि मैं 40 वर्षों से साधना कर रहा हूँ। माथे पर गुलगुलाहट होती है, आनन्द आता है। शंभूनाथ जी बोले कि ऐसा तो हमें भी होता है। लेकिन यह जबसे हुआ कि दिल्ली में एक गृहस्थी संत के पास एक माह बैठा। जब बताया तब महात्मा जी बोले कि हमें तो इसे पाने में 40 वर्ष लगे। तब तो वह जरुर कोई परम संत है। जो ऐसा करा सकता है। दिल्ली भण्डारे पर सबसे पूछते कि माथे पर गुलगुलाहट होती है कि नहीं। तो बहुत से सत्संगी भाई यही कहते कि हाँ होती है। तो वे आश्चर्य करते कि कहाँ उन महात्मा की 40 वर्ष की साधना और यहाँ बहुतों की वही हालत, कुछ बात समझ में

न आती। हर साल भण्डारे पर आते, आत्मिक लाभ उठाते, पर विश्वास न होता। एक बार वह फिर सेवक के पास आये, उस समय सुबह के 8.30 बजे थे, यह ऑफिस जाने के लिए तैयार हो रहा था। बोले कि आप इतनी जल्दी क्यों जा रहे हैं? दास ने कहा कि चावड़ी में डॉ॰ डी. एन. गुप्ता जी के यहाँ होते हुए जाऊँगा। क्या मैं भी चल सकता हूँ, हाँ, हाँ चलिए, साथ गये और इस सेवक की ओर देखते ही रहे। पतलून, कोट, जेब में रुमाल, ब्रीफ केस, टकटकी लगाकर देखते ही रहे। इस सेवक ने पूछा कि क्या घूर-घूर कर देख रहे हो? बताया कि मैं यह देख रहा हूँ कि यह वेश - भूषा यह गृहस्थी और फिर ऐसा संत जो दूसरों को भी करा दे कैसे हो सकता है? यह बड़ा भारी भ्रम है। इसमें कोई चाल तो नहीं है? यह दास मुस्कुराया और कहा "शंभूनाथ जी अभी आप और घूमों और जहाँ इससे अच्छी चीज मिल जावे जरुर ले लो।" आपने कहा साहब! मैंने बहुत घूम लिया और दूर - दूर देख लिया, अब और घूमना नहीं है। यह भ्रम तो आप ही मेट सकते हैं। दास ने कहा जिसने संसार छोड़ दिया, उसके पास राम-नाम लेने के दूसरा कोई काम नहीं है, कोई जिम्मेदारी नहीं है। अगर वह 24 घन्टे नाम लेता है, जो है मुश्किल तो कौन बड़ी बात है? इससे तो कुछ बना नहीं, पर इसके सत्गुरुदेव ने इसे ऐसा करा दिया कि संसार में सब काम करते, सारी जिम्मेदारियाँ उठाते, हृदय सदा खाते-पीते, सोते जागते, चलते-फिरते, संसार का हर कार्य करते प्रभू चरणों में लगा रहता है, तब आप बताइये कि कौन सा तप बड़ा है? यही कारण है कि यहाँ दूसरों को भी हो जाता है। इसके बाद उनकी भाग दौड़ समाप्त हो गई।

सूचना

स्थान - दिल्ली

दिल्ली में भाई साहब जी के दशनार्थ गया। एक सत्संगी भाई कर्तारााम जी आपकी सेवा में थे। कुछ बातें होने लगीं। आपने कहा कि भाईयों को महीने में कम से कम एक बार अपने बारे में सूचना देते रहना चाहिए। बहुत से भाई हैं, इस पर अमल नहीं करते। आपने अपना एक अनुभव इस प्रकार सुनाया। आपके गुरु महाराज परम पूज्य दद्दा जी ने आपसे कहा कि डायरी लिखा करो और सूचनार्थ भेजा करो। आप लिखने लगे, अच्छी-अच्छी बातें ही लिखते, खराब बातें छिपा लेते। कुछ दिन बाद दद्दा जी ने कहा कि भाई, सब

कुछ चाहे अच्छा हो या बुरा जो भी गुजरे लिखना चाहिए, उससे मन की स्थिति का पता चलता रहता है। लेकिन फिर भी आप अच्छी-अच्छी बातें ही लिखते। कुछ दिन बाद दद्दा जी ने आपसे कहा कि ये बातें तो आपने छिपा लीं, लिखा नहीं। और, यह कह कर महाभारत की एक कथा सुनाई - पतिव्रता गांधारी अपनी आँखों पर पट्टी बाँधे रहती थी क्योंकि उसके पति अन्धे थे, ऐसा था उनका पतिव्रत धर्म। इससे उन्हें ऐसी शक्ति प्राप्त हो गई थी कि जिसे वह पहली बार देख ले वह वज्र का हो जाये। उन्होंने दुर्योधन से कहा कि तुम हमारे सामने नंगा होकर आ जाओ, मैं तुम्हें देख लूंगी तो तुम्हारा शरीर वज्र का हो जायेगा, फिर तुम्हें कोई नहीं मार सकेगा। वह जब नंगा होकर माँ के सामने जाने लगा, उसी समय भगवान कृष्ण आ पधारे और कहा कि अरे! नितांत नंगा जायेगा माँ के सामने। बड़ी शर्म की बात है, कम से कम कच्छा तो पहन ले। वह महान राजनितिज्ञ थे। दुर्योधन ने कच्छा पहन लिया और माँ के सामने गया। गांधारी ने आँखें खोली तो कहा कि अरे! यह क्या किया? उतना स्थान जो ढका था, कच्चा रह गया - बाकी सब वज्र का हो गया। जब महाभारत की लड़ाई हुई तो भीम जहाँ भी प्रहार करते, कोई असर न होता। तब भगवान कृष्ण ने कहा कि जंघे में मारे तब मरेगा। है तो उस स्थान पर प्रहार करना पाप, लेकिन यह पाप मैं अपने ऊपर लेता हूँ। जंघा पर प्रहार करने पर वह मरा। इसी तरह कुछ छुपाने से कच्चाई रह जायेगी। जो साधक सब कुछ अपने गुरुदेव को बताते हैं, वह साधना में पक्के उतरते हैं। ऐसा साधक को कोई Evil Force फिर नुकसान नहीं कर सकती। तो हर स्थिति की सूचना देना साधक के लिए बड़े महत्व की बात है, लेकिन कम लोग ही इसे समझते हैं।

मनमतापन:

स्थान - दिल्ली (21-6-1994)

आज सायं पूज्य भाई साहब जी के यहाँ गया। ज्यादातर बातें घर-गृहस्थी की रहीं जिसमें सूक्ष्म साधना के संकेत थे। जो बातें इसकी समझ में आई वे यह रहीं - अध्यात्म बड़ी सरल व उतना ही कठिन है। मन धोखा देने से नहीं चूकता। असल चीज है समर्पण। यह हो नहीं पाता। हजारों लाखों में ही कोई कर पाता है। लोग चाहते हैं कि गुरु जैसा वे कहें चले, न की गुरु जैसा कहे वैसा करें। बिना इच्छा के समाप्त हुये चित्त की एकाग्रता नहीं मिलती। लोग

मनमत में पड़ जाते हैं, भाग्य बड़ी चीज है। गुरु क्या बात किस उद्देश्य से कह रहा है समझ नहीं पाते। कहने लगे कि एक भाई किसी को लाये थे, यह तैयार हो रहा था, फोन आया, इसने कहला दिया कि भाई साहब available (उपलब्ध) नहीं हैं। वह भाई यह फोन वाली बात सुने, भ्रम में पड़ गये कि available हैं और कह रहे हैं कि available नहीं हैं। मन ने फँसा दिया। भाई! हम गृहस्थी हैं, क्या काम है, उन्हें क्या पता। तो यह मन चक्कर में डाल देता है। एक बड़े अच्छे साधक (नाम नहीं लूंगा) बड़ी तरक्की की। उनके यहाँ सत्संग प्रोग्राम रखा। उसमें छपवा दिया कि परम संत महात्मा यशपाल जी पधार रहे हैं। उन्होंने सोचा कि एक तरफ तो यह दासानुदास लिखते हैं और दूसरी तरफ परम संत महात्मा लिखवाते हैं। बस आ गये मन के चक्कर में। अरे! उन्होंने लिख दिया तो यह क्या करे। कैसे काटे, क्यों काटे, वह तो सही लिखा है। तो यह बातें हैं। आदमी को चाहिये कि अपना फायदा देखे कि हमें क्या फायदा होता है, और चक्कर में नहीं पड़ना चाहिये। डॉ॰ के. एस. शिशैदिया अच्छे चल रहे थे, बड़े अच्छे साधक थे। उस दिन वह पंखे की बातें सुनकर भ्रम में पड़ गये। पूरी बात तो देखी नहीं कि कैसे बाद में इसने लोगों को कसा। क्या करेंगें, भाग्य बड़ी बात है। धोखा दिया, कैसे विश्वास होगा। पहले लोग गुरु के आश्रम में रहते थे। भिक्षा करने जाते थे, तमाम humiliation सहते थे, ego मरता था। इसने मिश्रा जी की तारीफ कर दी कि एक लाख स्कूल के लिये इकट्ठा किया। कितना उसे humiliation सहना पड़ा होगा। किस लिये तारीफ की, समझेंगे नहीं। यही समझे कि भाई साहब पैसा इकट्ठा करना चाहते हैं, क्या कहें? भाग्य की बात हैं।

मनमत में समस्या

स्थान – दिल्ली

आज धर्मपत्नी जी के साथ सायं पूज्य भाई साहब जी के यहाँ गया। भाई साहब व माता जी बैठक में विराजमान थे। एक परिवार और आ गया। उनकी लड़की भी थी जो किसी से अपने मन से शादी करना चाहती थी। सब परेशान थे। आपने कहा कि इसमें हम क्या कर सकते हैं? वैसे लड़की की जब तक शादी नहीं होती, उसे अपने माँ बाप के कहने में रहना चाहिये। शादी के बाद पति के। वैसे सेवक के अनुभव में जो भी cases आये हैं, ऐसे लोग सुखी नहीं

रहे जिन्होंने माता-पिता के विचारों की अवहेलना की। यह देश तो अमेरिका हो जायेगा। जहाँ आये दिन divorce होते रहे हैं। हमारे यहाँ तो कोई जानता नहीं की तलाक क्या होता हैं।

10.8 अध्यात्म

स्थान - बम्बई (1985)

आज भाई साहब जी बम्बई में डॉ॰ बीरबल सिंह के यहाँ सत्संग हेतु पधारे। दोपहर का भोजन यहीं था। सायं कुछ भाई-बहन आपके पास बैठे थे। कहने लगे कि अध्यात्म ऐसी चीज है कि उसके पास रहेगी जिसमें नम्रता हो, बर्दाश्त करने की क्षमता हो। नहीं तो नहीं रुकती, जरा सा क्रोध आया कि गया। महात्मा बृजमोहन लाल जी का जिक्र करते हुए बताया कि उसी मुहल्ले में एक डाक्टर साहब थे, वह इनकी वेषभूषा, से चिढ़ते थे। इन्हें परेशान करने के लिए मुहल्ले के बच्चों से कहते कि इनके घर के चबूतरे को गंदा कर दो। कोई बच्चा टट्टी कर देता कोई कुछ। जब ऐसा होता तो आप बाहर निकलते, बाल्टी से पानी डाल देते साफ हो जाता। ऐसा लगभग एक वर्ष तक चलता रहा। उनसे कुछ न कहते क्योंकि इसका कोई फायदा नहीं था, जान बूझ कर वह कराते थे। एक वर्ष के बाद डाक्टर के हृदय में विचार उठा कि यह कैसा अजीब व्यक्ति है कि इतना होते हुए भी कुछ बोलता नहीं, चले जरा देखें तो सही। आपके घर पधारे, पर्दा उठाया तो उन्होंने प्रेम से स्वागत किया और बोले आईये डाक्टर बिन्द्रा प्रसाद जी पधारिये। पास में एक घन्टा मंत्र मुग्ध होकर बैठे। उनमें क्या परिवर्तन हुआ कि वह परम भक्त हो गये। जो डाक्टर आर्य समाजी होते हुए भी कहते थे कि इस घर का तो मैं हुक्का भरता हूँ।

इसी तरह महात्मा रामचन्द्र जी महाराज (लाला जी महाराज) जिस मुहल्ले में रहते थे, उसमें एक वैद्य जी रहते थे, वे इनसे बहुत चिढ़ते थे। जब लाला जी गली से निकलते तो छत पर से इनके ऊपर कूड़ा - करकट डाल देते। यह चुप करके सर नीचा किये चले जाते, धूल झाड़ देते, कपड़ा बदल देते। ऐसे चलता रहा। लाला जी महाराज को लिवर कैंसर हुआ, बड़ी तकलीफ रहती थी। जानते थे कि अच्छा तो होना न था। उन्होंने वैद्य जी को इलाज के लिये बुलवाया और कहा कि अगर इसे किसी पर विश्वास है तो वैद्य जी आप

पर ही है। आप सेवक का इलाज कीजिए। इलाज कराते-कराते उनका कल्याण कर दिया, तार दिया। एक और वैद्य जी थे जो अच्छे थे लेकिन बड़े अहंकारी थे। कैंसर के समय उन्हें भी बुलवाया गया। वैद्य जी कहने लगे कि जब सब समाप्त हो गया तब बुलाया। पहले तो कुछ किया जा सकता था, अब कुछ नहीं किया जा सकता, अब आप नहीं बच सकते। लाला जी महाराज बोले कि वैद्य जी आपको अपना कुछ पता ही नहीं है और मरीजों के लिये ऐसा कहते हो। वै़द्य जी का समय पूरा हो चुका था। घर गये, हार्ट फेल हो गया और संसार से कूच कर गये।

अध्यात्म शोध का विषय

स्थान - दिल्ली (29-3-97)

भाई साहब जी डॉ० राम मनोहर लोहिया हास्पिटल (दिल्ली) में भर्ती हैं। सायं यह धर्म पत्नी के साथ अस्पताल गया। यह आलू की चिप्स व चाय बना कर ले गई थी। आपने कुर्सी पर बैठने को कहा। कहने लगे कि कुछ लोगों ने गलत फहमी पैदा कर दी है कि भाई साहब जी mentally disturbed (मानसिक रुप से बेचैन) हैं। क्या अध्यात्म है? भारत अब अध्यात्म लायक रहा ही नहीं। इतना कुछ होते हुए लोग नहीं समझते, नही समझ सकते। सेवक हमेशा होश में था, हाँ शरीर का भान न था। deep (गहरा) ध्यान था, super consciousness। यह बात जरुर है कि एक दिन पहले Sunday (रविवार) को इसका ध्यान गहरा लग जाता था। ध्यान टूटता तो alert (सजग) हो जाता। सत्संग जल्दी समाप्त किया, ऊपर गया खाना खाया। शिव ओम जी को बुलाया, उनका काम (संत सुधा का) कर दिया। सायं ध्यान की अवस्था काफी गहरी थी। होश न था कि आज सायं हवन करनी है। इसने कहा कि यह नीचे नहीं जायेगा, माता जी शान्ति पाठ करा देंगी। रात डॉ० एस. सी. शर्मा आये, देखे, कहने लगे कि अस्पताल चलना है, टेस्ट करने हैं। सेवक ने कहा कि क्या रात को आपके यहाँ टेस्ट होता है? अस्पताल खुला है, बोले हाँ हो जायेगा। ठीक है सेवक तैयार होकर सीढ़ियों से नीचे आया। इसे होश नहीं कि कहाँ जा रहा है। इतना जरुर याद है कि लोकेश जी की कार में बैठ कर यह यहाँ आया। फिर क्या हुआ पता नहीं। डॉ० लोग जो कहते इसका response (जवाब) ठीक रहा। तमाम इंजेक्शन लगाये इसे पता न चला। यह तो बाद में

देखा कि निशान ही निशान हैं। आपने निशान हम लोगों को दिखाया। डॉ॰ जनार्दन सिंह कह रहे थे कि टोपी आप ठीक से लगाते हैं। चलते समय जब टोपी आपको दिये तो आपने सिलाई देखकर टोपी ठीक से लगाया। पूरा होश था। यहाँ आने पर डाक्टरों ने अपना काम शुरु किया। पहले Head की scanning सब ठीक, फिर heart देखा ठीक, blood में Co_2 की मात्रा ज्यादा मिली। डाक्टरों ने dylesis लगाने की बात की। मशीन यहाँ खराब थी, गंगा राम अस्पताल ले गये। वहाँ डाक्टरों ने मना कर दिया कि इसकी जरुरत नहीं थी। फिर पेशाब के रास्ते में नली डाला, हाँ, यहाँ दर्द महसूस हुआ। सेवक ने उसे निकलवा दिया। पेशाब हो गई। जब भी डाक्टर पूंछते इसका response (जवाब) ठीक रहा, काफी cooperative (सहयोगात्मक)। कई दिनों से पानी नहीं पीता था। urea वगैराह का concentration बढ़ गया होगा। अब भी कह रहे हैं कि 2–3 दिन और रखेंगे। हमें तो कोई फर्क नहीं पड़ता। अध्यात्म विद्या समझ के परे है। इसे नेति–नेति कहा गया है। यह तो रिसर्च की बात है। समाधी क्या है? कोई जल समाधी लेता है, कोई cave में शरीर छोड़ देता है। कहते हैं कि परमात्मा तू ही है, तेरी इच्छा पूर्ण हो। जब समाधि ले ली तो यह तो अपनी इच्छा हुई। कुछ दिन पहले बिनोआ जी ने खाना बन्द कर दिया था, शरीर छूट गया। अगले रोज अखबार में था कि यह तो sucide (आत्महत्या) का case (केस) है, किसी scientist (वैज्ञानिक) ने लिखा था। बड़ा मुश्किल है समझना। Deep (गहरे) ध्यान की अवस्था थी। प्रणव, नागपुर से भाग कर आया। उसे मना कर दिया था। जियालाल जी ने उसे बताया कि भाई साहब जी mentally disturbed हैं। उसने कहा कि ऐसा नहीं हो सकता और कोई बीमारी हो सकती है, लेकिन बाबा जी को mental (मानसिक) कोई समस्या नहीं हो सकती है। जियालाल जी सत्संग के pillar (स्तंभ) हैं। ये लोग ऐसा कह जाते हैं। क्या समझा इन्होंने अध्यात्म को। हाँ बात ऐसी थी कुछ दिनों से महाराज जी के दर्शन नहीं हो रहे थे। इसने सोचा क्या हो गया। अभ्यास बढ़ा दिया। इसमें शरीर का होश न रहा। सारी बातों का होश था, पूरा response था। super consciousness की हालत थी। बड़ी सूक्ष्म चीज है यह। बातें करते समय आप हंसते रहे। इस समय माता जी, इसकी धर्म पत्नी, डॉ॰ संजय सूद, डॉ॰ अजय, डॉ॰ जनार्दन सिहं, सुरेश भाई, भाई रमेश जी कमरे में बैठे यह सुनते रहे।

अध्यात्म जानना कठिन

स्थान - दिल्ली (31-3-1997)

आज, अस्पताल, भाई साहब जी से मिलने गया। डॉ॰ गोयल, डॉ॰ जनार्दन सिंह, श्री आर. एस. सिहं, श्री के. एल. नांरग जी वहाँ मौजूद थे। भाई साहब जी समाधी की बात बताते रहे। बोले कि 24-3-97 को जब इसकी नींद खुली तो इसने प्रश्न किया कि, इसे यहाँ क्यों लाया गया है। लोगों ने बताया कि आप बीमार हो गये थे। अच्छा! फिर 29-3-97 की समाधि पर जो बात डाक्टरों से हुई थी वह भी बताई। यह लोग बताते हैं कि उस अवस्था में इससे ओम शब्द ही निकल रहा था। अगुंलिया माला जाप सा बता रही थीं। कोई कुछ पूछता तो उसका सही उत्तर दे रहा था। तो इस सेवक की यह problem (समस्या) है। अध्यात्म बड़ा सूक्ष्म है, जानना बड़ा कठिन है। माता जी ने बताया कि भईया हमें तो पता नहीं कि क्यों गंगाराम ले जा रहे हें। मालूम होता तो ले जाने न देती। यही कहती, भईया जो करना हो यहीं करो। जो होना हो हो। आप बोले भगवान जो करता है अच्छा करता है। आज शाम अस्पताल से घर गये।

अध्यात्म व सभ्य समाज

स्थान - दिल्ली (24-9-1999)

आज सायं भाई साहब जी के यहाँ गया। आप बैठक में विराजमान थे। यह सुलतानपुर सत्संग से लौटकर आया था। आप वहाँ न जा सके थे। भाई रमेश जी ने सत्संग कराया था। सत्संग का समाचार आपको बताया। आप मुस्कुराते रहे। चाय पिलवाई। पूसा के एक वैज्ञानिक जो अपनी पत्नी के चुपके-चुपके कई बार आपके सत्संग में आते रहे थे, एक शीशी में गंगा जल यह कह कर हमसे भेजा था कि भाई साहब जी के चरण स्पर्श कराके इस शीशी को वापस ले आयें। आपकी पत्नी बहम की वजह से इन्हें कहीं किसी सत्संग या संत के पास नहीं जाने देती थी। यह बात इसने भाई साहब जी से कही और गंगा जल की शीशी टेबल पर आपके सामने रख दी। इसी बीच प्रो. आर. के. पाण्डे जी आ गये। भाई साहब जी ने कहा कि यह त्रुटि नहीं करनी चाहिए। इसने कहा कि साहब हमें तो पता नहीं, आप जाने या वह। देखो, हम सभ्य समाज में रहते है। इसने कहा कि वे शायद चाहते हैं कि आपके पैरों को

धोकर पानी मिल जाये। आप बोले कि मैं समझ गया। यह यहाँ नहीं होता। बहुत से संन्यासी ऐसा करते हैं, लेकिन यह गलत है। रुकते हैं फाइव स्टार होटल में। देवियों से पैर के अगूँठे को आँख में छुआते हैं। गलत! आप बार बार ध्यान में जाते रहे। रघुराज व सुन्दरम जी की बात बताई। बोले अपनी चीज किसी से कम नहीं है। इसी दुनिया में रह कर अध्यात्म प्राप्त किया जा सकता है। ध्यान में भी जाते रहे। तमाम अनुभव बताते रहे। फिर बोले कि कह देना कि गंगा जल की शीशी सेवक ने रख लिया है। बोले वह सामने आलमारी में जहाँ ओउम् रखा है, बगल में रख दो। इसने ऐसा ही किया। विचार आया कि आप ही जानें यह राज। शीशी ऐसी जगह रखवाई, जहाँ आपकी नजर उस पर पड़ती रहे।

10.9 बीज मंत्र

स्थान - दिल्ली (1985)

गुरु पूर्णिमा का प्रोग्राम समाप्त हो चुका था, आप अनंगपुर से दिल्ली बी-20 सी. सी. कालोनी सत्संग भवन में वापिस आ गये हैं, कुछ भाई आपके साथ ठहरे हुए हैं। सायं सत्संग में, श्री जियालाल जी के भजन के साथ-साथ सभी उपस्थित भाई व बहनें ध्यानावस्थित हो गये हैं। एक घन्टे आंतरिक सत्संग के बाद आपने परमात्मा तू ही है, तेरी इच्छा पूर्ण हो वाक्य का उच्चारण किया और सभी भाई-बहनों ने धीरे-धीरे आँखे खोली। आपने कहा कि आध्यात्मिक मार्ग में हम अक्सर बीजमंत्र की बात करते हैं। यह क्या है? इस पर यह सेवक चर्चा करेगा। आपने फरमाया कि इससे सम्बन्धित तीन मंत्र हैं - (1) बीजमंत्र, (2) कीलक मंत्र, (3) शक्ति मंत्र। ईश्वर कृपा के फलस्वरुप जब साधक (संस्कारी व्यक्ति) ऐसे व्यक्ति के सम्पर्क में आता है कि जिसे 24 घन्टे का ध्यान (ईश्वर की याद) बनी रहता है और सत्संग में शामिल होने लगता है तो गुरु कृपा व निजकृपा से उसे भी यह ध्यान की अवस्था प्राप्त होने लगती है। इच्छाएँ कम होने लगती हैं, बस एक ही इच्छा रह जाती है कि प्रभु चरणों में ध्यान, अनुराग। हृदय चक्र पवित्र होने लगता है। ऐसा व्यक्ति अपने को देखने लगता है और सफाई में लग जाता है। यह गुण उस व्यक्ति के सम्पर्क में आने और सत्संग में शामिल होने से आने लगते हैं। वह किसी की निन्दा नहीं करता। दूसरे की निन्दा करने से पहले यह गन्दे

विचार हृदय में उतरते हैं, इसके बाद जबान पर आते हैं। तो ऐसा साधक गुरु से ऐसी शक्ति (बीज मंत्र) पाकर अपनी सफाई में लग जाता है। जैसे-जैसे हृदय साफ होता जाता है, यह ध्यान की अवस्था बढ़ती जाती है। यह जो हमारा सिर है स्पंज की तरह का है। छोटे-छोटे कोशिकाओं का बना है। हर कोशिकाओं में परमात्मा की याद समाने लगती है। कामनायें, इच्छायें समाप्त होने लगती हैं। यह स्थिति बढ़ती जाती है और एक दिन ऐसा आता है कि सिर पर चोटी के स्थान पर ऐसा लगता है कि जैसे कोई बरमें से छेद कर रहा है। बड़ा दर्द महसूस होता है। इसमें साधक को घबड़ाना नहीं चाहिए। अगर सत्गुरु का सहारा लिये होता है और इस स्थिति को बर्दाशत कर लेता है तो बहुत ही आनन्दमयी अवस्था को प्राप्त होता है। क्या होता है? छेद होने के बाद एक तरल पदार्थ जिसे अमृत रस कहते हैं, इसकी बूंदे एक इंटरवल पर रीढ़ की हड्डी पर ऊपर की तरफ टपकती हैं और शरीर प्रकाश से भर जाता है। बड़ा आनन्द आता है। इस आनन्द की कोई तुलना नहीं है। किसी भी विषयानन्द से इसकी तुलना नहीं की जा सकती। अपार आनन्द की अनुभूति होती है। शंकराचार्य महाराज ने कहा है अमृत रस की वर्षा होती है और अग्नि उत्पन्न होती है। आप कहेंगे अमृत और आग उठती है। अमृत से कहाँ आग? कबीर साहब एक बहुत ही ऊँचे महात्मा हुए हैं। उन्होंने इस स्थिति का वर्णन किया हैं। क्या कहा है "चुअत अमीरस भरत ताल जहाँ शब्द उठत असमानी हो"। इस स्थिति में अमृत रस की बूंदें एक खास इंटरवल पर टपकती हैं। सारा शरीर प्रकाश से भर जाता है, बड़ा ही आनन्द आता है। इसका वर्णन करना कठिन है। शरीर जनित आनन्द को कीलक मंत्र कहते हैं। यह ईश्वर कृपा, और निज कृपा से प्राप्त होती है। लेकिन सच्चा साधक इसमें नहीं फंसता। उसकी जेब तो इच्छाओं, तमन्नाओं से खाली हो चुकी होती हैं। उसे परमात्मा से कुछ नहीं चाहिए, केवल उसकी याद के। एक बार ऐसा हुआ कि लखनऊ में सत्संग चल रहा था। अराकाट से एक बहुत ऊँचे फकीर पास में ठहरे हुए थे। उनके पास भीड़ लगी रहती। लोग गिलास में पानी लेकर जाते, आप उस पर कृपा भरी दृष्टि डालते। भक्त गण उस पानी को पी लेते। जिन साहब के यहाँ आप ठहरे हुए थे, वे दद्दा जी के सत्संग में आते थे। आप उन पीर साहब को लेकर सत्संग में आये, आपने सत्संग में भाग लिया। जाते समय कहने लगे कि यहाँ जो भी आये हैं, अल्लाह के सच्चे भक्त हैं, कोई कामना

नहीं। हमारे पास तो लोग कामना ही लेकर आते हैं, किसी को कुछ चाहिए किसी को कुछ। सच्चा साधक परमात्मा से कुछ नहीं चाहता और वह इस शरीर जनित आनन्द (कीलक) की तरफ ध्यान नहीं देता। वह परमात्मा के ध्यान में लगा रहता है, न हर्ष में हर्ष न दुख में दुखी। ऐसी मन की अवस्था हो जाती है, उसे कुछ नहीं चाहिये। चाहिए तो केवल प्रभु चरणों में ध्यान। उसी से लग कर रह जाता है। सत्गुरु से बीजमंत्र पाकर साधक के लिये या तो दुनिया का काम या फिर परमात्मा की याद, और कुछ नहीं रहता। सच्चे मोती बटोरता है और जब परमात्मा की सच्ची याद बनने लगती है, लौ जल जाती है तो पतंगे आते हैं। जो भी सपंर्क में आया परमात्मा की याद उसमें उतरने लगती है। इसे ही शक्ति मंत्र कहते हैं। ऐसे व्यक्ति के चारों तरफ एक औरा (घेरा) सा बन जाता है। उस औरे में जो भी आया, पात्रानुसार परमात्मा की याद आयेगी ही, मन में विचारों की कमी होगी। अच्छी-अच्छी भावनायें उठेंगी।

रामनाम

स्थान - दिल्ली (3-1-1997)

आज बृहस्पतिवार का जोनल सत्संग भाई साहब जी के यहाँ था। सत्संग के बाद हम कुछ लोग आपके पास बैठ गये। श्री के. एल. नारंग जी ने हाल ही में सम्पन्न हुये बम्बई भण्डारे की बात छेड़ी। जिस पर काफी देर तक बातें होती रहीं। आपने जो बातें बताई उनका सारांश रहा - अपना बड़ा ठोस कार्य है। वही प्रवचन बार बार, कोई बोर नहीं होता। क्योंकि प्रवचन के साथ-साथ कुछ और होता है। नारंग जी ने कहा कि सत्यपाल जी ने यह बताया कि भाई साहब जी अन्तिम कड़ी है। बड़ा कष्ट सहते हैं। एक हाथ में आग का गोला (ऐसा जीवन) और दूसरों को शीतलता व शान्ति देते हैं। आप कुछ देर बाद बोले की गीता में कहा है कि अपने को नुकसान हो रहा है और राम-नाम फेर रहा है तो नुकसान सहकर राम-नाम फैलाना चाहिये। नारंग जी ने कहा कि एक भजन पर 'रहमत बन कर बरसे' - पर भारी वर्षा हुई जो आसमयिक थी। आपने कहा कि किसी काम पर यदि ऐसा होता है तो इसका मतलब है कि परमात्मा प्रसन्न है, यह इस बात का indication (सूचक) है। नारंग जी ने कहा कि बम्बई में आप सशरीर नहीं थे, पर फिर भी पूर्ण अनुशासन रहा। आपने इसे प्रभु कृपा बताया। लोगों के संस्कार, अच्छे लोगों का जमावड़ा है।

सत्संग की बातें बताते रहे। कहने लगे कि बहुत से साधकों का गुरु की आत्मा से connection (जुड़ाव) उनके जीवन काल में नहीं हो पाता। वह बाद में भी होता है। ज्यादा तर लोग आज कल पर छोड़ कर ढीले पड़े रहते हैं। बाद में कोशिश करते हैं फिर हो जाता है। यह तो मिट्टी का माधो है, इसके अन्दर कोई और है जो सब करता है। इसे तो स्वप्न में भी नहीं लगता कि यह कुछ कर रहा है। महाराज कहते थे कि बड़ा होना बड़ी बात नहीं है। बड़ी बात है कि अपने जैसा कितने बनाये। अब यह शरीर में नहीं रहना चाहता लेकिन यदि कुछ काम प्रभु जी का रह गया है, तो रखें, जब तक चाहें। जिनके विश्वास कायम हैं यह उनके लिये बाद में ऐसे ही रहेगा जैसे अब। जिनको विश्वास नहीं है उनके लिये अभी भी कुछ नहीं है।

पूर्ण समर्पण

स्थान - दिल्ली (6-2-1997)

आज बृहस्पतिवार, एन. पी. एल. जोन के सत्संग में श्री एन. जी. सरकार जिनकी उम्र 87 वर्ष है, पधारे। आप चुस्त-दुरुस्त हैं। आपने 20 वर्ष पहले के स्मरण सुनाये। इस सत्संग में सब नहीं आ सकते। इनके एक साथी ने पूछा कि सरकार साहब कहाँ सत्संग में जाते रहते हैं। हमें भी एक बार ले चलो। वह एक रविवार को हमारे साथ सत्संग में गये। ध्यान में बैठे। जब इनका ध्यान टूटा तो देखा वह सज्जन चले गये थे। बाद में पूछा तो उन्होंने कहा कि भाई आप लोग वहाँ बैठते कैसे हो? हमारे शरीर में जैसे आग लग गई, इतनी गर्मी पैदा हुई कि कह नहीं सकते। इन्होंने भाई साहब जी से पूछा। आपने बताया कि सरकार साहब इसमें सब नहीं आ सकते। उनका मन कलुषित है, दुर्भावना है मन में। इनके साथ कोई पिल्लई थे। वे चंडीगढ़ मिशन के अस्पताल में दवा कराने गये। वहाँ उस समय रात 11 बजे के बाद पादरी लोग spiritual pills देते थे। क्राइस्ट के नाम को याद करने को कहते। इन पर असर पड़ा और अच्छी आध्यात्मिक प्रगति हुई। आफिस में बताते कि हमारे मुंह से गुदा तक चाय कैसे जाती है मैं सब देखता हूँ। यह बात मैंने पूज्य भाई साहब जी को बताई। आपने कहा कि सरकार साहब उन्हें भण्डारे में लाओ। उन्हें लाया। वह शान्ति पाठ में लगभग साढ़े दस बजे बैठे। जब उन्हें ढाई बजे तक बैठे देखा तो भाई साहब जी को बताया। आपने कहा कि रहने दो वह मजे

में है, अपने आप उठेंगे। करीब साढ़े पाँच बजे उठे। बोले सरकार साहब you have caught a right person मैंने कहा कि खाना खा लो। बोले की I have had enough brought heaven on earth. बाद में भाई साहब उन्हें गेट तक विदा करने गये। गले मिले, वे रोते-रोते गये। कहे की भाई साहब you have brought heaven on earth. भाई साहब कहते थे कि सरकार साहब unconditional surrender से ही काम बनता है। तब तो पूरा देखा जाता है। मैनें तो फिर कभी कुछ नहीं पूछा। कोई चीज कभी गलत भी हो रही है तो कुछ नहीं। बाद में पाया जो भाई साहब किये वही सही था। जिसने unconditional surrender किया वही पार हुआ। क्या-क्या बताऊँ।

स्थान - दिल्ली (25-2-1997)

आज सायं पूज्य भाई साहब जी के यहाँ गया। सिरोही जी, लोकेश मुल्तानी जी व एक होमियोपैथी के डॉ॰ बैठे थे। सत्संग पर चर्चा चल रही थी। हिमाचल प्रदेश से डॉ॰ सूद का फोन था। उनका कहना था कि माथे पर गुलगुलाहट होती है, उन्हें दूसरी पूजा दे दें। आपने बताया कि कभी किसी ने इन्हें recommend (प्रस्तावित) किया था। जब आये तो पूछा कि क्या आपको आज्ञा चक्र पर गुलगुलाहट होती है, तो न बोले। पूजा नहीं मिली। वैसे अब कह रहे हैं। सेवक ने कहा कि और हो जानें दें तो देंगे। बात असल में यह है, उसे देते हैं जो सत्संग में बैठे औरों को शान्ति दे सके। खुद का ध्यान बने और औरों का ध्यान बने। सुरेश कुमार गुप्ता व जियालाल जी अच्छे चल रहे हैं। त्याग है दोनों का, बिना त्याग के यह विद्या नहीं मिलती। Complete surrender (पूर्ण समर्पण) चाहिये। अष्टाबक्र ने यह थोड़े कहा था राजन जनक को कि सब कुछ भगवान को अपर्ण कर दो। कहा था कि हमें अर्पण कर दो। अब इस मन से वही करना जो यह चाहता है। आजकल के जमाने में एक आदमी से कुछ नहीं हो सकता। काफी लोग चाहिये जो मिल-जुल कर काम कर सकें। होता परमात्मा की इच्छा से है, गुरु भी कुछ नहीं कर सकता। यह विद्या complete surrender (पूर्ण समर्पण) मांगती है। एक आत्मा दो शरीर।

तपस्या

स्थान - दिल्ली (15-2-1997)

आज पूज्य भाई साहब जी के यहाँ ढाई बजे गया, स्कूल की मीटिंग थी।

शाम करीब 7 बजे प्रो. आर. के. पाण्डेय आ गये। साहब के स्वास्थ्य के बारे में पूछा जो ठीक न चल रहा था। आपने बताया और धीरे-धीरे सत्संग की बातें बताने लगे। फिर तो हम कुछ लोग 9 बजे तक सुनते रहे। मुख्य बातें यह रहीं। हम लोगों की प्राण वायु ऊपर की ओर रहती है। Blood circulation (रक्त का प्रवाह) ऊपर को ज्यादा होता है, इसलियें पेट की problem (समस्या) होती है। आँतों में खुश्की हो जाती है। पेट ठीक रखना चाहिये। डाक्टर लोग इस बात को नहीं समझते हैं। घी नुकसान नहीं करता, हाँ, हो देशी घी। आपने पेट की समस्या व महाराज जी के मार्ग दर्शन का जिक्र किया जो वचनामृत में आया है। इस मार्ग में distance (दूरी) और time (समय) की समस्या नहीं है। हाँ, साधक का हृदय व मन गुरुदेव से tuned (जुड़ा) होना चाहिये। बड़ी तपस्या की जरुरत है। तीन बसें बदल कर अनंगपुर सत्संग में आते हैं, यही तपस्या है। इसी से सत्संग के प्रति लगाव पैदा होता है। लगाव से प्रेम। प्रेम से गुरु व सिलसिले के बुजुर्गों की चेन से परमात्मा तक लिंक। पाण्डे जी ने कहा कि हिमाचल प्रदेश के श्री घनश्याम अच्छे चल रहे हैं। आप बोले कि ईश्वर की कृपा है। जिया लाल जी, एस. के. गुप्ता भी अच्छे हैं। काफी लगन है जियालाल जी में। फिर आपने उनकी शादी की बात बताई कि कैसे उसने पहली पत्नी की बीमारी की समस्या के चलते, दूसरी शादी करने से मना कर दिया था। बोला क्या गारंटी है कि दूसरी ठीक होगी। सच कहा।

10.10 विद्यार्थियों के लिए पूजा

स्थान - दिल्ली (12-9-1986)

सत्संग भवन में भाई साहब जी कुछ सत्संगी भाईयों के साथ बैठे थे। भक्तों से आये पत्रों को पढ़वा के जवाब लिखवा रहे थे। एक तेलूगू भाषी बहिन (विद्यार्थी) ने कुछ प्रश्न पूछे थें। आपने श्री यम. एच. बाबू से कहा कि पूछ लो, जैसा जवाब बताऊँ लिख दो। पहला प्रश्न था कि हम विद्यार्थियों के लिए पूजा का क्या तरीका हो? आपने कहा कि विद्यार्थियों के लिए 5 मिनट सुबह, 5 मिनट समय सायं पूजा करना काफी है, इससे ज्यादा नहीं। विद्या उपार्जन ही उनके लिए सच्ची पूजा है। दूसरा प्रश्न था कि मेरा ध्यान पढ़ने में नहीं लगता, क्या करें? आपने कहा लिख दो जब पढ़ने बैठा करें, 2 मिनट परमात्मा की याद कर लें, फिर पढ़ना शुरु करें। परमात्मा चाहेंगे तो पढ़ने में मन लगेगा। तीसरा प्रश्न था। कि क्रोध बहुत आता है, क्या करें? आप

बोले की क्रोध आना attachment (मोह) की निशानी है। क्रोध अक्सर अपनों पर ज्यादा आता है, दूसरों पर उतना नहीं आता। जैसे - जैसे मोह कम होता जायेगा, क्रोध भी कम होता जायेगा।

10.11 कुछ न मांगना

स्थान - जबलपुर (26-12-1986)

जबलपुर में सत्संग प्रोग्राम का आयोजन था। रात करीब 2.30 बजे कुछ सत्संगी बन्धु, भाई साहब जी के चरणों में बैठे थे, सत्संग प्रचार - प्रसार पर अमृत वाणी चल रही थी। भाईयों की नींद गायब थी, ठण्ड भी काफी ज्यादा थी। आपने फरमाया कि आज दुनिया विनाश के द्वारा पर खड़ी है। ईर्ष्या, द्वेष, अहंकार, धोखेबाजी, क्या - क्या नहीं है। इस बात की आवश्यकता है कि प्रभु - प्रेम घर - घर फैले। अपने पास जो चीज है, इसे मामूली न समझो। बुजुर्गों के बड़े त्याग एवं कड़ी मेहनत का फल है। आप सब बड़े भाग्यशाली हो, बड़ी आसानी से पा गये हो। इसे औरों तक ले जाओ। जितनी सेवा करोगे, उतनी ही तरक्की होगी। सत् तो बिखरा पड़ा है, सेवा करो बटोर लो। इसे विद्या समझो। ईश्वरी वस्तु है, किसी की बपौती नहीं है। संत, सद्गुरु तो माध्यम हैं। देने वाला तो ईश्वर है। हाँ, यदि बेटा लायक है तो ले सकता है। कोई सच्चा प्रेमी इसे प्राप्त कर सकता है। बिना त्याग - कष्ट उठाये, मिलना कठिन है। आप भाव-विभोर होते हुए कहने लगे कि - गद्दे छोड़ने ही पड़ेंगे, यदि इसे चाहते हो। आपने बताया कि कैसे पूज्य दद्दा जी महाराज ने (आपके गुरुदेव), सेवक से कहा था कि जो होना था, हो गया। अब आप सेवा करो और सत् बटोर लो। त्याग व सेवा पर सब निर्भर है।

अपने साधन काल की एक घटना इस प्रकार सुनाई। यह सेवक जबलपुर में था। एक भाई जबलपुर ट्रेनिंग के लिये आ रहे थे, महाराज जी ने उनसे कहा कि वहाँ यशपाल से मिलना और इस बाबत सेवक को भी एक पत्र लिख दिया था। इससे पहले कि वे सज्जन आयें, यह छुट्टी के दिन जाकर उनसे हास्टल में मिला। बातचीत हुई, उन्होंने बताया कि गुरुदेव उन्हें बहुत प्यार करते हैं, जब बरेली आते हैं तो उन्हीं के यहाँ ठहरते हैं। उनके पिता जी का देहान्त हो गया था, बड़े दुखी रहते थे। एक बार गुरुदेव बरेली पधारे और कहा कि आपकी क्या इच्छा है? आप क्या चाहते हैं? ये कहने लगे कि

महाराज! मैं चाहता हूँ कि हमारे भाई की शादी बड़े घर में हो और एक बहन भी है, इसकी शादी भी ऐसे बड़े घर में हो जहाँ यदि हमारे पिता जी रहे होते तो भी न कर पाते। महाराज जी ने 'एवमस्तु' कह दिया और आगे चलकर ऐसे ही हुआ। यह सुनकर इस सेवक के मन में विचार उठा कि महाराज जी ने इसे तो ऐसा कभी नहीं कहा और इन्होंने क्या माँगा? कुछ दिन बाद सेवक को लखनऊ परम् पूज्य गुरुदेव जी के पास जाने का अवसर प्राप्त हुआ। यह भाई तब तक यहीं थे, उन्होंने एक पत्र गुरुदेव को देने को दिया था, जो इसने गुरुदेव जी की सेवा में दे दिया। परम् पूज्य गुरुदेव जी ने यह पत्र इस सेवक से ही पढ़वाया। उसमें लिखा था कि ट्रेनिंग के बाद इसकी पोस्टिंग बरेली शहर में हो जाती तो बड़ी कृपा होगी। वहाँ यह अपना घर संभाल लेगा वरन् बड़ी कठिनाई का सामना करना होगा। महाराज जी ने कहा कि हो जायेगा, परन्तु सबसे अच्छा वह रहता है, जो उससे कुछ नहीं मांगता और निष्काम भाव एवं प्रेम से सदा सेवा में लगा रहता है।

बात चल ही रही थी कि एक भाई ने कहा कि साहब! अब तो काफी रात हो चुकी है, आराम करें। आपने अपनी साधना के समय की एक घटना सुनाई कि कैसे पूज्य दद्दा जी आपको सिनेमा दिखाने के लिए ले गये थे। आप गये लेकिन सिनेमा के दृश्य कुछ भी समझ में न आये। बाद में महाराज जी ने बताया कि यदि परमात्मा अवसर दें तो क्यों न रात्रि जागरण किया जाये? आप भी प्रभु - याद में और बच्चे भी खुश कि उनका सिनेमा हो गया। रात्रि जागरण को आपने तपस्या बताया। आगरा के श्री ब्रह्मदत्त शर्मा जी से कहा कि क्या इन सबको आप चाय पिला सकते हैं। श्री शर्मा जी और एक भाई उठ कर गये और चाय बना कर लाये और सबको चाय पिलाई। आपने कहा कि अब आप लोग भी आराम करें, आज तपस्या हो गई। बोले, ऐसी बात नहीं है, हमारे पास तो 'ज्वेल्स' हैं। प्रभु - प्रेम की धारा इस संसार में फैलाओ। जब यह सेवक इस संस्था का नाम 'अखिल भारतीय संतमत सत्संग' रख रहा था तो अपने भाई श्री आर. एस. अग्रवाल जी सोच रहे थे कि भाई साहब जी भी अजीब है! इसमें मात्र कुछ लोग ही हैं और नाम 'अखिल भारतीय संतमत सत्संग'? आज नियमावली उठाकर देखिये, शायद ही कोई प्रांत छूटा हो? हर वर्ग के लोग, करीब-करीब हर धर्म के लोग आते है, अपने-अपने तरीके से पूजा करते है, लाभान्वित होते हैं। ऐसी बात नहीं है, बुजुर्गों का मिशन सही

रास्ते पर चल रहा है। सभी लोग भूमिष्ठ प्रणाम कर, आराम करने अपने - अपने कमरों में चले गये।

दवा व दुआ

स्थान - दिल्ली (20-2-1996)

आज सायं धर्मपत्नी जी के साथ, भाई साहब जी के यहाँ गया। आपने अनंगपुर में किये जाने वाले कार्यों की लिस्ट बनवाई, संत सुधा में छपने के लिये देना था। हिमाचल के एक भाई आ गये। वह अस्वस्थ चल रहे हैं, ब्रेन का कई बार सीटी स्केन करवाया है। घबड़ाहट होती है। इस पर देर तक चर्चा होती रही। अध्यात्म में गुरु से सम्बन्धित बातें होती रहीं। आप इसकी तरफ देखकर हँसते भी रहे। जो बातें इसकी समझ में आईं नोट कर लिया। सर का घूमना ऐसी बातों की तरफ ध्यान न दें, अपना कार्य करते रहें। मन से लड़ाई न करें। उसे जीता नहीं जा सकता, उसे मित्र बनायें। पूजा में ध्यान की नहीं, प्रभु चरणों में विश्राम की प्रार्थना करें। विचारों पर ध्यान न दें, उन्हें बहने दें। दवा व दुआ दोनों आवश्यक हैं। Constipation (अपच) नहीं होना चाहिये। पर्याप्त मात्रा में दही, मलाई व दूध का सेवन करें। इस वार्तालाप में इसे खूब आनन्द आ रहा था।

सब ईश्वर कृपा

स्थान दिल्ली (8-6-1999)

आज सायं एक खास काम से पूज्य भाई साहब जी के यहाँ गया। बिहार से कुछ सत्संगी भाई व बहनें पधारे हुए थे। माता जी उन्हें भोजन करा रही थीं। उन लोगों को जाने के लिये स्टेशन जाना था। अनंगपुर आश्रम पर भाई साहब जी ने पूसा इंस्टीटयूट के डॉ॰ चन्द्रशेखरन जी से हम लोगों के माध्यम से भू-जल का सर्वे कराकर एक टयूबवेल लगवाया था। डॉ॰ चन्द्रशेखरन ने एक सफलता की पुस्तिका बनाकर छपवाना चाहते थे। छपने के पहले आज उस पुस्तिका को यह भाई साहब जी को दिखलाने आया था। देखने के बाद आपने पूछा कि इसके पहले चन्द्रशेखरन साहब ने और कहाँ-कहाँ ऐसा काम किया है और नतीजा क्या था। इसने राजस्थान व दिल्ली की बात बताई और कहा कि कोई खास नतीजा नहीं था। आपने कहा कि अनंगपुर पवित्र स्थान

है, इसके बारे में कुछ न लिखें। We will object to it (हम इसका विरोध करेंगें) यह जो हुआ है, सब ईश्वर कृपा से हुआ है। यहाँ जो होता है ईश्वर कृपा से होता है। यह रिपोर्ट सही नहीं है। ऐसे ही झूठे claim लेकर लोग ऊपर उठ जाते हैं। आज 30 वर्ष हो गये, ग्रीन फील्ड कालोनी सूखी पड़ी है। क्यों वहाँ पानी नहीं निकला? इसने फिर अपनी व चन्द्रशेखरन की बात की और खूब खुल गया कि करते आप हैं और credit हम सबको देते हैं। खैर आपका Big No (बड़ा न) रहा और कहा कि For God sake spare Anangpur (भगवान के लिये अनंगपुर को बख्श दो) यह अपनी तुच्छ बुद्धि से सोच रहा था कि इस पुस्तिका का प्रचार प्रसार होगा, जो गलत साबित हुआ।

10.12 अवतार और संत

आपका खास संदेश जो समझ में आया कि करने वाला ईश्वर है, सब उसी की कृपा से होता है

स्थान - रेलगाड़ी में

जबलपुर सत्संग से वापस आते समय ट्रेन में भाई साहब जी आकर हम लोगों के बीच बर्थ पर बैठ गये और बताने लगे कि संत और अवतार में क्या फर्क है। कहने लगे कि बहुत से महात्मा अपने को भगवान घोषित कर देते हैं। जो अवतार होते हैं वे समाज की कुरीतियों को केवल प्रेम से ही नहीं, बल्कि साम, दाम एवं दण्ड तीनों से ठीक करते हैं, जब कि संत प्रेम-मार्ग से ठीक करने की कोशिश करते हैं। भगवान राम एवं भगवान कृष्ण अवतार माने जाते हैं। जिस संस्था के महात्मा ने अपने को भगवान घोषित किया, समझिये कि वह संस्था ज्यादा दिन नहीं चल सकेगी। कारण है कि कोई भी भक्त भगवान बनने का लक्ष्य सामने नहीं रख सकता जबकि अपने गुरु ऐसा बनने का लक्ष्य आसानी से रख सकता है। संत या महात्मा इसी प्रयत्न में रहते हैं कि बहुतों को अपने जैसा बना सकें। वास्तव में यह फर्क है अवतार और संत में। आप आगे बोले कि साधक को अपने गुरु से प्रेम होना चाहिए। बेअदबी या उनके प्रति गन्दे विचार नहीं आने चाहिए, नहीं तो तरक्की रुक जाती है और तब तक रुकी रहती है, जब तक विचार शुद्ध नहीं हो जाते। परमात्मा गुरु के प्रति बेअदबी कुबूल नहीं करता, उचित दण्ड देता है। हालांकि गुरु तो भक्त के कल्याणार्थ ही प्रार्थना करता रहता है।

परमात्मा ही कर्त्ता

स्थान - दिल्ली (25-1-1994)

आज सायं भाई साहब जी के यहाँ गया। आप सत्संगी भाईयों से आये पत्रों को देख रहे थे। एक पत्र काफी लम्बा था। कहने लगे इतना लम्बा पत्र लिखते हैं जैसे और कोई काम न हो। खास बातें तो कम ही होती हैं। यह देखिये दद्दा जी का चित्र बनाया है। मनमता, इधर-उधर पड़ा रहता है, पैर के नीचे आ जाता है। उन्हें लिखिये यह चित्र दिल में बनायें, कागज पर नहीं। कुछ पत्र आर्थिक परेशानियों के होते हैं। भाग्य आगे-आगे चलता है। सेवक ने कई महीने पहले चार लोगों को चेक भेजे थे। एक को मिला सब गायब हो गये। भाग्य नहीं बदला जा सकता। यदि आदमी चाहे तो कर्म से भाग्य बदल सकता है। कर्म का बड़ा महत्व है। थोड़ी देर बाद भाई साहब के लड़के नरेश जी कुछ गड़बड़ करने लगे। बोले यह लड़का problematic child है। शुरु में ऐसा था कि पढ़के नही दिया। सेवक के चार बेटे हैं। तीन के जबान नहीं है, कितना अदब कि बोलते नहीं। एक यह है। चलो अच्छा ही है। नहीं तो यह सोचता कि इसे ठीक कर लिया। यह साबित करता है कि परमात्मा ही करता है। मैं ठीक कर सकता तो ठीक न कर लेता। अच्छा है चौकीदार है, नहीं तो सी. सी. कालोनी में यहीं के लोगों की भीड़ लग जाती। समय न मिलता कौन आता है यहाँ। यह हमें, खन्ना जी और माता जी को गाली देता रहता है। लोग सोचते हैं जब अपने ही बच्चे को न ठीक कर सके! तो क्या हैं। जब आप बातें कर रहे थे तो पतित का सारा शरीर टप-टप कर रहा था, आप कितने गहरे ध्यान में रहे होंगे।

10.13 पुरुषार्थ

स्थान - अनंगपुर (7-8-1994)

रविवार का सत्संग अनंगपुर आश्रम में था। बहुत जोरों की वर्षा थी। सत्संग के बाद आपने संक्षिप्त प्रवचन दिया। कहा कि आप लोग दूर-दूर से इस वर्षा के मौसम में अध्यात्म के लिये कष्ट उठाकर आयें हैं। इसे लग लिपट कर प्राप्त कर लेना चाहिये। विनय, प्रेम और अदब पर आपका जोर था। यह बात खासतौर पर जोर देकर कहा कि साधक अपने ही प्रयास से पार होता है। दद्दा जी की बातें बताते रहे - किताब महज सूखी हुई हड्डियाँ हैं कि

चबाये इन्हें कौन यह सख्त जाँ हैं। मुश्किल से मिलती हैं जिन्दा किताबें, किस्मत से मिलती हैं खालिस शराबें। यह तन विष की बेलरी, गुरु अमृत की खान, शीष दिये जो गुरु मिले तो भी सस्ता जान। गुरु बेचारा क्या करें जब हृदय हुआ कठोर, नव नोजे पानी चढ़ा तो भी न भीजी ठौर। अदब पर बड़ा जोर था।

कठिन डगर

स्थान - दिल्ली (25-2-1992)

अनंगपुर में सत्संग आश्रम के साथ-साथ पूज्य भाई साहब जी अपने गुरु महाराज के स्वप्नों को साकार करने के लिए आध्यात्मिक निकेतन के लिए खरीदी जा रही जमीन की व्यवस्था करने के लिए प्रयास रत थे। श्री आर. एस. अग्रवाल व श्री आर. एस. सिंह पर इस कार्य की जिम्मेदारी थी। चूँकि सभी साधक थे, आप निष्काम कर्म की साधना के लिए इशारतन प्रोत्साहन दे रहे थे। जब किसी जमीन की रजिस्ट्री होती तो आप कहते कि साथ-साथ कब्जा भी लेते चलो। ये लोग कहते कि भाई साहब पहले लिखा लेते हैं, बाद में वह हो जायेगा। आप चुप हो जाते। आप में एक खास बात थी कि जो पहले कहते वही आपकी राय होती, यदि सुनने वाला कुछ बदलाव करता तो चुप हो जाते। जमीन की खरीद-फरोख्त में यह चूक होती रही। आगे चलकर जब जमीन की निशान देही का समय आया तो बड़ी परेशानी पैदा हुई। आपने एक कमेटी बनाई जो हर हफ्ते अनंगपुर और फरीदाबाद जाकर समस्या का समाधान निकालने का प्रयास करे। उस कमेटी में यह सेवक (लेखक) भी था। 24-02-1992 को हम लोग अनंगपुर गाँव के एक प्रमुख नेता से मिलने गये, फरीदाबाद भी जाना पड़ा, लेकिन वह महोदय टालमटोल करते रहे, और बिना मिले हम सब वापस आ गये। अगले रोज सायं यह भाई साहब जी से मिलने सी. सी. कालोनी दिल्ली गया तो पाया कि आप हम लोगों के व्यवहार से खफा हैं कि बिना मिले क्यों चले आये। क्या कुछ घण्टे इंतजार नहीं कर सकते थे कि जब आप खाली होंगे तब मिलेंगे। फिर बोले कि गाड़ी में तेल जलाने की क्या आवश्यकता थी। यदि आर. एस. सिंह व आर. एस. अग्रवाल के माध्यम से लैण्ड आना होता तो कब का आ गया होता। पूरी दुनियादारी की बातें, बहुत खुल कर बोले। कहने लगे कि सिंह साहब, देखिये, सेवक ने

आपको इसमें किसी वजह से रखा है। आप strong आदमी हैं, persue करो, सब लोग मिल कर काम करें। इन दोनों से कुछ नहीं होना है। भाई लोग रिटायर हो रहे हैं, जगह लेकर, मकान बना कर रहना चाहते हैं। जल्द से जल्द जमीन आनी चाहिए। इस अवसर पर वहाँ डॉ॰ के. एस. शिशौदिया, श्री एस. एन. खन्ना, श्री नन्दराम जी, श्री राममूर्ति, श्री वी. के. सारस्वत मौजूद थे। सेवक को लगा कि हम लोगों के लिये आप इशारतन आध्यात्मिक साधना के बहुमूल्य संकेत दे रहे हैं। सत्संग के बारे में भी आपने कुछ बातें कहीं। श्री आर. एस. अग्रवाल सेवक के सबसे क्लोज हैं। वह बात पैदा न हो सकी जो होनी थी। अभी फोन आया था सेवक को अंग्रेजी पढ़ाना चाहते थे। तानाबाना को लूम कह रहे थे। उसे उस जमाने में तानाबाना ही कहते थे। जो यह सेवक बोल देता है वह ही सही है। आनन्द योग भाग - 2 का डिक्टेशन चल रहा है। जो वह 1974 में थे वही वह आज भी हैं। आई (I) का चक्कर है, विलय न कर सके। भाइयों में आपसी प्रेम व group action (सामूहिक रुप से काम करना) की कमी है। अपने यहाँ कोई नहीं है जो सबको बाँध कर रख सके। भाई, charity begins from home (सेवा भाव घर से ही शुरु होता है)। जब अपने घर को नहीं ठीक रख सकते तो औरों पर क्या असर छोड़ेंगे। डॉ॰ शिशौदिया सही कहते हैं कि साहब आपने सबको बाँध कर रखा है। जब आप नहीं होंगे तब क्या होगा। यह सत्संग बिखर जायेगा। श्री ओम प्रकाश माथुर की माँ के देहान्त पर शमशान घाट जाने वालों में केवल मघानन्द जी और एक भाई थे। बस सुबह यह सेवक उनके घर हो आया था। श्री एस. एस. मिश्रा यहाँ रुके थे। आई (I) के पुतले ही हैं। कोई प्रोफेसर आये थे। उनके सामने यह सेवक भी था, ऐसी बातें कर रहे थे जैसे यह उनका friend (मित्र) हो। कहने लगे कि बेतिया में एक राजा साहब जमीन दे रहे हैं। उसे सत्संग के लिए ले लें, वहाँ स्कूल खोल देंगे। भाई साहब वहाँ सोसायटी बना लें तो कैसा रहेगा। साथ में अनंगपुर गये, कहने लगे भाई साहब यह counscelling hall मैं बनवाऊँगा। यह सब आई (I) का चक्कर है। फिर वैत व पूजा की बात करने लगे। इसने कहा कि पूजा की इजाजत दे रखी है, आप देते रहें। वैत कराने लायक अभी कोई नहीं है। जब तक यह सेवक है वैत करता रहेगा। दिखने वालों में कोई अपने को अभी तक ऐसा नहीं बना सका। हाँ लोग छुपे हैं, परमात्मा जाने कैसे होगा। जब यह गोवा में थे तो वहां भी समस्या आई

(I) की थी। ऐसी बात नहीं है इसके नजदीक (close) हैं, नाम लेना ठीक नहीं है। ऐसा होना चाहिए कि जो इस सेवक के हृदय में भाव उठे वहीं भाव शिष्य के दिल में हो तब तो बात हुई। मथुरा डॉ० कृष्ण बल्लभ शर्मा की बात की, वहाँ वह binding force हैं।

काम करो

स्थान - दिल्ली (26-1-1995)

आज बृहस्पतिवार का सत्संग सी. सी. कालोनी में पूज्य भाई साहब जी के यहाँ था। सत्संग 8 बजे समाप्त हुआ, सब लोग चले गये। हम कुछ लोग भाई साहब जी के पास बैठ गये। आप 9.30 बजे तक अपने अनुभव बताते रहे। कुछ बातें इसने लिख लिया - इस मुकाबले की चीज दुनिया में नहीं है। मौलाना साहब सही कहते थे, जहाँ लोग अंत समझते हैं, हम वहाँ से शुरु करते हैं। आप लोग अपने को कम न समझो, बेधड़क काम करो। हम प्रचार नहीं करते, भीड़ क्यों बुलाओगे, छँटकर लोग आते हैं फायदा हो जाता है। महाराज (आपके गुरुदेव) कहते थे कि सेवा करो सत् बटोर लो। जिसकी सेवा करते हो, उसका सत् आपमें आ जाता है। Will power (आत्म शक्ति) बढ़ती है, काम होता है। परमात्मा करता है, यह तो माध्यम है, कुछ नहीं हो पाता अपने से।

गुह्य (भेद) की बातें

स्थान - दिल्ली (25-5-1995)

आज यह सेंट स्टीफेन अस्पताल दिल्ली, श्री एस. सी. शर्मा जी प्रिंसिपल, सेंट बृजमोहन लाल स्कूल को देखने गया जो हृदय रोग के इलाज के लिये भर्ती थे। यह आपके पास बैठा था कि पूज्य भाई साहब जी, माता जी के साथ कमरे में दाखिल हुये। आप शर्मा जी का हाल-चाल लेने आये थे। साथ में और सत्संगी भाई भी थे। भाई साहब जी को देखकर शर्मा जी भाव-विभोर हो गये। आप करीब आधा घन्टे शर्मा जी के पास बैठे। चलते समय भाई साहब जी ने इससे कहा कि डॉ० साहब क्या आप एन. पी. एल. चल सकते हैं, हम लोग वहीं जा रहे हैं। यह आपके साथ एन. पी. एल., श्री आर. एस. सिंह के यहाँ आ गया। भाई साहब जी व माता जी के अलावा वहाँ सिंह साहब का

परिवार, भाई अवधेष जी, श्री एस. एन. खन्ना, श्री नन्द राम, यह लेखक और श्रीमती आर. पी. सिंह मौजूद थे। श्री आर. एस. सिंह ने कहा कि साहब यदि कल अनंगपुर न गये होते तो गड़बड़ हो जाती और सोसायटी लैंड में बिजली का खम्बा गड़ गया होता। यह सुन कर आप तैश में आ गये और बोले कि आप लोग खुद देखिये, महाशय जी पर विश्वास न कीजिये। अग्रवाल साहब थे, उन पर एक तरह से अंध विश्वास करते थे। सेवक की बात नहीं माने। यह कहता कि जो जमीन लेते जाओ, तार लगवाते जाओ। वह कहते कि भाई साहब खर्च ज्यादा आयेगा। यह क्या कहता, कुछ नहीं हो पाया। अपनी अक्ल लगाने से सब कुछ गड़बड़ हो जाता है। आप इस पतित की तरफ मुखातिब होकर बातें करते रहे। परमात्मा जो करता है अच्छा करता है। अग्रवाल साहब बड़े समय से चले गये। बदनामी से बच गये। वह ज्ञानी थे। निकालिये अप्रैल की संत सुधा। श्री आर. एस. सिंह संत सुधा ले आये। आपने clippings from diary से यह पढ़ कर सुनाया और तीन चार बार पढ़ा। "Love for Guru is first rung on the ladder of divine. But this is not the love for the human form." यह गड़बड़ हुआ। भण्डारे पर जब यह पढ़ा तो इसे अजीब लगा। यह ज्ञानी थे। इसमें तो मूढ़ मत ही ठीक है। सबसे अच्छे मूढ़, जिन्हें न व्यापे जगत गति। पकड़ लिये तो पकड़ लिये। इसके गुरुदेव कहा करते थे कि मूढ़-मूढ़ सब तर गये संत चरण लवलीन, मान और अभिमान में डूबे सकल कुलीन। अरे भाई form को नहीं पकड़ोगे तो किसको पकड़ोगे। ईश्वर को आपने देखा नहीं है, आत्मा को आप जानते नहीं, तो किस को प्यार करोगे? Vaccum को। इसने तो आत्मा-परमात्मा का अनुभव किया है, लेकिन गुरु महाराज को पकड़े हुये है उन्हीं से तो सब हुआ। Form को नहीं पकड़ेंगे तो किसी पकड़ेंगे। स्वामी रामकृष्ण ने कई धर्मों से परमात्मा का अनुभव किया था। लेकिन बाद में माँ (form) पर ही आ गये थे। ईश्वर तो अगम अनाम है, अंत नहीं है। यदि base (आधार) को छोड़ दोगे तो ऊपर ही लटके रह जाओगे। खैर परमात्मा के विधान में दखल देना मुनासिब नहीं है। वैसे परिस्थितियाँ बनती है, सब हो जाता है। राममूर्ति हैं, इनके दो लड़के थे। बीमार पड़े, सेवक गया, कहा कि यदि इसने मुँह खोल दिया और दवा पी ली तो ठीक हो जायेगा। वह ठीक हो गया। दूसरा लड़का पवन बीमार पड़ा तो सिरहाने दद्दा जी की फोटो लगी थी, एक महात्मा आ गये, उन्होंने कहा कि इस फोटो के स्थान पर देवी जी की

फोटो लगा दो, वैसा कर दिया। आकर सेवक से बोले, यह क्या कहता। हम लोग मथुरा जा रहे थे, इसने माता जी से कहा कि गड़बड़ हो गई। वह न बचा। तो परमात्मा वैसी बुद्धि दे देता है कि होनी होकर रहती है। हाँ, यदि विश्वास बना रहे तो दूसरी बात है। मुर्दा बहा जा रहा था, कहा कि इसकी मांस मुँह से काट काट कर खिलाओ, अंगद ही गये। इतना विश्वास। खैर यह मैं नहीं कहता बुराई की दृष्टि से, दुनिया दारी की तरह। वह एक उच्च कोटि के गृहस्थ संत थे। सौ प्रतिशत सत्संग के लिये dedicated (समर्पित) थे। सेवक के दायें हाथ थे। सेवक अपना भाई मानता था, very close to our family, शादी ब्याह सब देखना। अच्छी गति पाई है उन्होंने। यदि शरीर में आना भी पड़ा तो अच्छी स्थिति होगी। ज्ञानी थे, ज्ञान गड़बड़ करता है। मूढ़-मूढ़ सब तर गये। इसमें तो पकड़ लिया तो पकड़ लिया। गुरु में दोष देखना ठीक नहीं। बैत के बाद तन-मन-धन सब अर्पण कर दिया तो फिर काहे की सोच। गाड़ी है। अग्रवाल से किसी ने कहा कि भाई साहब, कुछ लोग कहते हैं कि जीप खन्ना साहब भी इस्तेमाल करते हैं। अपनी बच्ची को छोड़ने के लिये। अच्छा नहीं लगता। आशानन्द भी यह कह रहे थे। अरे, जब जीप भाई साहब जी के लिये खरीद दी तो why to bother, I know better how to use, instead उसे चाटा मारने के। इसका मतलब आपको भी अपने गुरु में विश्वास नहीं है? तब से यह सेवक डीजल का बिल देता है। जब आपने अपना तन-मन-धन सब अर्पण कर दिया तो फिर काहे को यह सब बातें। ज्ञान बड़ा परेशान करता है। सबसे उत्तम मूढ़ मत जिन्हें न व्यापे जगत गति। लोकेश जी हैं। उन्हें यह सेवक अपना लड़का मानता है। इनकी शादी कराई, बड़ा ख्याल रखते थे, लेकिन पैसा आया, बस तब कमियाँ ही अपने गुरु में देखते हैं। कहते हैं कि भाई साहब चौबीस घन्टे का ध्यान कैसे हो? इस पर सात जन्म कोशिश करो तब भी नहीं होगा। खैर यह सेवक बताना नहीं चाहता था। लेकिन बता दिया। इससे आप सब सीख ले सकते हो। पूरी वार्तालाप के दौरान आप इस पतित दास की ओर ही मुखातिब रहे। कहने लगे कि लोग कहते हैं कि नरेश (आपके पुत्र) को यहाँ क्यों रखा है? उसका मकान है किराये पर उठा रखा है। यह है गुरु भक्ति? अरे भाई क्यों? यह तो यह सेवक ही जानता है। गुरु में कमियाँ देखते हैं फिर भक्ति की बात करते हैं। उस दिन इसने लोकेश को डाँटा। उसे अपना लड़का मानता है, लोग अपने को ही डाँटते हैं जिसे प्यार

करते हैं उसे ही। है न, yes sir, इसने कहा। यह बातें याद रहीं आकर डायरी में नोट कर लिया। आप ही जानें, संतों की माया विचित्र है।

अहम व साधना

स्थान - दिल्ली (9-10-1994)

आज रविवार सत्संग के बाद सी. सी. कालोनी में 8-10 लोग रुक गये और आपके चरणों में बैठे रहे। आपने सबको चाय पिलवाई और सत्संग पर कुछ न कुछ बताते रहे। खास बातें जो इसकी समझ में आई नोट की - सच तो यह है कि इस सेवक ने आज तक कुछ न किया। सब प्रभु ने ही किया। इसे तो हैरत होती है, क्या नहीं कर सकता ईश्वर। असल चीज मैं (I) का elimination (विलय) है, कैसे ही कर लो। जितना ही यह कम होगा, परमात्मा की समीपता प्राप्त होगी। यह शरीर पता नहीं कब तक रहे। will power (आत्मा शक्ति) रखे हुये है, नहीं तो यह खोखला हो गया है। इस सत्संग को top (उच्च) का बताया। कहा कि, जिन्हें इजाजत है काम करके देंखे तो। उनमें सब कुछ है। ध्यान में प्रयास करते समय दुनियावी बातें आयेंगी ही, जिनसे हमारा संपर्क पड़ता है। लेकिन वे short lived (क्षणिक) होंगी। धीरे-धीरे सुधार होता है।

याद बनी रहे

स्थान - दिल्ली (16-5-1995)

आज सायं पूज्य भाई साहब जी के यहाँ गया। आपके पास कुछ लोग बैठे थे। आई. आई. टी के प्रो. आर. के. पांडे जी अपने एक और प्रो. साथी के साथ पधारे। थोड़ी देर ध्यान में बैठने के बाद साहब जी ने कहा कि प्रो. साहब कुछ पूछना चाहें तो पूछ सकते हैं। वह बोले कि आपकी किताब पढ़ी है, अच्छी है। आपने विश्वास करने पर ज्यादा जोर दिया है, विश्वास होता नहीं क्योंकि हमने भगवान को देखा नहीं है। इसी सम्बन्ध में बातें होती रहीं। मुख्य बातें जो, आपने बताई वे यह रहीं - मुख्य बातें चित्त की एकाग्रता है। ईष्ट की याद बनी रहे की प्रैक्टिस जब भी होश आये तभी शुरु कर दें। यह आदत डालना है। प्रो. साहब ने पूँछा कि प्राणायाम करते हैं, छोड़ दें क्या? बोले कि नहीं, हमारे यहाँ कुछ छोड़ने को नहीं कहा जाता। राम-नाम जोड़ना है। अपने

आप छूट जाये तो दूसरी बात है। भगवान के बारे में ऋषियों ने कहा है कि नेति-नेति। तमाम जीवन भगवान को पाने के लिये लगा दिया। यदि न देखा होता तो कहते कि गलत है, हमने अपना जीवन व्यर्थ गवाँ दिया। आने वाली पीढ़ी बचे। यदि न होता तो अवश्य कहते।

विश्वास

स्थान - दिल्ली (3-1-1996)

आज सायं श्री आर. एस. सिंह के साथ भाई साहब जी के यहाँ गया। आप और माता जी के सानिध्य में काफी देर बैठने का अवसर मिला। खूब खुल कर बातें हुई। ज्यादा तर बातें घर गृहस्थी कृपा की ही हुईं। माता जी आज बहुत खुश थीं। आप बोले कि सेवक तो दुआ कर देता है। करता परमात्मा है। आज की बातों का लब्बो लुबाब यह लगा -सब श्रद्धा व विश्वास से होता है। परेशान व्यक्ति को encourage (हिम्मत बँधाना) करना चाहिये। ऊँचे अध्यात्म की बात न करें। जियालाल जी पहली पत्नी को न त्यागे, उसकी बीमारी ठीक हो गई। बोले कि वह कह रहा था कि क्या गारंन्टी है कि दूसरी ठीक होगी। शादी दो आत्माओं का मिलन होती है। शारीरिक सम्बन्ध नहीं है यह।

स्थान - दिल्ली (10-07-96)

सायं पूज्य भाई साहब जी के यहाँ गया। बात करते-करते आपने कहा कि 25-7-96 को जबलपुर में साधना शिला के स्थान पर मन्दिर बनाने के लिये भूमि पूजा है, जायेंगे क्या? इसने हाथ जोड़ कर कहा कि जैसी आज्ञा। आप बोले हो आईये। श्री बी. एन. गौतम जी का पत्र दिखाया। जबलपुर जाकर 26-7-97 को वापस आकर साहब से मिला। वहाँ की बात बताई और काफी देर तक वहाँ के सत्संग पर चर्चा रही। आपकी बातों को ध्यान से सुना जो बातें समझ में आई उन्हें नोट कर लिया। यह मन्दिर उन्हीं लोगों के initiative (पहल) पर बन रहा है। ठीक है, जैसी प्रभु इच्छा। वहाँ कॉरपोरेशन से permission (अनुमति) तो ले लेते। फिर गौतम जी के विचार कि साहब बनाना शुरु कर देते हैं, जब कोई objection होगा तो देखेंगे। यह तो मन्दिर है, सबों ने बनाये हैं। विचार विमर्श के बाद आप बोले, ठीक ही है, हाँ यह तो मन्दिर है। जबलपुर में इसके पड़ोसी थे तिवारी जी, यह उधर घूमने जाते थे।

यह पानी लेने जाता था। विचार आया कि देखूं पहाड़ी पर क्या है, चढ़ता गया, यह स्थान मिला जहाँ एक शिला दिखी। वहीं जाने लगा, ध्यान करने लगा। प्रभु कृपा से इसका घर वहीं पास में था। शिला पर आसानी बिछा कर बैठ कर ध्यान करता था। वह वीरान जगह थी। गुरु महाराज जानें क्या था, क्यों वहाँ गया। यही स्थान है जहाँ यह लोग मन्दिर बनाना चाहते हैं। सत्यनारायण का नाम लिये। इनकी अच्छी आध्यात्मिक स्थिति है। आश्चर्य है कि इतनी तरक्की कर गये। ईश्वर व गुरु में अटूट श्रद्धा व विश्वास है। ईश्वर तो अनंत है। साधकों को स्थिति का पता नहीं चलने देते, नहीं तो गड़बड़ हो जाये। कुछ भूख रखते हैं। विकास का तो कोई अंत नहीं है। ईश्वर तो अनंत है। काफी तारीफ की, उनकी पत्नी की भी अच्छी स्थिति बताई। और बहुत से साधकों के बारे में भी बातें की, लेकिन फोकस में सत्यनारायण ही रहे। हिमाचल प्रदेश के केशव भाई पाठक का जिक्र किया। यह सेवक के बगल में रहते थे। इन्होंने जबरन पूजा ली। व्रत करके बैठ गये, देना पड़ा। बड़ा प्यार, श्रद्धा व विश्वास था। दो बच्चे हुये, नहीं रहे। तीसरा जब होने को हुआ तो, आये बोले कि भाई साहब जी गाँव वाले बकरी के बच्चे की बलि चढ़ाने को कह रहे हैं। हमारी आत्मा गवाही नहीं देती। इसने भी मना कर दिया और कहा कि जाओ, लड़का होगा। हुआ, गाँव वालों की बात वह नहीं माने। फिर एक वर्ष बाद लड़की भी हुई। लोग आश्चर्य करते कि क्या किया, कैसे हुआ। बोले भाई साहब जी की वजह से। कहते कि उन्हें यहाँ बुलाओ, वह यहाँ नहीं आयेंगे, तुम जाओ तो जाओ। आते तो आँसू बहते रहते। गरीब थे, मुश्किल से आते। जाते तो यहाँ से इंतजाम कर दिया जाता। एक भी भण्डारा नहीं छोड़े। बर्फ में पैदल चलकर आते। एक बार किसी पैसे वाले ने सोचा कि भण्डारा हमारे पैसे से चलता है। इसे ऐलान करना पड़ा कि यह ईश्वर चलाता है, केशव भाई के पैसे से चलता है। कर्ज लेकर आते थे, 5 रुपये देते थे। यह चलाते हैं भण्डारा। ऐसे प्रभु प्रेमी भक्तों के वजह से चलता है। तो ऐसे भक्त होते हैं। अपने आप परमात्मा का ज्ञान प्रकाश उनमें उतरता है। गुरु महाराज ने पैसे वालों के लिये कहा था, उन्हें भगवान की आवश्यकता नहीं है – यह तो, जैसे रण्डी के पीछे भड़ूए होते हैं, वैसे संतों के पीछे पड़ जाते है। इनमें अपनी चीज बर्बाद न करना चाहिए। काफी होशियार रहने की जरुरत है इनसे। ऋषिकेष में आज काली कमले वाले का आश्रम कलकत्ता के सेठों के हाथ

में है। Black का white करते हैं वानप्रस्थ आश्रम में 25 से 500 रुपये में किराये के कमरे हैं।

साधना संकेत

स्थान - दिल्ली

आज सायं सत्संग में भाई साहब जी के यहाँ सी. सी. कालोनी गया। सत्संग के बाद आशानन्द जी ने कहा कि भाई साहब जी आपको बुला रहे हैं। आपने कहा कि इलाहाबाद के वी. के. मित्तल चाहते हैं कि वहाँ सत्संग भवन बने। कहते हैं कि वह आध्यात्मिक जगह है। आपने कहा कि जो इक्जक्यूटिव मैम्बंरस यहाँ हों, उन्हें बुला लो। डॉ॰ जनार्दन सिंह, आशानन्द जी, आर. एस. सिंह जी, डॉ॰ आर. एन. प्रसाद माता जी, भाई अवधेष जी, हम सब आपके पास बैठे और इस मसले पर काफी देर तक चर्चा रही। यह निर्णय लिये गये- आपका मत था, कि ऐसे प्रस्तावों से अपनी-अपनी डफली और अपनी-अपनी राग की बात उभर सकती है। यहीं अनंगपुर आश्रम को ही डेवलप किया जाये। आपने कृष्णमूर्ति का जिक्र किया जो साधना में अच्छे चल रहे थे, दिल्ली छोड़कर पैसे के लिये इलाहाबाद चले गये। मित्तल साहब का भेजा हुआ 60 हजार रुपये यह कह कर वापस कर दिया कि वहीं इलाहाबाद सत्संग में इसका इस्तेमाल करें।

सेवा

स्थान - अनंगपुर (6-12-1996)

आज अनंगपुर में परसेप्टर मीटिंग में पूज्य भाई साहब जी ढाई घन्टे बैठे। सत्संग मिशन पर विचार किया गया। आपने जो मार्ग दर्शन किया व बातें की इसकी समझ में आई वे यह रहीं। आज सत्संग का जो स्वरुप है, वह माता जी की वजह से है, इनकी सेवा भावना की वजह से है। सत्संग जैसे-जैसे बड़ा हो रहा है प्रेम कम हो रहा है, हाँ फैज बढ़ रहा है। तकिया लगावो फैज़ जारी। प्रेम बढ़ना चाहिये। गुरुदेव कहा करते थे कि सत बिखरा पड़ा है, सेवा करो सत् बटोर लो। जो होना था हो गया। अब आगे सेवा से ही होना है। आप लोग 100 हो, कोशिश करो तो you can change the face of the earth (पृथ्वी की शक्ल बदल सकते हो) गुरुदेव कहते थे कि संसार की जो विपदायें हैं,

सत्संग की कमी की वजह से हैं। आप लोगों की तरफ बुजुर्ग देखा करते हैं कि कुछ करें। यदि कुछ गलती भी होती है तो परमात्मा नजर अंदाज कर देता है क्योंकि आप उसका काम कर रहे होते हैं। लोगों को उसकी राह में लगा रहे होते हैं। हम तो अब मेहमान हैं, सिर्फ गाइड कर सकते हैं, राह से न भटकें, सचेत कर सकते हैं। आप लोग काम करें, गहरे ध्यान में जायें फिर देखें कि क्या होता है। तन-मन-धन आत्मा से लग जायें। आपने पैसे को लेकर सत्संग शुरु करने का अपना अनुभव बताया। पता चला कि करता कोई और है, मनुष्य नहीं करता। किसी संत ने कहा कि इंसान जितना बोझा कन्धे पर इस दुनिया का लेकर चलता है यदि उसका एक मिलियन्थ भी प्रभू याद में लगाये तो क्राइस्ट बन जाय। निन्दा न करें किसी की भी। हमारे यहाँ कोई हरिजन नहीं है, सभी ब्राह्मण हैं। सब का जाप शुरु हो गया है। बम्बई वाले शर्मा जी जिनके बाग में जनवरी में भण्डारा होता था, पूछे कि आपके यहां ब्राह्मण कितने हैं? अहंकार इस रास्ते का सबसे बड़ा दुश्मन है। माया तजना सरल है और तिरिया का नेह! मान बड़ाई ईर्ष्या तजे सो बिरला कोप। जो हो उसे ईश्वर की तरफ से समझना चाहिये।

10.14 एक ईष्ट में निष्ठा

स्थान - दिल्ली (11-1-1994)

इसकी बेटी सरिता कुछ दिनों से अस्वस्थ हैं, बहकी-बहकी बातें करती रहती हैं। आज मौसम भी खराब हैं। भाई साहब जी से मिलना चाहती हैं, जाना पड़ा। हम लोग सायं 5 बजे पहुँचे। कुछ लोग आपके पास ड्राइंग रुम में बैठे थे। भाई साहब बोले आइए डॉ॰ साहब, बेटी बैठो हम लोग प्रणाम कर बैठ गये। इन्होंने कहा बाबा जी मैं अपनी डायरी लाई हूँ, इसमें आप अपना आर्शीवाद लिख दीजिये, बोले बैठो लिख दूंगा। सरिता बहकी-बहकी बातें करती रहीं। माता जी भी आकर बैठ गई यह बोलती रहीं। आप भी कुछ बताते रहे। जब और लोग चले गये तो आपने यह बातें बताई। सोचो आज तुम सत्संग में न होती तो क्या हाल होता। सच है कि अभी तक यह छुपा हुआ है। कम लोग ही इसके यहाँ आते हैं, यदि आते हैं तो तुम सामान्य हो जाती हो। जो एक ईष्ट में विश्वास करते हैं, परेशानियों को बर्दाश्त कर लेते हैं, they are rewarded. बृजमोहन वचनामृत से गुरुस्वामी व ठनठन गोपाल के यहाँ जाने

का उदाहरण देते हुये एक चतुर्वेदी जी का जो आप, आर. एस. अग्रवाल और एस. एम. गोयल के साथ नाश्ता करने की बात भी की। उन पर मीठे का असर नहीं होता था जिससे वे आश्चर्य में थे। आपने कहा कि भाई फल नहीं आप तो प्रसाद खाते हो। कभी और खाकर देखो तो पता चल जायेगा। अभी कोई आया था invite करने कि साहब शंकराचार्य आ रहे हैं आप आईये। सेवक ने कहा कि अपने शंकराचार्य की बात तो पूरी नहीं कर पा रहा हूँ और के चक्कर में क्या पड़ना। 24 घण्टे राम-नाम लेना और बातें कहीं जिसका मतलब था कि कहीं और जाने की आवश्यकता नहीं है। सरिता की डायरी देखी, फोटों देखा फिर उसी के नीचे लिख दिया 'बा अदब बा नसीब - बे अदब बे नसीब'। माता-पिता जो कहें वहीं करो। गुरु की बात मानने से ज्ञान मिलता है। माँ-बाप से खुशहाली, स्वर्ग। नीचे आपने दस्तख्त किया और तारीख डाली। बोले जो यह लोग कहें वही करो। इनसे बढ़कर शुभचिन्तक कोई नहीं हो सकता। दुनिया को बाद में ठीक करने की सोचो, पहले अपने को बनाओ। Charity begins from home आपने जनवरी, 94 की संतसुधा निकाली और इन्हें आहार की शुद्धी पर लेख लिखने को कहा। यह सुन्न सा बैठा यह सब सुनता रहा, इस पर कोई असर नहीं। माथे पर जब गुरु मिथलेसू हमहि तुमहि सपनेहू न कलेसू के विचार आ रहे थे।

खुलासा

स्थान - दिल्ली (17-1-1996)

आज सायं भाई साहब जी के यहाँ गया। डॉ० कृष्ण बल्लभ शर्मा कोई पुस्तक दे गये थे, दिखाकर कहा कि यही पढ़ रहा था। इसमें बुराई ही बुराई लिखी है। सेवक के बारे में भी लिखा है कि उन्होंने भी अपना अलग कर लिया। पूज्य दद्दा जी, ओंकार भाई, राधे बल्लभ, चौधरी श्री राम, जगमोहन स्वरुप माथुर व तमाम पुराने भाईयों के बारे में बताते रहे। कुछ विशेष बातें यह रहीं - रमेश भाई ने अच्छी प्रगति की है, लेकिन घर में वह बात नहीं है। सुरेश भाई, दोनों ने अच्छी प्रगति की है। ट्रासंफर पर विदाई के समय पता चला कि क्या प्रेम था वहाँ नौकरानी भी बहुत रो रही थी। बच्चे अम्मा उसे कहते थे कि मरने के बाद किसी की बुराई नहीं करनी चाहिये। आप लोग तो ऊपर से देखकर किसी को जानते हो। हम लोग (सेवक जैसे लोग) तो अन्दर

की जान जाते हैं। असल व दिखावे में बड़ा अंतर है। जैसा समझते हैं, लोगों को हिदायत देते हैं। एक बार डॉ॰ कृष्ण बल्लभ शर्मा को एक विशेष साधना के लिये बुलाया। नहीं हो सका। जाकर उन्होंने अपनी कमजोरी लिखी। तौबा कहकर आपने कान पकड़ा। किसी की भावनाओं से तर्क-वितर्क नहीं करना चाहिये। हानिकारक है। संसार पार नहीं होने देता। मान, अपमान, ईर्ष्या खाये जाती है। आपके भाई को आपके पिता जी ने समझाया था कि साथ-साथ काम करो, नहीं माने। अब पछताते हैं। उधर कुछ अजीब सी घटना हो गई है। महाराज जी ने कहा था कि लोग कहते हैं कि यह चीज सात पुश्त तक इसी परिवार में रहेगी। यह भी कहा करते थे कि क्या पता कहीं और चली जाये। ईश्वर की इच्छा।

ईश्वर कृपा

स्थान - दिल्ली (7-1-1997)

इसके घर में सभी बच्चे बीमार थे, मन खिन्न था। सायं पूज्य भाई साहब जी के यहाँ गया। आपका भी स्वास्थ्य ढीला था, ठण्ड भी खूब थी। आपके सानिध्य में करीब ढाई घन्टे रहा। आप भाईयों से आये पत्रों को देख रहे थे, बीच-बीच में फोन भी आ रहे थे और कुछ न कुछ बातें भी करते जाते थे। आप ने बताया कि- घृणा किसी से नहीं करना चाहिये। आदमी dynamatic personality है। परमात्मा क्या से क्या बना दे। पता नहीं भगवान ने यह शरीर क्यों रखा हुआ है। अब नहीं रहना चाहिये। इसने कहा कि साहब, सब चाहते हैं कि आप बने रहें। बोले हाँ, भाईयों में बड़ा प्रेम है। करते तो गुरु महाराज हैं, खामोख्वाह इज्जत इसे दिला देते हैं। रोज ही कोई न कोई पत्र होते हैं कि बच गये, किसी का एक्सीडेंट किसी का कुछ। अभी राना विजय बहादुर को निशाना लगा कर गोली मारी गई थी, लगी किसी और को, वह मर गया।

सरल साधना

स्थान - दिल्ली (6-1-1998)

आज सायं भाई साहब जी के यहाँ गया। साथ में एक नये भाई डॉ॰ एस. पी. सिंह भी भाई साहब जी के दर्शनार्थ आये। आप भाईयों से आये पत्रों को देख रहे थे। कुछ लोग जो पहले से बैठे थे, इजाजत लेकर चले गये और आप

उठकर बाथरुम गये। इस बीच डॉ॰ एस. पी. सिंह ने इससे पूछा कि क्या मैं अपनी पत्नी की बीमारी और मकान के लिये जमीन खरीद के बारे में पूछ सकता हूँ? इसने कहा कि आप इन बातों पर बात नहीं करना चाहते, हाँ अध्यात्म की कोई बात हो तो पूंछ सकते हो। वैसे आपकी इच्छा it is between you and Him (यह आप और साहब के बीच की बात है)। आप आये, इससे पत्र पढ़वाना शुरु किया। कुछ पत्र पढ़वाने के बाद, बंद करवा दिया और कहा कि डॉ॰ साहब कुछ पूछना चाहते हों तो? इन्होंने कहा कि नहीं साहब दर्शन ही बहुत है, सब मिल जाता है, आप हँसने लगे। फिर इन्होंने पूछा कि हमारी रुचि इसमें है, लेकिन मन नहीं लगता भटकता रहता है। आपने मन के भटकाव को कम करने के लिये तीन बातें बताई। (1) सुबह शाम आधा-आधा घन्टे की पूजा, (2) भोजन ईश्वर याद में करना, (3) सोने के पहले आत्मा निरीक्षण और 15 मिनट ईश्वर की याद करना और सो जाना। इससे 8 घन्टे ईश्वर की याद बिना कोई समय दुनियावी कामों का लिये किया जा सकता है। वह बोले कि मैं तो सुबह जल्दी-जल्दी जाप करता हूँ। कभी कभी मन ऊँची उड़ान भरता है कि इस ब्रह्माण्ड के ऊपर क्या है? कितना बड़ा है यह ब्रह्माण्ड, लगता है कि पागल हो जाऊँगा। आप बोले कि हाँ, समय की बचत लोग पूजा वाले समय में से ही करते हैं। इसके पिता जी ने अपना एक अनुभव इसे सुनाया। वे और एक पंडित जी गंगा जी के किनारे गढ़मुक्तेश्वर में एक माह का कल्पवास करते थे। यह आर्य समाजी थे। गंगा में ऊपर की तरफ जाकर स्नान करते, जहाँ पानी साफ होता था, पहले गंगा बड़ी साफ थीं, इतना pollution नहीं था। एक दिन दोनों गंगा के किनारे ऊपर की ओर जा रहे थे। देखा नदी में एक महात्मा पलोथी लगा पानी की सतह पर बैठे बहते हुये आ रहे हैं। इन्हें ताज्जुब लगा। वह महात्मा किनारे आये और तेजी से चलकर अपनी कुटिया में चले गये। ये लोग पीछा किये और कुटी देख लिये। अगले रोज हिम्मत करके उनकी कुटी में जाकर प्रणाम किया। महात्मा जी बैठ कर ऋगवेद पढ़ रहे थे। पहले तो डाँटे, फिर बैठने को कहा। पंडित जी ने पूछा महाराज आप तो विद्वान हैं, वेदों को पढ़कर ज्ञान प्राप्त कर लेते हैं।

हम लोग ऐसे जो अनपढ़ हैं, इसे समझ नहीं सकते, वे कैसे ज्ञान प्राप्त करें। महात्मा जी बोले कि ऐसे लोग हम जैसे लोगों के पास बैठकर- सुनकर ज्ञान प्राप्त कर सकते हैं। इसके पिता जी आर्य समाजी थे, बाल की खाल

निकालने वाले। पूछे कि महाराज यह दुनिया भगवान ने कब बनाई और यह कब खत्म होगी। यह सुनकर महात्मा जी गरजे और कहा कि मुँह पीछे करके बैठ जा यानि इनकी तरफ पीठ। उन्होंने अपनी छड़ी उठाई और एक गोला खींचा, फिर अपनी ओर मुँह करने को कहा। पूँछा कि यह बता कि यह लकीर कहाँ से शुरु होती है और कहाँ समाप्त होती है? बोले कि मैं तो नहीं बता सकता, फिर कौन बता सकता है। बोले जिसने बनाया है। तो महात्मा जी ने कहा कि इसी तरह संसार के बारे में तो बनाने वाला ही बता सकता है। यह सुनकर डॉ० साहब जी ने कहा, गुरु जी हमारी शंकाओं का समाधान मिल गया। इस तरह खुल कर बातें होती रहीं। बाद में भाई साहब जी ने हम लोगों को न्यू इयर का ग्रीटिंग कार्ड दिया। डॉ० सिंह ने कहा साहब इस पर हस्ताक्षर कर दीजिये, एक निशानी रहेगी जो आपने कर दिया। आपको प्रणाम कर हम लोग वापस हो गये।

10.15 प्रभू लीला

स्थान - दिल्ली (1-1-1997)

बेटी ममता अस्पताल में थीं, इसका मन खिन्न था। सायं पूज्य भाई साहब जी के यहाँ गया। वहाँ कई भाई पहले से बैठे थे। माता जी से मुलाकात हुई, आपने नये साल की मुबारिक बाद दी, फिर साहब से मिला आपने भी नये साल की मुबारिक बाद दी। मिठाई व चाय आई सभी भाईयों ने ली। आप कुछ अस्वस्थ थे, आये हुए पत्रों को देख रहे थे। बीच-बीच में बातें भी करते जाते थे। एक भाई का पत्र पढ़वा कर सुनवाया। उन्होंने लिखा था कि 13-3-97 को 6 बजकर कुछ मिनट पर उनका शरीर छूट जायेगा। आप हँसे और योगियों की बात करने लगे - हाँ यदि किसी का शरीर ईश्वर इच्छा से छूटता हो तो ठीक है, लेकिन अपनी इच्छा से नहीं। बोले कि परमात्मा तू ही है, तेरी इच्छा पूर्ण हो, बड़ी ही सूक्ष्म चीज है समझना कठिन है। बहुत से योगियों ने शरीर छोड़े हैं, किसी ने जल समाधी ली, किसी ने कुछ। हाँ, यदि ईश्वर इच्छा से हो तो बात और है, बहुत महीन चीज है, समझना कठिन है। आप पत्र देखते जाते थे और बातचीत करते जाते थे। जिनके योग में कुछ कमी रह जाती है वे आत्मायें किसी योगी के घर में जन्म लेती हैं। लेकिन वे ज्यादा फायदा नहीं उठा पाती क्योंकि योगी तो पिता की दृष्टि से देखते हैं, गुरु की दृष्टि से नहीं

और यदि कहीं यह हो जाये तो इस विद्या का अधिकार उन्हें ज्यादा है। लेकिन बड़ा मुश्किल है, हो नहीं पाता। इस सम्बन्ध में तमाम योगियों व संतो की बातें बताई। पूर्ण surrender (समर्पण) होना चाहिए। एक भाई ने प्रश्न किया कि साहब यह surrender हो कैसे? आपने बताया कि धीरे-धीरे अनुभव से होता है। फिर कुछ लोगों के dedication (लगाव) के बारे में बताया और कहा कि यह देखों, सेवक ने इन्हें तो कहा नहीं था सत्संग publication का काम, लेकिन नये-नये आईडिया लेकर कार्य रुप दे रहे हैं। प्यार ही है, यह अनुभव से ही आया है। भाई हम सब परमात्मा की इच्छा की बात करते हैं तो क्या चाहना, यहाँ तक की मुक्ति भी नहीं। अव्वले मा आखिरे मुस्तहीन। हमें तो बस अपने गुरु या परमात्मा की याद से मतलब है। जैसे-जैसे याद का समय बढ़ता जायेगा, अपनी कमियाँ दूर होती जायेंगी, आपको दिखने लगेंगी। यह सब तवज्जह से होता है। भाई लोग आते हैं, बड़ा असर हो जाता है। यह ठीक नहीं है, वह क्षणिक होता है फिर जाता रहता है। जैसे कि तैसे रह जाते हैं। जो असर धीरे-धीरे होता है वह ठीक रहता है। वहीं अंधेरी कोठरी वाली बात है, रोशनी लाईये, गन्दगी दिखने लगती है। उसी तरह साधक जब गुरु के सानिध्य में होता है तो कमियाँ दिखने लगती हैं। जब कमियाँ दिखेंगी तो फिर वह दूर करने की कोशिश करेगा। जैसे-जैसे यह दूर होना शुरु हुई, परमात्मा का नाम आने लगा, आत्मा ऊपर उठने लगी। यह साधारण चीज नहीं है, कोई मुकाबला नहीं। जो इसमें आ गये हैं, साधारण नहीं हैं। यह, आम लोगों के लिये नहीं है, उन्हें तो भजन कीर्तन की काफी है। हाँ बड़ी सूक्ष्म चीज है। किसी ने लिखा उसका क्रोध खत्म हो गया है, तो गया काम से। क्रोध और हावी हो जायेगा। खत्म होने दीजिये, कहें क्यों? हमें तो परमात्मा के नाम से काम है। साधारण दिखें। देखो यह कपड़े, कहाँ है चुटिया? साधारण रहें, किसी को पता न चले। यह तो छिपाने की चीज है। तो धीरे-धीरे होता है। कब किसके संस्कार जग जाए, परमात्मा क्या कर दे। हम तो उसके अंश है। कितने संतों को देखें, यह चीज संस्कारी को ही मिली। दिखावे से कुछ नहीं होता। देर हो रही थी, बार-बार खाना खाने के लिये, बुलावा आ रहा था। इसकी तरफ आपकी तवज्जह थी, लगा आप इसे समझा रहे हों। अवधेष भाई, साहब का इन्सुलीन का इंजेक्शन लेके आ गये। आपने कहा लगा दो, इसे देख कर कष्ट का अनुभव हो रहा था। आपने कहा कि अब तो यह परमात्मा से

प्रार्थना करता रहता है कि अब अपने पास ले चलें, इसका काम हो चुका है काफी लोग तैयार हो गये हैं। हाँ प्रार्थना करता है, जिद नहीं करता, बेहतर परमात्मा ही जानें। शरीर को कष्ट है। वैसे बड़ी कृपा है, I am healthy (मैं स्वस्थ हूँ) यह तो खाँसी खुर्रा लगा रहता है। न रहने पर कोई फर्क नहीं पड़ेगा। महाराज जी नहीं हैं, ऐसा नहीं लगता वह न हों। वही तो इसके माध्यम से काम करते हैं। असल चीज तो आत्मा हैं।

10.16 निष्काम कर्म

स्थान - दिल्ली (21-1-1997)

सायं पूज्य भाई साहब जी के यहाँ गया। आप नव वर्ष के ग्रीटिंग कार्ड भेजे जाने के कार्य में व्यस्त थे। आज ही बम्बई भण्डारे से रमेश भाई कुछ हिमाचल प्रदेश के सत्संगी भाईयों के साथ वापस आये। भण्डारे का समाचार बताये। तरह-तरह के अनुभव। भाई साहब जी भी अध्यात्म की सूक्ष्म बातों पर प्रकाश डालते रहे। खास बातें इसने नोट कर लीं - सारा खेल 'I' (मैं) के मिटाने का है। करने वाला परमात्मा है। लेकिन यह सूक्ष्म रुप से 'आई' रह जाता है। इसे स्वप्न में भी ख्याल नहीं आता कि यह कुछ कर रहा है। संतों के तो इशारे होते हैं, जो पकड़ ले। इसे दो बातों से यह अनुभव हुआ कि करता कोई और है - महाराज जी ने कहा कि जो आये उसे पास बिठाओ, दोनों को लाभ होगा। एक त्रिपाठी जी आये। उन्हें बड़ा आनन्द आया कि कोई उन्हें दूध से स्नान करा रहा है। बोले कि भाई साहब हमें तो पहले लगता था जैसे कोई उन्हें खून से नहलाता हो। आज तो आनन्द आ गया। फिर क्या हुआ कि इसको जो विचार आये वह हो जाये। यह बाकमाल समझने लगा। सारी चीजें गायब क्या करता टिकट कटाया, महाराज जी के पास गया। कहा कि साहब यह सब ले लो। नहीं चाहिये हमें यह साथ बैठाने वाला काम। हमें तो आपके चरणों की याद बनी रहने दो। आप बोले कि आप अपने को कर्त्ता क्यों मानते हो? करने वाला तो कोई और है, दूसरा। चौधरी श्री राम जी का लड़का जब गायब हुआ, उन्होंने कहा कि भाई साहब जी दुआ कर दो तो लड़का मिल जायेगा। इसने कहा कि भगवान जब तक मैं चौधरी के घर पहुँचू बच्चा आ जाये। जब शाम को गया तो मिठाई बँट रही थी। इसे खुशी हुई। रात स्वप्न देखा कि यह नाई की दुकान पर बाल कटवाने बैठा है, इसका तीसरा नम्बर

है। चौथे नम्बर वाले ने कहा कि साहब हमें जल्दी है, पहले कटवाने देते तो मेहरबानी होती। कोई बात नहीं, फिर पाँचवें छठे, सातवें सभी ऐसे कहने लगे। इसे क्रोध आ गया कि क्या यह फालतू है? वहाँ से उठकर घर आ गया। हमारे पीछे–पीछे नाई बुलाने के लिये आया। घर देखकर कहता है कि बड़ा सुन्दर घर है। इसने कहा कि अभी सफाई कराई है। एक कमरे में ताला बन्द था। वह देखने को कहा। ताखे पर से चाबी उतारी तो, उसमें बैठे कोबरे ने काट लिया। आधा शरीर बिल्कुल काला पड़ गया। कई दिन रहा। फिर चौधरी जी से कहा कि चलो महाराज जी के पास चलते हैं। गये तो पता चला कि ऑफिस गये हैं। फिर वहाँ गये। बोले, आप लोग यहाँ आ गये। बैठिये। अरे चौधरी, आपका बच्चा मिल गया। ये इन साहब का कमाल था, इनका कमाल था। यह कहना था कि आधा काला पड़ा शरीर ठीक हो गया। बोले कि जितने भी संत हुये हैं उनसे कभी कुछ नहीं हुआ। उनके मालिक ने किया। नींद खुल गई। सारा मामला निष्काम कर्म का है। इसी पर आरुढ़ होना है। जिस काम को करने से पहले, करते समय, कर चुकने के बाद उसका संस्कार मन पर न बने उसे निष्काम कर्म कहते हैं। कठिन है जो इशारा समझा व पकड़ा, उसका काम बना। बात यह है पैसे का भी अहंकार होता है, वह अपने को थोड़ा elevated feel करता है। फिर position का भी अहंकार होता है, अध्यात्म का अंहकार होता ही है। सेवक तीन सालों से बम्बई भण्डारे में न जा सका। सभी मिलकर काम कर रहे हैं, बिखराव नहीं होगा। जियालाल जी भी अस्पताल का अच्छा काम कर रहे हैं। जबलपुर का प्रोग्राम भी अच्छा रहा। जितना 'I' (मैं) का विलय होता जायेगा, उतना लाभ होता जायेगा।

सादा सरल जीवन

स्थान - दिल्ली (19-8-1997)

आज दिन भर मन खिन्न रहा। सायं भाई साहब जी के यहाँ गया। पालमपुर से घनश्याम जी के दो पत्र थे जो आपने इस दास को मार्क कर रखा था, उन पर pl speak (बात करें) लिख रखा था। आपने पत्रों को पढ़ा और कहा कि क्या मतलब है। इस उड़ान का, वेदव्यास को देखने का, तमाम गुरुओं का दर्शन, मन की उड़ान है। यह अध्यात्म नहीं है। Ego (अहंकार) की समस्या है। फोन आया था, इसने कहा कि आसमान में उड़ने के बजाय,

जमीन पर आ जाओ। सादा, साधारण सरल नम्रता वाला जीवन जियो। क्या लेना है उड़ान से। आप लिख दें इन्हें कि जज्ब से उतर कर जमीन पर आ जायें। जो काम परमात्मा ने सौंपा है, उसे करें, साधारण जीवन बनायें। किसी के भी दर्शन हों, यदि गुरु साथ हों तो ठीक है, नहीं तो बेकार, मन की कुचाल है। हमारे महाराज ने कहा कि सादा जीवन बिताओ। ऐसी बात नहीं है, इनका कीलक हो गया है, पास में जो बैठेगा, ध्यान बनेगा। क्या पता कि यह वेदव्यास हैं या फलाँ गुरु हैं। यह तो यदि कोई बताये। इसे तो बताया गया था कि यह मौलाना साहब हैं, पेश किया था महाराज जी ने इसे। अध्यात्म बड़ा सूक्ष्म है।

15 अगस्त के स्कूल फंक्शन के बारे में कहा कि अच्छा रहा। कालोनी आ जायेगी तो भण्डारे में चार चाँद लग जायेंगे। इस जमीन का प्रताप तो है ही। जहाँ परमात्मा की धार उतरती है, वहाँ अच्छा होगा ही। लोग अनंगपुर को स्वर्ग कहते हैं। कहा कि इसलिये आप सबकी जिम्मेदारी ज्यादा है।

निष्काम कर्म का मिशन

स्थान - दिल्ली (30-8-1998)

आज भाई साहब जी के यहाँ सी. सी. कालोनी सत्संग में गया। सत्संग के बाद पूज्य भाई साहब जी ने अपने स्कूल के प्रबन्ध मंडल सदस्यों की मीटिंग ली आप बोले - सेवक का humble suggestion है कि स्कूल का recognition CBSE से करा लें, अच्छा मौका है। अपना सत्संग भी All India स्तर का है, लग जाईये करा लीजिए। महाशय जी का फोन आ गया। किसी के पास काफी जमीन है, उसे Engineering College के लिए देना चाहते हैं। आप बोले कि यह देखना, उसमें किसी तरह का अपना association न हो। अपना निष्काम सेवा का काम है वह commercial करना चाहेंगे। महाशय जी को बताओ कि परमात्मा ने दूसरा जीवन दिया है, उसे राम नाम में लगायें, छोड़े यह माया वाली बातें। महाशय जी बहुत बीमार थे, ईश्वर कृपा से बच गये।

यथार्थवादी (Practical)

स्थान- दिल्ली (2-11-1999)

आज सायं भाई साहब जी के यहाँ गया। आपने कुछ पत्रों पर pl speak

मार्क कर रखा था। बात की। आप उन पत्रों का जवाब नहीं देते थे जो बात न मानें या दुविधा में हैं। आप उनका मार्ग दर्शन करते हैं, जो सलाह मांगें और उस पर चले। Personal (व्यक्तिगत) बातों पर आपकी guidance (मार्गदर्शन) काफी restricted (सीमित) रहती है। साउथ सत्संग जिसमें 10 दिन लगेंगें। जिसके लिये भाई सुरेश जी के कहने पर जाने के लिए रिजर्वेशन कर लिया था। परिस्थितियाँ ऐसी नहीं हैं कि जा सकें। उनसे बताया और पूछा कि रिजर्वेशन कैंसिल करा दें। आपने कहा करा दें। भाई साहब जी ने कहा कि आप जबलपुर हो आवें व उनका सोसायटी का प्रस्ताव देख लें।

संयमी जीवन

स्थान - दिल्ली (16-11-1999)

आज सायं भाई साहब जी के यहाँ गया। आप और माता जी बैठक में थे। प्रणाम करके यह भी बैठ गया, पत्रों पर हस्ताक्षर कराये। आप टी. वी. पर समाचार सुनने लगे। समाचार में भ्रूण हत्या के बारे में जुलूस था। आपने देखा और बोले कि भ्रूण हत्या घोर पाप है। तभी तो आज के बच्चे माँ-बाप की सेवा नहीं करते। They are born by accident. आपने कहा कि इसका पहला लड़का नहीं रहा। पिता जी ने ज्योतिषी को consult किया। बोला कि पाँच वर्ष ब्रह्मचर्य जीवन बितायें। फिर जब बच्चा हो गया तो कहा कि एक वर्ष तक धर्मपत्नी के पास न जायें। तब संस्कार बनते हैं। कितना कठिन काम। कोई कहता कि आपके दो बच्चे हैं। वह बोलते कि भगवान के हैं, हमारे नहीं। फिर आपने पिता जी व बाबा के संस्मरण सुनाये। आपने कहा कि वे सब नियम के पक्के थे। सुल्तानपुर सत्संग की बात की, अच्छा चल रहा है।

10.17 इच्छा है तो अहम है

स्थान - दिल्ली (30-3-1997)

आज रविवार था। सायं अस्पताल गया करीब 6 घन्टे साहब के पास रहा। यहीं संतसुधा का काम करते रहे। लोग मिलने आते रहे। आज भी आपने बहुत सारी बातें बताई। सेवक को जिन्दगी व मौत में कोई फर्क नहीं लगता। आत्मा अमर है। इस घटना के बाद will powr (आत्म शक्ति) बहुत बढ़ गयी है।

हाँ शरीर जरुर बूढ़ा हो गया है। अपनी इच्छा न रहे। समाधी के बारे में बताते रहे। यदि इच्छा है तो अहम है।

10.18 आश्चर्य:

स्थान - दिल्ली (15-11-1994)

आज यह भाई साहब जी से मिला, कुछ समस्या थी। बातों में यह इतना खुल गया और पूछा कि साहब एक बात समझ में नहीं आती की कठिन से कठिन कार्य प्रभु कृपा से हो जाते हैं, ऐसे तमाम अनुभव हैं। फिर भी अगले कार्य में मन वैसे ही परेशान करता है, सबक नहीं लेता पहले के अनुभव से। आप बोले ठीक है, नहीं तो अहम आ जाय। जब परेशानी लगती है तो घबड़ाहट में प्रभु याद आती है फिर साधक कहता है प्रभु आप कर दें, यह नहीं कर सकता। फिर तो आप परमात्मा के हाथ के यन्त्र हो जाते हैं और वह करता है। बाद में किये हुये कार्य को उसे अर्पण कर देते है, आपकी छुट्टी। आश्चर्य होता है। गीता सुधा, आनन्द योगा, अष्टावक्र गीता ऐसे ही लिखी गई थी। यह सेवक नहीं लिख सकता। ऐसे में तो कामा, फुलस्टाप तक सही होते हैं, हैरत होती है तो ऐसा है। यही बात उस प्रोजक्ट में हुई थी जिस पर यह साहब से बात करने गया था।

10.19 राष्ट्रीय पर्व

स्थान अनंगपुर (1997)

आज अनंगपुर स्कूल में 15 अगस्त का फंक्शन था। इस बार फंक्शन की विशेषता रही कि गाँव वालों ने स्कूल की प्रशंसा की और बोले कि बच्चों में आध्यात्मिकता (संस्कार) की बातें स्वत: विकसित होती दिखाई दे रही हैं। भाई साहब जी ने बच्चों को सम्बोधित करते हुये कहा - देश में समता की जरुरत है। अपना सत्संग जाति-पांति के बन्धनों से ऊपर है। लोग प्रोग्रामों में आते हैं, अनंगपुर को स्वर्ग कहते हैं। परमात्मा करे की इस स्थान का प्रताप देश में फैले। बच्चों के लिये आपकी सलाह थी कि पढ़ने के 1-2 मिनट पहले ईश्वर का ध्यान करें, फिर पढ़ें। जब पढ़ चुकें तो कहें कि प्रभु, जो पढ़ा है वह याद रहे और उसे भी प्रभू को अर्पण कर दें। आप में कितने भावी इंजीनियर, डाक्टर, नेता व अफसर बैठे हैं। आपने आजादी की लड़ाई में गाँधी, पटेल,

सुभाष व नेहरु को याद किया व कठिनाईयों का जिक्र किया। आज के हालात को देखते हुये, देश के लिये अच्छे लोगों को बनाये जाने की बात की।

10.20 प्रेम बड़ी चीज

स्थान - दिल्ली (23-9-1997)

आज इलाहाबाद सत्संग से आने के बाद पहली बार भाई साहब जी के यहाँ गया। लोकेश मुलतानी जी आपको भाईयों से आये हुए पत्रों को पढ़ कर सुना रहे थे। इसने प्रणाम किया, आपने कहा आइये डॉ॰ साहब, बैठिये। इलाहाबाद सत्संग के बारे में पूछा कि कैसा रहा। इस बार आप न जा सकें थे। भाई रमेश जी गये थे। इसने बताया कि साहब, वैसे लगा जैसे जब आप जाते थे लगता था। आप बोले यही बात अमृतसर, मंडी व इलाहाबाद के सत्संगों से मालूम हुई है। रमेश जी का भी पत्र आया है। उनके भी अनुभव अच्छे रहे हैं। घनश्याम भी अच्छे चल रहे हैं। पात्र पर निर्भर करता है, इसमें सिफारिश नहीं चलती। Surrender (समर्पण) कितना है, श्रद्धा गुरु पर कितनी है। हर इंसान यदि चाहे तो इसे achieve (प्राप्त) कर सकता है। बिना श्रद्धा के यह दौलत नहीं मिलती। लोग कहते हैं कि साहब टी. वी. पर 9 बजे रामायण आती है, सत्संग का समय चेंज कर लेते हैं। सेवक क्या कहे, क्या मिलेगा उसमें, जो राम का रोल कर रहा है, उसका character (चरित्र) क्या है, वही असर बटोर लोगे। बोले, आज डाक बहुत थी, लोकेश जी को थका दिया। यह सुन कर, इसे अपने ऊपर शर्म आने लगी कि आने में देर हो जाती है। हफ्ते में एक ही दिन आता है। डाक के काम के लिये, क्या करे 4.30 पर ऑफिस बन्द होता है। आपने रमेश भाई का एक पत्र निकाल कर इससे पढ़वाया। इसके मन में कई प्रश्न थे, उनका जवाब मिल गया। आप बोले कि योगियों के घर जिनकी साधना नहीं पूरी हुई होती वे जन्म लेते हैं। हाँ, गुरु के लड़के होने के नाते उनमें सूक्ष्म अहंकार रहता है, इससे बच सकें तो ठीक है। रमेश और घनश्याम एक से चल रहे हैं, चमकेंगें और हैं, ऐसी बात नहीं है, मंडी के मल्होत्रा जी भी अच्छे हैं। पक्के व्यापारी। अदब इतना कि सामने नहीं पड़ना चाहते और बातें बताते रहे। बोले मुख्य चीज तो प्रेम है। करोड़पति, दस हजार, दो हजार से क्या होता है, चाहिये तो इंसान को दो रोटी। प्यार व प्रेम बड़ी चीज है।

10.21 फेल हो गया

स्थान - दिल्ली (10-2-1999)

आज (10-02-1999) सायं भाई साहब जी के यहाँ सेंट बृजमोहन लाल स्कूल व कोऑपरेटिव हाउस बिल्डिंग सोसायटी की मीटिंग थी, उसमें शामिल हुआ। मीटिंग में आपने कहा कि लगता है कि अपने मिशन में यह फेल हो गया कि आप लोगों में प्यार न पैदा कर सका। आप लोग सत्संगी होकर एक दूसरे की बुराई करते रहते हैं। लोग हँसते हें। भाई सुरेश जी आ गये, बोले यदि नहीं चला सकते तो बन्द कर दें स्कूल। भाई साहब जी ने कहा कि प्रिंसिपल साहब में सेवक को देखो। यही, इन्हें यहाँ लाया है। इन्हें भी चाहिए लोगों को यदि कुछ कहें तो अपने कमरे में बुला कर कहें।

10.22 समझ के परे विज्ञान

स्थान - दिल्ली (13-6-1999)

आज सायं भाई साहब जी के यहाँ गया। पत्रों पर हस्ताक्षर कराने के बाद इसने डॉ॰ चन्द्रशेखरन की बात की जिन्होंने आश्रम के भू-जल उपलब्धता का सर्वेक्षण किया था। उस सफलता पर पुस्तिका लिखना चाहते थे। इसकी अनुमति आपने नहीं दी थी। आपका कहना था कि यदि इसे Science (विज्ञान) की सफलता बतायेंगे, जो कि नहीं है, तो सत्संगियों का नुकसान होगा। दुनियावी चीजों की शरण में जाने की प्रवृति बनेगी। ईश्वर कृपा भूल जायेंगे। बहुतों का आगे चलकर बड़ा नुकसान होगा। जहाँ तक लिखने की बात है आप इसके बारे में तब तक नहीं लिख सकते जब तक firm conviction (पूर्ण विश्वास) न हो जाये। गीता सुधा ऐसे थोड़े ही लिखी गई है। सुबह इसने डॉ॰ आर. पी. सिंह से बात की थी। पहाड़ी पर पेड़ के एक्सपर्ट डॉ॰ अरुण वर्मा के मार्ग दर्शन में तीन वाई तीन फुट का गड्ढा खोद कर, कम्पोस्ट डाला जिसमें नानी-दादी याद आ गई थी। लगाये पेड़ की पौध न चल पाई और बाद में मात्र खुरपी से लगाई पेड़ों की पौधें ज्यादा सफल हुई। ईश्वर कृपा व निष्काम कर्म। तुलसी विरवा बाग में सींचत ही कुम्हालायं। रहें भरोसे राम के पर्वत पर हरेरायँ।

10.23 ईश्वर मालिक

स्थान - दिल्ली (23-6-1999)

आज सायं भाई साहब जी के यहाँ गया। आई. आई. टी. के. प्रो. आर. के. पाण्डे भी आये थे। दोनों ने पत्रों पर हस्ताक्षर कराये। एक पत्र पर आपने लिख रखा था, दिखाया। उसमें उन भाई ने लिखा था कि इसने मन चली हरकत कर दी, प्रभु जी क्षमा करें, प्रायश्चित करना चाहते हैं। आपने पत्र पढ़ा। बोले कि किसी देवी के साथ इन्होंने ऐसा किया है। लिख दें की ऐसी गलती की माफी नहीं होती, सजा भुगतनी पड़ती है। यह परमात्मा के ऊपर है कि वह कैसे भुगतवा दें। ईश्वर मालिक हैं।

10.24 विद्या कायम रहे

स्थान - दिल्ली (19-10-1999)

आज दशहरे का अवकाश था। सायं भाई साहब जी के यहाँ गया। कई भाई आये हुए थे। अध्यात्म पर चर्चा थी। आपने कहा कि मुख्य मुद्दा है कि यह विद्या कायम रहे। आगे जैसा ईश्वर चाहेंगे होगा। आप जब बातें कर रहे थे तो पतित ने पाया कि बराबर आप इस पतित की ओर मुखातिब रहे। जब से आपके संपर्क में आया, नित्य प्रति आपकी बातों को डायरी में नोट करता रहा है। बाद में भाई सुरेश जी ने कहा कि आप हमारे साथ साउथ चलिए वहाँ कोई नहीं चल रहा। डॉ॰ जनार्दन सिंह भी नहीं जा रहे हैं। इसने कहा कि इसके क्लासेज हैं, आपने कहा कि ये तो रहेंगें ही। जैसी प्रभु इच्छा, इसी बीच शिलांग भी सरकारी कार्य से जाना है।

कृपा

1-1-2000 रात्रि 12.00 बजे पूज्य भाई साहब जी का फोन था। आप हँसते हुए नये वर्ष ने खुशहाली की शुभ कामना दे रहे थे। सुरेश भाई ने भी शुभ कामना कही। सिर्फ गुड़िया (वर्षा) व सरिता जग रही थी। बाद में डॉ॰ प्रसाद जी का भी फोन था, उन्होंने भी शुभ कामना दी। यह पत्थर के समान मूरख हृदय न चेत जब गुरु मिलहिं विरंची सम के state में था। आपही जानें।

10.25 दुनिया खुदगर्ज

स्थान - दिल्ली (2-2-2002)

आज सायं भाई साहब जी के यहाँ गया। नीचे सत्संग हाल में डॉ॰ प्रेम मिल गये। पता चला कि रात बाथरुम जाते समय पैर फिसल जाने से भाई साहब को चोट लग गई है। ईश्वर कृपा से फ्रैक्चर से बचत हो गई है। डॉ॰ प्रेम आपको देखने आये थे। पहले माता जी से मुलाकात हुई, फिर साहब से मिला। जहाँ पट्टी बंधी थी। उसे पकड़ कर इसने पूछा कि साहब चलने में दिक्कत है, बोले बहुत दिक्कत है। एक भाई भोपाल से आपके दर्शन हेतु पधारे और आकर प्रणाम किया। वह किसी बारात में आये थे। भाई साहब दो मिनट ध्यान में गये, फिर बोले कि दुनिया बड़ी स्वार्थी व खुदगर्ज है। रात दो बजे किसी ने फोन किया, 10 मिनट बाद फिर किया। सेवक को चोट लगी थी। लोगों का काम होना चाहिये। भाई साहब को कुछ भी हो जाये। लोग आते हैं, 10 रुपये की मूँगफली लाये, टेबल पर रखा। पूरे अधिकार से बैठ गये। खरीद लिया भाई साहब को। फिर 24 घन्टे का ध्यान चाहते हैं। मेहनत नहीं करना चाहते। यह है दुनियाँ। फिर बोले, पत्रों पर दस्तख्त कराना है, लाओ। दस्तख्त किया। बृहस्पतिवार सत्संग की लिस्ट में एक भाई का नाम लिखने के बाबत पूछा। आपने कहा कि यदि ये माह में कम से कम दो सत्संग में आते हों, तो लिख लीजिए। बोले, सेवक तो लोगों में उनकी अच्छाईयों को देखता है, बुराईयों से क्या मतलब? इसने कहा कि साहब, पढ़ा है कि गुरु बनना लोहे के चने चबाने जैसा है। चौधरी श्री राम जी ने बताया था कि आपने अरोड़ा की बीमारी अपने, ऊपर ले ली थी। आप हँसे, बोले अभी एक तरफ स्वास्थ्य ठीक हुआ तो दूसरी तरफ यह हो गया। इसे लगा कि उन्हीं सज्जन, जो रात फोन किया था, उनकी समस्या आपने अपने ऊपर ले ली। इसी बीच डॉ॰ प्रसाद जी अपनी धर्मपत्नी के साथ आ गये। यह इजाजत ले घर की वापसी की।

10.26 लकीर के फकीर

स्थान - दिल्ली (16-2-2000)

आज भाई साहब जी के यहाँ गया, मीटिंग थी, जो कैंसिल हो गई थी। आपका स्वास्थ्य गड़बड़ था। आप डाईनिंग टेबल पर बैठे थे, कई लोग थे,

सत्संग की बात हो रही थी। एक भाई ने बताया कि शाहजहाँपुर वालों ने लाला जी महाराज पर फिल्म बनाई है। आपने कहा कि गलत है, कौन लाला जी महाराज जी की acting कर सकता है। कानपुर आई. टी. के एक प्रोफेसर आये थे। उन्हें बम्बई भण्डारे के अवसर पर फैज़ का अनुभव करके आश्चर्य हुआ था। भाई साहब जी ने कहा कि हम लकीर के फकीर बने रहे हैं, इसलिये। कुछ नहीं छिपाया। हमारे गुरु जी ने कहा था कि अपनी जाति धोबी व भंगी से बड़ी न समझना। कहाँ नहीं है अपना सत्संग? हर प्रांत में है, हर धर्म के लोग हैं। किसी का फोन आ गया कि कोई बीमार है। आपने कहा कि डॉ॰ को दिखा दो।

10.27 मार्ग दर्शन

स्थान - दिल्ली (27-07-1990)

आज शाम यह, डॉ॰ बेनूगोपाल व डॉ॰ के. एस. शिशोदिया पूज्य भाई साहब जी के निवास स्थान सी. सी. कालोनी, दिल्ली में आपके सानिध्य में बैठे थे। आप हम सबके हितार्थ न कुछ गूढ़ बातें बता रहे थे। उसमें की कुछ बातें जो साधना के दृष्टिकोण से लेखक की समझ में आई वह यह हैं: एक साधक ने तीन साल की डायरी पार्सल से भेजी है, क्या फायदा? ज्यादा से ज्यादा 15 दिन की हो तो straight guidance (मार्गदर्शन) हो सकती है। यह wrong attitude (सोचने का तरीका) है कि साहब को तो सब पता ही है। बेकार, यदि यह स्क्रीनिंग करने लगे तो राम-नाम छूट जायेगा। इसे तो यह भी नहीं पता कि इसके पैर के नीचे क्या हैं। पहले साधक शास्त्र व गुरु की बात मानता है। अनुभव के साथ-साथ गुरु ही रह जाता है। जितना ज्यादा समर्पण होगा, उतना 'I' (अहम्) का elimination होता जाता है, जितना यह होगा उतना परमात्मा ही परमात्मा रह जाता है। गुरु तो एक चिन्ह (तत्व) है, वह आदमी नहीं है। आपने लाला जी महाराज का लेख, जिसमें चार यात्री थे। रास्ते में डाका पड़ा, जो यात्री गुरु की याद कर रहा था, बच गया और लूटे गये, का खुलासा किया। जो स्विच जानता है वही बल्ब जला सकेगा। श्री बृजमोहन वचनामृत सबसे अच्छी पुस्तक है। उसे पढ़ते रहना चाहिए। महाराज (आपके गुरु महाराज) कहा करते थे कि I am writing practical Yoga. गुरु के प्रति प्यार अनुभव से आना चाहिए।

हम सब इंसान

स्थान - दिल्ली (12-9-1990)

आज हमारे ऑफिस में एक सेवा निवृत उपकुलपति व इसके एक वैज्ञानिक मित्र डॉ० अरुण वर्मा पधारे। श्री वी. पी. सिंह प्रधान मंत्री द्वारा आरक्षण पर घोषित मंडल कमीशन की रिपोर्ट से पैदा हुई समस्याओं पर बातें हुई। उपकुलपति महोदय कहने लगे कि यह अच्छा ही हुआ है, यह या तो देश को और strong (मजबूत) कर देगा या विभाजित। कहने लगे कि हम इनके साथ बैठ नहीं सकते, खा नहीं सकते, तो क्या करें? रिजर्वेशन अच्छा कदम है। इस वार्ता के दौरान यह चुप ही रहा और इसे अपने सत्संग के उसूलों की याद आ रही थी। सायं जब यह सी. सी. कालोनी गया, तो इन बातों का जिक्र, पूज्य भाई साहब जी से किया। आपने यह प्रतिक्रियाऐं दीं - गड़बड़ के ज्यादा चांस हैं, क्योंकि अध्यात्म बेस नहीं है। बेस तो है पैसा (जॉब)। आपने मनू के जांत - पांत के वर्गीकरण को कर्म का आधार बताया। वह सही था, जिसे बाद में जन्म से जोड़ दिया। ब्राह्मण के घर जन्मा आदमी कर्म से शूद्र हो सकता है। और शूद्र के यहाँ जन्मा आदमी ब्राह्मण। अपने सत्संग के आदर्शों को श्रेष्ठ बताया। न पैसा न जाँत, न पाँत। हम तो मुसलमान से भी घृणा नहीं कर सकते, क्योंकि हमारे बुजुर्ग मुसलमान थे। हाँ आहिस्ता-आहिस्ता सब होता है। अब कोई आते ही पहले किचन में काम करना शुरु करना चाहे तो लोग ऐतराज कर सकते हैं क्योंकि सबका आध्यात्मिक विकास एक सा तो नहीं है। सत्संग में आये, बैठे, साथ-साथ खायें, फिर परोसें, बाद में रसोई में बनाये, कोई रुकावट नहीं है। आपने हजरत मौलाना फजल अहमद खाँ साहब की बात बताई। कोई भक्त आपके यहाँ आते थे। महात्मा जी ने उन्हें एक आम दिया। इसके पहले जब वह बैठे थे तो ध्यान अच्छा लगा था। सोचा यह आम मुसलमान का छुआ हुआ है। उसे ले गये धोया फिर खाया। बाद में आये और सत्संग में बैठे तो ध्यान में क्या देखते है एक चौड़ी सड़क है, उसके एक ओर मन्दिर है, पूजा पाठ चल रहा है और दूसरी ओर मस्जिद, वहाँ नमाज पढ़ी जा रही है। ध्यान खुला तो मौलाना साहब को बताया कि ऐसा देखा। आपने कहा कि अभी आपमें हिन्दू - मुस्लिम का भेद बना हुआ है, जहाँ ऐसा है वहाँ अध्यात्म नहीं। आप यह नहीं जानते हैं कि आत्मा तो एक हैं, उसमें कोई भेद भाव नहीं।

बहम (भ्रम)

स्थान - दिल्ली (10-9-1991)

आज सायं एक साधक अपने बेटे के साथ पूज्य भाई साहब जी से मिलने सत्संग भवन सी. सी. कालोनी पधारे। यह लेखक भी आया हुआ था। दुआ सलाम के बाद उन सज्जन ने फरमाया कि भाई साहब जी इन्हें भ्रम हो गया है कि आप इनसे नाराज हैं और इन्हें नींद भी नहीं आती। आपने कहा कि मैं आपसे क्यों नाराज हूँगा? आप तो हमारे प्यारे हैं। वे बोले कि आपने हमें डाँट दिया था। आप बोले कि डर तो डाँट से ही जायेगा। संतों के तो इशारे होते हैं। आप नींद न आने से क्यों घबराते हैं, न आये। सेवक को भी तीन - तीन, चार - चार दिन नींद नहीं आती, नहीं सोता। जब आना होगा आ जायेगी। नींद की चिन्ता न करो। दूसरे सज्जन बोले कि यह कहते हैं कि साहब नाराज हो गये हैं। भाई क्यों नाराज हूँगा? यह तो उसके ऊपर भी नहीं नाराज होगा, जो कुन्द छुरी से इसका गला काटे। हिन्दूओं में तो हम मरते नहीं, आत्मा चोला बदलती हैं। फिर जिसके समर्थ गुरु सर पर खड़े हों, उसको क्या चिन्ता? कोई घबराने की बात नहीं है, आप चिन्ता न करें।

साधना व व्यवहार

स्थान - दिल्ली

प्रायः प्रतिदिन (नियमित सत्संग प्रोग्रामों के हफ्ते में दो दिनों को छोड़कर) शाम के समय पूज्य भाई साहब जी सत्संग भवन सी. सी. कालोनी में आधा घण्टे पूजा में बैठते। कुछ भाई भी आते हैं और पूजा में शामिल होते हैं। पूजा के बाद आध्यात्मिक व पारिवारिक जीवन की समस्याओं पर कुछ न कुछ मार्ग दर्शन भी मिलता है। लेखक जब जाता तो ऐसी बातों को नोट कर लेता।

26-10-1991:- हाल ही में हुए मथुरा सत्संग प्रोग्राम अच्छा रहा, वही जानते हैं जो शरीक हुए। जबलपुर से आये एक भाई ने प्रश्न किया कि साहब डॉ० ने अण्डा खाने की सलाह दी है, क्या करें? आप बोले कि खाईये, यह दवा है। दवा के रुप में खाना और बात है, कोई हर्ज नहीं। घर गृहस्थी व शादी ब्याह की भी बातें हुई। आपने कहा कि माँ बाप की इजाजत से शादी करना

अच्छा रहता है। तभी आप अपोज कर सकते हैं यदि कोई बात गलत हो जैसे दहेज इत्यादि। बरक्कत तो अपनी कमाई से ही होती है।

5-11-1991:- आज आप देश के हालात पर चिंतित दिखे, बोले कि देश को ये राजनीतिज्ञ बाँट देंगें। सोसायटी को जाति के आधार पर बाँट कर बड़ा नुकसान किया। अध्यात्म आत्मा की विद्या है। भाईयों के पत्र आते हैं, यह कहता कुछ नहीं। परमात्मा से प्रार्थना करता है, वह करे या न करें , उसकी मर्जी। किसी से कुछ कहना नहीं चाहिए, कोई मानता नहीं। जब आत्मा में प्रेरणा पैदा होगी तभी वह करेगा।

19-7-94 :- यह और सरिता सायं सी. सी. कालोनी भाई साहब जी के दर्शन करने गये। साहब के साथ कई और लोग बैठे थे। जब यह पहुँचा तो आप बोले, ये लो सिंह साहब भी आ गये। वहाँ श्री आर. एक. सिंह, श्री एन. डी. पाठक, बम्बई वाले श्री आर. एन. शाह, डॉ॰ अजय शर्मा पहले से ही आये हुये थे। शाह साहब ने कहा कि साहब हमें प्रेरणा हुई है कि आपके बाद माता जी को संरक्षक बनाया जाये। इसके लिये मैनेजिंग कमेटी व आम सभा में सहमति बनाई जाये। यह सुन कर इसे अजीब लगा। आश्चर्य, कि पूज्य भाई साहब जी इस बात को बढ़ावा देने लगे। कर्ता राम जी, नत्थू सिंह जी, श्री अश्वनी कुमार, व भाई अवधेष जी को भी बुला लिया गया। भाई साहब जी ने कहा कि, भाई यह बात है। किसी ने कहा कि जो आप कह दें सभी मानेंगे। आप कहने लगे कि इसने सोचा कि सुरेश (मामा जी) को संरक्षक बना दूँ तो पता चला कि दूसरा पहिया कमजोर है, बिहार के एस. के. मिश्रा की बात आई वहाँ सब ठीक है, लेकिन किसी ने कहा कि वे पान तम्बाकू खाते हैं सबों की श्रद्धा न बन पायेगी, फिर डॉ॰ बीर बल सिंह को कौन रोक पायेगा (why not me?) कह सकते हैं, सुरेश जी (राय बरेली वाले) को सोचा तो आशानन्द जी कहने लगे साहब निर्मल जी में माता जी का ही रुप देखते हैं हम। तो यह बात है। ठीक ही कहा शाह साहब ने आप लोग देख लें, हमें न शामिल करें इसमें। वैसे इसमें यह लिखा है कि यह अधिकार इस सेवक को है, यह उसे इस्तेमाल करना नहीं चाहता। आप लोग ही सोच लें। घर आकर यह बात इसने धर्मपत्नी को बताई, यह बोली कि यह उनकी लीला है, सबों की परीक्षा हो रही है। इसमें इसकी भी कोई दिलचस्पी नहीं थी। आप जिसे बना दें वही ठीक है।

24-7-94:- गुरु पूर्णिमा प्रोग्राम के अंतिम दिन अनंगपुर आश्रम पर आम सभा में आपने फरमाया कि अब इस सेवक का शरीर ठीक नहीं है, कभी भी जा सकता है। इसने बड़े सोच विचार के बाद यह कठिन निर्णय लिया है कि इसके जाने के बाद पूज्य माता जी संरक्षक होगी। इसने 56 लोगों को इजाजत खिलाफत दी है, कोई भी कह सकता है कि why not I (मैं) सेवक के चार बेटे हैं। एक बेकार है, तीन में रमेश, सुरेश और अवधेष तीनों ने अध्यात्म की ऊँची से ऊँची मंजिलें तै कर ली हैं, यह माता जी की सहायता करेंगें। 56 इज़ाजत खिलाफत वाले हैं। सेवक चाहता है, इसकी इच्छा है कि इसके जाने के बाद सत्संग बिखरे न। यदि एक जुट होकर सभी काम करेंगें तो यह सत्संग बढ़ेगा, संसार में फैलेगा। यह कठिन निर्णय है, इसे लेना पड़ा। आशा है सभी भाई इस निर्णय को मानेंगे। जब यह आप कह रहे थे, भयंकर वर्षा हो रही थी, ईश्वर भी प्रसन्न हैं सभी यही कह रहे थे। अगले रोज भी सामूहिक शान्ति पाठ के समापन के बाद भी इस निर्णय को दोहराया और तमाम लोगों के नाम लिये जो माता जी का सहयोग करेंगें।

9-8-94:- आज सायं साहब के यहाँ सी. सी. कालोनी गया। आप और माता जी नीचे सत्संग हाल में पधारे, पूजा में बैठे, पत्रों पर हस्ताक्षर किये। आप बोले कि गुरु पूर्णिमा पर जो इस सेवक ने घोषणा की उससे लोग परेशान हो उठे हैं। बेकार! हालाँकि कभी न कभी तो होना ही है। फिर आपने बातें बताई कि कैसे जब इसकी तबियत खराब हुई तो 1984 में will (वसीयत) लिखी। श्री आर. एस. अग्रवाल साहब का नाम था। माता जी, रमेश, सुरेश, अवधेष का नाम था। अभी शाह जी ने बात उठाई, ये बातें हुई। अंत में इसे ही करना पड़ा। बड़ा सुन्दर है पहली बार ऐसा हुआ, और सब बुजुर्गों व परमात्मा ने कबूल फरमाया। बड़ी वर्षा हुई। ऐसे ही महाभारत में हुआ था, जब भीष्म पितामाह ने प्रतिज्ञा की थी तब ऐसे ही वर्षा हुई थी। चलो दिखाते हैं, सत्संग हाल से उठकर ऊपर ड्राईंग रुम ले गये और महाभारत की सी. डी. दिखाई।

18-8-94:- आज बृहस्पतिवार का सत्संग सी. सी. कालोनी भाई साहब जी के निवास स्थान पर था। आपकी तबियत ठीक न थी। माता जी ने सत्संग कराया। सत्संग के बाद यह आपसे मिलने गया, बैठा लिया। आपने इसे स्कूल का चेयरमैन बना रखा है। इस बार यह 15 अगस्त के प्रोग्राम में न जा सका

था। बोले कि अनंगपुर में इस बार बाहर से आर्केस्ट्रा मंगा लिया था, मनमत का बोल बाला था। आपसी भेदभाव, पैसा कहाँ से आया, एनाउंन्सर बाहर का, गाँव वालों के बुरे कमेन्ट पहली बार, तमाम झगड़े रहे। यह क्या करता। अब एक कमेटी बनाई है, आप, सूरी साहब व दीपक मित्तल। जाकर देखो कि ऐसा क्यों हुआ? क्या करना है? प्रिंसिपल भी impressive नहीं लगे (पीले वस्त्र धारी)। यदि यह सेवक पीले वस्त्र में रहता, तो कौन इसे डाईरेक्टर बनाता। महाराज जी ने कहा कि रहना ठीक से है, कोट, पैन्ट इत्यादि। या तो फिर विवेकानन्द की तरह रहो, लगे कि त्यागी हो। उनका भी भाषण अजीब सा था। जयमन साहब बोले ही नहीं। यह भी indifferent हो गये हैं। पढ़ाई मुख्य चीज है और सब कार्यक्रम बाद के। इन लोगों से बात कर लो और वहाँ जाते रहें, भले ही 15 दिन में एक बार, surprise व check कीजिये। इसने अपनी व्यस्तता की बात की, कि यह न आ सका। आप बोले कि कोई बात नहीं, मजबूरी थी।

4-10-94:- आज सायं भाई साहब जी के यहाँ गया। वहाँ श्री पुरषोत्तम जी बैठे थे। कल इनका बैत है। साहब ने मि. मानी का एक पत्र दिखाया। उन्होंने लिखा है कि वह एक साधक हैं, तमाम महात्माओं से मिले हैं। ध्यान में मौलाना फजल अहमद खाँ साहब, लाला जी महाराज, श्री बृजमोहनलाल जी की मुक्त आत्माओं से आत्मिक सम्पर्क हुआ। वहाँ से आदेश मिला कि आप श्री यशपाल जी से मिलो। आना चाहते हैं। आपने बड़ा humble पत्र लिखकर कहा है यदि उधर से आर्डर है तो आ जाईये, करने वाले प्रभु जी हैं, जैसी प्रभु इच्छा।

20-01-1995:- यह ऑफिस में था, 3.45 पर पूज्य भाई साहब जी का फोन आया। आपने कहा कि डॉ॰ एस. सी. शर्मा जी का फोन आया है कि "इंटरनेशनल कान्फ्रेंस आन लाईफ स्टाइल एण्ड हेल्थ" में उनका पेपर आज ही है और करीब साढ़े चार बजे नम्बर आयेगा। डॉ॰ आर. एन. प्रसाद निकल चुके हैं, आप भी कोई स्कूटर वाला मिले तो पहुँचे लें। डॉ॰ आर. पी. सिंह के साथ यह समय से आल इंडिया इन्स्टीयूट आफ मेडिकल साइंन्सेस पहुँच गया। डॉ॰ शर्मा जी का पेपर "आनन्द योग पद्धति" पर था। प्रस्तुति बहुत ही रोचक व सुन्दर रही। भाई साहब जी को फोन से सूचित किया। आपने कहा कि निष्काम कर्म से कार्य परमात्मा करता है, हम यंत्रवत्त होते हैं, इसलिये ऐसे

सुन्दर कार्य होते हैं। आप लोग समझ नहीं रहे हो कि कितनी अच्छी चीज है यह। हिम्मत करो, सुन्दर कार्य होगा। आपने घोषणा की याद दिलाई कि, यदि मिलजुल कर काम करेंगे तो अच्छा कार्य होगा। इसको समझो और दिन रात करके आगे बढ़ो।

7-4-1995 से 11-4-1995:- अनंगपुर भण्डारे में रहा। अधिकतर पहाड़ी के विकास से सम्बन्धित कार्य में ही लगा रहा। पूज्य भाई साहब जी के साथ मीटिंग में भी शामिल हुआ। आपने कहा कि सत्संग को अपना समझो, यह आपका बड़ा घर है। स्कूल में जो पैसा कमाने की दृष्टि से आये हैं, वह जितनी जल्दी हो सके छोड़ दें, परमात्मा जैसा चाहेगा चलायेगा। माता जी ने कुछ लोगों को साड़ी दीं। उन भाग्यशाली लोगों में इसकी धर्मपत्नी भी थीं।

14-4-95:- आज सायं सत्संग में किसी भाई ने मिठाई का प्रसाद चढ़ाया था। आप शख्त नाराज हुये, बोले कि आज तो मैं श्रद्धा को ठुकरा नहीं रहा हूँ। लेकिन ऐसी हरकत से बाज आयें, खासकर गुरुवार और रविवार के सत्संग में। हाँ खुशी की बात है, मिठाई खिलाना चाहते हैं तो रखिये स्पेशल सत्संग या वैसे घर में मिठाई खिलाकर खुशी का इजहार कीजिये। यह नियम कुछ सोच समझ कर बनाये गये हैं। किसी भाई में हीन भावना न आ जाये कि वह तो रसगुल्ला खिला रहे हैं, मैं कुछ नहीं कर पाता। यहाँ आप देखते हैं कि कोई भेद भाव अमीर-गरीब का नहीं है। साप्ताहिक सत्संग में समय में तो परिर्वतन कर सकते हैं, लेकिन दिन में नहीं। पुस्तकें अपनी ही पढ़ी जायें। घर में कोई भी पुस्तक पढ़ सकते हैं, रोक नहीं है।

आज (17-12-92) शाम पूजा के बाद सी. सी. कालोनी सत्संग भवन में पूज्य भाई साहब के सानिध्य में यह सेवक, डॉ॰ के. एस. शिशौदिया, डॉ॰ जनार्दन सिंह, श्री एम. एच0 बाबू व श्री नन्दराम जी बैठे थे। आपने बिहार सत्संग की चर्चा की। बोले कि राजनीति ने जातियता को उभार दिया। समय बहुत खराब चल रहा है। हमें बचकर रहना है। अध्यात्म जाँति - पाँति से ऊपर है। एक स्थान पर क्या हुआ कि ब्राह्मण लोग भोजन बना रहे थे। कुछ एस. सी. की औरतें चौके में आ गई और कहा कि हम भी बनायेंगे। लोगों ने मना किया, नहीं मानीं। जब उनसे कहा कि कुछ लोग ऐतराज कर रहे हैं तो वह

सभी सत्संग छोड़ कर चली गई। बाद में इसे बताया गया। इसने कहा कि पहले बताते तो सेवक उनसे बात करता कि दिखाओ कि कहाँ है खाना बनाने के विशेषज्ञता के सर्टीफिकेट। यह तो पंडितों का काम है, उनकी डयूटी लगी है वे बनायें। खैर गये तो गये। बाद में वे लोग यहाँ आये और कहने लगे कि साहब आप कहते क्या हो, होता क्या है। आपके यहाँ जाति - पांति का भेद भाव नहीं बताते, देखो यह क्या हो रहा है? फिर बोले कि यदि हम अपने यहाँ शान्तिपाठ रखें तो वह लोग आयेंगे? इसने कहा कि मैं तो उन लोगों की नहीं कह सकता, तुम रखो मैं अवश्य आऊँगा। राधे बल्लभ गुप्ता व कृष्ण् बल्लभ शर्मा भी आयेंगे। रख कर तो देखो। रखा नहीं। यहाँ पूजा करने आते हैं कि खाना बनाने। जिसे जो काम सौंपा है करें। यह तो करते नहीं राजनीति बरतते हैं।

श्री एम. एच0 बाबू ने बताया कि उनका प्रमोशन डिप्टी डाईरेक्टर के पद पर हो गया है। भाई साहब ने मिठाई मांगी। वह लाये नहीं थे। सबों ने मुबारकबाद दी। आप मिठाई की चुटकी लेते रहे और कहते रहे कि आप चूक गये, भाई मिठाई तो खिलाना था। वे बोले लाऊँगा। आप चुटकी लेते रहे। फिर बोले कोई बात नहीं, ज्वाइन करने के बाद खिलाइये। फिर आपने बताया कि महाराज जी कहते थे कि यदि खुशी की बात हो तो मिठाई खिलानी चाहिए, खास कर बच्चों को तो जरुर खिलाना चाहिए।

आज (18-02-1992) यह और डॉ॰ आर. पी. सिंह रात किसी कार्य हेतु सत्संग भवन सी. सी. कालोनी दिल्ली में रुके। भोजनोपरान्त रात को पूज्य भाई साहब जी सत्संग हाल में पधारे और आर. एस. अग्रवाल साहब को आनन्द योग भाग - 2 (जो आप लिख रहे थे) का डिक्टेशन देने लगे। यह वहीं बैठे-बैठे ध्यान से सुनने की बड़ी कोशिश की, लेकिन कुछ भी पल्ले नहीं पड़ा। सब साफ-साफ सुनाई दे रहा था लेकिन दिमाग में कुछ रुक न रहा था। कुछ भी समझ में नहीं आया। करीब 10.30 बजे आप बोले कि मघानन्द जी डाक्टर लोगों को चाय पिलाओ। चाय पी गई। आप लिखवाते भी जाते थे और बीच-बीच में बात भी करते जाते थे। यह बातें इसे याद रहीं। (1) आनन्दयोग भाग - 1, आँख मीच कर इसी तरह लिखा गया था। धार आती है उसी में लिख जाता है। (2) जब गीता सुधा पढ़ता हूँ तो आश्चर्य होता है कि क्या हमारे द्वारा लिखी गई हैं।

आज (1-3-1992) माह का पहला रविवार है। सत्संग के बाद पूज्य भाई साहब जी अनंगपुर आश्रम में पीपल के पेड़ के नीचे चबूतरे पर एक कुर्सी पर विराजमान है। प्रो. के. एस. शिशौदिया आप से तरह-तरह के आध्यात्मिक प्रश्न पूछ रहे हैं। कुछ बातें आपने बताई:-

- सबसे अच्छा है कि ईश्वर को ईश्वर के लिये चाहे। तुझी से मांगता हूँ मैं तुझी को मांगता हूँ मैं। ऐसी बात नहीं है, जो कुछ नहीं चाहता, उसके भी दुनियांवी काम हो ही जाते हैं क्योंकि वह जानता है कि इसका कोई सहारा नहीं है।
- सत्संग प्रचार का काम एक या दो तीन लोगों के माध्यम से ज्यादा ठीक रहता है। जो आयें भण्डारे में आयें, एक दिन आने से कोई फायदा नहीं। कम से कम तीन दिन रहें तब पता चलेगा। मान लो कोई शाम को आते हैं, मौलाना साहब पर बातें चल रही हैं, उन्हें क्या लगेगा, जब तक सब न सुनें। आखिर उनके लिये हम अपना प्रोग्राम तो नहीं बदल सकते। एक दिन के लिए आना है तो न आयें।
- प्रो. साहब ने मथुरा व दिल्ली सत्संगियों की तुलना की कि यहाँ लोग सत्संग प्रोग्राम नहीं करते। आपने कहा कि भण्डारा, गुरुपूर्णिमा, दिसंबर का प्रोग्राम यहीं के लोग करते हैं। काफी है। अरे भाई इस भौतिकी दुनिया में यहाँ लोग इतनी परेशानी उठाकर आये हैं, यही क्या कम है।

आज (18-5-1992) भाई साहब जी के यहाँ गया। संस्था के सचिव श्री आर. एस. अग्रवाल जी का कुछ दिन पहले निधन हो गया था। उनका जाना संस्था के लिये भारी क्षति है पर बातें हो रही थी। डॉ॰ शिशौदिया तरह-तरह के प्रश्न उठा रहे थे और कहा कि तब तो साहब भगवान से प्रार्थना करनी चाहिए कि इसी जीवन में सारे कर्म फल भुगतवा दे। आप बोले, नहीं, उससे हमेशा दया की ही प्रार्थना करनी चाहिए, कभी भी सजा की दरख्वास्त न करे। फिर आपने एक महात्मा की कथा सुनाई जिन्हें 60 वर्ष बाद भगवान के दर्शन हुये। परमात्मा ने उनसे बार-बार पूछा कि क्या चाहिये कुछ और मांग लो। वह यही कहते रहे कि मेरे कर्मों के फल को भुगतवा दे। ईश्वर ने कहा कि जिस पत्थर पर आप 60 वर्ष तक बैठ कर पूजा करते थे, इसे अब साठ साल तक

सर पर रख कर खड़े रहो। तो भुगतवाने का नहीं क्षमा व दया के लिये प्रार्थना करते रहना चाहिये। फिर आपने बताया कि जन्म-मरण का स्थान निश्चित है, वहीं पहुँचेगा।

आज (1-8-1994) सायं धर्मपत्नी जी के साथ भाई साहब जी के दर्शनार्थ आपके यहाँ गया। वहाँ श्री आर. एस. सिंह व डॉ० जनार्दन सिंह बैठे थे। गुरुपूर्णिमा के अवसर पर भाई साहब जी द्वारा की गई माता जी को अगला संरक्षक घोषित करने का स्टेटमेन्ट संत सुधा पत्रिका के लिये तैयार किया जा रहा था। साहब ने उसे पढ़कर सुनाया। काफी देर तक बातें होती रहीं। साहब की इच्छा थी कि सत्संग एक में बना रहे। आपने कहा कि इस मुकाबले की चीज दुनिया में नहीं है, अनुभवों के तमाम उदाहरण दिये।

आज (29-1-1997) सायं भाई साहब जी के यहाँ गया। आपके पास कई लोग बैठे थे। जबलपुर से बी. एन. गौतम जी का पत्र था जिसमें साधना शिला मन्दिर के लिये पैसा इकट्ठा करने की बात थी। आशानन्द जी का कहना था कि जब तक मन्दिर बनने की परमीशन न मिले, पैसा इकट्ठा न करें। भाई साहब जी ने कहा कि पैसा किसलिये चाहिये? जब जरुरत पड़े तब अपील करें। या और प्रोजेक्ट से divert कर दिया जायेगा। पैसा आया खर्च हुआ, रहना नहीं चाहिये। महाराज जी की सख्त हिदायत थी कि पैसा संस्था के पास न रहे, प्रोजेक्ट में लग जाना चाहिये। यह बातें करते समय आप इस दास की ओर बार-बार देखते रहे।

आज (4-2-1997) सायं भाई साहब जी के यहाँ गया। लोकेश मुल्तानी, गाजियाबाद के दो वकील भाई बैठे थे। इसने प्रो. जसवंत सिंह का पत्र आपको दिया। आपने पत्र देखा। पत्र में अमेरिका में लोगों के बारे में उन्होंने लिखा था। आप ध्यान पर काफी बोले। कहे कि सब बेकार है - name, fame, असल चीज तो प्रभू नाम है। यह तो बहुत छोटी चीज है कि आदमी इक्कीसवीं सदी में पारदर्शी बन जायेगा। क्या होगा परमात्मा जाने? हाँ, ईश्वर सर्वशक्तिमान है। वह चाहे तो सुई के नकुये से ऊँट निकाल दे। अपने चाहने से कुछ नहीं होता। जो करता है ईश्वर करता है। करने कराने वाला ईश्वर है। हमारे तो जबलपुर वाले अनुभव आश्चर्य चकित करने वाले हैं। मनुष्य मशीनों में फँस गया, राम-नाम जाता रहा। हफ्तों रोया कि नहीं चाहिये प्रमोशन। वाह, क्या स्वप्न था

कृष्ण भगवान राधा को झूले पर झटका देकर झूला झुला रहे थे। सेवक ने सबों के दर्शन किये भगवान शिव, भगवान राम, साउथ के बाला जी। हाँ, माँ के दर्शन नहीं हुये। इसलिये पूजा देते समय बहुतों को अपने ईष्ट के दर्शन हो जाते हैं। माँ वाले में और तरीका अपनाते हैं।

आज (6-3-1997) जोनल सत्संग भाई साहब जी के यहाँ था। सत्संग में आपने बृजमोहन वचनामृत से भेद की बात पढ़ी। इसका खुलासा किया। कहने लगे कि हमें चाहिये हम अपना संस्कार बनायें। ऊँची बातें सोचें, लोगों का भला ही भला सोंचें। प्रयास करते रहें, पता नहीं कब ईश्वर कृपा हो जाये कहा नहीं जा सकता है कि आत्मादर्शन हो जाये। गुरु कुछ नहीं कर सकता। यह ईश्वर कृपा पर निर्भर हैं। आत्मा बड़ी सूक्ष्म चीज है। इस पर जो संस्कार बनते हैं। भुलाये नहीं जा सकते। कुछ स्वप्न जीवन भर नहीं भूलते। यही संस्कार अंत में काम आता है। मन कमजोर हो चुका होता है। अंत समय शरीर शांति से छूटता है। तो हमें ऊँची-ऊँची बातें ही सोचना चाहिये। हमारे बुजुर्गों ने तो यहाँ तक कहा है यदि कोई तेरी गर्दन छुरी से काटे तो मेरा हाथ दुआ के लिये उठे। हाँ प्रयास करें निराश न हों। परमात्मा कब कृपा कर दे, कहा नहीं जा सकता।

आज (4-8-1997) सायं यह धर्मपत्नी जी के साथ भाई साहब जी के यहाँ गया। धर्मपत्नी ने फूल व माला लीं। वहाँ पहुँचने पर यह माता जी के पास बैठ गई और यह सेवक भाई साहब जी के पास बैठा। पत्रों पर हस्ताक्षर कराये। सत्संग की बातें होने लगीं। आपने अपने भाई सतपाल जी का पत्र, जो उन्होंने भेजा है पढ़कर सुनाया। लिखा था कि पूज्य दद्दा जी के शिष्यों में, उन्होंने आपको ही मशाल दी, यह विश्वास होने लगा है यही सतपाल जी ही हैं जो आपको सत्संग में लाये थे। पिता जी भी चाहते थे कि यह हमारे साथ मिलकर कार्य करें। नहीं माने। बल्कि लोगों को भड़काते ही रहे। राम बल्लभ व राम बिहारी को All India इसने प्रोग्राम भेज दिया हैं, जहाँ इच्छा हो जायें सत्संग में। इसने एक वैज्ञानिक डॉ॰ बी. पी. सिन्हां के बारे में बताया जो ध्यान के बारे में आपसे कुछ पूछना चाहते हैं, वह सत्संग में आये भी हैं। आपने कहा कि आना पड़ेगा चाहे Sunday सत्संग में ही आयें। एटा जायें या इलाहाबाद जायें, प्रोग्राम होने वाले हैं। बिना किये नहीं होगा।

आज (4-5-1998) रविवार सत्संग में पूज्य भाई साहब जी के यहाँ गया। एक पत्र पर आपने डिस्कस करने की लिखा था। किसी लड़की ने लिखा था कि मैं अमुक लड़के से घर वालों के विरुद्ध होकर शादी करना चाहती हूँ। आप दुआ करो कि हो जाय। आपने कहा कि मैं ज्योतिषी नहीं हूँ, हमें अपने पैरों के नीचे क्या है यहीं नहीं पता। राम-नाम के बारे में कुछ पूछे तो बात और है। इसने हिम्मत कैसे की लिखने की। लिख दीजिये कि माँ बाप के चरणों में स्वर्ग है। उन्हीं से पूंछे और वही करें जो वे कहें।

आज (01-01-1995) अनंगपुर आश्रम पर सत्संग था। सत्संग के बाद पूज्य भाई साहब जी ने संक्षिप्त प्रवचन दिया। मुख्य बातें जो इसका ध्यान आकृष्ट की वह यह हैं:-

- देश की हालत बद से बदतर हो रही है। पश्चिमी सभ्यता का प्रभाव है। न हम पश्चिम के रह जायेंगे न पूरब के। अपने को बनाओ व औरों की मदद करो। राम-नाम ही मुख्य चीज है, जीवन का उद्देश्य है। सुबह-शाम की पूजा नियमित करना चाहिये। गुरूदेव कहा करते थे कि आदमी अपनी आवश्यकता पूजा के समय को काट कर करता है, पैसा भी कम हुआ तो परोपकार वाले बजट में से ही कटौती करता है। इसका मतलब परमात्मा को कोई स्थान नहीं।
- जो परमात्मा को चाहता है, उसके भी सारे काम हो जाते हैं। कितना सुन्दर है कि न सुख में बहुत खुश, न दुख में बहुत दुखी। आप सब बहुत भाग्यशाली हो। ऐसी चीज दुनिया में बहुत मुश्किल से मिलेगी। छाँट-छाँट कर परमात्मा ने भेजा है इसमें लोगों को। इसकी, आप बी. डी. महाराज बड़ौदा वालों से पूछो, सारी जिन्दगी कुछ न हुआ। यहाँ परमात्मा ने भेज दिया, पूछो उनसे। फिर आपने किसी व्यापारी की बात बताई, वह नियमित पूजा करता था। एक दिन पूजा कर रहा था, फोन आया कि बाजार में आग लग गई है। फोन उठाकर रख दिया। दुबारा आया कि आग आपकी दुकान तक पहुँच गई है। फिर उठा कर रख दिया। जब आधे घन्टे पूजा कर लिया तब गया। देखा कि उसकी दूकान जलने से बच गई है, लोग पहुँच गये थे, बुझा दी, आगे नहीं बढ़ने दी। तो पूजा को neglect (तिरस्कृत) न करो।

- आज नव वर्ष है। वर्ष की प्लानिंग करो कि क्या करना है। सेवक के लिये प्रभु से प्रार्थना करो कि इसका आखिरी अच्छा हो परमात्मा में विलीन हो सके।

आज (1-8-1996) गुरु पूर्णिमा के बाद परसेप्टरस की मीटिंग में भाई साहब जी ने मार्ग दर्शन किया:-

- सी. सी. कालोनी में सत्संग भवन को मन्दिर या आश्रम ही रहने दें। अब लोग business (व्यापार) के उद्देश्य से आते हैं, वहाँ रुकते हैं। ऐसे लोग होटल में रुकें। हाँ, जो अध्यात्म के लिये आते हैं, उनके लिये दरवाजा 24 घन्टे खुला है। यह राम-नाम प्रचार के लिये ही है
- इसमें अच्छे लोगों को लायें। हमें भीड़ नहीं बढ़ानी चाहिये। आप देखकर पूजा दिलायें।
- अपने बच्चों के बारे में बोले कि इन्हें सबके साथ रहना चाहिये। इनका हक इसमें ज्यादा है, लेकिन यदि गुरु मानें तब। यदि पिता मानते हैं तो बात और है। गुरु के पुत्र होने के नाते यदि लोग इनकी इज्जत करें तो गलत है। आत्मिक सम्बन्ध ही बड़ा सम्बन्ध होता है। यदि साथ-साथ खून का रिश्ता हो तो बात ही और है। रमेश जी व सुरेश जी ठीक हैं। साफ कह देना चाहता हूँ।
- इसे तो गुरु महाराज के उन शब्दों का इंतजार है कि तुम्हारा आखिरी सुन्दर है, अच्छा है। शुरु-शुरु के कष्ट हैं। अब हम और माता जी invalid (कमजोर स्वास्थ्य) हो चुके हैं, शरीर बूढ़ा हो चुका है। सिर्फ गाइड कर सकते हैं। आप लोग दुआ करो की वह दिन आये।

आज (1-04-1997) सायं भाई साहब जी के यहाँ गया। आप, भाईयों से आये पत्रों को देख रहे थे। एटा से आर. एस. राठौर, अलीगढ़ से जी. एस. उपाध्याय, दिल्ली के लोकेश मुल्तानी जी आये हुये थे। आप स्वस्थ दिख रहे थे। बम्बई से आपकी बेटी विनय जी का फोन आया, हालचाल पूछा। बोले कि यह सेवक क्या बतायेगा। यह तो कोई और बतायेगा। मैं ठीक हूँ। बेकार आने की तकलीफ न करो। हाँ, यदि चिन्ता हो तो अवश्य आयें। लौटते समय यह लोकेश जी के साथ आया। आपने बताया कि उस दिन तो इसे साहब को

गहरे ध्यान की ही समस्या लग रही थी। लेकिन जब डॉ० शर्मा व आपके पुत्र सुरेश जी ही अस्पताल ले जाने लगे तो क्या कहता, चुप ही रहा।

आज (24-03-1998) सायं भाई साहब जी के यहाँ गया। धर्मपत्नी सुबह से ही भण्डारे की तैयारी के सिलसिले में माता जी के यहाँ आ गई थीं। पहुँचा तो देखा आप टी. वी. पर संसद की कार्यवाही देख रहे थे। सानिध्य में लोकेश जी, शिवओम जी और एक भाई और बैठे थे। यह भी प्रणाम कर वहीं बैठ गया। आपने अमेरिका से आये किसी भाई का पत्र पढ़ने को दिया। आप बोले कि आध्यात्मिक पत्र कम आते हैं, लोग सुख-दुख की ही बातें करते हैं। बहुत सारी बातें बताई। कुछ बातें यह थी।

- अपनी कमाई का 2.5 से 10 प्रतिशत सत्संग को देना चाहिये। यह बात दद्दा जी व चच्चा जी ने कही है। बेकार नहीं जाता। वह क्या नहीं कर सकता, कभी भी कुछ दे सकता है।
- यह सेवक तो कुछ नहीं करता। यह दुनियावी duties (जिम्मेदारियाँ) समुद्र की rippils (लहरें) सी हैं, आती-जाती रहती हैं। फर्क नहीं पड़ता, करना ही है। इससे तो कुछ हुआ नहीं। वहीं अन्दर बैठ कर, कर रहे हैं। स्कूल, डिसपेंसरी, सोसायटी सभी तो करने वाले के नाम हैं। यदि मैं कहूँ कि यह सत्संग इस स्टेज पर मैं लाया तो मेरे जैसा और कौन बेवकूफ होगा। हाँ यह तो हाथ उठाकर कर देता है और बाद में यह कहता है कि तू जाने जैसा मुनासिब समझ कर।
- सेवक शरीर में रहे या न रहे कोई फर्क नहीं पड़ता। जिनके विश्वास कायम रहेंगें, यह उनके लिये हमेशा रहेगा।
- कई लोग अच्छे चल रहे हैं घनश्याम चतुर्वेदी, दिगंबर की बात की।
- लोग पत्र में तमाम बातें लिखते हैं, क्या मतलब? किसके पास समय है पढ़ने को। आध्यात्मिक लिखें तो बात भी है। मैं पत्र पढ़ लेता हूँ, बाकी मार्क कर देता हूँ। घोड़ा देखा, बकरी देखा क्या लिखना? हाँ सांप देखा, औरत देखी, भगवान को देखा यह लिखें तो पता चलता है कि मन कहाँ जा रहा है।

- आप आज की politics (राजनीति) पर भी बोले कि सरकार तो बी. जे. पी. की बन गई है लेकिन उतने जोश से कैसे काम करेगी। देश की हालत खराब है, सुधार आता तो नहीं दिखता। देखों परमात्मा क्या करता है।
- लोकेश जी ने कहा कि सब आपको न लिखें तो फिर किसे लिखें तो आप बोले ठीक है, लेकिन फिर सब कुछ लिखना चाहिये। छुपाना तो कुछ नहीं चाहिये।

आज (19-1-2000) सायं भाई साहब जी के यहाँ गया। कल नहीं जा सका था, मंगलवार नियमित जाने का दिन था। पहुँच कर डॉ॰ अजय से पता किया, आपका स्वास्थ्य कुछ ठीक है। सत्संग के Administration (प्रबन्धन) पर चर्चा हुई। आपने कहा कि सेवक पहले कर लेता था। आप हैं, डॉ॰ जनार्दन सिंह, श्री आर. एस. सिंह, आशानन्द जी, डॉ॰ आर. एन. प्रसाद, डॉ॰ आर. के. पाण्डे सब बात करके देखो। Legal aspect (कानूनी पक्ष) अवश्य देखो। अब तो एक क्लर्क रख सकते हैं। इसने कहा कि इस बार यह स्वास्थ्य की समस्या कुछ ज्यादा ही रही। साहब, अब ठीक कर लो अपने को। पत्र डालने से लोग ठीक हो जाते हैं। आपने कहा कि ईश्वर मालिक हैं। फिर बोले कि डॉ॰ प्रसाद, आप सभी लोग जो काम हाथ में लेंगे, परमात्मा पूरा करेगा। फिर इसने अपने को स्वस्थ करने की प्रार्थना की, आप चुप थे। आज यह आपके साथ अकेला था।

14.28 अंतिम दर्शन

आज (1-04-2000) गाँव से लौटने के बाद साहब जी के घर गया। सुरेश भाई ने बताया कि साहब पहले से काफी बेहतर हैं। माता जी का भी स्वास्थ्य ठीक लगा। भाई साहब जी अवधेष जी के कमरे में लेटे थे, ऑक्सीजन लगा हुआ था। यह नीचे जाकर सत्संग हाल में बैठ गया। करीब डेढ़ घन्टे बाद ऊपर गया तो देखा आप उठ रहे हैं। नागपुर के भाई जियालाल जी, व हिमाचल प्रदेश के कुछ भाई भी वहीं हैं। मकान की रंगाई-पुताई का काम चल रहा है, 11 अप्रैल से भण्डारा है। आप अपने कमरे में आ रहे थे, यह वही खड़ा हो गया, प्रणाम किया। आप कुछ न बोले। डॉ॰ अजय व दिगम्बर सेवा में थे। आपने कहा माता जी कहाँ है? बुलाओ, यह बात आपने

दो बार कहीं। इतने में प्रणव जी आ गये, बोले अंकल थोड़ा बाहर हो लें, बाबा जी से बात करना है। सभी लोग कमरे से बाहर निकल आये। माता जी कमरें में गई। रात 9 बजने को थे, 15-20 पत्रों पर दस्तख्त कराने थे। दो पत्र urgent थे (एक भाई कार से मेहसाना, गुजरात से कार से आना चाहते थे। दूसरे स्वयं न आकर कुछ नये भाईयों को भण्डारे में भेजना चाहते हैं)। मौका देख कर आपसे बात की। आपने कहा कि मेहसाना वालों से कहो कि रेलगाड़ी से आयें और यदि वे नये लोग जिज्ञासु हों तो Introductory letter (परिचय पत्र) के साथ भेजें। आप गहरे ध्यान में थे। पत्रों पर हस्ताक्षर करते समय इसने देखा की ध्यान के बावजूद आप पूरे होश में थे और हिन्दी के पत्रों पर हिन्दी व अग्रेंजी के पत्रों पर अग्रेंजी में ही दस्तख्त किये। आज जब आप पूंछे कि माता जी कहाँ हैं, बुलाओ तो इसे कुछ अजीब सा लगा था, कि जैसे कोई कहीं जाने वाला हो और मिलना चाहे। आपके ध्यान की अवस्था और सजगता से हस्ताक्षर करना बाहोश होने का अभ्यास करा रही थी। इसके लिये सजीव शरीर में सत्गुरुदेव भाई साहब जी का आज यह अंतिम दर्शन था। दिनाँक 3 अप्रैल, 2000 को आपने प्रातः परदा ले लिया, परमात्मा से एकाकार हो गये।

आप कहा करते थे कि जिन भाईयों के विश्वास कायम रहेंगे, उनके लिये यह सेवक हमेशा ऐसे ही रहेगा जैसे आज है। हम ऐसे तमाम भाईयों के अनुभव आज ऐसे ही हैं जो अनुभव की बात हैं। सत्संगी भाई, चिरंजी लाल शर्मा जी ने गुरु तत्त्व की बात क्या खूब एक गजल के माध्यम से कही है।

"जिस्म में महदूद थे तो फांसले मुमकिन भी थे
अब तो लहमदूद हैं तो रुबरु रहते हैं आप"

'परमात्मा तू ही है, तेरी इच्छा पूरी हो।'

11

यथार्थ बोध

भारत में 'आनन्द योग' अध्यात्म साधना का मार्ग, हिन्दू सूफी संतों की देन है। इस मार्ग के जो महात्मा हुए, वे गृहस्थी रहे और अपनी रोजी-रोटी स्वयं अर्जित करते हुए एक साधक के रुप में जीवन यात्रा की। अपने को गुरु कहलाने से बचते रहे। यशपाल जी महाराज अपने अनुयायियों से कहते, कि अध्यात्म में अनुभव के आधार पर ही विश्वास करो, अंधविश्वास तो गड्ढे में गिराने वाली चीज है। इस पद्धति की विशेषता यह है कि साधक के अध्यात्म विकास का सारा भार सिलसिले के बुजुर्गों व उनकी कृपाधार पर है, बशर्ते वह गुरु से कोई छिपाव न रखें। लेखक स्वयं इस पद्धति का साधक रहा है और अन्य बन्धुओं से अनुभवों पर चर्चा होती रही है, जिनका संकलन इस अनुभाग में दिया गया है। साधकों के अनुभव साधन पद्धति के यथार्थ का बोध कराते हैं।

11.1 ईश्वर कर्त्ता - धर्ता

स्थान - अनंगपुर (13-03-10)

श्री जे. पी. अग्रवाल ने बताया कि जब आनन्द योग पुस्तक लिखकर तैयार हुई तो कुछ साधक बन्धुओं में महात्मा यशपाल जी (भाई साहब) से कहा कि इसका प्राक्कथन श्री काका कालेलकर से लिखवाया जाये जो उस समय के मानिन्द विद्वान व संत पुरुष थे। भाई साहब जी कुछ लोगों के साथ उनसे मिले। आपने पुस्तक के पन्ने पलट कर देखे और कहा कि इसको पढ़ने के बाद ही वह कुछ लिख सकेंगे। कुछ दिन बाद जब पुस्तक लेने गये तो कालेलकर साहब ने कहा कि योगा पर बड़ी सुन्दर प्रस्तुति है। इसे लिखने के

लियें आपने तमाम पुस्तकों का अध्ययन किया होगा। उन किताबों को यह भी देखना चाहेगा। हमें उन पुस्तकों के बारे में बतायें। भाई साहब ने कहा कि हाँ अवश्य बतायेंगे। आप पुस्तक कालेलकर साहब द्वारा लिखे प्राक्कथन के साथ लेकर चले आये। साथियों से कहने लगे कि यह क्या कहता? इसने तो कोई पुस्तक पढ़ी ही न थी। यह तो गुरु महाराज जी की कृपा से जो उतरा वही लिख दिया था। यह थी आपकी साधना व नम्रता। जो किया गुरु महाराज ने किया, आप मात्र माध्यम रहे। ऐसा अनुभव मौलिक लेखकों को ही नसीब है। ईश्वर ही कर्त्ता-धर्त्ता है, इंसान मात्र यंत्रवत है।

11.2 तरीकत

स्थान - अनंगपुरः- (14-03-2020)

श्री सुरेश कुमार गुप्ता (मामा जी) अनंगपुर आश्रम में इसके घर पधारे। स्वाभाविक था, गुरु चर्चा रही। आपने बताया कि एक भण्डारे पर लाला जी महाराज के नाती श्री दिनेश जी पधारे थे। भाई साहब जी बता रहे थे कि उन्होंने कहा कि स्वप्न में आपको लाला जी महाराज (महात्मा रामचन्द्र जी) ने कहा कि एक बार अनंगपुर होकर आओ। इस सिलसिले की तरीकत इस समय यशपाल जी के पास है। ऐसा ही कुछ चच्चा जी ने श्री शिव नरायण दास गाँधी जी से स्वप्न में कहा था कि वह दरबार (अनंगपुर भण्डारा) भी देखकर आओ। आप कई वर्षों तक अनंगपुर भण्डारे में आते रहे।

11.3 मार्ग दर्शन

स्थान - अनंगपुरः- (1-04-10)

सुबह टहलते समय श्री जे. पी. अग्रवाल जी के साथ प्रभु चर्चा में भाई साहब जी के साथ का एक अनुभव याद हो आया। वर्ष 1990 में यह और डॉ॰ आर. पी. सिंह, भाई साहब जी के साथ दिल्ली से घनसूर पुर गांव (बुलंदशहर) सत्संग में गये। एक जीप खन्ना साहब की और डॉ॰ एस. सी. शर्मा जी की मारुति 800 कार थी। जिसमें हम सब गये थे। लौटते समय एक ढाबे पर साहब ने गाड़ियाँ रुकवाई और हम सबको चाय पिलवाई। वहीं पर हिसाब करवाया कि पेट्रोल का खर्च कितना आया। जितना भी खर्च हुआ था उसे साहब व माता जी को छोड़कर जितने भी लोग थे उस संख्या से भाग

देकर प्रति व्यक्ति खर्च निकाला गया और सबने अपना-अपना दिया। इसे आश्चर्य हुआ कि साहब ने भाई अवधेष जी व गुरु परिवार के सदस्यों का पेमेन्ट किया।

दिन में यह और डॉ॰ आर. पी. सिंह फरीदाबाद डिस्पेंसरी गये। जाते समय आपने एक वाकिया इस प्रकार सुनाया। जब श्री एस. डॉ॰ साहू का देहान्त हुआ तो यह साहब के यहाँ जाते समय सोच रहे थे कि साहब तो त्रिकालदर्शी हैं, उन्हें तो मालूम रहा होगा, क्यों नही बचाया। जब आप बी 0-20, सी. सी. कालोनी पहुँचे तो देखा कि साहब जलाली हालत में हैं और लगा कि जैसे इनके ही पहुँचने का इंतजार कर रहे हों। पहुँचते ही आप इनको हाल में ले गये और बोले कि आखिर आप लोग इस सेवक से चाहते क्या हो? क्या यही चाहते हो कि यह सबकी स्क्रीनिंग करता रहे और विचारों को पढ़ता रहे। सेवक यह कर सकता है लेकिन फिर यह न कहना कि राम-नाम छूट गया। इसकी बात तो आप लोग मानते नहीं। यह सेवक आप लोगों से क्या चाहता है? महीने में एक पत्र ही तो। जब साधक का पत्र आता है, तो पढ़ते समय उस साधक की मनः स्थिति की जानकारी सेवक को हो जाती है और आवश्यक गाइडेंस भेज दी जाती है। यह तो आप लोग करते नहीं और कहते हैं कि भाई साहब ने क्यों नहीं बचाया।

प्रो. आर. के. पाण्डेय ने एक बार साहब से हुए एक छोटे से वार्तालाप की बात इस प्रकार बतलाई। कुछ भाईयों में यह भी एक ऐसे थे जो हर हफ्ते नियमित एक दिन भाई साहब जी के पास भाईयों से आये पत्रों के जवाब देने के सिलसिले में जाया करते थे। एक दिन आपने पूछा कि भाई साहब जी यह कैसे होता है कि सत्संगी भाई पत्र देते हैं, कभी-कभी जवाब जाने के पहले ही दूसरा पत्र आ जाता है कि साहब आपकी कृपा से हमारा काम हो गया। आप बोले कि यह मार्ग ऐसा है कि साधक जैसे ही पत्र लेटर बाक्स में डाल देता है, उस पर दूसरे विभाग का काम शुरु हो जाता है। इसलिये माह में एक पत्र लिखने को कहा जाता है।

11.4 दुनियादारी

स्थान - अनंगपुर :- (8-05-2010)

श्री जे. पी. अग्रवाल जी ने बताया कि एक दिन वह भाई साहब जी के

साथ सी. सी. कालोनी में रुके थे। किसी सत्संगी भाई का मनी आर्डर आपके नाम आया। साहब बोले कि देखो! भाई लोग इसके नाम पैसा भेजते हैं। वे चाहते हैं कि सेवक को पता चल जाये कि कितना भेजा है। भाई, यह तो परमात्मा को देते हैं, इसे यह जानकर क्या करेगा। उस पैसों को और रसीद आपने पुड़िया बनाकर आशानन्द जी (खजांची) के नाम रख दी। जिससे उन्हें रसीद भेजी जा सकें। आप कभी भी पैसे में दिलचस्पी नहीं रखते थे, पूर्ण रुपेण प्रभु इच्छा पर रहते थे कि सत्संग उसका काम है जैसे चाहे करे कराये। हाँ आप पेंशन पाते ही नियमित कुछ अंश सत्संग में देते थे। क्या देते थे! कभी जाहिर नहीं होने दिया। औरों से जरुर कहते कि इंसान का फर्ज है कि अपनी आमदनी का ढाई से दस प्रतिशत धर्म के काम में खर्च करे। अग्रवाल साहब ने एक बात और बताई कि, एक दिन भाई साहब बोले कि चलो अग्रवाल साहब पोस्ट आफिस चलते हैं। ढेर सारे पासबुक बच्चों व परिवार वालों के नाम के थे। रास्ते में बोले कि हम गृहस्थी हैं, हर माह कुछ न कुछ जमा करके सेविंग करते रहना चाहिए। यह बहुत जरुरी है। ऐसे आप हम जैसों को व्यवसायिक शिक्षा देते थे।

11.5 यंत्रवत जीवन

स्थान - अनंगपुर :- (15-05-10)

आज सायं आश्रम में पूजा से लौटते समय कुछ देर के लिये यह, डॉ॰ आर. पी. सिंह व मामा जी, श्री जे. पी. अग्रवाल के यहाँ बैठ गये। प्रभु चर्चा रही:-

डॉ॰ आर. पी. सिंह ने बताया कि जब यह पूजा ले चुके तो साहब से बोले कि सर जो आप ने बताया है यह शायद मैं कर न पाऊँ क्योंकि मैं बड़ा लापरवाह आदमी हूँ, कोई काम लगातार ज्यादा दिन नहीं कर पाता। आप थोड़ी देर चुप रहे और बोले की कोई बात नहीं, हाँ यह बताओ कि लगे तो रहोगे। मैंने कहा कि हाँ, इसकी तो पूरी गारन्टी है कि लगा रहूँगा। आप बोले कि ठीक है। वाकई में इसने भी देखा की यह लगे रहे और तमाम जीवन की कठिनाईयों में धैर्य नहीं छोड़ा। धर्मपत्नी का कोमा में जाना और उबरना, अपने ऊपर कैंसर की बीमारी व उससे उबरना व तमाम पारिवारिक परेशानियों में इनका शान्त रहना। इसने देखा।

श्री एस. के. गुप्ता (मामा जी) ने बताया कि जब 1980 में यह दिल्ली आ गये तो साहब, भाईयों के पत्रों को आपको जवाब लिखने के लिये देने लगे। उसमें विद्वान भाईयों के अंग्रेजी के भी पत्र होते। यह इतना तो पढ़ा लिखा था नहीं। घबड़ाया और आप से बताया। आप बोले कि यह कौन बहुत पढ़ा लिखा है। अरे भाई कराने वाला करा लेता है। जब मैं गीता सुधा या आनन्द योगा पढ़ता हूँ तो आश्चर्य होता है कि मैंने लिखा। मामा जी कहने लगे कि वाकई में जवाब जैसे कोई डिक्टेट कर रहा है। कुछ नहीं याद रहता कि क्या लिखा। साहब कहते थे कि इससे तो ताजिन्दगी कुछ नहीं हुआ। न कोई इच्छा रही। परमात्मा की इच्छा से ही जो हुआ वह हुआ और जो किया गुरु महाराज ने किया। यह तो माटी का माधो है। मामा जी बोले कि भाई वह परमात्मा स्वरुप हो गये थे। सोना जागना एक सा था। लेखक भी भाईयों से आये पत्रों का जवाब लिखता, आप मार्क करते। पत्रों को पढ़ते समय समझ में न आता कि जवाब (मार्ग दर्शन) क्या होगा। लेकिन जब लिखना शुरु करता तो जो लिखना होता स्वत: आता जाता। जब आपसे हस्ताक्षर कराने जाते तो कुछ भी याद न रहता कि पत्र में साधक ने क्या लिखा था और क्या जवाब लिखा गया है। यह भारी आश्चर्य की बात रही। करने वाला ईश्वर और हम यंत्र का सुन्दर अनुभव आपने कराया।

11.6 ईश्वर कृपा

स्थान - अनंगपुर :- (18-05-10)

यह श्री एस. के. गुप्ता (मामा जी), डॉ॰ आर. पी सिंह, श्री जे. पी. अग्रवाल के यहाँ बैठे थे, प्रभु चर्चा चल रही थी। श्री जे. पी. अग्रवाल ने बताया कि मथुरा के श्री उमा शंकर (मामा जी) के लड़की की शादी आगरा के श्री धर्मदत्त शर्मा जी के सुपुत्र से हुई। शादी होने के बाद लड़की को कोई प्रेत आत्मा आने लगी और वह अजीब-अजीब बातें बोलती, परेशानी बढ़ गई। धर्मदत्त जी ने यह बात उमा शंकर जी को बताई और उन्होंने यह बात पूज्य भाई साहब जी को बताई। आप बोले कि भाई हम तो यह प्रेत की बात नहीं मानते हैं, ईश्वर मालिक हैं। उधर उस लड़की के घर कोई एक देवी आई और बोली कि हमें यशपाल जी ने भेजा है। इन-इन चीजों का प्रबन्ध कर लो कल सुबह पूजा करा देंगे ठीक हो जायेगा। ऐसा ही किया और समस्या हल हो गई।

लड़की के ससुर धर्मदत्त जी ने लड़की से पूछा कि यह यशपाल कौन हैं। उसने बताया कि हमारे पिता जी के गुरु हैं। वह आपसे मिले और सत्संग से जुड़ गये।

मामा जी ने श्री बी. डी. महाराज की बात बताई। यह गुजरात से एक सन्यासी संत थे जो साहब के सम्पर्क में आ गये। उनका कहना था कि भाई साहब जी ब्रह्म स्वरुप हैं और आप, साहब से दीक्षा लेने की कोशिश कर रहे थे। इनके भी बहुत शिष्य थे। एक भण्डारे पर देखने लगे कि कौन इनकी मदद दीक्षा दिलाने में कर सकता है। साहब गृहस्थियों को ही पूजा देते थे। मामा जी को देखा कि यह काफी क्लोज तो लगते हैं लेकिन ढीले-ढाले हैं, इनसे यह काम नहीं होगा। आपने श्री आर. एस. अग्रवाल साहब को पकड़ा जो उस समय संस्था के सैक्रेटरी थे। पूजा बी.-20 सी. सी. कालोनी में मिली। यह फलाहारी थे। पूजा लेने में व्रत रखना पड़ता है। पूजा के बाद जब भोजन की बात आई तो बी. डी. महाराज ने बताया कि वह तो फलाहारी हैं। यह सुनकर साहब ने कहा कि भाई यह बताओ कि इन अन्नों ने आपका क्या बिगाड़ा है कि आप अनाज नहीं खाते। तब से अनाज खाना शुरु किया। पूजा के बाद आपको बड़े-बड़े आध्यात्मिक अनुभव हुए। आपने अपने शिष्यों से कह रखा था कि जब कभी हमारा शरीर छूटे, बिना भाई साहब जी से पूंछे दाह संस्कार न करना, क्या पता शरीर छूटा है या नहीं। बताते हैं कि ऐसा ही उनके शिष्यों ने किया। आप अकसर कहते कि तुम लोग इनको क्या पहचानोगे कि यह क्या हैं। आप साहब को पूर्ण ब्रह्म कहते थे। बी. डी. महाराज जी बड़े अच्छे साधक थे जिन्होंने ईश्वर प्राप्ति की राह में पूरा जीवन लगा दिया था।

11.7 ईश्वर इच्छा

स्थान - अनंगपुरः- (30-06-10)

आश्रम में सुबह रामधुन से वापस लौट रहा था। रास्ते में श्री एस. के. गुप्ता (मामा जी) बोले कि टी. वी. पर श्री राम कथा, पर स्वामी राम भद्राचार्य जी का प्रवचन आ रहा है जिसमें महात्मा जी गुरु को ही आधार मानकर सब कुछ कह रहे हैं। प्रवचन सुनते समय भाई साहब की याद बनी रहती है। आपने बताया कि एक बार साहब कहीं से आये थे, बड़े जज्बे में थे। कहने लगे कि राम, कृष्ण से कुछ नहीं होना है, पार तो गुरु ही लगायेगा। कह तो गये फिर

ध्यान आया तो बोले कि आप लोग यह न समझना कि यह अपनी पूजा कराना चाहता है। इसके बाद गुरु चर्चा करते-करते हम लोग अपने अपने घर की तरफ मुड़ लिये।

अनंगपुरः (6-7-10):- आज श्री आशानन्द जी अनंगपुर पधारे। बताने लगे कि एक बार गाँव के हेमराज जी किसी प्रोग्राम के अवसर पर आये और कहने लगे कि भाई साहब जी से कोई मिलने नहीं देता। मैंने कहा कि क्यों नहीं, आइए मैं कोशिश करता हूँ। साहब चारपाई पर एक पेड़ के नीचे बैठे थे, मैंने कहा कि साहब ऐसी बात है। आप ने कहा कि बुला लो। वे आये, पैर छुए और सामने हाथ जोड़कर खड़े हो गये। साहब ने कहा कि हेमराज ऐसी चीज, जो यहाँ है दुनिया में कहीं नहीं है। साहब ने इतना साफ कहा कि इसे आश्चर्य हुआ, क्योंकि साहब ऐसा कभी क्लेम नहीं करते थे। आप बोले कि भाई ये गूजर हैं, इन्हें और कोई भाषा समझ में नहीं आती, इसलिए साफ-साफ बताना पड़ा ।

11.8 आर्थिक अनुशासन

अनंगपुरः (10-07-10) :-

आज श्री लोकेश दत्त मुल्तानी बता रहे थे कि एक बार साहब से पूछा कि गुरु पूर्णिमा पर जो पैसे भाई लोग आप को देते हैं, उसका आप क्या करते हैं। साहब ने कहा कि जब आपने पूंछ ही लिया है तो बताता हूँ। सत्संग टूर में अपना व माता जी का किराया, आवश्यकतानुसार गरीब सत्संगी भाईयों की सहायता और जो बच जाता है उसे सत्संग में जमा कर देता हूँ ।

आशानन्द जी ने बताया की किसी भाई ने 60,000 रुपये का चेक भेजा था। बाद में उनका पत्र आया कि यह पैसा साहब के कमरे में ए. सी. लगवाने के लिये है। पत्र आने पर साहब ने आशानन्द जी को बुलाया और पता किया कि चेक का कि क्या हुआ। इन्होंने कहा कि उसे तो सत्संग के एकाउन्ट में जमा करा दिया है। आपने कहा कि उतने अमाउन्ट का बैंक ड्राफ्ट उन भाई के नाम बना के लाओ उसे वापस करना है, सेवक ऐसे पैसे का ए. सी. नहीं लगवायेगा। जब कभी बच्चे इस लायक होंगे और लगवाना चाहेंगे तो बात और है। वह पैसा धन्यवाद देते हुए वापस कर दिया गया।

11.9 शिक्षा

अनंगपुरः (5-12-10):-

आज श्री चिरंजी लाल शर्मा अलीगढ़ से पूज्य भाई साहब जी के जन्मोत्सव के अवसर पर अनंगपुर आश्रम पर पधारे। साहब पर चर्चा के दौरान अपना एक अनुभव सुनाया। यह यहाँ स्कूल में काम करते थे। एक बार दिसंबर के महीने में किसी काम से सी. सी. कालोनी गये थे। काम सायं 9.30 बजे समाप्त हुआ। कड़ाके की सर्दी थी। अनंगपुर वापस आने की इजाजत मांगी। साहब बोले कि कैसे जाओगे। इन्होंने कहा कोई न कोई सवारी मिल जायेगी। उन दिनों वहाँ से अनंगपुर आने के लिये दो ढाई घन्टे लग जाते थे। साहब ने कहा कि नहीं, सुबह जाना। तुरन्त यह बोल पड़े कि भाई साहब जी मैं कुछ ओढ़ना तो लाया नहीं हूँ। यह सुन कर आप दोनों हाथ ऊपर उठाकर जोर से ठहाका लगाते हुए कहा कि मजा आ गया, आज रातभर आप भजन करो और खूब हंसे। कहा कि भाई, इस सेवक ने खूब एक्सपेरीमेन्ट किये। लिहाफ बनवा कर रखा, कम्बल रखे। फिर देखा कि भाई लोग अपना बिस्तर लाना छोड़ दिये कि वहाँ तो मिल ही जाता है। ढीले पड़ने लगे। हमें यह कल्चर नहीं डेवलप करना है। वैसे भी एक बिस्तर कई लोग इस्तेमाल करें यह सांइन्टिफिक दृष्टि से अनहाजेनिक है। यदि कभी ऐसी परिस्थिति में इस्तेमाल भी करना पड़े तो नीचे अपनी चादर लगा लेना चाहिए। खैर आपने मघानन्द जी से इसके लिये लिहाफ व बिस्तर भेजवाया और यह दूसरे दिन अनंगपुर वापस आया।

11.10 संस्कार व प्रेरणा

अनंगपुर (6-12-10):-

आसाम से सत्संगी भाई श्री जे. के. भराली व एक सज्जन, 10 वर्ष बाद भाई साहब जी के जन्मोत्सव सत्संग में अनंगपुर पधारे। इस सेवक के साथ ही ये लोग ठहरे। आज प्रोग्राम समाप्त हुआ था, सायं भोजन के बाद साहब की चर्चा होने लगी। श्री भराली जी ने अपने कुछ संस्मरण सुनाये और हम सब देर रात तक जागते रहे। 1981-82 की बात है कि भराली जी नई-नई नौकरी शिलांग में ज्वाइन किये थे। और इस सेवक के साथ ही पोस्टेड थे। उन्हीं दिनों इनकी शादी हुई थी। कश्मीर घूमने के लिये सेवक से जानकारी मांगी। इसे भी कुछ पता न था, इसने कहा कि एक माह बाद हम लोग सत्संग

भण्डारे में अनंगपुर जायेंगे, आप और आपकी धर्मपत्नी साथ चलें, वहाँ कश्मीर के भी भाई-बहन आयेंगे, उनसे मिला देंगे, वे लोग कश्मीर घूमने में आपकी मदद कर देंगे। मैंने सोचा ठीक ही कह रहे हैं और साथ जाने के लिये तैयार हो गया। लेकिन भण्डारा व सत्संग हमें कुछ समझ में नहीं आया कि यह क्या है। एल. टी. सी. ले आप लोगों के साथ अनंगपुर आया था। उन दिनों यह आश्रम जंगल ऊबड़ खाबड़ जगह थी, थोड़ा सा स्थान समतल था जहाँ टेन्ट लगे थे। गेट पर पहुँचते ही लोग दौड़ पड़े और हमारा सामान ले लिया, हम तो डर गये कि कहीं सामान गायब न हो जाय, कुछ लोग गले मिलने लगे, अलग-अलग तरह के लोग। सोचा कहीं बाद में यह लोग डोनेशन न मांगे। फिर आपने बताया कि वह भाई साहब आ रहे हैं। भाई साहब औरों जैसे ही दिखे सबसे गले मिले, हम लोगों का सामान टेन्ट में रखा गया, बड़ा प्रेम दिखा, कुछ लोगों को रोते देखा कुछ समझ में न आ रहा था। कि ये लोग रो क्यों रहे हैं। फिर भाई साहब का प्रवचन सुना। हमें भी रोना आने लगा। बड़ी शर्म लगती कि लोग क्या कहेंगें, कुछ भी नहीं समझ में आ रहा था। पत्थरों के पीछे जाकर रो कर मुँह साफ कर आ जाता लेकिन रोना आता ही रहता। भाई साहब की सारी बातें अच्छी लगीं। ऐसा प्रोग्राम तो हमने कभी कहीं देखा ही नहीं था। तीन-चार दिन बीत गये पता न चला। फिर पूजा (दीक्षा) के बारे में पता चला। भारती (धर्मपत्नी) से कहा कि चलो हम लोग भी पूजा ले लेते हैं। पूजा भाई साहब ने दे दिया। मन बदल गया, कश्मीर जाने का विचार छोड़ सबके साथ ही वापस शिलांग आ गया। सत्संग में जाने लगा, हमारे यहाँ भी सत्संग होने लगा। फिर एक अनुभव हुआ। क्या था! भारती गौहाटी में रहती थी। मैं शिलांग से अकसर गौहाटी जाता। एक दिन जाते समय बस में काउन्टर पर लास्ट सीट 52 मिल रही थी, मैं उसे नहीं लेना चाहता था छोड़ दिया, कंडक्टर से आगे की सीट की बात की लेकिन जो सीट उसने दी वह लास्ट रो की कोने की वही 52 नंबर की ही सीट थी, बस भी नई थी। बस चली, भाई साहब व सत्संग के बारे में सोचते रहा और आखें बन्द हो गई। कुछ देर बाद एक झटका लगा आँख खुल गई देखता हूँ कि बस पहाड़ की साइड में जोरों से टकरा कर अन्दर घुस गई थी, रोने चिल्लाने की आवाजें आ रही थीं, किसी का सर फटा, किसी का हाथ कटा, किसी का टाँग, कान नाक, बुरी हालत थी कुछ समझ में न आ रहा था। हमारी सीट ही बची थी जिस पर

मैं बैठा था। और टूट कर झटका लगने से आगे बस में फेंका गई थी, हमारे कपड़ों पर खून लग गया था। हाथ से टो टो कर देखा तो मैं बच गया था, कहीं कोई चोट नहीं। लोग आये बस को काट कर घायलों व मरने वालों को बाहर निकाला और अस्पताल ले गये। मैं दूसरा साधन ले घर पहुँचा। भाई साहब की कृपा थी कि बचत हुई।

आगे कहने लगे कि एक बार मैं कार से कुछ लोगों के साथ गौहाटी लौट रहा था। रंगिया में चाय पीने के लिये रुका। यह दूकान पर बैठ गया और साथी लोग एक तमाश गीर के पास चले गये जिसे तमाम लोगों ने घेरा हुआ था। उसे देख हमें भी यह लोग वहाँ ले गये। वह तरह-तरह के खेल दिखा रहा था। एक खेल था कि वहीं किसी दर्शक को मोढ़े पर बिठाता, मंत्र पढ़ता और उठने को कहता। जब वह दर्शक उठता तो साथ में वह मोंढ़ा भी उसके पीछे चिपका हुआ उठता। फिर बैठाता और मंत्र पढ़ने पर छूटता। यह देखता रहा और एकाएक यह बोल उठा कि यह झूठ है। उसने कहा कि देख नहीं रहा, अच्छा तू बैठ। यह डर गया लेकिन दर्शकों ने धक्का देकर मुझे मोढ़े पर बैठा दिया। उठने को कहा। मैं खड़ा हो गया, मोड़ा नीचे रह गया, चिपका नहीं। सबों को आश्चर्य लगा। उसने दुबारा भी इसे बैठाकर कोशिश की लेकिन फेल रहा। बोले तुमने ताबीज पहन रखी है - जाँच की। इसने कुछ नहीं पहन रखा था। वह बोला तेरा गुरु बड़ा स्ट्रांग हैं। यह घटना जब साहब को बताई गई तो आप बोले कि अब इसे किसी और को न बताना। आप अजूबी बातों से दूर रहते थे, कहते कि परमात्मा क्या नहीं कर सकता। रामकृष्ण परम हंस की बात कहे कि वह कहते थे कि परमात्मा चाहे तो सुई के नकुए से ऊँट निकाल दे। हमें इन बातों से दूर रहना चाहिये। कोशिश रहे कि परमात्मा की याद बनी रहे।

11.11 ईश्वर कृपा (गुरु तत्व)

अनंगपुरः (13-1-11) :-

आज सुबह टहलते समय श्री जे. पी. अग्रवाल के साथ साहब की कृपा पर बात शुरू हुई। बीती रात 1 बजे बेटी गुड़िया का फोन आया था। उसने बताया कि बड़ी बेटी अनिल और दामाद श्री दिग्विजय सिंह मेरठ से सड़क के रास्ते लखनऊ जा रहे थे। उनकी कार कोहरे में गन्ने से लदी ट्रक से

आपने-सामने टकरा गई। अनिल (बेटी) ने उसे फोन किया था कि कोई मदद नहीं मिल पा रही है क्योंकि कोहरा इतना है कि कोई आने की हिम्मत नहीं कर पा रहा है। ठिठुरन और कड़ाके की सर्दी थी। उनके मोबाइल की बैट्री भी डेड है। यह दिग्विजय का फोन न. मांग रही थीं। खैर किसी तरह सरिता की बात अनिल से हुई। किसी बड़ी चोट से बचत हुई है। प्रभु कृपा, थोड़ी देर यह प्रभु याद में बैठा, फिर सो गया सुबह 5 बजे उठा। यह बात इसने अग्रवाल साहब को बताई और यह जोड़ा कि हम लोगों के साहब के साथ जुड़ने से अपने सगे संबन्धियों की भी रक्षा होती है। कहीं हमने पढ़ा है कि जो राम-नाम में लगता है उसके पुरखे भी उससे बड़ी उम्मीद रखते हैं। इस बात से अग्रवाल जी ने न केवल सहमति जताई बल्कि साहब की कहीं बात भी बताई। जब इन्होंने अपने पिता जी को पूजा दिलाई तो साहब ने इनसे कहा कि जब किसी परिवार में कोई भक्त पैदा होता है तो उस परिवार की सात पुस्त तर जाती है। प्रभु कृपा की बातें होते-होते हम इस नतीजे पर पहुँचे कि इसमें कोई शक नहीं कि साहब आज भी पहले जैसे ही हम लोगों के लिये हैं, कदम-कदम पर हमें संभाल रहे हैं। अनंगपुर आश्रम में हम लोगों का रहना अपनी मर्जी से तो नहीं ही है। यह उनकी ही कृपा व इच्छा है। तपस्या करवा रहे हैं हम लोगों से। जब कभी साहब के साथ प्रभु चर्चा में सारी रात बीत जाती और सुबह के 4 बज जाते तो कहते कि चलो आज आप लोगों की तपस्या हो गई। अब जाओ थोड़ा आराम कर लो, प्रोग्राम का भी समय हो जायेगा। इसमें कोई शक नहीं कि हम लोग अनंगपुर में साहब की इच्छा से ही हैं क्योंकि वह हमारे सच्चे माने में शुभचिन्तक थे। बेटी अनिल का कोई बड़ा संस्कार प्रभु जी ने थोड़े में ही भुगतवा दिया। इसी को अध्यात्म कहते हैं शूली को शूल में बदल देना या जीवन के संस्कारों को तरतीब देकर आसानी से भुगतवा देना। संत यही कर सकते हैं। हाँ मन उनसे लगा होना चाहिए। यह भी तो उन्हीं की कृपा से होता है।

11.12 भावना

अनंगपुरः (15-1-11):-

आज सुबह टहलते समय श्री जे. पी. अग्रवाल जी के साथ सत्संग व प्रभु चर्चा चल रही थी। अग्रवाल साहब ने बताया कि एक बार यह श्री जिया लाल

जी, पुसदकर व कुछ और लोग भण्डारे के पहले सी. सी. कालोनी में साफ-सफाई के सिलसिले में रुके थे। यह दीवाल पर पेन्ट कर रहे थे। कोई एक सज्जन जो काफी पढ़े-लिखे लग रहे थे आये और बोले कि मैं कलकत्ता से आया हूँ और भाई साहब जी से मिलना है। आप उन्हें खबर कर दें, वह हमारा नाम सुनते ही आ जायेंगे। चूँकि मैं पेन्ट कर रहा था, कपड़े भी ऐसे ही थे, वे समझ रहे होंगे कि कोई लेबर है, खैर यह गया और साहब को बताया। आप बोले कि ठीक है उन्हें आप लाईब्रेरी में बैठाओ, मैं आता हूँ। साहब करीब एक घन्टे बाद नीचे आये, वे सज्जन मिले और बातचीत शुरु हुई। मैं भी उत्सुकता बस वहीं पेन्टिंग के बहाने पास-पास ही रहा कि देखें, क्या बातें होती हैं। दो, बातें हमें अपील की और वे आज भी याद हैं। पहली यह कि वे बात-बात में बोले कि साहब मैं अपनी धर्मपत्नी को हेट करता हूँ। साहब ने कहा कि यह आपका अटैचमेन्ट है जो नेगिटिव है। दूसरी बात कि जब वह जाने लगे तो साहब को 21 रुपये देने लगे। साहब ने कहा कि यह क्या है, तो उन्होंने कहा कि साहब शास्त्रों में लिखा है कि जब आप किसी संत या महापुरुष के पास जायें तो खाली हाथ न जायें। साहब ने कहा कि आप बिल्कुल सत्य कह रहे हैं, लेकिन यह बतायें कि यह कहाँ लिखा है कि पैसे लेकर जायें या देकर आयें। आप एक लौंग या इलायची या फल भी तो ला सकते थे। वे क्या जवाब देते। वह भाई चुप हो गये और रुपये जेब में रख लिये।

अध्यात्म, वैसे भावना और व्यवहार का खेल है, जो आदमी को सुख और दुख की परिधि से बाहर निकाल देता है। इसकी प्राप्ति बहुत ही सरल और अत्यन्त की कठिन मार्ग से होकर गुजरती है। सच्चे संतों का मिलना व उनके इशारों को समझना दोनों आवश्यक है। यह ईश्वर कृपा से ही संभव है। यहाँ यह अपनी एक भावना का जिक्र करना चाहेगा। इसे कभी भी यह इच्छा न हुई कि यह कहीं फूल या माला चढ़ाये। लेकिन, क्योंकि यह प्रथा है और सब चढ़ाते हैं। कहीं-कहीं तो अपने सत्संग में ही देखता कि कुछ भाई इतनी मोटी माला लाते कि कई लोगों को संभालना पड़ता या वे कठिनाई से ही अर्पण कर पाते। इसे देख मन पर यह जरुर दबाव बनता कि तुझ में साहब के प्रति प्रेम नहीं है और झेंप सी लगती। देखा-देखी यह फूल व माला देने की प्रक्रिया जरुर निभाता। लेकिन इसकी आत्मा इसे अनावश्यक ही मानती। साहब से तो यह कुछ भी पूंछ लेता था लेकिन इस पर बात करने की हिम्मत कभी न कर

पाया। हाँ! साहब को यह कहते जरुर सुनता कि लम्बी दंडवत का कोई मतलब नहीं, भावना चाहिए। एक बार गुरु पूर्णिमा के अवसर पर श्री आशानन्द जी ने अपना एक अनुभव इस प्रकार सुनाया। यह तो पूजा के इंतजाम में रहते थे। साहब से सुबह की सुबह मिलना होता था आते समय साहब के जन्म दिन पर देने के लिये एक गुलाब की डंडी खरीदी और मिलने गये तो जन्म दिन की बधाई देते हुए उसे साहब को भेंट की। आपने इनकी तरफ ध्यान से देखा और कहा कि आशानन्द जी, क्या अब भी इसकी आवश्यकता है? पता नहीं आशानन्द जी ने क्या समझा होगा, लेकिन साहब की यह बात सुनकर इसकी तो गुत्थी सुलझ गई। यदि भावना है तो अवश्य फूल माला ठीक है नहीं तो जो आत्मा कहे वह ही सही है, दिखावे की जरुरत नहीं, यही इसकी समझ में आया।

11.13 सजगता

अनंगपुर :- (16-1-11)

आज श्री जे. पी. अग्रवाल ने साहब के साथ का एक संस्मरण सुनाया। यह साहब के यहाँ रुके थे। साहब ने कहा कि अग्रवाल साहब बाजार से फँला दूकान से फिलिट का एक लीटर डिब्बा ले आईये। यह गये और 27 रुपये का एक डिब्बा ले आये। साहब को रसीद पकड़ाई। आपने डायरी खोली, चेक किया, बोले कि 15 दिन पहले यह डिब्बा 26 रुपये में इसी दूकान से आया था। आप जाइये और उससे कहिए, यदि वह 1 रुपया न दे तो इसे वापस कर दीजिये। बोले क्या करता, मैं गया और उससे कहा कि भाई 15 दिन पहले यह 26 रुपये में आपने दिया था, अब 1 रुपया ज्यादा ले रहे हो। उतने में ही दो नहीं तो मैं यह वापिस कर रहा हूँ। दूकानदार ने 1 रुपया वापस कर दिया। आकर साहब को रुपया दे दिया। आपने कहा कि देखा, ज्यादा ले रहा था। हमें मोल भाव करके ही सामान खरीदना चाहिए। आप हर चीज का हिसाब रखते थे और बहुत ही सजग थे। यह आपका शिक्षा देने का तरीका था कि हमें कैसे गृहस्थ में रहना चाहिए। कह कर नहीं व्यवहारिकता के द्वारा।

11.14 जीवन बदल गया

फतेहपुर:- (8-10-10)

सत्संग टूर पर था। फतेहपुर में अवकाश के क्षणों में गाजियाबाद के

श्री एस. एस. उपाध्याय जी से प्रभु चर्चा रही। आप कहने लगे की साहब कि बातें क्या बताऊँ, शब्द नहीं हैं। सेवक की 40 वर्ष की अवस्था में धर्मपत्नी का देहान्त हो गया, लोग चिपक गये कि दूसरी शादी कीजिये। यह सेवक परेशान हो गया। साहब के पास गया। बात करने की हिम्मत न हुई, आप जलाली हालत में दिखे। फिर कुछ देर बाद बोले कि अगम राम शर्मा जी के पाँच बच्चे थे, पत्नी जल्दी चली गई। उन्होंने शादी नहीं की, बाद में उनका जीवन सुखी रहा। ऐसे ही किसी भाई जो आगरा में थे, उनके बारे में बताया। देखो भाई आप अपना जानो। यह क्या जानता, जवाब बिना पूछे ही मिल गया था। फिर ऐसे ही रहा और बड़े ही सुख व शान्ति में जीवन बिताया। दो लड़के व तीन लड़कियाँ थी। सब कुछ बड़े ही सहूलियत से पार हो गया, सब अपनी-अपनी जगह सुखी हैं। कहने लगे कि इस मार्ग में आने में बड़ी कठिनाई है। यह सरकारी नौकरी में था। 18 वर्ष का अनुभव कि वहाँ बिना मांगे 10 प्रतिशत का कमीशन आता था, सेवक को भी हिस्सा मिलता था। यह 18 वर्ष तक परेशान रहा। यदि 20,000 मिलता तो 30,000 का नुकसान हो जाता। यह रोता, बहुत परेशानी में रहता। इसकी मुलाकात प्यारे लाल गुप्ता जी से हुई। हसनपुर में वह हमें साहू जी के यहाँ सत्संग में ले गये। उन्होंने हमें सत्संग की बात बतलाई कि संडे को आते रहो और चाय पिलाई। ऐसा लगा कि जैसे हमारा इनका बहुत पुराना सम्बन्ध हो। यह सत्संग में जाने लगा, फिर आगरे में साहब ने बुलाकर पूजा दे दी। यह पागल सा हो गया, जब देखो पत्र ही लिखता रहता। बड़ी बेटी की शादी की बात आई, लड़के वालों ने कहा दहेज नहीं चाहिए। खैर उसमें इसे अपना मकान बेचना पड़ा, शादी ठीक से हो गई। जब दोनों बेटियों की शादी होने को हुआ तो इसका ट्रांसफर पंचायत विभाग में हो गया। वहाँ बिना मांगे बहुत पैसा मिलता था। वहाँ 5 साल रहा। बड़ी अच्छी तरह दोनों बेटियों की शादी हो गई। जैसे ही यह काम हुए, तुरन्त तबादला फिर अपने पुराने विभाग में हो गया, जैसे शादियों के लियें ही वहाँ जाना रहा हो। वहाँ कोई कमीशन वगैरह की बात नहीं थी।

एक बार की बात बताऊँ। हमारे विभाग से मूँग का बीज किसानों में मुफ्त बाँटने के लियें मिला। इसने उसे अपने काम में ले लिया। साहब के लिये चुन-चुन कर थोड़ा ले गया। साहब को पता चला तो ऊपर अपने कमरे में बुलाये और कहा कि देखो भाई आप यह लाये हो, लेकिन इसके जिम्मेदार

आप होंगे। बीज वापस ले लिया। जाकर कुछ किसानों में बाँट दिया। ऐसे बहुत सारे अनुभव हैं कि कैसे-कैसे साहब ने हमारा जीवन संभाला और मदद करते रहे।

11.15 विचार परिवर्तन व प्रभाव

अनंगपुर :- (18-01-11)

श्री जे. पी. अग्रवाल ने बताया कि उनके विभाग में बिना मांगे जे. ई. को हर किये गये काम पर ठेकेदार 5 प्रतिशत देता था, यह प्रथा थी और वह इन्हें भी मिलता था, जो यह लेते थे। कोई समस्या नहीं थी। क्योंकि सबों का परसेन्टेज फिक्स था। सत्संग से जुड़ने के बाद भी यह आदत 5 वर्षों तक बनी रही। यह सत्संग में आता रहा। एक दिन ऐसी प्रेरणा हुई कि दोनों काम साथ-साथ नहीं होगा कि राम-नाम भी चले और यह कमाई भी होती रहे। निर्णय लिया और ठेकेदारों से पैसा लेना छोड़ दिया। धीरे-धीरे यह खबर विभाग में फैल गई और साथी लोग तरह-तरह की बातें करते, समझाने की कोशिश करते लेकिन इसकी आत्मा उन लोगों की बातों से सहमत न होती। यह आर. पी. शर्मा जी भी जो इसके अच्छे मित्र थे इन्होंने भी पूछा कि भाई सुना है तुमने पैसे लेने बन्द कर दिये हैं - हमने कहा कि सही सुना है, मन ऐसा करने को कहता है इसलिये छोड़ दिया है। तरह-तरह की बातें व अफवाह लोग फैलाते लेकिन यह अपनी सोच पर आडिग रहा। लेकिन धीरे-धीरे गलत होते कामों को न होने देता तो बहुत लोग प्रभावित होने लगे और इसे कोई भी अधिकारी अपने साथ लेने में आसानी से तैयार न होता। बड़े-बड़े प्रौजेक्ट आते, मनमानी अनाप-सनाप पैसा कमाने का जरिया होता उनमें, कुछ तो बाधायें आने लगी। जैसे- प्लांट की बिल्डिंग से पानी ड्रेन करने के लिय पम्प लगाने हों। कितने पम्प चाहिए, कितने घन्टे चले, जो चाहे लिख लो, बिल बना लो, चेक ही नहीं हो सकता। यही काम नाली बना कर ग्रेविटी फलो से बिना खर्च के हो सकता था। यह ऐसे कामों में जो इसके जिम्में आता सुधार लाने लगा। ऊपर के अधिकारी कहते कि अग्रवाल यदि कुछ गड़बड़ हुई तो तुम जिम्मेदार होंगे। चूँकि इसकी कोई दिलचस्पी गलत पैसा कमाने में न रहीं, अतः जो इसे सही लगता वही करने को कहता, काम सुन्दर होने लगे। हाँ, धीरे-धीरे इसके पास कार्यों का दबाव घटने लगा। अधिकारी लोग काम कम

देने लगे। इसे भी समय मिलने लगा और सत्संग में आने के लिये बड़ी आसानी से अवकाश भी मिल जाता। उन दिनों सत्संग संस्था का विकास तेजी से हो रहा था और साहब इसे अकसर दिल्ली बुलाते रहते और यह सी. सी. कालोनी आता रहता। आपने भी देखा होगा।

अलीगढ़ में यह किराये के मकान में रहता था, चार लड़कियाँ थी। विभाग का एक मकान ऐसे उपेक्षित खाली पड़ा था, इसने उसे ठीक व साफ कराकर, उसमें बिना किसी एलाटमेन्ट के रहने लगा। कुछ दिन बाद जब यह बात एक्सियन की नोटिस में आई तो उन्होंने खाली करने की बात कही, लेकिन खाली करने से इसने मना कर दिया। बात बढ़ती गई, फिर उन्होंने यूनियन के नेताओं को लगाया कि इससे मकान खाली कराओ। हमने उन लोगों से कहा कि भाई आप लोग तो इस बात को जानते ही हो कि यह मकान किस हालत में था। आप लोग साहब से कहकर हमारा तबादला पावर हाऊस में करा दो मैं यहाँ से चला जाऊँगा और मकान भी खाली हो जायेगा। यह सारी बातें हम भाई साहब जी को बताते रहते थे, साहब पूछा भी करते थे, कहते ठीक है। ईश्वर कृपा हुई, हमारा तबादला पावर हाऊस कासिमपुर हो गया, वहाँ इसे अच्छा सरकारी मकान मिल गया। वहाँ बिजली, पानी, किराया सब फ्री। सबसे ज्यादा फायदा तो हमारी लड़कियों को हुआ। बच्चों की पढ़ाई का सुन्दर माहौल था। वहाँ कालोनी में किसी का बच्चा इंजीनियरिंग में एडमीशन पा रहा है, किसी का मेडिकल में, कोई फर्स्ट आ रहा है, तो कोई 80 प्रतिशन नम्बर ला रहा है ज्यादातर लोग आफीसर कैडर के थे। उस वक्त हमारी बड़ी लड़की नवमीं में थी, इसे भी देखा-देखी पढ़ने में जोश आ गया और इसने दसवीं, बारहवीं, बी. एस. सी. की परीक्षायें 62, 68 व 75 प्रतिशत अंकों के साथ पास किया और उसकी छोटी बहनों ने भी खूब पढ़ाई की, जो मैं कभी सोच नहीं सकता था। कारण कि मैं कोई ज्यादा पढ़ा लिखा तो था नहीं। हाँ चूँकि हमें कोई अपने साथ पोस्ट कराने को तैयार नहीं होता था, हमें खूब समय मिल जाता था। सत्संग में जाना, साहब से मिलना, और जब कोई काम आता तो साफ सुथरे नेचर का होता, कोई टेंशन नहीं। छोटी बेटी सुनीती एम. सी. ए. करना चाहती थी, लेकिन उसका एडमीशन अलीगढ़ मुस्लिम विश्व विद्यालय में एम. यस. सी. (फिजिक्स) में हुआ, लेकिन इसका मन पढ़ने में न लगता। वनस्थली राजस्थान में टेस्ट दिया था जहाँ इंटरव्यू में जयपुर कैम्पस

में सीट मिल रही थी। यह इसे जयपुर भेजने को तैयार न था। इसने जिद पकड़ी हुई थी कि हमें तो एम. सी. ए. ही करना है। इसकी वजह से घर में काफी तनाव हो गया। खैर प्रभु कृपा हो गई और वनस्थली से सूचना आ गई कि वहाँ सीट मिल जायेगी। मैं भी तैयार हो गया, यह कैम्पस काफी सेक्योर (सुरक्षित) व मशहूर था। वहाँ की डिग्री माने रखती थी। भाई, यह साहब की कृपा रही और मैं बताऊँ इस प्रक्रिया में मेरे करीब दो लाख से ज्यादा खर्चे की बचत हुई। इस तरह हमारे सब काम साहब ने निपटवा दिये। इसने अग्रवाल जी से प्रश्न किया कि जब आप ऊपर की आमदनी की तिलांजली दिये तो आपकी धर्मपत्नी ने विरोध नहीं जताया। नहीं, इन्होंने कहा कि यह तुम जानो कि लेना है कि नहीं। फिर ऐसा था कि शुरु से ही हमारे खर्चे सीमित थे, क्योंकि मैं ऐसे ही बैकग्राउंड से आया था जहाँ अनाप-सनाप खर्चे का कोई माहौल न था। तो भाई साहब के मिलन से जीवन में सुख व शान्ति अपने आप आ गई। इसके बस की बात नहीं। यही बातें करते-करते आज हम लोगों की मॉर्निंग वाक पूरी हुई समय का पता न चला।

11.16 व्यवहारिकता

अनंगपुर : (18.1.11)

आज सत्संग आश्रम, अनंगपुर में श्री बी. एस. चौहान जी से प्रभु चर्चा रही। आपने बताया कि हमें सत्संग में आये करीब तीन साल हुए होंगे कि बिजनेस के काम से आगरा से दिल्ली आना हुआ। रुकना था, इसलिए रेलवे स्टेशन के पास होटल में कमरा ले लिया। करीब 3.30 पर खाना खाया और सायं 5 बजे तक भाई साहब जी के दर्शनार्थ आपके निवास स्थान बी-20, सी. सी. कालोनी आयाा। इसने जैसे ही कमरे में प्रवेश किया, साहब जी बोले अच्छा चौहान साहब आप भी आ गये। मैं सकपका गया कि क्या गलती हो गई, क्या मेरे आने से साहब को कोई परेशानी तो नहीं हो गई। वहाँ पहले आये हुए दो भाई और बैठे थे। आगरा से ही आये श्री रमेश चन्द्र जी को ओर इशारा करके (जो मदहोशी में थे) सेवक से पूछा कि इन साहब को तो 18-20 हजार वेतन तो मिलता है क्या? सेवक ने कहा कि साहब जी यह तो दीवान हैं, कट पिटकर व मुश्किल से दो हजार रुपये मिलते होंगे और आगरा सत्संग में भी इनका यही हाल रहता है हमेशा गायब। साहब जी कहने लगे जब यही

हाल है तब यहाँ आने की क्या जरुरत है। व्यर्थ पैसा खर्च करना तो ही है। जो काम पत्र या फोन से हो सकता है तब यहाँ आने की क्या आवश्यकता है। अभी दो महीने बाद पत्नी, बच्चों के लिये ऊन खरीदने के लिये पैसे मांगेगी तो कह देंगे कि हमारे पास नहीं है। और यदि वह यह कहे कि दिल्ली जाने के लिये दो-दो बार पैसे कहाँ से आ जाते हैं तो क्या उत्तर देंगे ये श्री मान जी? इसके बाद श्री रुप राम शर्मा शिमला जी वालों का नम्बर आया। साहब जी ने पूछा कितना किराया लगता है उन्होंने कहा 80 रुपये। साहब जी ने कहा कि 20 रुपये रिक्शे में भी लगते हैं। अर्थात एक बार आने का किराया 200 रुपये हुआ और फिर भाई साहब के लिये माल पुए भी ले जाना हैं। एक दिन बाद रविवार है, आप सत्संग संचालक है। और यहाँ हैं, कैसे पहुंचेगे? यह बातें होती रही, सेवक भी परेशान होता रहा कि अब नम्बर तुम्हारा ही आने वाला है। साहब ने कहा कि आप स्टेशन पर क्यों ठहरे हैं, सामान लेकर आईए। सेवक ने कहा कि साहब जी 100 रुपयें जमा कर दिया है और काम भी चाँदनी चौक बाजार का ही है। साहब जी ने कहा कि अच्छा तो खाना खाकर जाना। मैंने कहा कि साहब जी दोपहर का भोजन साढ़े तीन बजे किया है, अब इच्छा नहीं है। साहब जी ने कहा कि यहाँ आपके ठहरने से हमारे परिवार में किसी को कोई परेशानी नहीं होती। आप संकोच न किया करें। दास सोचने लगा कि आते ही डाँट से सुखा दिया था। धन्य हैं प्रभु आप, हम तुच्छ बुद्धि जीव आपको कैसे पहचान सकते हैं।

एक अनुभव चौहान साहब ने और बताया। सत्संग से जुड़े तीन या चार साल हुए होंगे। पता चला कि एक रिश्तेदार के बच्चे की एड़ी का आपरेशन जयपुर में होना है। सेवक ड्यूटी समाप्त कर बच्चे को देखने गया और वहीं कुर्सी पर बैठे-बैठे आपरेशन से बचाने की प्रार्थना करने लगा। बीच-बीच में बात भी करता जाता और चाय वगैरह भी चलती। दूसरी दिन से पत्नी को भी ले जाने लगा और कुल पाँच दिन लगातार प्रार्थना करता रहा। बच्चे को जयपुर ले जाने की तैयारी में, स्थानीय डाक्टर को दिखाया गया तो वह अचंभा करने लगा कि अब आपरेशन की जरुरत नहीं है, दवा से बहुत अच्छा लाभ हो रहा है। भाई साहब जी को कोई सूचना नहीं दी थी। एक माह बाद भाई साहब जी से एक पत्र आया। उसमें निर्देश था कि भाई अपनों के लिये भगवान से प्रार्थना तो करनी चाहिये किन्तु ऐसा नहीं कहना चाहिये कि ऐसा ही कर दे। यह

कहना चाहिये कि बहैसियत इंसान मैं प्रार्थना करता हूँ उसके हक में क्या ठीक है वह आप कर दीजिये। तीन दिन तक वह पत्र बार-बार पढ़ता और सोचता कि मैंने क्या किया है, तब अपनी गलती का एहसास हुआ।

11.17 विवेक

अनंगपुरः (21-01-11)

आज एक, पड़ोसी सत्संगी मित्र के साथ कुछ काम से पोस्ट ऑफिस गया। रास्ते में उनसे सत्संगियों के व्यवहार व गुरु कृपा पर चर्चा की। बात इस पर हुई कि सत्संग में आने पर कैसे-कैसे लोग घूस का पैसा लेना छोड़ देते हैं। जिससे जीवन में शान्ति व संतोष आ जाता है और कैसे-कैसे उनके भी सारे काम परमात्मा करा ही देता है। कुछ लोगों के अनुभव उनको सुनाये। उन्होंने अपना अनुभव बताया। एक बार जब उन्हें अपने विभाग के डाइरेक्टर का चार्ज मिला तो उनसे एक मातहत ने पूछा कि साहब आप अपना हिस्सा कब व कैसे लिया करेंगे। इन्होंने कहा कि पहले वाले कैसे लेते थे? उसने बताया कि वह तो जब कोई चीज अपरुब करते थे, उसी शाम अपना शेयर एडवांस में ले लेते थे और लोग बिल पास होने के बाद पाते थे। इन भाई ने उन्हें यह बताया कि ठीक है, हमारा शेयर जितना बने, उतने एमाउन्ट को बिल में से घटाकर फाइनल बिल बनवाया जाये। उन मातहत सज्जन पर इसका असर पड़ा और उन्होंने भी अपना हिस्सा लेना बन्द कर दिया। लेकिन लोग असुरक्षा की भावना से डरे और उस मातहत का तबादला करवा दिया। इन भाई की सूझबूझ इसे व्यावहारिक लगी क्योंकि प्रथा बदलना आसान नहीं है। यदि रोकने का प्रयास करते तो बड़ी परेशानी में पड़ जाते। इस तरह इसके अनुभव में आया कि तमाम सत्संगी भाईयों ने सरकारी विभागों के काफी पैसे बचाये।

11.18 साथ का प्रभाव

अनंगपुरः (22-01-11)

आज सुबह टहलते समय श्री जे. पी. अग्रवाल जी से प्रभु चर्चा शुरु हुई तो साहब के प्रभाव का एक अनुभव उन्होंने सुनाया कि कैसे-कैसे गुरु महाराज अपने भक्तों को प्रेरित कर इस काजल रुपी दुनियावी कोठरी में काजल लगने से बचाते रहते हैं। राम-नाम की याद बढ़ने के साथ-साथ

(विचारों में कमी व एकाग्रता), साधक में स्वतः परिवर्तन होने लगता है और उसकी गन्दी आदतें छूटने लगती हैं। साथ-साथ साधक के सम्पर्क में जो होते हैं वह भी लाभान्वित हुए बिना नहीं रहते। इंसान बहुत सारी खराब आदतें इसलियें भी सीख लेता है क्योंकि और साथी लोग कर रहे होते हैं। अग्रवाल जी ने अपने सर्विस काल की एक घटना सुनाई। कहा कि मैं जे. ई. था। सत्संग में आने के बाद गलत तरीके से पैसे कमाने की प्रवृति छूट रही थी। हमारी डयूटी नहर रेगूलेशन में लगी। वहाँ दो आदमी लगते लेकिन मास्टर रोल 4 या 5 मजदूरों का बनता। जो फालतू पैसा आता वह स्टाफ में बँट जाता। पहले महीने मुझे साढ़े तीन हजार रुपये मिले। उसे हमने ले लिये और आलमारी में रख दिया कि किसी जरुरत मन्द के काम आयेगा और ठेकेदार को बता दिया कि भाई अगले माह से मैं अपने शेयर के बराबर मास्टर रोल में अबसेन्ट लगाऊँगा। इससे और किसी की आमदनी पर फर्क भी नहीं आयेगा, मैं कुछ नहीं लूंगा। सभी मान गये, हमारी भी नौकरी शान्ति से चलती रही। हमारे ए. ई. साहब भी कहे कि भाई अग्रवाल हमारे हिस्से का भी अबसेन्ट लगाया करे, उन्होंने भी ऐसे पैसे लेने बन्द कर दिये। एक काम आया नहर का डी-सिल्टेशन का। ठेकेदार सिल्ट निकाल कर चट्टे लगाता। उसे हमने एलाऊ कर दिया था कि 10 प्रतिशत मेजरमेंट ज्यादा ले लो जिससे तुम्हारे और खर्चे निकल जायें, हाँ, इससे ज्यादा में नहीं कर पाऊँगा। एक दूसरे काम में जहाँ 6-7 कि. मी. लम्बा मिट्टी का बाँध बन रहा था जो उत्तर प्रदेश सरकार का कोई और विभाग बना रहा था। उसका क्वालिटी कंट्रोल देखने की जिम्मेदारी हमारे विभाग को मिली और हमारी डयूटी लगी, यहाँ काफी सकून मिला क्योंकि कहीं पेमेन्ट में मैं शामिल नहीं था। हाँ जब बाँध बन गया और कोई नया जे. ई. ज्वाइन किया तो मेन्टीनेन्स के लिये उसे वहाँ पोस्ट कर दिया और हमें हटा दिया। यह काफी कमाऊ वाली जगह थी। इस तरह हमें इधर-उधर होना पड़ता लेकिन जो आनन्द हमें आ रहा था उसका वर्णन करना मुश्किल है। लोग मजाक उड़ाते। एक बार एक बाबू बताने लगा कि आज साहब एक ठेकेदार से कह रह रहे थे कि इतना कम कोट कर रहे हो कैसे करोगे। यह काम जे. पी. अग्रवाल को दे दूँगा तो पता चलेगा। कुछ लोग कहते कि जब तुम यहाँ से जाओगे तो पावर हाउस की चिमनियाँ रोयेंगी। तरह-तरह के कमेन्ट सुनने को मिलते। भाई ऐसी बातें व भावनायें सत्संग व गुरु कृपा

से ही संभव है। वही सब करते हैं। साहब जी कहते कि राम-नाम में लगा व्यक्ति कोई घाटा नहीं उठाता और न उसके कोई काम रुकते हैं। हमने तो यही साहब के साथ अनुभव किया। सारे बच्चे पढ़ गये, सबकी शादी-ब्याह हो गये, जीवन में शान्ति रही, किसी चीज की कमी न रही। यह सब गुरु कृपा ही थी और ये अध्यात्म बड़ी अजीब चीज है, समझ के परे। आज भी वहीं हालत है। साहब का कहना कितना सच है कि जिन लोगों के विश्वास कायम रहेंगे उनके लिये यह सेवक आज जैसा ही शरीर से न रहने पर भी ऐसा ही रहेगा। वैसे ही हैं। हाँ, इसमें मेरा कोई रोल नहीं है सब उनकी कृपा है। लोग कहते हैं कि आज के युग में जिसे मौका नहीं मिलता वही ईमानदार है या बनता है। इसने कहा कि भाई अग्रवाल क्या इन अनुभवों से यह कहावत सही लगती है? अग्रवाल जी ने कहा कि नहीं, लेकिन यह इतना कठिन विषय है कि समझ पाना मुश्किल है। सब उस प्रभु की लीला ही है। व्यावहारिक जीवन में तो हमें ऐसे लोग जो अनाप सनाप कमाते हैं, परेशान व दुखी ही दिखे। हर वक्त पैसों का ही चक्कर। बताईये यदि हमें आज चार करोड़ रुपये मिल जायें तो हमारी परेशानी तो बढ़ जायेगी हमारे पास जो है वही बहुत काफी लगता है, संतोष है। यही, सत्संग, अध्यात्म व गुरु कृपा की देन है। शान्ति से जीवन बीत रहा है और क्या चाहिए।

11.19 अजब तरीकत

अनंगपुरः (23-1-11)

आज सुबह टहलते समय इसने चर्चा की शुरुआत की। कल शाम की पूजा के बाद जब लोग घर जाने लगे तो अग्रवाल जी एक सत्संगी भाई के बाप पर बरसने लगे कि कैसे निकेतन में रहते हुए उनके लड़के ने सुरक्षा की बात नजरअंदाज कर गलत तरीके से देर रात अन्दर आते रहे और उस कमी को दूर करने की बात मैंनेजमेन्ट ग्रुप को नहीं बताई कि वह दूर की जा सके। इसने कहा कि भाई मैं तो आपके तेवर देख खिसका वहाँ से? कहने लगे कि मन में भड़ास थी वह निकाल दी। हमने कहा कि भाई उनके लड़के से कहते, कौन लड़का अपने बाप की बात आजकल मानता है। यह जनेरेशन गैप का जमाना है। वे बोले भाई यही तो हमारी कमी है। पूजा में यही बात बार-बार मन में आ रही थी सोचा चलो उनके बाप से ही कह कर शान्त हो जाऊँ। हमने कहा कि साहब हम लोगों को कमियाँ दूर करने के लिये यहाँ आश्रम

में रखे हुये हैं। धीरे-धीरे दूर हो जायेंगी। पहले गलती का आभास कराते हैं फिर दूर करते हैं। गजब का बुजुर्गों का मिशन है कि साधक को कुछ करना नहीं पड़ता। जैसे पेड़ की पत्तियाँ पीली पड़कर गिर जाती हैं वैसे साधकों की कमियाँ यहाँ दूर होती हैं पता नहीं चलता। अग्रवाल जी ने कहा कि मैं अपना एक अनुभव सुनाता हूँ। कहने लगे कि मैं बहुत सिगरेट पीता था। एक बार हमारी श्रीमती जी रिश्तेदारी में चली गई, मैं अकेला था। होटल में खाना खा लेता, वह घर के सामने ही था। खाना खाने के बाद सिगरेट पीता। क्या हुआ कि, देखा खाने के बाद जैसे सिगरेट पीता सर दर्द शुरु हो जाता, इतना परेशान हो जाता कि सिगरेट छोड़नी पड़ी। काफी दिन हो गये नहीं पी। एक बार ऑफिस में काम से चंदौसी गया अकेला पड़ा तो फिर सिगरेट की इच्छा हुई, ढूंढा, नहीं मिली लेकिन मन बार-बार कहता की पीना है। गाड़ी का इंतजार कर रहा था एक जगह सिगरेट मिल ही गई। जैसे लगाकर कश खींचा और धुँआ निगला, लगा कि अन्दर सारा शरीर जल गया, जैसे कि जान निकल जायेगी। फिर जब छूटी तो आज तक नहीं पी। यह इच्छायें अचेतन मन में रह जाती हैं। अपने आप नहीं छूट सकती। कृपा की जरुरत पड़ती है। फिर साहब कहते थे कि राम-नाम में लगने से धीरे-धीरे कमियाँ दूर होने लगती हैं। कितनी प्रैक्टिकल है आपकी साधना पद्धति।

11.20 नम्रता

लखनऊ: (7-2-11)

आज लखनऊ में डॉ॰ बीरबल सिंह जी के यहाँ गया। प्रभु चर्चा में आपने पूज्य भाई साहब जी के समाधी दर्शन का यह वाकिया सुनाया। पूज्य भाई साहब जी के साथ काफी संख्या में सत्संगी भाई कैशर बाग स्थित दद्दा जी महाराज की समाधि दर्शन के लिये गये थे। समाधी के चबूतरे पर पूज्य भाई साहब जी व माता जी के साथ सत्संगी भाई-बहनें सत्संग हेतु बैठे। साहब ने पंडित राम स्वरुप शर्मा जी से भजन कहने को कहा। भजन शुरु ही हुआ था कि महात्मा बृजमोहन लाल (दद्दा जी) के सुपुत्र श्री मुन्ने भईया जी आये, साहब व माता जी खड़े हो गये। वे बड़े जोर से बोले कि बन्द करो यह बकवास। इतना कह कर वह वहीं अपने घर में चले गये। सब लोग फिर बैठे, साहब ने पंडित जी को भजन पूरा करने का इशारा किया, साथ-साथ सब ध्यान में गये। करीब आधे घन्टे में सत्संग समाप्त हुआ। साहब ने प्रसाद की

थाली उठाई और मुन्ने भईया के यहाँ माता जी के साथ गये। प्रसाद की थाली रखी, साष्टांग प्रणाम किया मुन्ने भईया को। उन्होंने भाई साहब जी को उठाकर गले से लगाया और सोफे पर बैठाया। चाय पानी हुआ। यह था आपका व्यवहार। आप कहते कि यह तो इस दरवाजे का कुत्ता है। आपका अधिकार है जैसे चाहें बरतें। यह थी आपकी नम्रता।

11.21 लक्ष्य

लखनऊ: (9-2-11)

डॉ॰ बीरबल सिंह ने बम्बई भण्डारें की बात करते हुए बताया कि एक बार वह टेण्ट वाला जो हमेशा लगाता था उन दिनों किसी और को बुक कर दिया। हम लोग किसी और तलाश में एक नये टेन्ट वाले के पास पहुँचे जो टेन्ट के काम की शुरुआत कर रहा था और इंतजार में था कि कोई ग्राहक आये। उसने कहा कि बड़ा अच्छा है कि हमारी बिजनेस की शुरुआत सत्संग के काम से होगी और वह 13000 रुपये में तैयार हो गया, जब की पहले वाला 17000 रुपयें में लगाता था। वह बोला कि हमारे लड़के शराब पीते हैं, इनकी छूट जाती तो अच्छा होता। टेन्ट लग तो गये थे, बहुत ही बढ़िया शो बना सभी तारीफ कर खुश हो रहे थे। शांति पाठ कक्ष तो मन्दिर की शक्ल का उसने बनाया था। सत्संग शुरु हुआ। पहले ही दिन अवकाश के क्षणों में साहब ने इसे बुलाकर सारी व्यवस्था को देखा, तारीफ की। फिर बोले कि बहुत खुश हो रहे हो कि सुन्दर व्यवस्था हो गई है। यह बताओ कि आपने अपने ऐसे कितने बनाये? इस तड़क-भड़क में न पड़कर, अपने ऐसे सत्संगी बनाने का काम करना चाहिए। अगले वर्ष जब फिर उसी टेन्ट वाले के पास जाया गया तो उसने कहा कि आईये साहब हम तो आप सबका इंतजार कर रहे थे। हमारे लड़कों ने शराब पीना छोड़ दिया है। ऐसा था साहब का समाज सुधारक कार्य, छिपे रुप में।

11.22 भटकाव से बचत

अनंगपुर: (6-3-11)

सुबह टहलते समय श्री जे. पी. अग्रवाल जी के साथ साहब व अध्यात्म की बातें हो रही थी। टॉपिक अध्यात्म मार्ग के साधक व साधना पर आ गया।

कहते हैं कि इस मार्ग में परमात्मा साधक के भटकाव को बीमारी या गरीबी के माध्यम से सचेत करता रहता है। अग्रवाल साहब ने एक अनुभव मथुरा के सत्संगी भाई राधे बल्लभ गुप्ता जी का सुनाया, वे अपने बेटे का एडमीशन इंजीनिरिंग में कराने के लिए घूस देने जाने वाले थे। उस दिन उन्हें बुखार आ गया न जा सके। जब साहब को पता चला तो आपने कहा कि परमात्मा चाहता था कि आप घूस न दें इसलिये बुखार आ गया। बाद में बिना घूस दिए ही उनके बेटे का एडमीशन इंजीनिरिंग में हो गया। जो राम-नाम में लगे हैं ऐसे ही परमात्मा की व गुरु कृपा होती है और साधक को भटकाव से बचत होती रहती है।

11.23 सत्संग प्राथमिकता

अनंगपुर: (11-4-11)

अनंगपुर में भण्डारे का प्रोग्राम चल रहा था। प्रभु चर्चा करते-करते मंडी के श्री के. एल. मल्होत्रा जी इसके घर आये। बातें होती रहीं। उन्होंने साहब के साथ बातचीत का एक वाकया सुनाया। अनंगपुर स्कूल की स्थापना हो गई थी। पूज्य भाई साहब जी का जन्म दिन पहली बार अनंगपुर में मनाया जा रहा था। इस अवसर पर दो दिन का सत्संग प्रोग्राम रखा जाता है। स्कूल बन्द रहता है। किसी भाई ने साहब से प्रश्न किया कि भाई साहब जी यह जन्म दिन मनाने के लिये स्कूल बन्द कर दिया गया। पढ़ाई का कितना नुकसान होगा। साहब ने यह प्रश्न सुनकर बोले कि मल्होत्रा साहब इसका क्या जवाब हो सकता है। मल्होत्रा जी ने कहा कि साहब हम तो आपको जानते है और यहाँ सत्संग के लिये आये है। हमें स्कूल से क्या मतलब। भाई साहब जी ने कहा कि सही है। स्कूल तो इस लिये बनाया गया कि जो कमरे बने थे वह कुछ दिन ही इस्तेमाल में आते थे। किसी ने कहा कि भाई साहब जी इसमें स्कूल खोल दीजिये, यह पिछड़ा क्षेत्र है, गरीब बच्चों की मदद हो जायेगी। हमारा मुख्य उद्देश्य तो सत्संग है।

अनंगपुर (16-2-12)

सुबह जब रामधुन के बाद शान्ति पाठ के कमरे से बाहर निकले तो साथ-साथ यह और श्री नरेश गुप्ता जी वापस आ रहे थे। इसने पूछा कि गुप्ता जी आप के यहाँ रिटायरमेन्ट मेन्ट ऐज क्या है। यह अभी हाल में ही रिटायर

होकर यहीं अनंगपुर आश्रम में रहने आये हैं। आपने बताया कि 60 वर्ष। एक्सटेन्शन देते रहते हैं, मुझसे भी पूछ रहे थे कि क्या और सर्विस करना चाहते हो। मैंने मना कर दिया। कहने लगे कि साहब भी रिटायरमेन्ट के बाद नौकरी नहीं किये। आपको विदेश में अच्छे पैसे का काम मिल रहा था और उस समय आपकी आर्थिक हालत भी बहुत अच्छी नहीं थी, कुछ बच्चों की शादियाँ भी रह गई थीं। आपने सत्संग को ही प्राथमिकता दी, गये नहीं। एक बार इस पर जिक्र करते समय, हमारे यहाँ जो सत्संग संचालक थे, उनके बारे में साहब कहने लगे कि अब उन्हें रिटायरमेन्ट के बाद सत्संग का काम करना चाहिए, वे भाई कोई नौकरी करने जा रहे थे। लेकिन साहब ने उनसे नहीं कहा, यह तो विचार व्यक्त कर रहे थे। मैं तो अपने सुख-दुख में साहब के यहाँ आ जाया करता था। सारी समस्यायें हल हो जाती थीं। कहने की जरुरत नहीं। कहने लगे कि सही कहा है कि "दरबार में सच्चे सतुगुरु के दुख दर्द मिटाये जाते हैं, दुनिया के सताये लोग यहाँ सीने से लगाये जाते हैं।" यह बताते-बताते गुप्ता जी भावुक हो जाते थे। इसने भी साहब की बात कि जब उन्हें विदेश में नौकरी का आफर मिला तो बोले कि घर में राय लेकर बताऊँगा। जब माता जी से बताया तो उन्होंने कहा कि सब तो ठीक है, लेकिन सत्संग बिखर जायेगा। जाना ठीक नहीं रहेगा। भाई साहब ने कहा कि मैं आप से यही सुनना चाहता था। मना कर दिया। गुप्ता जी बोले कि माता जी पतिव्रता महिला थी। पूर्ण रुपेण जो भाई साहब कहते थे कि औरतों के लिये तो उनके घर में ही पति रुप में भगवान मौजूद हैं, अच्छी तरह मानती थीं। यही बातें करते-करते हम लोग रामधुन से घर वापस आ गये।

11.24 जीवन मुक्त अवस्था

अनंगपुरः (13-4-11)

आज सायं अनंगपुर आश्रम पर सत्संग संचालक बन्धुओं की मीटिंग के पश्चात भण्डारे का प्रोग्राम समाप्त हुआ। रात करीब 10 बजे आध्यात्मिक निकेतन में गुजरात के सत्संगी भाई श्री शान्ति लाल जी मिल गये। साहब की चर्चा होने लगी। आपने अपने पहले भण्डारे के अनुभवों का जिक्र किया। भण्डारा समाप्त हो गया था। साहब व माता जी पेड़ के नीचे छाँह में कुर्सी पर बैठे थे। मैं वहीं पास से ही जा रहा था। आपने इशारा करके बुला लिया।

पूछा कि भण्डारा कैसा लगा। सेवक ने कहा कि साहब बहुत अच्छा व आनन्द आया। आप ध्यान में गये। कुछ मिनटों के बाद बोले कि शान्ति जी यहाँ खुला दरबार है। भाई लोग तरह-तरह की ख्वाहिश लेकर आते हैं, परमात्मा उनकी मनोकामना पूरी करता है। देखो भाई, सेवक जो बताता है उसे दिल और दाँतों से पकड़ो। कोई वजह नहीं कि इसी जीवन में जीवन मुक्त अवस्था न प्राप्त हो। हमने तो कई लोगों को जो साहब के सम्पर्क में आये मुक्त होते देखा। कोई इच्छा उन लोगों की नहीं रह गई थी। जो कुछ था सत्संग ही था और फूल की तरह शरीर छोड़े। कुछ नाम बताये जो सेवक को याद न रहे। मुझसे कहने लगे कि, इसके लिये सब कुछ सत्संग ही है। हम सीनियर्स को चाहिये कि आपसी विचार विमर्श से सत्संग का आयोजन करें। ऐसा सत्संग कहीं नहीं है।

11.25 बेकसी कैसी

अनंगपुरः (8-5-11)

आज सायं पूजा के बाद यह आश्रम गेट के पास गया। वहाँ श्री बी. एस. चौहान जी बैठे हुये थे। यह भी वहीं बैठ गया। सत्संग व प्रभु चर्चा होने लगी। दो लोग और आ गये, वह भी सुनने लगे। बात किसी भाई के अनुभव की जो जिन्दगी के आर्थिक व दुनियावी पहलू पर हो रही थी, उसे सुन कर चौहान जी ने भी अपना एक अनुभव इस प्रकार बताया।

बोले कि मैं प्राईवेट नौकरी में ही रहा और घर का खर्च चलाने के लिये सूद पर भी पैसा चलाता था। लेकिन आये दिन परिवार में कोई न कोई बीमार रहता और खर्च पूरा पड़ने की दिक्कत लगी रहती। परेशान हो गये तो यह समस्या अपने गुरु महाराज पूज्य भाई साहब जी को बताई। सुनने के बाद आप मौन हो गये। थोड़ी देर के बाद बोले कि आप अपनी आमदनी का 10 प्रतिशन अलग निकाल कर रख दिया करो और उसमें से दवा और सत्संग में आने के लिये खर्च किया करो। हमने ऐसा ही करना शुरु किया। अनुभव में आया कि जो मैं सूद का काम करता था उससे पूजा में ध्यान लगने में परेशानी महसूस होने लगी। जब पूजा में बैठता तो मन तरह-तरह के प्लान बनाता कि कैसे किससे पैसे वसूलें। कब जायें कि अमुक व्यक्ति से मुलाकात हो जाये, पता नहीं कि वह मिले या न मिले। देखा कि पूजा तो हो ही नहीं पाती। निश्चय

किया कि कुछ भी हो अब इस काम को छोड़ दूँगा। ऐसे ही किया और इस धन्धे का लाइसेन्स कैंसिल करवा दिया। थोड़ी परेशानी तो कुछ महीनों में रही, लेकिन धीरे-धीरे सब एडजस्ट हो गया। बीमारियों में खर्च कम हो गया। जहाँ काम करता था, मालिक ने एक दिन पूछा कि चौहान साहब साल में कितनी बोरी गेहूँ लेते हो खाने के लियें, मैंने कहा कि दस बोरी। उन्होंने कहा कि पाँच बोरी मेरी तरफ से। इसी तरह दाल, घी और चीजें मिलती रहीं। ईश्वर की लीला, कैसे-कैसे बिना मांगे मदद मिलती रहीं, काम चलता रहा। हाँ यह बात जरुर है कि मैं अपने उसूलों का पक्का था और महाराज जी में पूरा विश्वास बना रहा और अब तक जीवन शान्ति से गुजर रहा है। क्या कहेंगे?

अनंगपुरः (17-7-11)

अनंगपुर में गुरु पूर्णिमा का महोत्सव आज समाप्त हुआ था, सब लोग वापस अपने-अपने घर जा रहे थे। आंध्र प्रदेश के श्री आचार्य लू जी मिले और काफी देर साहब के साथ हुए अनुभवों की चर्चा होती रही। एक बार इन्हें ट्रेनिंग के लिये 15 दिनों के लिए गाजियाबाद आना पड़ा और इस दौरान यह प्रति दिन सायँ साहब के दर्शन व सत्संग हेतु सी. सी. कालोनी आते रहे। आध्यात्मिक दृष्टि से यह समय बड़ा ही लाभदायक रहा। एक दिन शाम को बृहस्पतिवार के सत्संग के बाद देरी हो गई और इन्द्रप्रस्थ से आगे गाजियाबाद जाने के लिये अंतिम बस भी चली गई। यह सड़क के किनारे ही खड़े-खड़े सोचते रहे कि क्या करें? काफी देर हो गई तो वहाँ कुछ दूर पर तैनात पुलिस वाला आया और इनसे पूछताछ की। इन्होंने असलियत बता दी। उसने बताया कि अब तो आपको सुबह 6 बजे ही बस मिलेगी, बेहतर होगा कि आप वापस अपने गुरु जी के यहाँ ही चले जाओ, वहीं आराम करो। मैं ऐसा नहीं कर सकता, वहाँ पहुँचने में एक बज जायेंगें और उन्हें असुविधा होगी। पुलिस वाले ने कहा कि ऐसा करो तुम थाने में जाकर बैठ जाओ, यहाँ खड़े न हो। थोड़ी देर सोचने के बाद मैं थाने में गया और इंचार्ज इंसपेक्टर के ऑफिस में बैठ गया। वहाँ रखा पेपर पढ़ता रहा। इंसपेक्टर साहब थे नहीं। करीब 12 बजे वह आये, लम्बे, अच्छे डील-डोल के। पूछा कि कैसे बैठे हैं, क्या काम है। पूरा किस्सा बता दिया। फिर वह बात करने लगा कि गुरुओं के चक्कर में क्यों पड़ते हो। धोखा ही धोखा है। देखते नहीं इनकी बड़ी-बड़ी बिल्डिंगें, गाड़ियाँ, लूटते है। मुझे अच्छा तो नहीं लग रहा था। लेकिन सुनता रहा। हाँ, उसकी

आखों से चमक निकल रही थी, मैं समझ गया साहब की लीला। मैंने कहा कि सब ऐसे नहीं होते, अच्छे संत भी होते है, फिर गृहस्थी संत। वह बोला कि मैं इस एरिया में टेरर हूँ, मुझे लोग शेर कहते है, मैं इन चक्करों में नहीं पड़ता। बातें होते-होते होते एक बज गया। उसने अपना खाने का डिब्बा खोला, मुझे भी ऑफर किया जो मैंने नहीं लिया। खाने के बाद वह उठे आलमारी खोली, दो चद्दर निकाला। हमें दिया और कहा कि आप इसे हमारे बेड पर डाल लो और आराम करो, यह बाथरुम है, सुबह फ्रेश हो लेना, 6 बजे आपको बस मिलेगी। मैं अब डयूटी पर जाऊँगा। यह चद्दर इन हमारे आदमियों को दे देना। मैं चद्दर बिछाकर सो गया। सुबह उठा फ्रेश हो बस पकड़ गाजियाबाद आ गया। ईश्वर कृपा, नहीं तो आज के समय में पुलिस वालों से ऐसे व्यवहार आश्चर्य के अलावा कुछ नहीं। सही कहा है गुरु के साथ होने का यकीं मुश्किल से होता है, जब गुरु साथ हैं तो बेकसी कैसी।

11.26 होनी प्रबल

अनंगपुरः (30-10-11)

आज सुबह टहलते समय प्रभु चर्चा रही। अग्रवाल साहब ने गुरु तत्त्व की बात उठाई। कई संस्मरण याद हो आये और उन पर चर्चा होती रही। एक बार पूसा से हम लोग सी. सी. कालोनी माता जी के दर्शन के लिये गये। श्री चाँद बाबू गाड़ी चला रहे थे। वहाँ रात को 10 बज गये। जब हम लोग निकलने लगे तो माता जी, जो सर्दी-जुकाम से पीड़ित थीं, अपने कमरे में आराम कर रहीं थी, अचानक निकली और कहा कि भईया खाना खा के जावो। इसकी धर्मपत्नी और बेटी ने खाना खा भी लिया था। उस दिन माता जी के यहाँ डोसा बना था जो इसे बाद में पता चला। इसने कहा कि नहीं माता जी घर में खाना बना है वही खा लेंगे। एक बार माता जी ने फिर कहा और कहते समय लगा कि आप जैसे प्रार्थना कर रहीं हों कि खा लो। इसने फिर वही बात दोहराई और प्रणाम कर चलने लगा, आपने कहा अच्छा भईया? हम लोग निकल पड़े। रास्ते में करोल बाग पड़ा, वहाँ एक क्रासिंग पर जाम लगा था और सभी गाड़ियाँ निकलने की कोशिश कर रहीं थी। हमारी गाड़ी एक ट्रक के बगल में थी। दोनों ड्राईवरों की प्रतिस्पर्धा में ट्रक ने हमारी गाड़ी में खरोंच मार दी। खरोंच लगते ही माता जी का चेहरा जो नम्रता व प्रार्थना की भावना से भरा

था याद आ गया कि काश माता जी की बात मान गया होता तो यह क्षण टल गया होता और होनी टल जाती। गुरु तत्त्व तो हमेशा अपने बन्दों की रक्षा के लिये तैयार रहता है, काश हम गुरु की बात तो मानें। ऐसे ही एक सत्संगी भाई श्री एस. एन. खन्ना जी के साले, समर्पित साधक अपनी पत्नी के साथ ससुराल जयपुर जाने के लिये कि सुबह तड़के कार से निकलने सूचना देने माता जी के यहाँ आये और बताया। माता जी ने कहा कि भईया रात की गाड़ी से चले जाओ। वह बोले कि माता जी सुबह ही जाना ठीक रहेगा। आपने कहा कि अच्छा भईया! उन्होंने ऐसा ही किया। करीब 8 बजे फोन आया कि दुर्घटना में उनकी मृत्यु हो गई है। मंत्र मूलम् गुरुर्वाक्यम पर चलना आसान नहीं है।

श्रीमती प्रसाद ने बताया कि एक दिन हम लोग, सी. सी. कालोनी गये थे। माता जी के साथ बैठे-बैठे एक बज गया। माता जी ने कहा कि बहन जी खाना खाकर जाईये। इन्होंने कहा कि माता जी खाना बनाकर आई हूँ वहीं खा लेंगे। माता जी ने कहा कि यहीं खालो, उसे जाकर फ्रीज में रख देना और शाम को खा लेना, खराब थोड़े न होगा। यह चुप हो गई और सोचा खा लेंगे। लेकिन डॉ॰ प्रसाद ने कहा कि नहीं माता जी वहीं घर पर ही खायेंगे। निकल पड़े। कुछ देर बाद इनकी गाड़ी का एक पहिया पंचर हो गया, पता नहीं चला, गाड़ी चलाये जा रहे थे। किसी लड़की ने रोक कर कहा कि अंकल गाड़ी पंचर हो गई है। उतरे टायर बनाने की कोशिश कर रहे थे, परेशानी आ रही थी कि एक लड़का आया, कहा कि अंकल मैं मदद करुँ। हाँ भाई मदद कर दो। उसने मदद की और चला गया। गुरु तत्त्व का खेल, कि न जाने किस भेष में बाबा मिल जाये भगवान रे। आगे बढ़े, टायर ठीक करवाया और 4 बजे के बाद घर पहुँचे और भोजन किया। कह रहे थे काश माता जी की बात मान गया होता तो बहुत झंझटों से बच जाता। यह सुनकर, कल सरिता की बताई बात का भी जिक्र इसने कर ही दिया।

11.27 मन की बात

अनंगपुरः-

सरिता ने एक भजन कहीं से संकलित किया था। इनकी प्रबल इच्छा थी जब माता जी अनंगपुर महीने के प्रथम रविवार को सत्संग हेतु आवे तो, सत्संग में यह भजन कहूँ। मौका देखते-देखते साल बीत गये, नहीं हो पाया। यह इच्छा

बनी ही रही। एक दिन माता जी अनंगपुर आई और काउंसिलिंग हाऊस के बरामदे में बैठीं। वहीं सब लोग आप से मिलने पहुँचे। इनकी मम्मी भी गई। माता जी ने पूछा कि बहन जी सरिता नहीं दिखती, कहाँ है। इन्होंने कहा कि माता जी अभी आ रही हैं। जब यह पहुँची तो माता जी ने कहा कि सरिता कहाँ रहती हो? तू मुझे भजन नहीं सुनायेगी? इन्होंने कहा कि माता जी मैं तो एक भजन आपको सुनाने के लिये महीने-महीने से इंतजार कर रही हूँ कि कभी जब आप सत्संग में आयें और भईया जी कह दें कि सरिता भजन कहेगी। माता जी आप भी स्वास्थ्य के चलते नहीं आ पाई। हमारी तो बहुत इच्छा है कि भजन सुनाऊँ। देख़ मैंने जान लिया न तेरे मन की बात, सुना भजन सुना। सरिता ने यह भजन सुनाया।

माते चरण कमल हैं तेरे - माते चरण कमल हैं तेरे
हम भौर हैं जनम-जनम के निशि दिन देते फेरे

माते चरण कमल हैं तेरे - माते चरण कमल हैं तेरे
तू धरती जग पालन करती - अंबर का आधार है तू

सब सुख झूंठे सब दुख झूंठे इस जीवन का सार है तू
तू सत्यम् तू शिवम् सुन्दरम् हम सब चपल चितेरे

माते चरण कमल हैं तेरे - माते चरण कमल हैं तेरे
हम भौंरे हैं जन्म-जन्म के निशि दिन देते फेरे

ओस में आँसू, धूल में श्रद्धा अंतर में लेके उजियारे
ओस में आँसू, धूल में श्रद्धा अंतर में लेके उजियारे

तेरे मन्दिर में नत मस्तक नब के सूरज-चाँद-सितारे
हमने तेरी मुस्कानों में देखें मधुर सबेरे
माते चरण कमल हैं तेरे -
माते चरण कमल हैं तेरे

इस भजन के साथ-साथ वहाँ बैठे सभी श्रद्धालुओं की आँखों से अश्रु की बूँदें लुढ़क रही थीं ।

11.28 कठिन डगर

अनंगपुरः (15-4-12)

आज सायं पूजा के बाद लौटते समय यह और श्री जे. पी. अग्रवाल जी, डॉ॰ आर. पी. सिंह के यहाँ चले गये। आजकल टी. वी. पर आ रहे निर्मल बाबा की कृपा प्रोग्रामों की टिप्पड़ियों पर चर्चा होने लगी। बाबाओं ने धर्म को व्यापार बना लिया है। अध्यात्म इनमें नहीं है, इन सबको इस दृष्टिकोण से देखो तो कुछ गलत नहीं है, यह बात अग्रवाल जी ने कही। कहने लगे कि आज उन्होंने कोई भागवत कथा किसी अच्छे महात्मा की सुनी। महात्मा जी कह रहे थे कि किसी को अपना जूँठा नहीं खिलाना चाहिए। यह पाप हैं। फिर अपना एक अनुभव महात्मा जी ने सुनाया कि एक ऊँचे महात्मा थे। बचपन में मैं उनके पास गया था महात्मा जी पूरा सेब दाँत से काट-काट कर खा रहे थे। जब खा चुके तो बीच का हिस्सा जो गुठली सा होता है उसे हमें फेंकने के लिए दिया। शाम का वक्त था, अंधेरा हो रहा था। हमने सुना था कि किसी संत का जूँठा खाने से उसके गुण खाने वाले में आ जाते हैं। यह सोचकर छिपकर वह गुठली हमने खा ली। जब लौट कर आये तो महात्मा जी ने कहा कि फेंक आये, हाँ साहब। क्या कहा, सच-सच बताओ मैंने सही-सही बता दिया। महात्मा जी ने कहा कि तुमने गड़बड़ कर दी, अब तुम इस दुनिया के लायक नहीं रहे। पता नहीं कि मैं अन्दर से महात्मा बना कि नहीं, लेकिन ऊपर से तो महात्मा दिखता ही हूँ। अग्रवाल साहब ने बताया कि वह बहुत अच्छी कथा कह रहे थे, मैंने तो करीब 3 घन्टे सुनी उनकी भागवत कथा। फिर कहने लगे कि महात्मा बृजमोहन लाल जी ने भी अपनी थाली में भाई साहब जी को भी तो खिलाया था। यह बात बृजमोहन वचनामृत में आ चुकी है। इसने कहा कि कितनी बार भाई जी हम लोगों को अपने साथ प्लेट में नमकीन इसी तरह खिलाये थे। एक बार इस पतित के प्रो. जसंवत सिंह जब पहली बार साहब के पास आये तो साहब ने भोजन करने का अनुरोध किया। उन्होंने कहा कि कर लेंगे, लेकिन आप भी साथ ही भोजन करने बैंठे, तब! साहब को भी बैठना पड़ा जबकी वह सबके भोजन करने के बाद ही खाते थे। माता जी रोटी बना बना कर दे रही थी। यह भी साथ खाने बैठा था। साहब ने प्रो. साहब से एक और रोटी लेने का आग्रह किया। वे बोले कि मैं आधी रोटी और ले सकता हूँ यदि आप अपने हाथों से तोड़ कर दें। साहब चक्कर

में पड़ गये, अपने दोनों हाथों की तरफ देखा, जूँठे थे, मेहमान की इच्छा, रोटी उठाई और आधी तोड़ कर दे दी। उन्होंने पा लिया। साहब जब तक शरीर में थे वे आते रहे, गुरु में काफी विश्वास दिखता, अनुभव भी अच्छे रहे। अब तो उमर भी हो गई है, साहब की फोटो साथ रखते हैं। आज अग्रवाल साहब की बात उन महात्मा जी के बारे में सुन कर यह बात याद आ गई। संतों की बातें वही जानें कि क्या, कैसे, क्यों? करते हैं, लेकिन यह तो पक्का ही है कि सम्पर्क में आये व्यक्ति का भला तो होता ही है। तमाम बातें साहब की कृपा की होती रहीं जो हम लोगों को बिन मांगे ही मिलती रहीं। कहा है कि शरण गहे की लाज और आज भी शरीर में न रहने पर वैसे ही है, कोई फर्क नहीं। कल जब यह टी. वी. पर निर्मल बाबा का इंटरव्यू सुन रहा था कि कृपा आती है कैसे आती है यह उन्हें नहीं मालूम। यह तो वह जाने जो करता है या वैज्ञानिक लोग पता करें की कैसे आती है। बातों के सिलसिले को आगे बढ़ाते हुए अग्रवाल साहब ने बताया कि शुरु-शुरु में सत्संग की एक पुरानी जीप थी। श्री एस. एन. खन्ना साहब चलाते थे। श्री आर. एस. अग्रवाल साहब जो सत्संग के सैक्रेटरी थे, साहब से कहा कि लोग कहते हैं कि खन्ना जी भी जीप का इस्तेमाल अपनी जरुरतों के लिए करते हैं। साहब ने कहा कि आपने ऐसे लोगों से क्या कहा बोले कि भाई साहब जी मैं तो चुप ही रहा। आप बोले कि इसका मतलब यह हुआ कि आप भी उन लोगों से सहमत हैं। अरे भाई जब सत्संग ने जीप हमें दे दी तो हम उसका इस्तेमाल कैसे करते हैं इससे उन्हें क्या मतलब? खन्ना जी जब इस्तेमाल करते हैं तो सेवक से पूंछ कर करते हैं और डीजल डलवाते हैं। कल को लोग कहेंगे कि अवधेष भाई इस उस जीप का इस्तेमाल करते हैं। अगर ऐसी बात है तो अब से डीजल का खर्च यह सेवक देगा और जब तक यह जीप रही तब तक साहब ही डीजल डलवाते रहे।

11.29 आत्मा की आवाज

लखनऊ: (27-05-12)

स्पेशल सत्संग समाप्ति के बाद, यह सुल्तानपुर के भाई राम सिंह, भाई दिनेश प्रताप सिंह व कुछ और नये व पुराने सत्संगी, बेटी ममता के यहाँ एक कमरे में बैठे सत्संग की चर्चा कर रहे थे। भाई राम सिंह यह बोल बैठे कि

लोग कहते हैं कि सत्संग का प्रभाव आदमी पर पड़ता है लेकिन हमारे ऊपर तो कोई खास प्रभाव नहीं पड़ता दिखता। यह बात उन्होंने कई बार कहीं। दिनेश जी जो बहुत कम बोलते हैं और आप सुल्तानपुर केन्द्र के सत्संग संचालक भी हैं बोल पड़े कि होता है, सत्संग का प्रभाव होता है और आप पर भी हुआ है। भाई राम सिंह फिर बोल पड़े कि हमें तो कुछ नहीं लगता। नहीं, होता है यह बात फिर दिनेश जी ने कही। वाद-विवाद न थमते देख उन्होंने अपना एक अनुभव इस प्रकार बताया। कहने लगे कि हमारी हार्डवेयर की छोटी सी दुकान है। उस बाजार में दुकानदार डुप्लीकेट सामान रखते हैं और यह आमदनी बढ़ाने का मुख्य जरिया है। एक दिन इसके मन में आया कि यह तरीका ठीक नहीं है और इसे क्यों न छोड़ दें। लेकिन मन की उथल-पुथल में चलता रहा। आमदनी पर फर्क पड़ना था। अन्ततोगत्वा आत्मा की आवाज पर पूज्य भाई साहब जी को एक पत्र लिखा। जवाब आया कि आप अपनी आत्मा की आवाज मानें। आत्मा तो यही कहती कि यह डुप्लीकेट वाला काम ठीक नहीं है। तो यह डुप्लीकेट सामान रखने व बेचने का काम छोड़ दिया। धीरे-धीरे सब ठीक हो गया बल्कि लोगों का विश्वास बढ़ा और बाजार में यह हवा बँधी कि इनके यहाँ सही सामान मिलता है। कहने लगे कि एक बार की बात बताऊँ - एक सप्लायर पार्टी, अपना बैग हमारी दुकान पर भूल गया। शाम को देखा कि उसमें 65 हजार रुपये हैं। मन ही मन, द्वन्द में पड़ गया। लेकिन आत्मा की आवाज पर उस पार्टी को सूचित कर पैसा दे दिया। भईया क्या बताऊँ, उस पार्टी का इतना विश्वास बढ़ा कि बिना आर्डर के ऐसे-ऐसे सामान भेजता रहा कि न जाने कितना 65000 कमवा दिया। तो सत्संग का असर पड़ता है और इंसान आत्मा की आवाज पर चलने लगता है।

11.30 सेवा

अनंगपुरः (29-6-12)

श्री एस. के. मिश्रा जी पटना से गुरु पूर्णिमा के लिये अपनी धर्मपत्नी के साथ पधार चुके हैं। आज सुबह सेवक के यहाँ पधारे। सत्संग मिशन पर चर्चा रही। साहब की बातें होती रहीं। कहने लगे कि बड़े भईया रमेश जी बता रहे थे कि एक बार आप साहब के साथ ड्राईंग रुम में बैठे थे। साहब बाथरुम

गये। आपने कमरे का एयर कंडीशनर चला दिया। साहब बाथरुम से लौटे तो पूछा कि यह किसने चलाया, तो आपने बताया कि यह सेवक ने ही ऑन कर दिया कि आप को आराम मिलेगा। आपने कहा कि पता है कि इसका बिल कौन देता है – सत्संग! हाँ यदि कोई सत्संगी भाई आया होता तो बात और थी। ए. सी. बन्द करवा दिया। यह सोच व विचार सुन कर आपकी गहरी याद हो आई और आँखों में आँसू आ गये। क्या त्याग व तपस्या थी आपकी, अंदाजा नहीं लगाया जा सकता। अभी कुछ रोज पहले श्री जे. पी. अग्रवाल बता रहे थे कि एक बार यह सी. सी. कालोनी में ठहरे थे, यह सोचकर कि खाना बनाने में माता जी को कष्ट होता है, इन्होंने और रुकना ठीक न समझा, साहब से जाने की इजाजत मांगी, साहब ने और रुकने को कहा तो यह बोले कि सर, माता जी को कष्ट होता है खाना बनाने में, इसे अच्छा नहीं लगता। माता जी दूर से यह बातें सुन रहीं थीं, बोल पड़ी कि भईया मुझे कोई कष्ट न होवे, तुम जब तक चाहो तब तक रुको, मेरी वजह से तो न जाओ, मुझे कोई कष्ट न होवे। साहब अकसर साधकों को रोक लेते क्योंकि बेहतर वहीं जानते कि उसका कैसे कल्याण करना है – तवज्जह से, कृपा से, तपस्या से। कभी-कभी आये हुए साधकों से प्रभु चर्चा में सारी रात बीत जाती। कहते कि चलो आज अच्छी तपस्या हो गई, जाओ थोड़ा आराम कर लो। इस तरह कोई बहाना बनाकर सच्चे जिज्ञासु साधकों को रोक लेते। कुछ पता न चलता कि क्या किया, क्या दिया और आप व माता जी ऐसे साधकों की खूब सेवा भी करते।

एक बार यह सेवक बरसात के दिनों में (संभवतः 1983) एक सहयोगी वैज्ञानिक (सत्संगी) के साथ, एक सफल जन उपयोगी प्रोजेक्ट को देखने चंडीगढ़ गया था। प्रोजेक्ट की सफलता से यह इतना प्रभावित हुआ कि इसे अप्रत्याशित खुशी का अनुभव हुआ। मस्तिष्क पर इस खुशी का दुष्परिणाम यह हुआ कि सिर की सारी नसें दुखने लगी और बुखार हो गया। वहाँ से हम लोग अगले रोज दिल्ली एन. पी. एल. कालोनी में श्री कृष्णमूर्ति जी के यहाँ हो रहे सत्संग में शामिल होने आये। हमने अपने साथी भाई से कह दिया कि भाई साहब जी को यह पता न चलने पाये कि हमें बुखार है और सर दर्द कर रहा है। अगले रोज सत्संग समाप्त होते ही हम लोग सायं नई दिल्ली स्टेशन से रिजर्वेशन है ही, गौहाटी के लिये निकल लेंगे और वहीं दवा वगैरह देखेंगे।

कुछ घन्टों के बाद एक कोई सत्संगी भाई आये और कहा कि भाई साहब ने कहा है कि आपको डाक्टर के यहाँ ले जाकर चेकअप करायें। उन भाई से न रहा गया, उन्होंने किसी को बता दिया और खबर साहब तक पहुँच गई। जब डाक्टर के पास से वापस आया तो सब रिपोर्ट साहब को बताई गयी। आपने इसे अपने कमरे में ही बुला लिया और कहा कि यहीं आराम करो। कुछ देर बाद सत्संगी भाई राममूर्ति जी को बुलाया और हम लोगों के वापसी के टिकट कैंसिल कराने को कहा। क्या करते, टिकट देने ही पड़े और मूर्ति साहब ने टिकट कैंसल करा दिये। फिर आराम से साहब ने पूरी बात पूछी कि कैसे क्या हुआ। सारी घटना बताई कि साहब पता नहीं इसे किसी भी बात पर खुशी होती ही नहीं, लेकिन यह जन उपयोगी कार्य से अप्रत्याशित खुशी हो गई कि लोगों का कितना भला हुआ है। अगले रोज सायं सत्संग समाप्त हुआ तो आप ने टैक्सी बुलाई और उसमें इसे भी माता जी और कुछ गुरु परिवार के सदस्यों के साथ सी. सी. कालोनी ले गये। तब सी. सी. कालोनी में ग्राउंड फ्लोर ही था। उसी में पूरा गुरु परिवार व सत्संगी मेहमान सब रहते थे। इन्हीं दिनों श्री जे. पी. अग्रवाल जी आये हुए थे। आपने साहब का पुराना वेस्पा स्कूटर खरीदा था, उसकी रिपेयर चल रही थी। साहब के निर्देशों के अनुरुप अग्रवाल जी उसे ठीक करवा रहे थे। किसी न किसी बहाने साहब इन्हें एक-एक दिन रोक रहे थे और इन्हें पूरी तरह हमारी देखभाल में लगाये रहे। हमारे साथ आये शिलांग के साथी भी रुके थे। इसका बुखार हमेशा बना रहता। डॉ॰ एस. सी. शर्मा, कुसुम बहन व शर्मा जी के साले साहब, यह तीन डाक्टर सुबह शाम इसे देखने आते व दवा देते। रात को जब भी नींद खुलती साहब को सिरहाने खड़ा पाता, माथे पर हाथ रखकर बुखार देखते, कहते कि अभी तो बुखार है। माता जी खाने के लिये जो डॉ॰ बताते, बना कर देती। संकोच से इसकी हालत पतली, कि साहब और माता जी को इसके लिये कितना कष्ट उठाना पड़ रहा है। इसकी चारपाई व बिस्तर एक कमरे में साहब ने लगवा दिया था। रोज ही प्रार्थना करता कि साहब जानें दें, रिजर्वेशन करा दें। आप कहते कि बुखार उतरनें दें, जब उतर जाये और दो दिन न आये तब जायें। रिजर्वेशन हो जायेगा। इस तरह 15-20 रोज बीत गये। अग्रवाल साहब को तो साहब ने इसकी सेवा के लिये ही रोक रखा था। इनके प्रति भी इसकी बड़ी श्रद्धा बढ़ी और क्या पता था कि साहब हम लोगों को बुढ़ापे में अनंगपुर आश्रम पर पड़ोसी की

तरह रखेंगे जिसका सत्संग लाभ दोनों को आज मिल रहा है। खैर वह दिन आया जब साहब ने कहा कि रिजर्वेशन दो दिन बाद का करा लें जो आसानी से मिल गया। उधर आसाम में बाढ़ आई हुई थी। ज्यादातर गाड़ियाँ कैंसल थीं। जब चलने लगे तो माता जी ने कहा कि दो बड़ी ब्रेड ले लो रास्ते में काम आयेंगी तथा एक शीशी सेव का जैम आपने दिया। साहब ने कहा कि जावो खुश रहो, रुकना जरुरी था नहीं तो गड़बड़ हो जाती, इतना खुश नहीं होना चाहिए, अपने काम की तो सभी लोग तारीफ करते हैं और बढ़ा-चढ़ा कर बताते हैं। बेहतर आप जानें। रास्ते में गाड़ियाँ बे समय चल रहीं थीं, स्टेशनों पर कुछ मिलता न था, हम लोगों को जहाँ भी गाड़ी बदली, प्रभु कृपा से जगह मिल जाती रही, ब्रेड व जैम साथ में था ही, बड़े आराम से गौहाटी व शिलांग प्रभु याद करते हुए पहुँच गये। यह एक अविस्मरणीय अनुभव रहा जो आज भी याद आने पर आश्चर्य होता है। साहब को दुनियादारी की दृष्टि से हमसे क्या मतलब? लेकिन आध्यात्मिक दृष्टि से यह अल्पज्ञ क्या समझे। ऐसी सेवा की कल्पना न यह स्वयं के या किसी रिश्तेदार के घर में आज के युग में कर सकता है। सत्संग में आने से पहले यह दास तीन ऐसी दुर्घटनाओं में पड़ा कि जान बची, आश्चर्य ही रहे हैं। वह भी गुरु महाराज और सिलसिले के बुजुर्गों का खेल रहा है, जो महात्माओं के अनुभवों से ज्ञातव्य है, शंका की कोई गुंजाइश नहीं। उपरोक्त घटना भी मनमत से बचाने का एक बड़ा उदाहरण है, शरण गहे की लाज। यहीं नहीं दुनियावी दृष्टि से देखें तो वह भी आश्चर्य वाली बात है। हम लोग तो सरकारी टूर पर निकले थे। जब करीब तीन-चार हफ्ते बाद वापस आये तो बीमारी, बाढ़, गाड़ियों का कैंसल रहना यह सब लिख कर ऑफिस में दिया तो बाबुओं ने क्या नोट लिखा कि पूरा पीरियड टूर माना गया और अच्छा खासा भत्ता भी मिला।

11.31 साधक

अनंगपुरः (18-08-12)

आज श्री एस. के. जैमन के साथ साहब की चर्चा चल रही थी। डॉ॰ बी. बी. सिंह के बारे में आपने बताया कि एक बार डॉ॰ साहब आये और सत्संग भवन में जहाँ साहब बैठते थे, इन्होंने साष्टांग दण्डवत लगाई। साहब उस समय सीढ़ियों से उतर रहे थे, पता नहीं डॉ॰ साहब के मन में क्या था, साहब

ने आते ही कहा कि डॉ॰ साहब सेवक भी साधक ही हैं। कहने लगे कि साहब ने कई बार इनके बारे में हमसे कहा था कि इनका सरैंडर पूरा है, थोड़ी इगो की समस्या है। एक बार भण्डारे के अवसर पर इन्होंने किसी से मीटिंग में कहलवा दिया था कि जहाँ इजाजत खिलाफत वाले हैं वहाँ परसेप्टर सत्संग कराते हैं, क्या यह ठीक है। लखनऊ में यह थे और सत्संग पहले से ही शुक्ला जी कराते थे जो परसेप्टर थे और यह इजाजत खिलाफत प्राप्त थे। उन्हीं दिनों मेरा लखनऊ जाना हुआ। जाने की सूचना साहब को दी। आपने कहा कि डॉ॰ बी. बी. सिंह से कह देना कि सत्संग गुरु कराता है और कोई नहीं। इसने जाकर यह बात डॉ॰ साहब को बताई।

11.32 ऐसे थे भाई साहब जी

सत्संगी भाई, श्री चिरंजी लाल जी ने एक अनुभव बताया। बुलंदशहर में एक पुराने सत्संगी भाई श्री भोलाराम बजाज थे। वे पूज्य दद्दा जी महाराज से दीक्षा प्राप्त थे, जिन्हें आप सेठ जी कह कर बुलाते थे। भाई साहब जी भी सेठ जी से प्रेम करते थे तथा गुरु भाई कहते थे। सन् 1988 में सेठ जी गंभीर रुप में बीमार हुये। उनके पुत्रों ने उन्हें दिल्ली में होली फेमिली हास्पिटल में ले जाने का निश्चय किया। मगर वहाँ सेठ जी के साथ रहने के लिये एक आदमी की कमी महसूस हुई। सेठ जी के पुत्रों ने सेवक से कहा कि छुट्टी मिल सके तो चाचा जी, आप पिता जी के साथ चले चलें। सेवक ने व्यवस्था कर ली, साथ गया। सेठ जी के पुत्रों में से कोई न कोई प्रतिदिन बुलंदशहर से दिल्ली आता जाता रहता था। एक दिन हास्पिटल में सेठ जी ने सेवक से कहा कि परम पूज्य भाई साहब जी के पास जाकर मेरे लिये आर्शीवाद ले आओ। उनके पुत्र ने कहा चाचा जी जब तक आप सी. सी. कालोनी से लौटेंगे तब तक मैं हास्पिटल में रुका रहूँगा। सेवक ने सी. सी. कालोनी जाकर भाई साहब जी को सारा हाल बताया। आपने सेवक को निर्देश दिया कि फोन द्वारा सेठ जी की प्रतिदिन की सूचना देते रहना। सेवक ने इस मामले में अपनी बुद्धि लगा दी। कई दिन तक सेठ जी की हालत वही रही जो सेवक ने साहब को बताई थी। इसलिये सोचा कि हालत में उतार–चढ़ाव होगा तो साहब को सूचित करुँगा। कई दिन निकल गये। इसी बीच मथुरा से डॉ॰ कृष्णबल्लभ शर्मा जी भाई साहब जी से मिलने आये। उनसे भाई साहब ने कहा कि बुलंदशहर के सेठ जी दिल्ली में अस्पताल में हैं। चिरंजीलाल जी उनके साथ हैं, लेकिन

उनका कोई कान्टैक्ट नंबर ज्ञात नहीं है। चिरंजीलाल जी को हमने कहा था कि हर दिन रिपोर्ट दें किन्तु कई दिन हो गये उन्होंने सेठ जी का हाल नहीं बताया है। अतः आप दिल्ली से मथुरा जाते समय बुलंदशहर होते हुये जायें तथा वहाँ सेठ जी के पुत्रों से हाल मालूम करके हमें सूचित करें। आदेशानुसार डॉ॰ कृष्णबल्लभ शर्मा जब बुलंदशहर पहुँचे तो अकस्मात वहाँ उस दिन सेवक भी था (जरुरी काम से आया था)। जब उन्होंने इसे देखा तो उछलकर उत्तेजना पूर्वक सेवक से कहा कि भाई तुम कैसे आदमी हो, साहब ने जब हर दिन की रिपोर्ट देने को कहा था तो कई दिनों से चुप क्यों बैठे हो। साहब बहुत चिंतित हैं तथा तुमसे नाराज हैं। तुरन्त सी. सी. कालोनी जाकर हाल बताओ तब हास्पिटल जाना, तब तक उनके पुत्र से कह दो कि हास्पिटल में ठहरें। सेवक ने जाकर हाल बताया तथा गलती की क्षमायाचना की तो साहब ने प्यार से कहा कोई बात नहीं मगर मेरी बात को आपने हल्के में लिया, यह उचित नहीं है। इसके बाद आपने इक्कीस दानों की एक माला दी तथा निर्देश दिया कि सेठ जी से कहना की दद्दा जी महाराज का स्मरण बनाये रखें तथा माला से जप करते रहें। परमात्मा भला करेंगें। सेठ जी ने तद्नुसार स्मरण और ओम शन्ति का जाप आखिर तक जारी रखा।

सेठ जी के प्रसंग के अलावा एक और प्रसंग उल्लेखनीय है। उससे स्वयं यह सेवक बावस्ता है। सन् 1995 में सेवक की पत्नी गंभीर रुप से बीमार हुई। अलीगढ़ में सब अच्छे डाक्टरों ने जवाब दे दिया और दिल्ली ले जाने को कहा। सेवक ने फोन से भाई साहब जी को सूचित करते हुये प्रार्थना की कि सेवक के पास न तो धन और न जन हैं, जो साथ दें। साहब ने डॉ॰ एस. सी. शर्मा जी से बात करने को कहा और स्वयं डॉ॰ साहब को बताया। जब सेवक ने डॉ॰ साहब को बताया तो उन्होंने तुरन्त दिल्ली लाने को कहा तथा यह भी कि मैं दो बजे तक इमरजेंसी में प्रतीक्षा करुँगा वैसे मेरी ड्यूटी एक बजे खत्म हो जाती है। सेवक अपनी पत्नी को लेकर ढाई बजे इमरजेंसी में पहुँचा तो डॉ॰ शर्मा वहाँ खड़े मिले तथा आगे का काम कम से कम तकलीफ के साथ पूरा कराया। पाँच-सात दिन बाद जनरल वार्ड से नर्सिंग होम में ट्रांसफर करा लिया जब तक इलाज चला तथा पत्नी ठीक होकर हास्पिटल से रिलीव हुई। साहब जी प्रतिदिन किसी न किसी सत्संगी भाई को सेवक की खोज खबर लेने के लिये हास्पिटल भेजते रहे। भण्डारे के अवसर पर साहब ने सेवक को

दूर से आवाज देकर पहले नमस्ते की तथा पूछा कि बहन जी का अब हाल कैसा है। यहाँ यह उल्लेखनीय है कि सेवक की पत्नी न तो इस सत्संग में दीक्षित थीं और न ही सेवक का सत्संग में आना पसंद ही करती थीं और यह बात भाई साहब जी जानते थे।

इन प्रसंगों से यह विदित होता है कि एक संत का हृदय कितना विशाल, प्रेममय तथा दीन हीनों के प्रति संवेदनशील होता है।

11.33 आरती

अनंगपुरः (4-12-13)

जे. पी. अग्रवाल जी ने बताया, कि एक बार साउथ से आई 5 सत्संगी बहनें, प्रोग्राम के दिनों में एक थाली में दीपक सजाकर आईं। मैं वहीं काउंसलिंग काम्पलेक्स में साहब के पास ही था। बोली महाराज, हमारे यहाँ का रिवाज है कि गुरु की आरती करते हैं। हमें यह करने की इजाजत दें। आप बोले कि ठीक है, आप लोग आरती कर लें। उन सबों ने आरती की। फिर आप बोले कि आप सब ने आरती कर ली। हमारे यहाँ भी एक रिवाज है, हमें भी वह करने दें। वह सब बोलीं ठीक है। आपने कहा कि आप सब इस चारपाई पर बैठ जायें। वे लोग बैठ गईं। फिर आपने उन सब की आतरी उतारी। अग्रवाल साहब बोले कि दुबारा कौन हिम्मत करेगा आरती उतारने को। आप स्त्रियों से पैर नहीं छुआते थे। यदि गलती से कोई पैर छू ले चाहे वह कोई बच्ची ही क्यों न हो, आप उसका भी पैर छू लेते थे। वैसे, पुरुष वर्ग भी जब पैर छूता तो आपको तकलीफ होती, कहते कि भाई लोग मानते नहीं, इसकी आवश्यकता नहीं है। वैसे भी सभ्य समाज में यह अच्छा नहीं लगता। हाँ परिवार में और बात है। आप सत्संग समाप्ति के बाद तुरन्त मोजे पहन लेते। कहते कि पैर कौन छूता है। सब मोजे ही छूते हैं, भाई भावना होनी चाहिए। यह दूसरी बात है कि कुछ भाई जिन्हें सेवा का अवसर मिलता तो वह आपके सर, शरीर व पैरों की मालिश करते या दवा लगाते। ऐसे लोग गिने-चुने ही थे। भगवान राम धनुष तोड़ने के पहले "गुरुः प्रणाम मनहि मन कीन्हा" का दृष्टान्त उपलब्ध है। आप कहते कि अध्यात्म में भावना का ही मुख्य रोल है।

11.34 गुरुदेव

गुरुदेव के बारे में क्या खूब कहा गया है ।
उनसे जो माँगे, खुदा से भी दिला देते हैं ।।

आप की शान न समझा है न समझेगा कोई ।
आप अल्लाह से बन्दे को मिला देते हैं ।।

उनका तालिब जो हुआ, उनसे लगी लौ जिसकी ।
उसकी बिगड़ी हुई हर बात बना देते हैं ।।

जब भटकता है मदीने का मुसाफिर कोई ।
खुद आकर उसे मंजिल का पता देते हैं ।।

हमारे सत्संग के एक सत्संगी भाई चमन सिंह सिरोही जी, बड़े समर्पित साधक व कार्य करता रहे। गोवा में थे, वहाँ के सत्संग संचालक महोदय से वैचारिक मतभेद रहा, दोनों भाईयों के अह्म का टकराव इतना बढ़ा कि सिरोही जी ने सत्संग छोड़ दिया। भाई साहब जी को पत्र लिख कर सत्संग से इस्तीफा देने की बात कही। जवाब आया सत्संग में ऐसी कोई व्यवस्था नहीं है। सेवक यदि किसी को अपना लेता है तो उसे छोड़ता नहीं। खैर आप भटकते रहे, और संस्थाओं में जाते रहे, यहाँ आना छोड़ दिया। यह दिल्ली गया हुआ था, भाई साहब के यहाँ ही ठहरता था। आप और माता जी थे नहीं आपके सुपुत्र भाई साहब जी से मालूम हुआ कि अचानक लाला जी महाराज की समाधी स्थल, फतेहगढ़ गये हुए हैं। साथ में भाई रमेश जी भी गये हैं। अगले रोज आप वापस आये। एक दिन बाद यह क्या देखता है कि श्री चमन सिंह सिरोही जी पधारे। बातचीत से पता चला कि भाई साहब जी से इनकी मुलाकात फतेहगढ़ लाला जी महाराज की समाधि पर दो दिन पहले हुई थी।

बताने लगे कि महात्मा बृजमोहन लाल जी के सुपुत्र श्री ओंकार जी के साथ वहाँ यह सत्संग में गये थे। जब से आना बन्द कर दिया था, मन अशांत रहता था। जब फतेहगढ़ समाधि पर यह भाई साहब जी से मिले, तो साहब ने कहा कि आप अच्छी जगह पहुँच गये हैं, ओंकार जी हमारे गुरु के सुपुत्र

हैं, अब और कहीं न जाना। बता रहे थे कि बाद में यह लाला जी महाराज की समाधी पर ध्यान में बैठे, तो प्रेरणा हुई कि आप भाई साहब जी के पास ही जाओ। इसलिए आया हूँ कई दिन रुके, भाई साहब के साथ सत्संग होता रहा। उपरोक्त लिखित पद का क्या सुन्दर अनुभव भाई साहब जी ने हम लोगों को कराया। सद्‌गुरु बहुत कष्ट उठाते हैं और प्रयास करते हैं कि भक्तों का कल्याण हो। यह उपरोक्त बातें चन्द भाईयों के अनुभवों की है जिनसे इसका संपर्क रहा। न जाने कितने भक्तों का भला संत करते हैं अंदाजा लगाना असंभव है।

'परमात्मा तू ही है, तेरी इच्छा पूरी हो।'

12

साधना सूत्र

अखिल भारतीय संतमत सत्संग संस्था के प्रथम सचिव श्री आर. एस. अग्रवाल जी थे जिन्होंने महात्मा यशपाल जी (भाई साहब) के साथ कन्धे से कन्धा मिलाकर संस्था के विकास में भरपूर सहयोग किया। आप महात्मा जी के निकटस्थ साधकों में एक ज्ञानी भक्त रहे। भाई साहब जी के वार्तालापों में साधना के सूक्ष्म संकेतों व सूत्रों का समावेश होता, जो अग्रवाल साहब अपनी डायरी में लिखते रहते। यह डायरी क्रमबद्ध तरीके से सन्तसुधा पत्रिका में छपती रही। डायरी के वे अंश जो आनन्द योग साधना में सहायक लगे, उनका संकलन इस अनुभाग में किया गया है।

1962:

3-3-62. Pujya Bhai Sb ji instructed that dream should not be divulged and similarly the experiences.

13-3-62. पूज्य भाई साहब जी ने फरमाया कि हुजूर वाला ने मुझसे कहा कि स्वाध्याय भी किया करो और उन्होंने मुझे गीता और कुरान दी। फिर फरमाया कि इस छोटी सी पुस्तक देने का आशय है कि तुम इससे परे हो।

5-4-62. पूज्य भाई साहब जी ने फरमाया, रात्रि में जागना बेहतर है बनिस्पद व्रत रखने के। ध्यान में सोना रात्रि में जागने के समान हैं।

12-8-62. भाई साहब ने कुछ ज्ञातव्य बातें बताई -

- हमारे मत में गुरु की मूर्ति पूजा वर्जित है।

- हमें भीड़ इकट्ठी नहीं करनी है। वैसे तो सत्संग में जो आता है, सबको फैज मिलता है, हमें कुछ तजल्लिया पैदा करनी है, जो इस सिलसिले को चला सकें।
- गृहस्थ ब्रह्मचर्य बहुत बड़ी चीज है।
- ब्रह्मचर्य आवश्यक है, नहीं तो खुराक से पूरा करना होगा।
- सैर आवश्यक है। शरीर पुष्ट रखना जरुरी है वरना unpleasantness आ जाती है और ध्यान भार लगने लगता है।
- दिन के खाली समय को अच्छी प्रकार से बिताना है। यह खाली वक्त का ध्यान रात्रि के 6-8 घन्टे की समाधी - है। संस्कार नहीं बनेंगे और जो पिछले हैं वह किसी न किसी प्रकार अथवा स्वप्न में नष्ट हो जायेंगे।
- नीति विषयक बातें जिसमें motive खराब न हों, धर्मानुकूल ही हैं। मानसिक कार्य के समय ध्यान छोड़ दें। मन चलायमान नहीं होता, वह कार्य में रत रहता है और उसके संस्कार नहीं बनते।
- डायरी का कालम बढ़ाने का आदेश हुआ। अपने फरमाया कि यदि 12 वर्ष तक कालम ठीक चला तो फिर आवश्यकता नहीं।

13-8-62. पूज्य भाई साहब ने फरमाया कि सत्‌गुरुदेव जी (महात्मा बृजमोहन लाल जी) ने उन्हें सब तालीम स्वप्नों द्वारा दी। वह फरमाया करते थे कि सच्चा साधक कभी मुख से नहीं कहता, जो उसके मन में आता है, सत्‌गुरुदेव जान जाते हैं और उचित प्रबन्ध कर देते हैं।

19-8-62 पूज्य भाई साहब जी ने फरमाया कि -

- यदि हम कुछ काम करते हों, तो भी अगर आप रजु हैं तो आपको बहुत फैज पहुँचेगा। सत्‌गुरुदेव जी अकसर रिश्तेदारों से बातें करते रहते थे, तो भी धार चलती रहती थी।
- जो इस सत्संग में आयेंगे, वह घाटे में नहीं रहेंगे, दुनियावी व रुहानी।
- साल में एक बार अवश्य गुरुदेव के दर्शन करना चाहिये।

1-9-62 पूज्य भाई साहब फरमाते हैं-

- खुश्की नहीं आने देना चाहिये।

- ब्रह्मचर्य बहुत आवश्यक है।
- जब भी हम गुरुदेव जी के यहाँ होते और कभी ध्यान ईश्वरमय नहीं होते तो वह इशारे-इशारे में बता देते थे।
- दीपक जलाते ही पता चलता है कि गन्दगी कितनी है, फिर उसे साफ करने का प्रयत्न करना चाहिये।
- ऐसे बहुत मिलते हैं, जिन्होंने कुछ प्राप्त कर लिया है, परन्तु कराने वाले कम।

14-9-62. इस सेवक ने अहमकाना प्रश्न किया कि यह रोशनी वतदरीज कम हो जाती है (meaning backward) । पूज्य भाई साहब जी कुछ देर स्तब्ध रहे, फिर आपने फरमाया कि शिष्य गुरु की परछाईं होता है। रोशनी उनमें बेशक अधिक दिखाई दे, परन्तु स्वयं कम समझनी चाहिए वरना तकव्बुर (अहंकार) होता है। गुरु ध्यान ईश्वर ध्यान में सूक्ष्म अंतर।

27-9-62. आज पूज्य भाई साहब जी ने रास्ते में फरमाया कि सत्गुरुदेव शक्तिपात द्वारा ही साधक को पार कर देते हैं। शायद यह मुझ मूर्ख के लिये संकेत था। इस सेवक ने कहा कि सत्गुरुदेव शक्तिपात द्वारा आंतरिक शोध करते हैं। आजनाब फरमाने लगे कि गुरुदेव धोबी व भंगी का काम करते हैं। इस सेवक ने कहा कि सत्गुरुदेव वास्तविक रुप में माता का कार्य करते हैं। आजनाब मुस्कराये और कहा कि यह भाव ठीक है।

11-11-62. पूज्य भाई साहब जी ने फरमाया -

- अभ्यास शनैः शनै- करना चाहिये।
- खुश्की के लिये ब्राह्मी आँवला, दूध, घी, मक्खन का प्रयोग।
- जो भी बुरी बातें छोड़ दी हों, उनका स्वप्न में भी ध्यान न करें, अन्यथा will power कमजोर हो जायेंगी।
- Initiative साधक से आना चाहिये।

बात 17 से 18 अक्टूबर या नवंबर 1962 की है, पूज्य भाई साहब जी ने फरमाया कि वह उन 3 दिनों में काफी चिंतित थे, परेशान थे। वह 3 दिन भारत वर्ष के लिये crucial थे। क्या पता उस greatest living being ने कुछ thought current छोड़े हो, जिसने इस संसार को मोड़ दिया हो।

1963 :–

17–1–63. हमें नूर आदि में नहीं अटकना है। गुरु देखकर मुकाम तै कराते हैं। कोई आवश्यक नहीं कि सब मुकाम तै कराये जायें। Fleeting phase में भी मुकाम तै कराये जा सकते हैं।

21–1–63. भाई साहब जी ने फरमाया कि कलयुग में परमात्मा दर्शन स्वप्न में होते हैं। जैसे जिसकी भावना होती है, वैसे उसको दर्शन होते हैं। अधिकतर दर्शन मुक्त आत्माओं के हुआ करते हैं।

27–1–63. आँजनाव ने फरमाया कि हमारे सिलसिले में यह खास बात है कि यह आरंभ से चल रहा है। कभी ऐसा भी हुआ है कि वह जहूर में न रहा हो। Sprit, अकीदा और विश्वास ही तो इस सिलसिले के Kernel हैं, vision तो फिर स्वतः आ जाता है।

6–7–1963. गुरु पूर्णिमा हसनपुरः भाई साहब जी ने फरमाया यह सेवक इंसान है, सेवा सत्संग की करनी चाहिये, उसे बढ़ाना चाहिये, न इसकी personal ईश्वर अनुकम्पा से और आपकी दुआ से इसे किसी चीज की आवश्यकता नहीं। There should be a trust and serious effort should be made to secure some piece of land for the satsang.

God should be assigned first place. If you assign second place to God, you give no place to Him. If God is given first place, all of your wishes will be fulfilled i.e. इहलौकिक एवं पारलौकिक।

2–8–63. अरोदा जी ने पूज्य भाई साहब जी से कहा कि अब आनन्द नहीं आता। आपने फरमाया कि जब आनन्द और वे आनन्द का भान रहा तो फिर स्थिति कैसी ?

17–8–63. अध्यात्म में normal जिन्दगी बसर करनी चाहिये अन्यथा मुश्किल हो जाता है और आई हुई चीज चली जाती है ईश्वर याद और ध्यान में अंतर बताते हुये फरमाया कि ध्यान में सूक्ष्म strain निहित है।

24–8–63. द्वन्दातीत होना है, आनन्द में ही नहीं पड़े रहना है। नेति नेति आनन्द से ऊपर उठना है। आनन्द भी एक प्रकार की माया है। A gold chain that has to be abjured बाहोश फकीर होना है, मज्जूब नहीं। जब bliss and absence of bliss एक सा प्रतीत हो तो समझो की हालत ठीक है। हमें उस परम पिता परमात्मा को पाना है न की आनन्द के लटके में ही पड़ा रहना है।

आँजनाब का कमाल contains hidden meaning. Every thing is from God. The person who thinks he is doing, he is living in hallucination. पूज्य भाई साहब जी फरमाते हैं कि साधक को अपनी स्थिति का पता नहीं होना चाहिये। सब उसी का खेल मात्र है।

26-9-63. स्वामी रामकृष्ण परमहंस का 3 रुपये 2 आने वाला अंश सत्संग में पढ़ा गया। पूज्य भाई साहब जी ने फरमाया कि परमहंस जी चाहते तो लाखों रुपये पैदा कर सकते थे, परन्तु उन्हें तो सोना और मिट्टी एक समान था। परमहंस जी इतना अपमान सहते हुए भी वहाँ पर भोजन करके गये अन्यथा अनर्थ हो जाता। जरा सा कुपित होने पर जिनके यहाँ वह गये हुए थे, सब कुछ चौपट हो जाता। कुपित होना संतों का स्वभाव नहीं है। उनका यह धर्म नहीं है, यदि वे हो जाते तो अपने धर्म से च्युत हो जाते।

जो कुछ भी करो, ईश्वर का समझ कर करो। अच्छे संस्कारों से फल तो अच्छा मिलेगा, परन्तु वह भी एक सोने की जंजीर होगी।

91-2-63. पंडित भूदेव जी की पत्नी को बैल के चपेट से चोट लग गई थी। पंडित जी उनको छोड़-छाड़ कर पूज्य भाई साहब जी के यहाँ आये। पूज्य भाई साहब जी ने कहा, पूज्या माता जी ने कहा कि डाक्टर को दिखलाओ। फिर जाकर CGHS में गये और बिलिंगडन में भर्ती करा दिया। आप फरमाने लगे कि ऐसे ही हमारा मार्ग बदनाम होता है। लोकाचार अवश्यंभावी है। विश्वास आखिरी चीज है। जिस समय शिष्य में यह निश्चय दृढ़ हो जाता है कि सत्गुरुदेव जीवन मुक्त हैं और कोई भी कार्य शास्त्र विरुद्ध नहीं करते, उस समय शिष्य की परीक्षा की घड़ी आती है और केवल गुरु अंगद देव जैसे शिष्य ही पार हो सकते हैं। संसार में ऐसा कार्य करना है कि कोई उँगली न उठा सके। गृहस्थ आश्रम सबसे बड़ा परदा है। सन्यासियों के लिये ऐसा कोई परदा नहीं। हम ही उन्हें मार देते हैं, पदच्युत कर देते हैं। उन बेचारों ने तो कितने sacrifice (त्याग) किये हुए होते हैं।

27-12-63. मित्तल साहब की article का जिक्र हुआ। पूज्य भाई साहब जी को कामिल गुरु लिखने लगे। आपने फरमाया कि सत्गुरु तो उस समय

होता है जब आत्मा शरीर छोड़कर ईश्वर में लीन हो जायें। हमारे यहाँ तो गुरु भी नहीं कहलाया जाता। सब एक परिवार के सदस्य हैं।

1964:-

4-6-64. आज दोपहर लंच के समय पूज्य भाई साहब जी ने फरमाया कि इस मार्ग में केवल विश्वास ही बेड़ा पार करा देता है और कुछ करने की आवश्यकता नहीं। आपने परम पूज्य दद्दा जी महाराज का स्वप्न सुनाया। जिस समय उनको इजाजत ताअम्मा मिल गई, उस रात को वह देखते हैं कि वह 16 युवतियों के बीच में हैं। उन्होंने अपने सत्गुरुदेव महाराज (लाला जी महाराज (का ध्यान किया और कहा कि यह क्या है? परम पूज्य लाला जी महाराज, किबला साहब और मौलवी साहब का प्रकट होना, लाला जी महाराज का पीठ ठोकना, कि बाजी मार ली। यह 16 युवतियाँ वास्तव में 16 कलायें हैं।

21-1-64. श्री आर. एस. अग्रवाल जी की मुलाकात एक सन्यासी से हुई। उन्होंने पूछा कि कुछ जप इत्यादि करते हो, इन्होंने कहा कि नहीं। प्रातः काल कुछ पूजा के लिये बैठ जाता हूँ। फिर पूछा कि कुछ अनुभव हुआ। पूज्य भाई साहब जी का स्मरण करते हुये उत्तर दिया कि शिर, सुषम्ना आदि के बारे में कहा। उन्होंने फरमाया कि मन तो स्थिर न हुआ वरना यह पता कैसे लगता? मैंने कहा कि मन जब शान्त होता है और कार्य नहीं करता तो समय का पता ही नहीं चलेगा। फिर उन्होंने फरमाया कि ठीक चल रहे हो, पूछने लगे की ईष्ट क्या हैं? इन्होंने उनसे कहा कि अभी निश्चित नहीं। पूज्य भाई साहब जी के बारे में कोई जिक्र नहीं किया।

30-1-64. को आपने स्वामी जी की वार्ता के बारे में बतलाया। आपने फरमाया कि कुछ महात्मा बहुत अच्छे होते हैं। एक मर्तबा श्री ओंकार जी सुपुत्र श्री परम संत महात्मा बृजमोहन लाल जी एक महात्मा के पास किसी तरह पहुँच गये। जब जाने लगे तो उन्होंने आपको रोक लिया और पूछने लगे कि क्या आप अभ्यास करते हैं, उन्होंने कहा कि नहीं। महात्मा जी ने फरमाया कि ऐसा नहीं हो सकता। फिर ओंकार जी ने बताया कि मेरे पिता महात्मा हैं। उन्होंने कहा फिर ऐसा हो सकता है। जिसका संस्कार होता है किसी न किसी बहाने स्वयं आ जाता है। किसी भाई ने चिट्ठी लिखी थी कि पूज्य भाई साहब

से उनके जोड़ों के दर्द को ठीक होने की दुआ कर देना। आजनाब ने एक देवी का किस्सा सुनाया कि किस प्रकार वह सत्संग में केवल इस भावना से कि उनका बच्चा ठीक हो जायें आईं। चड्ढ़ा जी के बारे में बतलाया। फरमाया कि यदि हम दुनियावी परेशानियों से घबड़ाकर उनके बारे में दुआ मांगने लगे तो अध्यात्म वहीं खत्म हो जाता है। फिर आपने पूज्य लाला जी महाराज के बारे में बतलाया कि किस प्रकार उनका लड़का प्लेग में मुबतला था और अपना नियम न टूटने कारण गुरुदेव जी के दर्शनार्थ गये। मन में लड़के के बारे में कोई भी किसी प्रकार की भावना नहीं थी। जिक्र करना तो दूर रहा। सत्गुरुदेव जी तो समर्थ हैं। वह स्वयं किस प्रकार लाला जी महाराज के यहाँ पधारे।

12-2-64. आज चाय के समय फरमाया कि ब्रह्मचर्य का ख्याल अच्छा है। यदि हो तो शीघ्र तरक्की होती है। कोई nervous disorder आदि ही नहीं होता। Indulgence is as a matter of habit as smoking, it is not necessity. ब्रह्मचर्य पालन हो सकता है। इस चीज को छिपाना चाहिये। Look like a wordly man.

13-2-64. पूज्य भाई साहब ने फरमाया कि स्वप्नों में इस मार्ग में साँप दिखाई दिया करते हैं। यह बड़े instructive हैं। तेज तर्रार हों तो समझना चाहिये कि मन तेजी से बाह्य की ओर जा रहा है और काम, क्रोध आदि का शिकार हो रहा है। उस समय सत्संग में आ जाना चाहिये। जिस समय साँप पाँव से दबा हो या मुरझाया सा हो तो समझना चाहिये वह काबू में आ रहा है। जब वह डंक मारता हुआ दिखाई दे परन्तु असर न हो, यह आखिरी अवस्था है। कृष्ण जी ने नाग नाथा था। जब हृदय जागृत होता है उस समय सजीव जटाधारी और नदिया पर चढ़े शिव जी दिखाई देते हैं, क्षण मात्र के लिये, but it is not universal.

15-2-64. श्री रमेश जी माथुर पूज्य भाई साहब एवं पूज्या बहन जी को कल सत्संग में ले जाने के लिये बजिद हैं। तै हुआ कि कल प्रातः बहन जी जायेंगी, सायँकाल खाने पर नहीं। खाना यहीं पहुँचा देना। परन्तु रमेश जी कहते हैं कि भाई साहब जी मेरा तो सब कुछ किया-कराया मिट्टी हो जायेगा। आजनाब ने फरमाया कि खाने के समय तुम और तुम्हारे पिता जी

(श्री जगस्वरुप माथुर) बुजुर्गों को हमारे द्वारा खाना अपर्ण कर देना और दुआ करना कि आप इस खाने को प्रकाश से परिपूर्ण कर दें - हम तुम्हारे ही साथ होंगें।

25-2-64. श्री राधे बल्लभ जी की तरक्की का होना। पूज्य भाई साहब की कृपा। आपने फरमाया और ख्वाहिश मत करना। सत्संग का काम करते रहना। ख्वाहिश का अंत नहीं। तरक्की वैसे होती रहती है। सब काम उसी की ओर से, उसी का जानकर करें। अपनी दीद में महब रहें।

29-2-64. कल रात्रि में पूज्य भाई साहब जी के पास था। आप डायरी पढ़ रहे थे, फरमाया कि ध्यान से पेट में रस बनते हैं। जब ध्यान बर्दाश्त न हो सके, उसी समय दर्द होता है। कभी-कभी खुजली भी हो जाती है। यह पित्त से होती है। हल्की चिकनी गर्म चीज प्रयोग में लानी चाहिये। Acidity को कम करने वाली चीज खानी चाहिये। आहार-व्यवहार के बारे में फरमाया। अपना बिस्तरा किसी को न दें और न किसी दूसरे का प्रयोग करें। एक दूसरे के साथ उसी थाली में नहीं खाना चाहिये।

17-3-64. प्रातः श्री गुरुदेव जी के लिये प्रार्थना करनी चाहिये। वह rebound करती है। आरंभ में जो होश जोश रहता है, यदि वह continue रहे तो लाखों का कल्याण हो जाये।

20-3-64. पूज्य भाई साहब जी ने फरमाया कि प्यारेलाल जी गुप्ता सत्संग के इतने पाबंद हैं कि अपनी धर्म पत्नी के heart attack पर भी नहीं रुके। कहा कि डाक्टर को बुलाओ, मैंने क्या करना है? शायद सत्संग में बैठे रहने पर मालिक की कृपा हो जाये, कितना दृढ़ विश्वास है, परन्तु is it human?

22-3-64. सत्संग में पूज्य भाई साहब जी। यदि स्वप्न में गुरुदेव दिखाई दे और कुछ उपदेश दें तो समझना चाहिये कि आदेश ईश्वर की तरफ से है। गुरुदेव अध्यात्म में ईश्वर के माध्यम हैं।

17-5-64. पूज्य भाई साहबं जी ने फरमाया कि रामकृष्ण वचनामृत में आया है जब सिर में प्राण वायु वेग से चढ़ने लगे तो समाधी का प्रारंभ हैं। यहाँ पर यह अनुभव होता है। पूज्य भाई साहब ने फरमाया कि उनका मार्ग राज योग था और केवल सन्यासियों को दीक्षा दिया करते थे। हमारा मार्ग

आनन्द योग है जो उसका भी सूक्ष्म भाग है और गृहस्थियों के लिये है। यहाँ पर काम, क्रोध, लोभ, मोह, अहंकार इत्यादि वास्तव में छूट कर दैवी हो जाते हैं। जो कुछ भी हम कार्य करते हैं वह उसको सौंप देते हैं। अपना उदाहरण देते हुये आपने फरमाया कि आपने सर्विस दो बार छोड़ी फिर उनकी समझ कर उनके हुक्म से की।

17-7-64. बुधवार को पूज्य भाई साहब जी ने फरमाया कि श्री पी. सी. राज, जी के. यहाँ चलेंगे, यदि वर्षा न हुई तो। मेरे से निकल गया कि वर्षा कहाँ होगी, भाई साहब जी मुस्करा दिये। सायं 5 बजे फरमाने लगे कि उन्हें अवधेष जी के लिये जाना है। उस शाम इतनी मूसलाधार वर्षा हुई कि जिसकी कुछ हद नहीं। शायद आजनाब चाहते हैं कि अंधविश्वास न हो।

27-8-64. पूज्य भाई साहब जी ने फरमाया कि वह आजकल शिव संहिता का पारायण कर रहे हैं। उसमें लिखा है कि निकृष्ट कर्म नरक को ले जाते हैं और उत्कृष्ट स्वर्ग की ओर। दोनों स्थान में चित्त की वृत्तियाँ, काम, क्रोध, लोभ, मोह, अहंकार इत्यादि रहती हैं। निष्काम कर्म वह है जो उसमें लय होकर किया जाये। 'I' का elimination करना है, और अपने को मिटाना है। यह उसी समय होता है जब पूर्ण conviction हो।

3-9-64. आजनाब ने फरमाया कि sacrifices के माध्यम से तरक्की होती है। Wordly pursuits transient हैं। गुरुदेव संस्कार भुगतवा देते हैं। चूँकि वह कुरवत याफता होते हैं, संस्कार हल्के पड़ जाते हैं। भुगतने अवश्य पड़ते हैं।

9-11-64. आज पूज्य भाई साहब जी ने Sh A. B. Subramaniam से वार्तालाप के बारे में बतलाया: ऊपर चढ़ाया जा सकता है, परन्तु लौटाना मुश्किल हो जाता है। आज्ञाचक्र से pierce कर शनैः शनैः चढ़ाते हैं, नीचे की ओर सिद्धियाँ हैं। यह pierce कर दी जाँय तो सिद्धियाँ इत्यादि में पड़ जाते हैं और नुकसान हो जाता है। ऊपर के चक्रों में आत्मा और परमात्मा में रमण करते हैं, फिर शनैः शनैः शुद्ध होकर सब चक्र खुल जाते हैं। गुरुदेव स्वयं देखते हैं। जब खटका नहीं रहता, स्वय खोल देते हैं, यहाँ पर जो दिल से सच्चे मायनों में feel किया होकर रहेगा। श्रद्धा और अटूट विश्वास आवश्यक है। हुक्म उदूली से disconnection होने में हानि ही हानि है।

1965:-

1-1-65 :- लोग समझते हैं कि हम सोते हैं, पता नहीं कि हम क्या-क्या करते हैं, उन्हें क्या मालूम। आजनाब के मुखारबिन्दु से। लोकेश जी ने कहा कि वह वहाँ देखने गये थे, सत्संग में सम्मलित नहीं हो सके। भाई साहब जी ने फरमाया कि आप यह क्यों समझते हो कि वहां सत्संग नहीं था। ईश्वर में लीनता नहीं थी। तुम डायरी नहीं लिख रहे हो, पता नहीं कितना नुकसान कर रहे हो - पूज्य भाई साहब जी।

16-2-65 ध्यान मूलम गुरु मूर्ति पूजा मूलम गुरु पदम।
मंत्र मूलम गुरु वाक्यं मोक्ष मूलम गुरु कृपा ।।

पूज्य भाई साहब जी ने फरमाया कि जब गुरु और शिष्य की आत्मा एक हो जाती है, तब यह स्थिति आती है, यह ठीक है। परन्तु जन साधारण इसको क्या समझेंगे। श्री बृजमोहन वचनामृत का प्रारंभ इसी से होता है।

22-5-65. पूज्य भाई साहब जी के साथ एम. एम. साहब के यहाँ आया। रास्ते में मैंने अनुमति मांगी, 23-5-65 को समाज (आर्य समाज) का election attend करने की, परन्तु आपने फरमाया कि पिछली बार तो आप बच गये थे।

सत्संग की प्रगति का जिक्र चल पड़ा। Translation का जिक्र चल पड़ा। जिसकी अंतर ज्योति लगी हुई है, उसकी वाणी, उसके वाक्यों में force होता है स्वतः ध्यान लग जाता है।

23-5-65. आज सत्संग में पूज्य भाई साहब जी ने फरमाया कि कुछ साल पश्चात ऐसी स्थिति आ जाती है कि अकेला ध्यान लगाकर बैठने से उतना फायदा नहीं होता जितना सेवा करने से होता है। गुरुदेव फरमाया करते थे कि पंडित राम स्वरुप शर्मा में बहुत Zeal है। Zeal लाना चाहिये सत्संग की प्रगति का ध्यान रखना चाहिये। अच्छे लोगों को लाना चाहिये।

26-5-65. आज पूज्य भाई साहब ने फरमाया कि विश्व को प्रेम व मुहब्बत की आवश्यकता है, न की नफरत की। नफरत से राष्ट्रीय कष्ट होता है। आजकल लड़ाई हो जाने से human race inxtinct हो सकती है।

3-6-65. आप फरमाते हैं कि हमें तो ध्यान से शान्ति मिलती है। भण्डारे में तो ऐसी हालत हो जाती है कि पता नहीं यह शरीर कब drop हो जाये। सब पेट आदि की तकलीफ दूर हो जाती है।

5-8-65. रविवार प्रातः आप फरमा रहे थे कि सरकार साहब कैसे प्रेमी हैं, कह रहे थे कि मुखर्जी साहब को आप पर बड़ा विश्वास है। Ticket booking के बारे में, seats के मिलने के बारे में जिक्र चल रहा था। वह तो मिलनी ही थी। शंका उठी क्या यही कुछ देखना ध्येय है? फौरन ही आपने फरमाया, ध्येय ईश्वर प्राप्ति है। यह बातें हो जाती हैं, कभी-कभी विश्वास को बल देने के लिये। कभी-कभी उल्टा भी हो जाता है, टेस्ट करने के लिये।

6-8-65. अनंगपुर सत्संग के दौरान पूज्य भाई साहब जी ने फरमाया कि कुछ लोग चिट्ठियों में लिखते हैं कि उन्होंने फलाँ के दर्शन स्वप्न में किये, तो वे जिन्हें स्वप्न में देखा है, सुन कर फूले नहीं समाते कि जैसे वे तीसमार खाँ हो गये। यह हालत बहुत कच्ची है।

12-12-65. आपने बहुत ज्ञातव्य व गूढ़ बातें बताई। स्वप्न आदि में कितना भी मनोरम दृश्य हो अथवा कुछ अच्छी देन हो, बिना अपने गुरुदेव के साथ हुये शैतानियत है।

18-12-65. कल पूज्य भाई साहब दोपहर को अरोड़ा जी का जिक्र कर रहे थे। उन्होंने गुरुदेव जी को कितनी गालियाँ दी आनंदमयी माँ के यहाँ से आने पर। पूज्य भाई साहब जी ने बिल्कुल react नहीं किया। अपने सिलसिले का वसूल यदि कोई छूरी से भी तेरा गला काटे, उसके लिये भी दुआ करना।

1966:-

17-1-65. पूज्य भाई साहब जी ने एक दफा फरमाया कि यदि किसी बारात या विवाह में जाओ तो वैसे ही behave करो। separate identity बनकर तमाशा मत कराओ। बारात में झूठ छोड़ने में कोई हर्ज नहीं है वह किसी के काम आती है।

Humiliation इस मार्ग में सालन है, दुख, दर्द, तकलीफ रोटियाँ। हर हालत में, हर circumstances में उसकी याद बनी रहे, यही तो यहाँ का कमाल है।

1-4-66. परम पूज्य भाई साहब ने सत्संग कराने वालों की मीटिंग में फरमाया:-

- कि जिस समय सत्संग में बैठते हैं, उस समय सत्संग कराने वालों का connection with God स्थापित हो जाता है। सब कुछ उस मालिक की ओर से हो रहा होता है। धार उससे आती है फिर वितरित होती है।
- Oneness with Atma of Gurudeo स्थापित करने के लिये 'I' का elimination होना चाहिये। जितना अधिक elimination होगा उतनी ही धार शुद्ध और पवित्र होकर आयेगी।
- फायदा हो जाना या कुछ और हो जाना अपने से समझने में गिरावट है। जहाँ अपना समझा नहीं कि गिरावट आरंभ। अपने से समझना ही अपने आपको भ्रम में डालना है। यदि कोई कहे कि तुमसे फायदा हुआ तो मालिक से प्रार्थना करो, गिड़गिड़ा कर कि हे प्रभुवर यह जो हुआ, सब आपसे बन पाया है। इसको अपना समझना अपने को भूल में डालना है। प्रभु इस क्षुद्र ख्याल का किंचित मात्र भी इस पर असर न हो। प्रभो तेरी ही लीला है। तू इस दासानुदास को परीक्षा में न डाल, यह किस काबिल है।
- Punctuality अति आवश्यक है।
- जितना अधिक सेवा भाव होगा, उतनी अधिक धार शुद्धतर होती जायेगी।
- सच्चा गुरु वह है जिसमें शिष्यत्व कूट-कूट कर भरा हो।
- Distance is no criteria, धार चलती रहती है। फोटो कभी पूजा अथवा सत्संग के समय नहीं रखना चाहिये। यदि जबरदस्ती शगल राब्ता फोटा को देखकर करोगे वह ठीक न उतेरगा, जब तक की गुरुदेव की आत्मा से वास्तविक रुप से एकत्व प्राप्न न कर लें।
- यदि ब्रह्चर्य हो तो कुछ करने की आवश्यकता नहीं। सब कुछ अपने आप होता रहता है। आनन्द ही आनन्द है।

1967:-

23-2-67 पूज्य भाई साहब जी के साथ चाय। आप फरमाते हैं कि इस मार्ग में चलना लोहे के चने चबाना है ।

क्षुरस्य धारा निशिता दुरत्या ।
दुर्गम पथस्तत कवयो वदन्ति ।।

त्याग आवश्यक है। बाहर जाने से पैसे का त्याग अथवा समय का त्याग होता है। काम, क्रोध, मोह, लोभ को निकालने के लिये चेष्टा शुरु हो जाती है। जब तक जीवन मुक्त नहीं होता, तब तक असली काम प्रारंभ नहीं होता।

1972:-

17-1-72. पूज्य भाई साहब जी ने फरमाया कि दूर रहने वाले अच्छे रहते हैं अपेक्षा पास रहने वालों के। कारण कि नजदीक (घर में) रहने वालों को बुराईयाँ भी दिखलाई पड़ती हैं, परन्तु जो उनके beyond चले गये, वह बहुत अच्छे रहते हैं, दूर वालों से।

27-1-72. आज प्रातः 6 बजे से सत्संग, शान्तिपाठ, प्रवचन, पूज्य भाई साहब जी के सुपौत्र (श्री रमेश जी के पुत्र प्रणव) के नाम करण के उपलक्ष्य में है। मुझे घर प्रातः 6 बजे से powerful soothing current ओत-प्रोत कर लेती है। यह 7:10 तक रहती है। हम उठकर चल देते हैं। It was a real treat to witness the shantipath and the function. Two names are suggested Ashim (सीमा रहित) और Pranav (उदगीथ)। पूज्य भाई साहब प्रणव रखना चाहते हैं और पूनम जी (बच्चे की माँ) असीम। ज्ञानेश्वर जी (आर्य समाज के पंडित जी) जिन्होंने नाम करण संस्कार कराया explains the significance of the two names and indicates the names could be settled by Ramesh ji and Poonam ji at the time of Ashirvad. At that time, however he himself gives Ashirvad by Pranav and this name is established. दोपहर बाद आपने बताया कि वास्तव में कोई जड़ वस्तु नहीं है। क्योंकि ईश्वर सबमें ओत-प्रोत है और ईश्वर चेतन है। परन्तु यह ज्ञान बाद में होता है। हमें तो as a common paralance जड़ वस्तु को लेना है और चेतन को भी।

मयि सर्वमिद प्रोतं सूत्रे माणिगणा इन

Every thing in the world is woven with in me as a series of pearls is held by the string.

3-2-72. आज पूज्य भाई साहब जी ने आत्मा, परमात्मा, सूक्ष्म और कारण शरीर के बारे में अपनी जुबानी मुबारिक से फरमाया कि नवें भाग का स्वप्न बहुत ही गूढ़ महत्व का है। इसकी importance अब इतनी नहीं लगती। श्री बृजमोहन वचनामृत will in course of time be a great book of yoga in action. किस प्रकार आत्मा सूक्ष्म शरीर को छोड़ते हुए directly ऊपर हो जाती है और तत्पश्चात वापस उसी body में आ जाती है। किस प्रकार यह clear crystal आत्मा अपने सूक्ष्म शरीर को छोड़ती है, मल, विक्षेप और आवरण को छोड़ती हुई।

11-2-72. कल एक पत्र आया था, जिसमें अनुरोध था कि आप दुआ करें कि उनके बास को इकस्टेन्सन न मिले। आपने फरमाया कि हमारा रास्ता किसी को बद्दुआ देने अथवा किसी का बुरा चाहने का नहीं है। हमारा तो ध्येय है जो कुन्द छुरी से भी तेरा गला काटे तो उसका भी भला चाहना। इस सेवक ने कहा कि मन में किसी के प्रति ऐसी भावना अवश्य आती है, परन्तु उसे बाहर नहीं निकालना चाहिये। आपने फरमाया कि मनुष्य के अन्दर गन्दगी आदि भरी है, परन्तु वह बाहर निकलती है, तभी उसे गन्दगी कहते हैं।

19-3-72. आपने फरमाया कि भण्डारा क्या है। लोगों की धारणा भण्डारे के बारे में खाने-पीने का आयोजन आदि ही होता है, गलत है। भण्डारे का तात्पर्य है कि जिस बुजुर्ग की याद में भण्डारा मनाया जाये, उस बुजुर्ग के spiritual bliss को पृथ्वी पर उतारा जा सके और जो सज्जन भण्डारे को चलाते हैं, अथवा कराते हैं उनमें उस बुजुर्ग के फैज को उतारने की और उपस्थिति सज्जनों में उसको प्रवाहित करने की क्षमता हो ताकि वह पात्रानुसार उस फेज का पान कर सकें।

23-3-72. जिस समय भाई साहब जी को बालतोड़ हुआ था तो वह कभी कैपसूल, कभी कोई दवा जो भी कोई दे देता ले लेते थे। मेरे यह कहने पर कि भाई साहब जी इस प्रकार की experimentation तो न हो। आप फरमाने लगे कि प्रेम से देते हैं, परमात्मा की प्रेरणा है, हम ले लेते हैं। ईश्वर

तेरी इच्छा पूर्ण हो का कितना उज्जवल उदाहरण है। मैं अवाक् रह गया। This is the real way, practical demonstration है।

24-6-72. एक भाई ने प्रश्न किया कि शान्ति पाठ में आप ओउम शान्ति का जाप बतलाते हैं और पूजा (initiation) के समय यदि किन्हीं को कोई और जाप बतलाया हो तो उसका क्या समन्वय है। आपने फरमाया कि आप वह जाप कर सकते हैं। कोई binding नहीं है। शान्ति पाठ और आंतरिक सत्संग में क्या अन्तर है। आपने फरमाया शान्ति पाठ आत्मा की तथा विश्व शान्ति के लिये है परन्तु आंतरिक सत्संग अपने मानसिक तथा आत्मिक विकास के लिये है।

26-8-72. पूज्य भाई साहब फरमा रहे थे कि प्रत्येक साधक यह महसूस करता था कि दद्दा जी महाराज उसके साथ हर समय रहते हैं। वह प्रत्येक क्षण सत्संग की निगरानी भी करते हैं। हमें भी दफ्तर के कार्यों में और जिस समय मुश्किल पड़े यह महसूस होता है कि हमारे परम संत हमारे साथ हैं। हर समय, हर घड़ी हमें देखते रहते हैं। प्रत्येक समझता है कि वह उसे अधिक प्यार करते हैं। प्यार बिखरा पड़ा है, लेने वाला चाहिये।

29-9-72. आपने फरमाया कि 'I' का elimination होना चाहिये। प्रेम और सेवा की भावना सत्संग कराने वाले में आनी चाहिये। आपने फरमाया कि वह स्वयं किस प्रकार सत्संगी भाईयों के पास जाया करते थे।

7-10-72. आज दोपहर को जिक्र चल रहा था। किसी चीज को छोड़ने का एक पान छोड़ा था और फिर पान ही पान का विचार था, उनके मन में। पूज्य भाई साहब जी फरमाने लगे कि ऐसा छोड़ा कि उसी का विचार रहे तो उसे अर्से के लिये ईश्वर के बजाय उसका ख्याल आता है तो इससे अच्छा है कि उपरति हो जाए उससे; अर्थात वह सेवन करता रहे और उसका ध्यान न रहे। इससे उनकी उपेक्षा होगी और धीरे-धीरे कम होता जायेगा। परन्तु एक दफा छोड़ने पर जबरदस्त will power से और दृढ़ रहने will power से बढ़ती है।

30-11-72. आपने फरमाया कि किस प्रकार पूज्य माता जी को छाती में तकलीफ हो गई। तकलीफ बहुत थी। भगवान से प्रार्थना करने के सिवा उनके पास क्या था। रात्रि में माता जी को अपने सत्गुरुदेव का सत्संग दिखलाई

दिया। आप बड़े दुख से अपने मन में कहने लगे कि तकलीफ के कारण सत्संग में नहीं बैठ सकती। इतने में स्वप्न में ही एक मुस्लिम महिला आती हैं और अपना हाथ उस जगह पर फिराकर पूछती हैं कि क्या अब तो ठीक हो। तत्पश्चात उन्होंने अपने दादा गुरुदेव को स्वप्न में सुन्दर रुप में दर्शन किये। आँख खुलते ही सब तकलीफ रफा हो गई थी।

1973:-

29-2-73. पूज्य भाई साहब जी ने फरमाया गुरु महाराज ज्ञानी साधक को अधिक पसंद करते थे। सब कुछ सोच-विचार कर वह आता है। लाला जी महाराज ने एक पत्र में लिखा है कि काम बहुत होगा। गुरुदेव पर्दे में सब कुछ मुकामात तै कराते हैं। यदि साधक को अपनी स्थिति का पता चल जाये तो वह तजुर्बा करने लगता है और अहंकार आता है। ऐसे तो सब कार्य निष्काम तौर पर हो जाते हैं। हनुमान जी को उनकी शक्ति की याद दिलाई जाती थी, तब वह कार्य करते थे।

1974:-

8-3-74. आज होली के दिन परम संत महात्मा रामचन्द्र जी महाराज के लेखों पर बात चल रही थी। कितने powerful लेख हैं। यहाँ मैने पूछा कि स्वामी जी के ग्रंथ, तुलसीकृत रामायण, इस्लाामिक सिलसिला का कैसे समन्वय होगा। आपने फरमाया हर एक का निचोड़ (crux) ले लेना चाहिये। समाधियों के बारे में श्री ओंकार नाथ जी के वाक्य कि परम संत दद्दा जी महाराज ने मुख्तार साहब से जिस समय उन्होंने कहा था कि चच्चा जी की समाधी से सब कुछ मिल जायेगा, फरमाया कि समाधी से कुछ नहीं मिलेगा, बेशक जो कुछ मिलेगा वह तो जिन्दा लोमड़ी से ही मिलेगा। समाधी तो जिनका लगाव है, अथवा जिनके संस्कार है, उनके वहाँ जाने पर याद ताजा हो जाती है और घनत्व व शुद्धता आ जाती है। It depends on sincerity and seriousness with which a person goes श्रद्धा एवं भावना का विषय है।

14-4-74. आज पूज्य भाई साहब जी ने फरमाया कि जो ध्यान के समय अथवा आँख मीचते ही flow of internal current (आंतरिक धारा प्रवाह) मालूम होता है वही अजपा जाप है और उस परम पिता परमात्मा से connection है। हमें यह ख्याल करना चाहिये। कि हम उससे connected हैं हर

समय हर घड़ी। इसे 24 घन्टे का बनाना पड़ता है। अंश जब उस पूर्ण से connect हो तो फिर घबड़ाहट कैसी ?

22-8-74. स्वप्नों के बारे में आपने फरमाया कि यह एक प्रकार के incentive हैं। जज्बे के दौरान अधिक होते हैं। भक्ति मार्ग और ज्ञान मार्गियों में बड़ा अन्तर होता है। वैसे यह (देवी स्वप्न) खतरे रहमानी हैं। जितना लौ के करीब आते जाओगे उतने ही यह कम होते जावेंगे। चिराग तले अँधेरा वाली बात है।

पूज्य भाई साहब जी indirect बेअदवी का परिणाम दिनेश जी की मृत्यु और किस प्रकार दद्दा जी महाराज का अपने छोटे बच्चे की sacrifice करना और उसकी आत्मा की सलब कर लेना के बारे में चर्चा करते हैं। यह सब बृजमोहन वचनामृत में आ चुका है। Body has no value for saints. Life is a continuous process यह तो कपड़े change करने वाली बात है जैसा कि गीता में वर्णित है। किस प्रकार आत्म दर्शन के पश्चात संभावी मुद्रा हो जाती है ऐसा मुझे पूज्य भाई साहब जी ने बतलाया था। जब ऐसी स्थिति हो जाती है तो वह साधक जो भी कहता है, सत्य कहता है। चंचलता गायब हो जाती है उससे।

कुछ रोज हुए पूज्य भाई साहब जी के यहाँ बात चल रही थी चमत्कारों की। बात सरकार साहब द्वारा शुरु हुई थी। सत्य सांई बाबा पर बात थी। पूज्य भाई साहब जी ने characteristically फरमाया कि पूज्य दद्दा जी महाराज फरमाया करते थे कि अहले औलिया से कभी चमत्कार नहीं होते। वह, ईश्वर यदि चाहें तो उनकी प्रार्थना पर सुई के नकुए से ऊँट निकाल दें, परन्तु वह अपनी ओर से नहीं समझता। सब उस मालिक की ओर से जो भी चमत्कार होते हैं। वह बिल्कुल स्वाभाविक happening की तरह से, उनमें nothing to naked eyes seems to be चमत्कृत। So many happenings have taken place with me* clairvoynthly or otherwise but all are in a – स्वाभाविक way जो भी चमत्कार करते हैं, दिखाते हैं अपनी तरफ से तो दोष है, भगवान की ओर से कुछ भी हो सकता है, परन्तु वह स्वाभाविक हो तो ज्यादा अच्छा है, अन्यथा लोग चमत्कार देखने के लिये ही आयेंगे।

29-9-74. आज आजनाब ने धरमपुर में श्री रघुराज जी के निवास स्थान पर जो सत्संग हुआ था, उसके बारे में बतलाया।

श्री रघुराज जी के निवास स्थान पर महर्षि अरविन्द घोष और माँ के भक्त श्री सुन्दरम और श्री देसाई पधारे हुये थे। यहाँ पर उनका सत्संग 12.30 पर आरंभ हुआ। एक ओर पूज्य भाई साहब जी तथा माता जी विराजमान थी और दूसरी ओर श्री सुन्दरम और देसाई जी। वहाँ का कार्यक्रम इस प्रकार था, पहले गुरु वन्दना (5 मिनट), तत्पश्चात दो ही पंक्ति बोल के और आगे की सारी लाइनें भूल गये और याद करने की बहुत कोशिश की लेकिन वह याद नहीं आई और आगे कुछ नहीं बोल सके। फिर उन्होंने फरमाया कि ध्यान होगा। पूज्य भाई साहब व माता जी ध्यान में मग्न थे और चारों ओर शन्ति की धारायें बह रही थीं, जिससे सारा कमरा surcharged (ओत-प्रोत) था। ध्यान के पश्चात रघुराज ने सुन्दरम जी के समक्ष typed प्रोग्राम पेश किया, जिसके अनुसार उनके प्रवचन का कार्यक्रम था। परन्तु सुन्दरम जी ने प्रवचन न देकर प्रसाद लगाया। पूज्य भाई साहब और माता जी ने प्रेम से प्रसाद पाया। इसके पश्चात सुन्दरम जी और देसाई जी ने उन्हीं के साथ भोजन किया जबकि वह बिल्कुल अलग खाया करते थे। वह दोनों ही आनन्द विभोर थे।

सर्व श्री सुन्दरम और देसाई, पूज्य भाई साहब जी और माता जी के साथ बलसर गये। रास्ते में वह दोनों आनन्द सागर में गोते लगा रहे थे। झपकियाँ आ रही थीं, देसाई जी की समझ में यह राज नहीं आ रहा था और वह बार-बार श्री सुन्दरम जी को जगाते थे।

कुछ दिनों के पश्चात श्री अरविन्द घोष जी के अवशेषों की स्थापना के सिलसिले में श्री सुन्दरम जी अहमदाबाद पधारे। उनका प्रवचन हुआ। और प्रवचन बहुत अच्छा था। प्रवचन के पश्चात श्री रघुराज जी ने (जो वहाँ उपस्थित थे) उनसे पूछा कि धर्मपुर में आपने प्रवचन क्यों नहीं दिया। आपने फरमाया कि मैं वहाँ कैसे बोल सकता था, वहाँ तो माँ की साक्षात् presence प्रतिभासित हो रही थी।

आजनाब के पास तो highest thing in the world पराभक्ति है जो चाहे ले ले how fortunate are we ? Do we utilize this opportunity ?

25-9-92. पूज्य भाई साहब जी ने मुझसे फरमाया कि प्रत्येक दाने पर ओउम शान्ति हो। सत्संग में फरमाया कि माला छूटने न पाये, मज्जूब फकीर से बाहोश फकीर अच्छा है।

13

आध्यात्मिक सेवा

महात्मा यशपाल जी गृहस्थ में रहते हुए, दुनिया के सारे काम धर्मानुकूल करते हुए, जीवन चर्या का खाली समय जीवन में राम-नाम जोड़ने की साधना की जो पद्धति अपनाई, समाज में उसका प्रचार-प्रसार किया। आप के प्रचार का मुख्य माध्यम सत्संग रहा जिसमें एक घन्टे का ध्यान व एक - एक घन्टे के तीन प्रवचन होते कि कैसे दिन के 24 घण्टे परमात्मा की याद में रहा जा सकता है। आप कहते, यह अपना पाठ दोहराता है, देखता रहता है कि कहाँ-कहाँ कमी रह गई है, जिससे उन्हें दूर करने का प्रयास करता रहे। यदि यह बातें किसी भाई या बहन को अच्छी लगें, तो वह भी अपना सकता है। इस तरह, प्रचार में धीरे-धीरे लोग जुड़ते गये और 1969 में आपने, दिल्ली में 'अखिल भारतीय संतमत सत्संग' संस्था की स्थापना की। वार्षिक भण्डारा 1986 के अवसर पर भाई साहब जी ने सत्संग के बारे में विस्तार से बताया जो आपके ही शब्दों में प्रस्तुत है।

13.1 अध्यात्म विद्या

"हमारी अध्यात्म विद्या का ताल्लुक बहुत पुराना है। जो ज्ञान अष्टावक्र जी ने महाराज राजा जनक को दिया था, यह वही विद्या है। बीच में लुप्त हो अरब देशों में चली गई फिर बहुत से मुस्लिम सूफी संतों के माध्यम से हिन्दुस्तान में आई। आधुनिक काल में इस मिशन को चलाने वाले परम संत महात्मा श्री राम चन्द्र जी महाराज हुए। आपने इस मिशन को फतेहगढ़ से शुरु किया। सन् 1931 में आपके निर्वाण लेने के बाद, आपके छोटे भाई परम संत महात्मा श्री रघुबर दयाल जी महाराज बसंत पंचमी पर कानपुर में भण्डारा शुरु

किया और वहाँ भण्डारा होता रहा। लगभग 1950 के करीब लखनऊ में इस सेवक के गुरुदेव परम संत महात्मा श्री बृजमोहन लाल जी महाराज ने भण्डारा प्रारंभ किया, जो बराबर होता रहा। 17 जनवरी, 1955 में आपने समाधी ले ली। समाधी लेने के बाद ऐसा एहसास होने लगा कि पता नहीं आगे क्या होगा? यह सेवक कोई काम करने की इच्छा नहीं रखता था। कोई ख्वाहिश नहीं थी कि यह कोई काम करे अध्यात्म का। इसकी रुचि तो अपने को बनाने में लगी रहती थी कि मेरे दुर्गुण कैसे दूर हों, कैसे मेरा हृदय पवित्र बने।"

13.2 भण्डारे का प्रारंभ

उस जमाने में यह जबलपुर में था। गुरु महाराज की आज्ञा से वहाँ सत्संग चलता था, कुछ भाई आते थे। इस सेवक ने सारे सत्संगी भाईयों से कहा कि भाई अब तो वह गये और जो रास्ता उन्होंने दिखलाया है, घर बैठ कर सब अपना-अपना अभ्यास करें, ऐसा सबसे कहा। लेकिन दो रोज के बाद इसे बड़ा अजीब अनुभव हुआ। मंगलवार के रोज इसने सत्संगी भाईयों को यह, खबर दी थी कि अब रविवार का सत्संग नहीं होगा, आप लोग घर बैठ कर अभ्यास करें। शुक्रवार के रोज रात्रि में लगभग दो बजे इसे ऐसा एहसास हुआ कि वह सशरीर (bodily)आये (हालांकि निर्वाण हो चुका था), उन्होंने इसे झकझोर दिया और बहुत नाराजगी के साथ कहा कि तू मेरा काम नहीं करेगा? यह सेवक उठ कर बैठ गया और उस वक्त से इसकी आत्मा को विश्वास हो गया कि वह मौजूद हैं और हमेशा साथ हैं। यह अटल विश्वास इसको इस वाक्ये के बाद हुआ और फिर यह सत्संगी भाईयों के पास गया और कहा कि भाई सत्संग इतवार के रोज जैसा होता था वैसा ही होगा। जबलपुर में सत्संग वैसा ही होता रहा।

एक साल के बाद इस सेवक के गुरुदेव बृजमोहन लाल जी की बरसी पड़ी। बम्बई में मनाने का कार्यक्रम था। क्योंकि बम्बई में उन्होंने निर्वाण लिया था। श्री प्रेम जी मित्तल एवं पंडित रामस्वरुप जी शर्मा आदि भाई लोग बम्बई में ही थे। एक सेठ श्री बालकृष्ण जी वहाँ थे, और कई भाई लोग थे। उन्होंने बरसी मनाने का प्रोग्राम रखा। इस सेवक के पास पत्र लिखा आने के लिए। लेकिन इसका जाने का कोई इरादा नहीं था। लेकिन होता वह है जो ईश्वर

चाहता है। ऐसे circumstances (परिस्थितियाँ) बने कि 1956 दिसंबर में टैक्सटाइल मिल वालों ने centenary celebrations (शताब्दी समारोह) के लिये एक Textile Convention रखा वहीं बम्बई में। इस सेवक ने एक लेख लिखा हुआ था Textile in Telecommunication उसका काफी appreciation India में था और बाहर भी था। उन्होंने पर जगह चिट्ठियाँ भेजी थीं convention में शामिल होने के लिए। एक चिट्ठी जबलपुर भी आई। जो मेरे boss थे उन्होंने मुझसे आग्रह किया कि आप अपने paper की Synopsis बम्बई भेज दें। मैंने Synopsis भेज दी और वह पेपर approve हो गया। पेपर पढ़ने के लिए मुझे बम्बई जाना पड़ा और मैंने तैयारी की। तैयारी यही कि काले रंग का कोट बनवाया, क्रीम कलर की पैंट बनवाई। यह official dress थी उस समय India की। लेकिन ईश्वर की कृपा से, उन बुजुर्गों के कर्म से जो सितंबर में होने वाला प्रोग्राम था, वह जनवरी के लिए टल गया, 10-16 जनवरी के लगभग। मैं जनवरी में बम्बई गया, Convention में हिस्सा लिया। मेरे सत्संगी भाईयों ने कहा कि आप आये हुए हैं। बरसी का काम आपको करना पड़ेगा। मैं बम्बई गया हुआ था, मैंने सोचा ठीक ही हैं, मैं जरुर हिस्सा लूंगा और मैंने casual leave ले ली। लेकिन जब प्रोग्राम आने को हुआ तो मुझे घबड़ाहट महसूस हुई। मैंने कभी Congregation नहीं handle किया था। ऐसा सत्संग मैंने नहीं कराया था। महाराज की आज्ञा थी रविवार को सत्संग कराता था। इसलिए मुझे झिझक थी। जिस दिन सत्संग होने वाला था, प्रेम चन्द मित्तल जी उठ कर आये और कहने लगे कि भाई साहब जी, अभी-अभी हमने एक स्वप्न देखा है। उन्होंने कहा कि मैंने यह देखा कि आप स्वप्न में मुझसे कह रहे हैं कि गुरु महाराज स्टेशन पर आये हुए हैं, आप उन्हें लिवा लाइये जाकर। और मैं सीढ़ियों से उतरता हूँ और उतर कर बाहर सड़क पर जाता हूँ तो क्या देखता हूँ कि आप खुद उन्हें लिवा कर ला रहे हैं और मुझसे कहते हैं कि आप जाकर लिवा लाओ। यह स्वप्न उन्होंने मुझे बताया। यह स्वप्न सुनने के बाद इसकी झिझक दूर हो गई और यह विश्वास हो गया कि काम करने वाला कोई और है, मैं नहीं करता। उसके बाद जो सत्संग हुआ, बड़ा फैज (bliss) बरसा और जो लोग वहाँ आये हुए थे, उन्होंने कहा कोई अंतर नहीं है जो उनकी जिन्दगी में था, वैसा आज भी है। इससे, इसको confidence पैदा हुआ कि वह हमारे साथ हैं, मै कुछ नहीं करता, वे करते हैं।

13.3 दिल्ली का प्रथम भण्डारा

कुछ समय बाद इसके जो सत्संगी भाई जबलपुर में थे, उनमें से एक दो का तबादला दिल्ली हुआ। श्री बी. बी. एल. सेठी, श्री एस. के. अरोरा और अगस्त 1956 में मेरा भी ट्रांसफर दिल्ली हुआ। दिल्ली, 1949 में जब मैं पहले था, तब सत्संग होता था, यह सेवक सत्संग कराता था। अब फिर दोबारा सत्संग शुरु हुआ, with three persons श्री बी. बी. एल. सेठी, श्री एस. के. अरोरा और यह सेवक। धीरे-धीरे उनकी कृपा से यह बढ़ता गया, लोग एक-एक करके बढ़ते गये। नये-नये लोग आने शुरु हुए। फिर ऐसी प्रेरणा हुई कि भण्डारा किया जाये। Circumstances ऐसे बने और भी इस बीच में अनुभव हुए। इस सेवक ने एक प्रोग्राम रखा था, दशहरे के दिन नवंबर 1956 में। श्री देशमुख फाईनेन्स मिनिस्टर थे, वह resign कर गये थे, एक कोठी खाली थी। एक सत्संगी भाई थे जो उस कोठी में थे, उनके माध्यम से उस कोठी में प्रोग्राम रखने की कोशिश की गई। प्रोग्राम के एक दिन पहले दिल्ली में बहुत वर्षा हुई, भूकंप आया, हालत बहुत खराब हो गये। प्रोग्राम नहीं हो सकेगा, थोड़ी मायूसी हुई। लेकिन ऐसी प्रभु प्रेरणा हुई कि होना चाहिए। परिस्थितियाँ बिल्कुल विपरीत बन रहीं थी। यह अपने सत्संगी भाई चौधरी श्री राम के घर पर बैठा हुआ था, इसकी धर्मपत्नी भी गई हुई थी। इसके साथ थोड़ी देर के लिए इनकी आँख मिच गई, अचानक, ध्यान लग गया और उस ध्यान में इन्होंने देखा कि गुरु महाराज छड़ी लेकर उस घर में पधार गये तो यह चौंक गया लेकिन इसने कहा कुछ नहीं। इसकी धर्मपत्नी जो बराबर के कमरे में थीं आई और कहा कि आपने देखा कि अभी गुरु महाराज आये थे। सेवक ने पूछा कि कैसे कपड़े पहने थे? उत्तर मिला सर्ज का खाकी रंग का कुर्त्ता था और हाथ में छड़ी थी। अब इसे विश्वास हो गया कि कि जरुर आये हैं। फिर यह Confidence हो गया कि काम जरुर होगा। प्रयास किया गया, इस कोठी में सत्संग के लिए स्थान मिल गया। बरसात में जो सत्संग हुआ, बड़ा आनन्द आया। नये - पुराने जो लोग आये, उन्होंने महसूस किया कि कोई अंतर नहीं है। जो चीज जब बरसती थी वह अब भी बरसती है और confidence बढ़ा, फिर ऐसी प्रभु की प्रेरणा हुई कि उनके जन्म दिन रामनवमी पर 1958 में पहला भण्डारा राष्ट्रपति भवन में हुआ। इस तरीके से यह दिल्ली में भण्डारा शुरु हुआ और सत्संग हुआ।

13.4 अनंगपुर का पहला भण्डारा

बारह साल तक राष्ट्रपति भवन में भण्डारा हुआ। वहाँ मिलिट्री सैक्रेटरी होते थे, उनसे हम आज्ञा लेते थे, भण्डारा करने की और बड़ी मदद हमें मिलती थी। डेरे, तम्बू, कालीन, बिजली, पानी- सबका इन्तजाम वहाँ हो जाता था। संख्या धीरे-धीरे बढ़ने लगी, बाहर से भी लोग आने लगे। फिर नये स्थान के विषय में सोचा गया। ऐसा भी विचार बना कि अपना ही सत्संग का स्थान क्यों न देखा जाये? परमात्मा की कृपा से यह स्थान हमें मिला, जो सत्संग के लिए खरीद लिया गया। यहाँ अनगंपुर में भण्डारा सन् 1970 से प्रारंभ हुआ।

13.5 धन की व्यवस्था

एक बात मैं और विशेष तौर पर बताना चाहता हूँ, भण्डारे के विषय में। जब पहला भण्डारा हमने किया तो यह सवाल पैदा हुआ कि बगैर पैसे के कोई काम नहीं होता, पैसा कैसे इकट्ठा किया जाये? इस सेवक ने सत्संगी भाईयों की एक लिस्ट बनाई। सबसे ऊपर अपना नाम लिखा और यह कोशिश कि ज्यादा से ज्यादा मैं दूं जिससे और लोग भी योगदान करें और पहले भण्डारे का काम बहुत अच्छा चला। कुछ अधिक खर्च हुआ। इस सेवक ने चेक काट दिया और कहा कि अगला भण्डारा जो होगा उसके लिए लिस्ट जो इस साल घुमाई है, नहीं घुमायेंगें। इसकी कुछ आवश्यकता नहीं है। मेरे गुरु भाई, मैं नाम नहीं लूंगा। कोई हर्ज नहीं। श्री प्यारे लाल गुप्ता, श्री जगमोहन स्वरुप माथुर हमारे गुरु भाई हैं, उन्होंने सोचा कि अब भाई साहब तो लिस्ट घुमायेंगें नहीं, खर्च भण्डारे का कैसे चलेगा? सेवक की भलाई के लिए, मेरे बेचारे हमदर्द। मैं बुलंदशहर गया हुआ था। अपने चाचा जी के पास मिलने के लिये। उन्होंने वही पुरानी लिस्ट निकाली और घुमा दी बिना इस सेवक के जाने हुए। आपको यह जानकर आश्चर्य होगा कि कुल चन्दा पन्द्रह रुपये था। (you will be surprised to know that the total contributions were only rupees fifteen)। जब यह सेवक बुलंदशहर से वापस आया तो यह लोग घबड़ाये हुए थे कि कहें कैसे? हफ्ते दस दिन के बाद हिम्मत करके कहा कि भाई साहब हमसे बड़ी भूल हो गई। क्या हो गया? भूल यह हो गई कि हमने भण्डारे के खर्च के लिए जो पुरानी लिस्ट थी घुमा दी और यह धन राशि एकत्र हुई है। मैंने कहा कि सेवक ने तो आपसे मना किया था, आपने बड़ी भूल की। खैर कोई

बात नहीं जो हो गया सो हो गया। वे बोले कि काम कैसे होगा? सेवक ने कहा कि काम तो अवश्य होगा। शुरु हो गया तो इसे बन्द नहीं करेंगें, जरुर होगा। उस समय बहुत कम लोग थे, 10–15 की संख्या थी। भण्डारे के दिन आये तो इस सेवक ने मालूम किया कितने पैसे के खर्च का अंदाज आप लगाते हैं, चेक ले लीजिये। काम का बंदोबस्त कीजिए। सेवक ने यह भी कहा कि किसी से सवाल नहीं करना है। अगर कोई अपनी इच्छा से दे तो उसे मना नहीं करना है, लेकिन मांगना किसी से नहीं है। चन्दा नहीं एकत्र करना है, यह इसने शर्त लगा दी। चेक दे दिया और भण्डारा हुआ। जबलपुर में इसके माध्यम से सत्संग चलता था, कुछ भाई जबलपुर के आ गये, कुछ बम्बई से आ गये, कुछ आस–पास के आये। भण्डारे में 30 से 60 की करीब संख्या हो गई। लोगों ने चन्दा (donation) दिया अपनी इच्छा से। सवाल किसी से पैसे का नहीं। न हमारे यहाँ अब है। आप देखते हैं कोई अवसर नहीं है, जहाँ आदमी पैसा चढ़ा सके। कहीं तकिये पर चढ़ाते हैं कहीं दूसरी जगह। यहाँ ऐसी बात नहीं है। यह बात जरुर है कि बिना पैसे से कोई काम नहीं होता। तरीका बिल्कुल अलग है। धन (donation) जो अपनी इच्छा से देना चाहे, लेकिन फर्क कुछ नहीं। जो 5000 रुपये देता है, वह जो पचास पैसे देता है उसमें कोई अंतर नहीं है। वही प्रसाद, वही भोजन, वहीं रहने का स्थान। जिसने पहले आकर बिस्तर लगा दिया, कोई दूसरा उसे हटा नहीं सकता। चाहे उसने कोई धन दिया हो या नहीं दिया – उसका सवाल नहीं। भण्डारा समाप्त हुआ और हमने देखा कि उस प्रभु कृपा से जितना खर्च हुआ उतना ही धन एकत्र हुआ था। (उतने ही donation आये हुए थे – paise to paise not a single paise more, not a single paise less). यह सेवक जो धन दे चुका था, दे चुका था। इसने कहा कि अगले साल इससे किताब छपवाईये – श्री बृजमोहन वचनामृत। एक साल इस सेवक ने छपवाया। फिर इस सत्संग में श्री लोकेश जी एवं श्री जगमोहन दत्त जी मुलतानी आ गये। श्री जगमोहन दत्त मुलतानी जी ने कहा कि भाई साहब जी यह काम तो हमें दे दीजिए। उसके बाद जो कुछ किताबें छपी हैं तो पता उन्हीं का है। जब सत्संग बढ़ा, तब यह काम 1971 से, सत्संग संस्था ने स्वयं ले लिया। उस मालिक की मर्जी से, उस प्रभु की इच्छा से, उन बुजुर्गों की कृपा से जो हमारे सिलसिले में हुए, एक बड़ा जातीय पक्षपात से रहित समाज (cosmopolitan society) जिसमें

अलग - अलग प्रांतों के अलग - अलग भाषा भाषी लोग आना शुरु हो गये और इस भण्डारे की आभा बढ़ती ही रही।

13.6 भण्डारे का उद्देश्य

एक संसद सदस्य (Member of parliament) ने इस सेवक से भण्डारे के बारे में बड़ा मजेदार प्रश्न किया। उन्होंने कहा भाई साहब जी! आप एक इंजीनियर हैं, पढ़े लिखे आदमी हैं। आप इस भण्डारे के चक्कर में क्यों पड़ गये। यह तो साधुओं का काम है। पैसा इकट्ठा किया, हलुआ, पूरी, खीर बनवाई, खाया और भण्डारा हो गया। आप इस भण्डारे के चक्कर में क्यों पड़ गये ?

भण्डारे का असली मतलब क्या है? यह जो आध्यात्मिक विद्या है, हृदय की विद्या है - किताबों की नहीं है। यह विद्या एक हृदय से द्वारा दूसरे हृदय को प्रदान की जाती है (This knowledge is imparted by one heart to another heart) और इस दिल की विद्या के लिए आवश्कता होती है कि सोहबत, निजी संपर्क (personal contact) मिले। कबीर साहब ने कहा कि सबसे भली बात तो यह है - या तो गुरु को अपने नगर में बसा ले या फिर गुरु के नगर में बस जाये, ताकि रोज सुबह - शाम उनका दर्शन मिल सके। यदि रोज सुबह - शाम दर्शन नहीं कर सकता तो दिन में एक बार अवश्य कर ले। अगर दिन में एक बार नहीं कर सकता तो हफ्ते में दो बार कर ले। अगर हफ्ते में दो बार नहीं कर सकता तो हफ्ते - हफ्ते कर ले और अगर हफ्ते - हफ्ते नहीं कर सकता तो पंद्रह दिन में एक बार जरुर कर ले। अगर महीने में नहीं कर सकता तो छठे महीने कर ले। अगर छठे महीने नहीं कर सकता तो साल में एक बार दर्शन अवश्य कर ले। अगर साल में एक बार भी दर्शन नहीं करेगा तो पातक लग जायेगा। मतलब यह है कि हृदय में इतना कलौंच (मल - विक्षेप) लग जायेगा कि उसका साफ होना मुश्किल हो जायेगा। इसलिये भण्डारा रखा जाता है ताकि जो लोग किसी वजह से जल्दी नहीं मिल पाते तो साल में एक बार मिल ले। दूसरी बात है, भण्डारे का असली आशय क्या हैं? भण्डारा वहीं कर सकता है, जिसकी पहुंच उसके भण्डार तक है। वही उस फैज (bliss) को पृथ्वी पर उतार सकता है। जिसका आत्मिक सबंध है - जिसकी जिन्दगी में आत्मा एक हो गई ऐसे मुक्त व्यक्ति से जिसने परम पद

को पा लिया है तो ऐसा व्यक्ति ही सच्चा भण्डारा कर सकता है। ऐसे अवसरों पर उन मुक्त आत्माओं का फैज बरसता है और लोगों के हृदयों को पाक - पवित्र बनाता है। हृदय को परमात्मा के प्रेम से भर देता है, नई जिन्दगी - रोशनी देता है। हृदय में तड़प पैदा होती है।

यहाँ से जाते हैं तो चार - छः माह तक यहाँ के स्वप्न देखना शुरु कर देते हैं। तो असली भण्डारे का मकसद यह है और इसलिये किया जाता है ताकि साल भर में एक बार जरुर मिल लें, जब तक आपका पात्र (receiver) इतना पक्का न हो जाए कि हर समय प्राप्त (receive) करता रहे। जब ऐसा पात्र (receiver) हो जाता है तो समय और दूरी के बन्धन (Limitations of time and space) समाप्त हो जाते हैं। अगर आप दस हजार मील दूर से भी याद करेंगें, उसी क्षण यह चीज वहाँ पहुँच जायेगी। सच तो यह है कि पात्र (receiver) को ऐसा बनाने के लिए यह प्रयास होता है। भण्डारा आवश्यक है, जिससे साल में कम से कम एक बार मिल सकें - बुजुर्गों की कृपाधार से फैजयाब हो सकें। करने कराने वाले सब वही हैं। उन आत्माओं की कृपा धार हृदय में भर जाती है। सच्चा प्रेम जागृत हो जाता है - हृदय में भर जाता है। आप जाते हैं तो भर कर जाते हैं, भरे होते हैं परमात्मा के प्यार से। तो भण्डारे का यह महत्व है - इसलिए किया जाता है।

13.7 शान्ति पाठ की आवश्यकता

भण्डारे के अवसर पर 72 घण्टे का शान्ति पाठ रखते हैं, क्यों? ऐसा है कि यह भण्डारा तीन दिन मनाते हैं। पहिला दिन परम संत मौलाना फजल अहमद खाँ साहब कुद्दुसुरुह एवं परम संत मौलाना अब्दुल गनी खाँ, साहब कुद्दुसुरुह की याद में मनाते हैं। उनकी आत्मिक धार से हम फैजयाब होते हैं। उन्होंने यह पौधा लगाया है, उनके द्वारा यह पौधा बड़ा हुआ है और उसके बाद सर सब्ज हुआ परम संत राम चन्द्र जी महाराज एवं परम संत महात्मा श्री रघुबर दयाल जी महाराज से। अगला रोज हम उनकी याद में मनाते हैं, उनकी आत्मिक धार से फैजयाब होते हैं और यह आज तीसरे दिन का भण्डारा परम संत महात्मा बृजमोहन लाल महाराज जी जो इस सेवक के गुरुदेव थे जिनसे यह दौलत इस सेवक को मिली - उनकी याद में मनाते हैं उनकी आत्मिक धार से फैजआब होते हैं। इस तरीके से जो यह हमारा प्रोग्राम है वह 72 घण्टे

तक चलता रहता है और हम चाहते हैं कि जो व्यक्ति यहाँ आये, जो साधक यहाँ आये अपना एक सैकंड भी बरबाद न करें। परमात्मा की याद में निरंतर लगे रहें। इसलिए शान्ति पाठ का आयोजन करते हैं ताकि जब भी खाली हों, शन्ति पाठ में जाकर बैठें, भगवान का नाम लें इसलिए 72 घन्टे का शान्ति पाठ भण्डारा प्रारंभ होने के समय से समाप्ति तक निरंतर चलता रहता है।

दानों से शान्ति पाठ

भण्डारों के अवसरों पर जहाँ बड़ी संख्या में भक्तगण एकत्रित होते हैं और जो हम सिलसिले के बुजुर्गों की याद में मनाते हैं, उनकी आत्मिक धार से फैजयाब होते हैं वहाँ कमलगट्टों के दानों से शान्ति पाठ करते हैं। शान्ति पाठ का मंत्र ले लेते हैं, जो वेद मंत्र हमें प्यारा लगता है, उसे ले लिया व उसके हर अंश पर, हर भाग पर कमलगट्टों से शान्ति पाठ करते हैं। कमलगट्टे ओम शान्ति करके रखते जाते हैं एक जगह कैसे रखना चाहिए? जब हम कमलगट्टे को नीचे गिराते हैं तो जो बिजली पैदा हुई भगवान की याद की वह उसमें शमिल हो जाती है, ऊपरी हिस्से पर आ जाती है। जब मंत्र का एक अंश समाप्त हुआ तो हम कलगट्टों के ढेर को मिला देते हैं ताकि उस फैज का वितरण हो जाये, हर भाई को फायदा पहुँच जाये। यह आध्यात्मिक प्रसाद वितरण होता है। मिला दिया, मिला कर फिर करना शुरु किया। लगभग एक घण्टे का प्रोग्राम होता है। ऐसा मंत्र छांटते हैं, इतने दाने रखते हैं ताकि एक घंटा लगे नहीं तो लोग उकता जायें। तो यह कारण है कि ऐसे अवसरों पर कमलगट्टों के दानों से शान्ति पाठ करने का।

13.8 एक अनुभव

श्री आर. एस. अग्रवाल साहब अपने एक मित्र श्री पी. सी. राय को सेवक से मिलाने, इसके ऑफिस ले आये। राय साहब रामकृष्ण मिशन के अनुयायी थे। ऑफिस में मैं और लोगों के समान ही था। कमरे में तीन अफसर बैठते थे, उनमें यह भी था। इन्होंने शायद इसके बारे में, उनसे जिक्र किया हुआ होगा कि हमारा भण्डारा आ रहा है, भण्डारा होता है, सत्संग होता है। यह उन्हें मिलाने लाये कि भाई साहब से मिला दें। वे मुझसे मिले, मेरी पोशाक और मुझे देख कर कहा कि अरे साहब! लोग ऐसे ही शुरु कर देते हैं। हर एक शुरु कर देता है – इस प्रकार के कुछ आक्षेप उन्होंने किया (He passed out certain remarks) सेवक क्या कहता, कुछ नहीं कहा। जब वह चले गये तो सेवक ने अग्रवाल साहब से कहा कि यह आपके गहरे मित्र हैं, भण्डारा आ रहा है, इन्हें निमंत्रण दे दीजिए और ले आइये भण्डारे में। इन्होंने कहा कि मैं जरुर ले आऊँगा। ये उनको ले आये। जब शान्ति पाठ प्रारंभ होता है तो यह सेवक व माता जी दोनों बैठते हैं शान्ति पाठ में। श्री आर. पी. गर्ग की ड्यूटी दरवाजे पर थी, उस वक्त किसी को अंदर नहीं जाने देते। श्री आर. पी. गर्ग साहब कहीं चले गए और शान्ति पाठ शुरु होने के आधा घण्टे बाद श्री पी. सी. राय साहब अंदर घुस गये और हम लोगों के पीछे जाकर बैठ गये, हमें पता भी नहीं। जब हम उठे, तो यह सेवक चौंका कि अरे! हमारे पीछे यह कौन है? अब बैठ गये सो बैठ गये। गर्ग साहब तो थे नहीं। अब जब हम थोड़ा आगे चले तो पीछे से उन्होंने मुझे पकड़ लिया। मेरा कुर्ता पकड़ कर बोले कि भाई साहब जी! आप अद्‌भुत व्यक्ति हैं you are a wounderful soul मैं हाथ जोड़ कर खड़ा हो गया, क्या बात हो गई? बोले कि आपने सारा वातावरण आध्यात्मिक बिजली से पूरा भर दिया है। you have left the atmosphere completely charged. आखिर वह भी एक ऊँची संगत के लोग थे। उन्होंने बड़े-बड़े महात्माओं की संगत की थी, उन्होंने ऐसा कहा। सेवक उनको क्या जवाब देता। खामोश रहा। उसके बाद वह भण्डारे की हर बात का अध्ययन करते रहे, रोज आकर सेवक से कुछ न कुछ कहते थे। कहते कि मैंने बड़े-बड़े आध्यात्मिक उत्सव देखे हैं, लेकिन जो अनुशासन जो बात यहाँ है, वह मुझे और कहीं नजर नहीं आई। यहाँ कोई किसी से कुछ नहीं कहता। मैंने आपको किसी से बात करते नहीं देखा। सारे काम ऐसे हो रहे हैं जैसे स्वतः हो रहे हैं। ऐसा मालूम होता है कि कोई ऐसा तार है जो दिखाई नहीं देता, लेकिन सबको बांधे हुए है। यह बात कहीं नजर नहीं आती। यह उन्होंने कहा, मैं सुनता रहा, कुछ कहा नहीं।

जब प्रोग्राम समाप्त हो गया, वह जाने लगे तो इस सेवक से मिले और उन्होंने कहा कि भाई साहब जी! आप वास्तव में इंजीनियर हैं और आप में लोगों का चयन करने की अद्‌भुत क्षमता है। you are a real engineer and you have great quality to select people. आपने बहुत अच्छा चयन लोगों का किया हुआ है – यह उन्होंने सेवक से कहा। इस सेवक ने हाथ जोड़ कर उन्हें जवाब दिया कि पी. सी. राय साहब! यह आपकी बड़ी भारी भूल है (P.C. Roy! you are higly mistaken) यह वह जगह है जो सबके लिए खुली है। कोई भी व्यक्ति बिना किसी रोक-टोक के यहाँ आ सकता है। यह आपकी बड़ी गलत धारणा है। सच बात यह है कि वह प्रभु! अच्छे - अच्छे लोगों को यहाँ भेज रहा है। परमात्मा छाँट - छाँट कर बढ़िया - बढ़िया आत्माओं को यहाँ भेज रहा है। तो मैं इसमें क्या करुँ? मेरा इसमें कुछ नहीं। करने वाला वह है। वह जिसे अच्छा संस्कारी समझता है, उसे यहाँ भेज देता है, वह संतुष्ट कर के चले गये।

सत्संग संस्था के बारे में आपका कहना था कि इस सेवक का रत्ती भर भी इसमें योगदान नहीं है, कतई नहीं, मैं तो मिट्टी का माधो हूँ। करने वाला तो कोई और है। यह मैं स्पष्ट रुप से बता रहा हूँ। मैं छिपा नहीं रहा। करने वाली वह दैवी शक्ति है, वह करती है, वह कर रही है, मैं नहीं करता। उसे आप परमात्मा कहें या कोई भी नाम ले कास्मास, ईश्वर, अल्लाह और आज भी इस सेवक की इच्छा नहीं है कि यह बहुत बढ़ जाये इसका बहुत बड़ा स्वरुप हो जाये, कोई इच्छा नहीं। जो ईश्वर चाहे वह हो। संतसुधा, जुलाई, 2007 से उद्धत

सत्संग केंद्र

सत्संग प्रचारः- प्रसार के लिए नियमित साप्ताहिक सत्संग रखने की व्यवस्था है, जो अलग-अलग केन्द्रों पर सत्संग संचालक के माध्यम से संचालित की जाती है। सत्संग केन्द बिना विज्ञापनीय बोर्ड के, किसी सत्संगी प्रेमी भाई का निवास स्थान होता है। उस भाई की आध्यात्मिक रुचि, गोला मिश्री के प्रसाद की व्यवस्था करने की आर्थिक क्षमता, व साफ-सफाई करने के पुरुषार्थ की आवश्यकता होती है। सत्संग के दिन दो घण्टे के लिए एक कमरा, या ड्राईंग रुम खाली किया, झाड़ू पोंछा लगाया, दरी बिछाई, हो गया सत्संग का प्रबंध। साप्ताहिक सत्संग रविवार व बृहस्पतिवार के दिन क्रमशः 2 घण्टे (सुबह 9 से 11 बजे तक) व डेढ़ घण्टे (शाम 6.30 से 8.00 बजे सायँ) को नियमित होते रहने का प्राविधान रखा। मुख्य केन्द्र, संस्था के मुख्यालय, सत्संग भवन, बी-20, सी. सी. कालोनी, दिल्ली का रहा। भाई साहब जी, सत्संग भवन में परिवार सहित रहते भी थे। देश के सभी प्रान्तों में लगभग 400 शाखायें आपके जीवन काल में स्थापित हुई।

रविवारीय सत्संगः- सत्संग संचालक किसी भाई या बहन को भजन कहने को कहते। भजन सुनते-सुनते सभी भाई बहन अपने अपने ईष्ट की याद करते। भजन समाप्त हो जाता, ध्यान एक घण्टे का होता। एक घन्टे ध्यान के बाद सत्संग से संबधित साहित्य पढ़ा जाता जिसमें, श्री बृजमोहन वचनामृत, सुखमनी साहब व रामचरित मानस क्रमशः 30, 15, 15 मिनट पढ़ते व अंत में हे! दीन बन्धु दयाल भगवन... सामूहिक प्रार्थना के साथ सत्संग समाप्त होता। स्वाध्याय में सत्संग संचालक संस्था की अन्य पुस्तकें - गीता सुधा, संतसुधा को भी शामिल करते। समाप्ति के बाद गोला मिश्री के प्रसाद का भोग लगा कर वितरण कर सत्संग समाप्त होता। समाप्ति के बाद भाई लोग गले मिलकर अपने-अपने घर जाते। सत्संग के बाद पूर्ण लाभ हेतु, बातचीत या गप-शप से बचने की सलाह थी। सत्संग समाप्ति के बाद आये हुए भाई-बहन अपने-अपने घरों को वापस जाते। यह प्रोग्राम सप्ताह में एक निश्चित स्थान पर होता जो सत्संग केन्द्र कहलाता।

बृहस्पतिवार सत्संगः- यह सायं डेढ़ घण्टे का होता, तरीका वही जो रविवार का। ध्यान का समय 45 मिनट तथा स्वाध्याय में समय वितरण लगभग उसी तरह। यह सत्संग हर सप्ताह बारी-बारी केन्द्र के सत्संगी सदस्यों के निवास स्थान पर रखा जाता, सत्संग संचालक महोदय जाते और वह वहीं इकट्ठा होते। तरीकत वही जो रविवार सत्संग की होती।

नियमः- सत्संग के समय, किसी और तरह के प्रसाद का चढ़ाव, चाय पिलाना या उत्सव रखने से बचने की सलाह थी। कोई खुशी की बात है, बर्थ डे है या शादी के बाद कुछ चाय पार्टी है। इसके लिए स्पेशल सत्संग रखने का प्रावधान था। कोई अन्य दिन निश्चित करके एक घन्टे का सत्संग, उसके बाद पार्टी।

शान्तिपाठः- किसी भी इच्छुक भाई के या केन्द्र पर महीने में एक बार रखा जा सकता है। यह सुविधानुसार 6, 12 या 24 घण्टे के लिए रखते। इसमें हर घण्टे कम से कम दो भाई एक साथ बैठकर ओउम शान्ति का जाप, माले के हर दाने पर करते हैं। दूसरे घन्टे दूसरा बैच। इस तरह निर्धारित समय तक चलता रहता है। पहले घन्टे में संचालक महोदय अकेले या अपनी धर्मपत्नी के साथ बैठ कर शान्तिपाठ प्रारंभ करते और प्रोग्राम के अंतिम घन्टे में सामूहिक शान्तिपाठ में सभी भाई-बहन साथ बैठते हैं, सबके हाथ में माला

व जाप। इस प्रोग्राम में आवश्यकतानुसार चाय या भोजन की व्यवस्था की इजाजत रहती। यह प्रोग्राम सुविधा अनुसार दिन या रात में रखते।

नोटः- सत्संग का मुख्य उद्देश्य मन को साधने का है कि कैसे चित्त की एकाग्रता बढ़े।

'परमात्मा तू ही है, तेरी इच्छा पूरी हो।'

14

आर्थिक दर्शन

लेखक भाग्यशाली था कि इस जीवन में महात्मा यशपाल जी का सानिध्य मिला। सम्पर्क में आने के बाद हम लोग (परिवार) आपके ही होकर रह गये। आपसे प्रभावित होने के प्रारंभिक कारण थे, आपका गृहस्थ होना, आर्थिक दर्शन, और जीवन में परमात्मा के नाम जोड़ने की सरल पद्धति जो आप अपने प्रवचनों में बताते थे। जहाँ तक आध्यात्मिकता का सवाल है, उसमें यह ज्यादा न उलझकर यही कहना चाहेगा कि आपसे सम्पर्क के बाद इसका जीवन बहुत ही सरल व तनाव मुक्त हो गया। महात्मा तुलसी दास जी की लिखी चौपाई– *'जन्म मरण सब दुख-सुख भोगा हानि-लाभ प्रिय मिलन वियोगा, काल कर्म बस होई गोसाईं बरबस रात-दिवस की नाहीं'* के यथार्थ का सुन्दर अनुभव जीवन यात्रा में रहा। जो बात आपके सानिध्य में रहकर इस पतित दास के समझ में आई, वह यह रही कि परमात्मा ने हमें जिन परिस्थितियों में रखा है, जो कार्य हमें सौंपा है (स्वधर्म), प्रभु याद में रहते हुए व करते हुए हम आसानी से पारिवारिक उत्तरदायित्वों का निर्वहन अच्छी तरह कर सकते हैं। इसके लिए आपने सुगम साधन-पद्धति दी कि कैसे हम अपनी रहनी-सहनी रखें कि दिन के चौबीसों घन्टे ईश्वर की याद में रहते हुए अपनी दीन व दुनिया दोनों संवारे।

लेखक वर्ष 2003 में सेवा निवृति के बाद अधिकतर अनंगपुर सत्संग आश्रम में रहा है। एक दिन हिन्दी साहित्य के विद्वान डॉ॰ कन्हैया सिंह जो डॉ॰ आर. पी. सिंह (आश्रम में रहते थे) के बड़े भाई हैं, पधारे और रुके। यह,

उन्हें आश्रम दिखा रहा था। घूमते-घूमते, इसके मन में यह विचार आ रहा था कि यह भी क्या सोच रहे होंगे कि यही आश्रम है, बड़ा साधारण सा। कोई चमक-दमक नहीं। अपनी स्वजनित झेंप मिटाने के लिए इसने भाई साहब की सत्संग संस्था की विकास-नीति बताई जिसमें ईश्वर इच्छा व न चन्दा - न निन्दा कि बात प्रमुख रही है। हम न किसी व्यक्ति या धर्म की निन्दा करते हैं और न सत्संग के लिये चन्दा मांगते हैं। जो भी हो स्वेच्छा से। इसीलिए आप देख रहे हैं कि हमारे आश्रम का विकास उतना चमक-दमक वाला नहीं है, हाँ जो भी पहली बार यहाँ आते हैं, यह कहते सुना गया हैं कि यह स्थान बड़ा सुन्दर लगता है और बड़ी शान्ति है। यह बात सुनकर आपने कहा कि हमारे हिन्दू शास्त्र में लिखा है।

शनैः कंथा, शनैः पंथा, शनैः पर्वत लंघने ।
शनैः विद्या, शनैः वित्तं, एते पंचाः शनैः शनैः ।।

यह श्लोक बोलकर बताया कि- कथरी सीना धीरे-धीरे, रास्ता चलना धीरे-धीरे, पर्वत लाँघना धीरे-धीरे, विद्या प्राप्त करना धीरे-धीरे, धन का आना धीरे-धीरे। ये पाँच चीजें धीरे-धीरे होना चाहिए। यह हमारे शास्त्रों में आया हैं और स्थायित्व इसी में आता है। यह आश्रम और विचार देख व जान कर मैं यही कह सकता हूँ, कि यशपाल जी बड़े दूरदर्शी थे जो आप लोगों को बड़ा ही मजबूत आधार आगे के विकास के लिये दे गये। स्थायित्व इसी तरह के विकास से आएगा, धीरे-धीरे ही होने दे। इसके बाद चलते-चलते उन्होंने कई उदाहरण सच्चाई व सादगी के अपने अनुभवों के बताये। इसे लग रहा था कि क्या है प्रभु की लीला, कि आश्रम पर ऐसे-ऐसे संस्कारी लोगों को भेजते रहते हैं और अपरोक्ष रुप में हमें शिक्षा दिलाते रहते हैं। हम ऐसे अज्ञानियों को चेताते रहते हैं कि हमारी चीज (पद्धति) वास्तव में क्या है, जो आप स्वयं कहा करते थे कि इस चीज को मामूली न समझो। अनंगपुर सत्संग आश्रम के बारे में भाई साहब जी का कहना था कि इसका विकास स्वेच्छिक श्रम सेवा व अनुदान से ही हो चाहे इसमें कितना ही समय क्यों न लगे। दूसरी बात कहते कि जो कुछ भौतिक संपदा का आवश्यकतानुसार विकास हो वह अनंगपुर आश्रम पर ही किया जाये। अनुयायियों के प्रस्ताव और स्थानों से सत्संग भवन बनाने के आते, मना कर देते। कहते कि हमारी प्राथमिकता अध्यात्म है।

आपका आर्थिक दर्शन सद्‌गुरुओं की शिक्षा-दीक्षा या फिर अनुभव आधारित रहा है। भण्डारे के बारे में आप एक बात की विशेष तौर पर चर्चा करते थे। जब पहला भण्डारा आपने किया तो यह सवाल पैदा हुआ कि बगैर पैसे के कोई काम नहीं होता, पैसा कैसे इकट्‌ठा किया जाये। इस पर स्वानुभव बड़ा सुन्दर रहा जिसका विवरण परिशिष्ट - 1 में दिया गया है। आप जिस सिलसिले के संत परंपरा से थे, इसके सारे सद्‌गुरु गृहस्थ संत रहे हैं और अपनी जीविका स्वयं उपार्जित करते थे। अपनी आमदनी का ढाई से दस प्रतिशत परमार्थ कार्यों के लिये निकाल देते थे। सेवक आपके निकट सानिध्य में रह कर अनुभव किया कि आप इस मामले में कबीर साहब की कहनी... *"साईं इतना दीजिए जामें कुटुम्ब समाय। दास भूँखा न रहे साधु न भूँखा जाये।।"* के साथ हम ऐसों के लिए आध्यात्मिक जीवन का उदाहरण प्रस्तुत कर रहे थे। संस्था का आर्थिक पक्ष, महात्मा गांधी जी के अनुभवों से शत्-प्रतिशत मेल खाता इस लेखक को दिखता। गाँधी जी का संस्था के बारे में स्पष्ट संदेश है। (1) the cause should be a felt need of the society and not the fancy or whim of one or few individuals & means the cause should be owned by the society, (2) leadership or leaders behind the movement should be totally selfless and (3) the working of the organization should be transparent, irrespective of the credibility of the leader or leaders. Gandhi ji concludes, if these conditions are fulfilled, no fixed deposit is required and the resources will be made available by Nature perennially. लेखक को आपके साथ रहते हुए, संस्था के कार्यों में ऐसा होते हुए, देखने व समझने का अनुभव रहा। वाकई में बनाने वाले (परमात्मा) की यह इंसान रुपी कृति अद्‌भुत है, जिसकी अभिव्यक्ति महात्मा तुलसी दास की चौपाई *"सकल पदारथ है जग माहीं कर्म हीन नर पावत नाहीं"* में निहित है। विडंबना ही कहेंगे कि प्रबुद्ध वर्ग को ऐसी बातों की समझ होते हुए भी, समाज की इतनी लम्बी यात्रा के बाद कुछ इने गिने लोग ही उपरोक्त समझ का लाभ उठा सके हैं, जो महापुरुष कहलाये। ऐसे महापुरुषों का गुणगान तो समाज करता रहा है, लेकिन अपनाने या आरुढ़ता के स्तर पर गति न के बराबर ही रही है। क्या यह वास्तविकता नहीं है कि *"सबसे बड़ी रुपैया न मैया न दैया"* की सोच के दायरे से इंसान बाहर नहीं निकल पा रहा है। भाई साहब जी के आर्थिक दर्शन के कुछ व्यवहारिक अनुभवों से आपकी सोच को देखते हैं।

ये सेवक शिलांग में था, एक सत्संगी भाई श्री जितेन्द्र कुमार भराली जी, नये-नये सत्संग में आये थे, बड़े उत्साहित रहते थे, प्रायः हर माह गौहाटी में सत्संग या शान्ति-पाठ का प्रोग्राम रखते। उनमें ऐसी भावना उठी कि, वे इस सेवक के पीछे पड़ गये कि मैं यह अपना मकान सत्संग को देना चाहता हूँ। आप पूज्य भाई साहब से कहें और यह सत्संग के लिये ले लें, में लिख दूँगा। ऐसा वे कहते रहते। जब यह दिल्ली गया तो साहब से जिक्र किया कि साहब ऐसी बात है, भराली जी पीछे पड़े हुए हैं कि साहब से कहो। आपने कहा कि सत्संग क्या करेगा मकान का? सिंह साहब, कभी-कभी मन में वैराग्य उठता है और ऐसी बातें होती हैं और फिर सत्संग क्या करेगा मकान का। उनसे कहो कि सत्संग करें और कोई सत्संगी भाई बाहर से आता है, और ठहरना चाहता है तो उसे ठहरायें, सत्संग मकान नहीं लेगा।

जब सत्संग बढ़ने लगा तो तरह-तरह के प्रपोजल आने लगे कि साहब अनुमति दें तो यहाँ जमीन ले लें, सत्संग भवन बनवा लें, सत्संग बढ़ रहा है। गोवा से श्री मान एस. एस. मिश्रा जी ने बड़ी कोशिश की साहब मान जायें। साहब हम लोगों से बात करते कि सत्संग प्रापर्टी बना कर क्या करेगा। झगड़े की जड़! अन्ततोगत्वा ऐसे सुझावों को विराम देते हुये आपने यह निर्णय लिया कि सत्संग में विकास व निर्माण का कार्य जो भी हो वह केवल अनंगपुर आश्रम पर ही हो और कहीं नहीं। हाँ, जबलपुर में साधना-स्थल (साधना शिला) को लेने और एक सत्संग तीर्थ के रुप में विकसित करने के लिये, सत्संगी भाईयों- बहनों के भारी अनुरोध के बाद हामी भरी थी। यह कार्य वहाँ के श्री बी. एन. गौतम तथा श्री के. एल. ताम्रकर जी के देख-रेख में होने की अनुमति दी। आप राम-नाम के प्रचार को प्राथमिकता देते हुए पैसे व प्रॉपर्टी की बातों पर ज्यादा गौर न फरमाते। कहते कि पैसा बहुत आवश्यक है, बिना इसके कोई काम नहीं होता। परमात्मा उतना दे जितने की आवश्यकता है, सारे काम हो जायें। सही व सच्चे रास्ते से हमें अपनी दीन व दुनिया की तरक्की के लिये प्रयत्न करना चाहिए।

आपके तरह-तरह के भक्त थे। बताने लगे कि एक भाई बम्बई के थे, वे भण्डारे पर आये कहने लगे कि भाई साहब जी एक प्रार्थना है इजाजत हो तो कहें। आपने कहा कि ठीक है कहो। उन्होंने कहा कि भाई साहब जी आप अब रिटायर हो गये हैं। मेहमान बहुत आते हैं, खर्चा बहुत है, यह सेवक, दो

लाख रुपये लाया है, इसे आप रख लें और इस्तेमाल करें। आपने वह दो लाख रुपये वाली पोटली ले ली और अपनी आलमारी के ऊपर वाले खांचे में रख दी। वह भाई खुशी-खुशी चले गये। वर्ष बीत गया। जब वह अगले वर्ष भण्डारे के अवसर पर फिर आपके यहाँ सी. सी. कालोनी आये, तो साहब ने वह पोटली रुपये वाली जहाँ रखी थी वहाँ से उठाई और उन भाई को वापस देते हुए कहा कि आप पास हो गये, यह लीजिये अपने पैसे। आप यही टेस्ट करना चाहते थे न कि आप में त्याग की भावना है कि नहीं। आपमें त्याग की भावना है। वह भाई रोने लगे, कि भाई साहब इसे मैं क्या करुँगा, यह तो मैं आपके लिए दिया था। आपने कहा कि भाई, परमात्मा ने इसे जरुरत भर को दे रखा है, फिर जो मेहमान आते हैं, उनके लिए सेवक कोई विशेष प्रबंध तो करता नहीं, वहीं रुखी-सूखी जो यह खाता है वही वह भी खाते हैं, यहाँ जमीन पर सोते हैं। यह तो उनका प्यार हैं, कि किसी सरकारी काम से दिल्ली आये तो फाइब स्टार होटल में रुकने के बजाये यहाँ सेवक से मिलने आ जाते हैं, ठहरते हैं और जमीन पर सोते है आप यह पैसा अपने बच्चों के लिये इस्तेमाल करें। वह बहुत जिद् करने लगे, तो आपने कहा कि ठीक है, बम्बई में भण्डारा होता है, सत्संग होते रहते हैं, जैसी जरुरत पड़े वहाँ खर्च करें। आपके सम्पर्क में रह कर इसे लगा कि आप इस मत के पक्के थे कि गृहस्थ में राम नाम के सहारे इंसान जिस भी परिस्थिति में है, प्रारब्धवश जो भी कार्य उसे प्राप्त है, सदाचार भाव से करते हुए सुखी जीवन बिता सकता है। परमात्मा का नाम जीवन में जोड़ें कैसे, इसी पर आपने गृहस्थी के सारे दायित्वों को निभाते हुए गृहस्थ जनों के लिए साधन पद्धति विकसित की और प्रचार-प्रसार किया।

पतित दास जब दिल्ली आता तो आपके साथ सी. सी. कालोनी में ठहरता। एक दिन जब यह वहीं था, सुना कि आप भाई अवधेष जी को बुला रहे हैं, कई आवाजें दीं, वह वहाँ थे नहीं, यह गया और साहब से पूछा कि यदि कोई काम हो! आपने एक पर्ची दी, कहा कि यह दवा लानी है। यह गया और दवा लाकर आप को दी, आपने पूछा कि सिंह साहब इसके पैसे कितने हुए इसने कहा कि साहब कुछ नहीं। अरे भाई, अवधेष जी थे नहीं, आपको जाना पड़ा। पतित के मुँह से निकल गया कि सर जैसे अवधेष जी वैसे यह। खैर बात आई की गई हो गई। अगले रोज भाई अवधेष जी इससे पूंछे कि सिंह साहब, पिता जी पूछ रहे थे कि कि दवा का पैसा कितना हुआ, तो इसने फिर

यही कह कर टाल दिया कि भईया जी पैसा कितना हुआ, कुछ नहीं। वह भी चुप हो गये। यह कई दिन रुका, बीच में फिर आपने एक दिन पूछा, इसने वही जवाब दिया, आप हंसकर चुप हो गये। एकाध बार अवधेष भाई ने फिर जानने कि कोशिश की, लेकिन इसका जवाब पहले जैसा ही, वह फिर यही कह कर चुप हो गये कि पिता जी पूछ रहे थे। एक दिन करता राम जी ने भी पूछा कि सिंह साहब आप साहब की दवा लाये थे। कितना पैसा लगा था। साहब पूंछ रहे थे। उनसे भी यही कह कर टाल दिया कि करता राम जी क्या बात करते है, वह भी हंसकर चुप कर गये थे। जिस दिन इसे जाना था, सुबह इसके साथी डॉ॰ आर. पी. अवस्थी जी सुबह आ गये, कहीं ऑफिस जाना था। वह अपने किसी रिश्तेदार के यहाँ रुके थे। निकलने के पहले नीचे ताला लगा कर यह ऊपर चाभी रखने व साहब की अनुमति लेने गया। आपको प्रोग्राम बताया, प्रणाम किया जब चलने लगा तो आपने कहा कि सिंह साहब आप से एक काम है, लेकिन आप प्रामिज करो कि, न, न कहोगे। इसने झट से कह दिया कि बताइए। आपने कहा कि वह दवा कितने की थी। इसने कहा कि 18 रुपये की। आप उठे, आलमारी से एक पोटली निकाली, खोला और 20 रुपये का नोट इसको पकड़ाते हुए कहा कि सिंह साहब उस दवा का पैसा ले लें। इसने नोट पकड़ा और अपने पर्स से 2 रुपये का नोट निकाल कर आपको वापस किया। आपने लेकर उसे उसी पोटली में रख लिया। फिर बोले कि सिंह साहब, हम लोगों को मर्यादा निभाना चाहिए। सेवक के लिये आप और अवधेष में कोई फर्क नहीं है। यहाँ बहुत लोग रहते हैं, उनके मन में आ सकता है कि जब मैं भाई जी के लिए कोई सामान लाता हूँ तो बिना पैसा दिए नहीं मानते और सिंह साहब लाये तो भाई साहब कुछ नहीं बोले। खैर, जैसे ही यह ओट में हुआ बहुत रोना आया और खूब रोया, पता नहीं क्यों। शर्म यह लगने लगी कि अवस्थी जी क्या सोचेंगें कि हंसते हुए, यह साहब से मिलने गये और ऊपर से रोते हुए लौट रहे हैं। कुछ सैकेंडस यह किसी तरह शान्त हो नीचे आया, राज छिपाते हुए, प्रभु कृपा से सफल हुआ और ऑफिस जाकर जो काम करना था किया गया लेकिन मन साहब की बातों में सीख खोजता रहा। बचपन में गाँव देखा था, सर्विस में आकर शहर का जीवन देखा। शहरी जीवन, रहने की जगह कम, हर चीज बाजार से खरीद कर आना, इसके उल्टे गाँव में राशन, तेल घर का, पानी मुफ्त, मेहमान आने पर परिवार के

लगभग सभी लोग खुश, पूरी कोशिश की वह ज्यादा से ज्यादा दिन रुकें प्यार मुहब्ब्त, अपने सुख-दुख की बातें होती। ऐसे विचारों में दिन बीत गया और आँखों में साहब की याद कर आँसू आते रहे। दुनियावी दृष्टि में साहब को हम ऐसों से क्या लेना। शहरी जीवन में एक अजूबा परिवार। पतित को बड़ा संकोच होता कि साहब और माता जी हम ऐसे मेहमानों का इतना ख्याल रखते हैं और सेवा करते है। शाम को इसे शिलांग जाने के लियें 10 बजे गाड़ी पकड़नी थी। माता जी ने खाना खिलाया और यह, साहब व माता जी को प्रणाम कर सायं 9 बजे पुरानी दिल्ली स्टेशन के लिए निकला। रात को साहब की सेवा के लिए कर्ताराम जी रहते थे। वे सायं ऑफिस से यहीं आ जाते थे और एक परिवार के सदस्य की तरह रहते थे, सुबह भईया जी लोगों की तरह नाश्ता करके और लंच का टिफिन लेकर ऑफिस जाते। आप, साहब व माता जी के बड़े विश्वस्त सेवकों में थे। रात 10 बजे जब साहब सोने जाते तो कर्ताराम जी साहब के सर पर तेल रखते, जहाँ-जहाँ दर्द होता दवा लगाते। साहब बीच-बीच में बातें करते रहते, जब साहब सो जाते तो कर्ताराम जी आराम करने जाते। कभी-कभी कर्ताराम जी रविवार और अवकाश के दिनों में घर चले जाते तो यह सेवा का अवसर और किसी को मिलता। हाँ, तो उस दिन जब यह जाने के लिये निकला तो कर्ताराम जी ने पूछा कि, सिंह साहब क्या आप स्टेशन जाने के लिए ऑटो लोगे, इसने हाँ कहा, उन्होंने कहा कि हमें भी आज उधर जाना है, मैं आपके साथ चलता हूँ? वह साथ हो लिये, रास्ते में बताने लगे कि साहब पिछले तीन-चार दिनों से बड़े पशोपेश में थे कि सिंह साहब को कैसे पैसे दिये जायें, कहीं उनका दिल न दुख जाये। इसने आज की घटना उनसे बताई, उन्हें भी खुशी हुई। वह स्टेशन पर गये और गाड़ी छूटने के बाद ही गये।

सन् 1986 में साहब व माता जी समाधी दर्शन के टूर में सत्संग हेतु इसके गाँव बभनगवाँ पधारे। आपके साथ काफी संख्या में सत्संगी भाई बहन थे। भईया जी, बहन ममता जी और गुरु परिवार के सदस्य भी साथ में थे। प्रोग्राम बड़ा ही सुन्दर रहा। आपसे प्रभावित हो 42 लोग सत्संग से जुड़े। जब प्रोग्राम समाप्त हुआ तब आपने इसे बुलाया। कहा कि सेवक एक बात कहेगा, प्रामिज करो कि हाँ कहोगे। इसने हाँ कह दिया। आपने इसे पाँच सौ रुपये देते हुए कहा कि इस भण्डारे में दिल्ली सत्संग की तरफ से यह कन्टरीब्यूशन

है। यह क्या करता, रुपये ले लिये, फिर कहा कि साहब यहाँ कोई खर्च नहीं हुआ है, सब सारा सामान तो घर का है, यह सब यहाँ होता है और पैसे (डोनेशन) भी जो आये हैं, पूरे खर्च नहीं हुए हैं, जो दिल्ली सत्संग को दे देंगे। आप कुछ नहीं सुने, यही कहा कि इसे यहाँ दे दो, जमाकर लें, शान्ति पाठ, सत्संग होते रहेंगें, उसमें क़ाम आयेगा।

भाई साहब ने बताया कि बम्बई में पवई में जनवरी माह में भण्डारा होता है। वह स्थान एक शर्मा जी का है, उनका आम का बाग है उसी में होता है। वह स्थान आप सत्संग हेतु खुशी-खुशी देते ऱहे हैं। धीरे-धीरे उनमें क्या विचार बना कि उन्होंने कहा कि भाई साहब जी इसमें से एक हिस्सा मैं आपको सत्संग के लिए लिख देता हूँ, जिससे यहाँ सत्संग होता रहेगा। आपने जमीन लेने से मना कर दिया और कहा कि शर्मा जी आपकी भावनायें सुन्दर हैं, लेकिन यह आपके बाद आपके बच्चों का है क्या वे लोग ऐसी भावना सत्संग के प्रति रखते हैं। फिर सत्संग के लिए यहाँ जमीन की कोई आवश्यकता नहीं है। आप यहाँ सत्संग होने के लिये स्थान देते हैं, देते रहें, यही आपकी बड़ी कृपा है।

आप नियमित अपनी आय का कुछ हिस्सा हर माह सत्संग को देते थे। कहते हैं कि सभी धर्मों में कहा गया है कि इंसान को चाहिए कि अपनी आमदनी का कम से कम ढाई से दस प्रतिशत हिस्सा अलग परोपकार जरुरत मन्दों और धर्म के कामों के लिए अलग निकाल कर रख दे और इस्तेमाल करें। अखिल भारतीय संतमत सत्संग के संतों ने इसका न केवल पालन किया, बल्कि समय-समय पर इसकी सलाह अपने अनुयायियों को भी इशारतन करते रहे हैं। भाई साहब के सम्पर्क में रहते हुए इसने देखा कि आप इस नियम का पालन करने के अलावा, अक्सर जरुरत मन्द सत्संगी भाईयों बहनों की आर्थिक मदद भी करते रहते थे। किसी का पत्र आया, कि बच्चे के लिए कपड़े नहीं हैं, स्कूल में दाखिले के लिए दिक्कत हो रही है आपका हृदय द्रवित हो जाता, अपने व्यक्तिगत एकाउन्ट से चेक काट देते और हम किसी से रजिस्ट्री करने को कहते। ऐसा भी देखने में आया कि किसी-किसी को पैसे न भी मिल पाते। कहते कि सिंह साहब देखो, भाग्य होता है, चाहते हुए भी मदद न हो सकी। एक बार ऐसा हुआ कि साहब ने इसे एक पत्र जवाब लिखने के लिए दिया। संयोग से यह उस व्यक्ति को जानता था, तथा उनकी

धर्मपत्नी के अनाप-सनाप खर्चीले स्वभाव से वाकिफ था। उन्होंने हमारी मदद भी कभी की थी। पत्र में आर्थिक समस्या का जिक्र था। लेकिन उस पत्र पर साहब को कोई कमेन्ट न था। ऐसे में साहब अक्सर मदद करते थे इसने सोचा चलो हमीं कुछ पैसे इनको भेज देते हैं, अगले हफ्ते जब यह साहब से मिला तो जवाब तो कुछ लिखा नहीं था, पूछा कि साहब ऐसी बात है, सारी बातें बता दीं। आपने हमारी बातें सुनी और बोले कि आप क्यों भेज देंगे? इन्हें अपना मैनेज करना चाहिए, वह कर सकते हैं, जैसा आप चाहें! वास्तव में उनकी समस्या परिवार स्तर पर अर्थ की अव्यवस्था की थी, गैर जरुरी कामों में पैसा खर्च करना। ऐसी थी आपकी शिक्षा देने की तरीकत। हम साधारण लोग भावनाओं में कहकर इस दुनिया में फँसते जाते हैं। लेखक के मनमत की वजह से पत्र का जवाब जाने में एक हफ्ते का विलम्ब हुआ।

आजकल संयुक्त परिवार टूट रहे हैं, पैसा व प्रापर्टी ज्यादातर इसके कारण बनते हैं कभी-कभी इस पर साहब से इसकी अपनी समस्याओं पर चर्चा होती। आपका कहना था कि अपनी प्रापर्टी की रक्षा तो करना ही चाहिए और कहते कि *'हिसाब पाई पाई का बख्शीश लाखों की।'* आप पूरे दुनियादार थे। श्री जे. पी. अग्रवाल, जब सी. सी. कालोनी की बिल्डिंग बन रही थी तब आते और हफ्तों रुकते। एक दिन साहब ने उनसे मच्छरों के लिए फिनिट का डिब्बा मंगाया। ये ले आये। दूकानदार ने 19 रुपये की रसीद काटी थी। जब साहब ने देखा तो बोले कि अग्रवाल साहब अभी पिछले हफ्ते यह 18 रुपये की आई थी, उसने एक रुपया आपसे ज्यादा ले लिया। जाइर्य उससे बोलिये कि एक रुपया वापिस करे या आप यह डिब्बा वापस कर दें। यह गये और बात की, उसने एक रुपये लौटा दिये। साहब ने कहा कि भाई हम गृहस्थी लोग हैं, होशियारी से रहना पड़ता है। यह था आपका अपने बन्दों को शिक्षा देने का तरीका। किसी को आपसे मिलाने ले जाता, कभी-कभी साहब कोई सत्संग की किताब भेंट करते। बाद में पता चलता कि पुस्तक का दाम आपने सत्संग को देकर रसीद कटवा ली। एक बार साहब के लिये एक ऑक्सीजन लेने की मशीन लेनी थी। स्वाभाविक था कि सत्संग से खरीदा जाये, इस पर बात चल ही रही थी। सुनने में आया कि आपने भईया सुरेश जी से पूछा। भईया जी ने कहा की कि पिता जी, सत्संग क्यों खरीदेगा। मशीन मैं खरीदूंगा। मुझे तुमसे यही सुनने की उम्मीद थी, आपने कहा कि आगे इस सत्संग का भविष्य बहुत

अच्छा है। सत्संग संस्था को अर्थ के मामले में अलग माना और उसका प्रबन्धन सत्संगी भाईयों के हाथों में रखा। आप मार्ग दर्शन करते और ध्यान रखते की आपके आर्थिक दर्शन पर भाई लोग सत्संग को संभालें। सत्संग संस्था का आर्थिक प्रबंधन श्री आशानन्द जी देखते थे, मजाल है कि एक पैसा इधर से उधर हो जाये। लोग सामान लाते, कच्ची रसीद लाते, टैक्स बचाते। यह कहते कि नहीं भाई, पक्की रसीद चाहिए! टैक्स दीजिए, यदि हम सत्संग वाले ऐसा करेंगें तो क्या सत्संग करेंगें। लोग नाराज रहते। बोले कि साहब यह काम किसी और को सौंप दें, लोग नाराज हो जाते हैं। आपने कहा कि आशानन्द जी हमें तो आप ऐसे लोगों की जरुरत है सत्संग का काम करने के लिए।

सत्संग के विकास के कार्यों में, अपने गुरु महाराज श्री बृजमोहन लाल जी के कदमों पर चलने के प्रति आप सजग थे। आपने लिखा है कि एक बार एक सेठ जी, महात्मा बृजमोहन लाल जी से प्रभावित होकर 60 हजार रुपये का चेक आपको एक सत्संग भवन उनके (सेठ के) नाम पर बनवाने के लिये दिया। आपने चेक को वापिस करते हुए कहा कि व्यक्ति विशेष के नाम पर सत्संग भवन बनने से ईश्वरीय चीज पर व्यक्तिगत संकीर्णता की छाप लगना आरंभ हो जाएगी। पहले ईश्वरीय दौलत से अपना हृदय भर लेने का प्रयत्न कीजिये फिर मालिक ने चाहा तो यह संकीर्णता के भाव मिट जायेंगें। लेखक ने देखा है कि भण्डारे ऐसे आयोजनों के समय, कभी-कभी शुरुआती धन की कमी होने के बावजूद, आपने लाखों-लाखों के ऐसे प्रस्ताव नहीं स्वीकारे। जब की आपके अच्छे-अच्छे सहयोगी कार्यकर्ता कहते रह गये कि साहब कैसे होगा। आप कहते कि परमात्मा का काम है यह वह जाने कि कैसे होता। आप सब काम करते चलो। कितनी आस्था थी उस पर परम् पिता परमात्मा की और अपने गुरु महाराज में जो आपने दूसरे भण्डारे में अनुभव कर लिया था। आप कहते थे कि यह भण्डारा, प्रेमी बन्धुओं के सहयोग से होता है। निष्काम भाव से दिये गये प्रभु कार्य के लिये एक रुपयें के योगदान को आप लाख के बराबर कहते थे। यह दुनिया है, भगवान राम को भी नहीं छोड़ा। तरह-तरह के कमेन्ट होते, आप तक बात पहुँचती तो, प्रयोग करते। आपने सत्संग कार्य के लिये सत्संगी भाईयों से स्वेच्छिक अनुदान स्वीकार करने की व्यवस्था को अनुमति दिये हुए थे। लेकिन किसने क्या दिया यह

मात्र कैशियर को ही पता होता आपको तो बिल्कुल भी नहीं मालूम होता था कि किसने क्या दिया या नहीं दिया। हाँ किसी सत्संग प्रोग्राम में धन आड़े नहीं आया। गुरु पूर्णिमा के अवसर पर श्रद्धानुसार गुरु को फूल, माला और प्रसाद के साथ लिफाफे में गुप्त रुप से गुरु को पैसे के चढ़ावे की छूट है। इन लिफाफे में आये हुए पैसों को कुछ भाईयों की एक कमेटी गिनकर गुरु महाराज को देती और आप जैसा उचित समझते उसका इस्तेमाल करते, जैसे सत्संग, हास्पिटल को अनुदान, रसोई के लिए बरतन, स्कूल में कमरा बनाना, इत्यादि, इत्यादि। एक बार गुरु पूर्णिमा पर आपने कैशियर से कहा कि इस बार जो भाई पैसे दें रसीद कटायें। ऐसा ही किया गया। बाद में आपने दरयाफत किया कि कम से कम कितने की रसीद कटी और पहले लिफाफे में कम से कम कितना पैसा होता था पता चला कि लिफाफों में कम से कम एक रुपया देखा गया है और कम से कम की रसीद ग्यारह रुपये की कटी है। आप द्रबित हो उठे और बोले कि आइन्दा से वही लिफाफे वाली व्यवस्था हो परमात्मा तो एक का सौ वापस करता है। सारा खेल श्रृद्धा व भावनाओं का है। हमारी संस्था के लिए एक रुपये लाख के बराबर हैं।

ब्रह्मदत्त शर्मा (अनूप शहर) लिखते हैं कि अनंगपुर यह सेवक गुरु पूर्णिमा, 1993 में पहली बार आया। जो भी अनुभव हुए वह सब नये थे और आश्चर्य जनक थे। मगर सबसे अधिक प्रभाव तब हुआ जब जनरल बॉडी मीटिंग में संतसुखा में 70 हजार का घाटा की पूर्ति हेतु कुछ सत्संग भाईयों ने अपने नाम से सहभागिता दर्शायी और सूची बनाई गई। इस मीटिंग में पहले तो इस तुच्छ सेवक के मन यह भाव आया कि बिना धन के कोई बात बनती नहीं है, सभी जगह यही धंधा है, फिर यह विचार आया कि संत सुधा प्रचार प्रसार की चीज है, इसमें अभी तो नहीं, अलीगढ़ जाकर कुछ न कुछ अनुदान के रुप में भेजने हेतु विचार करेंगें। यह चर्चा समाप्त नहीं हो पाई थी कि पूज्य सत्गुरु देव जी ने तुरन्त कहा कि जो कुछ सब एकत्र होकर लगभग 35 हजार जुटा पाये थे, शेष को गुप्त नाम से पूरा कर दिया गया है। पुनः कहा कि आप लोग बहुत पुराने सत्संग भाई लोग हैं, मुझे बड़ा खेद है कि आप लोगों ने इसे रामलीला की स्टेज बना दिया। सभी ने अपने नाम लिखाकर पैसे देने को कहा है।

इस सत्संग में ऐसे लोग भी आये हैं तो किराया भी उधार लेकर आये होंगे। उनके दिल पर क्या गुजरेगी कि हम यहाँ कुछ भी योगदान नहीं कर पाये और उन्हें अपने ऊपर ग्लानि होगी। इस बात का तुच्छ सेवक पर सबसे बड़ा असर यह हुआ कि ये शब्द तो कोई सर्वसामर्थयवान ही कह सकता है, जो सबको देता है वह किसी से कुछ नहीं मांगता है। इस बात के लिए उन्होंने अपने ऊपर पूर्णरुप से ढाला हुआ था कि निष्काम कर्म ही सच्ची पूजा है। मण्डी के श्री के. एल. मल्होत्रा साहब एक सत्संगी भाई का अनुभव लिखते हैं।

Sh. Kesho Ram was once an employee of Raj Kumari Amrit Kaur & a minister at that time, but for reasons unknown, quit his job and went away to live in his village Tootoo in Shimla Distt. He was very closely following the dictates of Param Pujya Bhai Sahib Ji. He lost eight children turn by turn in infancy None would escape death. One day he reached his mentor with his predicament and a request that this tyranny of nature may please be stopped. On the birth of a son, in their village sacrifice of a goat was offered and it was a must. He was granted the boon but with a condition, no sacrifice! A son was born. No sacrifice! The entire village stood up against him. But he stood, poverty gripped him. He hardly could make both ends meet. He boldly faced the fury of the villagers but saved his son.

Bhandara came. No money. What to do ? He set out on foot, from Tootoo to Anangpur, a distance of 400 k.M. accepting some lifts on the way but reached his destination. He had brought a five-rupees note to be offered at Bhandara. His tests were still not over. When he offered his share, the collector thought in some other terms. He redunded the money, God knows why, but the shock was unbearable. The poor man was helpless. What could he do, but to cry! He sat down in a corner, the note clenched in his hand, tears washing his clothes and the message reached his mentor, who was busy in some corner of the plot. I don't know how Krishna listened to the cries of Dropdi, but how did Bhai Sahib Ji hear his cries, I knwo. He came, down to the spot, where Kesho Ram was hiding himself. Lo! He was embraced. He was calmed. His money was accepted most gracefully and in the presence of everybody around there Bhai Sahib Ji declared “This Bhandara is run with these five rupees.” That was the money!

सत्संग में जो गोला मिश्री के प्रसाद की व्यवस्था है वह भी समय व अनुभव के साथ-साथ आपने निर्धारित किया। यह ऐसी व्यवस्था है कि जो कोई सत्संगी परिवार सत्संग के दिन कर सकता है। इसमें भी प्रतिस्पर्धा होने

लगी थी। कोई अपने यहाँ लड्डू का प्रसाद रखता, कोई बर्फी, तो कोई कई-कई आइटम रखने लगा जब ऐसा होने लगा तो साहब ने गोला मिश्री के प्रसाद का नियम बनाया जिसकी व्यवस्था अमीर-गरीब सभी कर सकते हैं। सत्संग आयोजनों में भी आपने साधारण से साधारण भोजन व्यवस्था रखने की हिमायत की जिससे आयोजकों पर अनावश्यक आर्थिक बोझ न पड़े और साधकों को भी सादा हल्का भोजन मिल सके।

यह था सत्संग व राम-नाम से सम्बन्धित आपका आर्थिक दर्शन जैसा इस पतित ने देखा व जाना। सेवा व चैरिटी से सम्बन्धित अनंगपुर सत्संग आश्रम पर सेन्ट बृजमोहन लाल स्कूल और चैरिटेबल डिसपेंसरी अनंगपुर और नागपुर रहे। इन चैरिटेबल संस्थाओं के लिये आपने बाहर से डोनेशन व रिसोर्सेज जुटाने की अनुमति दे रखी थी। स्कूल के लिये सरकारी व किसी फंडिग संस्था से अनुदान लेने के पक्ष में नहीं थे। आप यह कहते थे कि हमारी किसी से कोई प्रतिस्पर्धा नहीं है और यह संस्था औरों से अलग होंगी। हाँ, हमारी गति विधियाँ किसी भी तरह कमर्शियल नहीं बननी चाहिए। आप कहते थे कि सेवक की कोई इच्छा नहीं रही, परमात्मा ने जब जैसा चाहा, वैसी ही परिस्थितियाँ बनती रहीं और कार्य होते रहे। कहते कि हमारे सत्संग का रुप राष्ट्रीय स्तर का है। स्कूल भी सी. बी. एस. ई. से मान्यता प्राप्त हो, हॉस्टेल की सुविधा हो जिससे और प्रदेशों के सत्संगियों के बच्चों को भी पढ़ाई की सुविधा बन सके और यदि कोई बाहर का सत्संगी परिवार चाहे तो अपने बच्चे को यहाँ पढ़ा सके।

'परमात्मा तू ही है, तेरी इच्छा पूरी हो।'

15

जुड़ाव व अलगाव

मानव विकास की नींव, चरित्र निमार्ण व अध्यात्म से पोषित होती है। इसके लिए परिवार, सामान्य शिक्षा के स्कूल, तरह-तरह के सत्संग व संस्थाएँ हैं। मानव समाज में विचारों में समानता के आधार पर, लोगों के ग्रुप बनने की सामान्य प्रक्रिया है। विभिन्न विचारों के लोग इकट्ठा होते हैं, संस्थाओं बनती है। इन स्थाओं से लोग जुड़ते व अलग होते रहते हैं। जिनके कुछ न कुछ कारण होते हैं। लेखक स्वयं के अनुभव से मानता है कि ऐसा ईश्वर इच्छा से होता है। नानकदेव जी भ्रमण करते-करते किसी गाँव में पहुँचे तो पाया कि वहाँ के लोग बहुत अच्छे हैं, हंसी-खुशी का माहौल था, लोग भक्त प्रवृत्ति के थे। जाते समय आशीर्वाद दिया कि वे लोग बिखर जायें। क्यों? कि जहाँ-जहाँ जायेंगें वहाँ-वहाँ ऐसे ही सुन्दर माहौल बनाने में मदद्गार होंगें, समाज सुधार होगा। कभी-कभी यह जुड़ाव अलगाव की परिस्थितियाँ हम स्वयं के साथ या आस-पास होते देखते हैं, लेकिन त्वरित प्रतिक्रिया बहुधा नकारात्मक ही होती है जो तमाम समस्याओं की जड़ बनती है। भाई साहब जी द्वारा अपनाया मंत्र 'परमात्मा तू ही है, तेरी इच्छा पूरी हो' यदि जहन में घुस जाये तो जीवन में सकारात्मकता का वरण स्वतः हो जाता है जिससे जुड़ाव या अलगाव या दुष्प्रभाव नहीं पड़ता। जीवन में शान्ति ही का आभास होगा जो अनुभव गम्य हैं, शब्दों में नहीं बताई जा सकती। आध्यात्मिक दृष्टिकोण से हमारे जीवन में सस्कारों का बड़ा महत्व है, जिससे व्यक्ति का किसी संत या सत्संग संस्था से जुड़ता होता है। महात्मा तुलसी दास जी ने कहा है कि

"यहि सर आवत अति कठिनाई - राम कृपा बिनु आई न जाई।" साधारण गृहस्थी व सत्संगी भाईयों के अनुभवों का उदाहरण लेते हुए इस अनुभाग में उपरोक्त बातों को समझने का प्रयास करते हैं।

15.1 सत्संग से कैसे जुड़ा

श्री दुख हरण चौधरी, लिखते हैं

'दुर्लभम् त्रयमेवेतम् देवानुग्रह हेतुकर्म ।
मनुष्यत्वम् मुमूक्षत्वम् महापुरुष संश्रयम् ।।'

परमात्मा की इस सृष्टि रचना में, जिसमें स्वयं परमात्मा ही अणु - अणु, कण - कण में विराजमान है, उनकी महान कृपा से ही जीव को मानव शरीर, जिज्ञासा एवं संत - सत्‌गुरु (महापुरुषों) सम्पर्क, आश्रय, सत्संग मिल जाता है जो अन्य प्राणियों के लिए दुर्लभ है ।

इस सेवक के जीवन में उपरोक्त तीनों बातें अक्षरसः लागू होती हैं। अनेक जन्म- जन्मांतर में भटकने के बाद मानव शरीर प्राप्त हुआ। सामान्य मध्यम- वर्गीय परिवार में जन्म हुआ। पालन पोषण से लेकर शिक्षण, पठन- पाठन तक सामान्य रुप से चलता रहा। इसे ईश्वर- कृपा कहा जाये या पूर्व जन्म के संस्कार का प्रतिफल कि इस सेवक की अभिरुचि किशोरावस्था से ही धार्मिक पुस्तकों का अध्ययन, मठ- मंदिर, पूजा- पाठ की ओर सदैव लगा रहा। पारिवारिक परिवेश भी, ईश्वर कृपा से इन सबके अनुकूल प्राप्त हुआ।

बिहार सरकार की सेवा में आने के बाद, इस सेवक की अभिरुचि राम चरित्र मानस, श्री मद्‌भागवत गीता एवं अन्य धार्मिक ग्रन्थों के अध्ययन, मनन, अनुशीलन, सत्संग कथा श्रवण इत्यादि धार्मिक कार्यों के प्रति बनी रही। लेकिन मन ही मन आध्यात्मिक सद्‌गुरु की खोज की भी इच्छा रहती थी। इसी क्रम में अपने एक सम्बन्धी के साथ जनकपुर धाम एवं अयोध्या धाम का भी भ्रमण किया। लेकिन वहाँ के कार्यक्रम एवं बाह्य आडंबरों को देख कर मन नहीं ठहरा। आत्म संतोष नहीं हुआ। सच्चे गुरु की खोज चलती रही। वर्ष 1983 के आषाढ़ माह (जुलाई) में ईश्वर कृपा से श्री राम विनय शर्मा जी का स्थानातंरण बेतिया से कोआपरेटिव बैंक से सीतामढ़ी कोआपरोटिव बैंक से

कार्य पालक के पद पर हुआ। चूंकि यह सेवक उसी विभाग से जुड़ा हुआ था, अपने नये पदाधिकारी से मिलने बैंक के गेस्ट रुप में पहुंचा। औपचारिक-अनौपचारिक वार्तालाप के बाद इस सेवक की नजर उनके बिस्तरे पर रखी हुई संत – सुधा पत्रिका पर पड़ गई। इसने स्वभावतः अपने हाथ में ले लिया और पन्नों को उलटने लगा। जैसे-जैसे पन्ने उलटता गया, जिज्ञासा बढ़ती गई और चलने के समय उस पवित्र पत्रिका संत – सुधा को पढने के लिए शर्मा जी से मांग कर घर ले आये। इसे आद्योपात्र पढ़ गया। अच्छा लगा। मन ही मन इस पत्रिका से और सत्संग से लगाव उत्पन्न होता गया। श्रद्धेय शर्मा जी से इस सम्बन्ध में वार्तालाप हुआ। उन्होंने दया – कृपा करके सत्संग सम्बन्धी अन्य पुस्तकें भी पढ़ने को दीं। काल क्रमेण पटना के श्री एस. के. मिश्रा साहब से भी मुलाकात हुई। इन दोनों महानुभावों के शील सौजन्यता, मृदुल व्यवहार का इस सेवक पर बड़ा अच्छा असर पड़ा और यह गुरु पूर्णिमा के अवसर पर सी. सी. कालोनी, दिल्ली जाने को तैयार हो गया।

पूज्यपाद सत्गुरुदेव जी (परम पूज्य भाई साहब जी) अकसर कहा करते थे कि God creat circumstances (ईश्वर परिस्थितियाँ पैदा करता है)। इस सेवक के साथ अक्षरसः ऐसा ही हुआ कि एक पत्रिका संत – सुधा और एक सत्संगी भाई शर्मा जी के माध्यम से यह पतित सत्संग में आकर जुड़ गया। पूज्यपाद महाराज के सम्मुख होने एवं पूजा लेने की घटना भी मनोरंजक एवं प्रेरणास्पद है। पूज्य भाई साहब जी के चेहरे पर सौम्यता – शान्ति एवं व्यवहार में सहृदयता को देखकर इस सेवक का मन उनकी ओर अवश्य ही आकर्षित हो गया था। सत्संग कार्यक्रम के दौरान यह सेवक पूज्य भाई साहब जी के सामने जाकर बैठ गया। आंतरिक ध्यान के समय में तो आंखें बंद करता – खोलता रहा। लेकिन ज्यों ही प्रवचन प्रारंभ हुआ, एक-एक शब्द इस सेवक के कानों में उतर कर हृदय में जाने लगा, त्योंहि अनायास हृदय में हूक सी उठने लगी और रुलाई आने लगी। यह सेवक रुमाल निकाल कर बार-बार आखें पोंछता रहा और पूरे प्रवचन के समय रोता रहा। मन में यह भावना भी उठती थी कि बिना किसी कारण के हृदय में हूक क्यों उठ रही हैं? यह अकारण रुलाई क्यों आ रही है? लेकिन समाधान नहीं हो रहा था। सत्संग समाप्त हुआ। प्रसाद लेकर पूज्य शर्मा जी के पास आया। सारी बातें बताई। उन्होंने खुश होकर सेवक को गले से लगा लिया और कहा कि भाग्यशाली

हैं आप। महाराज जी के औरा से निसृत फैज का असर आप पर हो गया। ये सेवक कुछ नहीं समझ सका।

पूज्य शर्मा जी ने इस सेवक से पूछा कि आप भी पूजा लेंगे? इस सेवक ने तुरन्त हाँ कर दी। ऐसा लगा कि जन्म – जमान्तर से जिस अवसर की तलाश में था, वह मिल रहा है और सच्चे सद्‌गुरु की प्राप्ति होने वाली है। शर्मा जी ने इस सेवक का नाम लिख लिया – दुख हरण चौधरी। लेकिन पूज्य जियालाल जी ने देवी प्रेरणा से इस सेवक का नाम सुख हरण चौधरी लिख दिया। जब यह सूची पूज्य भाई साहब जी के पास पहुँची तो आप एकाएक बोल पड़े – जिया लाल जी, ऐसा हो नहीं सकता। कोई भी माँ–बाप अपने बच्चे का नाम सुख – हरण नहीं रख सकता। आप पुनः जाकर पता लगायें। श्री जियालाल जी भागते हुए शर्मा जी के पास पहुँचे और सूची दिखाई। नाम में संशोधन करके यह सेवक सुख – हरण न रह कर दुख – हरण ही बना रहा।

निर्धारित समयानुसार पूजा मिली। बन्द कमरे में पूज्य भाई साहब जी जब सामने हो तो ध्यान न लगने का प्रश्न ही नहीं था। ध्यान लगा। पूज्य पाद श्री जी ने कुछ नियम बताये। साधना सम्बन्धी छोटी–छोटी बातें बताईं, जो काफी महत्वपूर्ण थी। पुष्प माला पहना कर इस अधम सेवक ने उनके पवित्र चरणों में पुष्प अर्पित कर अपना माथा टेक दिया। जन्म – जन्मांतर की चाहत पूरी हुई। समर्थ सद्‌गुरु की प्राप्ति परमात्मा की असीम दया – कृपा से सहज ही हो गई। पूज्य पाद ने पीठ पर हाथ रखकर आर्शीवाद दिया। जीवन धन्य हो गया। अब यह एक सामान्य मनुष्य नहीं रहकर एक साधक – सत्संगी बन गया। परमात्मा का कोटिश धन्यवाद।

सचमुच सद्‌गुरु की प्राप्ति साधक की श्रेष्ठतम निधि है और इसके पश्चात उसका जीवन धन्य हो जाता है। सद्‌गुरु में अपने व्यक्तित्त्व अहम को विलय कर साधक पूर्णतः अहंकार शून्य हो जाता है और फिर उसे सर्वत्र गुरु – सत्ता ही नजर आती है। गुरु – कृपा और साधक का सद्‌गुरु के प्रति पूर्ण समर्पण भाव के फलस्वरुप सांसारिक जिम्मेदारियों का कुशलतापूर्वक निर्वाह करते हुए भी उनसे पूर्णतः आसक्ति रहित रहने की शक्ति उसे प्राप्त होती रहती है, जो अंततः निष्काम कर्म सम्पादन में सहज ही परिणत हो जाती है। (संत सुधा अक्टूबर 2010 से उद्धृत)।

15.2 संस्था से अलगाव

संस्कारी व्यक्ति को जाने-अनजाने, सद्‌गुरु की तलाश रहती है। प्रकृति सद्‌गुरु से मिलने की व्यवस्था करती है जो इस पुस्तक में आये कुछ उदाहरणों में दिखता है। लेखक का भी अनुभव रहा है कि जब समय आया तो सद्‌गुरु शब्द के अर्थ की समझ न होने पर भी इसे पूज्य भाई साहब जी सद्‌गुरु मिले। आपकी दया कृपा से जब तक साथ रहा सत्संग के प्रति समर्पित रहा। संसार परिवर्तनशील है। आपके समाधी लेने के बाद ऐसी परिस्थितियाँ बनती गई कि सत्संग संस्था से अलग होना पड़ा। सद्‌गुरु देव कहते थे कि जिनके विश्वास कायम रहेंगे उनके लिए सेवक ऐसे ही रहेगा। यह परम सत्य वचन है, जो केवल अनुभव गम्य है। यह भी परमात्मा की दी हुई व्यवस्था है, नहीं तो तमाम समर्पित साधक कहीं के न रहें। आध्यात्मिक संस्थाओं की हालत हम समाज में देख ही रहे हैं। यदि ऐसा न होता तो महापुरुषों के द्वारा स्थापित आदर्शों का निखार आज चरम पर होता। संसार, जगत नियन्ता का अद्‌भुत खेल है। मनमत, अलगाव, विभाजन व माया के अन्य तत्त्व हम इंसान को भटकाते रहते हैं। इस खेल को समझने के प्रयास में संतों व महापुरुषों ने परमात्मा के बारे में नेति - नेति कहा है। अपने को जान लें, सुधार लें ही बड़ी बात है। सूफी संतों की आनन्दयोग साधन पद्धति एक अद्‌भुत देन है जो अध्यात्म साधना के मामले में *'न हींग लगे न फिटकरी माल चोखा का चोखा'* की कहावत् को चरितार्थ करती है। आवश्यकता है अपने जीवन चर्या के खाली समय को परमात्मा की याद में लगाने की और गुरु के प्रति अदब निभाने का। ईश्वर कृपा से इस सेवक को जीवन यात्रा में सद्‌गुरु देव मिले व सत्संग संस्था से अलगाव होने का भी अनुभव रहा। उपरोक्त जुड़ाव से सम्बन्धित श्री दुख हरन चौधरी जी का अनुभव बड़ा स्वाभाविक है। ऐसे ही सेवक के सत्संग संस्था से अलगाव की भी रही। लेखक की इस संदर्भ में अभिव्यक्ति नीचे दिये गये पत्र के प्रारुप में भी देखी जा सकती है जो एक स्वाभाविक प्रक्रिया रही।

जय सत्‌गुरुदेव जय पद्‌शरणम्

आदरणीय.................... दिनाँक - 14-04-2015

सादर प्रणाम,

पतित दास 1979 में साहब के सम्पर्क में आया। आपने इसे ऐसे दुनिया और सत्संग के काम में लगा रखा कि अब तक जीवन कैसे बीता पता न चला। साहब की बड़ी कृपा रही। इसकी कोई इच्छा नहीं की बात इसने साहब को पूजा मिलने समय बताई थी। आपने कहा था कि इच्छा करने न करने से कुछ नहीं होता, जो होना है वह परमात्मा करता है और करा लेता है। गुरु परिवार के ही, हम लोग होकर रह गये। चच्चा जी महाराज की बात 'याद रखो कोई संत या महात्मा किसी की किस्मत नहीं बदल सकता लेकिन उसके जीवन के संस्कारों को तरतीब देकर आसानी से भुगतवा सकता है' का अनुभव पतित दास ने साहब के साथ रहते हुये किया। साहब ने कहा था कि जिनके विश्वास कायम रहेंगें सेवक उनके लिये परदा लेने के बाद आज जैसे ही रहेगा। यह भी सत्य है कि आपके तमाम भक्त आज भी ऐसा ही अनुभव करते हैं।

...........जी अध्यात्म के बारे में यह इतना ही जान सका कि यह अच्छी चीज है, यदि इस पर इंसान चले तो जीवन यात्रा सुगम हो जाती है। साहब के साथ की कार्य - विधि में परमात्मा की इच्छा पर चलना, जनता जनार्दन की राय सर्वोपरि, आवश्यकतानुसार विकास, दूसरों की कमियों को नजर अन्दाज करना तथा बेगुनाहों का दिल न दुखाना मुख्य बातें थीं जिनका खास तौर से इसके हृदय पर अमिट प्रभाव पड़ा। आप कहा करते थे कि जब कोई राय मांगी जाये तो जो दिल में है उसे ही बताना चाहिये नहीं तो बेअदबी होती है। ....जी, आपके साथ व्यवहार में इस बात को इसने निभाने का प्रयास किया और अब तक जो हो सका मिशन का कार्य करता रहा। इसे सारे सत्संगी भाई अच्छे लगते हैं, यदि कोई भटक रहा है या भटक गया है तो वह जाने। यह भी कहते थे कि जो भटक गये हैं, एक न एक दिन लौट कर यहीं आयेंगें।

अब यहाँ अनंगपुर में तो साहब ने इसे मिशन के सारे कार्यों से एक तरह से मुक्त ही कर दिया है। जीवन यात्रा में आज के मोड़ पर यही लगता है कि इंसान के चाहने से कुछ नहीं होता। जैसा जो कुछ होता है उसी को मानना

पड़ता है। आगे हम लोगों के जीवन यात्रा में क्या है, साहब जानें या फिर परमात्मा। साहब के परदा लेने के बाद यह आत्मा की आवाज पर चलने का प्रयास किया और जो संभव हो सका मिशन के कार्यों में लगा रहा। समय के साथ परिवर्तन होते ही हैं, लेकिन जरुरी नहीं कि वह सबको मान्य हों। परिवर्तनों के अनुरुप यह अपने को न ढाल सका और आज मिशन के आधुनिक विकास में अपने को अप्रासंगिक पाता है। पिछले कुछ वर्षों में स्वभावानुसार कुछ समझ में नहीं आता के विचार प्रबल हुए। जब सुनने में आता कि- ....जी कह रहे थे कि ए0 सिंह यह कर रहे हैं, वह कर रहे हैं तो यही विचार आता कि जब यह कुछ वैसा कर ही नहीं रहा है तो उन बातों को नजर अन्दाज करता रहा। साहब की कृपा से मन साफ रहता कोई परेशान करने वाले विचार न होते।

आज की परिस्थिति में भी इसकी, इसकी धर्मपत्नी व बच्चों की साहब, माता जी व गुरु परिवार पर श्रद्धा बनी हुई है। यह बनी रहे की परमात्मा से प्रार्थना है। पतित दास के परिवार ने कई पुश्तों सें संतों व ईश्वर कृपा के अनुभव की बात देखी है। संत कृपा की पराकाष्ठा थी कि पूज्य भाई साहब व पूज्या माता जी इसके गाँव पधारे और वहाँ सत्संग कायम किया। जब भी साहब से बात होती तो कहते कि भाई अपने हक के लिये तो लड़ना ही चाहिये और charity begins from home. इसके लिये कोशिश करता रहा है और जारी भी है, साहब मालिक हैं। ....जी, अब यह आगे की बात नहीं सोचता कोशिश है कि जो जैसा आये धर्मानुकूल बरतने का प्रयास करे।

अब यह अनंगपुर को छोड़ कर और जगहों के सत्संग से दूर ही रहेगा या जहाँ तेरा - मेरा, इनका - उनका की बू नहीं होगी वहीं सत्संग में शामिल होगा और charity begins from home के दायरे में अपने को सीमित रखेगा। लेखनी को विराम देने के पहले एक गुरु भाई और शुभ चितंक के नाते यह दो बातें आपके चरणों में प्रेषित करना चाहेगा:

1. अच्छे - अच्छे संगठनों में अवसर वादी और स्वार्थी तत्त्व घुस कर उसे सिद्धांतहीन बना देते हैं। -स्वामी सहजानन्द।

2. किसी व्यक्ति का मूल्यांकन उस आधार पर कभी नहीं किया जाना चाहिए कि दूसरे व्यक्तियों की धारणा उसके प्रति क्या है। अपने

विचारें की सत्यता जानने के लिए हमें अपनी आत्मा से ही पूंछना चाहिए। - एमर्सन अमेरिकी संत।

यह पत्र पतित दास का अपना आत्म निरीक्षण है और यह इतना की कहना चाहेगा कि– ....जी, यह अपने को जैसा है आपके समक्ष पेश करने में असफल रहा। अभी यह धर्मपत्नी के साथ 15-4-15 को गाँव बभनगवाँ जा रहा है। कुछ रोज सरिता के पास लखनऊ में रुकने का प्लान है। आगे जैसे प्रभु इच्छा। पतित दास को सद्‌बुद्धि दें कि यह साहब के बताये मार्ग का अनुसरण कर उनका नाम संसार में रोशन करने का कार्य करता रहे।

त्रुटियों के लिये क्षमा प्रार्थी है।

आपका ही

अक्षयबर सिंह

(संत सुधा, जुलाई 2015 से उद्धृत)

संस्था से अलगाव के स्वयं के अनुभवों में लेखक, गुरु कृपा का आभास पाता है। कुछ ऐसा ही भासता है, जैसे यह दुनियावी शिक्षा में देखता है कि डिग्री प्राप्त कर, संस्था से बाहर हो जाना। संस्था के तमाम बन्धनों से मुक्त हो गया, रह गई तो गुरु कृपा, प्रेरणा व निज कृपा की आवश्यकता और सिलसिले के संतों की शिक्षा का यथासंभव प्रचार-प्रसार उनके बताये रास्ते (रहनी-सहनी) पर चलकर करना। भाई साहब जी ने एक सरल सी बात सेवक की एक समस्या पर बात करते हुए बात बताई थी, कि जो काम स्वत: आते हैं परमात्मा के भेजे हुए होते हैं, कर सकें तो करना चाहिए। मजबूरी की बात और है। सारे काम परमात्मा के ही हैं। यदि भावना निष्काम की है तो ऐसी सोच पर चलना, अनुभव करने की बात है। अत: जीवन में जो आये, स्वीकार करें, विवेक का इस्तेमाल करते हुए यथा संभव सकारात्मक सोच के साथ बरतने की या करने की कोशिश करे, भला ही भला है।

'परमात्मा तू ही है, तेरी इच्छा पूरी हो।'

16

मन की बीमारियाँ

शत्रुता, द्वेष, झगड़ा, हठधर्मी, चुगलखोरी, जुल्म, हत्या, खुदगर्जी, मक्कारी, धोखेबाजी, बेईमानी, झूँठ, बेरहमी, हृदय की कठोरता, पीठ पीछे भला बुरा कहना, इल्जाम लगाना, आवाजें कसना, व्यभिचार, लोभ, चोरी, पराई चीज ले लेना, अहंकार, क्रोध, काम, स्वार्थ, बेहूदा बकवास, हंसी उड़ाना, मजाक, मस्खरापन, फरेब, बदनियती, बेअदबी, असभ्यता, मनमतापन... मन की बिमारियाँ है। मानव संरचना में मन को 'सुक्ष्म शरीर' कहा गया है। मन की बीमारियों का इलाज संतों ने नैतिक शिक्षा, स्वाध्याय और सत्संग के माध्यम से बताया है। मुश्किल यह है कि पता तो चले कि हमारा मन बीमार है क्योंकि साधारणतया हर इंसान अपने को ही सही मानता है और अपनी बात को दूसरों से मनवाना चाहता है। यह भी बीमारी है इसे मनमत कहते हैं। यह स्वभाव हमें ऐसे विचारों को दृढ़ता देता है कि सभी तो कर रहे हैं, करने में क्या हर्ज है और धीरे-धीरे ये मन की बीमारियाँ असाध्य होती जाती हैं। इन बातों की समझ हमें अध्यात्म मार्ग के साधकों या महात्माओं के अनुभवों के जानने से ही हो सकती हैं। अतः इस मामले में स्वाध्याय या सत्संग ही इंसान की मदद कर सकता है। लेखक महात्मा यशपाल जी (भाई साहब) के साधन काल के कुछ अनुभवों को लेकर इस विषय पर आगे बढ़ता है।

16.1 यशपाल जी के अनुभव से

महात्मा यशपाल जी इस विषय पर अध्यात्म साधना के समय का एक अपना अनुभव भयंकर रोग शीर्षक के अंतर्गत लिखते हैं - प्रभु की असीम

कृपा से यदि कोई इस दास की बुराई करता है तो इसे दुख नहीं होता, यह उसे हृदय से धन्यवाद देता है उसने कृपा कर इसकी त्रुटियों को इसके सामने रख दिया। यदि कोई इसका मजाक बनाता है तो यह हंसता है और प्रभु से उसके उद्धार के लिये प्रार्थना करता है परन्तु इसके हृदय में उसके प्रति घृणा का अंकुर मात्र भी पैदा नहीं होता। हे सत्गुरु देव! अभी यह एक भयंकर रोग से ग्रसित है। जब कोई सज्जन इसकी तारीफ करता है तो इसे खुशी होती है यद्यपि उसके बाद ही अपनी इस कमी पर शर्मिंदा होता है यह कैसा भंयकर रोग है, यह उस खुशी को दबाने की कोशिश करता है परन्तु इसे यह महसूस हो जाता है कि इसे खुशी हुई है। यह तो पतित दास को पूर्ण विश्वास है कि आपकी परम पावन चरण धूलि का सहारा लेकर संसार की कोई भी चीज असंभव नहीं। अगर कमी है तो इस दास के शरणागति की।

दूसरा रोग जिससे यह पतित दास ग्रसित है, वह है 'मान की इच्छा।' हे सत्गुरुदेव, यह तो सत्य है कि जब कोई इसका अपमान करता है तो इसे दुख नहीं होता। अपमान करने वाले के प्रति इसके हृदय में घृणा के बदले प्रेम होता है और दूसरे क्षण ही इसका अपमान करने वाला भूल स्वीकार करता सा मालूम होता है लेकिन सबसे बड़ी कमी दास को तब मालूम होती है जब कोई इसका मान करता है। बाहर से तो यह दिखाता है कि इसे मान की इच्छा नहीं। यह तो उसका तुच्छ सेवक मात्र है, परन्तु अन्दर ही अन्दर ही इसका मन खुश होता है। यह कितना भयंकर रोग है। हे सत्गुरुदेव! आपकी चरण धूलि की कृपा से ही इसका उपचार हो सकता है, नहीं तो यह पतित न मालूम कब अंधकार के कूप में गिर जाये।

तीसरा तो इसे क्षय से भी भयंकर रोग लग गया है। कभी-कभी जब सत्संगी भाई कहते हैं कि यशपाल जी ने इतने थोड़े ही समय में बड़ी तरक्की की है तो गुरुदेव! ऊपर से तो यह यही कहता है कि यह तो केवल सत्गुरुदेव जी की कृपा मात्र है परन्तु मन ही मन इसे अपनी सफलता पर खुशी और कुछ गर्व सा होता महसूस होता है। हे सत्गुरुदेव! इससे बड़ा कपटी, मक्कार तथा लम्पट कभी कोई पैदा हुआ है क्या? यह पतित इस बात को भली प्रकार जानता है कि यह दास गन्दी मिट्टी के सिवाय और कुछ नहीं है और यदि इस मिट्टी की सफाई होकर इसमें कुछ शक्ल बन पाई है तो वह केवल गुरुदेव आपके श्रम तथा दया के ही कारण है। पापी इसके लिए क्यों खुश

होता है! क्यों गर्व करता है? अगर कुम्हार मिट्टी से घोड़ा, हाथी, राजा, मुनी और कृष्ण भगवान की सुन्दर मूर्ति बनाता है तो मिट्टी के गर्व करने का कौन सा कारण है? यदि गर्व करे तो कुम्हार अवश्य कर सकता है, उस पर मिट्टी गर्व करेगी तो गिर कर फिर वही असली मिट्टी की शक्ल में आ जायेगी। यह पतित इस रोग से सबसे ज्यादा घबड़ाता है। यह रोग तो क्षय रोग से भी भयंकर रोग है। हे सत्गुरुदेव! आपको अख्तयार है इस मिट्टी की कोई भी शक्ल बनायें, परन्तु ऐसी कृपा करें कि यह दास अपनी असलियत को बराबर पहचानता रहे और दुनिया के कहने से भुलावें में न पड़ जाये। अगर दुनिया कुछ कहे तो यह श्रद्धापूर्वक समझे कि इसके इष्टदेव की ही तारीफ हो रही है, इसकी नहीं और यह अपनी असलियत को याद कर रोता रहे ताकि भ्रम में न पड़ जायें।

महात्मा जी का एक अनुभव उनके साधनाकाल का और लेते हैं। अपने खास मित्र के साथ हुए किसी वाद विवाद से आप बहुत दुखी हो कर सोचने लगे कि हे परमात्मा, यह दुनिया के लोग क्या हैं? तेरे हाथ के मिट्टी के खिलौने हैं, जैसे चाहे नचाता है। सबकी बुद्धियों का कंट्रोल, प्रेरक शक्ति तेरे हाथ में है: बिना तेरी मर्जी के पत्ता तक नहीं हिलता, फिर ऐसा क्यों होता है यदि श्री 'अ' गलती पर हैं तो उन्हें उनकी गलती का एहसास करा दे और यदि यह पतित गलती पर है तो इसे सच्ची राह दिखा दे। बस यही धुन सवार हो गई और मन निरंतर इस समस्या को लिये हुए प्रभु चरणों में लगा रहा। रात्रि में भी यह प्रार्थना जारी रही और लगभग सारी रात्रि जागते व प्रार्थना में गुजरी। प्रातः काल लगभग 3 बजे इस सेवक की आँख लग गई और एक विचित्र स्वप्न देखा। स्वप्न में यह दास हसनपुर पहुँच गया और वहाँ क्या देखता है कि इस दास के दो तहेरे भाई बहुत शख्त बीमार हैं; सूखकर काँटा हो गये हैं। फेफड़ों में राध (पस) पड़ गई है और बड़ी बदबू के साथ सीने में छेद करके बाहर बह रही है; बेचारे बहुत दुखी हैं। यह दास उनके लिये बड़ा चिंतित है और दिल से मालिक से गिड़गिड़ाकर उनकी भलाई के लिये प्रार्थना कर रहा है। करुणा ही करुणा हृदय में बह रही है और उनके दुःख निवारण के लिये प्रभु से प्रार्थना जारी है। स्वप्न में श्री सत्गुरुदेव जी की आवाज साफ सुनाई दी जिस प्रकार शारीरिक बीमारियाँ हैं उसी प्रकार मानसिक बीमारियाँ हैं। अहंकार, मोह, लोभ, क्रोध, मनमानी, निन्दा, तृष्णा यह सब मन के भयंकर

और क्षय रोग हैं। यदि अपना कोई भाई इन बीमारियों में मुब्तला है और मानसिक शक्ति क्षीण हो जाने के कारण तथा अहंकार रुपी क्षय से पीड़ित होने के कारण उसमें से मान तथा अभिमान की सड़ी राध बह रही है और भयंकर बदबू उठ रही है, तो क्या किसी सज्जन को, जो रोग को जानता है और रोगी की अवस्था को पहचानता है, उससे घृणा पैदा होगी? कदापि नहीं! बल्कि ऐसे रोगी को देखकर उसके मन में करुणा का समुद्र बह जाना चाहिये और परमात्मा से निरंतर प्रार्थना जारी हो जाये, हे प्रभु! इस दीन दुखी का रोग दूर कर दे और इसका भला करें। आवाज गायब हो गई और धीरे-धीरे इस पतित की आँख खुल गई और सत्य आँखों तथा आत्मा में नाचने लगा। अपने पर बड़ी ग्लानि पैदा हुई। अरे पतित्! क्यों भूलता है जिस प्रकार शारीरिक बीमारियाँ है उसी प्रकार मानसिक भी। कोई भी परमात्मा से डरने वाला मनुष्य तथा योग्य डाक्टर किसी भयंकर रोगी को देखकर घृणा नहीं करता, अपितु उसके रोग निवारण के लिये उपचार तथा प्रार्थना करता है। इस अनुभव ने यशपाल जी की सोच की दिशा बदल दी। (श्री बृजमोहन वचनामृत भाग-2)

आगे चलकर आपने गृहस्थ धर्म का गीता भाष्य लिखा जिसमें मानव मन की संभावित बीमारियों को इंसान के जीवन में अंधकार से उपजी 100 क्रूर वृत्तियों की संज्ञा देते हुए एक सूची प्रस्तुत की जिनके इलाज से ही इंसान के सुख जीवन की कल्पना की जा सकती है। यह वृत्तियाँ हैं-

(1) पर स्त्री चिंतन, (2) पर स्त्री के प्रति कामुक भावनायें, (3) पर स्त्री को बुरी निगाह से देखना, (4) घूर-घूर कर देखना, (5) आँख मटकाना, (6) आवाजें कसना, (7) पर स्त्री के अंगों का स्पर्श, (8) फुसलाना, (9) बलात्कार, (10) व्यभिचार, यह सब किसलिए? कामवासना की झूँठी तृप्ति के लिये।

(11) विद्रोह, (12) झगड़ा - फसाद, (13) हठ-धर्मी, (14) निर्दयता, (15) चुगल खोरी, (16) निष्ठुरता, (17) झूँठी अकड़, (18) दुर्व्यव्यवहार, (19) व्यर्थ वाद - विवाद, (20) कठ हुज्जती, (21) कठोर वाणी, (22) अकारण क्रोध। यह सब किस लिये? अपने झूँठे अहम को तृप्त करने के लिये।

(23) वैर, (24) ईर्ष्या, (25) डाह, (26) कीना, (27) स्वार्थ - लोलुपता, (28) पर निन्दा, (29) घृणा, (30) संकीर्णता। यह सब असंतोषी मनुष्य की क्रूर वृत्तियाँ हैं।

(31) दूसरे के धन का अपहरण, धन उपार्जन के लिये, (32) बेईमानी, (33) मक्कारी, (34) दगाबाजी, (35) चाल बाजी, (36) गरीबों से बेगार लेना, (37) उन्हें उचित मजदूरी न देना, (38) गरीब बच्चों को घर में नौकर, पर उनकी शिक्षा इत्यादि का प्रबन्ध न करना (39) गरीबों के लिये खोले गये अनाथालय, विधवा आश्रम, विद्यालय, गौशाला, अस्पताल इत्यादि का शोषण, (40) विधवाओं को त्रास पहुँचाना, (41) कन्याओं का अपहरण, (42) गरीब कन्याओं का धनार्थ वेश्या वृत्ति पर विवश करना, (43) मनमाना ब्याज लेना, (44) घूस खाना, (45) काला बाजार, (46) खाद्यय पदार्थों में मिलावट, (47) औषधियों में मिलावट, (48) तस्करी, (49) धन के लिये पशुओं की हत्या, (50) गौ हत्या, (51) नाजायज कार्य, (52) कृत्रिम अभाव पैदा करना, मुनाफा खोरी, (53) दहेज, (54) वकील होकर झूँठे मुकदमों की पैरवी करना, (55) डाक्टर होकर गरीबों का बिना फीस लिये इलाज न करना, (56) न्यायालयों में झूँठी शपथ खाना, गंगाजली उठाना, धर्म ग्रन्थों पर हाथ रख कर झूँठी शपथ लेना, (57) झूँठे जाल बिछाना, (58) दूसरों के हक हड़पना, (59) झूँठे दस्तावेज तैयार करना, (60) दूसरों के हस्ताक्षर करना, (61) झूँठी गवाहियाँ देना, (62) असत्य को सत्य सिद्ध करना, (63) न्यायाधीश होकर अन्याय करना, (64) अधिकारी होकर निर्दोषी प्राणियों पर जुल्म ढाना, (65) निर्दोष पर दोषारोपण करना, (66) दोषी और पापाचारी को दण्ड न देना, (67) चोरी, (68) डकैती, (69) पाखंड, (70) धन को गाड़कर या छिपाकर रखना और उसका सद्पयोग न करना। यह सब लोभी मनुष्यों की क्रूर वृत्तियाँ हैं।

(71) मांस, (72) मदिरा का साधारणतः प्रयोग, (73) कायरता, (74) आलस्य, (75) विषय लोलुपता। यह सब तामसी वृत्तियाँ हैं। (76) अति तीखे, (77) बहुत खट्टे, (78) चटपटे, पर कटु टीका टिप्पड़ी करना, (79) मोहवश अपने स्वजनों के पोषण अथवा रक्षा के लिये पापाचरण (80) दम्भ, (81) मान, (82) मद से युक्त, (83) दूसरों को तुच्छ समझना, (84) अपमानित करना, (85) दूसरों की निगाह में गिराना, (86) फबती

उड़ाना, (87) हृदय को दुखाने वाला मजाक, (88) ठट्ठे लगाना इत्यादि अहंकारी मनुष्य की वृत्तियाँ हैं। (89) भगवान की सत्ता को न मानना, (90) अवतारों पर कटु टीका टिप्पड़ी करना, (91) दूसरे धर्मों को छोटा समझना तथा उनकी निन्दा करना, (92) तास्सुब, (93) धर्म ग्रन्थों का बिना अध्ययन किये और समझे बूझे खण्डन करना, (94) हरि भक्तों और संतों का अपमान करना, (95) उन पर तरह-तरह की तोहमत लगाना, (96) उनकी सरलता का लाभ उठाकर उन्हें अनेक प्रकार के कष्ट पहुँचाना, (97) संतों का विरोध, (98) वेद और शास्त्रों के आशय के विरुद्धमतों का चलाना, (99) ऐसे वेद विरुद्ध मनों का समर्थन (100) विषय भोगों के भोगने में सदा तत्पर तथा केवल यही आनन्द है, मानने वाली ये वृत्तियाँ कौरव बनकर हमारे अपने ही अन्दर आज के युग में हमारे जीवन में उपस्थित हैं और निरंतर इनका संग्राम पांडव रुपी सद्वृत्तियों से चलता रहता है। आप एक पुरुषार्थी साधक थे और अपने अनुभव से इन बीमारियों से छुटकारा पाने के लिये सत्संग व डायरी लिखने का उपाय अपनाया और दिनचर्या में सजग रहें, कि जिन बातों को नहीं करना है उनसे बचें। अगले दिन सुबह आज के व्यवहार का मूल्यांकरन सही या क्रास का निशान लगा कर अपने को बनाने में लग गये।

16.2 झूठल खेलल सच्चल होय

महात्मा यशपाल जी के सम्पर्क में आने के बाद, लेखक को जब इस अभ्यास के बारे मे पता चला तो ऐसी प्रेरणा हुई क्यों न इस तरीके को अपनाया जाये और ऐसा इसने किया। यह प्रक्रिया 20 वर्षों तक आपके सानिध्य में रहते हुए करता रहा। डायरी का सारांश नियमित हर पखवाड़े गुरुदेव को सूचनार्थ भेजता रहा। इस अभ्यास का 20 वर्षों का सारांश नीचे तालिका में पाठक बन्धुओं के समक्ष इस भावना से प्रस्तुत है कि यह सहज तरीका स्वयं सुधार का बड़ा ही रोचक व दिलचस्प है जो करके ही देखा व अनुभव किया जा सकता है।

मानवीय कमजोरियों को सुधारने हेतु एक प्रयास

क्र.स.	*शीर्षक*	*वर्ष/प्रयास में हाँ (%)*	
		1980	**2000**
1.	पूजा प्रातः काल	93	95
2.	पूजा सायँकाल	84	45
3.	सोने के पहले आत्म निरीक्षण व ईश्वर की याद	76	100
4.	नजर पर कंट्रोल	81	100
5.	सत्य बोलना	96	100
6.	अपमान से दुखी न होना	95	100
7.	भोजन ईश्वर की याद में	76	100
8.	सात्विक भोजन	100	100
9.	तीन चौथाई भूँख भोजन करना	86	100
10.	गृहस्थ ब्रह्मचर्य जीवन शरीर से	80	100
11.	क्रोध न करना	88	100
12.	मान की इच्छा न करना	88	100
13.	बुराई किसी की न करना	71	100
14.	वाद विवाद से बचना	92	100
15.	कम से कम बोलना	80	100
16.	अश्लील शब्द मुँह से न निकालना	94	100
17.	वर्तमान दिन की प्लानिंग और वैसे करना	80	100
18.	गृहस्थ ब्रह्मचर्य जीवन मन से	–	100
19.	सत्गुरुदेव जी के लिये प्रार्थना	–	100
20.	स्वाध्याय	–	100
21.	समय का सदुपयोग	–	100
22.	पर स्त्री को माँ समझना	–	100
23.	प्रातः काल टहलना	–	100
24.	बिना मांगे सलाह न देना	–	76

नोटः लेखक को, गृहस्थियों के लिये डायरी के माध्यम से अपनी कमजोरियों को सुधारने का सुन्दर व व्यावहारिक तरीका लगा हमारी प्राथमिकता दुनियावी जिम्मेदारियों को निभाने की होनी चाहिये। दूसरी प्राथमिकता आध्यात्म

साधना की। तीसरी प्राथमिकता जो काम स्वतः आये, विवेक गवाही दे, कर सकें तो अवश्य करें। मजबूरी की बात और हैं। इसके पीछे सोच है कि सारे काम परमात्मा के हैं, हम तो उसके हाथ में यंत्र हैं। हमारे गुरुदेव कहते थे कि यदि किसी आइटम पर लगातार 12 वर्षों तक अभ्यास में हाँ रहे तो उस कमी से मुक्त हुआ माना जा सकता है। लेखक का डायरी लिखने का प्रयास, अध्यात्म की एक प्रसिद्ध कहावत 'झूठल खेलई सच्चल होय' के भाव के तहत रहा। सबके अनुभव एक से नहीं होते, सिवाय इसके कि जीवन में सकारात्मकता बढ़ती है। जीवन यात्रा सुगम भासने लगती है। वैसे तो ईश्वर कृपा से कुछ भी सुधार कभी भी बिना किसी प्रयास के भी हो सकता है। यह एक अद्भुत विषय है, जैसी नियत वैसी बरक्कत।

'परमात्मा तू ही है, तेरी इच्छा पूरी हो।'

17

संतों के लिए चेतावनी

महात्मा यशपाल जी ने अखिल भारतीय संतमत सत्संग की साधन पद्धति के मूल लक्ष्य 'ध्यान' को प्राप्त करने का सुगम तरीका तरह-तरह के अनुभवों व पौराणिक कथाओं के आधार पर सृजन कर, जन साधारण के स्वयं के विकास हेतु समाज के समक्ष रखा। ध्यान की अवस्था प्राप्त कर लेना संभवतः उतना कठिन नहीं है, जितना कि उसे जीवन में बरकरार (बनाये) रखना। संतों के लिये, जिन पर ब्रह्म विद्या के प्रचार व प्रसार का जिम्मा है, उनके लिए तो यह अत्यंत आवश्यक है कि उन्हें निरंतर खाते-पीते, चलते-फिरते, दुनिया का हर व्यवहार करते परमात्मा की याद बनी रहे। संतों के लिए तो यह अत्यन्त आवश्यक है, नहीं तो इस त्रिगुणी संसार की माया हर वक्त दुनिया में खींच लेने के लिए सक्रिय रहती है। अध्यात्म साधना से परिष्कृत होना और पवित्रता बनाये रखना साधना की पराकाष्ठा है। इसके लिए परिपक्व होना आवश्यक है। आदि शंकराचार्य ने परिपक्वता की बड़ी सुन्दर विवेचना की है। आपने बताया "परिपक्वता वह है - जब आप दूसरों को बदलने का प्रयास बंद कर दें, इसके बजाय स्वयं को बदलने पर ध्यान केन्द्रित करें; परिपक्वता वह है - जब आप दूसरों को, जैसे है, वैसा ही स्वीकार करें; परिपक्वता वह है- जब आप समझें कि प्रत्येक व्यक्ति, उसकी सोच के अनुसार सही है; परिपक्वता वह है - जब आप जाने दो वाले सिद्धांत को सीख लें; परिपक्वता वह है - जब रिश्तों से लेने की उम्मीदों को अलग कर दें और केवल देने की सोच रखें; परिपक्वता वह है - जब आप यह समझ लें कि आप जो भी

करते हैं, वह सब आप की स्वयं की शान्ति के लिए है; परिपक्वता वह है – जब आप संसार को यह सिद्ध करना बंद कर दें; परिपक्वता वह है – जब आप दूसरों से अपनी तुलना बंद कर दें; परिपक्वता वह है – जब आप स्वयं में शान्त हैं; परिपक्वता वह है – जब आप जरुरतों और चाहतों के बीच का अंतर करने में सक्षम हो जाएं और अपनी चाहतों को छोड़ने को तैयार हों; आप तब परिपक्वता प्राप्त करते हैं – जब आप अपनी खुशी को सांसारिक वस्तुओं से जोड़ना बंद कर दें। जिस व्यक्ति में यह बातें विकसित हो चुकी हों, उसके द्वारा किया गया कार्य जन उपयोगी होने के साथ-साथ स्वानत: सुखाय का देने वाला होता है। साधक में जब तक यह बातें पैदा नहीं होती, भटकाव का खतरा बना रहता है। चाहे साधक हों या संत! हाथ आये मार्ग से भटक जाते हैं और साधारण भक्त प्रवृत्ति के लोग जो ऐसे लोगों के सम्पर्क में होते हैं, परेशानी में पड़ अंधविश्वास के शिकार हो जाते हैं।"

महात्मा यशपाल जी ने अपनी पुस्तक आनन्दयोग में, संतो के लिए, इस पर एक अनुभाग, चेतावनी के रुप में दिया है। उसका संक्षिप्त विवरण आपके ही शब्दों में आध्यात्मिक साधकों के लाभार्थ प्रस्तुत हैं:-

आपने चेतावनी को एक शैतान से वार्ता के रुप में लिखा है, जो उसी की भाषा में, इस प्रकार है:-

1. "जब कोई संत बिना ईश्वर को अर्पित किये तथा बिना ही उसकी याद के भोजन करना प्रारंभ कर देता है, तो उसका मन भोजन के स्वादों में ही डूबा रहता है। वह सरलता से मेरा शिकार बन जाता है तथा मुझे भोजन में प्रवेश करने का और भोजन के स्वाद में उसकी लालसा बढ़ाने का अवसर मिल जाता है जिससे भोजन के स्वाद में उसकी आसक्ति बढ़ जाती है और ईश्वर भक्ति में गिरावट आ जाती है। इस भोजन से बना हुआ रक्त विभिन्न प्रकार के स्वादों के लिये और भौतिक सुख-सुविधाओं के लिए अधिक लालसा बढ़ा देता है। यदि समय रहते इसे न रोका जाय तो मुझे संत पर पूरी तरह काबू करने का अवसर मिल जाता है जिससे वह संत अपने प्राप्त किये हुए ज्ञान को धीरे-धीरे खो बैठता है और अन्ततोगत्वा एक साधारण संसारी मनुष्य बन कर रह जाता है।

2. जब कोई संत बिना ईश्वर की याद के कामुकता पूर्ण और प्रेम पूर्ण सांसारिक गीतों को सुनता है तो वह मेरे आक्रमण का सरलतापूर्वक शिकार हो जाता है। मैं गायक की आवाज में प्रवेश कर जाता हूँ तथा संत के हृदय में काम वासना को भड़का देता हूँ तथा गायक के प्रति आकर्षण तथा आसक्ति उत्पन्न कर देता हूँ। कभी-कभी मैं उसके हृदय में गहरी डुबकी लगा लेता हूँ तथा उसके आत्म-ज्ञान और भक्ति भाव को नष्ट करने के लिए स्थाई निवास बना लेता हूँ। किन्तु यदि संत का हृदय पूरी तरह ईश्वर में लगा रहता है तो किसी भी प्रकार का गायन चाहे कितना भी सुरीला अथवा आकर्षणकारी क्यों न हो, काम वासना को भड़का नहीं सकता तथा कोई भी हानि नहीं पहुँचा सकता। ईश्वर के प्रति भक्ति और अधिक बढ़ जाती है और मैं पूरी तरह शक्ति - विहीन होकर रह जाता हूँ। तथापि यदि किसी क्षण संत अपने ईष्टदेव को भूल जाता है और सांसारिक रुप में गीतों का आनन्द लेने लगता है तो फिर मुझे उनके ऊपर आधिपत्य स्थापित करने का अवसर मिल जाता है।

3. जब कभी कोई संत एकांत में किसी स्त्री से बात करता है और उनकी आँखें मिलती है तो मैं तुरन्त ही एक तीर की भांति स्त्री की आँखों में प्रवेश कर जाता हूँ और उसे इतना आकर्षक बना देता हूँ कि संत के लिए अपने विचारों पर नियंत्रण रख पाना कठिन हो जाता है। किन्तु यदि संत का हृदय ईश्वर के चरणों से पूरी तरह जुड़ा है और स्त्री से बात-चीत करते हुए भी परमात्मा में ही संलग्न रहता है तो मैं किसी भी प्रकार की शैतानी नहीं कर सकता तथा संत बिना किसी हानि के इस बुरी स्थिति से साफ - साफ पार निकल जाता है। संत के लिए यही क्षण सबसे नाजुक होता है जबकि मैं उस पर हावी हो सकता हूँ तथा अपना नियंत्रण स्थापित कर सकता हूँ।

4. वे संत अथवा साधु जो सामाजिक मेल-मिलाप के शौकीन होते हैं और प्रायः बाद-विवाद में लग जाते हैं, मेरे आक्रमण का लक्ष्य बन जाते हैं। जिस क्षण वे वाद - विवाद में उलझ जाते हैं और अपने ईष्टदेव से उनका ध्यान हट जाता है, मुझे सरलतापूर्वक वाद -

विवाद में प्रवेश करने, उनके आध्यात्मिक विचारों को दुर्बल बनाने तथा उनके मन में भ्रांति उत्पन्न करने का अवसर मिल जाता है। किन्तु वे बुद्धिमान संत जो किसी वाद – विवाद में नहीं उलझते और न स्वयं दुनियावी मनुष्यों से मिलने का प्रयास करते हैं, मुझे अपने शरीर में प्रवेश करने का अवसर नहीं आने देते। वे संत जो हमेशा ईश्वर के चरणों में डूबे रहते हैं, जब वे बातचीत करने के लिए विवश होते हैं तो वे दूसरों के मन पर शक्तिशाली प्रभाव छोड़ते हैं मैं उस स्थिति में असहाय होकर केवल आँखें छुपाता रहता हूँ और निष्क्रिय हो जाता हूँ।

5. जब कोई संत बिना ईश्वर की याद के सोता है तो मुझे उसके शरीर में प्रवेश करने का और उसे पूर्णतः भ्रष्ट करने का अच्छा मौका मिल जाता है। मैं उसे अपना स्थाई घर बना डालता हूँ और उसके विचारों तथा भावनाओं में प्रवेश कर जाता हूँ। कुछ समय के पश्चात उसके हृदय तथा मन से सम्पूर्ण आत्म – ज्ञान को हटाकर उसे पूरी तरह संसारी बना देता हूँ। किन्तु यदि वह पूर्णतः ईश्वर के चरणों में डूब कर सोता है तो फिर मुझे उसके पास रहने का किसी भी प्रकार का अवसर नहीं मिलता तथा मैं नितांत असहाय और कष्ट पूर्ण स्थिति में आ जाता हूँ।

'परमात्मा तू ही है, तेरी इच्छा पूरी हो।'

18

आध्यात्मिक जीवन यात्रा का एक अनुभव

ईश्वर कृपा से मनुष्य आध्यात्म मार्ग पर एक साधक के भाव से आरुढ़ हो पाता है। "जा पर कृपा राम की होई, पाँव देई यह मारग सोई" की बात हम लोगों ने सुनी है। इस कहावत की सत्यता में लेखक को कोई संदेह नहीं है, जो इसके अनुभव में आया। पूज्य भाई साहब जी के सम्पर्क में आने व जीवन में राम-नाम जोड़ने की उपयोगिता की समझ बनने के बाद, बहुत प्रयास किये कि इसके मित्र व प्रिय जन, सत्संग से जुड़ें, लेकिन आज तक नतीजा शून्य ही रहा, कोई नहीं जुड़ पाया, लोग यही कहते रहे कि अच्छी चीज है। हाँ, यह बात अलग है कि कइयों के जुड़ने का माध्यम इसे परमात्मा ने बनाया, जिसमें इसका कोई प्रयास न रहा जो परिस्थिति जन्य था। कोई ट्रेन में यात्रा के दौरान मिला - प्रभु चर्चा रही, रिश्तेदार जो सत्संग के संपर्क में आये जुड़े, कोई सत्संग आयोजनों में स्वयं की प्रेरणा से साथ गये और उनका जुड़ाव हो गया। इस मार्ग में आने के बाद, प्रोत्साहित्यिक अनुभवों के साथ कदम-कदम पर भटकाव की स्थितियाँ भी बनती रहती हैं। सबसे ज्यादा खतरा गुरुदेव के निर्वाण के बाद साधन पद्धति में होते हुए बदलावों की वजह से होता है। यदि साधक थोड़ा सजग रहे, गुरु में विश्वास बना रहे तो बचत होती है। भाई साहब जी कहते थे कि शरीर जाने के बाद जिन भक्तों के विश्वास कायम रहेंगे उनके लिये यह सेवक हमेशा जिन्दा रहेगा। आपकी कही इस बात के यथार्थ को लेखक ने बाद में संस्था में उत्पन्न विषम परिस्थितियों के कारण अलग हुए कुछ भक्तों में पाया कि साधना के दृष्टिकोण से वे लोग

वैसे, या उससे भी बेहतर स्थिति में दिखे। गुरु एक तत्त्व है शरीर नहीं, यह शास्त्रों का वचन है और तमाम संतों ने भी अनुभव के आधार पर यह बात कही है। इस लेख में संकलित पत्र ऐसे ही सत्संगी भाई श्री चिरंजी लाल शर्मा जी के अनुभवों का विवरण है जो उन्होंने इसको लिखा था।

श्री चिरंजी लाल शर्मा जी एक निष्काम कर्मी व सरकारी सेवा से निवृति के बाद सत्संग संस्थान के अनंगपुर के स्कूल में करीब 11 वर्ष तक एकाउन्टेन्ट का काम किया था, पूज्य भाई साहब जी के सानिध्य में रहे, और एक समर्पित साधक रहे हैं और आज भी साधना रत हैं। मानव जीवन यात्रा, खट्टे-मीठे अनुभवों का खेल है। दोनों स्थितियों में सामंजस्य बने व जीवन शान्ति से बीते ही आध्यात्मिक साधना का फल होता है। ऐसी यात्रा परमात्मा की याद में होती है, जीवन सार्थक व समाजोपयोगी बन जाता है। शर्मा जी का पत्र, इसे सारगर्भित व भटकते - संभलते आनन्द योग के साधकों के लिए शिक्षाप्रद लगा, जो यहाँ मूल रुप में दिया गया है -

ओउम् जय सद्‌गुरुदेव जय पदशरणम्

रामघाट

25-12-2015

आदरणीय डॉ॰ साहब

सप्रेम नमस्कार

अत्रकुशलम् तत्रास्तु

दि0 19/12 की फोन वार्ता में आपने परमपूज्य भाई साहब जी का स्मरण सदैव बनाये रखने का शुभ परामर्श दिया था। वास्तव में गुरु जैसी हस्ती का स्मरण बनाये रखने के लिए किसी कोशिश की जरुरत नहीं होती और यदि होती हो, तो उसका अर्थ होता है कि या तो गुरु गुरु नहीं या शिष्य शिष्य नहीं। गुरु तो शिष्य के अंतर में ऐसा बैठा होता है जैसे बच्चे के मन में छिपा यह यकीन कि माँ को उसका ख्याल है, वह उसे देख रही है। फिर वह पास में रहे या खेलता-खेलता खेल में मस्त हुआ दूर चला जाये, निश्चित व निडर। खेल में वह माँ को भूल चुका सा प्रतीत होते हुए भी उसके अवचेतन मन में माँ छिपी बैठी होती है, जिसकी जानकारी खेल में मस्त रहने की अवस्था में उसे खुद नहीं होती। जैसे दिल्ली की ट्रेन में बैठ कर हम भूल जायें की

हम दिल्ली जा रहे हैं। पूज्य भाई साहब के जादुई contact में हम लोग कुछ कुछ ऐसा ही महसूस करते हुए चल रहे थे। उनके शरीर की सीमायें समाप्त होने तक उन्होंने हमें ठीक से समझा दिया था कि बाद में भी कुछ फर्क न पड़ना चाहिए। यही कारण था कि उनके लुप्त होने पर थोड़ा झटका सा तो जरुर लगा परन्तु वे सर्वव्यापक हो जाने के कारण हमारे और निकट आ गये। हर जगह रुबरु हो गये। कम से कम हमने तो यही महसूस किया था जो उस समय एक गजल में लिखा था कि "जिस्म में महदूद थे तो फांसले मुमकिन भी थे, अब तो लहमदूद हैं तो रुबरु रहते हैं आप"।

डाक्टर साहब! मैं यही कहता हूँ कि मैं आज भी ऐसा महसूस करता हूँ। इतना जरूर है कि उनके शिक्षण का प्रभाव उनके शरीर में रहने तक, निरंतर संपर्क तथा सत्संग के जरिये रिन्यू होता रहता था। बैटरी चार्ज होती रहती थी, उसमें कमी आ गई। उसके बाद कई वर्षों तक तो यशपाल युग समाप्त होने का अहसास नहीं हुआ मगर धीरे-धीरे जब होश आने लगा कि अब सुरेश युग शुरु हो चुका है जो पिछले युग के सम रुप न होकर विपरीत रुप वाला है तो बैटरी वहाँ चार्ज होने में दिक्कत आने लगी। अतः (मैं अपनी बात कह रहा हूँ, सबकी नहीं) मैंने वहाँ से दूरी बनानी शुरु कर दी। यह जोखिम भरा काम था अतः एक झटके में नहीं किया, धीरे-धीरे ट्रैक छोड़ा है। लेकिन भौतिक ट्रैक ही छोड़ा है, आंतरिक ट्रैक तो वही है जो पूज्य भाई साहब जी से मिला है। इस बदली हुई परिस्थिति में जबकि बैटरी चार्ज होने की पूर्व वाली व्यवस्था भंग हो गई, कुछ असहजता तो जरुर महसूस होती है मगर पूज्य भाई साहब जी का सदा साथ रहने का अहसास बल प्रदान करता है और उनके द्वारा दिए गये सूत्र जतन के साथ पकड़ कर चलने की कोशिश जारी है। मगर यह तो मजबूरी की स्थिति है। सिर्फ अपने पुरुषार्थ के बल पर साधक कितना चल सकता है। पूज्य भाई साहब साथ हैं, मगर प्रत्यक्ष रुप से जो बैटरी चार्जिंग व्यवस्था थी वह तो नहीं रही। उनके बाद उनके दिवानों के दर्श - पर्श करने से भी काफी काम चल रहा था और इसीलिए मैं अनंगपुर कार्यक्रमों में विगत भण्डारे तक आता रहा। मगर स्थिति ऐसी बनती नजर आई कि यह डोर भी मेरे हाथ से छूटने को है, बल्कि यह कहिये कि छूट ही गई। इस मजबूरी की स्थिति में साहब की याद और उनके दिये सूत्रों का अवलंबन, बस यह ही पंख हैं, उड़ान जितनी भी भरी जा सके। साहब के दीवानों का भी संग धीरे-

धीरे छूटता गया है, कुछ तो चले गये और कुछ से मिलने के लिये यह शरीर अब हड़ताल करने लगा है। ऐसी ही डोर पकड़ने की एक तड़प के अधीन मैंने गत माह लखनऊ आपके दर्शन करने हेतु दौड़ लगाई थी। यात्रा के बाद शरीर को नियंत्रण में लाने में एक सप्ताह लगा। अलीगढ़ में श्री गंगा सहाय उपाध्याय जी पुराने दीवानों में एक थे, जब तक अलीगढ़, रह सका तब तक उनके संग - दर्शन से काफी लाभ मिलता था। अब 15/11 को वह भी चले गये। ऐटा जाकर वहाँ राठौर बन्धुओं से मिल आता था, मगर श्री आर. एस. राठौर भी चले गये। गरज यह कि साहब का कारवाँ गुजर जाने के बाद कारवाँ द्वारा उड़ाई गई धूल के गुब्बार को अश्रुर्पण नेत्रों से निहारते रहने की मियाद भी पूरी हुई, क्योंकि अब गुबार भी नजर से ओझल हो गया। आपके, श्री जे. पी. अग्रवाल साहब के, मामा जी के तथा डॉ० आर. पी. सिंह साहब के दर्शनों का लालच अनंगपुर ले आता था। मगर रास्ता बंद हो गया। स्वर्गीय आर. एस. राठौर जी की श्रीमती जी से मुझे संदेश अनंगपुर ले आता था। मगर रास्ता बंद हो गया स्वर्गीय आर. एस. राठौर जी की श्रीमती जी ने मुझे संदेश भेजकर बुलवाया और समझा कर कहा कि भैया एक माह में कम से कम एक बार अवश्य ही अलीगढ़ में रविवारीय सत्संग अटैंड कर लिया करो। मैंने अश्रूपूर्ण नेत्रों के साथ उनसे वायदा किया है और 13/12 को सत्संग अटैंड भी किया। केन्द्र संचालक श्री पी. पी. सिंह भी हालांकि यशपाल युग के सत्संगी नहीं हैं परन्तु निर्मल, सरल, प्रेमी और आस्थावान व्यक्ति हैं, उनकी सुरेश भैय्या जी में दृढ़ आस्था है और चूँकि वह आस्था के बल पर लाभ प्राप्त कर रहे हैं, इसलिए मैं किसी भी ढंग से उनका दिल तोड़ना या नकारात्मक चर्चा करना पसंद नहीं करता। मेरा अतिशय सम्मान भी करते हैं। अलीगढ़ में मैं स्वस्थ नहीं रह पाता। वहाँ व बनारस जितने दिन भी मैं रहा हूँ लगातार बीमार रहा हूँ। यहाँ, जहाँ हूँ, यदि नहीं आया होता तो तय है कि मेरे शरीरांत की खबर आप सुन चुके होते। परम पूज्य भाई साहब जी ही मुझ पर दया करके मुझे अपने साथ यहाँ ले आये हैं। शुद्ध जल वायु है, हरियाली है। सूर्य की पहली किरण से धूप की उपलब्धि मेरे कमरे में सहज होनी शुरु हो जाती है। संतो का संग है। देवालय है। शहर का शोर ट्रैफिक नहीं है। मुझे यहाँ आने के लिये effort नहीं करना पड़ा, सहज आ गया। घर जमीन सहित जो मेरे पास था, पेंशन के अलावा वह सब अपनों में बाँट आया। इसलिये न तो कोई मेरे

पीछे लगता है और न मैं ही किसी से कोई गरज रखता हूँ। शरीर पूरा होने पर यदि कोई अपना नहीं भी आया तो सारा क्रियाकरम हो जायेगा, ऐसी व्यवस्था कर दी है। मोह ममता के बन्धनों से छूटने में अब अधिक कठिनाई नहीं है। यह सब साहब के शिक्षण का ही प्रभाव है। उन्होंने एक प्रसंग में मुझसे 1984 में कहा था कि देखो भाई मोह ममता में कुछ नहीं रखा है, सिर्फ परिवार के प्रति ड्यिूटी करनी है, कौन कहना मानता है, कौन नहीं इस पचड़े में नहीं पड़ना है। उन्होंने अंत में यह कहकर अपना संदेश पूरा किया था कि मैं खुद अपने परिवार में यही करता हूँ जो कर रहा हूँ।

पत्र लम्बा हो रहा है, आप बोर होंगें। मगर मैं कहना चाहता हूँ कि कारवाँ तथा कारवाँ की धूल की गुब्बार से बिछड़ कर भी जो चीज मुझे शारीरिक व आत्मिक बल प्रदान कर रही है वह भाई साहब जी द्वारा दिया गया शिक्षण ही है। इस आश्रम का प्रत्येक क्रियाकलाप उसी शिक्षण को दृढ़ करने का काम करता है। वह कैसे? यह बताने का प्रयास कर रहा हूँ। पत्र लम्बा होने के लिये क्षमाप्रार्थी हूँ, चूँकि पता नहीं क्यों मुझे लगता है कि मैं अपने आप को आपके सामने उसी भाव से पेश करुँ जिससे कि साहब के सामने करता था। आपके अंदर मैं वैसा ही प्रेम पाता हूँ। इसीलिए लखनऊ गया भी था।

सर: जब मैं कहता हूँ कि सद्गुरु का स्मरण बना रहे, तो कहने का तात्पर्य यह होता है कि मैं गुरु के बताये मार्ग का अनुसरण करता रहूँ; न कि केवल यह दोनों समय गुरु की आरती उतारुँ। बल्कि गुरु की पूजा - आरती को मैं गैर जरुरी मानता हूँ, कारण यह कि मात्र आरती बंदन करके गुरु के प्रति जवाबदारी पूरी कर ली गई, यह मान लेना नाकाफी है। इसके उलट यदि मैं गुरु के उपदेश को जीवन व्यवहार में उतारने का गंभीर प्रयास करता रहूँ तो गुरु के प्रति बेहतर जवाबदारी का निर्वहन करता हूँ, ऐसा मेरा सोचना है। मैंने देखा है कि गुरु को भगवान की जगह बिठा कर पूजा अर्चना करने में उलझे रहने वाले अनेक व्यक्ति अपने जीवन में आचरण में गुरु को निराश ही करते हैं। वे लोग आचरण नहीं बनाने की कोशिश करते जैसे की अपेक्षा गुरु ने उनसे की हो। उनकी जीवन - पद्धति, सोच तथा आचरण चिल्लाकर यह कहता हुआ प्रतीत होता है कि गुरुदेव: हम आपकी पूजा तो करेंगें, मगर आपका कहना नहीं मानेंगे, करेंगे मन की।

परम पूज्य भाई साहब जी ने जो कुछ हमें जीवन में अपनाने हेतु शिक्षण प्रदान किया उसे संक्षेप में निम्नलिखित सूत्रों में पारिभाषित किया जा सकता है:-

1. पहला सूत्र- "परमात्मा तू ही है, तेरी इच्छा पूर्ण हो" का भाव दृढ़ हो।
2. दूसरा सूत्र- निष्काम कर्म करते रहें।
3. तीसरा सूत्र- परमात्मा के प्रति हर समय शरणागत् भाव सहित उनका स्मरण।

ये तीनों सूत्र (Formulas) पृथक-पृथक दिखते हैं, पर एक दूसरे के पूरक हैं और कुल मिलाकर एक ही संदेश देते हैं कि जो कुछ इंद्रियों से हमें दीखता है यह महसूस होता है वह सब परमात्मा ही है उसके अलावा अन्य कुछ यहाँ है ही नहीं, वही कर्त्ता - धर्त्ता है जो चाहे करे और जो वह करे उसे मैं सहर्ष स्वीकार करुँ और हर पल महसूस करुँ कि परमात्मा मेरा संरक्षक है मैं उसकी गोद में माँ की भांति निश्‍िंचत और शांत हूँ। इस संदेश में सम्पूर्ण ज्ञान, भक्ति तथा कर्म ये तीनों योग समा जाते हैं। परम पूज्य भाई साहब जी ने अपने जीवन में ये पूरे योग उतारे थे और अपने समस्त उपदेशों तथा लेखों में जो कुछ उन्होंने कहा, अथवा उनके अतिरिक्त अन्य किसी भी संत महात्मा व विचारकों ने कहा वह सब इन तीन सूत्रों में समाहित होता है। समस्त शास्त्रों एवं धर्मग्रंथों में भी सिर्फ यही है। इसलिये परमपूज्य भाई साहब जी को मैं जीती जागती गीता (Embodiment of Gita) कहता था।

मैं इस आश्रम की बात कर रहा था। यह आश्रम हर मत के साधु संतों की सेवा के लिये समर्पित है। विभिन्न मतमतांतरों में अपने-अपने विभिन्न गुरुओं द्वारा दीक्षित यहाँ के साधुसंत अपनी अपनी-पद्धति से अपनी-अपनी सुविधानुसार अपनी-अपनी कुटियों में निर्बाध साधना करते हैं। आश्रम उनकी समस्त आवश्यकताओं की पूर्ति करता है। आश्रम जिन पंथ के अनुयायियों ने बनाया है उन्होंने अपने गुरु का मंदिर भी बनाया है जिसमें दोनों समय पूजा होती है, जिसमें आश्रम के सभी संत लोग शरीक होते हैं और प्रतिमा में अपने अपने गुरु का दर्शन करते हुए उन्हें याद करते हैं। परम पूज्य भाई साहब जी ने भी एक सत्संगी के प्रश्‍न के उत्तर में यही कहा था कि यदि किसी अन्य

पंथ के सत्संग में बैठने की स्थिति बने उसे अपना ही सत्संग मानते हुए बैठें और अपने ही ढंग से वहाँ ध्यान आदि करें। सो मैं भी करता हैं। और चश्मा पहने हुए इनके गुरु की जो प्रतिमा है, उसमें मुझे पूज्य भाई साहब जी के दर्शन दोनों बार होते हैं। इस प्रकार यह प्रतिमा परम पूज्य भाई साहब जी का विस्मरण होने से मुझे रोकती रहती है। अतः मैं नहीं समझता कि मेरी कोई हानि हो रही है अथवा अपने मूल पंथ से कोई Derailment हो रहा है।

दूसरा देव मंदिर है जिसमें सभी देवी व देवताओं की मूर्तियाँ हैं; शिव - पार्वती, हनुमान, सीताराम, दुर्गा, गणेश, कार्तिकेय आदि। जब सबकी आरती स्तुति होती है तो अन्य के साथ मैं भी अपने ईष्ट की वंदना कर लेता हूँ और अन्य सभी देवों की मूर्तियों में भी मैं अपने वासुदेव भगवान को ही विभिन्न रुपों में देखता हूँ।

इस आश्रम से लगा हुआ उड़िया बाबा का भी आश्रम है। उसमें उड़िया बाबा की मूर्ति वाला उनका मंदिर है। वहाँ कभी जाना होता है तो उस प्रतिमा में मैं परम पूज्य भाई साहब जी के दर्शन करता हुआ प्रणाम कर लेता हूँ। उड़िया बाबा का जिक्र बृजमोहन वचनामृत में भी आया है।

इस प्रकार विभिन्न संत प्रतिमाओं में अपने सत्गुरु का रुप दिखे और विभिन्न देव प्रतिमाओं में अपना ईष्ट दिखे तो इस व्यवसाय में घाटा क्या है? आखिर सत्त हरि स्मरण ही तो हमारा अभीष्ट है जो मुझे सहज सुलभ है। डॉ॰ बीर बल सिंह के आश्रम में गोमती के किनारे जो ओउम् का स्वरुप देखा तो वह रुप भी मुझे मंत्र मुग्ध करने में कामयाब रहा और मैंने भजन में प्रार्थना की कि हे! प्रियतम तुम मुझे इसी प्रकार विभिन्न रुपों में दर्शन देते रहो। "नित्य नये रुपों में आ प्रिये, नित्य नये रुपों में आ"। तो यहाँ मुझे मेरा प्रियतम मेरा ईष्ट सर्वत्र वास करने वाला "वासुदेव ब्रह्म" मुझे भिन्न-भिन्न रुपों में नजर आता है। इसी मुकाम के दर्शन हमें कराना ही तो परम पूज्य भाई साहब जी चाहते थे। पास ही गंगा की निर्मल धारा है, मानों उस परम ब्रह्म परमात्मा की करुणा ही बह रही है। उसी परम ब्रह्म की जिसमें जाकर परम पूज्य भाई साहब जी merge हुए हैं और ब्रह्म बनकर सर्वत्र विराजमान हैं, मेरे चारों ओर तथा मेरे अंदर भी। प्रातः स्नान करके जब मैं सूर्य को अर्घ देता हुआ तुलसी को जल देता हूँ तो सूर्य में व तुलसी के पौधों में मुझे उसी Infinite के दर्शन होते हैं। आसपास फूल-पत्तों में व हरियाली में भी वही सर्वत्र रमने वाला राम दिखता

है। मंदिर में आरती होती है तो मंदिर की सीढ़ियों के नीचे चार कुत्ते आकर बैठे रहते हैं मानों आरती में शरीक हो रहे हों। क्या वासुदेव का निवास उनमें नहीं? इस प्रकार सर्वत्र हरिदर्शन का भाव यदि सुबह शाम 2-2 घण्टे भी बना रहा, तो भले ही 24 घण्टे न बने, (कैसे भोजन करते, सोते तथा कथा सत्संग सुनते हुए भी यह भाव बने रहने में कोई बाधा नहीं है) तो क्या मैं अपने सद्गुरु द्वारा की गई अपेक्षा की पूर्ति नहीं करता? मुझे संतोष है कि मैं परमात्मा में अपनी स्थिति मजबूत कर सकने हेतु अनुकूल वातावरण में, परम पूज्य भाई साहब जी की ही कृपा से अनायास पहुँच गया हूँ। इस आश्रम के ट्रस्टी लोग भी मुझसे आपकी ही तरह प्रेम मानते हैं। मंदिर के अतिरिक्त अपनी कुटिया में भी मैंने पूजा की आलमारी में तीन चित्र रखें हैं। एक ओम् अक्षर का, दूसरा ईष्ट (वासुदेव श्री कृष्ण) का तथा तीसरा पूज्य भाई साहब जी का। मंदिर की आरती के अलावा यहाँ बैठकर भी अपने ढंग से पूजा करता हूँ। दोनों स्थानों की पूजा में पूरी रुचि रहती है। कम अवसरों को छोड़कर अधिक बार पूजा में आँखें भीग जाती हैं। परन्तु ऐसा मैं पूर्ण दृढ़ता से कहने की स्थिति में नहीं हूँ कि पूजा में तथा शेष अन्य समय में मैं हरिमय ही सतत् बना रहता हूँ। विचलन (deviation) की स्थिति होने पर पछतावा होता है। आरती के वक्त सामने तो परमात्मा की मूर्ति खड़ी रहती है किन्तु मन दूर-दूर की सैर करने लगता है। ऐसा देखकर बहुत कष्ट होता है और मैं हर समय साथ रहने वाले सद्गुरुदेव जी से प्रार्थना करने लगता हूँ कि कृपा करके मेरी मदद करें। कुल मिला कर प्रगति ऊर्ध्वगामी ही है, इसलिये संतोष है। कबीर ने कहा "गिरत परत चढ़ि ऊँचा"।

आश्रम में निवास करने वाले साधु सन्यासियों का संग भी रोचक व प्रेरणा दायक है। इनमें अधिकतर वैराग्य व संयम से सम्पन्न हैं। अपने-अपने ढंग से साधना में रत हैं। इनके साथ बैठना व वार्तालाप करना शुभ है। अपनी-अपनी आस्थाओं और विश्वास के अनुरुप जो कुछ इनसे सुनने को मिलता है उस समस्त का सार लेने पर, परम पूज्य भाई साहब जी द्वारा प्रतिपादित उपरोक्त तीन सूत्र ही हाथ में आते हैं। इस सूत्रों को जो जीवन में cultivate कर लेता है यह इन लोगों में देखता हूँ रागद्वेष, आसक्ति से विमुख निर्द्वंद विचरते हैं, कामनाहीन। परन्तु इनमें कुछ ऐसे भी आ जाते हैं जिनकी रुचि खाने व दक्षिणा पाने में ज्यादा होती है तथा कुछ ऐसे भी जो घर बार तो छोड़ आये मगर गाँव,

घर, खेती-बाड़ी, बीबी-बच्चों के मोह बंधन से आजाद नहीं हो पाये। जिन्हें देखकर परम पूज्य भाई साहब जी सन्यास की अपेक्षा गृहस्थ आश्रम को साधना के लिये ज्यादा अनुकूल मानते थे।

आश्रम इन लोगों में भेद भाव नहीं करता। ट्रस्ट नीति है कि हमने तो हंसो को चुगाने के लिये दाने डाले हैं, उनके साथ यदि कौवे भी चुग लें तो क्या हर्ज है। आज यदि कौवे ही चुगने आ रहे हैं, तो भी आशा तो है कि कभी हंस भी आयेंगे। लेकिन कौवे के धोखे में यदि किसी हंस को हमने वापस कर दिया, तो आश्रम का ध्येय खराब हो जायेगा। परन्तु यह सुखद है कि कौवे यहाँ ज्यादा ठहर ही नहीं पाते।

साधु संतो की सेवा करने के लिये यहाँ ट्रस्ट के अतिरिक्त अन्य श्रद्धालू, भक्त यात्री तथा दान करने के इच्छुक लोग आते रहते हैं जो संतो को भोजन कराते हैं तथा उनकी आवश्यकता की वस्तु जैसे जूते, चप्पल, कम्बल, छाता आदि देते हैं तथा ट्रस्ट को भी अपनी श्रद्धा - सामर्थ्य के अनुसार दान देते हैं। ऐसे ही दान से ट्रस्ट सेवा कार्य करता है।

मुझे नहीं पता कि यह कैसे हुआ कि इन साधु संतों की भांति मुझे एक कुटिया कैसे मिल गई? शायद इसलिये कि परम पूज्य भाई साहब जो (जो अब परब्रह्म हैं), मेरे साथ रहते हैं और उन्हें लगा कि इस आदमी के सारे ठिकाने छूटे गये तो अब यह व्यक्ति मेरे पास, मेरे साथ कैसे बना रहे, वैसा वातावरण इसे दे दिया जाये। यह सोचकर साहब ने मुझे यह स्थान दे दिया और जब उन्होंने मुझे ऐसा आश्रम दे ही दिया, तो मेरी अंतर आत्मा ने दान की आय से प्राप्त आवास व भोजन आदि की सुविधायें लेना मंजूर नहीं किया, और परमात्मा ने मुझे अपना खर्च उठाने लायक बनाया हुआ है, तो मैं प्रभु की ही प्रेरणा से तथा सुविधानुसार जितना संभव है (कम से कम उतना जितने से मैं संस्था पर बोझ न बनूँ) उतना पेंशन से निकाल देता हूँ और अधिकतम की कोशिश करता हूँ। या यों कहिए परमात्मा करा लेता है। सीधे साधुओं की यथा संभव सेवा हो जाती है।

यहाँ रामघाट में आश्रम के जो ट्रस्टी हैं वे मेरा बहुत सम्मान करते हैं, सेवा भी करते हैं। यदि किसी वजह से मेरे फोन पर आज बात न कर पायें तो मेरे बारे में आप उनसे पूँछताछ कर सकते हैं। उनका नाम श्री नारायण दत्त दीक्षित

है तथा उनका मोबाईल न0 8859812091 है। यह जानकारी आपको इसलिये दे रहा हूँ कि मैं फरवरी के बाद अपना मोबाईल आफ कर देने की सोच रहा हूँ तथा मौनव्रत धारण करने का प्लान बना रहा हूँ। सारे क्रियाकलाप बन्द करके मेरा मन अब अपने आप में ही सिमट जाना चाहता है। यहाँ तक कि अधिकतम पढ़ना, लिखना तथा किसी तरह की बौद्धिक कसरत करना व्यर्थ सा लगने लगा है। इस विषय में अधिक ज्यादा अगले पत्र में लिखने की कोशिश करुँगा। इसके अलावा परम पूज्य भाई साहब जी के नाम तथा मिशन के प्रचार के हेतु कुछ करने के मामले में भी जो मेरे विचार हैं, उन्हें लिखूँगा, यदि परम पूज्य भाई साहब जी की इच्छा हुई तो तीनों बेटियों को मेरा आर्शीवाद कहना तथा बहन जी को सादर प्रणाम भी। श्री बी. बी. सिंह मिलें तो उन्हें भी नमस्कार कहना।

आपका कृपाकांक्षी

चिरंजीलाल

उत्तर

आदरणीय भाई चिरंजीलाल जी 30-12-15

सादर नमस्ते!

हम लोग अनंगपुर से आज दोपहर बाद, 2.30 बजे लखनऊ पहुँच गये। करीब 4 बजे सायं आपका पत्र पोस्ट मैन दे गया। पत्र पढ़ा और आपके अध्यात्म साधना पथ में उठती भावनाओं से अवगत हुआ। मेरा मानना है कि साधक की आत्मा, जीवन यात्रा में ही मार्ग दर्शन करती है। अतः उसमें आपकी अपनी सोच में, अपने विचारों में खलल नहीं डालना चाहता। फिर भी भाई साहब के कुछ संस्मरण लिखने की प्रेरणा हो रही है –

1. वह सर्व साधारण जन की भांति समाज में रहे। यहाँ तक कि पहले प्रथम दृष्टि में भीड़ में उन्हें पहचानना मुश्किल था कि इसमें महात्मा जी कौन हैं।

2. किसी ने कहा कि साहब मैं सोच रहा हूँ यह बात (शराब, सिगरेट, झूँठ...) छोड़ दूँ। आपने कहा कि हमारे यहाँ कुछ छोड़ने को नहीं कहा जाता। जीवन में राम-नाम जोड़ने की बात हम करते हैं। हाँ कोई बात अपने आप छूट जाये तो बात और है। यह करेंगे, वह

करेंगे करने में अहम वाली गाँठ बनने और समाज में खुद को अलग दिखने का खतरा रहता है, वह महात्मा मौन में हैं, केवल फल पर ही रहते हैं, अन्न नहीं खाते, औरतों को देखना नहीं पसंद करते इत्यादि, इत्यादि।

3. ईष्ट के बारे में (पूजा करने के लिये) किसी ने कहा कि "राधा - कृष्ण" आपने कहा कि राधा तो उनकी शक्ति थीं। कृष्ण अलग हैं, किसी एक को चुनें (श्री जे. पी. अग्रवाल के सौजन्य से यह बात मालूम हुई)

4. कोई जिद कर रहा था कि आप ही हमारा ईष्ट बता दें। आप बोले कि भाई क्यों अपने को बाँधना चाहते हो कि भाई साहब ने बताया था। खुद निश्चित करो (अशोक शर्मा की बताई बात)

साहब का कहना था कि संसार में तरह तरह-तरह की सुविधायें परमात्मा ने मुहैया कराई हैं। उनका भरपूर उपयोग करना चाहिये। इतना स्वार्थी तो नहीं होना चाहिए कि बोलूंगा ही नहीं। हाँ अपने यहाँ "कम से कम" बोलने की साधना साहब जरूर बताते थे। हमें मौन व्रत या व्रत जो अन्य पद्दतियों में प्रचलित है, उनकी नकल करना कहाँ तक उचित है, सोचने वाली बात है। यदि बोलेंगे नहीं तो साहब की बातें कैसे औरों को बतायेंगे। यह मैं नहीं समझ पाया कि ऐसा आप क्यों करना चाहते हैं? इससे तो मैं सहमत हूँ कि आपका वहाँ रहना साहब की कृपा से ही है। आपके द्वारा साहब अपनी तरह से उन तमाम लोगों की मदद करना चाहते हैं, जो तपस्या व साधना में रत हैं।

साहब जी, हम सब पर दया बनाये रहें की प्रार्थना। आप जब चाहें, जितना चाहें जरुर पत्र लिखते रहें। इससे परस्पर लाभ होता है।

वहाँ के तमाम साधक भक्तों को हमारा प्रणाम कहें।

आपका ही
अक्षयबर सिंह

श्री चिरंजी लाल शर्मा
मौनीबाबा आश्रम
गाँव व पोस्ट रामघाट
बुलदंशहर (उ0 प्र0)

निष्कर्ष:-

एक कहावत हम सब सुनते आये हैं – 'जाहि विधि राखे ताहि विधि रहिये'। बहुत अनुभव के बाद ही यह बात कही गई होगी। शर्मा जी की जीवन यात्रा, बदलाओं को सकारात्क रुप से लेने, मानने व अपनाने का एक अनुकरणीय उदाहरण है। पत्र में आये अनुभवों से यह कहा जा सकता है कि गीता में वर्णित 'में और मेरे' के खतरे से जो संसार में बंधन का कारण है, के दायरे से बाहर निकलने की ओर शर्मा जी अग्रसर हैं, जो गुरु कृपा का द्योतक है। इंसान अपने को ही सही मानता है और चाहता है कि सब लोग वही करें जो वह कहे। विडंबना है कि हम क्यों नहीं मानते कि जैसे हम अपने को ही मानते हैं, वैसे दूसरा भी अपने हिसाब से सही है, जो दोनों के लिये अपने-अपने अनुभवों पर आधारित है। शास्त्रों में आया है कि 'प्रभुता पाई काहि मद नाहीं, अध्यात्म जगत की बिडंबना ही है कि अच्छी-अच्छी संस्थायें तथा कथित मुख्य कर्त्ता- धर्त्ताओं के अहम के चलते विकृत हो संस्था के मेल भाव को बरकरार नहीं रहने देती। भाई साहब जी ने इस समस्या का हल संस्था के लिये सर्वसम्मति व जनता जनार्दन की राय पर चल कर निकाला था, जिसका आप कठोरता से पालन करते थे। आपने अपने को एक साधक व सेवक की हैसियत में ही रखा। शर्मा जी उस युग के साधक हैं। यही शिक्षा थी जो साहब ने गृहस्थों को अपना जीवन ईश्वरमय बनाने के लिये दिया है। आशा है कि यह अनुभव गृहस्थ में अध्यात्म साधना के भाई बहनों को साधना के समग्र की समझ बढ़ाने में सहायक होगा।

'परमात्मा तू ही है, तेरी इच्छा पूरी हो।'

19

आध्यात्म विज्ञान

हमारे शास्त्र वैदिक शिक्षा के माध्यम से उपजे अध्यात्म विज्ञान के अनुभवों से भरे पड़े हैं। यह कहना अशियोक्ति न होगी कि सामान्य विज्ञान अध्यात्म विज्ञान की ही देन हैं, लेकिन समय के साथ-साथ आध्यात्मिक विज्ञान उपेक्षित होता चला गया। इसका कारण जो समझ में आता है, वह शिक्षा के स्तर पर सरकारी तंत्र के द्वारा आध्यात्म विज्ञान को व्यवहारिक मान्यता का न होना रहा है। इस उपेक्षिता का दुष्परिणाम हम आज मानव के एकांगी भौतिक विकास के रुप में देख रहे हैं। जो समाज के संतुलित विकास को प्रभावित कर रहा है। ऐसा नहीं है कि आध्यात्मिक विज्ञान का विकास न हुआ हो लेकिन यह विद्या- व्यक्तिगत, संस्थागत, संप्रदाय और संस्कारों की सोच के दायरे में फंस कर प्रभावित होती गई। धर्म व साम्प्रादायिक सोच के दायरे में आध्यात्मिक विज्ञान को भौतिक विज्ञान की तरह विकसित नहीं होने दिया।

भगवान की कल्पना ने विश्व मानव समुदाय को एक अद्‌भुत व मजबूत आधार दिया है मेरे विचार से यह आज तक के मानव समुदाय के विकास में सबसे बड़ी उपलब्धि है। मोरारी बापू की बात 'मानव पूर्णरुप में विकसित हो जाये तो भगवान है' ने लेखक का ध्यान आकृष्ट किया। सोचिए, यदि मानव समुदाय के विकास की धारा का रुख स्वयं के संतुलित विकास की ओर मुड़ जाये तो यह विकृत रुप धारण करता समाज कितना खुशहाल होगा ?, कल्पना करें! आवश्यकता है आध्यात्मिक विज्ञान को भौतिक विज्ञान की तरह शिक्षा तंत्र का हिस्सा बनाने की।

संतों का कहना है कि हर इंसान पूर्ण मानव बनने की प्रक्रिया में जीवन यात्रा कर रहा है। समाज में अच्छे इंसान, संत, महात्मा, योगी, महापुरुष के नाम से विभूषित लोग, पूर्ण विकसित होने की ओर जीवन यात्रा में आगे हैं। संतों का कहना है कि ऐसे योगी जिनमें पूर्ण विकसित होने में कुछ कमी रह जाती है, यह कुछ संस्कारों का भोग रह जाता है, वे किसी योगी के परिवार में जन्म पाते हैं। परमात्मा की लीला ही कहेंगे कि इनमें कितने लोग दिव्यांग के रुप में भी आते हैं। अष्टावक्र जी ऐसे ही संत रहे, जिन्होंने राजा जनक को ब्रह्मज्ञान दिया। आचार्य शंकर के द्वारा ऐसे एक उपकृत किये गये दिव्यांग के बारे में पढ़कर इस लेखक को आध्यात्मिक विज्ञान पर लिखने की यह प्रेरणा हुई। आइये देखते हैं कि वह घटना क्या थी।

लेखक स्वामी अपूर्वानन्द जी की लिखी पुस्तक "आचार्य शंकर" में आध्यात्मिक विज्ञान के एक गहन पहलू से अवगत हुआ। लिखा गया है "आचार्य मण्डन मिश्र से शास्त्रार्थ के बाद विचरण करते-करते आचार्य श्रृंगेरी पहुँचे। प्रभाकर नामक एक शास्त्रज्ञ धार्मिक ब्राह्मण दंपति के मन में शान्ति न थी। अलौकिक शक्ति सम्पन्न शंकराचार्य के आगमन की बात सुनकर प्रभाकर के हृदय में विपुल आशा का संचार हुआ। फल मिष्ठान नैवेद्य सहित पुत्र को साथ में लिए वे आचार्य के दर्शनार्थ आये।" उनकी एक मात्र कामना थी कि पुत्र के जड़त्व का मोचन हो जाये। जड़ - पुत्र आचार्य को देख कर उनके श्री चरणों पर लोट गया। प्रभाकर ने भक्ति के साथ आचार्य को प्रणाम करके रोते हुये कहा- देव बताइये कि इस बालक के ऐसे जड़भाव होने का कारण क्या हैं? मैंने बहुत ही कष्ट से इसका यज्ञोपवीत संस्कार सम्पन्न कराया है; परन्तु यह बोलता ही नहीं है। अब तक इसका वर्ण परिचय भी नहीं हुआ। वेदाति का अध्ययन तो दूर की बात है। माता-पिता तक को भी यह नहीं पुकारता। भूँख-प्यास भी प्रकट नहीं करता। आप दया के सागर हैं; कृपा इसे अच्छा कर दीजिये। प्रभाकर की बात सुनकर आचार्य ने बालक से पूछा-

कस्त्वं शिशो कश्य कुतोऽसि गन्ता,
कि नाम ते त्वं कुत आगतोऽसि
एतद् वद त्वं मम सुप्रसिद्धं
मत्प्रीतये प्रीतिविवर्धनोऽसि।

हे शिशु, तुम कौन हो, किसके पुत्र हो, कहाँ जा रहे हो, तुम्हारा नाम क्या है, कहाँ से आये हो, इन प्रश्नों का सुस्पष्ट उत्तर देकर मुझे प्रसन्न करो। तुम्हें देखकर मुझे विशेष आनन्द हो रहा है। शंकराचार्य के प्रश्न को सुनकर बालक विशेष उत्फुल्ल हुआ। आचार्य के श्री मुख पर दृष्टि निबद्ध करके मधुर कंठ से उसने उत्तर दिया-

नाहं मनुष्यो न च देवयक्षौ,
न ब्रह्मण-क्षत्रिय-वैश्य-शुद्रः।
न ब्रह्मचारी न गृही वनस्थो
भिक्षुर्न चाहं निजबोधरुपः ।।

मैं मनुष्य नहीं हूँ, देवता या यक्ष भी नहीं, ब्राह्मण, क्षत्रिय, वैश्य, शुद्र भी नहीं, ब्रह्मचारी, गृही, वानप्रस्थी, सन्यांसी भी नहीं। मैं केवल निज-बोध स्वरुप आत्मा हूँ। शंकराचार्य के प्रश्न पर जन्म के गूंगे बालक के मुख से आत्म - स्वरुप - प्रकाशक - श्लोकात्मक वाक्य सुनकर सब लोग स्तम्भित हो गये। आचार्य ने भी विस्मित होकर शिष्यों के प्रति कहा - "यह बालक अवश्य ही कोई ब्रह्मज्ञ पुरुष है, नहीं तो तत्वज्ञान-पूर्ण ऐसी स्वरुप वर्णना संभव नहीं होती। हाय के आमले की तरह इस बालक ने आत्मज्ञान प्राप्त किया है। यह स्त्रोत 'हस्तामलक' नाम से प्रसिद्ध होगा। तुम लोग भी आत्म-स्वरुप भासक इस स्त्रोत को कंठस्थ कर लो ।"

अत्यन्त प्रसन्न होकर आचार्य ने बालक को आर्शीवाद देकर प्रभाकर से कहा - "हे ब्राह्मण! यह पुत्र आपके घर में रहने योग्य नहीं है। पूर्व जन्म के शुभ कर्म तथा तप के फलस्वरुप यह बालक ब्रह्मज्ञान में प्रतिठिष्त हुआ है। इसी कारण यह लौकिक बातें नहीं कहता, केवल प्रारब्ध क्षय के लिए शरीर में अवस्थान कर रहा है। इसके अपने शरीर में अहंबुद्धि नहीं है। सांसारिक सम्बन्ध और माता - पिता का ज्ञान कैसे रहेगा? भाल्का जानता है कि वह चिदानन्दस्वरुप है। इसके द्वारा आप लोगों का कोई भी प्रिय कार्य साधित नहीं हो सकता। आप इस बालक को मेरे पास छोड़ जायें।"

प्रभाकर ऐसे प्रस्ताव के लिए तैयार नहीं थे। वह स्तब्ध रहे। पुत्र यदि गूँगा हो जड़, तो भी वह पुत्र ही है। अत्यन्त - स्नेह से उनका हृदय अभिभूत हो गया और एक लम्बी सांस छोड़ते हुए उन्होंने कहा - "देव, आपने जो कुछ

कहा है सभी ठीक है तथापि एकमात्र पुत्र को छोड़कर रहना कैसे संभव होगा। इसे मैं सोचकर निश्चय नहीं कर सकता। फिर उसके अतिरिक्त इसकी जननी तो पुत्रगत प्राण ही है। उन्हें सब बातें बतलाऊँगा।"

प्रभाकर आचार्य के चरणों को अपने सिर पर धारण कर प्रणाम करते हुए पुत्र को लेकर चले गये। बालक की जननी सारा विवरण सुनकर बार-बार पुत्र का मुख चूमने लगीं। पुत्र से उन्होंने माँ शब्द पुकारने के लिए कहा। परन्तु बालक ने मुँह नहीं खोला। तब पुत्र के भावी विरह की चिन्ता में माता व्याकुल होकर विलाप करने लगीं।

दूसरे दिन प्रातःकाल प्रभाकर, पत्नी –पुत्र के साथ आचार्य के समीप आये। ब्राह्मणी आचार्य के चरणयुगल पर सिर रखकर रुदन करते हुए केवल यही प्रार्थना करने लगी – "यतिराज, आप कृपा करके मेरे पुत्र को प्रकृतिस्थ कर दीजिये। आपकी कृपा से सभी संभव है। मृत जीवित होता है। एक मात्र पुत्र को छोड़कर मैं अकेली कैसे रहूँगी। मेरी गोद खाली करके आप इसे ले जाने की इच्छा न करें। इसे अच्छा कर दीजिये ।"

ब्राह्मणी का व्याकुल क्रन्दन सुनकर आचार्य का हृदय करुणा से द्रवीभूत हो गया। उन्होंने अत्यन्त मधुर सांत्वना के स्वर में ब्राह्मणी से कहा – "माता आप शांत हो जायें। पुत्र के लिये वृथा शोक न करें। आपके पुत्र के शरीर में एक सिद्ध योगी निवास करते हैं। इस कारण आप कभी भी इस पुत्र को गृहस्थ धर्म के पालन में व्रती नहीं कर सकेंगी ।"

ब्राह्मण दम्पति आचार्य की बात सुनकर बहुत ही विस्मित हुए। वे किंकर्त्तव्य विमूढ़ होकर आचार्य की ओर ताकते रह गये। तब आचार्य ने उन दोनों की पूर्व – स्मृति जागृत करके कहा– "स्मरण कीजिये, इस बालक की अवस्था जब केवल दो वर्ष की थी तो एक दिन आप दोनों यमुना में स्नान करने गये थे। यमुना तट पर एक ध्यानस्थ योगी की कुटी में अपने शिशु पुत्र को रख कर आप लोग नहाने लगे। इधर शिशु खेलते–खेलते नदी में गिर कर मर गया। आप मृत पुत्र को गोदी में लिये रोते हुए योगी के पास आये। आप लोगें के रुदन से योगी के हृदय में करुणा का संचार हुआ। उन्होंने योगबल से मृत बालक के शरीर में प्रवेश किया। बालक जी उठा। आप लोग आनन्द से घर लौट आये। वे ही सिद्ध पुरुष इस बालक के शरीर में निवास कर

रहे हैं। इस कारण यह बालक पूर्ण ज्ञानी है। इसे आप गृहस्थ नहीं बना सकेंगें।"

आचार्य की बात सुनकर ब्राह्मण दम्पति को वह घटना स्मरण हो आई। बालक ने भी उस समय अपनी जननी को सम्बोधित करते हुए कहा – "माता, मेरा परिचय तो आपने पा ही लिया तो फिर मुझे गृहस्थी में क्यों आबद्ध करने की चेष्टा कर रही हैं। मुझे आचार्य के पास ही रहने के लिए प्रसन्न चित्त से आज्ञा दीजिये। मैं प्रार्थना करता हूँ कि आप शीघ्र की एक सुपुत्र की जननी हो सकेंगीं। मेरी प्रार्थना व्यर्थ नहीं होगी।"

सारी घटना ब्राह्मण दम्पति के सामने स्वप्न की तरह प्रतीत हुई। उन्होंने विधि का विधान जानकर सब मान लिया। आचार्य ने भी सांत्वना से उनके हृदय को शान्त किया। आचार्य को प्रणाम करके ब्राह्मण दम्पति उदास भाव से घर लौट गये।

आचार्य ने बालक को यथा शास्त्र संन्यास मंत्र में दीक्षित किया। उसका नाम हस्तामलकाचार्य हुआ। अब वह बालक जड़ नहीं रहा। उसका गूँगापन छूट गया। ब्रह्मज्ञान की दीप्ति से उसका मुख मंडल उद्‌भासित हुआ। उसके मुख से अब आत्म ज्ञान की ही बात निकलने लगी। आचार्य के प्रधान चार शिष्यों में हस्तमलक अन्यतम थे।

उपरोक्त घटना अतीत में अध्यात्म विज्ञान के विकास यात्रा की एक मिसाल है। समय-समय पर संतों ने अध्यात्म विज्ञान पर वैज्ञानिकों को रिसर्च करने की सलाह भी दी है। महर्षि रमन का कहना था। "The most outstanding discoveries will come when our scientist turn away from metal and stone and electricity to examine and explore the nature of self within the laboratory of man. Scientist already know that the real seing agent in sight is not the eye but the mind and uses that organ. They have yet to discover what is that works the mind. And when they do that they will come into contact with the realself of man, the being out of whom both mind and body devive their existence and maintain their life." ऐसी ही सलाह योगानन्द जी के गुरु श्री युक्तेश्वर जी महाराज अपने डाक्टर बन्धुओं को देते रहे हैं – "जिन लोगों ने शरीर विज्ञान का अध्ययन किया है उन्हें और आगे बढ़ना चाहिए और आत्म विज्ञान का अध्ययन करना चाहिए। शरीर ढाँचे की आड़ में एक सूक्ष्म आध्यात्मिक तंत्र छिपा है।" संतों के माध्यम से ध्यान (Meditation) मानव व आध्यात्मिक विकास के लिये एक महत्वपूर्ण प्रक्रिया के रुप में पहचाना गया है जिसके विभिन्न तरीके संप्रदायों व संस्थाओं के माध्यम से उपलब्ध हैं। सामान्य विज्ञान की तरह साधारण जन मानव में तकनीकी के रुप में प्रचारित न होने से मानव समाज इसके लाभ से वंचित है। महात्मा यशपाल जी महाराज गृहस्थियों के लिये दिन के 24 घण्टे ध्यान में रहने का दिनचर्या का खाली समय जीवन में परमात्मा का नाम जोड़कर एक सुगम तरीका इजाद कर अपने वैज्ञानिक अनुयायियों से पद्धति के और सरली करण करने की बात कही है। इशारों में महात्मा कबीर व सूफी संतों ने आध्यात्मिक विज्ञान की ओर ही इशारा किया है जिसका संचालन जीवन में सकारात्मक व नकारात्मक सोच के माध्यम से होता है। आवश्यकता है, देश की शिक्षण संस्थाओं को आध्यात्म पर काम करने के प्रयास की और शासक वर्ग को जागृत करने की, कि बिना आध्यात्म विज्ञान के शिक्षा के मानव विकास का प्रयास व्यर्थ नहीं तो अधूरा है।

भौतिक व आध्यात्म विज्ञान

शोध के माध्यम से मनुष्य के स्थूल शरीर पर काफी ज्ञान वर्धन हो चुका है और होता जा रहा है जो अतीत में वैद्य से प्रांरभ होकर लगभग स्थूल शरीर के हर अंग पर विशेषश्यता या सुपर स्पेशलटीज के स्तर तक पहुँच गया है और मानव कल्याण के क्षेत्र में उपयोगी साबित हो रहा है। ऐसी स्थिति का मुख्य कारण समाज में इस विज्ञान के सरकारी तंत्र की मान्यता, समर्थन व कार्यक्रम रहे हैं। आध्यात्म विज्ञान का विकास एक तरह से पूरा का पूरा प्राइवेट सैक्टर के हवाले होता गया है जो अतीत में राजा महाराजाओं के सहयोग से पोषित होता था और आज समाज से मिलते दान तथा डोनेशन के आश्रित है। वर्तमान में इसके व्यवहारिक पक्ष में स्वार्थ व अंधविश्वासिता के बढ़ावे से मनुष्य का विकृत रुप समाज में साफ दिखाई देने लगा है। आज अध्यात्म विज्ञान का एक अंग 'योग' पूरे विश्व में स्वास्थोपयोगी होने का गौरव प्राप्त कर मानव कल्याण का एकांगी माध्यम बन रहा है। इससे इनकार नहीं किया जा सकता कि इस आध्यात्म के अंग की स्वीकारिता भारत सरकार के सहयोग से ही हो पाई है।

अध्यात्म विज्ञान आज मानव विकास की प्रक्रिया में शिक्षा के एक प्रमुख पूर्ण मान्यता व सरकारी तंत्र का भौतिक विज्ञान की तरह हिस्सा बनना चाहिए।

क्या आचार्य शंकर का उपरोक्त दिव्यांग के साथ का अनुभव भौतिक विज्ञान के तहत मनोविज्ञान के विकास में सुपर स्पेशलिटी की तरह नहीं है। यह मानव समाज का दुर्भाग्य ही रहा है कि ऐसे उदाहरण आज भी भारत में एक चमत्कार के रुप में देखे जाते रहे हैं और आज हमारा समाज पुरुषार्थ की जगह कृपा व गुरु शब्द के दुरुपयोग के माध्यम से आध्यात्म के क्षेत्र में भी भ्रष्टाचार की गर्त में फँसता जा रहा है। लेखक का सम्पर्क महात्मा यशपाल महाराज (भाई साहब) के साथ का 20 वर्षों का रहा। वैज्ञानिकी दृष्टिकोण से आपने आध्यात्म विज्ञान पर 'अखिल भारतीय संतमत सत्संग संस्था' के माध्यम से अनुभवों का विशाल डाटा बेस व साहित्य रच गये हैं जो निःसंदेह आध्यात्मिक विज्ञान को पोषित करने के लिए बहुमूल्य संपदा है। इसी तरह का कार्य गृहस्थ संत राकेश कुमार मित्तल ने कबीर शान्ति मिशन, लखनऊ में किया है। इन्हीं प्रयासों से उद्भित उपलब्ध साहित्य ही इस लेख में सृजित विचारों की देन है। स्वाभाविक रुप से उद्भित होती आध्यात्म क्षेत्र की यह गति विधियाँ, आध्यात्म विज्ञान को स्थापित करने की ओर शनैः शनैः आगे बढ़ती दिखती हैं। आवश्यकता है ऐसे मिशन के विद्यार्थियों (सदस्य जन) को एक अच्छे विद्यार्थी बनने की व रही सही साम्प्रदायिक सोच के प्रभाव से निवृति पाने की। क्या होना चाहिए? केवल ईश्वर ही जानता है, जो होना है स्वतः सामने आता जायेगा। हाँ इतना तो यह मिशन कह सकते हैं कि भारत का प्रशासन (सरकार) आध्यात्म विज्ञान को भौतिक विज्ञान की तरह मान्यता देते हुए अपनी शिक्षा विकास तंत्र का आवश्यक अंग बनाये।

शिक्षा ही मनुष्य को सच्चा इंसान बनाती है। आज की आधुनिक सामान्य शिक्षा पद्धति, मानव मस्तिष्क के ज्ञान (knowledge) पक्ष को ही पोषित कर रही है, मस्तिष्क के भावनात्मक (Emotional) /नैतिक पक्ष के विकास के लिये शिक्षा तंत्र में कोई व्यवस्था नहीं है। यदि है भी तो मात्र औपचारिकता निभाने के स्तर तक।

मानव विकास की वर्तमान प्रक्रिया, मस्तिष्क के भावनात्मक पक्ष के विकास को नजर अंदाज कर, समाज को विकृत कर अशांति के गर्त में ढकेल रही हैं। आध्यात्मिक विज्ञान, जो मानव व समाज के व्यवहार में सामजंस्य बिठाने का काम करता था सामाजिक दृष्टिकोण से प्रभावहीन होता जा रहा है। यदि कुछ बचा हुआ है तो अध्यात्म विज्ञान की अजूबी बातों (miracle) से

आनन्द लेने की प्रवृति को बढ़ावा मिलना। इस क्षेत्र में असंगठित प्रयास भी first-aid तक ही सीमित होते जा रहे हैं। विज्ञान के दृष्टिकोण से, इसे जानने व विकसित करने की कोई पहल नहीं हो पा रही है। अध्यात्म विज्ञान मानव कल्याण की अपार संभावनायें समेटे हुए है। आचार्य शंकर का एक दिव्यांग के साथ का उदाहरण आँख खोलने वाली बात है। यदि यही बच्चा किसी मनोरोग चिकित्सक के शरण में ले जाया गया होता, तो क्या उपचार होता समझ के परे है। आखिर, इंसान कभी-कभी भौतिकी चिकित्सा से अंत में निराश हो आध्यात्मिक उपचार के लिये तथाकथित आध्यात्म आधारित उपचारकों की शरण में जाने को विवश होता है, अपना धनधान्य लुटा बैठता है। आज हमारे शिक्षा तंत्र में गहन मंथन की आवश्यकता है।

'परमात्मा तू ही है, तेरी इच्छा पूरी हो।'

20

चल कर देखें!

आध्यात्मिक जीवन यात्रा पर! आचार्य श्री राम शर्मा जी के गायत्री मिशन की यह बात *'आप सुधरो जग सुधरेगा'* बहुत ही शिक्षा प्रद लगी। वास्तव में इससे परिवार रुपी संस्था से सुधार प्रारंभ हो जाता है। समाज में या मीडिया से हम सब इस तथ्य से अवगत भी हैं कि अतीत में कैसे कुछ लोगों में परिवर्तन हुए और वे पूज्यनीय या अनुकरणीय बने। आखिर हमारी भी तो कुछ जिम्मेदारी है, खास कर अपने बच्चों के प्रति। अभी हाल ही में आई पुस्तक के एक अंश ने लेखक को सोचने पर मजबूर कर दिया कि हमारा समाज जा कहां रहा है? Dr Rashmi Soni (2017) आज की आती हुई भावी पीढ़ी की तस्वीर पेश करते हुए लिखती है। कि "Present generations that are coming up are totally technological with the result that they are becoming more and more depressed, anxious, violent, aggressive, intolerent, and even murderers. They are the most confused group of people with a lot of conflicts and contradictions in their decisions and feelings. (आज की पीढ़ी जो आ रही है वह पूर्ण रुप से तकनीकी है जिसकी वजह से अधिकतर मानसिक अवसाद से ग्रसित, बैचेन, हिंसक - गुस्सैल, असहिष्णु और यहाँ तक कि हत्यारे हैं। वे निर्णय व भावनाओं के मामले में अधिकतर कतराव व विरोधाभास की सोच के समूह हैं।) ऐसी स्थिति बनने के लिए क्या हम प्रबुद्ध वर्ग जिम्मेदार नहीं हैं? प्रश्न उठता है कि हम अकेले क्या कर सकते हैं? लेखक के मन में इस प्रश्न का उत्तर आता है कि हम अपने को तो सुधार सकते हैं, अनुशासित कर सकते हैं। यहीं से अपने परिवार स्तर में बिना किसी बाहरी

संसाधन के हम जिस भी परिस्थिति में हैं कुछ कर सकते हैं। लेखक यह बात स्वयं व अपने साथियों के अनुभव के आधार पर कह रहा है। इस पुस्तक में संकलित सामग्री एक तरह से अपने शास्त्रों का निचोड़ है। पढ़कर व स्वाभाविक मनन से इस बात की पुष्टि होगी।

परिवार का ग्रुप फोटो

गुरुदेव महात्मा यशपाल जी व गुरुमाता श्रीमती रुपवती देवी जी के साथ लेखक का परिवार (प्रतिमा सिंह, ममता सिंह, शिवकुमारी सिंह (पत्नि), रेखा सिंह, सरिता सिंह, पापा डॉ॰ अक्षयबर सिंह की गोद में वर्षा सिंह, शिलांग, 1982)

इस किताब में जो कुछ आया है, उसके पीछे महात्मा रामचन्द्र (लाला जी) महाराज व उनके सद्‌गुरु देव मौलाना फजल अहमद खाँ कुद्‌दुसुरुह साहब के हिन्दू समाज में सूफी सिद्धांत पर लगाये गये बाग की एक पौध के फूलों की खुशबू है। मौलाना फजल अहमद खाँ साहब से जब यह अध्यात्म ज्ञान, रामचन्द्र जी महाराज को मिला, तो आपके पास भक्तों की जमात इकट्‌ठी होने लगी। आपने लिखा है कि ये लोग अपने-अपने ढंग से मेरा अभिवादन करते, बहुत से दण्डवत होकर भी। समझने वाले इन्हें मेरा शिष्य समझने लगे हैं। किन्तु मेरी दृष्टि में अभी से ये स्वयं ही गुरु, तो कुछ महागुरु

दिखाई पड़ते हैं। स्पष्ट है कि अपने-अपने काल व क्षेत्र में वे अपना मत चलायेंगे। बहुत सी संस्थायें होंगी, अनेक सम्प्रदाय होंगे। सभी का नामकरण, मेरे नाम पर किया जायेगा। आज यह सिलसिला थोड़े से ही समय में, पूरे विश्व में बृहद स्तर पर इतना फैल चुका है, कि इसके विस्तार को संज्ञान में लेना लगभग असंभव है। आप कहते थे कि "मेरी समस्त संतानें (आध्यात्मिक व रक्त संबंधी) साधन जगत में अपना सानी नहीं रखती और जैसा कि मेरा विश्वास है वे सभी अपने-अपने समय व क्षेत्र में मेरे उत्तराधिकारी होंगें। जिनका प्रथम कर्त्तव्य हो जाता है कि वे अपने भाईयों में जो अभी पूर्णता नहीं प्राप्त कर सके हैं और अपने शिष्यों व बेटों में किसी प्रकार का भेद भाव नहीं रखेंगे।"

इस किताब की प्रस्तुति प्रक्रिया जो 35 वर्ष की लम्बी अवधि की रही, लेखक स्वान्तः सुखाय का अनुभव करता रहा है, क्योंकि इस मामले में कोई किसी के लिए न तो कुछ कह सकता है न कर सकता है, हाँ मार्ग दर्शक व प्रेरक शक्ति (गुरु तत्व) आत्मा की आवाज के माध्यम से क्या करें का उत्तर देती रहती है, ऐसा लेखक का अनुभव रहा है। अन्ततोगत्वा संस्कार व प्रारब्ध पर आना ही पड़ता है। लाला जी महाराज का मिशन विश्व में ऐसा फैला है कि इसका ओर-छोर का पता लगाना आसान नहीं रहा। बदलाव व अलगाव ने मूल तरीकत व भावना को इतना उलझा दिया है कि असलियत को समझ पाना अत्यंत कठिन है। इस लेखक को अपने गुरुदेव महात्मा यशपाल जी की इस बात में पूरा यकीन है कि *'वर्तमान में इस मुकाबले चीज दुनिया में नहीं है।'* क्योंकि साधन पद्धति में *'न हींग लगे न फिटकरी माल चोखा का चोखा'* तथा *'झूँठल खेलल सच्चल होये'* की कहावतों को पूर्ण रुप से चरितार्थ होने के अनुभव रहे।

हिन्दू सूफी संतों के सिलसिले से उपलब्ध साहित्य को यदि हम देखें तो पायेंगे कि गृहस्थ में आध्यात्म साधन पद्धति का बड़ा सरलीकरण किया गया है। मानव विकास का चरम, ध्यान (चित्त की एकाग्रता) से ही संभव है, जिन पर सभी धर्मों की सहमति दिखती है। यदि हम सूक्ष्म अध्ययन करें तो पायेंगे कि मानव के सारे कार्यकलापों में एकाग्रता प्राप्त करने का ही लक्ष्य मिलेगा। सूफी मत में गुरु के शरण और फजल से अभ्यासी के जजबात में चढ़ाव उतार में सहूलियत आती है, अहंकार नहीं होने पाता। क्योंकि गुरु उसको अपने

मुकामों से बेखबर रखता है। भागवत् गीता के अध्याय 2 के अंतिम श्लोक का निरुपण करते हुए महात्मा यशपाल जी महाराज कहते हैं कि ईश्वरीय कृपा और सद्गुरु अनुकम्पा से जब साधक को आत्मिक उड़ान प्राप्त होती है और वह दिव्य दृष्टि प्राप्त कर अपने सूक्ष्म शरीर और अपनी विश्व व्यापी आत्मा का अनुभव ज्ञान प्राप्त कर लेता है तो उसका मन उस आत्म- ज्ञान से सदैव ओत-प्रोत रहता है। इस स्थिति को प्राप्त होकर योगी (साधक) फिर संसारी विषय-वासनाओं के मोह जाल में नहीं फँसता। वह इस संसार में रहते हुए सब काम धर्मानुकूल करते हुए निरंतर सहज समाधि में मग्न रहता हुआ जीवन-मुक्त होकर विचरता है। अंतकालेपि अंत काल में (शरीर छोड़ते समय) भी स्थित प्रज्ञ की यह अवस्था अटल बनी रहती है और वह जन्म मरण के बन्धन से मुक्त हो जाता है। ज्योति-ज्योति से एकाकार हो जाती है। कभी-कभी ऐसा भी होता है कि सारे जीवन भर साधक परमात्मा और सद्गुरु में सच्चे विश्वास के साथ साधन में तत्पर रहता है। निरंतर परमात्मा के चिंतन में अपने मन को लगाये रहता है पर आत्मा का अनुभव ज्ञान (साक्षात्कार) प्राप्त नहीं होता। परमात्मा की विशेष कृपा ऐसे जीव पर जब होती है तो अंतकाल में उसके सारे चक्र ज्वालामुखी की तरह एक साथ जागृत हो जाते हैं और आत्मसाक्षात्कार के साथ-साथ उसकी आत्मा अपने सच्चे स्वरुप में विलीन हो जाती है। फिर उसे जन्म नहीं लेना पड़ता (गीता सुधा भाग 2 पे. 106)।

पुस्तक का नाम 'गृहस्थ जीवन में अध्यात्म' रखा है। इसके पीछे लेखक के अपने परिवार व बहुत से सत्संगी साथियों का अनुभव रहा है जो जीवन यात्रा के तमाम उतार-चढ़ाव के बीच, बच्चों को बिना किसी खास प्रयास के आध्यात्मिक मूल्यों से संस्कारित करने का स्वाभाविक माध्यम बने। आज बच्चों के पारिवारिक जीवन यात्रा में ऐसी रहनी-सहनी का प्रभाव साफ दिखता है। पुस्तक में आई सामग्री, जीवन में आने वाली लगभग सभी समस्याओं का समाधान प्रस्तुत करती है। जो बात खास ध्यान देने की है वह है निजकृपा व स्वयं का पुरुषार्थ। गुरु केवल मार्ग दर्शन कर सकता है। हाथ पैर हमें हिलाना ही पड़ेगा। महात्मा जे. कृष्णमूर्ति ने कहा है कि मैं भगवान नहीं इंसान हूँ। जो उठा है अपने ही कर्मो या पुरुषार्थ से उठा है। जो गिरा है उसे अपने कर्मों ने ही गिराया है। दूसरे किसी को सलाह भर दे सकता है। पर

ऐसा नहीं हो सकता कि अपने बलबूते किसी का उद्धार कर सके। हमें गुरु तत्त्व का सहारा सतत् उपलब्ध है जब समय आता है तो यही तत्त्व शरीर रुपी गुरु या सद्गुरु के रुप में मिलता है। इसके लिये स्वाध्याय और सत्संग ही साधन है। स्वयं का अनुभव आधारित विश्वास ही काम आता है, नहीं तो अंधविश्वास तो गड्ढे में गिराने वाला माध्यम बनता है। परमात्मा हम सब पर दया करें।

'परमात्मा तू ही है, तेरी इच्छा पूरी हो।'

आभार

इसं संकलन की प्रस्तुति के पीछे लेखक के सत्‌गुरु देव, महात्मा यशपाल (भाई साहब) जी की प्रेरक शक्ति रही है। वर्ष 1979 में, आपसे पहला साक्षात्कार हुआ, जिसका श्रेय आध्यात्मिक दृष्टिकोण से लेखक की धर्मपत्नी श्रीमती शिव कुमारी सिंह को जाता है। इनकी स्वाभाविक वृत्ति अध्यात्म की ओर थी, जो इसमें जीवन यात्रा के 34 वर्ष की आयु तक सुषुप्ती में रही। वैसे पारिवारिक परिवेश की देन रही कि पता नहीं कब और कैसे यह अनजाने कुछ आध्यात्मिक मूल्यों की बातों का अनुगामी रहा। उदाहरण के तौर पर, जो हो रहा है अच्छा हो रहा है, कर्ता-धर्ता परमात्मा है, सकारात्मक सोच, किसी चीज की इच्छा का न होना, किसी का दिल न दुखाना, कर्म करने से मतलब-नतीजे की फिक्र नहीं, पैसे या धन के प्रति कोई झुकाव नहीं (जो है में संतोष)। जीवन यात्रा में जो आता गया जैसा हुआ करता रहा। हाईस्कूल पास करते ही शादी हो गई। परमात्मा ने पाँच लड़कियाँ दी, जिसमें चार का जन्म इसके शिक्षा काल के समय में ही हुआ। महात्मा यशपाल जी गृहस्थ संत थे, जिनके चार पुत्र व दो पुत्रियाँ थीं। आप सूफी मत के अनुयायी थे। जीवन सत्यानुगामी था, स्वाभाविक है ऐसे में जिन्दगी आर्थिक दृष्टिकोण से कशमकश की थी। ईश्वर कृपा रही कि लेखक बहुत जल्दी ही समझ गया था कि आप कबीर जी की परमात्मा से की गई प्रार्थना के अनुरुप (सांई इतना दीजिए जामें कुटुम्ब समाय, दास भी भूखा न रहे साधु न भूखा जाये) जीवन जी रहे थे। इस बात से लेखक बहुत प्रभावित हुआ और आपके साथ जुड़ाव बढ़ता गया। आप अपने को साधक कहते थे। आपका कहना था कि जीवन में राम-नाम (परमात्मा) जोड़ों और उसके लिए, जीवन चर्या में जो खाली समय है उसको परमात्मा को दो। या तो दुनिया का काम या परमात्मा का नाम, छोड़ना कुछ

नहीं है! जैसा जीवन चल रहा है चलते रहो। यह लेखक वैज्ञानिक था, शोध के कार्य में लगा था, आपकी साधना ऐसी लगी कि जैसे आप आध्यात्म पर शोध कर रहे हों। था भी, तभी तो शनैः शनैः दिन के 24 घन्टे कैसे एक गृहस्थ का जीवन जीते हुए परमात्मा की याद बनी रहे कि यूनिवर्सल तकनीक (साधन पद्धति) आपने विकसित की जो कोई भी, किसी भी धर्म या स्तर का हो अपना कर, लाभान्वित हो सकता है।

कैसे हम जीवन यात्रा में दो ही काम करें या तो परमात्मा का नाम या दुनियावी काम का अनुभव लेखक ने आपके सानिध्य में रह कर देखा व साधने का प्रयत्न करता रहा। जीवन में परमात्मा का नाम जोड़ने से दीन व दुनिया दोनों संवरती है का सुन्दर उदाहरण आप में दिखा। भारत सरकार के डाक व तार विभाग में बतौर टेलीग्राफिस्ट के पद पर नियुक्त हो इसी विभाग में डायरेक्टर (रिसर्च) के पद से सेवा निवृत हुए। आप आई. ई. टी. ई. के फेलो भी थे। आपने गृहस्थ में रहते हुए अध्यात्म साधना के प्रचार हेतु 'अखिल भारतीय संतमत सत्संग संस्था' की स्थापना की, जिसकी शाखाएँ भारत के सभी प्रदेशों में सभी भाषा-भाषी लोगों के बीच में विदेशों में भी फैली। आपका कहना था कि इस मुकाबले की चीज (साधन पद्धति) दुनिया में नहीं है, आप लोग भाग्यशाली हैं कि यह आपको मुफ्त में मिल गई। क्या मिला यह लेखक न जान सका और न कभी ऐसी कोई इच्छा ही बनी कि जानें, लेकिन अभी तक की जीवन यात्रा तमाम उतार-चढ़ाव के बीच सुखद रही। यह छोटी सी प्रस्तुति गुरु कृपा से ही संभव हो पाई है। जिसके लिए लेखक अपने गुरुदेव महात्मा यशपाल जी का ऋणी होने के भाव के साथ कृतज्ञता व्यक्त करते हुए, शत् शत् वंदन करता है।

आपके संपर्क में आने के बाद लेखक के जीवन चर्या का सारा खाली समय, आपके मिशन के कार्यों में ही बिना किसी बाधा के लगता रहा जो धर्मपत्नी श्रीमती शिवकुमारी सिंह व बेटियों प्रतिमा सिंह, ममता सिंह, सरिता सिंह, डॉ॰ रेखा सिंह, व वर्षा सिंह के सहयोग से ही संभव था। लेखक इन परिवार जनों के प्रति कृतज्ञता व्यक्त करता है। मिशन के सत्संगी भाई, डॉ॰ आर. पी. सिंह, श्री जे. पी. अग्रवाल, श्री चिरंजी लाल शर्मा, डॉ॰ जनार्दन सिंह व श्री यस. एन. खन्ना जी का सहयोग भी भाई साहब जी की बातों को संकलित करते रहने में उत्साह वर्धक रहा, जिनका यह आभार व्यक्त करता

है। पुस्तक की प्राथमिक पांडुलिपि का गहन, सार्थक व सुधारात्मक अवलोकन, डॉ॰ के. ए. सिंह, आई. जी. एफ. आर. आई. झाँसीं के भू. पू. निदेशक ने किया जिससे संकलित सामग्री वर्तमान रुप में प्रस्तुत हो सकी। लेखक डॉ॰ सिंह का आभार व्यक्त करता है।

'परमात्मा तू ही है, तेरी इच्छा पूरी हो।'

अक्षयबर सिंह

संदर्भ

1. श्री बृजमोहन बचनामृत, लेखक यशपाल, अखिल भारतीय संतमत सत्संग, दिल्ली- 7.
2. योगी कथामृत, परमहंस योगानन्द जी महाराज। जैको पब्लिशिंग हाउस, बम्बई- 1.
3. साधन पद्धति, अखिल भारतीय संतमत सत्संग, दिल्ली- 7.
4. श्रीमद् भागवत्गीता, स्वामी प्रभुपाद। भक्तिवेदांत बुक ट्रस्ट जूहू बम्बई.
5. गीता प्रवचन, विनोवा भावे, सर्वोदय साहित्य पब्लिकेशन.
6. गीता सुधा भाग (1 व 2) लेखक यशपाल, अखिल भारतीय संतमत सत्संग, दिल्ली-7.
7. संरक्षक का संदेश, लेखक यशपाल, अखिल भारतीय संतमत सत्संग, दिल्ली - 7.
8. संतसुधा (1980 - 2000) अखिल भारतीय संतमत सत्संग, दिल्ली- 7.
9. उपासना के दो चरण, जप और ध्यान, युग निर्माण योजना, आचार्य श्री राम शर्मा.
10. अग्नि की उड़ान, ए०पी०जे० कलाम.
11. आचार्य शंकर। लेखक स्वामी अपूर्वा नन्द, श्री रामकृष्ण विवेकानन्द साहित्य, नागपुर।
12. गृहस्थ सूफी संत परमपूज्य श्री श्री लाला जी महाराज परम संत समर्थ सद्गुरु महात्मा रामचन्द्र जी महाराज की आत्म कथा। लेखक डॉ. (श्रीमती सुमन सक्सेना। महात्मा रामचन्द्र पब्लिकेशन लीग फतेहगढ़ (उ. प्र.) भारत

13. लेखक की डायरी व डाटा संग्रहण (1979 - 2018)

14. समर्थ गुरु महात्मा श्री रामचन्द्र जी की जीवनी और उपदेश, लेखक: डॉ० श्री चतुर्भुज सहाय;

15. दिव्य क्रान्ति की कहानी। लेखक: डॉ० (श्रीमती) सुमन सक्सेना; श्री बृजमोहन वचनामृत, लेखक: श्री यशपाल; संतसुधा पत्रिका।

16. The Story of My Spiritual Journey, Rakesh K.MIttal, Sterling Publishers Pvt. Ltd. Greater Noida.

17. Anand Yoga, (Vol. 1&2) Yashpal, Akhil Bahartiya Santamat Satsang, Delhi-7.

18. Sant Kabir's way to Emotional Intelligence. Dr. Rashim Soni, Sterling Publishers Pvt. Ltd., New Delhi - 110029.